Carte et sites touristiques

Les régions du guide :
(voir la carte à l'intérieur de la couverture ci-contre)

Languedoc

Le Guide Vert, mode d'emploi : un guide en 3 parties

Organiser son voyage :

- Avant de partir.
- À faire sur place de A à Z.
- Des activités pour tous.
- Un agenda des événements.

Comprendre la destination :

- La destination aujourd'hui.
- Histoire.
- Art et culture.
- Gastronomie.
- Nature...

Découvrir la destination :

- Notre sélection de sites.
- Des circuits conseillés.
- Des cartes.
- Notre sélection d'adresses pour tous les budgets.

En fin de guide :
l'explication des symboles et la table des cartes et plans

Le Guide Vert : découvrir la destination

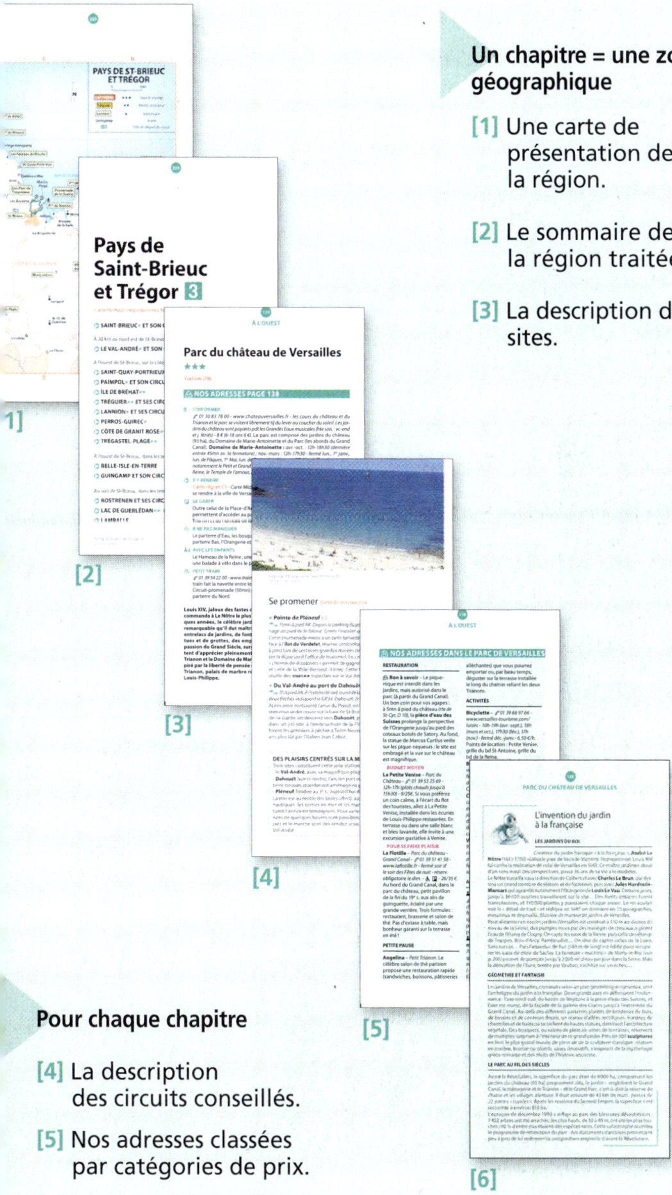

Un chapitre = une zone géographique

[1] Une carte de présentation de la région.

[2] Le sommaire de la région traitée.

[3] La description des sites.

Pour chaque chapitre

[4] La description des circuits conseillés.

[5] Nos adresses classées par catégories de prix.

[6] Des pages thématiques pour en savoir plus.

Retrouvez-nous sur : ***Voyage.ViaMichelin.fr***

Sommaire

1/ ORGANISER SON VOYAGE

VENIR EN LANGUEDOC

AVANT DE PARTIR

SUR PLACE DE A À Z

EN FAMILLE

MÉMO

2/ COMPRENDRE LE LANGUEDOC

LE LANGUEDOC AUJOURD'HUI

ART ET CULTURE

NATURE ET PAYSAGES

HISTOIRE

3/ DÉCOUVRIR LE LANGUEDOC

1 MONTPELLIER ET SA RÉGION

2 NÎMES ET LE GARD, ENTRE MER ET CÉVENNES

3 LA LOZÈRE ET LE PAYS CÉVENOL

4 LES GRANDS CAUSSES ET LES GORGES DU TARN

5 LE LANGUEDOC VITICOLE ET LE HAUT-LANGUEDOC

1/ ORGANISER SON VOYAGE

Applications recommandées

M. Barraud / Ojo Images / Photononstop

Venir en Languedoc

Par la route

LES GRANDS AXES

Depuis le nord de la France, l'**A 75**, (**la Méridienne**), prolonge l'A 71 à partir de Clermont-Ferrand pour aboutir à Montpellier et à Béziers. Elle emprunte le **viaduc de Millau**, où vous rencontrerez l'unique péage.
La « Languedocienne », l'**A 9**, traverse d'est en ouest le **Languedoc-Roussillon**, desservant au passage Nîmes, Montpellier et Béziers. L'A 9 rejoint, dans sa partie est, l'autoroute du Soleil (**A 6** de Paris à Lyon, puis **A 7** jusqu'à Orange).
Informations autoroutières – ✆ 0 892 681 077 - www.autoroutes.fr.

LES CARTES MICHELIN

Cartes Départements 330 (Cantal, Lozère), **338** (Aveyron, Tarn), et **339** (Gard, Hérault).
Carte Région 526 (Languedoc-Roussillon au 1/300 000).
Carte de France 725 (France sud)
En ligne : calcul d'itinéraires sur **www.viamichelin.fr**

En train

LES GRANDES LIGNES

Temps approximatif des liaisons :
– Paris/Nîmes : 2h59 (TGV)
– Paris/Montpellier : 3h15 (TGV)
– Paris/Béziers : 4h15 (TGV)
– Lyon/Montpellier : 2h (TGV)
– Nîmes-Montpellier : 25 à 35mn (TGV ou TER)
– Marseille/Montpellier : 2h (Téoz)
Informations et réservations
Ligne directe : ✆ 36 35 (0,34 €/mn) - www.voyages-sncf.com.

LES TRAINS EXPRESS RÉGIONAUX

De nombreuses gares sont desservies par les lignes de **TER** suivantes :
– Clermont-Ferrand/Marvejols/Mende/La Bastide St-Laurent/Alès/Nîmes.
– Béziers/Bédarieux/Millau/Rodez/Marvejols/Clermont-Ferrand.
– Montpellier/Sète/Agde/Béziers/Millau/Rodez.
– Narbonne/Béziers/Agde/Sète/Montpellier/Nîmes/Avignon.
– Nîmes/Aigues-Mortes/Le Grau-du-Roi.
Informations et réservations
Ligne directe : ✆ 36 35 (0,34 €/mn) - www.ter-sncf.com/languedoc.

DISTANCES	Montpellier	Millau	Béziers	Mende	Nîmes
Montpellier	-	155	76	206	54
Millau	114	-	121	91	170
Béziers	76	121	-	211	116
Mende	206	91	211	-	152
Nîmes	54	170	116	152	-

En avion

AÉROPORTS QUI DESSERVENT LE LANGUEDOC

Aéroport de Montpellier Méditerranée – www.montpellier.aeroport.fr. Navettes pour le centre-ville quasiment toutes les heures, arrêt place de l'Europe (1,50 €).

Aéroport de Béziers-Cap d'Agde – N 112 - 34450 Vias - ✆ 04 67 80 99 09 - www.beziers.aeroport.fr.

Aéroport de Nîmes-Garons – ✆ 04 66 70 49 49 - www.nimes-aeroport.fr. Navettes pour le centre-ville à chaque arrivée d'avion (5 €).

LES COMPAGNIES AÉRIENNES

Air France – Liaisons quotidiennes entre **Montpellier** et Paris-Orly, Paris-Roissy, Clermont-Ferrand et Nantes. Renseignements et réservations : ✆ 36 54 (0,34 €/mn) - www.airfrance.fr.

Ryanair – Plusieurs liaisons hebdomadaires Bruxelles-Charleroi/Montpellier et Bruxelles-Charleroi/Nîmes.

Plusieurs liaisons hebdomadaires Paris-Beauvais/Béziers.

Renseignements et réservations : www.ryanair.com - ✆ 0899 651 410 (en France - 1,35 € l'appel + 0,34 €/mn), ✆ 0903 997 40 (en Belgique - 1,50 €/mn).

Avant de partir

Météo

Relevant pour sa partie Nord du climat du Massif central et pour sa partie Sud du domaine méditerranéen, le Languedoc connaît des différences importantes selon les territoires.

HIVER

Généralement doux et souvent ensoleillé dans la plaine du Bas-Languedoc. Rigoureux en altitude, dans les Cévennes, sur les Causses et en Aubrac (quelques tempêtes de neige et vent glacial). Les grandes étendues, souvent recouvertes de neige, de l'Aubrac, du mont Lozère et du massif de l'Aigoual raviront les amateurs de ski de fond et de randonnées.

PRINTEMPS

Saison la plus agréable. Mais attention aux vents, parfois violents : le « cers » (vent d'ouest ou du sud-ouest), très desséchant ; le vent d'autan, venu de l'est, sec et violent contrastant avec le marin, vent faible du sud-est, qui amène généralement la pluie, sans oublier le mistral, le plus souvent glacial.

ÉTÉ

Caniculaire et sec dans les plaines (orages parfois violents). En bord de mer, les températures sont un peu rafraîchies par la brise. Si vous ne supportez pas la chaleur, une solution : réfugiez-vous en altitude. La saison est agréable dans les Causses, les Cévennes et l'Aubrac : les températures sont rarement excessives, à l'exception des fonds des gorges.

AUTOMNE

Les pluies peuvent être importantes et entraîner des inondations dévastatrices lors des fameux « épisodes cévenols ». Mais c'est aussi l'époque des vendanges, où flamboient les couleurs dans les Cévennes ou la Montagne Noire.

Adresses utiles

LES INSTITUTIONS

Comité régional de tourisme

Languedoc-Roussillon – L'Acropole - 954 av. Jean-Mermoz - CS 79507, 34960 Montpellier Cedex 2 - ✆ 04 67 20 02 20 - www.sunfrance.com.

Comités départementaux de tourisme

Aveyron – 17 r. Aristide-Briand - BP 831 - 12008 Rodez Cedex - ✆ 05 65 75 40 12 - www.tourisme-aveyron.com.

Gard – 3 r. Cité-Foulc - BP 122 - 30010 Nîmes Cedex 04 - ✆ 04 66 36 96 30 - www.tourismegard.com.

Hérault – Maison du tourisme - av. des Moulins - 34184 Montpellier Cedex 4 - ✆ 04 67 67 71 71 - www.herault-tourisme.com.

Lozère – 14 bd Henri-Bourrillon - BP 4 - 48001 Mende Cedex - ✆ 04 66 65 60 00 - www.lozere-tourisme.com.

Maison de pays

Maison de la Lozère – 1 bis r. Hautefeuille - 75006 Paris - ✆ 01 43 54 26 64 - www.maisondelalozere.com. Autre site : Aire de la Lozère sur l'A 75 (sortie 32).

Guides MICHELIN :
un voyage
éussi !
QUEL ITINÉRAIRE ?
OÙ DORMIR ?
OÙ DÎNER ?
QUE VISITER ?
À QUEL PRIX ?
France
France
BOURGOGNE
MICHELIN
www.michelin-boutique.com
www.voyage.viamichelin.fr
FRANCE 2013
CRÈTE
DORMEZ INSOLITE
FLORENCE
MICHELIN
Une meilleure façon d'avancer

Parcs naturels

Maison du Parc national des Cévennes – Château de Florac - 48400 Florac - ✆ 04 66 49 53 01 - www.cevennes-parcnational.fr.

Parc naturel régional du Haut-Languedoc – 1 pl. du Foirail - BP 9 - 34220 St-Pons-de-Thomières - ✆ 04 67 97 38 22 - www.parc-haut-languedoc.fr.

Parc naturel régional des Grands Causses – 71 bd de l'Ayrolle - BP 50 126 - 12101 Millau Cedex - ✆ 05 65 61 35 50 - www.parc-grands-causses.fr.

OFFICES DE TOURISME

Les adresses des offices de tourisme se trouvent dans la rubrique « S'informer » des villes et sites décrits dans la partie « Découvrir le Languedoc ». Sur Internet : **www.tourisme.fr** et **www.franceguide.com**.

INTERNET

– www.aubrac.com : événements, locations de vacances…
– www.causses-cevennes.com : randonnées, hébergement, sport et loisirs…
– www.causses-aigoual-cevennes.org : hébergement, activités sportives…

TOURISME DES PERSONNES HANDICAPÉES

Le symbole ♿ signale les sites accessibles aux personnes à **mobilité réduite**.

Accessibilité des infrastructures touristiques

Consultez les sites labellisés **Tourisme et Handicap** sur le site www.franceguide.com, rubrique « Voyageurs », puis « Tourisme et Handicap ».

Association Tourisme et Handicaps – 43 r. Marx-Dormoy - 75018 Paris - ✆ 01 44 11 10 41 - www.tourisme-handicaps.org.

Accessibilité des transpor[ts]

Train – Un guide gratuit *Mobilité réduite* est disponible dans les gare[s] et boutiques SNCF.

SNCF Accès Plus – ✆ 0 890 640 650 (0,11 €/mn, 7h-22h). Service gratuit facilitant le voyage des personnes handicapées, disponible sur réservation 48h avant le départ dans 350 gares de France.
En ligne : **www.accessibilite.sncf.fr**.

Avion – Air France propose aux personnes handicapées le service d'**assistance Saphir** : ✆ 0 820 01 24 24.
En ligne : **www.airfrance.fr**.

Se loger

Retrouvez notre sélection d'hébergements dans « Nos adresses à... », situées en fin de description des principaux sites de la partie « Découvrir le Languedoc ».

Bon à savoir – Les comités départementaux de tourisme et certains offices de tourisme proposent un service de réservation en ligne et parfois des formules thématiques de courts séjours et des offres promotionnelles.

NOTRE SÉLECTION

Les hôtels

Nous indiquons les prix à la nuit pour deux personnes, ainsi que celui du petit-déjeuner s'il n'est pas inclus dans le tarif.
Pour un choix plus étoffé, **Le Guide Michelin France** recommande hôtels et restaurants sur toute la

France. Pour chaque établissement, le niveau de confort et de prix est indiqué, en plus de nombreux renseignements pratiques.

Les chambres d'hôte

Les prix, mentionnés à la nuit, incluent, sauf mention contraire, le petit-déjeuner.
Certains propriétaires proposent aussi une table d'hôte, en général le soir, souvent réservée aux résidents. Il est vivement conseillé de réserver votre étape, en raison du succès de ce type d'hébergement.

Le camping

Le **Guide Camping Michelin France** propose tous les ans une sélection de terrains visités régulièrement par nos inspecteurs. Renseignements pratiques, niveau de confort, prix, agrément, location de bungalows, de mobile homes ou de chalets y sont mentionnés.

LES BONS PLANS

Se renseigner auprès des CDT.

Les services de réservation

Fédération nationale des services de réservation Loisirs-Accueil – 74-76 r. de Bercy - 75012 Paris - ✆ 01 44 11 10 44 - www.franceguide.com, www.loisirs-accueil.fr. ou www.loisirsaccueilfrance.fr.
Fédération nationale Clévacances – 54 bd de l'Embouchure - BP 52166 - 31022 Toulouse Cedex - ✆ 05 61 13 55 66 - www.clevacances.com.

Les locations de maisons

www.abritel.fr
www.bertrandvacances.com
www.homelidays.com
www.locations-france.com
www.pap.fr

L'hébergement rural

Fédération des Stations vertes de vacances et Villages de neige – 6 r. Ranfer-de-Bretenières - 21016 Dijon Cedex - ✆ 03 80 54 10 50 - www.stationverte.com.
Bienvenue à la ferme – Agriculture et Tourisme - 9 av. George-V - 75008 Paris - ✆ 01 53 57 11 44 - www.bienvenue-a-la-ferme.com.
Maison des gîtes de France et du tourisme vert – 59 r. St-Lazare - 75439 Paris Cedex 09 - ✆ 01 49 70 75 85 - www.gites-de-france.com.

Hébergement pour randonneurs

Guide et site Internet – Le guide *Gîtes d'étapes, refuges*, par A. et S. Mouraret (Rando Diffusion - ✆ 05 62 90 09 96), et www.gites-refuges.com.

Les auberges de jeunesse

Fédération des auberges de jeunesse – 27 r. Pajol - 75018 Paris - ✆ 01 44 89 27 27 - www.fuaj.org.

POUR DÉPANNER

Centrales de réservation de quelques chaînes hôtelières :
Akena – ✆ 01 69 84 85 17 - www.hotels-akena.com.

NOS CATÉGORIES DE PRIX				
	Hébergement		Restauration	
	Province	Grandes villes	Province	Grandes villes
Premier prix	jusqu'à 45 €	jusqu'à 65 €	jusqu'à 14 €	jusqu'à 16 €
Budget moyen	plus de 45 € à 65 €	plus de 65 € à 100 €	plus de 14 € à 25 €	plus de 16 € à 30 €
Pour se faire plaisir	plus de 65 € à 100 €	plus de 100 € à 160 €	plus de 25 € à 40 €	plus de 30 € à 50 €
Une folie	plus de 100 €	plus de 160 €	plus de 40 €	plus de 50 €

B & B – ✆ 0892 782 929 - www.hotel-bb.com.
Ibis Budget Hôtel – ✆ 0 892 688 900 - http://ibisbudgethotel.ibis.com.
Campanile – ✆ 01 64 62 46 46 - www.campanile.fr.
Kyriad – ✆ 0 825 003 003 - www.hotel-kyriad.com.
Ibis – ✆ 0 825 882 222 - www.ibishotel.com.

Se restaurer

Retrouvez notre sélection de restaurants dans « Nos adresses », en fin de description des sites de la partie « Découvrir le Languedoc ». Ils sont listés par catégorie de prix, sur la base mini/maxi en haute saison.

NOTRE SÉLECTION

Pour répondre à toutes vos envies, nous proposons des **restaurants** régionaux, mais aussi classiques, et gastronomiques. Consultez aussi : **Le Guide Michelin France**.
En ligne : les fermes-auberges sur **www.bienvenue-a-la-ferme.com**.

LES LABELS

Sites remarquables du goût

Les sites, dont la richesse gastronomique s'appuie sur des produits de qualité liés à un environnement culturel et touristique intéressant, ont été dotés du label « Sites remarquables du goût ». Il s'agit des **burons de l'Aubrac** pour le fromage de Laguiole et la fourme d'Aubrac, du **rocher de Combalou** pour le fromage de Roquefort, du **bassin de Thau** pour les huîtres de Bouzigues.
Pour en savoir plus : **www.sitesremarquablesdugout.com**.

Bistrots (ou cafés) de Pays

Ouverts toute l'année et situés dans des villages, ces établissements labellisés contribuent à l'animation économique et sociale en milieu rural et s'engagent à proposer des produits locaux. **www.bistrotdepays.com**.

Villes de terroir

Les offices de tourisme concernés mettent l'accent sur des circuits de découverte hors des sentiers battus.
www.villes-de-terroir.com.
Le label **Sud de France** garantit exclusivement l'origine régionale des produits alimentaires et touristiques.

Grand Site de France

11 sites sont actuellement labellisés, dont 2 dans le Languedoc *(voir St-Guilhem-Gorges de l'Hérault p. 111 et le pont du Gard p. 198)*. Ils participent au développement durable local, à la réhabilitation de l'environnement paysager et à l'accueil des visiteurs.
www.grandsitedefrance.com.

Sur place de A à Z

Pour obtenir de la documentation, s'adresser aux **comités départementaux** et au **comité régional de tourisme** *(voir p. 10).*

BAIGNADE

En mer

Les immenses plages de sable fin s'étendant sur des kilomètres, souvent entre mer et étangs, accueillent de nombreux adeptes entre Le Grau-du-Roi et Valras-Plage. **Plages naturistes** : au Grau-du-Roi et au Cap-d'Agde.
Les stations assurant une bonne qualité des eaux de baignade sont distinguées par un label européen, le **pavillon bleu**. **Propreté des eaux** : *www.baignades.sante.gouv.fr.*

En eau douce

La baignade dans les **lacs et plans d'eau** n'est pas toujours autorisée : se renseigner dans les offices de tourisme. Il est possible de se baigner dans quelques **rivières** (le Gardon, la Cèze, l'Orb)..., mais gare aux crues subites dues aux orages, au courant et aux tourbillons.
Plans d'eau de la rubrique « Voile, Planche à voile », p. 23.

CANOË-KAYAK

Les cours supérieurs et moyens du Tarn, de la Dourbie, de l'Orb, de l'Hérault aux gorges majestueuses et sauvages, du Gardon et de la Cèze se prêtent, avec leurs eaux tumultueuses, à la pratique du canoë-kayak *(voir sur place).*
L'Échappée Verte – 21 r. de la Cavalerie - 34000 Montpellier - ✆ 06 13 07 04 03 - www.echappeeverte.com. Cet organisme propose des randonnées-découverte en canoë et en kayak dans toute la région. Autres prestations intéressantes : kayak de mer sur les étangs montpelliérains et en Petite Camargue, balades ornithologiques.

Renseignements

Fédération française de canoë-kayak – 87 quai de la Marne - 94344 Joinville-le-Pont - ✆ 01 45 11 08 50 - www.ffck.fr. La Fédération édite un livre, *France canoë-kayak et sports d'eaux vives*, et avec le concours de l'IGN, une carte, *Les Rivières de France*, avec tous les cours d'eau praticables.

CANYONING ET RAFTING

Vous pourrez pratiquer ces sports dans les rivières de montagne.
Fédération française de la montagne et de l'escalade – 8-10 quai de la Marne - 75019 Paris - ✆ 01 40 18 75 50 - www.ffme.fr.

CERF-VOLANT

Cette activité se répand aujourd'hui en Languedoc, notamment sur les plages de l'Hérault et du Gard.
Fédération française de vol libre (deltaplane, parapente et cerf-volant) – 4 r. de Suisse - 06000 Nice - ✆ 04 97 03 82 82 - www.federation.ffvl.fr.

CROISIÈRES SUR LES CANAUX

Une agréable façon de découvrir les paysages le long des berges.
Canal du Rhône à Sète (ouv. à la navigation mars-nov. – écluses ouv. 8h-12h30 et 13h30-19h30 l'été), voir Aigues-Mortes *(p. 179)* ;

Canal du Midi, voir Canal du Midi *(p. 424)*.

Cartes nautiques et cartes-guides

Éditions Navicarte – 125 r. Jean-Jacques-Rousseau - 92132 Issy-les-Moulineaux Cedex 20 - ✆ 01 41 54 38 97 - www.navicarte.fr.

Éditions du Plaisancier – 43 porte du Grand-Lyon - 01700 Neyron - ✆ 04 72 01 58 68.

CYCLOTOURISME ET VTT

Sentiers balisés – La Fédération française de cyclisme propose des sentiers balisés répertoriés dans un guide annuel (gratuit) et dont la difficulté est signalée par un code couleur. Les **centres VTT**, gérés par la Fédération, fournissent des cartes d'itinéraires et des topoguides. L'Office national des forêts édite une vingtaine de guides *VTT Évasion* destinés à la découverte des forêts du Languedoc-Roussillon. On peut se les procurer auprès du Comité régional du tourisme.

Location de vélos – Se renseigner auprès des offices de tourisme.

Ligue régionale de cyclotourisme du Languedoc-Roussillon – M. Pierre Testes - 28 ch. de l'Ancien-Relais - 34600 Hérépian - www.languedoc-roussillon.ffct.org.

ESCALADE

Les reliefs particuliers des montagnes des Cévennes, ou des profondes gorges du Tarn, de la Jonte, d'Héric… constituent un véritable paradis pour les amateurs d'escalade. Les offices de tourisme et les clubs d'escalade proposent en saison une large gamme de prestations en initiation et en entraînement.

Fédération française de la montagne et de l'escalade – 8-10 quai de la Marne - 75019 Paris - ✆ 01 40 18 75 50 - www.ffme.fr. Consulter également le *Guide des sites naturels d'escalade en France*, par D. Taupin (Éd. Cosiroc/FFME), pour connaître la localisation des sites d'escalade.

GOLF

Forfait – Le Golf-Pass Languedoc-Roussillon propose 5 *green-fees* à 190 € et permet de jouer sur une période de 21 jours consécutifs. Sont concernés dans le *Guide Vert Languedoc* les golfs de Montpellier-Massane, Fontcaude, Béziers St-Thomas, Le Cap-d'Agde, La Grande-Motte, Lamalou-les-Bains, Domaine de Barres, Sabot, Nîmes-Vacquerolles. Réservation auprès du golf de votre choix, 48h à l'avance.

Fédération française de golf – 68 r. Anatole-France - 92300 Levallois-Perret - ✆ 01 41 49 77 00 ou 0 892 691 818 - www.ffgolf.com.

NAVIGATION EN MER

Des renseignements peuvent être obtenus auprès des **capitaineries** :
Le Cap-d'Agde - ✆ 04 67 26 00 20 ;
Carnon - ✆ 04 67 68 10 78 ;
Frontignan - ✆ 04 67 48 75 21 ;
La Grande-Motte - ✆ 04 67 56 50 06 ;
Le Grau-du-Roi (Port-Camargue) - ✆ 0 825 888 868 ;
Marseillan - ✆ 04 67 77 34 93 ;

Mèze - ✆ 04 67 43 58 94 ;
Palavas-les-Flots - ✆ 04 67 07 78 50 ;
Port-Ambonne - ✆ 04 67 26 00 23 ;
Sète - ✆ 04 67 74 98 97 ;
Valras-Plage - ✆ 04 67 32 33 64,
ou à l'**Association des ports de plaisance du Languedoc-Roussillon** - Hôtel de ville - 34250 Palavas-les-Flots - ✆ 04 67 07 73 50.

PÊCHE EN EAU DOUCE

La région, riche en rivières aux eaux courantes et froides et en lacs, attire de nombreux pêcheurs.
Fédération de pêche de la Lozère – 12 av. Paulin-Daudé - 48000 Mende - ✆ 04 66 65 36 11 - www.lozerepeche.com.

PÊCHE EN MER

Fédération française des pêcheurs en mer – Résidence Alliance, centre Jorlis - 64600 Anglet - ✆ 05 59 31 00 73 - www.ffpm-national.com.

PLONGÉE SOUS-MARINE

Nombreux prestataires dans toutes les stations balnéaires.
Fédération française d'études et de sports sous-marins – 24 quai de Rive-Neuve - 13284 Marseille Cedex 07 - ✆ 04 91 33 99 31 ou 0820 000457 - www.ffessm.fr.

PROMENADES EN BATEAU

Vous trouverez dans ce guide différentes opportunités : croisières sur le canal du Midi *(voir Nos adresses au canal du Midi)*, excursions en mer au départ de Sète *(voir Nos adresses à Sète)*, descente des gorges du Tarn en barque de La Malène au cirque des Baumes *(voir Nos adresses dans les gorges du Tarn)*, promenade-découverte des gorges des Raspes à bord du *Héron des Raspes* *(voir Nos adresses à Millau)*.

RANDONNÉE ÉQUESTRE

Il existe des itinéraires balisés dans toute la région, à travers la garrigue, les causses, la forêt, la Camargue… Pour les connaître et obtenir les topoguides et cartes correspondants, s'adresser aux Comités départementaux du tourisme équestre (CDTE), dont les adresses sont disponibles auprès du **Comité national de tourisme équestre** – ✆ 02 54 94 46 80 - www.ffe.com. Le comité édite une brochure annuelle, *Cheval nature, l'officiel du tourisme équestre*, répertoriant les possibilités en équitation de loisir et les hébergements accueillant cavaliers et chevaux.
Divers fermes et centres équestres proposent des randonnées accompagnées sur une ou plusieurs journées, des stages d'équitation, etc.
Comité régional du tourisme équestre Languedoc-Roussillon (ATECREL) – 14 r. des Logis - 34140 Loupian - ✆ 04 67 43 82 50 - www.telr.net.

RANDONNÉE PÉDESTRE

Les chemins de Grande Randonnée (GR)

Le **GR 6** (Alpes-Océan) passe par les Causses et l'Aubrac, puis descend vers Anduze, Beaucaire, avant de suivre le cours du Gard ; le **GR 7** (Vosges-Pyrénées) traverse la région, du mont Aigoual au canal du Midi ; le **GR 65** (chemin de St-Jacques-de-Compostelle) part du Puy ; le **GR 66** (tour du mont Aigoual) ; le **GR 67** (tour en pays cévenol) ; le **GR 68** (tour du mont Lozère) ; le **GR 70** (chemin de Stevenson) ; le **GR 700** (chemin de Régordane) ; le **GR 71** (traversée du Haut-Languedoc) parcourt le Larzac.
Centre d'informations de la Fédération française de la

randonnée pédestre – 64 r. du Dessous-des-Berges - 75013 Paris - ✆ 01 44 89 93 93 - www.ffrandonnee.fr. La Fédération édite plusieurs **topoguides** dont :
La Lozère à pied, FFRP, 2003 ;
Le Languedoc-Roussillon… à pied, FFRP, 2008.
Le Chemin de Régordane, FFRP, 2008.
Les comités régionaux et départementaux de tourisme, comme les offices de tourisme, éditent leurs propres **brochures**, permettant de découvrir les paysages spécifiques à leur région et le patrimoine qui s'y rattache.

Quelques spécialistes

La Balaguère – Rte du Val d'Azun - BP 3 - 65403 Arrens-Marsous Cedex - ✆ 05 62 97 46 46 - www.labalaguere.com. « Voyages à pied » dans le Larzac et les gorges du Tarn, en Camargue, libres ou accompagnés, avec ou sans portage, parfois thématiques. Pour tous niveaux.
Chamina Voyages – Naussac - BP 5F - 48300 Langogne - ✆ 04 66 69 00 44 - www.chamina-voyages.com. Spécialiste des randonnées à pied avec ou sans accompagnateur, avec transport des bagages. Nombreux circuits : Camargue, Causses, Tarn, Cévennes, Aubrac, etc.

Quelques idées originales

Fédération nationale ânes et randonnées – ✆ 06 33 97 91 54 - www.ane-et-rando.com. La Fnar fournit la liste de ses prestataires, dans toutes les régions de France, proposant des randonnées à pied en compagnie d'ânes bâtés.
Association « Sur le chemin de R. L. Stevenson » – 48220 Le Pont-de-Montvert - ✆/fax 04 66 45 86 31 - www.chemin-stevenson.org. Cette association a pour but de valoriser l'itinéraire emprunté par l'écrivain Robert Louis Stevenson en 1878 et qu'il a décrit dans *Voyage avec un âne dans les Cévennes*. Elle fournit la liste des gîtes, hôtels, restaurants, loueurs d'ânes, taxis et offices de tourisme adhérant à cette initiative, et qui pourront vous aider lors de votre voyage sur le GR 70.
Voir aussi « Bibliographie » p. 28.

ROUTES THÉMATIQUES

Via Domitia – Association régionale Via Domitia - CRT Languedoc-Roussillon - Acropolis - 980 av. J.-Mermoz - 34000 Montpellier - ✆ 04 67 22 81 00.
Chemin des verriers – 50 av. du Nouveau-Monde (à l'entrée de la halle du Verre) - 34270 Claret - ✆ 04 67 59 06 39.
Route des vignerons et des pêcheurs des pays d'Agde – Découverte de domaines, de caves viticoles et de sites historiques. Se renseigner à la Communauté d'agglomération Hérault-Méditerranée - ZI Le Causse - BP 26 - 34630 St-Thibéry - ✆ 04 99 47 48 49.

ROUTES DES VINS

Les caveaux sont généralement ouverts à la visite et proposent souvent des dégustations. La plupart des vignobles ont leur « route des vins », combinant visites de caves ou de vignobles et arrêts sur des sites historiques ou naturels. Ces routes font en outre l'objet de manifestations qui jalonnent l'année.
Nous indiquons ci-dessous quelques adresses et informations diverses.
Conseil interprofessionnel des vins du Languedoc – www.languedoc-wines.com. Le site donne des informations historiques et géographiques sur les vins du Languedoc, ainsi que des adresses de cavistes.
Vins de pays d'Oc – Les vins de pays d'Oc nobles et gourmands

NOUVEAU
COLLECTION
PATRIMOINE
DE FRANCE
Découvrez nos plus beaux
Parcs et jardins
MICHELIN
PATRIMOINE DE FRANCE
MICHELIN
Découvrez nos plus beaux
Parcs et jardins
La collection Patrimoine de France : des ouvrages complets et illustrés pour découvrir les « musts » de notre patrimoine, classés par régions.
Églises et abbayes
Châteaux
Villages de France
Patrimoine industriel
MICHELIN
Une meilleure façon d'avancer

sont disponibles à travers plus de 800 domaines privés ou caves coopératives. Pour obtenir les adresses, contacter le Syndicat des producteurs de vin de pays d'Oc - Domaine de Manse - av. Paysagère - Maurin - CS 7026 - 34973 Lattes Cedex - ✆ 04 67 13 84 20 - www.paysdoc-wines.com.

Maison des vins de St-Chinian – Av. de la Promenade - 34360 St-Chinian - ✆ 04 67 38 11 69 - www.saint-chinian.com - toute l'année 9h-12h, 14h-18h30. Véritable vitrine du saint-chinian, cette maison propose la dégustation-vente de plus de 250 références à prix producteur. Elle propose également des stages d'initiation à la dégustation et des circuits de découverte du vignoble. La Fête du cru a lieu le dimanche qui suit le 14 Juillet.

Découverte de domaines, de caves viticoles et de sites historiques : se renseigner à la **Communauté d'agglomération Hérault-Méditerranée** – ZI Le Causse - BP 26 - 34630 St-Thibéry - ✆ 04 99 47 48 49.

Le vignoble aveyronnais – À 5 km de Millau, la cave des **Vignerons des gorges du Tarn** regroupe les appellations d'origine VDQS (vin délimité de qualité supérieure) côtes-de-millau donnant des vins rouges, rosés et blancs - 6 av. des Causses - 12520 Aguessac - ✆ 05 65 59 84 11.

SKI / SPORTS D'HIVER

En hiver, en **Aubrac**, sur le **mont Lozère** et autour de l'**Aigoual**, les grandes étendues se prêtent parfaitement au ski de fond ; il existe aussi quelques pistes de ski de descente dans les **Cévennes** (stations du Bleymard, du Mas de la Barque et du mont Aigoual) ainsi que dans l'Aubrac (Espace nordique de Nasbinals).

Comité régional de ski Cévennes-Languedoc – Maison régionale des sports - Parc Club du Millénaire, bât. 31 - 1025 av. Henri-Becquerel - 34000 Montpellier - ✆ 04 67 82 16 77 - www.skicevenneslanguedoc.fr.

Comité départemental de ski en Lozère – Maison départementale des sports - Fg-Montbel - 48000 Mende - ✆ 04 66 49 12 12 (infos stations, enneigement...) - www.montagnemassifcentral.com.

SOUVENIRS

Produits du terroir

Plats et charcuteries – Dans les Cévennes vous ne manquerez pas de goûter le pâté aux grives du Vigan. À Pézenas, ce sont les petits pâtés à la viande sucrée qui feront votre plaisir gourmand !

Fromages – Après avoir dégusté en expert le roquefort (fromage de brebis), dirigez-vous vers les causses pour y tester le bleu (fromage de vache). C'est un peu plus au nord que vous trouverez la fourme d'Aubrac (pour vous préparer un bon aligot). Dans les Cévennes, les inimitables pélardons sont à savourer frais ou bien secs (ils sont alors plus forts) ou encore chauds sur un lit de salade.

Bon à savoir – Au printemps, les fleurs et l'herbe fraîche scintillante de rosée donnent un lait de qualité. À cette saison, ce sont les fromages de chèvre qui sont à la fête comme par exemple l'excellent pélardon. Pour le roquefort, fromage au lait de brebis, la période faste se prolonge jusqu'en octobre !

Fruits – Quand vient la saison, c'est par cageots entiers que vous pouvez acheter abricots rouges et pêches. Et pour un plaisir spontané, croquez à pleines dents les pommes reinettes du Vigan !

Douceurs – Côté pâtisserie, laissez-vous tenter les oreillettes (beignets à la fleur d'oranger) de Montpellier ou encore l'amellonade (brioche) de Florac que vous pourrez tartiner à volonté de miel ou de confiture de châtaigne des Cévennes. Pour le grignotage, cédez au craquant des croquants (biscuits très secs aux amandes). S'il ne s'agit que d'un caprice gourmand, vous avez le choix entre les grisettes montpelliéraines (bonbons à la réglisse) et les berlingots de Pézenas.

Alcools – La palette des vins du Languedoc et du Roussillon vous offre un large éventail auquel il convient d'ajouter les vins doux naturels. Les muscats à Lunel, Mireval ou Frontignan, la carthagène à Ste-Énimie, le Noilly-Prat à Marseillan, ou encore le cerno à Millau vous donnent rendez-vous pour l'apéritif.

Habillement

Soie – Pour vous faire une idée du travail qu'il a fallu fournir pour fabriquer un foulard, rendez-vous au musée de la Soie de St-Hippolyte-du-Fort, et faites un tour à la boutique. La soie est aussi utilisée pour les bas à Ganges.

Gants – Ceux de Millau, bien sûr! En agneau le plus souvent, teints, brodés, ajourés ou tout simples; il y en a pour tous les goûts.

Artisanat

Vous trouverez, dans les villages touristiques du Languedoc où des artisans sont venus s'installer, de belles **poteries** artisanales recouvertes d'émail naturel dans les tons verts, jaunes, bleus, bruns. Accordez-vous une petite folie en faisant l'acquisition d'un beau **vase d'Anduze qui ornera** votre jardin ou votre terrasse.

Pour le **linge de maison** et les vêtements, rendez-vous à Nîmes où se perpétue la tradition textile (tissus imprimés Les indiennes).

La visite des ateliers de **verriers** de Claret ou de Vacquières vous donnera des idées.

Pour les cadeaux de dernière minute, pensez à certaines aires d'autoroute particulièrement bien conçues : sur l'A 61, **l'aire du Larzac** au Caylar, **l'aire de l'Aveyron** à Sévérac-le-Château, et **l'aire de la Lozère** à hauteur de St-Chély-d'Apcher ; sur l'A75, **l'aire du viaduc** de Millau.

SPÉLÉOLOGIE

Dans ce pays truffé de grottes et d'avens, les spéléologues peuvent s'adonner à leur passion.

Certains sites comme la grotte de Trabuc dans le Gard ont mis en place des **safaris souterrains**. Ces circuits ne requièrent aucune compétence particulière et offrent un compromis original entre l'activité spéléologique et la visite classique. Casse-croûte en poche, vous vous immergez pour une expédition de plusieurs heures avec l'encadrement et les commentaires d'un guide.

Les clubs sont pour la plupart affiliés à la Fédération française de spéléologie.

Fédération française de spéléologie – 28 r. Delandine - 69002 Lyon - ✆ 04 72 56 09 63 - www.ffspeleo.fr.

TAUROMACHIES

En Languedoc, la **course camarguaise** a pour territoire les villes et villages du département du Gard et de l'est du département de l'Hérault. On distingue trois catégories : courses aux As qui rassemblent les meilleurs taureaux, trophée des Raseteurs et trophée de l'Avenir. Les courses se donnent généralement à partir de 15h30-16h, et il est inutile de réserver (sauf cas exceptionnel). Programmes dans la presse régionale.

Fédération française de Course camargaise – 485 r. Aimé-Orand - 30000 Nîmes - ✆ 04 66 26 05 35 - www.ffcc.info/. Chargée de promouvoir et d'encadrer non seulement les courses mais aussi les manifestations taurines de rue (abrivados, bandidos, etc.) et au sens large les traditions gardianes, la Fédération édite une revue, *La Fé di Biou*.

Pour les **tauromachies espagnole** (corridas, novilladas) **et portugaise** (à cheval, sans mise à mort), *voir p. 36*.

THALASSOTHÉRAPIE

Sur la côte languedocienne, les trois grands centres de thalassothérapie sont localisés à **La Grande-Motte**, au **Cap-d'Agde** et au **Grau-du-Roi**. Ces centres proposent des séjours mais aussi des forfaits à la journée ou au week-end, avec ou sans logement.

Syndicat national de la thalassothérapie – ✆ 01 44 70 07 57 ou 02 40 11 72 35 - www.france-thalasso.com.

THERMALISME

Quelques sources minérales et thermales sont présentes en Languedoc et appartiennent à deux grandes catégories : les sources sulfurées et les sources salées.

Les sources sulfurées

Leur température, tiède, peut s'élever jusqu'à 80 °C. Sous forme de bains, douches et humages, ces eaux sont utilisées dans le traitement de nombreuses affections.

On les trouve à : **Bagnols-les-Bains** et **Balaruc-les-Bains**.

Les sources salées

Les eaux bicarbonatées sodiques et calciques sont dites « sédatives ». On les trouve à **Avène-les-Bains** et **Lamalou-les-Bains** dans l'Hérault, **La Chaldette** en Aubrac, **Les Fumades** dans les Cévennes.

Adresses utiles

Centre d'informations thermales – 1 r. Cels - 75014 Paris - ✆ 0 811 908 080 (prix d'un appel local) - www.france-thermale.org.

Fédération thermale et climatique française – 71 ter r. Froidevaux - 75014 Paris - ✆ 01 40 47 57 33 - www.federationthermale.org.

Chaîne thermale du soleil / Maison du thermalisme – 32 av. de l'Opéra - 75002 Paris - ✆ 0 800 050 532 (appel gratuit) - www.chainethermale.com.

TRAINS TOURISTIQUES

Au nord de la Lozère, le **train touristique des gorges de l'Allier** propose un très bel itinéraire entre Langogne et Langeac *(voir Langogne, p. 253)*.

En pays cévenol, le **train à vapeur des Cévennes** relie Anduze à St-Jean-du-Gard *(voir p. 291)* en suivant les Gardon.

VISITES GUIDÉES

La plupart des villes proposent des visites guidées. Elles sont organisées toute l'année dans les grandes villes ou seulement en saison dans les plus petites.
Reportez-vous à la partie « Découvrir le Languedoc », où nous citons les visites guidées qui ont retenu notre attention.

Villes et Pays d'art et d'histoire

Sous ce label décerné par le ministère de la Culture et de la Communication sont regroupés quelque 124 villes et pays qui œuvrent activement à la mise en valeur et à l'animation de leur architecture et de leur patrimoine. Dans les sites appartenant à ce réseau sont proposées des visites générales ou insolites (1h30 ou plus), conduites par des guides-conférenciers et des animateurs du patrimoine agréés par le ministère *(voir également En famille page suivante)*. Renseignements auprès des offices de tourisme des villes ou sur le site www.vpah.culture.fr. Les Villes et Pays d'art et d'histoire cités dans ce guide sont : Beaucaire, Nîmes, Uzès, Lodève, Mende et Pézenas.

VOILE, PLANCHE À VOILE

Sur lacs et plans d'eau

Lacs et plans d'eau sur lesquels on peut pratiquer la voile ou la planche à voile :
Aveyron – Lacs de Villefranche-de-Panat, Pareloup, Pont-de-Salars.
Gard – Lac des Camboux.
Hérault – Étang de Thau, lacs de la Raviège, du Salagou.
Lozère – Lacs de Naussac, Villefort.

Sur mer

Fédération française de voile – 17 r. Henri-Bocquillon - 75015 Paris - ✆ 01 40 60 37 00 - www.ffvoile.net.
Ligue de voile du Languedoc-Roussillon – Espace Voile - Bât. C - Le Patio Santa Monica - 1815 av. Marcel-Pagnol - 34470 Pérols - ✆ 04 67 50 48 30 - www.ffvoilelr.net.
France Station Nautique – 17 r. Henri-Bocquillon - 75015 Paris - ✆ 01 44 05 96 55 - www.station-nautique.com.

En famille

Nous avons sélectionné des sites proposant une visite spécialement adaptée aux enfants, récapitulés dans les **tableaux** des pages suivantes. Repérez-les dans la partie « Découvrir le Languedoc » grâce au pictogramme 👪.

Labels

Stations Kid – Ce label, soutenu par le ministère délégué au Tourisme, permet aux familles de repérer en toute confiance les lieux de séjour les plus actifs pour leurs enfants. Il est décerné en fonction de la qualité de l'accueil, des activités, des équipements, de la sécurité, de l'environnement et de l'animation. Les destinations figurant dans ce guide sont : Avène-les-Bains, Balaruc-les-Bains.

Stations Vertes – Attrait naturel, environnement préservé, qualité de l'accueil et loisirs de pleine nature sont les critères de cette labellisation. Voici les destinations que vous retrouverez dans ce guide : Châteauneuf-de-Randon, Fraisse-sur-Agout, Génolhac, Ispagnac, Langogne, Le Malzieu, Marvejols, Meyrueis, Montagnac, Ste-Énimie, Sauve et Villefort.
www.stationverte.com.

Villes et Pays d'art et d'histoire – Le réseau des Villes et Pays d'art et d'histoire *(voir la rubrique Visites guidées)* propose des visites-découvertes et des ateliers du patrimoine aux enfants, les mercredis, samedis et pendant les vacances scolaires. Munis de livrets jeux et d'outils pédagogiques adaptés à leur âge, ces derniers s'initient à l'histoire et à l'architecture, et participent activement à la découverte de la ville. En atelier, ils s'expriment à partir de multiples supports et au contact d'intervenants de tous horizons : architectes, tailleurs de pierre, conteurs, comédiens, etc. Ces activités sont également proposées pendant la visite des adultes, en juillet-août, dans le cadre de l'opération « L'Été des 6-12 ans ».

SITES OU ACTIVITÉS À FAIRE EN FAMILLE 👪			
CHAPITRE DU GUIDE	**NATURE**	**MUSÉE**	**LOISIRS**
Massif de l'Aigoual		Le Météosite	
Alès		Mine-témoin	
Anduze	Bambouseraie de Prafrance		Train à vapeur des Cévennes
Beaucaire	Le Vieux Mas		
Le Cap-d'Agde	Aquarium, plages		Île des Loisirs, Aqualand
Castelnau-Pégayrols	Micropolis à St-Léons		
La Couvertoirade		Musée d'Automates de Sauclières	
Gorges de la Dourbie		Noria, l'Espace de l'eau à St-Jean-du-Bruel	

EN FAMILLE

CHAPITRE DU GUIDE	NATURE	MUSÉE	LOISIRS
Florac			Sentier des dinosaures à St-Laurent-de-Trèves
Le Grau-du-Roi		Seaquarium, palais de la Mer	Plages
La Grande-Motte			Espace Grand Bleu, plage
Lamalou-les-Bains		Maison des arts de Bédarieux	
Langogne		Filature des Calquières	
Causse du Larzac	Reptilarium de Ste-Eulalie-de-Cernon		
Lodève		Musée Fleury, Mine de cuivre de Pioch-Farrus	
Marvejols	Parc des Loups du Gévaudan Réserve de bisons		
Causse Méjean	À Hyelzas, ferme caussenarde d'autrefois		
Mende			Mimat Aventure
Meyrueis	Belvédère des vautours		
Canal du Midi	Écluse de l'Aiguille		
Minerve		Musée Hurepel	
Montpellier	Parc zoologique du Lunaret, domaine de Restinclières		Planétarium Galilée, aquarium Mare Nostrum
Mont-Louis	Parc animalier des Angles	Four solaire	
Mont Lozère		Château d'Aujac	Le Vallon du Villaret
Cirque de Mourèze	Parc des Courtinals		
Nîmes			Chasse au trésor dans les arènes
Olargues		Centre multimédia Cebenna	
Pézenas		Scénovision Molière, musée Boby-Lapointe	
Pont du Gard		Espace Ludo	« Rendez-vous à la rivière »
Roquefort-sur-Soulzon		Maison de la mémoire à St-Affrique	
Sète		MIAM, Espace Georges-Brassens	
Sommières		Halle du verre à Claret	
St-Guilhem-le-Désert		Musée du santon ; Argileum à St-Jean-de-Fos ; Village préhistorique de Cambous	
St-Jean-du-Gard		Maison de l'eau de la vallée Borgne	
St-Pons-de-Thomières		Musée de Préhistoire régionale	
St-Sernin-sur-Rance		Château de St-Izaire, château de Montaigut	
Sylvanès (abbaye de)		Château de Fayet	
Tarn (gorges du)		Usine d'embouteillage de Quézac	
Bassin de Thau		Musée-parc des Dinosaures, musée- parc Préhistoire Origine Évolution	
Uzès		Musée du Bonbon Haribo, moulin de Chalier	Parc aquatique de la Bouscarasse
Le Vigan		Maison des jouets à Bréau Salle des métiers du Musée cévenol	

Mémo

Agenda

MARS

Le Grau-du-Roi – Abrivados des plages (3e sam.).

AVRIL

Parc national des Cévennes – Festival nature : randonnées à thème, expositions, conférences, spectacles, foires et marchés (avr.-oct.) - ✆ 04 66 49 53 01 - www.cevennes-parcnational.fr.

MAI

St-Jean-du-Gard – Festival de printemps de la randonnée en Cévennes - ✆ 04 66 85 17 94 - www.randocevennes.com.
Alès – Feria (w.-end de l'Ascension).
Nîmes – Feria de Pentecôte (du merc. au lun.).

JUIN

Bouzigues – Fête des pêcheurs (dernier dim.) - ✆ 04 67 78 30 12.
Maguelone – Festival de musiques ancienne et baroque (1re quinz.) - ✆ 04 67 60 69 92 - www.musiqueancienneamaguelone.com.
Montpellier et sa région – Printemps des comédiens - ✆ 04 67 63 66 67 - www.printempsdescomediens.com. Festival international Montpellier Danse (fin juin-déb. juil.) - ✆ 0 800 600 740 (appel gratuit) - www.montpellierdanse.com.
Nasbinals – Foire artisanale et brocante (2e dim.) - ✆ 04 66 32 55 73 - www.nasbinals-tourisme.fr.
Sète – Images singulières (rencontres photographiques) ; festival Quand je pense à Fernande (chanson) - ✆ 04 67 74 71 71 (OT).
Total Festum – Fête des cultures occitane et catalane (tout le mois, en diverses localités du Languedoc-Roussillon).

JUILLET

Béziers – Festa d'oc, autour du 13 juil., ✆ 04 67 31 76 76 - www.beziers.fr.
Le Cap-d'Agde – Fête de la mer (dernier w.-end) - ✆ 04 67 01 04 04 - www.capdagde.com.
Frontignan – Festival du muscat (mi-juil.) - ✆ 04 67 18 31 60 - www.tourisme-frontignan.com.
Montpellier – Festival de Radio France et Montpellier Languedoc-Roussillon - 3 dernières sem. - art lyrique, musique de chambre, jazz, musique du monde… ✆ 04 67 61 66 81 - www.festivalradiofrancemontpellier.com.
Palavas-les-Flots – Joutes nautiques nocturnes sur le canal (le 14).
Ste-Énimie – Festival de la BD médiévale (mi-juil.) - www.enimie-bd.fr.
Sète – Fête de la St-Pierre (mi-juil.). Festival jazz - ✆ 04 67 74 71 71 (OT) ou 04 67 51 18 11.
St-Guilhem-le-Désert – Saison musicale de St-Guilhem (1re quinz.) - ✆ 04 67 96 86 19 - www.saint-guilhem-le-desert.com.

JUILLET-AOÛT

Agde – Tournois de joutes nautiques - ✆ 04 67 94 44 73.
Lamalou-les-Bains – Festival d'opérette (de mi-juil. à fin août) -

✆ 04 67 95 70 91 - http://festivaldelamalou.com.
Abbaye de Sylvanès – Festival international de musique sacrée - ✆ 05 65 98 20 20 - www.sylvanes.com.
Murviel-lès-Béziers – Fête des Petetas, grandes poupées de chiffon et de paille (de mi-juil. à mi-août) - ✆ 04 67 32 83 45.
Le Vigan – Festival de musique classique (de mi-juil. à fin août) - ✆ 04 67 81 01 72 - www.festivalduvigan.fr.

AOÛT

Sommières – Fête votive (fin juil.-déb. août) - ✆ 04 66 80 89 76.
Béziers – Feria (autour du 15) - ✆ 04 67 31 76 76 - www.ville-beziers.fr.
Bouzigues – Foire aux huîtres (1er ou 2e w.-end) - ✆ 04 67 78 32 93.
Palavas-les-Flots – Joutes nautiques (le 15 en nocturne).
Nasbinals – Foire aux bestiaux (le 17) - ✆ 04 66 32 55 73 - http://nasbinals.fr.
Sète – Fête de la St-Louis (le 20) : joutes, feux d'artifice, traversées de Sète à la nage - www.ville-sete.fr.
Fiest'A Sète (déb. du mois) - ✆ 04 67 74 48 44 - www.fiestasete.com.

SEPTEMBRE

Florac – Épreuve d'endurance équestre dans le parc national des Cévennes, « Les 160 km de Florac » - www.160florac.com.
Mialet – Rassemblement protestant au Mas Soubeyran (1er dim.) - ✆ 04 66 85 02 72 - www.museedudesert.com.
Nasbinals – Foire aux bestiaux (le 9) - ✆ 04 66 32 55 73 - http://nasbinals.fr.
Nîmes – Feria des Vendanges (3e w.-end).

OCTOBRE

Béziers – Fête des primeurs : danses des treilles et du chevalet, bénédiction du vin nouveau, etc. (fin du mois) - ✆ 04 67 76 20 20.
Montpellier – Foire internationale - ✆ 04 67 17 67 17 - www.foire-montpellier.com.

FIN OCTOBRE-DÉBUT NOVEMBRE

Montpellier – Festival international du cinéma méditerranéen - ✆ 04 99 13 73 73 - www.cinemed.tm.fr.
Salon du cheval - ✆ 04 67 17 67 17 - www.cheval-montpellier.com.

NOVEMBRE

Nasbinals – Foire aux chevaux (vers le 7) - ✆ 04 66 32 55 73 - http://nasbinals.fr.
St-Jean-du-Gard – Festival d'automne de la randonnée en Cévennes - ✆ 04 66 85 17 94 - www.randocevennes.com.

Bibliographie

MÉDIAS

Presse écrite

Quotidiens – *Le Midi libre.*
Hebdomadaires régionaux – *La Gazette de Montpellier, La Gazette de Nîmes, La Gazette de Sète* et *La Lozère nouvelle.*
Revues – *Massif central magazine, Toros, La Fé di Biou* (la foi dans le taureau).

LIVRES

Voici notre sélection de beaux livres, documents, ouvrages pratiques ou romans permettant de découvrir la région ou d'approfondir un thème.

Géographie – Économie

Aimer le Languedoc-Roussillon, A. Dag'Naud, C. Bibollet, Ouest-France, 2003.

Paysages des Cévennes, A. Rivière-Honegger, Privat, 2000.

Aude et *Languedoc méditerranéen*, éditions Bonneton, 1994 et 1981 : deux ouvrages d'une collection de référence.

Histoire – Art

Itinéraires romans en Cévennes, I. Darnas, G. Durand, Montpellier, éd. La Voix Domitienne, 2009.

Histoire du Languedoc, P. Wolff, Privat, 2000 : l'histoire complète du Languedoc.

Histoire de Béziers, de Carcassonne, de Montpellier, de Narbonne, de Perpignan, de Sète, Privat, 2000.

Histoire des Cévennes, P. Cabanel, PUF, collection « Que sais-je ? », 2003.

Histoire générale du protestantisme, É. G. Léonard, coll. « Quadrige », 3 vol., PUF, 1998 : un ouvrage de référence.

Connaissance du canal du Midi, A. d'Antin de Vaillac, France-Empire, 1997. Tout sur les origines et l'histoire du canal.

Le Canal du Midi et les voies navigables de l'Atlantique à la Méditerranée, R. Gast, Ouest-France, coll. Itinéraires de découverte, 2009.

Vie quotidienne

Voyous et Gentlemen, une histoire du rugby, J. Lacouture, Gallimard, coll. « Découvertes », 1993 : le rugby, vu par un historien de renom.

La Fabuleuse Histoire du rugby, H. Garcia, Minerva, 2004 : grand prix de la littérature sportive en 1986.

Gastronomie

La Cuisine du Languedoc-Roussillon, K. Aguillaume, Gisserot, 2006.

Cuisine du Languedoc-Roussillon d'hier et d'aujourd'hui, G. et T. Rousset, D. Bénaouda, Ouest-France, 2006.

Randonnées

La Lozère à pied, Fédération française de randonnée pédestre, 2003.

Sur le chemin de Stevenson, H. Béllec, B. Colliot, Ouest-France, coll. Itinéraires de découverte, 2007.

Contes et légendes

Contes à mi-voix, J.-P. Chabrol, Grasset, 1985 : figure emblématique de la littérature cévenole, Jean-Pierre Chabrol (1925-2001) se fait l'héritier de la tradition orale des conteurs cévenols.

Le Conte populaire en Cévennes, J.-N. Pelen, Payot, 1994 : sélection des plus beaux contes cévenols.

Romans du terroir

Voyage avec un âne dans les Cévennes, R. L. Stevenson, 10/18, 2001 : un classique de la littérature de voyage (1879).

L'Épervier de Maheux, J. Carrière, Robert Laffont, 1992 : prix Goncourt 1972, d'un auteur déchiré entre la solitude de ses Cévennes natales et celle de l'immense New York.

Les Fous de Dieu, J.-P. Chabrol, Gallimard, 1998 : au 18e s., le conflit entre camisards et troupes du roi vu par un adolescent cévenol.

La Banquise, J.-P. Chabrol, Presses de la cité, 2007 : la vie d'une femme en Lozère dans les années 1930 et sous l'Occupation.

Suite cévenole, A. Chamson, Bartillat, 1999 : trois romans issus de la tradition orale de la région.

La Gantière, D. Crozes, LGF, 1999 : la vie des gantiers de Millau durant tout le 20e s.
Les Larmes de la vigne, J.-L. Magnon, Seghers, 1991 : roman témoignage d'un vigneron communiste né avec le 20e s.
La Deltheillerie, Joseph Delteil, Grasset : l'art de vivre savoureux d'un écrivain anticonformiste.
Vert paradis, Max Rouquette, Éditions du Rocher, 2006. Traduction française du chef-d'œuvre du plus grand écrivain occitan du 20e s.

BD

La Révolte des camisards 1702-1710, P. Astruc, Presses du Languedoc, 1992.

Filmographie

LE LANGUEDOC AU CINÉMA

Aubrac, les Cévennes

Saint-Jacques... La Mecque (2005), de Coline Serreau.

Aveyron

Farrebique (1946) et *Biquefarre* (1984), « docu-fictions » de Georges Rouquier (1909-1989) primés au Festival de Venise.

Montpellier et l'Hérault

L'homme qui aimait les femmes, de François Truffaut, avec Charles Denner.
L'Emmerdeur, d'Édouard Molinaro, avec Jacques Brel et Lino Ventura.
36 vues du pic St-Loup (2009), de Jacques Rivette, avec Jane Birkin et Sergio Castellito.

Nîmes

Les Mistons de François Truffaut avec Bernadette Lafont.
Bellamy, de Claude Chabrol, avec Gérard Depardieu.

Sète

La Pointe courte (1954) et *Les Plages d'Agnès* (2009), d'Agnès Varda.
La Graine et le Mulet (2007), d'Abdellatif Kechiche.

2/ COMPRENDRE LE LANGUEDOC

Bonus

Lors d'une fête à Sauve, dans le Gard, des gardians à cheval escortent des taureaux.

P. Frilet / hemis.fr

Le Languedoc aujourd'hui

Joyeuse effervescence lors des manifestations taurines, engouement pour les ferias, les fêtes votives et les joutes nautiques : le Languedoc aime les jeux et les sports traditionnels de grand air. Après une longue période de crise, l'économie régionale offre de nouvelles perspectives et modernise ses activités. La population est en forte croissance en raison de l'installation de nouveaux résidents, souvent attirés par le climat, le dynamisme de l'agglomération montpelliéraine et les mutations que connaît le territoire depuis quelques années.

Traditions languedociennes

Ferias, jeux de tambourin, joutes nautiques, corridas sont des fêtes et des traditions typiques de la région. Dans l'Hérault, des animaux totémiques véhiculent l'histoire de certaines communes.

FÊTES VOTIVES ET CARNAVALS

Les villages sont en liesse pour les **fêtes votives** (ou **vòtas**). Sur la côte, c'est le patron des pêcheurs, saint Pierre, qui est honoré, tout le mois de juin (Le Grau-du-Roi, Palavas, etc.) : les chalutiers se rassemblent en mer où sont lancées des gerbes de fleurs en mémoire des marins disparus. À l'intérieur des terres, la rentrée des récoltes (ou des vendanges) est abondamment fêtée : les *vòtas* se succèdent de début août à mi-octobre, certaines durant une semaine entière et étant suivies, après quelques jours de calme, d'un nouveau week-end de fête, le « **revivre** ». Bals, animations, jeux divers et taureaux égaient alors les rues et les places de villes comme St-Laurent-d'Aigouze, Aubais, Vauvert ou Castries.
Dans l'Hérault, lors des fêtes traditionnelles de villages (carnavals ou autres fêtes locales), des **animaux totémiques**, composés de bois et de toile, sont souvent exposés. Portées par les villageois, les bêtes font écho à une légende et garantissent la protection de la communauté. Le chameau défile par exemple à Béziers lors de la fête de saint Aphrodise, le poulain à Pézenas le jour de Mardi Gras ou encore le loup à Loupian et le bœuf à Mèze.

PROCESSIONS

La ferveur religieuse est vivace mais assez réservée dans les **Cévennes**, où l'empreinte protestante se traduit par une certaine austérité. Le premier week-end de septembre de chaque année, plusieurs milliers de protestants de France et d'Europe se rassemblent à **Mialet**, haut lieu de la Réforme. Les participants se remémorent

les luttes sanglantes de la communauté pour son droit à l'exercice du culte.
En **Petite Camargue gardoise**, restée à l'écart du protestantisme, des confréries de pénitents noirs ou gris subsistent à Aigues-Mortes et Beaucaire et défilent le **Vendredi saint**.

FERIAS

Le mot *feria* désigne à l'origine une foire agricole, à laquelle sont venues se joindre des festivités diverses et notamment des corridas *(voir p. 37)*. Importées de l'Espagne, les **ferias** rassemblent chaque année des milliers de personnes à Nîmes, Alès, Beaucaire, St-Gilles, Vauvert, Béziers et Palavas. Plusieurs jours durant, les *peñas* (fanfares) animent les festivités de leurs *paso doble* entraînants, tandis que dans les *bodegas* (bars éphémères) vin et pastis coulent à flots. On danse la sévillane dans les bals et, entre deux courses aux arènes, on joue à défier les taureaux lâchés dans les rues.

LE JEU DE TAMBOURIN

Voici un sport éminemment régional ! Héritier de la longue paume, le jeu de tambourin (appelé aussi « balle au tambourin ») est né officiellement en 1861 lorsqu'un tonnelier de Mèze invente le tambourin, cercle de bois sur lequel est tendue une peau de chèvre, avec lequel les joueurs se renvoient la balle. Il se pratique par équipes de cinq se faisant face de part et d'autre d'un filet, sur un terrain goudronné ou de terre battue, de 80 m sur 18. Les règles comme le décompte des points (15, 30, 40…) sont proches de celles du tennis et la partie s'achève lorsqu'une des équipes a remporté 13 jeux. C'est le poète **Max Rouquette** (1908-2005), un passionné, qui a créé et dirigé la fédération française de ce sport et fait évoluer les règles de façon à pouvoir organiser des rencontres internationales avec l'Italie. Actuellement, le Championnat de France nationale 1 (l'élite) comporte huit équipes, toutes de l'Hérault (les équipes de Poussan et de Cournonsec tiennent le haut du pavé), même si la pratique du tambourin commence à s'exporter dans les départements voisins… et jusque dans le Nord-Pas-de-Calais !

LES JOUTES NAUTIQUES

Il faut les voir ces jouteurs, de blanc vêtus, impeccables, pieds nus sur la planche des barques, le pavois (bouclier décoré) dans une main, la lance de pin dans l'autre. Ce sont les « chevaliers de la tintaine » qui s'affrontent de juin à septembre, de Mèze au Grau-du-Roi, d'Agde à Palavas, et surtout à Sète, où le concours des poids lourds organisé pour les fêtes de la St-Louis, et qui désigne le meilleur jouteur de l'année, rassemble une foule considérable sur les rives du canal. Pour qui le bon bain ?

SPORTS TRADITIONNELS

Terre d'Ovalie

Né en 1823 à Rugby (Angleterre) d'une entorse aux règles du football, ce sport a rapidement connu un grand succès auprès des

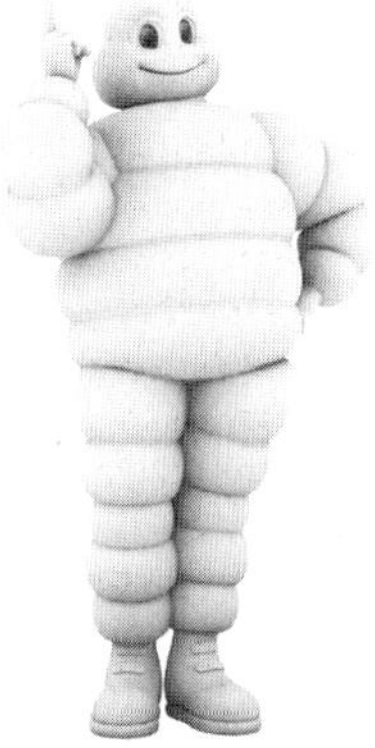

Occitans et des Catalans. Leur goût pour la fraternité, l'amusement et la « castagne » sont franchement exaltés dans ce « sport de voyous pratiqué par des gentlemen ».
Au **rugby à XV**, passer le ballon ovale en avant à la main entraîne une « mêlée », un arc-boutement puissant de joueurs. Au **rugby à XIII** ou **jeu à XIII** (13 joueurs), celle-ci est déclarée lorsque le ballon franchit les limites latérales du terrain.
Parmi les grandes équipes régionales du XV, l'**Association sportive Béziers (ASB)** a maintes fois remporté le fameux Bouclier de Brennus. Après un passage à vide, l'ASB connaît aujourd'hui une nouvelle envolée grâce à la professionnalisation. Le **Montpellier Hérault Rugby Club**, nouveau venu, est parvenu en finale du championnat de France en 2011.
La ferveur pour le ballon ovale est entretenue par l'hebdomadaire *Midi olympique*, imprimé traditionnellement sur papier jaune.

Football

Le Languedoc est aussi voué au **ballon rond**. Les vieux Sétois se souviennent avec nostalgie du grand **FC Cette** (ancien nom de la ville), plusieurs fois vainqueur de la Coupe de France et du championnat… dans les années d'avant-guerre. En 2012, Montpellier a décroché le titre de champion de France de football.

LE TAUREAU ROI

La présence des taureaux de Camargue sur leur territoire, comme la proximité de l'Espagne sont pour beaucoup dans l'engouement qu'affichent les Languedociens pour les jeux taurins. Les corridas de Nîmes et de Béziers affichent les noms des plus célèbres toreros, tandis que le spectacle épique des courses aux taureaux et à la cocarde rassemble dans le Gard et l'est de l'Hérault une foule de passionnés.

Terres de bouvine

Fief des **manades** (troupeaux de taureaux noirs accompagnés de chevaux blancs), les « terres de bouvine » s'animent d'une joyeuse effervescence lors des **courses camarguaises**. Arles et Nîmes, capitales incontestées, mais aussi quantité d'autres localités affichent d'avril à octobre un calendrier bien rempli, qui culmine en octobre avec la grande finale du Trophée des As, récompensant le meilleur **raseteur** de l'année, auréolé désormais du titre de champion de France.
Tradition camarguaise, cette course taurine demeura longtemps l'apanage des garçons de ferme avant de se développer dans les villages. Chacun pouvait s'élancer sur la piste et défier le taureau, pour tenter d'attraper la cocarde fixée entre ses cornes, d'où le nom de « course libre » qu'elle portait alors. Codifiée au fil des ans, elle se déroule désormais dans les arènes, entre professionnels. Les taureaux les plus célèbres restent quant à eux dans la mémoire collective, et certains sont même honorés par des monuments (*Goya* à Beaucaire, *Le Sanglier* au Cailar, *Gandar* à Vauvert…).
Quand le taureau est dans la rue – Cette ferveur autour du taureau (la « fé di biou ») se retrouve dans d'autres manifestations populaires, les tumultueuses *abrivados* (arrivée), *bandidos* (départ) où les animaux encadrés de gardians à cheval tentent d'éviter les « atrapaïres », jeunes gens tentant d'isoler un des taureaux, avant de l'immobiliser. Quelques accidents (parfois mortels) dus surtout à l'imprudence de spectateurs non avertis ont conduit ces dernières années à encadrer de plus en plus ce genre de manifestations taurines, notamment en balisant le parcours de hautes barrières, au grand dam des puristes. Ceux-ci font remarquer que la tradition

Corrida pendant une feria.
Tilio / Paolo / Fotolia.com

est fort ancienne puisque, jadis, les taureaux galopaient depuis la manade jusqu'au village où se déroulait la course : le grand jeu consistait à les faire s'échapper par tous les moyens.

Les corridas espagnoles

Introduite à Nîmes en 1853, la corrida espagnole ne pouvait que trouver dans la région un écho favorable. Aujourd'hui, l'*aficionado* (amateur de taureaux) languedocien n'a guère le temps de souffler : **corridas** (avec mise à mort), **novilladas** (affrontement avec un taureau de moins de quatre ans, première étape de la carrière d'un torero) et **corridas de rejón** (à cheval) se succèdent d'avril à septembre.

La corrida commence par un *paseo* (défilé des toreros). Après une première série de passes de

LA COURSE CAMARGUAISE

Véritables héros de la course, sept taureaux se succèdent dans l'arène, pour un affrontement d'un quart d'heure chacun. Vêtu de blanc, le **raseteur** entre en piste et, tandis que le « tourneur » détourne l'attention de la bête, il tente, par une course en arc de cercle (ou raset), d'approcher le taureau pour attraper ses attributs à l'aide d'un crochet : la cocarde rouge (au milieu du frontal), les glands blancs (sous les cornes) et les ficelles les retenant. Un exercice qui requiert du style, mais aussi de la souplesse et du courage. Chargé par l'animal, le raseteur franchit la barrière dans un envol spectaculaire. Les taureaux les plus appréciés se ruent alors à sa poursuite, fracassant les planches, voire sautant par-dessus afin d'attraper au vol le raseteur : c'est le « coup de barrière » qui soulève l'enthousiasme des foules, tandis qu'un vieux gramophone joue quelques mesures de l'*air du toréador* de *Carmen* en l'honneur du vaillant cocardier. Né en 1978 à Vendargues (Hérault), **Sabri Allouani**, raseteur au style spectaculaire, a remporté neuf fois le Trophée des As, championnat de France de la spécialité.

cape, les picadors jouent de leur pique pour régler le port de tête du taureau, bientôt relayés par les banderilleros, qui plantent leurs banderilles dans l'encolure de la bête. Lorsque les clarines retentissent, le matador enchaîne les passes avec la *muleta* (drap rouge fixé sur un bâton de bois), prélude majestueux à l'*estocade* (mise à mort). Les matadors les plus méritants se voient attribuer les oreilles ou, trophée suprême, la queue de leur victime... tandis que les échecs sont accompagnés de sonores *broncas*.

Des Languedociens dans l'arène – Aux côtés des toreros espagnols et sud-américains les plus aguerris, quelques Français ont su se faire une place à l'affiche des ferias provençales : après le Nîmois Christian Montcouquiol, surnommé « Nimeño II », dont la carrière s'acheva tragiquement un jour de septembre 1989 à Arles, ses compatriotes Denis Loré et Stéphane Fernández Meca ont su se faire une place honorable. Mais aujourd'hui c'est un Biterrois, **Sébastien Castella**, qui joue les premiers rôles, depuis ses succès à Madrid (2005, 2006 et 2009) et Séville (2006).

Gastronomie

La gastronomie languedocienne rend hommage à la variété des paysages. Plats, fromages, vins et douceurs sont les témoins d'une nature aux mille visages.

CUISINE LANGUEDOCIENNE

Elle célèbre l'**huile d'olive** et les **herbes** des garrigues (thym, romarin, genièvre, ail, sauge, fenouil...) qui parfument les escargots à la sommiéroise ou à la lodévoise, le gibier, les oiseaux en sauce (pigeons au genièvre du Caylar) ou en terrine (grives du Vigan), les célèbres **petits pâtés de Pézenas** à base de mouton (et de confiture !) ou encore l'*aigo boulido* soupe à l'ail, herbes aromatiques, œufs et croûtons. La cuisine est quelquefois agrémentée de **truffes** qui naissent aux pieds des chênes verts sur les coteaux de l'Hérault et du Gard. Sous ses différentes variantes, la **gardiane de taureau** (marinée au vin) fait le bonheur des palais en Camargue gardoise. Aubergines, tomates, courgettes, poivrons... forment la traditionnelle ribambelle méditerranéenne, cachée pour partie dans la **croustade de Clermont-l'Hérault** ou les **crépinettes**. Vertes ou noires, les **olives de Bize-Minervois** se savoureront seules, en apéritif.

Littoral et arrière-pays

Sur le **littoral**, on dégustera bien sûr poissons et fruits de mer : le rouget très fin, la morue, apprêtée en **brandade**, inséparable de la ville de Nîmes, le loup (bar), délicieux cuisiné au fenouil, voire flambé au pastis, la baudroie (lotte) en **bourride** sétoise ou en gigot de Palavas, les seiches à la rouille ou en macaronade, les **huîtres et moules de Bouzigues ou de Mèze** (elles ne sont jamais si bonnes que mangées dans une improbable guinguette, sur une table à tréteaux et accompagnées d'un picpoul-de-pinet bien frais), les **poissons grillés à la plancha**, les **moules farcies à l'ail et aux herbes**... À moins que l'on se contente de

la **soupe de poissons** ou d'une simple **tielle**, sorte de chausson fourré aux fruits de mer (moules, encornets, tomates et piments), achetée sur un étal ambulant, idéale pour combattre une petite faim en flânant sur les quais…
L'**arrière-pays**, de plaine ou de montagne, propose traditionnellement une gastronomie plus robuste. Vous dégusterez des **charcuteries** (saucisson, jambon, pâté, saucisses sèches), du **gibier** au délicieux fumet, du **mouton**, des **fromages** et des champignons dans les Causses et les Cévennes.
L'Aubrac est la terre de l'**aligot**. Onctueux mélange de tomme de cantal fraîche, de pommes de terre en purée, et de crème, l'aligot accompagne une exquise **viande bovine** en provenance des hauts plateaux.

Fromages ou desserts ?

Le lait de vache donne des pâtes célèbres, le **bleu des Causses** et la **fourme de Laguiole** de l'Aubrac, « formée » par un bois qui brunit sa croûte. Celui des brebis du Larzac donne le **pérail** et le prestigieux **roquefort**, tandis que le **pélardon** cévenol vient des chèvres.
Pour clore le repas d'une touche sucrée, vous aurez l'embarras du choix : **gâteau à la broche** en Aveyron, **croquants** aux amandes, **amellonades de Florac** (brioche), ou **grisettes de Montpellier** (bonbons au miel, herbes, réglisse). Pour la fête des Rois et Mardi Gras, on abuse à Montpellier des succulentes **oreillettes** parfumées à l'orange.

LES GRANDS CHEFS

Quelques cuisiniers de talent ont su exploiter, magnifier et parfois revisiter la tradition culinaire locale. Petit tableau d'honneur non exhaustif.

À Montpellier

Jacques et Laurent Pourcel, natifs d'Agde, affichent la particularité d'être frères jumeaux. On comprendra de ce fait qu'ils ne se séparent que très rarement et qu'ils montrent beaucoup de similitudes. Se faire reconnaître par les clients dans leur restaurant est un petit jeu qui les amuse beaucoup. Très jeunes, à 24 ans, ils se sont lancés dans l'aventure en créant le Jardin des Sens qui a vite atteint une grande notoriété. Leurs classes effectuées chez les plus grands chefs furent le seul long moment de leur existence où ils se trouvèrent séparés. Postés à leur « piano à quatre mains », complices et complémentaires, ils régalent les palais les plus exigeants par leur cuisine dépouillée et contemporaine dédiée à la mer et au soleil, axée sur le produit. Les clients installés dans l'originale salle à manger en gradins, ouverte sur le coquet jardin, apprécient cette « cuisine des cinq sens » très personnalisée. Célèbres dans le monde entier, les frères Pourcel ont ouvert de nombreuses adresses aux quatre coins de la planète.
Le Jardin des Sens - 04 99 58 38 38 - www.jardindessens.com.

À Garons (près de Nîmes)

Michel Kayser, natif de Moselle, a adopté et a été adopté par Nîmes et sa région depuis fort longtemps. Il mène avec brio et enthousiasme son élégant restaurant Alexandre, souvenir du patronyme de l'ancien propriétaire, niché dans un superbe parc ombragé et fleuri. Ayant fait ses armes comme second de cuisine à la célèbre maison Kammerzell de Strasbourg, le chef concocte ici une cuisine épurée et goûteuse, teintée de saveurs locales, couronnée de deux étoiles. Proche de l'aéroport,

l'adresse attire les clients de tout le département et d'ailleurs ; et c'est Monique, l'épouse de Michel, qui se charge de l'accueil et du bien-être des convives tout au long du repas. Des repas le plus souvent arrosés des meilleurs vins du Languedoc-Roussillon pour lesquels Michel Kayser se passionne.
Alexandre - 04 66 70 08 99 - www.michelkayser.com.

LES VINS

Le vignoble du Languedoc est le plus vaste et l'un des plus anciens au monde. Il s'étend sur les départements du Gard, de l'Hérault et de l'Aude.

Blancs, rouges et rosés

Parfois charpentés, lorsqu'ils sont rouges, secs mais fruités en blanc, appréciés l'été dans leur variante rosée, les vins des **costières de Nîmes** occupent un terroir vallonné en bordure du Rhône, entre Beaucaire au nord et Vauvert au sud.
À Aigues-Mortes, des vignobles ont été plantés sur le cordon littoral sablonneux. Dans ce milieu naturel particulier, grenache, syrah, merlot et sauvignon donnent des vins rosés, rouges ou blancs, appelés **vins des sables**.
Appellation d'origine contrôlée depuis 1985, les **coteaux-du-languedoc** rassemblent les crus de l'Hérault, du Gard et de l'Aude, dont quelques terroirs peuvent ajouter leur nom à l'appellation : cabrières, la méjanelle, montpeyroux, pic-st-loup, st-christol, st-drézéry, st-georges-d'orques, st-saturnin, vérargues, **picpoul-de-pinet** ; ce dernier est parfait pour accompagner les huîtres de l'étang de Thau.
Au nord de Pézenas, la région de **Cabrières** produit la **clairette-du-languedoc** (AOC), vin blanc sec élaboré à partir du cépage clairette.
Les vins de pays sont vendus sous le nom de « vins de pays d'Oc » ou « vins de pays » suivi du nom de leur département d'origine.
À une vingtaine de kilomètres au nord de Béziers, le vignoble de **faugères** (AOC) produit des vins puissants ; l'appellation **st-chinian** donne des vins élégants.
Dans la vallée du Tarn, entre Peyreleau et Broquiès, les coteaux protégés des vents froids sont l'aire des **côtes-de-millau**, regroupant surtout des vins rouges et rosés.

Vins doux naturels

Ils sont tout bonnement typiquement méditerranéens ! Pour conserver la quantité de sucre voulue dans le vin, on ajoute de l'alcool dans le moût (jus du raisin) en cours de fermentation. On distingue les muscats, issus des cépages muscats d'Alexandrie ou à petits grains, et les autres, au cépage noble comme le grenache, le maccabéo, le carignan et le malvoisie.
Le territoire produit une gamme de **muscats**, de **Frontignan**, de **Lunel**, de **Mireval** ou de **St-Jean-de-Minervois**, qui portent une belle robe dorée, en harmonie avec leurs arômes d'agrumes et de miel.
Autre apéritif traditionnel : la **Cartagène**. Son nom viendrait du verbe occitan cartager qui signifiait « labourer quatre fois », la cartagène se préparant avec un mélange de quatre volumes de moût de raisin pour un volume d'alcool.
Le **Noilly-Prat**, vieilli dans des fûts au soleil de Marseillan, est un apéritif à base de vin et de vin doux naturel.
Voir « La fin d'un vignoble de masse ».

Une économie réorientée

Entre tradition et innovation, l'économie du Languedoc vit depuis les années 1990 de profonds

Vignoble au pied du Pic-Saint-Loup.
B. Rieger / hemis.fr

changements. Face au déclin des industries traditionnelles, textile et minière, la région s'attache à faire émerger des pôles industriels d'excellence, à valoriser ses atouts touristiques et à réorienter sa politique viticole.

VERS UNE INDUSTRIE DE POINTE

Des pôles d'excellence

La décentralisation d'IBM à Montpellier en 1965 marque le point de départ d'une aventure industrielle à **haute technologie**. Le dynamisme du bassin montpelliérain s'est traduit par l'implantation de nouvelles entreprises dans le domaine de l'électronique, du multimédia, mais aussi, tradition hospitalière oblige, du médical et paramédical. C'est le cas notamment d'un centre de recherche spécialisé dans les maladies cardio-vasculaires et le système nerveux, ou encore d'un laboratoire qui développe des médicaments ophtalmologiques. Nîmes et Montpellier accueillent chacune une CHU de pointe. Ces implantations ont contribué à modifier profondément la population de la capitale de la région.

Rayonnement des centres de recherche

Si le potentiel scientifique est concentré en grande partie sur Montpellier, l'École supérieure d'électronique et d'informatique de Nîmes, l'École des mines d'Alès ou encore le Centre de recherche nucléaire de Marcoule tirent également leur épingle du jeu. Le bassin d'**Alès-La Grand'Combe**, anciennement minier, s'est reconverti après une mutation douloureuse dans la fabrication d'appareils électriques et la mécanique, mais ce secteur souffre actuellement. Autour de Nîmes, les industries de la chimie-pharmacie et de l'agroalimentaire restent prépondérantes.

Développement de l'agroalimentaire

De grands groupes ont choisi le Languedoc pour installer leurs unités de production. D'autres

LA DÉMOUSTICATION DU LITTORAL

Longtemps insalubres, les étangs et marais du littoral languedocien furent les premiers à bénéficier de la démoustication conduite par l'EID-Méditerranée. Cette organisation neutralise chaque année l'apparition des larves de moustiques. Pour détecter les foyers larvaires, les « chasseurs » de moustiques s'appuient sur des cartes écologiques du littoral méditerranéen décrivant les différents niveaux d'eau et de salinité, deux critères primordiaux à une éventuelle invasion. Un « commando spécial » se rend sur place, afin d'évaluer l'importance du phénomène. Ensuite, place à la grosse artillerie, les avions se chargent de pulvériser l'insecticide, aujourd'hui plus respectueux de l'environnement.

s'illustrent par la transformation de produits locaux comme St-Mamet (installé dans le Gard) pour le secteur des fruits et des légumes, Haribo France, basé à Uzès, pour la confiserie, ou encore les Salins du Midi à Aigues-Mortes. Par ailleurs, le territoire est bien présent sur le secteur des **eaux minérales**. **Perrier** exploite sa source près de Vergèze, au sud de Nîmes, employant plus de 1 500 personnes. En Lozère, à l'entrée des gorges du Tarn, une soixantaine de personnes travaillent dans l'usine d'embouteillage de **Quézac**. Enfin, le parc naturel régional du Haut-Languedoc abrite la source d'eau gazeuse, **Salvetat**, embouteillée dans la commune de La Salvetat-sur-Agout.

Présent dans 90 pays et leader de l'aliment sec pour chien, Royal-Canin est historiquement implanté entre Nîmes et Montpellier, à Aimargues.

LE TOURISME

Avec près de 15 millions de visiteurs par an dans la région Languedoc-Roussillon, dont un tiers de clientèle étrangère, le tourisme est un enjeu majeur, indispensable à l'économie de la région, 4e destination touristique française après l'Île-de-France, les régions PACA et Rhône-Alpes.

Le tourisme de masse a véritablement pris son essor dans les années 1970, avec la création des nouvelles **stations balnéaires** comme Le Cap-d'Agde, Gruissan, Port-Camargue ou La Grande-Motte, qui a nécessité un profond remodelage du terrain et la démoustication du littoral *(voir encadré ci-dessus)*.

Aujourd'hui, la côte continue d'attirer la foule des estivants. Les amateurs de calme, de terres intactes et d'air pur se dirigent vers les Causses, les Cévennes et l'Aubrac.

SURVIE DE L'ARTISANAT

Si l'artisanat se développe principalement autour des secteurs du bâtiment et des services, quelques traditions résistent malgré tout, et parmi les centaines d'entreprises spécialisées dans les métiers d'art que compte le territoire, certaines perpétuent un savoir-faire ancestral. À **Millau** (Midi-Pyrénées), le travail artisanal du **cuir** se poursuit. Les gants taillés dans un cuir d'agneau très fin y sont brodés à la main puis longuement lissés afin d'obtenir la douceur désirée. De rares manufactures perpétuent la tradition du **bas de soie** autour de **Ganges**. Depuis plusieurs décennies, la ville de **Pézenas** dans l'Hérault encourage l'installation d'artisans d'art (bois, fer, pierre mais aussi métiers de la scène) sur son territoire.

RESSOURCES MARITIMES

Avec un plateau continental de 15 000 km², le Languedoc dispose d'un superbe territoire de pêche. En outre, les lagunes présentes le long du littoral constituent, malgré leur fragilité, des zones riches en nutriments et donc propices au développement des poissons et des coquillages.

Pêche au chalut

Sète, haut lieu de production du poisson bleu (sardines, maquereaux et anchois) et première base française pour la pêche au thon rouge, est le premier port de pêche français de la Méditerranée. La pêche au chalut y est largement dominante comme au Grau-du-Roi, Palavas, Agde ou Valras. Mais les chalutiers ont du mal à survivre et leur nombre décroît depuis quelques années sur l'ensemble du golfe du Lion en raison de la hausse du prix du gazole et de la diminution de la taille des poissons bleus.

La flotte des **thoniers** doit faire face aux problèmes de surpêche du thon rouge, aux quotas – qui pourraient aller jusqu'à l'interdiction – imposés par la raréfaction de la ressource.

Pêcheurs traditionnels

La **pêche aux petits métiers**, caractérisée par des embarcations inférieures à 12 m équipées de filets maillants, trémails et palangres, se pratique en mer et dans les lagunes, où l'on trouve clovisses, palourdes ou encore loups (bars), anguilles, soles, merlans et muges (mulets). Les débarquements sont estimés à 5 000 tonnes par an pour la région Languedoc. Cependant, leur nombre a été divisé par deux en vingt ans du fait notamment de la raréfaction des ressources. La **pêche aux tellines** qui se pratique à pied, en raclant à l'aide d'un filet le fond sableux où se dissimulent ces délicats coquillages, fait encore

vivre quelques dizaines de familles dans le golfe d'Aigues-Mortes.

Conchyliculture

Les parcs réservés à l'élevage d'huîtres, moules et autres coquillages ont remodelé les étangs. L'**ostréiculture** est privilégiée dans l'étang de **Thau** (7 500 ha) et la lagune du **Prévost** où l'absence de marée impose une technique d'élevage en suspension, sur des tables plantées dans le sédiment des lagunes. Particulièrement fragiles, ces milieux lagunaires font l'objet d'une veille sanitaire permanente. Les producteurs se tournent donc aussi vers la « mer ouverte », offrant ainsi de nouvelles perspectives. L'élevage des **moules**, notamment, se déploie au large des Aresquiers et de Sète-Marseillan dans l'Hérault, nécessitant la mise au point de nouveaux procédés de production.

Aquaculture

En réponse à la diminution des ressources naturelles, les cultures aquacoles se sont fortement développées. **Loups**, **dorades** et **crevettes** sont élevés dans des fermes implantées pour la plupart en bordure des sites lagunaires. L'espace maritime offre de nouveaux débouchés au secteur piscicole.

Activité portuaire

Occupant une place stratégique dans l'activité maritime méditerranéenne, nationale et européenne, le port de **Sète** bénéficie d'une activité polyvalente : importation de produits pétroliers raffinés, vracs industriels (bauxite et charbon) mais aussi produits issus de la filière agroalimentaire (notamment du vin) y transitent quotidiennement. Sète offre également deux lignes régulières sur le Maroc pour les passagers et acquiert progressivement son titre d'escale de croisière méditerranéenne.

LA FIN D'UN VIGNOBLE DE MASSE

Concurrence accrue des vins du Nouveau Monde, diminution de la consommation nationale, chute des prix de vente… Le monde viticole du Languedoc a traversé des périodes difficiles. En trente ans, la restructuration a entraîné la réduction de plus d'un tiers du vignoble ! Les vignerons ont désormais fait le choix d'améliorer la qualité en remplaçant des cépages médiocres par du cabernet, du merlot ou encore du chardonnay. Cette **politique qualitative** donne des résultats encourageants et la viticulture reste un secteur important de l'économie.

Autre évolution marquante de la viticulture régionale : la prise en compte des **contraintes environnementales**. La réduction des engrais chimiques et des pesticides est devenue une priorité pour les viticulteurs. De même, l'ensemencement des rangs de vignes, qui permet, entre autres, d'éviter le ruissellement des produits phytosanitaires, est de plus en plus fréquent dans la région.

ACTIVITÉ AGRICOLE ET ÉLEVAGE

Façonné par un climat méditerranéen, le terroir du Languedoc se divise en grandes zones : littoral, plaines, montagnes et hauts plateaux. La surface agricole du territoire se décline principalement en maraîchage et arboriculture pour les deux premières zones, alors qu'en altitude, la présence des troupeaux a généré le développement de cultures fourragères.

Fruits et légumes

La filière fruits et légumes est la seconde activité agricole de la région après la viticulture. Présente essentiellement dans le département du Gard, la production fruitière s'oriente en particulier vers la culture d'**abricots**, de **pommes** ou de **poires**. À Nîmes, la **nectarine** reste la production phare.

Côté **légumes**, la gamme, très diversifiée (salades, tomates, asperges, artichauts et légumes secs), s'étend principalement dans le Gard, dans la plaine viticole et la vallée du Rhône. Le département de l'Hérault, quant à lui, profite de l'essor de la culture du melon et, comme son voisin gardois, du renouveau de l'**olive**. Autrefois largement répandues, mais décimées par un hiver particulièrement rigoureux (en 1956), les oliveraies se redéploient avec vigueur. Autre retour : la **châtaigne** des Cévennes et du Haut-Languedoc qui convoite l'appellation d'origine contrôlée.

L'élevage extensif

Malgré les difficultés, le secteur reste dynamique. Les éleveurs pratiquent un élevage extensif qui favorise une production de qualité et participe activement au maintien des paysages. En Lozère, **veaux de Langogne** et **bœufs d'Aubrac** vivent en semi-liberté aux côtés des **moutons** qui donnent lait, viande et laine. Dans le Larzac, les conditions climatiques et géologiques favorisent l'élevage de la **brebis laitière**. Ajoutons que la viande de **taureau camargue** a obtenu le label AOP, ce qui permet aux manadiers d'équilibrer un peu mieux leurs comptes, et contribue à préserver l'environnement particulier dans lequel ces animaux sont élevés.

Une région attractive

Comme en témoigne la forte croissance démographique de ces dernières années, le territoire languedocien est attractif malgré un déficit d'emplois.

EXPLOSION DÉMOGRAPHIQUE ET EMPLOI

La croissance de la population en Languedoc est deux fois supérieure à la moyenne française. Avec plus de 20 000 habitants supplémentaires par an ces dernières années, parmi lesquels des retraités et des actifs, elle enregistre le plus fort solde migratoire. L'accroissement naturel étant plutôt faible sur le territoire, la hausse de la population provient surtout des migrations d'autres régions. Ces flux contribuent donc à ralentir le vieillissement de la population.

Le Languedoc affiche un taux de création d'entreprises élevé, surtout dans l'Hérault, au cœur de l'innovation, mais il s'agit généralement de très petites structures dont la durée de vie est souvent courte.

Malgré son dynamisme, le territoire languedocien ne fournit pas assez d'emplois et conserve un taux **chômage** important, bien supérieur à la moyenne nationale.

INÉGALE RÉPARTITION DE LA POPULATION

Le département de l'Hérault est le plus important contributeur de la croissance démographique dans le Languedoc, tandis que la Lozère, avec une densité moyenne de 15 habitants par km^2, reste le département le moins peuplé de France. La majorité des habitants du Languedoc se trouve sur une large frange littorale, autour des agglomérations de Montpellier, Nîmes et Béziers où se concentrent la plupart des emplois et des activités, ainsi que le réseau universitaire (trois universités à Montpellier et une à Nîmes). Le déséquilibre entre les villes et les régions plus isolées (montagnes, plateaux) demeure donc important. Par ailleurs, la croissance de Montpellier a tendance à éclipser les autres villes de la région (Nîmes, Béziers) : la capitale régionale compte plus de 400 000 habitants avec les communes alentour.

LES CONSÉQUENCES DE L'URBANISATION

La croissance démographique, qui engendre une augmentation des déchets et des déplacements automobiles, une demande croissante en eau et un étalement urbain, génère des risques importants pour les espaces naturels : déséquilibre des écosystèmes du littoral, réduction de la diversité biologique et modification du cycle de l'eau. Aujourd'hui, seul un meilleur contrôle de l'urbanisation peut permettre de préserver les lieux. Le Languedoc consacre donc de nombreux crédits à l'environnement. Le plan de développement durable prévoit, entre autres, un programme de lutte contre l'érosion des plages.

Art et culture

Terre de passage, le Languedoc s'est enrichi au fil des siècles de diverses influences. Causses et Cévènes cachent d'impressionnants et nombreux mégalithes ; le Gard, fortement marqué par l'empreinte romaine, abrite en particulier le célèbre pont, grandiose ouvrage datant du 1er s. Lors des promenades languedociennes, comment ne pas se laisser charmer par les églises fortifiées, les maisons traditionnelles couvertes de plaques de schiste, ou encore les villes comme Montpellier, Pézenas ou Uzès, abritant de riches hôtels particuliers... L'occitan représente également un héritage culturel et linguistique important.

Art et architecture

Qu'il s'agisse des monuments romains ou de l'architecture romane à l'élégante austérité, le Languedoc a su assimiler de multiples influences pour élaborer un art qui lui est propre.

HÉRITAGE DE LA PRÉHISTOIRE

Les Causses et les Cévennes offrent de riches témoignages des civilisations du néolithique. Le département de l'Aveyron possède l'une des plus fortes concentrations de **dolmens** existant en France ; Gard, Lozère et Hérault en recèlent aussi de nombreux. Des **menhirs** sont présents dans le Gard, la Lozère et l'Aveyron notamment. Gigantesques blocs de pierre profondément fichés en terre, les menhirs avaient probablement une signification symbolique. La déesse sculptée trouvée à **St-Sernin-sur-Rance**, datant d'environ 2500 av. J.-C., représente l'un des plus beaux exemples.
À voir – **Vallée du Rance** et musée de St-Crépin dans l'Aveyron ; dolmens de Ferrussac et menhirs du Coulet au nord de Lodève dans l'Hérault ; menhirs de la **cham des Bondons** en Lozère, au nord de Florac.

EMPREINTE ROMAINE

La région s'est très vite et profondément romanisée. Mais l'urbanisation continue et rapide de ses cités a eu pour conséquence un réemploi assez radical des bâtiments romains, à l'exception notable de **Nîmes** où des circonstances diverses ont permis de conserver pratiquement intactes quelques constructions majeures de l'Antiquité romaine.

Grands monuments publics

S'il est difficile (sauf pour les archéologues) de retrouver le plan de Nîmes, ordonné traditionnellement autour de deux grands axes, le *cardo maximus* (orienté nord-sud) et le *decumanus maximus* (est-ouest), et s'il n'existe que quelques vestiges du forum, des fortifications et des portes de la cité (porte d'Auguste), la ville est dotée de deux monuments exceptionnels. L'**amphithéâtre** (ou **arènes**), tout d'abord, accueillait les combats de fauves ou de gladiateurs. À l'extérieur

Nîmes, la Maison carrée.
R. Cintract / hemis.fr

se dessinent deux niveaux d'arcades surmontés d'un étage réduit, l'attique, où l'on amarrait une immense voile *(velum)* pour abriter les spectateurs du soleil. À l'intérieur, un mur protégeait les spectateurs des premiers gradins contre les bonds des bêtes féroces lâchées sur la piste. Au-dessus s'élèvent les gradins *(cavea)*, attribués à chacun selon sa classe sociale, tout étant conçu pour éviter qu'un notable ne se trouve nez à nez avec un esclave ou un affranchi. Le second monument est la superbe **Maison carrée**, temple sans doute élevé sous le règne d'Auguste et qui charme par l'harmonie de ses proportions.

Demeures urbaines et rurales

Les fouilles du quartier de la Fontaine à Nîmes ont révélé divers types de maisons, dont des demeures patriciennes richement décorées (mosaïques et peintures) : les pièces maîtresses mises au jour sont aujourd'hui présentées dans le Musée archéologique de la ville. On peut en outre découvrir une villa (centre d'une exploitation agricole) assez bien conservée à **Loupian**, sur la rive nord du bassin de Thau.

Aqueducs

Afin d'acheminer l'eau dans les villes, les Romains ont édifié des aqueducs, parfois grandioses, comme le **pont du Gard**. L'eau captée dans les sources d'Eure, près d'Uzès, était acheminée vers Nîmes par un aqueduc dont certaines traces subsistent dans la garrigue, jusqu'au **castellum**, sorte de château d'eau où s'effectuait la répartition du précieux liquide, notamment en direction des **thermes** : il reste quelques vestiges des thermes nîmois au jardin de la Fontaine.

Voies

Grands ingénieurs, les Romains ont sillonné de voies le territoire de leur empire : la **via Domitia (voie Domitienne)**, principal axe routier de la Narbonnaise, reliait le Rhône (à hauteur de Beaucaire) à la Tarraconaise. Quelques tronçons assez remarquables en ont été conservés, notamment sur le site d'**Ambrussum**, près de Lunel.

Vous pourrez aussi découvrir des **ponts** empruntés par cette voie, à Ambrussum et à **Sommières**, tous deux lancés sur le Vidourle.
À voir – **Nîmes** (arènes, Maison carrée…), **pont du Gard**, **Ambrussum** (pont et voie Domitienne), **Millau** (ateliers de la Graufesenque).

ART ROMAN

Riche et diversifié, tel apparaît cet art roman né au carrefour d'influences variées : d'Auvergne, de Provence et d'Aquitaine.
Les premiers édifices romans naissent au début du 11e s. quand la prospérité de l'Église entraîne l'essor de l'architecture religieuse. Ils se caractérisent par un appareil rustique, fait de moellons mêlés au mortier. L'aspect général est à la fois austère et harmonieux. À fleur de pierre, le mur s'anime de lésènes (bandes lombardes), lancées sur les absides, façades ou clochers puis jointes à leur sommet par une myriade de petits arcs *(voir p. 53)*. D'autres effets décoratifs, comme les frises de dents d'engrenages ou les niches couronnant l'abside de **St-Guilhem-le-Désert**, donnent vie à ces murs dépouillés.
À l'intérieur règne la pénombre : les ouvertures sont rares, pour ne pas affaiblir les murs des nefs que l'on cherchait à voûter. À St-Guilhem, on passa outre les risques d'effondrement en perçant de petites fenêtres dans les murs. Malgré ces belles expériences, on préféra souvent la nef unique charpentée. Le **décor sculpté** est presque absent dans les églises du 11e s. mais se répand le siècle suivant : le tympan de l'ancienne abbatiale de **St-Gilles**, chef-d'œuvre de la sculpture romane du sud de la France, est exécuté par plusieurs ateliers de sculpteurs.
À voir – Abbatiale de **St-Guilhem-le-Désert**, ancienne abbaye de **St-Gilles**, tour fenestrelle d'**Uzès**.

ART GOTHIQUE LANGUEDOCIEN

Attachés aux formes romanes, les architectes du Midi adoptent peu les principes de l'art gothique septentrional. La voûte d'ogives n'apparaît qu'à la fin du 12e s. Au 13e s., un art gothique proprement méridional dit « languedocien » se développe, caractérisé par l'emploi de la brique et la présence fréquente d'un clocher-mur ou d'un clocher-tour, ajourés d'arcs en mitre. À l'intérieur, une nef unique, très large, est bordée de chapelles peu profondes.

ÉGLISES ET VILLES FORTIFIÉES

Répondre à l'insécurité d'un littoral exposé aux incursions, affirmer la présence capétienne une fois vaincue la résistance cathare, conforter les frontières méridionales du royaume : là se trouve l'origine des constructions défensives de la région.
Agde, **Maguelone**, **St-Pons-de-Thomières** : ces trois sœurs languedociennes, dotées au 12e s. d'une puissante chemise de pierre, sont incontournables. Avec leur ceinture de mâchicoulis entre les contreforts, leurs parapets crénelés, leurs fenêtres rares et étroites, leurs archères, leurs tours défensives et leur donjon-clocher, elles relèvent de l'architecture tant militaire que religieuse.
On peut leur associer l'église d'**Aigues-Mortes**, édifiée avant la construction des remparts.
Aux 13e et 14e s., on continue de fortifier les églises à l'aide de tours, d'échauguettes et de créneaux, même après la disparition du danger cathare. Ces églises s'intègrent quelquefois au mur d'enceinte de la ville.
Conçue comme une forteresse, la cathédrale St-Nazaire de Béziers

possède des murs percés de larges baies, comme les monuments gothiques du Nord, qui atténuent son aspect défensif.

À voir, églises fortifiées – cathédrale d'Agde, N.-D.-des-Sablons à Aigues-Mortes, cathédrale St-Nazaire de Béziers. **Ville fortifiée** : Aigues-Mortes.

L'ÈRE CLASSIQUE

De l'époque classique date la fondation du port de Sète, la conception du canal du Midi et la création de la manufacture textile de Villeneuvette, rare exemple d'architecture industrielle de l'époque. Aux 17e et 18e s., des hôtels particuliers inspirés de la Renaissance italienne s'élèvent principalement à Montpellier, à Pézenas et à Uzès.

Pézenas au Grand Siècle

Une des plus charmantes villes de France après Paris, aux dires de Louis XIII… Elle connut, dans les années 1620, l'aménagement d'une promenade, le « Quay » – actuel cours Jean-Jaurès –, bordée de très belles demeures. Dans la rue Conti se concentrent les habitations nobles, dont témoignent les colonnes torses de la galerie sur cour de l'hôtel d'Alfonce.

Montpellier, capitale

Après son élection comme capitale provinciale (1630), Montpellier vit un renouveau architectural. **Simon Levesville** et **Charles d'Aviler** adaptent ainsi à l'hôtel Deydé le style à la française entre cour et jardin. La métamorphose essentielle a lieu avec l'apparition de l'escalier ouvert en manière de portique, initié par **Ponce Alexis de La Feuille** puis diffusé dans toute la région. L'hôtel des Trésoriers de France en possède un vertigineux, inspiré de Mansart et Le Vau. **Jean-Antoine Giral** multiplie les hôtels particuliers pour les bourgeois de la ville et dessine la promenade du Peyrou. C'est à cette époque que s'édifient à la lisière de la cité les **« folies »** (Flaugergues, la Mogère, la Mosson), somptueuses demeures entourées de superbes jardins. Restée protestante, **Nîmes** est moins gâtée, si l'on excepte les jardins de la Fontaine dessinés par un ingénieur militaire, Mareschal, mais la vieille ville d'**Uzès**, elle, se couvre de superbes hôtels particuliers.

À voir – Pézenas, le vieux Montpellier et la promenade du Peyrou, jardins de la Fontaine à Nîmes, Uzès.

PEINTRES LANGUEDOCIENS DU 19E S.

Le Languedoc a inspiré plusieurs grands artistes-peintres au 19e s. **Gustave Courbet** (1819-1877), chef de file du mouvement réaliste, a laissé son empreinte sur le territoire où il fut invité à deux reprises par le mécène **Alfred Bruyas**, en 1854 et en 1857. Frappé par la lumière du Midi, il sillonne le Languedoc, de Lunel à Sète, et exécute plusieurs tableaux célèbres, notamment *Le bord de mer à Palavas* où il peint la mer pour la première fois.

Le Montpelliérain **Alexandre-Eugène Castelnau** (1827-1894) s'est illustré par les représentations des paysages de sa région natale, en particulier *Les Garrigues du pic Saint-Loup* ; son cousin **Frédéric Bazille** (1841-1870), également. Malgré sa courte vie, Bazille fut un artiste impressionniste de premier plan, ami de Claude Monet, Auguste Renoir et d'autres peintres de l'époque. Il meurt au combat lors de la guerre franco-prussienne alors qu'il n'a pas 30 ans.

La douloureuse histoire des protestants durant les guerres de Religion se retrouve dans les œuvres de **Jeanne Lombard** (1865-

1945), qui séjourna fréquemment dans les Cévennes, terre de ses aïeux.
À voir – Musée Fabre à Montpellier, musée Fleury à Lodève, musée Paul-Valéry à Sète, musée du Désert à Mialet.

IDENTITÉS ARTISTIQUES CONTEMPORAINES

L'art contemporain est riche en mouvements, mais le plus célèbre des artistes de la région est un indépendant. C'est le Rouergat **Pierre Soulages** ; le maître du noir a en effet installé son atelier à Sète où il puise son inspiration.
Parmi les artistes languedociens contemporains, il convient de citer deux membres du groupe Support/Surface : le Nîmois **Claude Viallat** et le Montpelliérain **Vincent Bioulès**, qui a effectué son retour vers la figuration… L'école sétoise, quant à elle, se regroupe autour de deux joyeux iconoclastes, **Robert Combas** et **Hervé Di Rosa**.
À voir – Espace Soulages au musée Fabre à Montpellier.

ARCHITECTURES CONTEMPORAINES

Depuis **Ricardo Bofill** qui a imposé son « néo-néoclassicisme » en dessinant à sa démesure le quartier Antigone de Montpellier, d'autres architectes se sont illustrés ces dernières décennies : il s'agit de **Jean Nouvel** (à Nîmes et à Montpellier), de **Norman Foster** (Nîmes et Millau), de **Jean-Michel Wilmotte** (Béziers), d'**Anne Gaubert** et **François Moget** qui ont conçu le **musée de Sérignan** autour des sculptures de Daniel Buren, de **Rudy Ricciotti** (St-Guilhem-le-Désert, Montpellier et bientôt Rivesaltes) ou de **Michel Macary**, appelé à laisser son empreinte dans le cadre du développement vers le sud de Montpellier.

À voir – **Montpellier** (quartier Antigone, nouvel hôtel de ville), **Nîmes** (Carré d'art), **Sérignan** (musée d'Art contemporain), **Béziers** (médiathèque), **Sète** (CRAC).

Habitat

Édifiées dans un but utilitaire, les maisons rurales traditionnelles sont particulièrement révélatrices des activités de la région où elles se situent. Aujourd'hui, la maison rurale s'adapte au changement de mode de vie et aux nouveaux procédés de construction.
Voir « Nature et paysages », p. 58.

MAISONS LANGUEDOCIENNES

Le Bas-Languedoc, pays de vignobles tourné vers Montpellier et la mer, abrite des **maisons de vignerons**, pourvues de rares ouvertures pour conserver la fraîcheur, et coiffées de toiture à faible pente couverte de tuiles-canal dites « romaines ».
Parfaitement intégrées à leur paysage, les **capitelles** ou **cazelles** sont des abris de pierre sèche naguère utilisés par les bergers, les cantonniers ou pour entreposer les outils… Le mur, généralement circulaire, est élevé en plaques de schiste et de calcaire empilées. Au niveau du linteau s'amorce une voûte à encorbellement, dont les grandes lauzes sont disposées en écailles de poisson. Une grande dalle faîtière coiffe le tout. Ces constructions permettaient à la fois de se protéger des intempéries et d'épierrer les parcelles cultivables.
Les **mazets** (petits mas) sont des petites constructions de plan carré, couvertes d'un toit à deux pentes ou en pavillon. Disséminés dans les vignes, ils offraient un abri hors du village.

HABITAT DES MONTAGNES DU HAUT-LANGUEDOC

Montagne Noire – Tout en longueur, les maisons de la Montagne Noire abritent, sous le même toit, la demeure, les granges et les remises. Dans les grands domaines, ces trois bâtiments sont disposés en fer à cheval.

De nombreuses fermes possèdent un **pigeonnier**. Les plus caractéristiques sont en pierre ou à colombages, juchés sur des piliers ou des colonnes cerclés d'anneaux pour préserver les couvées des prédateurs. De plan carré, ils sont surmontés d'un lanternon troué de petits orifices facilitant l'envol des pigeons.

Fermes des monts de l'Espinouse – Ici, comme dans la Montagne Noire, les murs exposés aux vents pluvieux du nord-ouest sont bardés de plaques d'ardoise qui protègent de l'humidité. Sur les communes de Murat-sur-Vèbre et de Fraisse-sur-Agout en particulier, on voit encore d'anciennes granges, appelées **« jasses »** ou **« pailhers »**, aux toits de genêts. Le *pailher* de Prat-d'Alaric, notamment, est une importante construction comportant en bas une étable et au-dessus une grange, faite, comme souvent, de murs pignons à redans portant une lauze pour l'écoulement des eaux de pluie.

MAISONS CÉVENOLES

Solidement accrochées à mi-pente, ces demeures, souvent très hautes, ont été conçues pour résister à un climat rigoureux. La toiture et les murs sont en schiste ; le grès et le calcaire complètent un jeu de couleurs contrastées. Le premier étage, desservi par un escalier de pierre, était jadis réservé à l'habitation ; le second, à l'élevage du ver à soie (la **magnanerie**), le rez-de-chaussée, à l'étable et à la grange. Les cheminées décorent discrètement les toits de lauzes, qui se hérissent parfois de plaques (toiture à lignolets ou en « ailes de moulin »).

MAISONS CAUSSENARDES

Sur les causses calcaires, les maisons se groupent en hameaux le long des rivières ou se dispersent à proximité des terrains cultivables. Les habitations, aux murs épais, sont de robustes bâtisses à étage, auxquelles on accède par un escalier extérieur. Elles tournent le dos aux vents du nord pour s'ouvrir vers le sud. La pierre calcaire, blanchâtre et sèche, est employée aussi bien pour les murs que pour la toiture. Dans ces contrées, où les grands arbres ont du mal à pousser, la voûte de pierre a remplacé la charpente en bois : vous en verrez de très beaux exemples sur le plateau du Larzac, notamment à La Couvertoirade.

L'habitation et la bergerie sont deux bâtiments distincts, quelquefois très éloignés l'un de l'autre. La maison rassemble la cave et la remise à outils au rez-de-chaussée et le logement au premier étage. La citerne, à proximité de la cuisine, est un élément important, comme dans toutes les régions où l'eau est rare. La bergerie, ou **jasse**, est un vaste bâtiment rectangulaire et bas.

BURONS DE L'AUBRAC

Bâti au milieu du pacage, le **buron** est une cabane de berger dans laquelle était traditionnellement fabriquée la fourme de Laguiole. Construit en basalte et granit, percé d'une seule ouverture, il est souvent posé sur un terrain en pente, à proximité des points d'eau. Le **« cantalès »**, ou fromager, l'habitait pendant l'estive. Il disposait d'une pièce pour vivre et d'une cave d'affinage, partiellement enterrée. Le toit des burons offre un bel exemple du travail de la lauze.

ABC d'architecture

De vestiges romains en cathédrales fortifiées, le Languedoc ne manque pas de chefs-d'œuvre architecturaux. Les planches des pages suivantes, en donnant un aperçu visuel de l'architecture de la région, ont pour but de permettre au lecteur de se familiariser avec certains termes d'art, locaux ou non, parfois connus des seuls spécialistes et, ainsi, de profiter au mieux de leur visite…

NÎMES – Maison carrée (fin du 1er s. avant J.-C.)

La Maison carrée de Nîmes est un temple consacré au culte impérial ; il se compose d'un vestibule délimité par une colonnade et d'une chambre de la divinité, la *cella*.

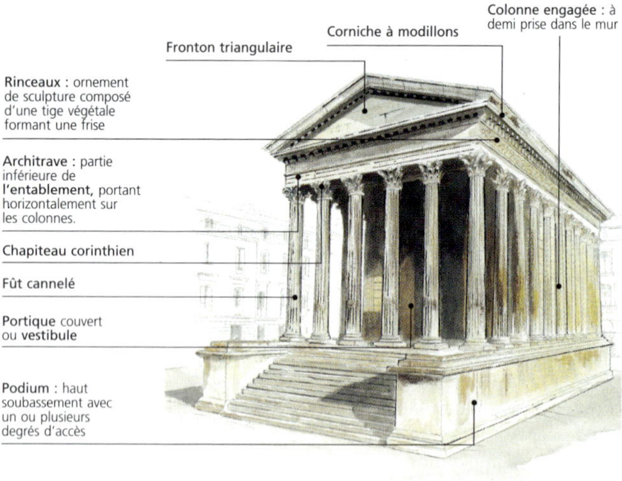

Architecture religieuse

QUARANTE – Plan de l'église Ste-Marie (11e s.)

Comme l'abbatiale de St-Guilhem-le-Désert, l'église de Quarante est un des édifices les plus représentatifs du premier art roman en Languedoc.

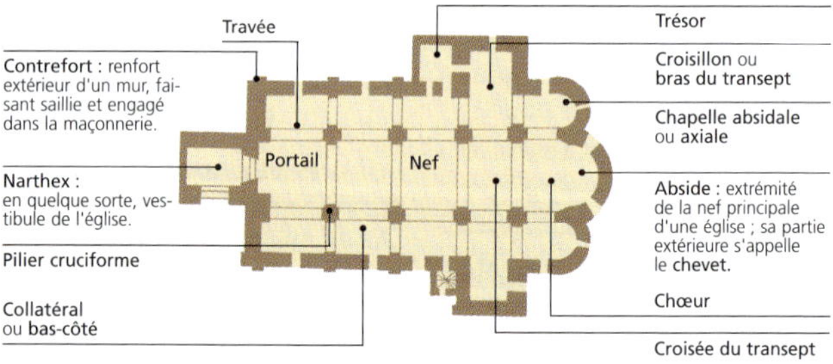

Coupe en élévation d'une église romane et d'une église gothique

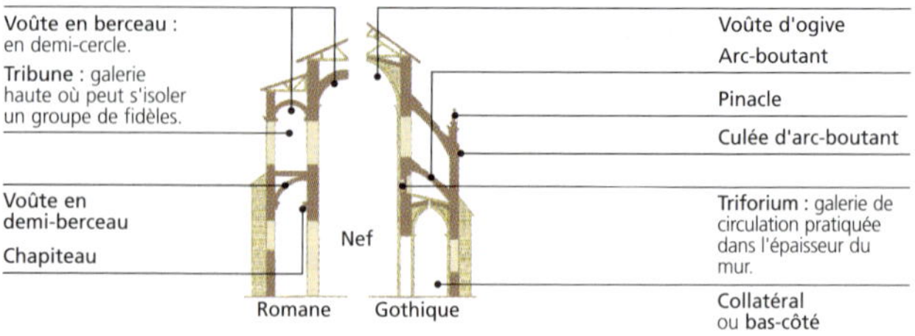

R. Corbel / MICHELIN

St-GUILHEM-LE-DÉSERT – Abbatiale (11e s.)

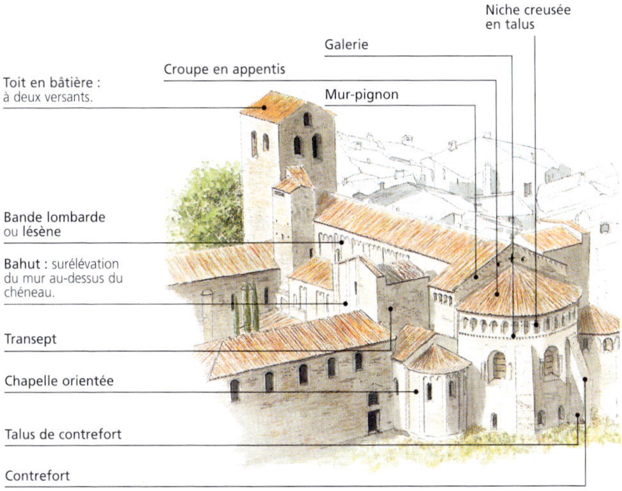

AGDE – Ancienne cathédrale St-Étienne (12e s.)

L'ancienne cathédrale d'Agde fait partie des églises fortifiées du Languedoc. Son allure de forteresse austère fait de la tour Nord un véritable donjon.

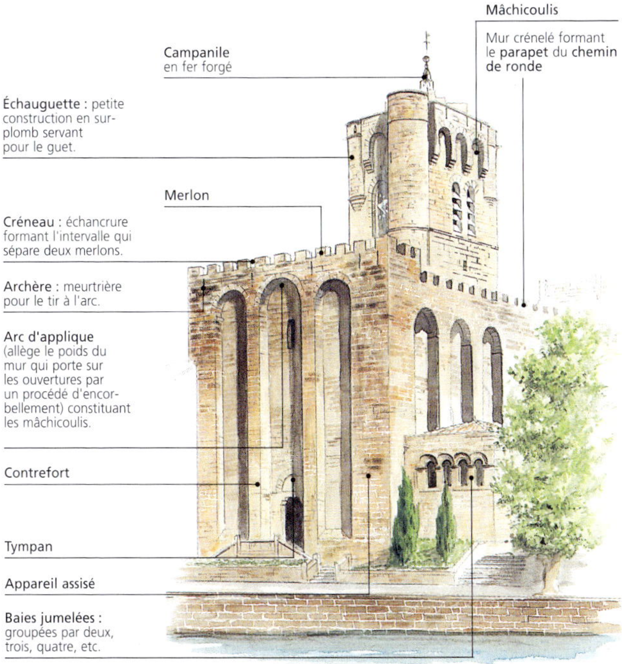

R. Corbel / MICHELIN

MENDE – Façade occidentale de la cathédrale (14e s.)

La cathédrale de Mende a connu plusieurs phases de construction, d'où la diversité des styles que l'on trouve en façade.

UZÈS – Orgues de la cathédrale St-Théodorit (18e s.)

Architecture civile

MONTPELLIER – Rotonde de l'Hôtel St-Côme (17e s.)

Cette rotonde octogonale abrite un amphithéâtre qui était destiné aux dissections.

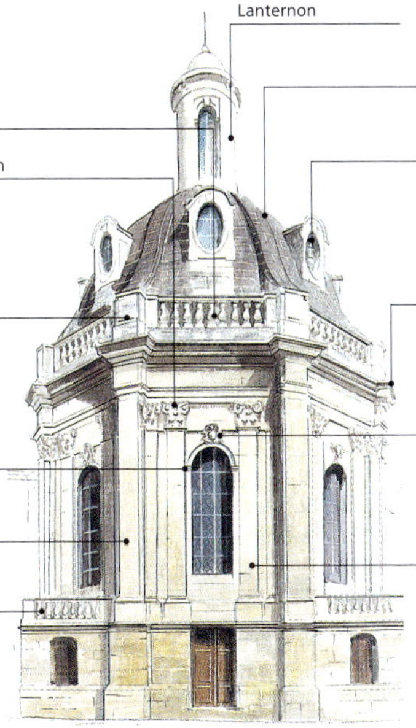

Château de CASSAN – Façade Ouest (18e s.)

Les langues d'ici

Tendez l'oreille aux mélopées locales : les accents, parfois rocailleux, portent encore la trace des belles sonorités colorées de l'occitan (ou langue d'oc), qui s'exprimait dans la poésie des troubadours.

LA LANGUE D'OC, L'OCCITAN

De la fusion du latin parlé par les Romains avec la langue utilisée en Gaule avant l'invasion sont nées deux langues « romanes » : la langue d'oïl et la langue d'oc, ainsi nommées depuis le 13e s. pour la façon dont on disait « oui » en chacune d'elles. De nos jours, la langue d'oc est appelée l'occitan. La limite passait au nord du Massif central, si bien que l'occitan comporte les dialectes languedocien, gascon, limousin, auvergnat, provençal et nissard (parlé dans le pays niçois). Le mot **Languedoc** lui-même apparut au 13e s. pour désigner les terres royales, du Rhône à la Garonne, appartenant autrefois au comte de Toulouse et au roi d'Aragon. Aux 12e s. et 13e s., l'occitan fut la langue raffinée et poétique utilisée par les troubadours dans les cours seigneuriales d'Occitanie, d'Italie du Nord et au-delà des Pyrénées. **Dante** songea même à écrire sa *Divine Comédie* dans la langue des troubadours.

Cependant, après les croisades contre les Albigeois, l'usage de l'occitan déclina, du moins dans la noblesse. En 1323, des poètes toulousains tentèrent de le réhabiliter par des Jeux floraux de pure tradition médiévale. En 1539, l'**ordonnance de Villers-Cotterêts** lui porta le coup de grâce en imposant dans les documents administratifs le dialecte d'Île-de-France. Dès lors, parlée essentiellement dans les campagnes, la langue d'oc se fractionna en dialectes, souvent baptisés « patois » pour nier tant la langue que la culture. Les maîtres de la Troisième République se donnent pour mission de l'éradiquer, mais c'est la Première Guerre mondiale et les changements qui s'ensuivent qui lui portent le coup le plus sévère. L'occitan connaît cependant plusieurs sursauts : en 1819, avec la publication, par Rochegude, d'une anthologie de poèmes de troubadours ; en 1854, lorsque le Félibrige réforme l'orthographe du provençal. L'Escòla Occitana (1919) et l'Institut d'études occitanes de

FIERS TROUBADOURS

Oyez gentes dames ! Fini le temps où l'on vous traitait de « souveraines pestes » et de « sentinelles avancées de l'enfer » ; place à l'amour courtois ! Au 11e s., les seigneurs deviennent chevaliers et honorent leur belle. Vient alors l'idée de s'entourer de poètes capables de « trouver » eux-mêmes leurs chansons ; ce sont les « troubadours ». Certains sont princes, d'autres démunis mais tous jouent le même air : l'amour pur, inspiré par une femme idéale. Parmi les plus célèbres, citons **Jaufré Rudel**, seigneur de Blaye, qui « s'enamoura de la comtesse de Tripoli sans la voir… » *(amor de lonh)*, **Bernard de Ventadour**, chantre de la *fin'amor* (l'amour parfait), **Peire Vidal** au lyrisme extravagant, **Guiraut Riquier**… Mais *fin'amor* ne signifie pas indifférence au monde : pour preuve, les *sirventés* (poèmes à caractère satirique), parfois très violents, contre les armées du Nord. Les cours méridionales retentissent jusqu'au 13e s. de leur langue raffinée : l'**occitan**.

SUR LA SCÈNE

De grands interprètes de la chanson française sont languedociens. Célèbre chanteur et poète, **Georges Brassens** (1921-1981) chanta les lieux de son enfance sétoise *(voir p. 139)*.

L'inénarrable **Boby Lapointe** (1922-1972) était originaire de Pézenas.

Le Biterrois **Joanda** dont le son pop-folk mêle guitares et instruments traditionnels a fait le choix de s'exprimer en occitan.

Dans le domaine du théâtre, le Sétois **Jean Vilar** (1912-1971), acteur et metteur en scène, créa le festival d'Avignon en 1947, tandis que le dramaturge **Claude Alranq** (né à Pézenas en 1947), fondateur du mythique **Teatre de la Carrièra**, perpétue en occitan la tradition du théâtre populaire.

Toulouse (1945) jouent un rôle décisif dans son renouveau en lui redonnant une graphie plus conforme aux formes classiques. Il faut cependant attendre la loi de 1951 pour que son enseignement, aujourd'hui largement dispensé sur la base du volontariat, soit admis, dans les *calendretas* pour les plus petits, puis au collège (1997). Il survit aussi dans l'accent, à travers certains poètes ou artistes contemporains, ou dans certains mots : c'est le « francitan ».

ÉCRIVAINS ET POÈTES

Le Languedoc a donné naissance à d'importants écrivains et poètes. « Pour vivre heureux, vivons cachés », telle est la morale de la fable *Le Grillon* du fabuliste **Jean-Pierre Claris de Florian** (1755-1794), originaire de Sauve. **Ferdinand Fabre** (1827-1898), né à Bédarieux, chante le Languedoc dans *Les Courbezon*, *L'Abbé Tigrane*, *Taillevent*… Le poète **Paul Valéry** (1871-1945), auteur du *Cimetière marin* est né à Sète où il repose. Le turbulent **Joseph Delteil** (1894-1978) fut un compagnon des surréalistes. Le Cévenol **Jean-Pierre Chabrol** (1925-2001) était un passionnant conteur de sa montagne. Citons également les Nîmois **Jean Paulhan** (1884-1968), qui régna longtemps sur les lettres françaises, de son bureau de la NRF, **André Chamson** (1900-1983), élu membre de l'Académie française en 1956, et **Marc Bernard** (1900-1983), lauréat du prix Goncourt en 1942 pour *Pareils à des enfants*.

Plus récemment, un autre Nîmois, **Jean-Pierre Milovanoff** (né à Nîmes en 1940) a pris la relève avec talent *(La Splendeur d'Antonia)*.

D'autres auteurs se sont exprimés en occitan, comme **Max Rouquette** (1908-2006) – ardent défenseur du jeu de tambourin, il est surtout connu pour son œuvre majeure, *Vert Paradis* –, le Rouergat **Jean Boudou** (Joan Bodon, 1920-1975), né à Crespin dans l'Aveyron, auteur des *Cailloux du chemin*, *Le Livre de Catoïe*, **Robert Lafont** (1923-2009), linguiste, théoricien du régionalisme, mais aussi dramaturge, poète et romancier *(Vida de Joan Larsinhac)*, **Yves Rouquette** (né en 1936 - originaire de Camarès dans l'Aveyron, a écrit *Cathares*, *Occitanie*) et son frère **Joan Larzac**, prêtre et auteur d'une remarquable œuvre poétique.

Nature et paysages

De longues plages de sable fin ponctuées de stations dont le modèle semble avoir été emprunté à la lointaine Floride, une plaine viticole d'où émergent des villages aux murs de pierre sèche et aux toits de tuiles écrasés de soleil : telles sont les images qu'évoque souvent le nom du Languedoc. Mais le territoire ne saurait être limité à sa façade méditerranéenne. Son arrière-pays au relief accidenté, ponctué de montagnes, de causses sauvages accrochés au ciel, entaillé par des canyons spectaculaires, présente des paysages extrêmement variés. Les amateurs de calme et de nature auront tout intérêt à explorer ces terres singulières et parfois rudes où s'inscrivent quelques-uns des plus beaux sites naturels de France.

Bas-Languedoc

Du Rhône à la Garonne s'étend le Languedoc, avec Montpellier pour capitale du **Bas-Languedoc** et Toulouse pour capitale du **Haut-Languedoc**. Le Bas-Languedoc se compose d'une bande d'une quarantaine de kilomètres de large le long de la Méditerranée. Le rivage se présente sous la forme d'une immense plage, entrecoupée par les stations et les ports.

LE LITTORAL : ÉTANGS ET PLAGES DE SABLE

Entre l'embouchure du Rhône à l'est et celle de l'Aude à la limite des départements de l'Hérault et de l'Aude, le **littoral du Bas-Languedoc** est parsemé d'étangs qui prolongent la Camargue proprement dite, comme si la terre ne se résignait pas à laisser place à la mer. Modelées par les courants marins, les alluvions charriées par les fleuves côtiers ont formé d'étroits cordons littoraux enserrant des **lagunes**, vastes étangs parsemés de bancs sableux. À l'arrière, la plaine sablonneuse est habillée de vignes et arrondie par quelques collines calcaires, tels les monts St-Clair (Sète) et St-Loup (Agde). La Grande Bleue s'étale à perte de vue, au-delà des **barres** (ou **lidos**) qui la séparent des étangs et que percent les **graus**, chenaux naturels par lesquels les fleuves côtiers se fraient un passage vers le large. Le travail des vagues, des courants et des fleuves a formé ces barres. Le Rhône d'abord, qui charrie sables et graviers vers les côtes languedociennes. Moins puissants, le Vidourle, l'Orb et l'Aude ont aussi leur part de responsabilité dans l'ensablement de la côte. Ces barres ont fini par émerger, transformant les baies en lagunes, puis en étangs : des ports aujourd'hui dans les terres, comme Villeneuve-lès-Maguelone, témoignent de la modification incessante des lieux que les digues tentent de domestiquer avec des résultats inégaux. Car la mer n'a pas renoncé à reconquérir ces **étangs saumâtres** où vivent anguilles, mulets, loups, dorades et palourdes : souvent, lors des

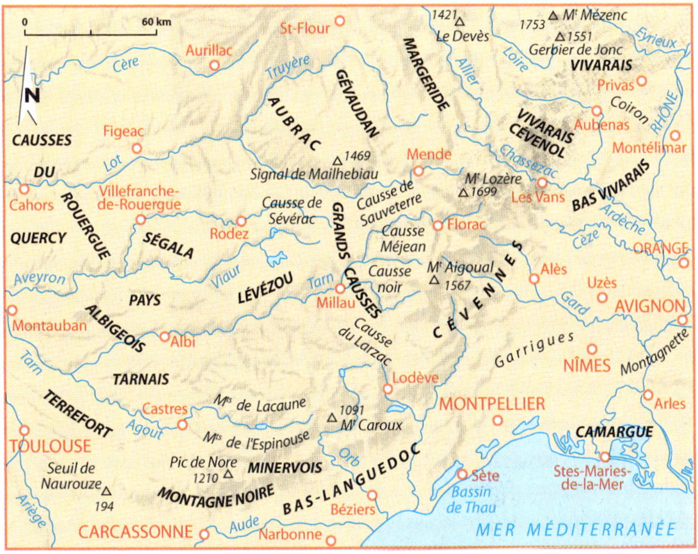

tempêtes hivernales parfois très violentes, elle perce le cordon littoral mal protégé par des dunes que l'on a enfin renoncé aujourd'hui à aplanir, et s'engouffre dans son ancien domaine, comme ce fut le cas en 1997 entre La Grande-Motte et Palavas…

Plages, ports et stations

L'aménagement du littoral en Languedoc a vu naître des stations conçues à la façon de « villes nouvelles » et dotées dès le départ de toutes les infrastructures, en termes de voirie ou de réseaux. Cette conception, qui visait à en finir avec un développement anarchique, a donné naissance à de grands projets architecturaux, avec les fameuses pyramides de La Grande-Motte, le décor se voulant proche des traditions languedociennes du Cap-d'Agde, les marinas de Port-Camargue et Carnon-Plage. Les stations ont parfois mal vieilli et surtout sont victimes de leur succès : leurs habitants se sont installés à l'année dans ce qui avait été pensé pour n'être utilisé qu'en été. Résultats de cette concentration de masse, une urbanisation presque continue du littoral, un réseau routier saturé dès les premiers beaux jours et d'innombrables centres commerciaux.

Flore et faune maritimes

Sur le **littoral** épicé par le sel, le vent et les embruns, saupoudré de lagunes et de marécages, on croise un méli-mélo inextricable de broussailles, d'herbes, de joncs, de roseaux et d'oyats, qui fixent des petits amas de sable (les **montilles**). Aux abords des étangs, arroches, saladelles ou salicornes percent le sol craquelé et durci par le sel.
Il suffit de s'éloigner de quelques centaines de mètres du rivage pour trouver des tamaris, du romarin et des pins d'Alep reconnaissables à leur feuillage vert clair et à leur tronc tordu sous une écorce grise. On croise aussi, dans son superbe isolement, le pin parasol, au tronc parfois torturé par les vents.
C'est dans les **étangs** que vient batifoler une foule d'oiseaux et de palmipèdes : foulques noires, canards sauvages, bécassines,

UN BASSIN POUR LA VOILE

Le **bassin de Thau** qui se dissimule derrière le mont St-Clair, entre Sète et Agde, offre une mer intérieure appréciée des plaisanciers, des amateurs de voile, comme des pêcheurs de Marseillan, Balaruc ou Mèze et des ostréiculteurs (vieille tradition, puisque les Romains élevaient déjà des huîtres sur les lieux). Mais attention ! Les tempêtes, rares, sont parfois violentes… tandis que les moments de calme vous contraindront d'autres fois à dériver plusieurs heures… ou à souquer ferme pour gagner le rivage.

longs hérons cendrés, flamants roses volant parfois en escadrilles entre l'étang de Thau et celui d'Aigues-Mortes, cigognes en cours de migration, élégantes aigrettes blanches, hérons garde-bœufs qui se posent sans façon sur le dos des taureaux camarguais, sans oublier bien entendu les « gabians » (goélands). Quant aux petits habitants des plages, effarouchés par les déferlantes estivales, ils se dérobent souvent au regard : libellules, criquets, lézards et forficules que l'on dit « perce-oreilles ».

L'ARRIÈRE-PAYS : VIGNE ET GARRIGUE

Derrière les étangs s'étend une autre mer : celle de la **vigne** qui, en dépit des difficultés *(voir p. 44)*, continue à faire vivre une partie des villages. La région accueille toujours « le plus grand vignoble de France » par son étendue, même si elle se réduit. À mesure que l'on s'éloigne du littoral, et que le vignoble disparaît, la **garrigue** reprend ses droits. Sur cette vaste étendue de lande à sol pierreux et calcaire que traversent l'Hérault, le Vidourle et le Gardon, s'accroche une maigre végétation : chênes verts ou yeuses, chênes kermès nains (*garric*, en occitan) qui lui ont donné leur nom, buis, genêts épineux, cistes à fleurs roses, arbousiers aux fruits s'apparentant à des fraises. Le thym, le romarin, le cade y poussent en touffes odorantes, parmi une petite herbe grisâtre, le brachypode rameux, très appréciée des moutons.

Quelques reliefs accidentent le sol, comme le pic St-Loup dont l'étrange silhouette, qui semble découpée à la hache, veille sur le vignoble héraultais et la montagne d'Orthus. Cette lande aride s'émaille au printemps de fleurs éclatantes. Fréquentée par les chasseurs, notamment à cause des sangliers semi-sauvages qui y prolifèrent, elle est survolée par des rapaces tels que faucons, éperviers et aigles de Bonelli. La garrigue est l'univers familier du lézard vert ocellé et du plus long serpent indigène de France : la couleuvre de Montpellier (2 m). Vous trouverez à l'occasion ses très longues mues, entrelacées dans les arbustes. Sans danger pour l'homme, elle cohabite avec la vipère, à son aise dans les murs de pierre sèche et les éboulis.

Montagnes du Haut-Languedoc

Avancées des Cévennes au sud-ouest, elles en sont séparées par le causse du Larzac. Ces âpres montagnes aux croupes élevées se couvrent volontiers elles aussi d'une garrigue roussie au soleil : il est à peine exagéré de dire qu'on s'y enivre d'exhalaisons aromatiques.

MONTAGNE NOIRE

La Montagne Noire constitue l'extrémité sud-ouest du

Massif central. Elle sépare les départements de l'Hérault, du Tarn, de l'Aude et de la Haute-Garonne. Elle se caractérise par un fort contraste entre son versant nord, abrupt, et son versant sud, doucement incliné vers les plaines. La pente sud-est, qui domine les garrigues du Minervois, annonce les serres cévenoles, avec une végétation un peu plus méditerranéenne. On rencontre même des orangers dans la vallée de l'Orb, à Roquebrun.

MONTS DE L'ESPINOUSE

La vallée du Jaur, avec ses beaux villages et ses cerisiers, sépare la Montagne Noire des **monts de l'Espinouse**, du **Somail** et du **Caroux**, montagnes aux sommets en forme de croupes, couvertes de landes de bruyères et de forêts.

Les Cévennes

Au sud-est du Massif central, les Cévennes se drapent d'étendues forestières, qui furent jadis des refuges pour les camisards et les maquisards.

MONTAGNES BLEUES

Les Cévennes se déploient en plateaux garnis de tourbières, tels la « Pelouse » de l'**Aigoual** (1 567 m) ou le « Plat » du **mont Lozère** (1 699 m), où les moutons aiment paître. De profonds ravins ont creusé le versant méditerranéen en **valats**. Le schiste est lacéré de crêtes, ou **serres**, qui s'élargissent (**chams**) sur le côté atlantique, plus doux.

Les hautes vallées ont une allure alpestre : eaux bondissantes riches en truites et pentes gazonnées parsemées de pommiers. Entre les pays cévenol et méditerranéen, les prairies des vallées ensoleillées côtoient des cultures en terrasses *(restanques)* : vignes, oliviers, lavande et mûriers attestant l'importance passée du ver à soie dans l'économie locale. C'est là que les anciennes magnaneries et filatures sont les plus nombreuses. Mais ce qui frappe, c'est le contraste entre de riantes vallées et d'autres beaucoup plus sévères, presque aussi économes en végétation que leurs habitants, pourtant accueillants, le sont en paroles…

La forêt – Au milieu du 19e s., il ne restait que des lambeaux de l'immense manteau vert d'origine, quand un employé des Eaux et Forêts, Georges Fabre, entreprit le reboisement des Cévennes. Près de 14 000 ha ont été replantés de hêtres, pins, sapins et épicéas.

Châtaignier et châtaignes – L'arbre roi reste bien entendu le châtaignier. « L'arbre à pain » ne laisse qu'une place réduite à la vigne, cultivée en terrasses, au potager et à l'arbre fruitier, qui se serrent dans le creux des vallées. Ses forêts couvrent les monts jusqu'à 600 m et, sur les versants bien exposés, jusqu'à 950 m d'altitude. Le châtaignier fixe ses puissantes racines dans le schiste, le granit, le grès, le sable mais fuit les terrains calcaires. Au mois de mai, il se couvre de feuilles puis se hérisse de chatons malodorants ; les premières châtaignes apparaissent à l'automne, groupées par trois dans une cupule hérissée de piquants. Mais cet arbre est menacé par des maladies parasitaires et par le passage des troupeaux. Les ravages ne peuvent être évités qu'au prix de soins incessants.

Voir encadré sur l'arbre à pain p. 70.

Les causses

Les grands plateaux arides des causses constituent une des régions les plus singulières de France. La roche calcaire y a imprimé un paysage rude et grandiose de canyons et de puits vertigineux. S'il est difficile d'y vivre, la découverte à pied de ces étendues reste un grand moment de bonheur.

UNE TERRE À FLEUR DE CIEL

Les causses déroulent à l'infini leur solitude grise et pierreuse. On se laisse facilement impressionner par la grandeur et la sévérité de ces plateaux arides, hauts de quelque 1 000 m. Les étés y sont secs et brûlants, les hivers rigoureux et les vents violents.
Côté ouest, en bordure des corniches, les jeunes plantations de pins noirs d'Autriche jouxtent les vestiges des forêts médiévales, dégradées par les troupeaux… et l'activité humaine : hêtres, chênes rouvres ou pins sylvestres. Côté est, le chardon et la lavande font des taches d'un bleu très doux. Çà et là se dressent des genévriers aux feuilles piquantes.

FANTAISIES KARSTIQUES

La surface, nivelée par l'érosion, a été criblée de phénomènes karstiques (le mot vient de Karst, région calcaire du nord de la Croatie). Il faut citer tout d'abord les **cloups**, dépressions circulaires formées par les eaux de pluie acides qui attaquent le calcaire. Lorsqu'ils s'agrandissent, ils forment des **sotchs** ou **dolines**, dépressions fermées de quelques dizaines de mètres de diamètre dont le fond cache une bonne terre arable rougeâtre, argileuse, tapissée d'inattendues oasis de prairies et de cultures. Les **avens** ou **igues** sont des gouffres, le plus connu étant l'aven Armand. Les **champs de lapiés** sont des étendues perforées d'alvéoles et de petits canaux ; les eaux de ruissellement, en dissolvant irrégulièrement la surface, creusent des trous qui se rejoignent en rainures et ciselures discontinues. Enfin, les **chaos**, constitués de **rochers ruiniformes**, forment d'étranges paysages de pierre évoquant des cités en ruines ; de telles fantaisies s'expliquent par la présence de la dolomie, roche associant le carbonate de chaux soluble au carbonate de magnésie peu soluble. Les chaos ruiniformes de Montpellier-le-Vieux, Nîmes-le-Vieux, Mourèze, les Arcs de St-Pierre, Roquesaltes ou Rajol sont particulièrement spectaculaires.

TROUPEAUX

Traditionnellement, le causse est le domaine du mouton qui s'accommode de la pauvreté de la végétation. Le cheptel a été longtemps entretenu pour la laine, qui assurait l'industrie textile des villes (cadis et serges), et le fumier, qui permettait l'enrichissement des sols. Aujourd'hui, il l'est surtout pour le lait des brebis, affiné dans les fameuses caves de Roquefort. Le bleu des Causses est, quant à lui, fabriqué à partir du lait de vache dans la capitale de la région, Millau. C'est dans cette ville, installée au confluent du Tarn et de la Dourbie, que l'on traite les peaux des agneaux. Les troupeaux s'abreuvent aux **lavognes**, mares aménagées, au fond pavé ou couvert d'argile. Elles

« CAUSSES ET CÉVENNES »

Depuis juin 2011, le paysage culturel de l'agro-pastoralisme méditerranéen est classé au Patrimoine mondial de l'Unesco. La diversité des paysages, modelés par l'homme, s'étend sur 3 000 km² associant les départements de la Lozère, l'Aveyron, le Gard et l'Hérault.
www.causses-et-cevennes.com et Guide Michelin Les Sites français du Patrimoine mondial.

LA CARDABELLE, BAROMÈTRE CAUSSENARD
On voit souvent clouée sur la porte des maisons caussenardes une fleur séchée de cardabelle. Il s'agit d'un chardon *(Carlina acanthifolia)* aux longues feuilles épineuses et découpées. Sa fleur s'ouvre et se ferme en fonction du degré d'humidité de l'air, d'où le nom de « chardon baromètre ».

sont particulièrement nombreuses aux alentours de Roquefort.

Hauts plateaux : Aubrac et Margeride

Les plateaux granitiques de l'Aubrac et de la Margeride se déploient en étendues calmes et couvertes d'herbage. La majesté du paysage laisse prise à la fantaisie des sculptures minérales et au cheminement des troupeaux.

MONTS D'AUBRAC

Entre les vallées de la Truyère et du Lot, les plateaux volcaniques accusent une certaine dissymétrie. Dans le Nord-Est, ses 1 000 m d'altitude s'abaissent très doucement vers la Truyère ; dans le Sud-Ouest, le versant, raviné par le ruissellement des *boraldes*, s'affaisse à 500 m. Le relief est mollement arrondi, à peine saillant. Il cache des coulées de basalte, épaisses de plusieurs centaines de mètres, qui recouvrent un socle granitique. S'y déroule un immense pâturage abondamment fleuri en juin. Dans la partie ouest, les champs sont agrémentés de hêtres, de landes et d'étangs. Un lourd manteau de neige enveloppe les hivers : des obélisques de granit, le long des routes, aident alors les voyageurs à retrouver leur chemin.

L'élevage – Naguère, de grands troupeaux de moutons estivaient sur l'Aubrac. Aujourd'hui, les vaches (encore de nombreuses aubracs, d'un caramel clair, aux irrésistibles yeux fardés, mais aussi quelques salers chocolat dites « rouges », et de plus communes limousines blanches) occupent seules les herbages, de fin mai à mi-octobre. Le promeneur remarque les **« drailles »**, pistes de transhumance parfois délimitées de petits murs de pierre sèche. Les traditionnelles fêtes de la transhumance et foires à bestiaux de Laissac et de Nasbinals sont des rassemblements hauts en couleur.
Voir « Burons de l'Aubrac », p. 51.

MARGERIDE

Ce massif granitique s'étend entre l'Aubrac à l'ouest et l'Allier à l'est, parallèlement à la chaîne volcanique du Velay, au nord. Sa partie la plus élevée, de 1 400 m en moyenne (la Montagne) est couverte de pâtures, et généralement plus boisée (pins, sapins et bouleaux) qu'en Aubrac. Au nord de Mende, des colonnades et des blocs arrondis de granit se dressent sur les plateaux du Palais-du-Roi et de la Boulaine. Plus peuplée que l'Aubrac, dont la densité est très faible, la Margeride abrite de grosses fermes.

Le travail de l'eau

Sur cette terre vouée aux extrêmes, l'eau joue un rôle primordial. Perçue comme bienfaisante dans un milieu souvent aride, elle façonne avec splendeur le paysage, jusque dans ses entrailles.

GORGES ET CANYONS

Fruits de l'érosion des rivières, les **canyons** sont des vallées profondément creusées qui affleurent au sommet des versants comme au fond du sillon. Les **gorges du Tarn** entre Les Vignes

TOPONYMIE OCCITANE
Camin : chemin.
Carriera : rue.
Crotz : croix.
Estanh : lac.
Pas : passage, défilé.
Plaça : place.
Port : col.
Prat : pré, prairie.
Riu : rivière.
Sèrra : colline, crête.

et Le Rozier, les **gorges de la Jonte** et celles de la **Dourbie** en sont des exemples magnifiques et spectaculaires.
Soudain, d'horizontal, le paysage devient vertical : un canyon, qui peut atteindre 500 m de profondeur, scie les plateaux. Les élégants escarpements se colorent de teintes noires et rousses. Abrités des vents, les canyons forment des serres chaudes propices aux cultures. En hauteur, les versants marneux sont couverts de bois ; plus bas, la vigne étale ses pampres au soleil et les arbres fruitiers s'étagent en terrasses.
Les hautes parois sont forées de **baumes**, grottes béantes taraudées par les eaux qui les dépouillent de leurs marnes : le cirque des Baumes, les Baumes-Hautes dans les gorges du Tarn, la Baume-Auriol sur le causse du Larzac, St-Jean-de-Balmes sur le causse Noir, etc.
Au bord de la rivière, d'étroites prairies créent un ruban de verdure coupé de haies de peupliers où s'égrènent petites villes et villages. Les rivières prennent leur source au pied des massifs cristallins voisins (l'Aigoual et mont Lozère) et réussissent à traverser les causses, alimentées par les résurgences de cours d'eau souterrains. Pour traverser les falaises, elles alternent contournement de roches dures et percées difficiles, si bien qu'elles se lovent en méandres bien dessinés.

GROTTES, LACS SOUTERRAINS ET CONCRÉTIONS

En absorbant l'eau de pluie comme une éponge, le calcaire des causses provoque sécheresse en surface et intense activité en sous-sol.
Rivières souterraines et résurgences – Le cours des rivières souterraines peut atteindre plusieurs kilomètres : les eaux élargissent leur lit, forent des galeries et se précipitent en cascades. Lorsque la rivière apparaît à l'air libre, on parle de **résurgence** (ruisseau du Bonheur dans « l'Alcôve » du Bramabiau). Les eaux plus calmes forment de petits lacs en amont de barrages naturels : les **gours** (grotte de Dargilan).
La formation des concrétions – En abandonnant le calcaire dont elle s'était chargée en pénétrant le sol, l'eau crée de lentes (1 cm par siècle) et délicates sculptures. Chaque gouttelette d'eau dépose au plafond, avant de tomber, une partie de sa calcite, édifiant à la longue une baguette irrégulière, la **stalactite**. Les **stalagmites** s'élèvent, à l'inverse, du sol vers le plafond et finissent par rejoindre les stalactites en un seul pilier. Les **excentriques** se développent en un amas de minces rayons ou de petits éventails translucides (grotte de la Clamouse).
Au royaume des ombres – Sous la terre, on croise des miroirs d'eau, des lacs limpides, des traces préhistoriques, autant de merveilles propres à donner le frisson. Ce sont, entre autres, l'aven Armand et sa forêt de stalagmites, la grotte des Demoiselles, celle de Dargilan aux gours caractéristiques ou celle de Trabuc avec ses énigmatiques « cent mille soldats » qui aiguisent l'imagination des visiteurs.

Descente en barque dans les gorges du Tarn.
J.-P. Azam / hemis.fr

ÉPISODES CÉVENOLS

Soudain, il semble que la nuit tombe. Le tonnerre gronde de vallée en vallée et le ciel se déchire d'éclairs. Puis tombent des gouttes isolées, grosses comme des grains de raisin et, quelques instants après, c'est le déluge. Ces violents orages, parfois accompagnés de fortes rafales de vent, voire de « mini-tornades », sont fréquents à la fin de l'été et au début de l'automne, lorsque la température de la mer est plus élevée que celle de l'air. C'est alors une désolation que l'on désigne sous le nom « d'épisode cévenol » : les terres séchées et durcies par le soleil ne se laissent pas pénétrer par la pluie, trop brutale, qui ruisselle en flots grossissants. Les cours d'eau tels le Gardon et le Vidourle dans l'Est, l'Hérault, l'Orb ou l'Aude, qui se traînaient jusque-là paresseusement, enflent en quelques minutes, sortent de leur lit de cailloux, noient les vallées parfois jusqu'à la cime des arbres et emportent tout sur leur passage. Même si barrages et retenues permettent aujourd'hui d'écrêter quelque peu les crues, l'effet peut encore être dévastateur. Ces phénomènes s'accompagnent de drames économiques et humains engendrés par la construction de résidences et de lotissements dans des zones ancestralement connues comme inondables. Les maisons sont alors envahies par une boue épaisse détruisant tout.

QUELQUES TERMES LOCAUX

Planiols : eaux limpides, étales.
Ratchs ou **rajols** : rapides créés par des eaux bouillonnantes et furieuses disparaissant parfois sous des blocs effondrés.
Détroits ou **étroits** : passages où la rivière glisse entre deux murailles abruptes.
Marmites de géants : cavités circulaires creusées par les eaux turbulentes dans les parois calcaires qui bordent la rivière.

Histoire

Voie de passage, le territoire languedocien fut colonisé par les Romains, comme en témoignent les arènes ou la Maison carrée de Nîmes, avant de subir les invasions barbares aux 4e et 5e s. puis de devenir la terre des comtes de Toulouse. La sanglante croisade contre les Albigeois et la guerre des camisards ont confronté la région à plusieurs siècles de violence et sans doute contribué à développer une relative méfiance envers le pouvoir central et un sens aigu de la liberté chez les Occitans.

Un creuset de civilisations

D'abord peuplée de chasseurs, puis d'agriculteurs et d'éleveurs, cette terre entre mer et montagne s'ouvre davantage aux échanges avec le commerce maritime des cités phocéennes, puis avec l'Empire romain qui lui donne unité et structures durables, jusqu'au partage des puissances féodales au Moyen Âge.

PEUPLES PRÉHISTORIQUES

Une civilisation datant de la **fin du néolithique** a laissé d'importantes traces : les **statues-menhirs** du sud de l'Aveyron *(voir p. 327)*, sont étrangement sculptées ; on y observe un visage tatoué (nez et yeux mais bouche absente), des bras, des mains, des membres inférieurs courts et des parures.
On trouve aussi des **dolmens**. Ces tables horizontales auraient servi de tombeaux. Dégagés des tumulus, buttes de terre et de pierre, ils font forte impression dans le Gard, la Lozère, l'Hérault et l'Aveyron.
Ils pourraient être l'œuvre d'un peuple venu par mer et doué d'une grande technicité. En témoignent l'usage du fil à plomb, les routes et le transport de pierres de 350 t. Simple comparaison : la mise en place de l'obélisque de la Concorde à Paris en 1836 fut considérée comme un exploit, or ce monument ne pèse « que » 220 t !

NAISSANCE DE LA PROVINCE NARBONNAISE

Sur une terre ayant subi les influences celtes (peuple des Volques Tectosages), grecques (fondation vers 560 av. J.-C. des phocéennes Agathé Tychè et Lekate, Agde et Leucate, *voir p. 397*), voire carthaginoises avec le passage de l'armée d'Hannibal (- 214), les Romains vont laisser une empreinte durable.
En - 122, le général romain **Domitius Ahenobarbus** refoule les Arvernes dans le Massif central, soumet les Volques et crée la Gaule transalpine, province englobant Marseille (Massilia), Narbonne (Narbo), Toulouse (Tolosa) et remontant la vallée du Rhône vers Vienne et Genève. Réorganisée en 27 av. J.-C., après la conquête de la Gaule par César (5-51), elle devient la **Narbonnaise** et englobe le Bas-Languedoc.
Afin de faciliter d'abord la conquête, puis les échanges économiques, les

Romains construisent nombre de voies, les deux principales étant la **via Domitia** qui, partant du Rhône rejoint la Tarraconaise espagnole *via* Narbonne et l'oppidum de Ruscino, et la voie d'Aquitaine, qui relie Narbonne à Toulouse et Bordeaux. Une longue période de prospérité commence, la **Pax Romana** : la Narbonnaise est divisée en *pagi* (qui deviendront les comtés du Moyen Âge). Chaque *pagus* a ses *civitae* administratives (Narbonne, Carcassonne, Castelnaudary), ses *vici* ou centres ruraux (Eburomagnus devenue Bram) et ses *villae* ou domaines agricoles. Par le droit et le latin, Rome façonnera durablement la région.

L'économie est prospère et les ateliers de **La Graufesenque** près de Millau se rendent célèbres par leurs **poteries**.

INVASIONS BARBARES

Entre le 3e et le 5e s., les invasions successives des Alamans, Vandales et Wisigoths en terminent avec la présence romaine.

Repoussés par Clovis en 507, les Wisigoths s'établissent alors en **Septimanie** (Carcassonne, Narbonne, Béziers, Agde, Nîmes, Maguelone, Elne).

Mais le royaume wisigoth vit sous une menace venue du sud : ce sont les Sarrasins qui, après avoir fait main basse sur l'Espagne, s'emparent de Narbonne en 719. Ils en seront chassés quarante ans plus tard par les Francs de Pépin le Bref.

LES GRANDES DATES

- **122 av. J.-C.** – Fondation de la Gaule transalpine qui deviendra la Narbonnaise.
- **1209** – Début de la première croisade contre les Albigeois, sac de Béziers.
- **1213** – Mort du roi Pierre II d'Aragon à la bataille de Muret.
- **1229** – Le Traité de Meaux met fin à la guerre contre les Albigeois. Saint Louis annexe tout le Bas-Languedoc.
- **1539** – L'ordonnance de Villers-Cotterêts fait du français la seule langue juridique du royaume, l'occitan ne sera plus parlé que par le peuple.
- **1680** – Mise en service du canal du Midi.
- **1685** – Révocation de l'édit de Nantes.
- **1701-1702** – La guerre des camisards embrase les Cévennes.
- **1787** – L'édit de Tolérance met fin aux persécutions contre les protestants.
- **1890** – Après avoir parcouru la rivière souterraine du gouffre de Padirac, Édouard Alfred Martel publie *Les Cévennes*.
- **1907** – La crise viticole déclenche la révolte des « gueux ».
- **1940-1944** – Régime de Vichy. Les maquis se développent dans le massif de l'Aigoual.
- **1963** – Plan d'aménagement du littoral qui donnera naissance aux stations balnéaires du Languedoc-Roussillon.
- **1970** – Création du Parc national des Cévennes.
- **1973** – Création du Parc national régional du Haut-Languedoc.
- **1995** – Création du Parc naturel des Grands Causses.
- **1996** – Le canal du Midi est inscrit par l'Unesco au Patrimoine mondial de l'humanité.
- **2005** – Inauguration du viaduc de Millau.
- **2011** – Causses et Cévennes sont inscrits par l'Unesco au Patrimoine mondial de l'humanité.

LANGUEDOC, TERRE DES COMTES DE TOULOUSE

En 843, le traité de Verdun divise l'empire de Charlemagne : la région s'étendant à l'ouest du Rhône jusqu'à l'océan échoit à Charles le Chauve. À la mort de celui-ci, en 877, la plupart des grandes maisons princières qui régneront dans le Midi jusqu'au 13e s. sont fondées. Les comtes de Toulouse possèdent l'ancienne Septimanie (et le Rouergue), tandis que la famille d'Auvergne détient le Gévaudan. Le Languedoc vit donc sous l'hégémonie des comtes de Toulouse. Bien que vassaux théoriques du roi de France, ils s'assurent de fait une quasi-indépendance. Cette **période de splendeur** correspond à l'apogée de la civilisation occitane avec le développement des « cours d'amour », jeux courtois, une certaine prospérité économique, l'autonomie des villes dirigées par des consuls ou des capitouls (Narbonne et Béziers dès 1130, Alès en 1200), tandis que la faculté de médecine de Montpellier, qui a supplanté Maguelone, est fondée à la fin du 11e s.

L'épopée cathare

Aux 12e et 13e s., le succès remporté par une hérésie, le catharisme, met à feu et à sang les terres du comte de Toulouse. La **croisade contre les Albigeois** (nom désignant au 12e s. les adeptes de la religion cathare parce qu'ils trouvèrent d'abord refuge à Albi) entraîne le rattachement au domaine royal de ce qui pouvait apparaître comme un État en gestation. Sa violence a durablement traumatisé les esprits languedociens et sans doute contribué à la méfiance envers tout ce qui émane du pouvoir central.

L'HÉRÉSIE CATHARE

Venu d'Orient (en particulier de Bulgarie, ce qui a valu à ses adeptes le surnom de « boulgres »), le catharisme doit son nom au grec *katharos* (« pur »). L'évêque Nicétas de Constantinople fonde le « dualisme radical » en 1167 au concile de St-Félix-Lauragais. Issus du catholicisme mais niant la divinité du Christ, les cathares opposent un monde spirituel de lumière et de beauté au monde matériel de Satan qui emprisonne l'homme. En outre, ils refusent les rites traditionnels (baptême et mariage), ce qui attise la colère des clercs. Le seul sacrement administré est le **consolamentum**, pour l'ordination d'un parfait ou la bénédiction d'un croyant à l'article de la mort.

Parfaits et croyants

L'Église cathare est dirigée par quatre évêques (celui d'Albi, de Toulouse, de Carcassonne et d'Agen). Mais ce sont les **parfaits** ou **bonshommes**, qui mènent une existence austère afin de se libérer de l'emprise du malin et d'accéder à la pureté divine, qui la propagent dans la population des **croyants**, simples fidèles. L'hérésie connaît d'abord un franc succès en ville dans le milieu de l'artisanat et du négoce, puis dans les campagnes sous la protection des seigneurs Roger Trencavel, vicomte de Béziers et de Carcassonne, et Raimond-Roger, comte de Foix. Quant au comte de Toulouse, Raimond VI, il ferme les yeux.

GUERRE ET RÉPRESSION

Rome tente de regagner du terrain : en prêchant auprès des croyants, avec saint Dominique de Guzmán ou en essayant de persuader Raimond VI de renoncer à protéger les hérétiques. En vain. En 1208, l'assassinat près de St-Gilles de Pierre de Castelnau, légat du pape

Innocent III envoyé auprès du comte de Toulouse, déclenche la croisade contre les Albigeois. **Béziers** est d'abord pillée (1209) et sa population massacrée, puis **Carcassonne** tombe la même année. Simon de Montfort est alors élu chef de croisade. Les villes de Bram, Minerve et Lavaur seront le théâtre de tueries effroyables. Raimond VI fait alors appel à son beau-frère, le roi d'Aragon, Pere (Pierre) II, mais celui-ci est tué lors de la bataille de Muret (1213). Simon de Montfort met alors la main sur le comté de Toulouse, avant de succomber à son tour sous les remparts de la Ville rose (1218)

RATTACHEMENT DU LANGUEDOC AU ROYAUME DE FRANCE

Enfin, en 1229, le **traité de Meaux** met fin à l'expédition et place le Languedoc sous l'autorité royale. Les derniers réduits cathares sautent les uns après les autres : Peyrepertuse tombe en 1240. Après l'attentat d'Avignonnet, 6000 croisés assiègent le fief de Montségur : 225 cathares sont brûlés vifs (1244) et les rescapés n'obtiennent qu'un sursis au château de Puilaurens. La guerre albigeoise s'achève par la chute du bastion de Quéribus en 1255. En 1258, le roi de France, par le **traité de Corbeil**, tient les « Cinq Fils de Carcassonne » : Peyrepertuse, Puilaurens, Termes, Aguilar et Quéribus, formidable barrage dressé face aux Aragonais. La fin des opérations militaires ne signifie pas pourtant le retour au calme pour les Languedociens. Vient le temps de la répression ; l'Inquisition se met en place : enquêtes, questions, condamnations se succèdent, contribuant à la profonde cicatrice laissée par les événements dans la conscience populaire.

LES LUTTES RELIGIEUSES EN LANGUEDOC

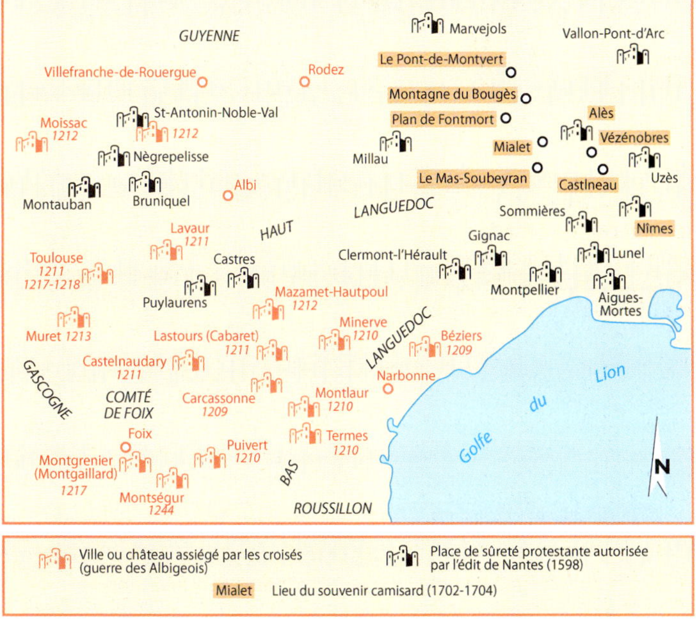

Guerres de Religion

La Réforme rencontra un grand succès, tant dans la noblesse et la bourgeoisie des villes que dans la paysannerie. Hélas ! Louis XIV, « travaillé » par le parti dévot, multiplia les persécutions avant de révoquer l'édit de Nantes. Les difficultés économiques aidant, l'exaspération se traduisit par une guerre qui contribua à dessiner le paysage politique de la région pendant plus de deux siècles, de 1559 à 1787.

NAISSANCE DU PROTESTANTISME

Guerres, famines et épidémies marquent la charnière du 14e et du 15e s. dans le Languedoc. Le protestantisme s'implante, notamment dans les Cévennes et à Montpellier, et la région est à nouveau troublée à partir de 1559 par une guerre entre protestants et catholiques. En 1598, grâce à l'**édit de Nantes**, les protestants obtiennent la liberté du culte et des places de sûreté. Mais la mort d'Henri IV en 1610 marque la reprise des luttes religieuses. En 1629, la **paix d'Alès** va assurer un temps la liberté de conscience des protestants. Les gouverneurs du Languedoc (la famille Montmorency, puis les Conti) s'installent à **Pézenas**, plutôt qu'à Montpellier, place forte huguenote. La cité va alors connaître sa période de splendeur et se couvrir d'hôtels particuliers. Ce n'est qu'en 1685 que l'intendant Basville s'installe à **Montpellier**, qui trouve alors un rang de « capitale régionale » qu'elle n'a plus quitté depuis.

LE MAUVAIS ZÈLE DE LOUIS XIV

En 1661, Louis XIV entreprend une vive campagne contre la « religion prétendue réformée » (RPR) : il impose aux huguenots de loger ses soldats, les redoutés « dragons », qui commettent les rudes « **dragonnades** ». Croyant à tort que sa politique engendre de nombreuses conversions – les rapports biaisés des intendants, soucieux de plaire à la Cour, ne sont pas étrangers à sa décision –, le Roi-Soleil décide de **révoquer l'édit de Nantes** (1685) : les temples sont démolis et les pasteurs chassés. Un véritable exode s'ensuit, vers Genève et les Pays-Bas. Trois à cinq cent mille protestants privent alors l'agriculture, le commerce, l'industrie, la science et les arts de leur force vive. Pour endiguer l'hémorragie, on emprisonne, on enlève les enfants, on condamne aux galères, on brûle parfois… Les pasteurs se réfugient dans des montagnes retirées : c'est le « **désert** » (en référence au désert biblique des Hébreux) où se tiennent des assemblées.

L'ARBRE À PAIN

Le terme dit bien combien le bois de châtaignier était jadis nécessaire aux Cévenols. Qu'il s'agisse du bâtiment (bois), de l'alimentation du bétail (les feuilles), de la vannerie (les éclisses) ou des repas (les fruits), tout était bon ! Les châtaignes séchaient dans la **clède**, à deux étages : au rez-de-chaussée, le feu provoquait la déshydratation des fruits entreposés à l'étage. Leur peau était ensuite brisée à l'aide des **solas**, chaussures à pointes de fer, ou dans un sac que l'on battait sur un billot de bois puis, plus tard, dans des machines. Les châtaignes blanches nourrissaient la famille toute l'année, quelques-unes étaient vendues, les brises étaient destinées au bétail, aux porcs surtout. Mais le terrible hiver de 1709, en décimant la châtaigneraie, obligea les Cévenols à chercher d'autres moyens de subsistance.

SÉPULTURES SAUVAGES
Les huguenots n'avaient pas droit à être ensevelis en terre chrétienne… C'est pourquoi vous pouvez voir, tant dans les Cévennes que dans le Piémont cévenol, nombre de tombes isolées dans les champs, voire sur les terrains entourant les maisons. Elles peuvent toujours servir de sépulture aujourd'hui sous certaines conditions.

Les pasteurs desservent clandestinement les villages, et « régularisent » lors de leurs passages un état civil aussi oral qu'officieux.

LA RÉVOLTE DES CAMISARDS

En juillet 1702, l'assassinat de l'abbé du Chayla, qui retenait des huguenots prisonniers dans le château du **Pont-de-Montvert** sur le Tarn, donne le signal d'une insurrection générale : deux ans durant, les « camisards » (du languedocien *camisa*, chemise qu'ils portaient par-dessus leurs vêtements pour se reconnaître la nuit) partent en guerre contre le pouvoir catholique, menant une guérilla ponctuée d'audacieux coups de main.
Jean Cavalier et Pierre Laporte, dit **Roland**, sont les deux chefs les plus célèbres des 3 000 à 5 000 camisards, largement soutenus par la population cévenole. Face à eux : 30 000 hommes et trois maréchaux, dont Villars, qui est assez habile pour amener Cavalier à négocier. Accusé de trahison par ses compagnons, celui-ci s'exile en Angleterre. Roland, lui, est capturé et brûlé à Nîmes en 1702. C'est la fin de la résistance camisarde.
Pour autant, les persécutions ne cessent véritablement qu'en 1787, avec la signature de l'**édit de Tolérance** par Louis XVI. Les protestants peuvent désormais exercer un métier, se marier et faire constater officiellement les naissances. En 1789, ils tiennent le haut du pavé lors de la Révolution.

Le temps des mutations

La **politique de grands travaux** encouragée par Colbert à partir du milieu du 17e s. favorise le développement de la région.

LES BASES D'UNE PREMIÈRE INDUSTRIALISATION

Quelques atouts majeurs pour le développement économique se mettent en place : aménagement du **port de Sète** à partir de 1666, percement du **canal du Midi** par Pierre-Paul Riquet entre 1666 et 1680, développement des manufactures de textile (Villeneuvette).
Après la destruction de la châtaigneraie par un hiver très rigoureux de 1709 *(voir encadré page précédente)*, les Cévennes se vouent à l'**élevage du ver à soie** *(voir encadré page suivante)*. Pratiquée depuis le 13e s., cette activité avait pris un premier essor sous Henri IV, grâce à l'agronome Olivier de Serres et au pépiniériste nîmois Traucat… Au 18e s., la plantation intensive de mûrier, plat exclusif du ver à soie, va permettre à « l'arbre d'or » de supplanter « l'arbre à pain » pour quelque temps. Nîmes et les vallées cévenoles connaissent alors un essor industriel lié au travail de la soie, de la laine et du coton (toiles de Nîmes, denim). Mais, malgré les découvertes de Pasteur, la sériciculture décline à partir du milieu du 19e s., sous l'action conjuguée de la pébrine (maladie du ver à soie), de l'apparition

QUEL APPÉTIT, LE VER À SOIE !

Au 18e s., les œufs du ver à soie incubaient dans une pochette en tissu au creux tiède de la poitrine des femmes cévenoles ou dans des *castelets* (couveuses). Après éclosion, les larves étaient disposées sur un support étagé jusqu'à la troisième et avant-dernière mue, puis placées dans la **magnanerie** où quatre cheminées maintenaient la juste température. Friand de feuilles de mûrier, le bombyx mue quatre fois dans le premier mois de son existence et multiplie son poids par 10000. Pour apaiser la voracité de 25 g de vers, il faut 1 000 kg de feuilles de mûrier ! Le bombyx s'enroule dans son cocon de soie qu'il fabrique en 48h, et dont le fil, d'une épaisseur de 8 microns, peut mesurer entre 800 m et 1 km. Il faut ensuite ébouillanter les cocons et étouffer leur chrysalide pour que le fil s'enroule aisément autour du guindre. La sériciculture se pratiquait à la maison, puis dans des filatures, où elle alimentait les ateliers florissants de Nîmes et de Lyon, dirigés par les bien nommés « soyeux ».

des fibres synthétiques et de la concurrence extrême-orientale. Les Cévennes se lancent dans l'exploitation des minerais de fer, de plomb et surtout de houille à Alès, Bessèges et La Grand-Combe. Pourtant, en dépit de l'exploitation du bassin houiller, le Languedoc passe à côté de la révolution industrielle du 19e s. et reste ancré dans l'agriculture jusqu'à ce que pointent les activités touristiques.

LE « MIDI ROUGE »

À la terrible crise du phylloxera (1868-1872) qui avait ruiné tant de viticulteurs, puis à la découverte d'un autre fléau, le mildiou, champignon qui pourrit le vignoble, s'ajoute au début du 20e s. une série de facteurs économiques défavorables. La greffe de plants américains, résistants au premier, provoque une surproduction de vins sans qualité et encourage la pratique de la **chaptalisation** (ajout du sucre). La concurrence sévère des vins d'Algérie et les importations sauvages entraînent la chute des cours.

La révolte des « gueux »

Les protestations enflent et des manifestations monstres se succèdent dans les principales villes languedociennes à l'appel du *Tocsin*, le journal animé par un cafetier d'Argeliers (Aude), **Marcellin Albert**. Le maire emblématique de Narbonne, **Ernest Ferroul**, renvoie son écharpe tricolore, comme plus de 600 maires de la région, et prend la tête des révoltés qui se baptisent eux-mêmes les « gueux ».
L'affaire prend une ampleur considérable : ils sont un million à Montpellier le 9 juin. Le 17, le gouvernement donne l'ordre d'arrêter les leaders. Le 19, la troupe tire à Narbonne et six manifestants sont tués. Mais, fils de viticulteurs pour la plupart, les soldats du 17e régiment d'infanterie basé à Agde fraternisent avec les manifestants. Ils se mutinent et marchent sur Béziers. La situation est quasi insurrectionnelle : Marcellin Albert monte à Paris pour négocier avec le président du Conseil, Clemenceau. Mais le brave cafetier n'est pas rompu aux roueries de la politique : à la fin de la réunion, Clemenceau lui avance quelques francs afin qu'il puisse regagner le pays… et s'empresse de le faire savoir, déconsidérant ainsi le malheureux aux yeux de ses camarades !
Cependant, l'Assemblée nationale vote des mesures afin de prévenir la fraude (« mouillage » et « sucrage »), ce qui donnera naissance aux

services de répression des fraudes, bien connus aujourd'hui, ainsi qu'à la mise en place des vins d'appellation d'origine (1919), ancêtres des AOC. Afin de pallier les méventes, les vignerons s'organisent en coopératives : la première voit le jour à Lézignan en 1909. Ces caves mettent à en commun des outils de vinification, et assurent la commercialisation.

CROISSANCE URBAINE ET MUTATIONS

En 1955, un programme d'irrigation réalisé par la compagnie nationale d'Aménagement du Bas-Rhône-Languedoc permet d'introduire à grande échelle les cultures fruitières et légumières dans la région.
En 1962, les accords d'Évian entraînent une installation massive de rapatriés d'Algérie en Languedoc-Roussillon et une nouvelle dynamique. Pour faire face à cet afflux, les municipalités édifient en hâte des quartiers en périphérie. Parallèlement, le **plan d'aménagement du littoral Languedoc-Roussillon**, décidé en 1963, fait surgir de terre des stations créées de toutes pièces : La Grande-Motte, Le Cap-d'Agde… C'est le début du **tourisme** de masse. Cette activité devient progressivement le principal moteur de l'économie régionale, d'autant que le vignoble va de crise en crise et que le bassin minier des Cévennes s'éteint en 1989.
Au lendemain de mai 1968, puis au cours des années 1980, les Cévennes (vallée Française, Florac) et le Larzac accueillent de jeunes adultes citadins venus se mettre au vert, les **néoruraux**. Grâce à leur présence, les villages fantômes semblent reprendre vie, la pyramide des âges se rééquilibre et les cours d'écoles se remplissent. S'orientant surtout vers les cultures biologiques, les nouveaux venus participent au maintien de l'activité agricole et développent une vie culturelle dense. Renforcée par une troisième vague au début des années 1990, cette aventure campagnarde reste pourtant une exception dans le mouvement démographique général.
Les années 1970 sont marquées par des luttes pour la survie de l'économie traditionnelle, les manifestations contre l'extension du camp militaire du Larzac, comme le renouveau occitan, culturel mais aussi politique, sont aussi emblématiques de cette période.
Parallèlement, Montpellier, préfecture régionale, connaît un fort développement grâce à une modernisation des réseaux de communication, une politique municipale dynamique, et l'installation de grandes entreprises.
Voir aussi « Une région attractive » p. 45.

PERSONNAGES POLITIQUES

Ils ont incarné leur terre, par ordre d'entrée en scène :
Principal chef militaire camisard, **Jean Cavalier** (1680-1740) finit sa carrière comme gouverneur… de Jersey !
Président de la République, **Gaston Doumergue** (1863-1937) était un enfant d'Aigues-Vives (Gard).
Haute figure et martyr de la Résistance, **Jean Moulin** (1899-1943) était biterrois.
Deux célèbres politiciens, qui ont fait les beaux jours de la IVe et de la Ve République, tous deux Héraultais, ont choisi de se faire élire ailleurs : **Edgar Faure** (1908-1988, né à Béziers) et **Gaston Defferre** (1910-1986), d'origine cévenole, né à Marsillargues (Hérault).

3/ DÉCOUVRIR LE LANGUEDOC

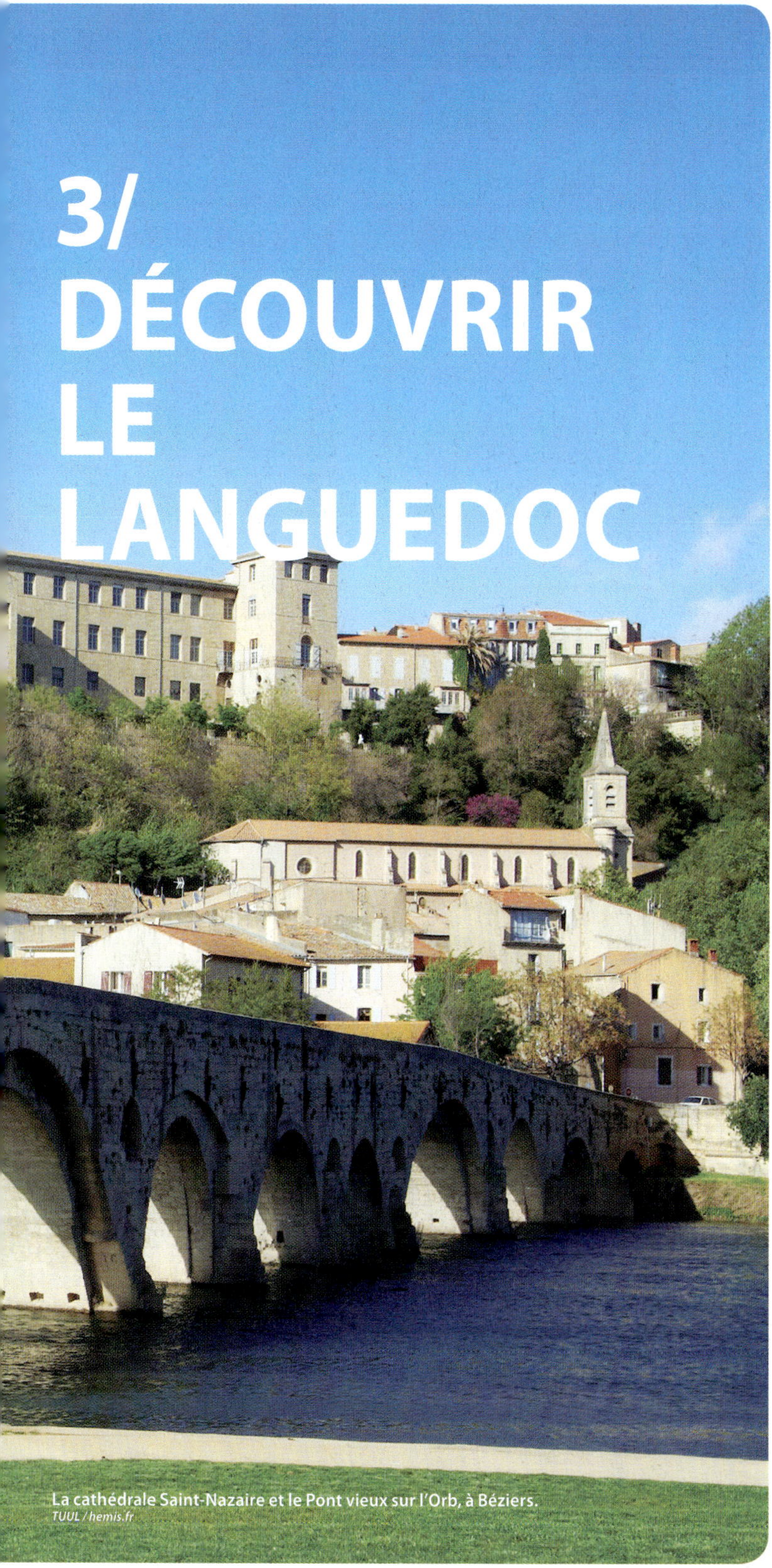

La cathédrale Saint-Nazaire et le Pont vieux sur l'Orb, à Béziers.
TUUL / hemis.fr

+ d'adresses

Montpellier et sa région 1

Carte Michelin Départements 339 – Gard (30) et Hérault (34)

Saint-Guilhem-le-Désert.

P. Jacques / hemis.fr

MONTPELLIER ET SA RÉGION

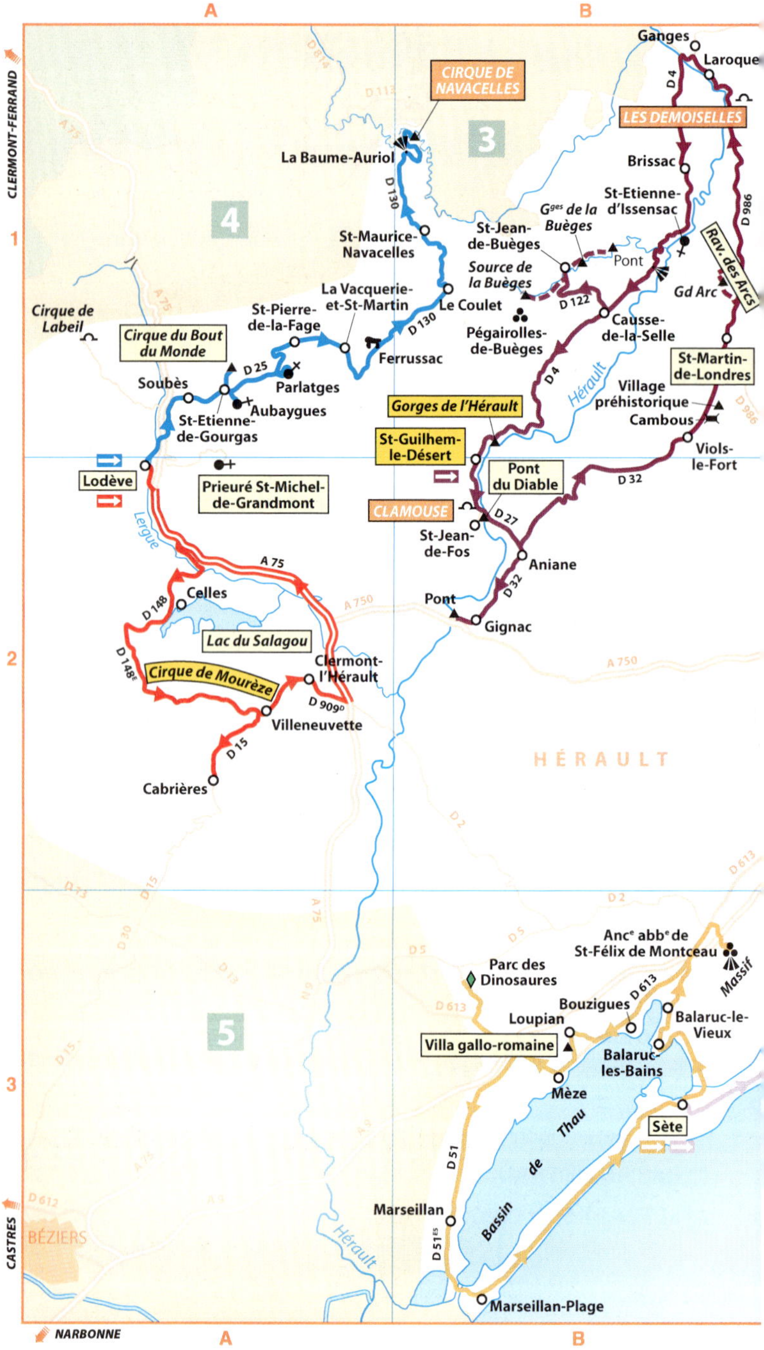

C
D
Ville de départ du circuit
Les «Folies» de Montpellier
Autour du Pic Saint-Loup
La Buèges et l'"Hérault: Sources et Gorges
Le Lodévois rouge
Du piémont au cirque de Navacelles
Bassin de Thau
Au pays du Muscat
GARD
Vidourle
D 999
D 45
D 17
D 35
Pic St-Loup
D 113
Les Matelles
D 17E3
Restinclières
Prades-le-Lez
D 17
D 986
D 610
A 9
N 113
Castries
Parc zoologique de Montpellier
Agropolis Museum
Chât. d'O
MONTPELLIER
La Mosson
Flaugergues
L'Engarran
La Mogère
Lavérune
Le Terral
Étang de Mauguio ou de l'Or
La Grande-Motte
Lattes
D 66
D 62
Phare de la Méditerranée
Carnon-Plage
D 185
Palavas-les-Flots
Golfe d'Aigues-Mortes
de la Gardiole
Maguelone
D 612
D 114
Les Aresquiers
Frontignan
Frontignan-Plage
DU
LION
GOLFE
NÎMES
2
1
3
N
MONTPELLIER ET SA RÉGION
0
10 km
MONTPELLIER ★★★ Vaut le voyage
Pic St-Loup ★★ Mérite un détour
Maguelone ★ Intéressant
Castries À voir

Montpellier

★★★

287 981 Montpelliérains – Hérault (34)

NOS ADRESSES PAGE 98

S'INFORMER

Office de tourisme – *30 allée Jean-de-Lattre-de-Tassigny (esplanade Comédie) - 34000 Montpellier - ✆ 04 67 60 60 60 - www.ot-montpellier.fr - juil.-sept. : 9h-19h30, w.-end et j. fériés 9h30-18h ; oct.-juin : lun.-sam. 10h-18h, dim. et j. fériés 10h-17h, juil.-sept. : lun.-vend. 9h-19h30, w.-end et j. fériés 9h30-18h - fermé 1er janv., 25 déc.*

Visites guidées pédestres – Les visites guidées pédestres organisées par l'office de tourisme sont particulièrement recommandées pour découvrir des lieux habituellement fermés au public : cours intérieures des hôtels particuliers, mikvé, arc de triomphe - visite du centre historique (2h) *juil.-sept. : 10h et 17h ; reste de l'année : se rens. - visites thématiques : programme trimestriel disponible auprès de l'office de tourisme - 7 pers. mini ; dép. de l'office de tourisme (pl. de la Comédie) - réserv. obligatoire - ✆ 04 67 60 60 60/19 27 - www.ot-montpellier.fr.*

City Card Montpellier – *Décliné en trois formules - 24h : à partir de 13 € (3-12 ans 7,50 €), 48h : à partir de 21 € (3-12 ans 10,50 €) et 72h : à partir de 27 € (3-12 ans 13,50 €) - ce forfait « Découverte » combine des entrées gratuites pour de nombreux sites, des réductions pour des spectacles et des activités de loisirs ainsi qu'une carte de transport TAM pour vos déplacements. En vente toute l'année à l'office de tourisme au ✆ 04 67 60 60 60.*

Passe Campagne de l'Hérault – Édités par les gîtes de France de l'Hérault, la carte et le carnet « Passe Campagne » donnent droit à des réductions dans les sites et musées, des tarifs préférentiels pour des activités de pleine nature et des avantages lors des achats de produits du terroir. *Centrale de réserv. des gîtes de France de l'Hérault - ✆ 04 67 67 71 62/65/83 - www.gites-de-france-herault.fr - Maison du Tourisme - av. des Moulins.*

SE REPÉRER

Carte de microrégion C2 (p. 79) – *Carte Michelin Départements 339 I7.* Située sur l'arc méditerranéen, à 170 km à l'ouest de Marseille, Montpellier est facilement accessible par l'A 9 ou l'A 75 si vous venez du nord.

Nuit sur la place du Nombre-d'Or.
F. Villesèche / Fotolia.com

SE GARER
La circulation en centre-ville relève de l'impossible. Un conseil, garez votre voiture au plus vite (grands parkings Antigone ou Esplanade) et marchez, la ville n'est pas si grande que cela… Une solution pratique : utilisez la formule parking+Tram (4,50 €), attractive puisque tous les occupants de la voiture voyagent avec un unique billet.

À NE PAS MANQUER
L'illustre place de la Comédie ; le musée Fabre ; la balade dans la vieille ville ; la vue depuis la promenade du Peyrou ; l'architecture néoclassique du quartier Antigone et les « folies » de Montpellier.

ORGANISER SON TEMPS
Prenez le temps d'un week-end pour découvrir Montpellier.

AVEC LES ENFANTS
Le planétarium Galilée, l'aquarium, le parc zoologique, Agropolis Museum et le domaine de Restinclières à Prades-le-Lez.

Capitale de la région, Montpellier impressionne par son dynamisme. Baignés par la douce lumière méditerranéenne, ses quartiers anciens et ses superbes jardins agrémentent les promenades en journée, tandis que théâtres, cinémas et opéra animent la nuit. En pleine croissance, la ville, qui perpétue son ancestrale vocation pour la médecine et la recherche, se transforme, faisant naître de nouveaux quartiers à l'architecture audacieuse. Population estudiantine oblige, les visages sont jeunes aux terrasses des cafés tandis que l'air humecté de sel annonce la mer toute proche…

Se promener Plans de ville

★★ LE VIEUX MONTPELLIER Plan II

Circuit tracé sur le plan de ville p. 86 – Comptez 3h.
Entre la place de la Comédie et l'arc de triomphe du Peyrou, de part et d'autre de la trouée de la rue Foch, s'étendent les vieux quartiers de Montpellier, aux rues tortueuses et étroites, selon le plan de la cité médiévale. Le long de ces rues se sont édifiés au 17e et au 18e s. de superbes hôtels particuliers qui dissimulent leurs façades principales et leurs remarquables escaliers à l'intérieur des cours.

L'HISTOIRE EN SOUS-SOL

La crypte de la première **église N.-D.-des-Tables**, une des plus anciennes églises de Montpellier, détruite en 1794, accueille une animation multimédia sur l'histoire et le devenir d'une cité qui n'hésite pas à s'appeler elle-même la « surdouée » : munis d'écouteurs, vous irez de reconstitutions en 3D en diaporamas, au cours d'une immersion dans le passé de la ville. Cette incursion souterraine peut être un intéressant prélude à votre découverte de Montpellier (en été, il y règne une fraîcheur des plus agréables !). **Musée de l'Histoire de Montpellier** (10e s.-16e s.) F2 – ✆ *04 67 54 33 16 - fermé jusqu'à l'été 2013.*

Place de la Comédie F2-3

Centre animé de Montpellier, elle fait le lien entre les quartiers anciens et les réalisations modernes. La façade 19e s. du théâtre sert de toile de fond à la fontaine des Trois Grâces, du sculpteur Étienne d'Antoine. Autour de cette fontaine, un tracé ovale rappelle les limites d'un ancien terre-plein qui a valu à la place d'être surnommée « l'Œuf » par les Montpelliérains de souche.

Elle se poursuit au nord par l'**esplanade Charles-de-Gaulle**, promenade ombragée où, l'été, les Montpelliérains flânent parmi les terrasses de café et viennent écouter les musiciens qui se produisent dans les kiosques.

La perspective de l'esplanade est fermée par le **Corum**, vaste complexe de forme allongée en béton et granit rouge de Finlande conçu par l'architecte Claude Vasconi. Le joyau en est l'**opéra Berlioz**, salle à l'acoustique très soignée pouvant contenir 2 000 spectateurs. De la **terrasse du Corum**, la **vue** porte sur les toits de la ville, la cathédrale St-Pierre, l'ancien collège des Jésuites, et la flèche, toute blanche, de l'église Ste-Anne. ♿ - *L'office de tourisme de Montpellier propose des visites du Corum et de l'opéra Berlioz, consultez le programme trimestriel des visites guidées : ✆ 04 67 60 60 60 ou sur www.ot-montpellier.fr.*

À l'est, on rencontre la dalle du **Triangle** et le complexe du **Polygone**.

De la place de la Comédie, prenez la rue de la Loge, dont le nom évoque la loge des marchands, toute-puissante au 15e s.

Tournez tout de suite à droite dans la rue Jacques-Cœur.

Hôtel des Trésoriers de France ou de Lunaret F2

7 r. Jacques-Cœur.

Abritant le musée languedocien, cet hôtel particulier est l'ancienne résidence de Jacques Cœur qui y séjourna au 15e s. : de cette époque datent les sous-sols voûtés et les plafonds à caissons polychromes qui ornent certaines salles. Au 17e s., il devint l'hôtel des Trésoriers de France, magistrats chargés d'administrer les domaines royaux en Languedoc, qui firent édifier le grand escalier à trois volées et la majestueuse façade sur cour à colonnades superposées. Enfin, l'appellation de Lunaret rend hommage à Henri de Lunaret qui en fit don à la Société archéologique de Montpellier.

★ **Musée languedocien** – *Hôtel des Trésoriers de France - 7 r. Jacques-Cœur - ✆ 04 67 52 93 03 - www.musee-languedocien.com - 15 juin-15 sept. tlj sf dim. et j. fériés 15h-18h ; reste de l'année : tlj sf dim. et j. fériés 14h30-17h30 - 7 € (étudiant 4 €).* La salle médiévale abrite des sculptures romanes de l'abbaye de Fontcaude et du cloître de St-Guilhem-le-Désert. Dans la salle gothique du 1er étage se côtoient une cuve baptismale en plomb, de la vaisselle en bois et d'amusants panneaux de bois peints. La grande salle d'apparat, décorée de tapisseries

flamandes du 17e s., abrite un tableau de l'école de Fontainebleau, du mobilier languedocien et une sphère céleste de Coronelli. Avec ses marqueteries et ses porcelaines de Sèvres, le salon jaune restitue bien l'esprit du 18e s. La salle et le salon suivants sont consacrés à de belles pièces de faïence. Traversant les anciens appartements de la famille de Lunaret, on accède au 2e étage consacré aux fouilles archéologiques et aux arts et traditions populaires. Remarquez les curieuses plaques muletières cévenoles (16e-18e s.), dites « lunes ».
Sur la droite de l'hôtel, la **chapelle des Pénitents blancs**, ancienne église Ste-Foy, rebâtie au 17e s., présente un portail à fronton triangulaire.
Tournez à gauche dans la rue Valedeau puis à droite dans la rue Embouque-d'Or.

Hôtel de Manse F2

4 r. Embouque-d'Or.
Le comte de Manse, trésorier du roi de France, avait fait appel à des artistes italiens pour dessiner cette façade intérieure à double colonnade formant les baies d'un très bel escalier : « le degré de Manse ». En face, l'**hôtel Baschy du Cayla**, à la façade Louis XV, jouxte l'hôtel de Varennes.

★ Hôtel de Varennes F2

Rens. à l'office de tourisme.
On pénètre sous une voûte qui mène à plusieurs salles gothiques sous croisées d'ogives – l'une d'elles abrite des colonnes et chapiteaux romans de la première église N.-D.-des-Tables. Des fenêtres géminées, des portes de château ont été incorporées dans les murs, formant un ensemble très harmonieux. La **salle Pétrarque**, du 14e s., voûtée d'ogives, est utilisée comme lieu de réception par la municipalité. L'hôtel abrite aujourd'hui deux musées.

1

Musée du Vieux Montpellier – *Hôtel de Varennes - 2 pl. Pétrarque (au 1er étage) - ✆ 04 67 66 02 94 - mar.-dim. 10h30-12h30, 13h30-18h - fermé 1er janv., 1er Mai et 25 déc. - 3 € (-26 ans, +60 ans et journées du patrimoine gratuit).* Parmi les gravures, portraits de notables, plans anciens et objets religieux, on remarque la Vierge reliquaire de N.-D.-des-Tables, des bâtons de pénitents et des documents de l'époque révolutionnaire.
Musée Fougau – *Hôtel de Varennes - 2 pl. Pétrarque (au 2e étage) - ✆ 04 67 84 31 58 - merc. et jeu. 15h-18h - fermé août - 3 €. Lo fougau* signifie en occitan le foyer. Objets, meubles et décors témoignent des arts et traditions populaires au 19e s.
Tournez à droite dans la rue de l'Aiguillerie.
C'était l'ancienne rue des métiers au Moyen Âge. Dans certaines boutiques subsistent de belles voûtes des 14e et 15e s.
Prenez à droite la rue Glaize et continuez dans la rue Montpelliéret.

★ Hôtel de Cabrières-Sabatier d'Espeyran F2

6bis r. Montpelliéret - mêmes horaires que le musée Fabre - billetterie au musée Fabre - mar., jeu., vend., dim. 10h-18h, merc. 13h-21h, sam. 11h-18h, fermé lun. - billet combiné avec le musée Fabre 7 €, hôtel seul 4 € (6-18 ans et -26 ans 2,50 €) - ✆ 04 67 14 83 00 (musée Fabre).
Léguée à la ville par ses propriétaires, cette riche demeure (bâtie en 1873) abrite le **département Arts décoratifs** du musée Fabre. Au rez-de-chaussée, la collection de céramiques, de faïences et d'orfèvrerie du musée comprend un remarquable ensemble de majoliques italiennes, mais aussi des pièces confectionnées par des ateliers régionaux : remarquez les vases à pharmacie en camaïeu bleu provenant de la manufacture Ollivier (fin 17e s.). Au premier étage, vous découvrirez les appartements du maître des lieux, le comte

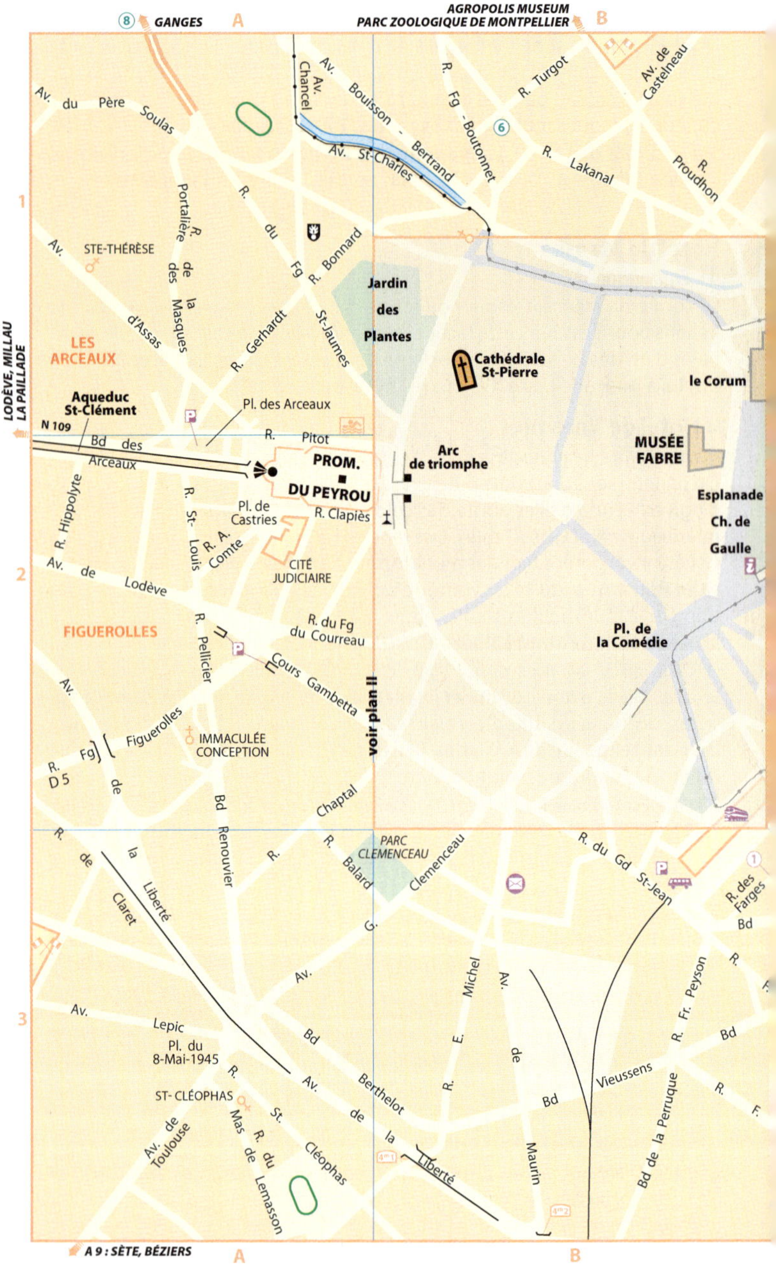
8 GANGES
AGROPOLIS MUSEUM
PARC ZOOLOGIQUE DE MONTPELLIER
A
B
1
2
3
LODÈVE, MILLAU
LA PAILLADE
Av. du Père Soulas
Av. Chancel
Av. Bouisson - Bertrand
R. Fg - Boutonnet
R. Turgot
Av. de Castelneau
6
Av. St-Charles
R. Lakanal
R. Proudhon
R. Portalière des Masques
R. de la
R. du Fg St-Jaumes
R. Bonnard
Av. d'Assas
STE-THÉRÈSE
Jardin des Plantes
Cathédrale St-Pierre
le Corum
LES ARCEAUX
R. Gerhardt
Aqueduc St-Clément
N 109
Pl. des Arceaux
Bd des Arceaux
R. Pitot
PROM. DU PEYROU
Arc de triomphe
MUSÉE FABRE
Esplanade Ch. de Gaulle
R. Hippolyte
R. St-Louis
Pl. de Castries
R. Clapiès
R. A. Comte
CITÉ JUDICIAIRE
Av. de Lodève
FIGUEROLLES
R. Pellicier
R. du Fg du Courreau
Cours Gambetta
voir plan II
Pl. de la Comédie
Av. Fg de Figuerolles
IMMACULÉE CONCEPTION
R. D5
Bd Renouvier
R. Chaptal
R. de Claret
la Liberté
PARC CLEMENCEAU
R. Balard
Av. G. Clemenceau
R. du Gd St-Jean
R. des Farges
Av. Lepic
Pl. du 8-Mai-1945
Bd Berthelot
R. E. Michel
Av. de Maurin
Bd Vieussens
R. Fr. Peyson
Bd de la Perruque
R. St. Cléophas
ST-CLÉOPHAS
Av. de Toulouse
R. du Mas de Lemasson
Av. de la Liberté
A 9 : SÈTE, BÉZIERS

MONTPELLIER

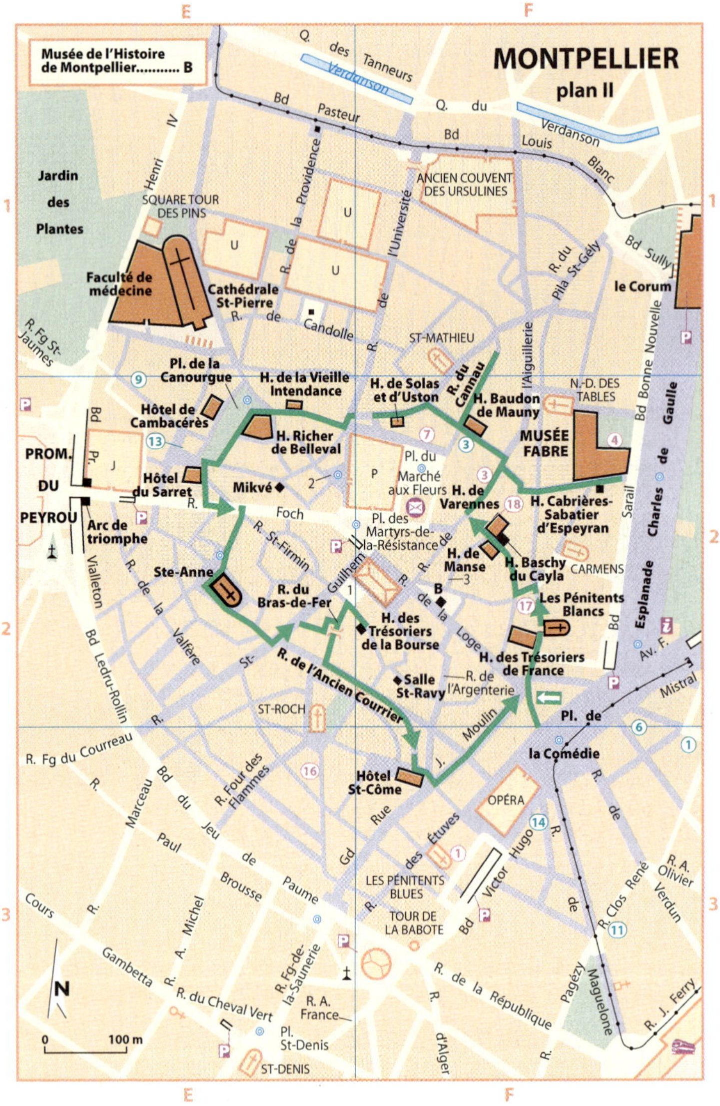

SE LOGER

- Aragon (Hôtel d')........................ 1
- Baudon de Mauny (Chambre d'hôte)........................ 3
- Comédie (Hôtel de la)................. 6
- Guilhem (Hôtel Le)........................ 9
- Holiday Inn Métropole (Hôtel). 11
- New Hôtel du Midi........................ 14
- Palais (Hôtel du)........................ 13

SE RESTAURER

- Acolyte (L')........................ 17
- Bains de Montpellier (Les)... 1
- Café Léon........................ 16
- Cellier & Morel........................ 3
- Diligence (La)........................ 18
- Insensé (L')........................ 4
- Tamarillos........................ 7

INDEX DES RUES

Charles Despous de Paul : la salle à manger, le salon vert et le salon rouge plongent le visiteur dans l'atmosphère de la vie mondaine à la fin du 19e s. Au second est présenté un bel ensemble mobilier estampillé par les grands ébénistes du 18e s., comme Adrien Delorme.

★★ Musée Fabre F2

13 r. Montpelliéret, entrée du public 39 bd Bonne-Nouvelle - ✆ 04 67 14 83 00 - www.museefabre.fr - ♿ - tlj sf lun.10h-18h - 1er janv., 1er Mai, 14 Juil. ou 15 août, 1er nov., 25 déc. - 7 € (6-18 ans et -26 ans 5 €), incluant la visite de l'hôtel Cabrières-Sabatier d'Espeyran.

Le musée fut créé en 1825 grâce à la générosité du peintre montpelliérain **François-Xavier Fabre** (1766-1837) qui y rassembla plusieurs collections. Largement enrichi par la suite, en particulier grâce aux donations d'artistes locaux comme Bazille ou Soulages, il compte, après sa rénovation achevée en 2007, plus de 800 œuvres présentées de façon chronologique, de la Renaissance à nos jours.

En guise d'introduction, le visiteur pourra s'initier aux œuvres des **peintres flamands et hollandais** (Ruysdael, Rubens, Teniers le Jeune), avant de plonger dans l'univers plus large de la **peinture et de la sculpture européennes du 15e au 18e s.** Des peintures **espagnoles** (*L'Ange Gabriel* par Zurbarán), italiennes (Véronèse, Allori, Guerchin), et de nombreux artistes de l'**école française des 17e et 18e s.** comme Bourdon, Poussin, Vouet, David *(Hector)*, Greuze *(Le Petit Paresseux, Le Gâteau des rois)*, ainsi que des sculptures de Houdon *(L'Été, L'Hiver)*.

Les deux salles suivantes sont consacrées aux périodes **néoclassique et romantique**, où l'on retrouve des maîtres tels que Vernet, Denis, Géricault ou Delacroix. La première moitié du 19e s. est bien illustrée par la collection d'Alfred Bruyas et les œuvres des « luminophiles », surnom des peintres du Languedoc qui s'appliquèrent à rendre la superbe lumière de leur région. À côté des portraits de Bruyas sont présentées d'autres œuvres de Delacroix *(Femmes d'Alger dans leur intérieur, Fantasia)*, de Courbet, dont *La Rencontre*, *Les Baigneuses* qui firent scandale au salon de 1853 et le *Pont d'Ambrussum* ; du Montpelliérain Frédéric Bazille, on admirera la *Vue de village*, avec son remarquable rendu de la lumière crue d'un paysage languedocien écrasé de chaleur, *Les Remparts d'Aigues-Mortes*, ses contrastes et ses plans successifs et *La Négresse aux pivoines*, tout de sensualité, œuvres qui laissent deviner le talent précoce de ce peintre trop tôt disparu.

Parmi les **sculptures** de Bourdelle, Maillol et Richier *(La Chauve-Souris)* sont exposées des pièces de Van Dongen *(Portrait de Fernande Olivier)*, de Staël, Marquet, Dufy, Soulages, Vieira da Silva, Viallat, du Montpelliérain Vincent Bioulès *(Place d'Aix-en-Provence – Hommage à Auguste Chabaud)* et de Jean Hugo (1894-1984 – *L'Imposteur*).

Enfin, l'importante **collection Soulages★** est particulièrement bien mise en valeur dans un large espace (600 m²) conçu spécialement.

Revenez dans la rue de l'Aiguillerie, puis tournez à gauche dans la rue de la Carbonnerie.

Au n° 1, l'**hôtel Baudon de Mauny** (F2) présente une élégante façade Louis XVI décorée de guirlandes de fleurs.

Rue du Cannau F2

Elle est bordée d'hôtels du 17e s. : au n° 1, l'**hôtel de Roquemaure** s'orne d'un portail de pierres en pointe-de-diamant et de pilastres cannelés ; au n° 3, l'**hôtel d'Avèze** ; au n° 6, l'**hôtel de Beaulac** avec sa porte en anse de panier décorée de cornes d'abondance ; au n° 8, l'**hôtel Deydé** présente un arc

surbaissé ou « davilerte » et un fronton triangulaire montrant les innovations architecturales introduites à la fin du 17e s. par Augustin-Charles d'Aviler.
Revenez sur vos pas et prenez à droite la rue de Girone puis la rue Fournarié.

Hôtel de Solas F2

1 r. Fournarié.
Hôtel du 17e s. au portail Louis XIII. Remarquer les gypseries ornant le plafond du porche.

Hôtel d'Uston F2

3 r. Fournarié.
De la 1re moitié du 18e s., il s'ouvre par un portail dont l'arc est décoré de guirlandes (une figure féminine orne la clef) et le fronton de chérubins encadrant un vase de fleurs.
Prenez la rue de la Vieille-Intendance.
Au n° 9 se trouve l'**hôtel de la Vieille Intendance**, qui fut habité par le philosophe Auguste Comte, puis par le poète Paul Valéry.

★ Place de la Canourgue E2

Au 17e s., c'était le centre de Montpellier, et de nombreux hôtels subsistent autour du jardin orné de la fontaine des Licornes, la dernière des trois fontaines installées pour distribuer l'eau acheminée par l'aqueduc St-Clément. De la place, vue plongeante sur la cathédrale St-Pierre.
L'**hôtel Richer de Belleval** *(annexe du palais de justice)* a longtemps abrité l'hôtel de ville. La cour carrée s'orne de bustes et de balustrades caractéristiques de la fin du 18e s. La façade de l'**hôtel de Cambacérès**, œuvre de Giral, montre l'élégance et la richesse des décorations du 18e s. (mascarons).
À l'angle sud-ouest de la place, l'**hôtel du Sarret** est surnommé « maison de la Coquille » à cause des trompes qui le caractérisent, véritable tour de force architectural qui consiste à faire soutenir une partie du bâtiment par une portion de voûte.
Prenez la rue Astruc et traversez la rue Foch.
On pénètre alors dans le **quartier de l'Ancien Courrier**, la partie la plus ancienne de Montpellier, aux rues piétonnes étroites où se sont installés les commerces de luxe.
De la rue Foch, engagez-vous dans la rue du Petit-Scel.
L'**église Ste-Anne**, du 19e s., est surmontée d'un haut clocher. Désaffectée, elle abrite des expositions temporaires. Face au porche, des vestiges d'un petit édifice, remonté ici, montrent un décor antiquisant (début 17e s.).
Par la rue Ste-Anne et la rue St-Guilhem, gagnez la rue de la Friperie. Prenez ensuite à gauche la rue du Bras-de-Fer puis à droite la rue des Trésoriers-de-la-Bourse.

★ Hôtel des Trésoriers de la Bourse F2

4 r. des Trésoriers-de-la-Bourse - entrée libre dans la cour.
Appelée aussi hôtel Rodez-Benavent, cette réalisation de l'architecte Jean-Antoine Giral frappe par son escalier à degrés entouré d'un arc rampant, transition entre l'escalier à vis et l'escalier à degrés. La façade sur cour s'orne de ravissants Amours. Une seconde cour offre la paix d'un grand jardin au mur arrière décoré de pots à feu.
Revenez sur vos pas.
Enjambée par un arc gothique, l'étroite **rue du Bras-de-Fer**, une ruelle médiévale, descend jusqu'à la **rue de l'Ancien-Courrier★**, aujourd'hui bordée de galeries d'art et de boutiques élégantes.

Place de la Comédie.
W.Bibikow / age fotostock

Prenez à gauche la rue Joubert.

Sur la **place St-Ravy** subsistent des vestiges (baies gothiques) du palais des rois de Majorque. La **salle St-Ravy**, qui abrite des expositions temporaires, présente de belles voûtes ornées de clefs.

Revenez rue de l'Ancien-Courrier et prenez la Grand›Rue Jean-Moulin.

Hôtel St-Côme F3

32 Grand'Rue Jean-Moulin - ☏ 04 67 60 60 60 - www.ot-montpellier.fr - accès libre à la cour durant les heures d›ouverture des bureaux de la CCI - visite guidée du Conservatoire d'anatomie dans le cadre de visites guidées à thème, organisées par l'office de tourisme.

Actuel siège de la CCI de Montpellier, cet hôtel fut construit au 18e s. par Giral grâce à la donation de François Gigot de Lapeyronie, chirurgien de Louis XV, qui légua une partie de sa fortune aux chirurgiens de Montpellier pour qu'ils construisent un **amphithéâtre d'anatomie** semblable à celui de Paris. Le bâtiment donnant sur la rue est orné d'une double colonnade. L'autre bâtiment abrite le fameux amphithéâtre polygonal, sous une superbe coupole dont les oculi et lanternons procurent de la lumière en abondance.

Revenez à la place de la Comédie par la grand-rue Jean-Moulin.

★★ PROMENADE DU PEYROU Plan I

En 1688, sous l'égide de l'intendant Basville, le conseil de la ville décida de créer une promenade pour accueillir une statue monumentale de Louis XIV. Cette statue, fondue à Paris en 1692, n'atteignit son emplacement qu'en 1718 à la suite d'un périple qui la conduisit du Havre à Bordeaux, puis sur le canal du Midi, voyage marqué d'épisodes malencontreux, dont une chute dans la Garonne. Un chenal fut même construit spécialement dans les étangs du Frontignan pour l'amener de la Méditerranée à Montpellier. Détruite à la Révolution, elle fut remplacée par la statue actuelle en 1838.

Promenade A2

Au bout de la rue Foch. La promenade *(1h)* comporte deux étages de terrasses. De la terrasse supérieure décorée de la statue équestre de Louis XIV, on découvre une **vue★** étendue au nord sur les garrigues et les Cévennes, au sud sur la mer et, par temps clair (les jours de mistral), sur le Canigou ; des tables d'orientation ont été installées de part et d'autre de l'élégant château d'eau. Des escaliers monumentaux conduisent aux terrasses basses ornées de grilles en fer forgé dessinées par Giral. La partie la plus originale du Peyrou est constituée par le château d'eau et l'**aqueduc St-Clément** long de 880 m et haut de 22 m. Ses deux étages d'arcades furent inspirés par le pont du Gard. Il transporte l'eau de la source du Lez jusqu'au château d'eau, lui-même relié aux trois fontaines de la ville édifiées à la même époque : la fontaine des Trois Grâces (pl. de la Comédie), la fontaine de Cybèle (pl. Chabaneau) et la fontaine des Licornes (pl. de la Canourgue).

L'arc de triomphe B2

Construit à la fin du 17e s., il est décoré de bas-reliefs figurant les victoires de Louis XIV et de grands épisodes de son règne. Vers la ville : au nord, la jonction des deux mers par le canal du Midi, au sud, la révocation de l'édit de Nantes ; vers le Peyrou : au nord, Louis XIV en Hercule, couronné par la Victoire, au sud, la prise de Namur en 1692, et les Provinces des Pays-Bas pliant genou devant Louis XIV.

QUARTIER DE LA FACULTÉ Plan II

Promenade : 30mn. Accès du centre par la place de la Canourgue.

Cathédrale St-Pierre E1

S'élevant telle une forteresse, cette cathédrale paraît d'autant plus massive qu'elle est prolongée par la façade de la faculté de médecine. C'est la seule église de Montpellier qui n'ait pas été complètement détruite pendant les guerres de Religion. Le porche est formé de deux tourelles du 14e s. qui précèdent une voûte s'appuyant sur la façade. À l'intérieur, le chœur et le transept, reconstruits au 19e s., contrastent avec la sévère nef du 14e s. L'autel et l'ambon (chaire, tribune) dans l'avant-chœur ainsi que l'autel et la porte du tabernacle dans la chapelle du St-Sacrement, à gauche du chœur, sont des sculptures de Philippe Kæppelin. Le buffet d'orgue du 18e s. est dû à Jean-François Lépine.

Faculté de médecine E1

2 r. de l'École-de-Médecine.

La faculté de médecine de Montpellier occupe un ancien monastère bénédictin, créé au 14e s. La façade, refaite par Giral au 18e s., est couronnée de mâchicoulis. Deux statues en bronze, représentant les médecins montpelliérains Barthez et Lapeyronie, en gardent l'entrée. Dans le hall, les bustes exposés représentent des médecins célèbres. Parmi les élèves prestigieux, il faut citer Jean Astruc (1684-1766), médecin personnel de Louis XV et co-initiateur avec Robert Lowth des premières études scientifiques de la Bible. Son ouvrage *Conjectures sur la Genèse* démontre que la Genèse fut composée à partir de plusieurs sources et documents, théorie qui sera plus largement développée à la fin du siècle suivant.

★ **Musée Atger** – *Faculté de médecine - 2 r. de l'École-de-Médecine (au 1er étage, accès signalé par l'escalier Houdan) - ✆ 04 34 43 35 81 - lun., merc. et vend. 13h30-17h45 - fermé pdt vac. scol. et j. fériés - gratuit.* Consacré surtout à la collection de dessins légués par **Xavier Atger** (1758-1833) à la faculté, il rassemble des œuvres d'artistes méridionaux représentant l'école française des 17e et 18e s. (Bourdon, Puget, Mignard, Rigaud, Lebrun, Subleyras, Natoire, Vernet, Fragonard, J. M. Vien), l'école italienne des 16e, 17e et 18e s. (Tiepolo) et l'école flamande des 17e et 18e s. (Bruegel de Velours, Van Dyck, Rubens, Martin de Vos).

Musée d'Anatomie – *Faculté de médecine - 2 r. de l'École-de-Médecine (au 1er étage, accès signalé) - ✆ 04 67 60 60 60 - visite guidée sur réserv. (7 j. av.) - de déb. juil. à fin sept. : 9h-19h30, w.-end et j. fériés 9h30-18h ; reste de l'année : 9h-18h30, jeu. 10h-18h30, sam. 10h-18h, dim. et j. fériés 10h-17h.* La salle, très vaste, rassemble d'importantes collections d'anatomie.

Jardin des Plantes E1

Bd Henri-IV - ✆ 04 67 63 43 22 - 1er juin-30 sept : 12h-20h ; 1er oct.-31 mai : 12h-18h - fermé lun. - gratuit. Fondé en 1593, le plus ancien jardin botanique de France s'étendait alors jusqu'au Peyrou. Il est doté de serres tempérées et tropicales. Diverses essences méditerranéennes y sont rassemblées : micocouliers, chênes verts, filaires. La partie sud est occupée par un jardin botanique où 3 000 espèces sont présentées. Il s'agit de l'**« école systématique »**, créée par le botaniste Candolle au début du 19e s. et consacrée à l'étude de la classification des plantes. L'orangerie en occupe une extrémité ; les bustes de célèbres naturalistes de l'école de Montpellier s'alignent le long du jardin. Un grand ginkgo biloba, planté en 1795, est une bouture du premier pied de ginkgo introduit en France quelques années plus tôt par Antoine Gouan.

1

★ QUARTIER ANTIGONE Plan I C2

Promenade : 45mn. En partant de la place de la Comédie (extrémité est), on peut rejoindre le quartier Antigone en passant par le centre commercial le Polygone.

Adossé au Polygone, le quartier Antigone est une réalisation de l'architecte catalan **Ricardo Bofill**. S'étendant sur les 40 ha de l'ancien polygone de manœuvre de l'armée, ce vaste ensemble néoclassique allie la technique de la préfabrication (le béton précontraint a ici le grain et la couleur de la pierre) à la recherche d'une harmonie rigoureuse. Il abrite, derrière une profusion d'entablements, de frontons, de pilastres et de colonnes, des logements sociaux, des équipements collectifs et des commerces, disposés autour de places et patios agrémentés de jets d'eau. La recherche d'harmonie transparaît dans le moindre détail, que ce soit le dessin du pavement ou l'éclairage public.

La **place du Nombre-d'Or**, dont les proportions reflètent un concept antique d'architecture, foisonne de courbes et de décrochements ordonnés autour d'un vaste plan ombragé. Elle se prolonge par la **place du Millénaire**, long mail bordé de cyprès, la place de Thessalie puis la place du Péloponnèse. La longue perspective de près de 1 km, qui s'étire depuis les « Échelles de la ville » (escaliers adossés au Polygone), aboutit, au-delà de l'**esplanade de l'Europe**, bordée par des immeubles en arc de cercle, à l'**hôtel de région**, dont les parois de verre se mirent dans le Lez, aménagé en bassin du **port Juvénal** en cet endroit.

PORT-MARIANNE ET ODYSSEUM Hors plan par D3

Accès direct du centre-ville par la ligne 1 du tramway.

Plus au sud, sur la rive du Lez se dresse, avenue Antonelli, le **nouvel hôtel de ville**, immense structure de verre fumé due à Jean Nouvel et François Fontès. Haut de 41 m, ce bâtiment posé sur un plan d'eau se veut « le phare d'une ville portuaire ». Pourvu de deux immenses patios intérieurs, il est équipé de capteurs photovoltaïques disposés sur le toit et sur la façade sud. Les plafonds des trois grandes salles publiques (notamment le hall, de 750 m²) sont décorés de photos imprimées sur d'immenses toiles, réalisées par l'écrivain, cinéaste et plasticien Alain Fleischer.

Au-delà du Lez, autour de l'**avenue Raymond-Dugrand**, la future « rambla de Montpellier », honorant l'urbaniste qui a en partie planifié la ville moderne, un nouveau quartier voit le jour : les architectes Michel Macary, et Rudy Ricciotti, entre autres, participent à la conception de ce lieu.

Plus loin, derrière la place des Grands-Hommes décorée de statues qui firent couler beaucoup d'encre, **Odysseum** est un monde à part, consacré aux loisirs et au commerce. Un cinéma multiplexe a été en 1998 le point de départ d'Odysseum, qui compte aujourd'hui des restaurants, une patinoire, le planétarium Galilée et l'aquarium Mare Nostrum, ainsi qu'un centre commercial.

Aquarium Mare Nostrum

Allée Ulysse - ✆ 04 67 13 05 50 - www.aquariummarenostrum - ♿ - juil.-août : 10h-20h ; sept.-juin : 10h-19h - 15,50 € (-5 ans : gratuit ; -12 ans : 10,50 €, étudiant, chômeur : 12,50 €) - possibilité de billet combiné avec le planétarium Galilée.

À quelques encablures de la Méditerranée, l'aquarium révèle de beaux trésors des mers du globe. Sans surprise, les méduses proposent leur ballet gracieux, les murènes dévoilent leurs impressionnantes mâchoires. Mais ici, il faut affronter une tempête dans les 40es rugissants avant de découvrir les talents de plongeurs des manchots du Cap. Les stars incontestées restent les requins gris ou taureaux qui paradent dans un aquarium géant, laissant parfois entrevoir leur remarquable dentition… mais celui que l'on surnomme affectueusement « le Gros », un poulpe géant de 2,50 m d'envergure, venu tout droit de la côte Ouest du Canada, risque bien de leur voler la vedette… La visite se termine en beauté et en couleur dans la chaleur d'un climat tropical.

Planétarium Galilée

100 allée Ulysse - à proximité de l'aquarium Mare Nostrum - ✆ 04 67 13 26 26 - www.planetarium-galilee.com - ♿ - ouvert l'apr.-midi à partir de 13h30 - fermé 4-18 sept et j. fériés (sf 1er Mai, 8 Mai, 1er nov. et 11 Nov.) - 6,30 € (-12 ans, étudiant, chômeur : 5,30 €, gratuit nuits des étoiles en août) - possibilité de billet combiné avec l'aquarium Mare Nostrum.

Confortablement installé sous un dôme écran de 360° et de 15 m de diamètre, vous assistez à une projection « pleine voûte » simulant l'effet 3D. Dans ce véritable théâtre des étoiles, vous découvrez, d'une manière ludique et spectaculaire, la magnificence du monde stellaire.

QUARTIER DU LUNARET Carte de microrégion

★ Parc zoologique de Montpellier C2

50 av. Agropolis - ✆ 04 67 54 45 23 - 6 km au nord du quartier Hôpitaux-Facultés. Depuis le centre, suivez d'abord la direction « Hôpitaux Facultés » et le fléchage « Zoo Lunaret ». Ou bien prenez le tram (il est superbe !) jusqu'à la station St-Éloi et de là, la navette en direction d'Agropolis Lavalette - de fin mars à fin oct. : 10h-18h30 ; nov.-mars : 9h-17h (dernière entrée 30mn (zoo) ou 1h (serre) av. la fermeture) - fermé lun. (sf j. fériés) et vac. scol. zone A - zoo gratuit, serre 6,50 € (+60 ans, -18 ans, étudiant, chômeur 3 €, -6 ans gratuit).

Sur ce vaste domaine de 80 ha *(demander plan à l'accueil)* légué à la ville par Henri de Lunaret, les animaux, en semi-liberté, s'ébattent dans un paysage de garrigues et de sous-bois. C'est un lieu de promenade très prisé des

Iguane au parc zoologique de Montpellier.
A. de Valroger / MICHELIN

1

Montpelliérains, où l'on peut facilement passer d'un continent à l'autre et contempler tout à loisir des zèbres, des bisons, des élans du Cap, des alpagas, des mouflons, des loups, des ours, d'impressionnants rhinocéros, etc.

★ **Serre amazonienne** – Le plus vaste écosystème naturel de la planète présenté sur 2 500 m². Les caïmans à lunettes vous accueillent dans cet environnement luxuriant, paradis d'étranges animaux tels le grand fourmilier, le serpent anaconda, les piranhas ou les singes hurleurs. Un espace pédagogique complète la visite. Le parcours se termine à l'extérieur avec la grande volière des ibis rouges.

À proximité Carte de microrégion

Château de Castries C2

10,5 km au nord-ouest par la D 613 jusqu'à Vendargues et la D 610 en direction de Sommières - parc, terrasses et cour d'honneur ouverts en principe de mi-juin à mi-sept. 10h-19h - se renseigner auprès de l'office du tourisme de Castries : 04 99 74 01 77 - www.ot-castries.fr. D'époque Renaissance mais réaménagé dans le style néoclassique après les guerres de religion, ce château possède un remarquable jardin à la française dessiné par Le Nôtre et dont les multiples bassins et cascades sont alimentés par un aqueduc de près de 7 km de long, conçu par Pierre Paul Riquet.

Parc du Terral à St-Jean-de-Védas C2

7 km au sud-ouest de Montpellier par la D 613 - www.saintjeandevedas.fr - mars-oct. : merc., j. fériés et vac. scol. 13h30-17h30, w.-end 13h30-18h - nov.-fév. : merc., w.-end, j. fériés et vac. scol. 13h-17h - fermé août - gratuit.

Ce domaine est mentionné dès le 9e s. comme résidence d'été des évêques de Maguelone. Après de multiples avatars, il ne s'étend plus aujourd'hui que sur 3 ha, où se côtoient une bambouseraie, un jardin des senteurs, un jardin de pierres et d'eau.

La capitale du Languedoc

Lo clapas, le « tas de cailloux », c'est ainsi que les gens de la région surnomment Montpellier. Quant au nom officiel de la ville, il dérive de *Mons Puellarum* ou « Mont des jeunes filles », une appellation séduisante à laquelle le héros de François Truffaut, incarné par Charles Denner, rend hommage dans le film *L'homme qui aimait les femmes* en affirmant que les Montpelliéraines sont les plus belles femmes du monde !

UNE ENCLAVE ARAGONAISE

Montpellier apparaît dans l'histoire en 985. Deux villages, Montpellieret, fief de l'évêque de **Maguelone**, et Montpellier, propriété des seigneurs de **Guilhem**, sont à l'origine de la future agglomération. En 1204, le mariage de Marie de Guilhem avec le roi Pierre II d'Aragon fait de la ville une enclave aragonaise… ce qui lui permet d'échapper à la fureur des croisés de Simon de Montfort. Lorsque, en 1276, le souverain aragonais Jacques Ier (Jaume) le Conquérant fait don à son fils du royaume de Majorque, la seigneurie de Montpellier fait partie du lot et son destin se lie à celui du nouveau royaume dont la capitale est établie à Perpignan. En 1349, le roi d'Aragon Pierre IV, dit « le Cérémonieux », décide de se réapproprier Majorque. Ayant besoin d'argent frais pour organiser la résistance, Jacques III de Majorque vend Montpellier au roi de France.

LA COMMUNAUTÉ JUIVE

Si la présence des juifs à Montpellier remonte sans doute à la fondation de la ville au 10e s., c'est en 1140 que la région se fait terre d'accueil : les juifs andalous fuient alors en nombre les persécutions des Almohades, la nouvelle dynastie berbère qui règne sur Al-Andalus. L'Aragon (comme du reste tout le Languedoc) autorise la liberté de culte et la célébration des fêtes religieuses, valide le mariage juif et permet l'accès à la propriété : il accueille donc une large communauté juive. Mais, au 13e s., l'intégration de Montpellier au royaume de France complique la situation. Des directives antijuives sont promulguées et en 1306, Philippe le Bel décide d'expulser les juifs de son royaume. Ces derniers trouvent refuge en Catalogne et dans le comté de Provence. La présence d'un **mikvé** (établissement de bains) médiéval au 2 r. de la Barralerie rappelle cette implantation *(visite guidée par l'office de tourisme).*

UNE UNIVERSITÉ PRESTIGIEUSE

Aux 12e s. et 13e s., la cité se développe grâce au commerce avec l'Orient, puis connaît, au 15e s., un nouvel essor avec **Jacques Cœur**. Après la réunion de la Provence à la France en 1481, elle subit la concurrence de Marseille, qui devient le grand port à destination de l'Orient. Cependant, le prestige de Montpellier est surtout dû à la renommée de son université et à celle de sa faculté de médecine. Dès le 12e s. est attestée l'existence d'« écoles » de médecine, de droit et d'art. Elles sont regroupées, en 1289, par une bulle du pape Nicolas IV qui constitue la charte de fondation de l'**université de Montpellier**. Parmi les élèves appelés à un brillant avenir qui en fréquentèrent les bancs, on compte un certain François **Rabelais**.

UN FIEF PROTESTANT

Au 16e s., la **Réforme** est introduite à Montpellier. Fief protestant, la ville connaît de violents affrontements : églises et couvents sont en partie détruits. En 1622, Louis XIII organise le siège de la cité rebelle, qui capitule. Richelieu ordonne alors de construire la citadelle, et de nombreux protestants partent se réfugier dans les Cévennes ou ailleurs en Europe. Louis XIV fait de Montpellier la capitale administrative du Bas-Languedoc. Sous le long « règne » de l'intendant Basville (1685-1718), chargé de conduire la répression contre les réformés après la révocation de l'édit de Nantes, la cité redevient prospère et se voit dotée de nombreux embellissements réalisés par de grands architectes comme **Augustin-Charles d'Aviler** (1653-1701) et **Jean-Antoine Giral** (1700-1787) : la promenade du Peyrou, l'esplanade et de riches hôtels particuliers.

MONTPELLIER AUJOURD'HUI

Devenue à la Révolution la préfecture du département de l'Hérault, Montpellier est au 20e s. une **capitale viticole**.

Le retour des Français d'Afrique du Nord en 1962 entraîne un accroissement de la population qui se traduit par le développement du quartier de la **Paillade**.

Mais, le véritable essor de Montpellier a pour point de départ l'implantation d'IBM dans la capitale languedocienne dans les années 1960. Pour se développer économiquement, Montpellier crée par la suite divers **pôles d'activités** : **Euromédecine** (laboratoires de recherche médicale) ; **Agropolis** (entreprises agroalimentaires) ; **Antenna** (maisons de production audiovisuelle) ; **Héliopolis** (activités touristiques et culturelles).

Le dynamisme de la cité se reflète dans plusieurs réalisations d'architecture contemporaine : le **Corum**, centre de congrès ; le quartier **Antigone**, relié au vieux Montpellier par les centres commerciaux du Triangle et du Polygone, et le quartier **Odysseum** (en direction des plages).

Déplaçant son centre de gravité, comme en témoigne l'implantation de l'imposant **hôtel de ville** édifié notamment par Jean Nouvel, Montpellier se réapproprie sa rivière, le Lez, renouant ainsi avec un passé séculaire, et affichant ouvertement son ambition : se développer jusqu'à la mer !

UN IMPRESSIONNISTE À MONTPELLIER

Fils d'un riche propriétaire terrien, viticulteur et notable de Montpellier, **Frédéric Bazille** (1841-1870) fut l'ami de Renoir, de Sisley et de Monet. Il sut rendre avec talent la lumière des étés languedociens dans ses toiles. Sa disparition précoce, lors de la guerre de 1870, à l'âge de 28 ans, mit prématurément un terme à une brillante carrière de peintre.

Circuits conseillés

LES « FOLIES » DE MONTPELLIER Carte des « Folies »

Montpellier est entouré d'élégantes folies, résidences d'été au 18e s. des aristocrates ou grands bourgeois montpelliérains. Certaines sont aujourd'hui cernées par la banlieue tandis que d'autres se détachent encore sur un paysage de vignobles. Souvent dissimulées parmi les frondaisons, elles ont le charme des vieilles demeures de campagne agrémentées de jardins, de bassins et de fontaines.

Au sud-est de Montpellier

Pour visualiser cet itinéraire de 9 km, reportez-vous à la carte ci-contre. Du centre-ville, suivez la signalisation vers l'aéroport « Montpellier-Méditerranée ». Après le pont sur le Lez, prenez la route de Mauguio (D 24). Le château se trouve à 2 km sur la droite dans le quartier du Millénaire.

★ **Château de Flaugergues** – *04 99 52 66 37 - www.flaugergues.com - visite guidée du château juin-juil. et sept. : tlj sf lun. 14h30-18h30 ; reste de l'année : sur RV sf le dim. ; parc et jardins : tlj sf dim. et j. fériés 9h30-12h30, 14h30-19h, (juin-juil. et sept. dim. et j. fériés 14h30-19h) - château 9 € (étudiant et chômeur 6,50 €, -12 ans gratuit), parc et jardins 6,50 € (étudiant et chômeur 4 €)* Avec ses allures de villa italienne, c'est la plus ancienne des folies de Montpellier. En 1696, Étienne de Flaugergues, financier à Montpellier et conseiller au parlement de Toulouse, acquiert le domaine établi sur une éminence. Dressée sur son perron, la façade, qui s'élève sur trois niveaux, présente sept travées de fenêtres. À l'**intérieur**, un escalier monumental, surmonté d'une voûte à clefs pendantes, est décoré de magnifiques tapisseries de Bruxelles du 17e s. représentant la vie de Moïse. Un mobilier de qualité ainsi que des gravures et des tableaux anciens parent les différentes pièces d'habitation. Les **jardins★** sont une splendeur. La terrasse surplombe un magnifique parterre à la française que dessinent près de 10 000 buis. Sur votre droite, la grande allée d'oliviers s'étend sur 400 m de long et à son extrémité sud, le belvédère offre une belle perspective sur le château et la campagne environnante. Au sud-ouest, le jardin à l'anglaise créé en 1850 accueille bambous et bananiers. À l'est, les vignes rappellent l'activité viticole du château.

Rejoignez à droite la route de Mauguio, contournez le château de Flaugergues, passez sous l'autoroute puis gagnez le château de la Mogère.

★ **Château de la Mogère** – *2235 Rte de Vauguières - 06 61 14 72 01 - www.lamogere.fr - visite libre du jardin, visite guidée du château - juin-sept. : 14h30-18h30 (tél. avant si visite le sam.) ; oct.-mai : w.-end et j. fériés 14h30-18h30, reste de la sem. sur demande - 6 € (-18 ans 3 €), jardin seul 2 à 5 €.* Dessinée par Jean Giral, cette élégante folie du 18e s. présente une façade harmonieuse surmontée d'un fronton se découpant sur un fond de pins. À l'intérieur, nombreux portraits de famille, meubles et peintures du 18e s. (Hyacinthe Rigaud, Jacques Louis David, Jouvenet). Le grand salon est orné de délicates gypseries. Dans le parc, belle fontaine baroque de style italien décorée de coquillages et de groupes de chérubins.

Regagnez le centre-ville par la D 172E.

À l'ouest de Montpellier

Pour visualiser ce circuit de 22 km, reportez-vous à la carte ci-contre. Du centre-ville, prenez la route de Ganges (D 986) pendant 6 km puis tournez à gauche vers Celleneuve ; prenez ensuite à droite la D 127.

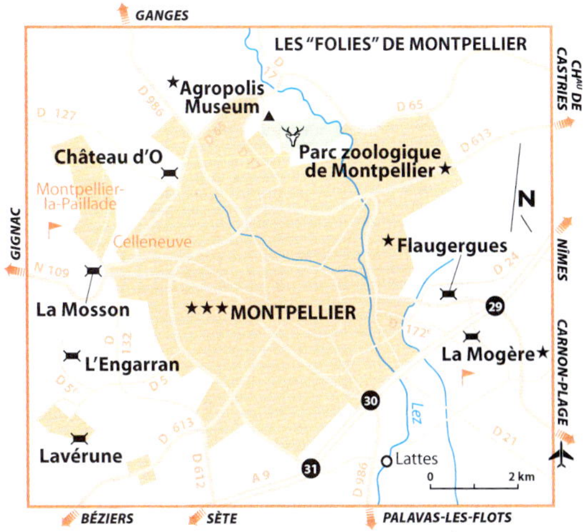

Un peu plus loin se détachent deux piliers surmontés de lions annonçant l'allée du château d'O.

Château d'O – *Ouv. pdt les expositions et les manifestations culturelles.* Appartenant au conseil général de l'Hérault, ce bâtiment du 18e s. est entouré d'un très beau parc, animé par des statues provenant du château de La Mosson.

Continuez vers Celleneuve. Prenez la direction de Juvignac, puis à gauche la route d'accès au château de La Mosson.

Château de La Mosson – Cette somptueuse demeure fut bâtie de 1723 à 1729 par un banquier, Joseph Bonnier, baron de La Mosson. Le fronton de la façade sur jardin a été sculpté par le Lorrain Adam. Seule la fontaine baroque rappelle la décoration fastueuse du parc, devenu jardin public.

Revenez sur la N 109 et prenez la première route à gauche vers Lavérune.

Château de l'Engarran – Derrière la superbe grille d'entrée qui provient du château de La Mosson se détache un bâtiment de style Louis XV.

Poursuivez en direction de Lavérune. Le château se trouve à l'extrémité ouest du village.

Château de Lavérune – *✆ 04 99 51 20 00 (mairie) ou 04 99 51 20 25 (musée) - www.laverune.fr - w.-end 15h-18h - possibilité de visite guidée sur demande - 2 € (-18 ans 1 €, -12 ans et journées du patrimoine gratuit).* Ancienne résidence des évêques de Montpellier, cette imposante bâtisse des 17e et 18e s. s'élève au milieu d'un parc planté de cyprès, de platanes, de magnolias et de marronniers. Au 1er étage, le **musée Hofer-Bury** présente par roulement un fonds de peintures et de sculptures d'artistes contemporains, où l'on relève les noms d'Henri de Jordan, Bernard Calvet, Robert Combas, Hervé Di Rosa et du peintre chinois Wang Wei-Xin. Au rez-de-chaussée, le salon de musique à l'italienne, avec sa balustrade en fer forgé, est décoré de gypseries. À l'est du château subsiste un portail du 16e s., d'allure défensive *(en face du porche de l'église).*

Regagnez le centre-ville par la D 5.

AUTOUR DU PIC SAINT-LOUP Carte de microrégion C1-2

Circuit tracé sur la carte de microrégion (p. 78). Quittez Montpellier vers le nord par la D 17 (direction Quissac) qui s'engage sur la D 65 à hauteur de Clapiers. 1 km après Prades-le-Lez, prendre sur la gauche un chemin signalisé.

Domaine départemental de Restinclières à Prades-le-Lez C2
14 km au nord de Montpellier. Aires de jeux et de pique-nique. Ce domaine de 215 hectares abrite la Maison départementale de l'environnement et ses expositions. Depuis la terrasse du château (17e s.), vous pourrez admirer le jardin à la française et la garrigue aménagée. Deux cours d'eau, le Licou et le Lez (qui prend sa source ici) traversent le domaine. Ce lieu d'expérimentation en agroforesterie compte 54 espèces d'arbres (cyprès chauve, ginkgo, chêne pédonculé, magnolia…). Une signalétique aide à repérer la faune et la flore.
Reprendre la D 17 jusqu'au Triadou (5,5 km) ; sur la gauche, la D 17-E 3 conduit aux Matelles, 4,5 km plus loin.

Les Matelles C1-2
Capitale de la « République de Montferrand » (cette petite communauté, créée par l'évêque de Maguelone en 1276, bénéficiait de privilèges fiscaux et était gouvernée par des syndics élus), le village fortifié a conservé le charme de ses ruelles pavées et placettes fleuries. Quelques maisons, construites à même le rocher, sont dotées d'escaliers extérieurs. Le clocher de l'église romane fut reconstruit au 18e s. au-dessus d'une des portes des remparts.
À 1,5 km, prenez à droite la D 986 puis la D 113 vers Cazevieille où vous laisserez la voiture (parking à l'est du village). Suivez ensuite le fléchage.

★★**Pic St-Loup** C1
Attention, les couches calcaires sont très glissantes par temps de pluie. Le chemin de pierre monte jusqu'à un petit carrefour. De là, prenez un sentier qui zigzague jusqu'à la chapelle et l'observatoire. Pour les bons marcheurs (passages vertigineux). Comptez 4h AR. Le pic St-Loup est le point culminant (658 m) d'une longue arête dominant les garrigues montpelliéraines. Reconnaissable à sa silhouette particulière, abruptement coupée comme par un coup d'épée, il est un peu le génie tutélaire de la plaine languedocienne. Du pic, magnifique **panorama★★**. La face nord tombe verticalement dans un ravin qui sépare le pic de l'arête rocheuse de la montagne de l'Hortus ; au-delà, au nord-ouest et au nord, la vue s'étend sur les Cévennes. À l'est, on découvre la plaine de Nîmes et, au-delà de la vallée du Rhône, le Ventoux, les Alpilles, le Luberon ; au sud-est, la Camargue ; au sud, la Méditerranée et sa côte lagunaire ; au sud-ouest, à l'horizon, le Canigou et les Corbières.

NOS ADRESSES À MONTPELLIER

TRANSPORTS

Tramway – *Transport de l'Agglomération de Montpellier - ☏ 04 67 22 87 87 - www.montpellier-agglo.com/tam.* Ses quatre lignes (les deux dernières « habillées » par Christian Lacroix) permettent d'aller un peu partout en quelques minutes (1,40 € billet simple ; 2,50 € AR). Finis les embouteillages et la quête d'une place gratuite où garer sa voiture ! Même chose, bien sûr, avec le réseau de bus.

Montpellier à vélo – *S'adresser à TAM Vélo - ☏ 04 67 22 87 82 - www.montpellier-agglo.com/tam* - location de vélo *(1,40 € billet simple, 3,80 €/j).*

HÉBERGEMENT

BUDGET MOYEN

Hôtel Les Troènes – *17 av. Émile-Bertin-Sans - ☏ 04 67 04 07 76 -*

www.hotel-les-troenes.fr - 14 ch. 63/64 € - ☕ 6,50/8,50 €. Reliée au centre-ville par le tramway, modeste maison des années 1960 en cours de réaménagement, où l'on se sent comme chez soi. Chambres simples et agréables.

Hôtel du Parc – *8 r. Achille-Bégé - ✆ 04 67 41 16 49 - www.hotelduparc-montpellier.com - P - 19 ch. 59/105 € - ☕ 10 € - wifi gratuit.* Ancienne demeure seigneuriale (18e s.) très centrale. Plaisantes chambres personnalisées ; cour-terrasse où l'on petit-déjeune l'été. Accueil aimable.

POUR SE FAIRE PLAISIR

Hôtel de la Comédie – *1 bis r. Baudin - ✆ 04 67 58 43 64 - www.hotel-montpellier-comedie.com - 20 ch. 69 € - ☕ 7 € - wifi gratuit.* À deux pas de la place du même nom, derrière une belle façade du 19e s., les chambres de cet hôtel rénové affichent une douce modernité. Idéal pour partir à la découverte de Montpellier.

Hôtel du Palais – *3 r. du Palais-des-Guilhem - ✆ 04 67 60 47 38 - www.hoteldupalais-montpellier.fr - 26 ch. 80/95 € - ☕ 8-16 €.* Cet hôtel familial est une bonne adresse au cœur de la ville historique, à deux pas des jardins du Peyrou et de la place de la Canourgue. Ses petites chambres sont coquettement arrangées et bien tenues.

UNE FOLIE

Hôtel Le Guilhem – *18, r. Jean-Jacques-Rousseau - ✆ 04 67 52 90 90 - www.leguilhem.com - 35 ch. 96/190 € - ☕ 12 €.* Deux maisons anciennes des 16e et 17e s. rénovées en 2010. Les chambres du dernier étage offrent une belle vue sur la cathédrale toute proche.

Hôtel d'Aragon – *10 r. Baudin - ✆ 04 67 10 70 00 - www.hotel-aragon.fr - 12 ch. 98/160 € - ☕ 13 €.* Un petit hôtel de charme, entièrement rénové, aux chambres très bien tenues et agréablement décorées. Véranda lumineuse pour prendre le petit-déjeuner.

New Hotel du Midi – *22 bd Victor-Hugo - ✆ 04 67 92 69 61 - www.new-hotel.com - 44 ch. 165/180 € - ☕ 12 €.* À deux pas de la place de la Comédie, un bel immeuble centenaire relooké accueille cet hôtel « historique ». Chambres confortables et sages.

Holiday Inn Métropole – *3 r. du Clos-René - ✆ 04 67 12 32 32 - www.holidayinn-montpellier.com - 80 ch. 185/245 € - ☕ 18 €.* De 1898, cet hôtel a su conserver son charme Belle Époque tout en se modernisant petit à petit. Chambres spacieuses, piscine et beau jardin ombragé.

Chambres d'hôte Baudon de Mauny – *1 r. de la Carbonnerie - ✆ 04 67 02 21 77 - www.baudondemauny.com - 8 ch. 160/275 € (1er mai-30 sept. 2 nuits mini.) - ☕ 15 €.* Au cœur des ruelles du vieux Montpellier, un hôtel particulier des années 1770 mariant le contemporain aux éléments anciens. Un lieu raffiné appartenant à la même famille depuis sept générations. Rare, somptueux et inoubliable !

RESTAURATION

PREMIER PRIX

Le Café Léon – *12 r. du Plan-d'Agde - ✆ 04 67 60 58 83 - formule midi 12 €, carte 18/24 € - fermé dim.* La propriétaire de ce « restaurant agricole » propose, dans un cadre rustique, une cuisine de tradition à base de grands classiques : gibiers en sauce, terrine de foie gras maison, etc.

BUDGET MOYEN

Le Dilemme – *12 r. Fargés - ✆ 04 67 69 02 13 - 14/25 € - ouv.*

1

ts les soirs. L'adresse que tout le monde connaît à Montpellier, camouflée dans une petite rue derrière la gare. Deux salles – côté viande ou côté poisson – et un rapport qualité/prix assez imbattable.

L'Acolyte – *1 r. des Trésoriers-de-France - ✆ 04 67 66 03 43 -15/30 € - lun.-sam. 18h30-1h.* À la fois un bistrot à vin où l'on peut accompagner son verre (à partir de 3,50 €) de « brochettes de comptoir » (viandes ou petits poulpes) et un restaurant (à l'étage) pour satisfaire les appétits plus conséquents : au menu, huîtres de Bouzigues et tartare.

L'Insensé – *Musée Fabre - 39 bd Bonne-Nouvelle - ✆ 04 67 58 97 78 - tlj sf dim. soir et lun. soir - formule rapide à 10 € - menu 29 €.* Dans la cour du musée Fabre, un restaurant design ouvert par les frères Pourcel. Cuisine digne de la maison-mère, *Le Jardin des Sens*. Café-concert le sam. soir.

La Compagnie des Comptoirs – *51 av. François-Delmas - ✆ 04 99 58 39 29 - www.lacompagniedescomptoirs.com - fermé lun. et sam. midi - déj. 22/29 €, carte 45/75 €.* Dans une demeure bourgeoise aménagée par un disciple de Philippe Starck, les frères Pourcel proposent un voyage gourmand et exotique parmi les saveurs méditerranéennes et orientales.

POUR SE FAIRE PLAISIR

La Réserve Rimbaud – *820 av. de St-Maur - ✆ 04 67 72 52 53 - www.reserve-rimbaud.com - tlj sf sam. midi, dim. soir et lun. - fermé 2 sem. mi-août et 10 prem. j. de janv. - 30/53 €.* Un établissement au charme fou. Une terrasse extraordinaire surplombant le Lez, un intérieur lumineux où la rivière glisse le long des grandes baies vitrées et une « patte » légère et authentique en cuisine, celle de Charles Fontes, le chef.

Les Bains de Montpellier – *6 r. Richelieu - ✆ 04 67 60 70 87 - www.les-bains-de-montpellier.com - tlj sf dim., vac. de fév., de la Toussaint, de Noël - réserv. conseillée - midi 25,90 €, soir 34,90 €.* Ce sont les anciens bains publics de la ville qui accueillent ce restaurant. Les cabines ont été transformées en petits salons sous verrières, où l'on déguste une appétissante cuisine de la mer. Jardin avec palmier pour les beaux jours.

Cellier & Morel – *La Maison de la Lozère - 27 r. de l'Aiguillerie - ✆ 04 67 66 46 36 - www.celliermorel.com - tlj sf lun., merc. et sam. midi, dim. et j. fériés - 30/120 €.* Une cuisine qui doit tout aux traditions lozériennes (aligot à l'honneur !) servie dans une somptueuse salle voûtée du 13e s. ou dans une charmante cour-jardin du 18e s.

Tamarillos – *2 pl. du Marché-aux-Fleurs - ✆ 04 67 60 06 00 - www.tamarillos.biz - réserv. appréciée - ouvert tlj. - fermé 1 sem. en fév. - formule déj. 35 € (lun.-vend.) ; 38/90 €.* Des fleurs, des fruits, des couleurs, et des plats à se damner, le tout concocté par un chef accompli, champion de France du dessert à deux reprises. Une cuisine douce et acidulée très originale.

La Diligence – *1 pl. Pétrarque - ✆ 04 67 66 12 21 - www.la-diligence.com - fermé sam. et lun. midi et dim. - formules déj. 18/23 €, menus 36/65 €.* Les salles voûtées du bel hôtel Baudan de Varennes ainsi que le patio (aux beaux jours) accueillent ce restaurant auquel une nouvelle équipe vient de donner un bel élan. Pour les amateurs, cave à whisky de plus de 200 références.

UNE FOLIE

Le Jardin des Sens – *11 av. St-Lazare - ✆ 04 99 58 38 38 - www.jardindessens.com - fermé lun. et merc. midi et dim. - 49 € (déj. en sem.), 84/137 € (menus).* Difficile de passer quelques jours à Montpellier sans faire une visite gourmande aux frères Pourcel ! Entre l'étonnante salle à manger en amphithéâtre ouvrant sur le jardin méditerranéen et la cuisine raffinée, vous ne serez sûrement pas déçu par cette grande table languedocienne. Réservation indispensable.

BOIRE UN VERRE

L'Heure Bleue – *1 r. de la Carbonnerie - ✆ 04 67 66 41 05 - tlj sf dim. et lun. 10h-19h.* Au pied de l'hôtel Baudon de Mauny, ce salon de thé littéraire revendique également le statut de galerie d'art et de brocante, d'où un décor insolite. Pâtisseries maison aux fruits de saison, près de 50 variétés de thé et petite restauration en semaine (14/15 €).

Grand Café 1893 (Café Riche) – *8 pl. de la Comédie - ✆ 04 67 54 71 44 - été 6h30-2h ; sinon 6h30-1h.* Une institution locale. Grande terrasse, pour ne rien perdre de l'animation de la place de « l'Œuf ».

Le Café Del Mon – *1 r. Vanneau - ✆ 04 67 92 43 90 - www.cafedelmon.com - mar.-dim. 9h-1h.* Un des bars les plus originaux de Montpellier. Cocktails, bières, champagnes, le choix est vaste, et le décor fait rêver : le résumé d'une vie de voyages et de flâneries dans tous les vide-greniers de la planète…

L'Esprit Vin – *3 pl. Chabaneau - ✆ 04 67 56 51 14 - tlj sf dim. 7h-2h.* Dans une ancienne brasserie très bien rénovée, un bar à vin « pointu », le patron étant un fin connaisseur des vignobles régionaux. Le jeudi soir, d'avril à octobre, apéro-jazz sur la petite place.

ACHATS

Marchés

Tous les matins, les halles Castellane et Laissac, l'esplanade Charles-de-Gaulle, les nouvelles halles Jacques-Cœur (à Antigone) et le plan Cabannes accueillent des **marchés alimentaires**. À découvrir également dans le quartier Antigone (avenue Samuel-Champlain), le **marché paysan** du dimanche matin et place des Arceaux le **marché biologique** du mardi et du samedi matin. Le dernier samedi du mois, les **bouquinistes** se donnent rendez-vous rue des Étuves. Le **marché aux puces** se tient tous les dimanches de 6h à 13h sur l'esplanade de la Mosson (parking du stade).

Gourmandises

Aux Gourmets – *2 r. du Clos-René - ✆ 04 67 58 57 04 - patisserieauxgourmets.jimdo.com - mar.-sam. 7h-19h30 et dim 7h-12h30, 16h-18h30 (7h-12h30 juin-oct.), fermé lun., vac. de fév. et août.* Cette boutique proche de la place de la Comédie est gérée depuis 45 ans par la famille Fournier. Les douceurs maison (nougats, calissons, guimauves, chocolats) feront fondre de bonheur les gourmands.

Dragées et réglisses Auzier – *3 r. du Courreau - ✆ 04 67 92 63 35 - tlj sf lun. 10h-19h.* Ici, la pure gomme de réglisse se transforme en bâtons ou en bonbons. Mais vous pouvez également choisir entre les dragées, les guimauves et les bonbons multicolores : il existe même une gamme bio.

Maison régionale des vins et produits du terroir – *34 r.*

1

St-Guilhem - ✆ 04 67 60 40 41 - mar.-sam. 9h30-20h, lun. 10h-20h. Beau choix de vins régionaux et un grand rayon réservé aux produits locaux, miels, pâtés, confitures…

Librairie

Sauramps – *Pl. de la Comédie (Le Triangle) - ✆ 04 67 06 78 78 - www.sauramps.com - lun.-vend. 10h-19h, sam. 10h-19h30 (été : lun.-vend. 10h-19h30, sam. 10h-20h).* La grande librairie de Montpellier. Important fonds régionaliste, manifestations – lecture, signatures et rencontres avec les auteurs. Vaste espace jeunesse.

EN SOIRÉE

Dans cette ville étudiante, nombre de lieux suivent les nouvelles tendances musicales. Du jazz à l'accordéon, de la salsa au classique et au rap : programmes de ce paysage culturel très « métissé » à l'office de tourisme ou sur *La Gazette de Montpellier.*

AGENDA

Festival Montpellier Danse – Le rendez-vous de la nouvelle danse depuis 1981. Dans une douzaine de salles. *✆ 0 800 600 740 (appel gratuit) - www.montpellierdanse.com - de fin juin à déb. juil.*

Festival de Radio France et Montpellier Languedoc-Roussillon – Art lyrique, concerts symphoniques, musique de chambre, jazz, musique du monde, musique électronique. *✆ 04 67 02 02 01 - www.festivalradiofrancemontpellier.com - 3 dernières sem. de juil.*

Festival du cinéma méditerranéen – Au Corum, au centre Rabelais et salle Louis-Feuillade. *✆ 04 99 13 73 73 - www.cinemed.tm.fr - de fin oct. à déb. nov.*

Pèlerinage St-Roch – Saint Roch (14e s.) est né à Montpellier, rue de la Loge. Un pèlerinage, où se rendent nombre d'Italiens, commémore sa fête : processions et expositions des reliques et du bâton du saint, animations de rue, visites guidées de la ville sur les pas du saint (organisée par l'office de tourisme - *✆ 04 67 60 60 60) - le 16 août.*

Le Printemps des comédiens – En juin, au château d'O. *✆ 04 67 63 66 67 - www.printempsdescomediens.com.*

Palavas-les-Flots

6 034 Palavasiens – Hérault (34)

NOS ADRESSES PAGE 105

S'INFORMER

Office de tourisme – *Pl. de la Méditerranée - 34250 Palavas-les-Flots - ✆ 04 67 07 73 34 - www.palavaslesflots.com - juil.-août : 10h-20h - avr.-juin et sept. : 10h-13h, 14h-18h - reste de l'année : tlj sf dim. et j. fériés 10h-13h, 14h-18h.*

SE REPÉRER

Carte de microrégion C2 (p. 79) – *Carte Michelin Départements 339 I7.*
À 13 km au sud-est de Montpellier par la D 986. Palavas est traversé par un grau, séparant les deux parties, bien distinctes, de la ville. Moyen insolite de passer de l'une à l'autre : le téléphérique !

À NE PAS MANQUER

Le musée Albert-Dubout et le panorama depuis le phare.

ORGANISER SON TEMPS

Prévoyez 2h pour faire le tour de Palavas et visiter le musée Albert-Dubout, vous pourrez ensuite lézarder à loisir sur les plages de sable fin.

AVEC LES ENFANTS

Palavas est une Station Kid, label garantissant un accueil, une animation et des équipements spécialement destinés aux enfants.

Ce sympathique port de pêche à l'embouchure du Lez conserve un vieux quartier animé, autour de son grau. Un célèbre train à vapeur a inauguré, en 1872, le rôle de Palavas comme plage des Montpelliérains. À l'instar de ses voisines Carnon et La Grande-Motte, la station s'est aujourd'hui développée, mais ses plages demeurent bien agréables.

Se promener

Musée Albert-Dubout

Accès possible à pied depuis la rive gauche par le quai des Arènes ou par bateau (avr.-sept. : dép. quai Paul-Cunq ttes les 45mn) - ✆ 04 67 68 56 41 - juil.-août : 10h-12h, 16h-21h ; avr.-juin et sept. : tlj sf lun. 14h-19h ; mars et oct.-nov. : tlj sf lun. 14h-18h ; janv., fév. et déc. : vac. scol. (tlj sf lun.) 14h-18h - 5 € (enf. 2,30 €), billet combiné avec le musée du Petit Train.

Albert Dubout (1905-1976) fréquenta longtemps la station, son petit train et ses habitants, qui servirent de modèle à nombre de ses dessins caricaturaux. Aménagé dans la redoute de Ballestras, une tour du 18e s. reconstruite au milieu de l'étang du Levant, le musée consacré à l'humoriste est accessible par une passerelle dont les étranges réverbères préparent à l'immersion dans un monde truculent. Chaque année, une exposition thématique permet d'aborder l'œuvre de Dubout : affiches des films de Pagnol, tauromachie, animaux…

LES MARAIS
La station a été gagnée sur les marais qui naguère envahissaient la Côte languedocienne. Le nom de Palavas rappelle ces marais, *palus* en latin.

Musée du Petit Train

Parc du Levant, à proximité du musée Dubout - ♿ - mêmes conditions de visite que le musée Albert-Dubout.
Les fans de Dubout et les nostalgiques d'une époque révolue en 1968 découvriront avec intérêt la locomotive et une voiture du fameux « tortillard » des plages, entourées de dessins de l'artiste et de photos retraçant l'épopée de ce train.

Phare de la Méditerranée

10h-0h - 2 € (enf. 1 €) - rens. à l'office de tourisme.
Du haut de cet ancien château d'eau, un « pontpromenade », que vous atteindrez par un ascenseur, vous permettra de découvrir un remarquable **panorama★** sur le golfe d'Aigues-Mortes, de Sète à la pointe de l'Espiguette, et, côté arrière-pays, sur les étangs, Montpellier et les montagnes bleutées que domine la silhouette abrupte du pic St-Loup.

À proximité Carte de microrégion

★ Cathédrale de Maguelone C2-3

Hors saison, accès par la route, longue de 4 km, qui part de Palavas-les-Flots à l'extrémité de la rue Maguelone ; en saison, par le petit train de Maguelone - ✆ 04 67 69 75 87 - parking du Pilou (par la passerelle) - juil.-août : 9h-19h45 ; juin : 9h-18h45.
Une cathédrale sur une île, perdue parmi les étangs, voilà une image d'une beauté aussi insolite que sereine ! C'est Maguelone dont les restes des bâtiments se dressent sur une légère éminence, au milieu d'un bouquet de pins parasols, de cèdres et d'eucalyptus. Le canal du Rhône à Sète, tracé à travers les étangs, a interrompu le chemin qui, jusqu'en 1708, unissait Maguelone à la terre ferme. Aujourd'hui, seul un chemin la relie à Palavas.
Histoire – Après une occupation phénicienne ou grecque, l'invasion sarrasine et enfin la destruction par Charles Martel, l'île est investie par l'évêque Arnaud Ier qui édifie en 1030 la cathédrale, et qui la fortifie ; il construit un chemin jusqu'à Villeneuve, ainsi qu'un pont de 2 km, et ferme le grau du port sarrasin, afin de se protéger des attaques. En 1085, le comte Pierre de Melgueil se plaçant sous la protection du pape, Maguelone devient fief pontifical. En 1096, le pape Urbain II se rend sur l'île et proclame l'église de Maguelone « la seconde après Rome ». L'évêque Galtier (1104-1129) s'attachera, pour sa part, à renforcer les fortifications. Si, au 13e s., la cité occupée par une communauté d'une soixantaine de chanoines est en plein essor, au 14e s., les évêques lui préfèrent le plus souvent Avignon et les chanoines, Montpellier. Tour à tour aux mains des protestants et des catholiques durant les guerres de Religion, Maguelone finit par être démantelée en 1622, sur l'ordre de Richelieu. Seuls la cathédrale et l'évêché ont subsisté. Par la suite, Maguelone fut vendue et rachetée plusieurs fois, et ses ruines dispersées ou englouties au fond des étangs. En 1852, Frédéric Fabrège l'acquiert et la restaure. L'église est rendue au culte en 1875.
★ **Ancienne cathédrale** – *Domaine de Maguelone - ✆ 04 67 50 63 63 - www.compagnon-de-maguelone.org - 9h-18h - (de juin à sept. : halte obligatoire au parking et poursuite du trajet en petit train - voir Nos adresses) - gratuit.* L'église était rattachée à un mur d'enceinte, que Richelieu a fait détruire. Ses hautes murailles très épaisses (jusqu'à 2,50 m sur le côté méridional) sont percées d'étroites meurtrières asymétriques. Un parapet crénelé surmontait l'édifice dont il ne reste que quelques mâchicoulis. On pénètre dans l'église par un

remarquable **portail sculpté** : le linteau est une ancienne colonne milliaire romaine gravée. Le tympan se compose de claveaux de marbre (13e s.) ; il porte un Christ entouré de saints : Marc (le lion), Matthieu (l'être humain ailé), Jean (l'aigle) et Luc (le bœuf). À l'**intérieur**, dans le mur droit ont été encastrés des fragments de pierres tombales romaines et de sépultures médiévales. La nef, faite de blocs calcaires, est couverte en partie par une vaste tribune qui masque sa voûte en berceau brisé. Le chœur est sobrement décoré. L'abside s'orne d'arceaux aveugles et s'ajoure de trois baies en plein cintre. Un fin bandeau en dents d'engrenage la surmonte. Très discrets, peu colorés mais en relief (thermoformés), les **vitraux** qui éclairent la cathédrale ont été créés en 2002 par l'artiste américain Robert Morris.

Lattes C2

7 km en direction de Montpellier par la D 986.

Lattara, du 6e s. avant notre ère au 3e s. après J.-C., fut un port florissant ; installé à l'embouchure du Lez, il alimentait l'arrière-pays et Sextantio, l'antique Castelnau-le-Lez. Les indigènes importaient du vin, de l'huile, des céramiques de luxe, des objets manufacturés et exportaient les ressources du pays : poissons des étangs, laine et peaux, résine, minerais… De nombreux vestiges ont révélé que le port devint un centre de redistribution du commerce marseillais jusqu'à la chute de la cité phocéenne, en 49 av. J.-C. Devenu port fluvial à l'époque gallo-romaine, le site fut abandonné suite à un envasement et à une remontée de la nappe phréatique.

Le **musée archéologique Lattara** présente une collection permanente d'objets archéologiques trouvés sur place. Lors de la visite de cet espace remarquablement aménagé, vous effectuerez un parcours à la fois chronologique et thématique dans la Lattara antique : vous saurez tout sur l'urbanisation du site au 2e âge du fer, la création du port, la vie quotidienne à Lattara et le monde des morts, avec notamment la nécropole St-Michel (3e et 4e s.) où furent découvertes 76 tombes. *390 av. de Pérols - ✆ 04 67 99 77 20 - http://montpellier-agglo.com/museearcheo - ♿ - tlj sf mar. 10h-12h, 13h30-17h30, w.-end 14h-18h - fermé 1er janv., 1er Mai, 14 Juil., 15 août, 1er nov., 25 déc. - 2,50 € (-6 ans gratuit), gratuit 1er dim. du mois.*

Carnon-Plage C2

À 1,5 km à l'ouest par la D 62.

Entre La Grande-Motte et Palavas-les-Flots, cette station est très appréciée des Montpelliérains, grands et petits. La plage est séparée de la route par des dunes. Port de plaisance avec accès au canal du Rhône à Sète.

1

NOS ADRESSES À PALAVAS-LES-FLOTS

VISITE

Petit train Albert-Dubout – *Redoute de Ballestras, r. de l'Abbé-Brocardi - ✆ 04 67 68 56 41 - www.dubout.fr - tlj sf lun. 14h-18h ou 14h-19h - juil.-août : tlj 10h-12h, 16h-21h (ttes les 30mn) ; déc.-fév. tlj 14h-18h - 5 € (-18 ans 2,30 €, -12 ans gratuit).*

HÉBERGEMENT

BUDGET MOYEN

Hôtel Brasilia – *9 bd Maréchal-Joffre - ✆ 04 67 68 00 68 - www.brasilia-palavas.com - fermé 1er déc.-2 janv. - 23 ch. 76/116 € - ☕ 9 €.* Ambiance contemporaine pour cet hôtel, situé face au front de mer.

Chambres rénovées dans l'air du temps, toutes dotées d'un balcon ou d'une terrasse.

Amérique Hôtel – *Av. Frédéric-Fabrège - ✆ 04 67 68 04 39 - www.hotelamerique.com - ♿ - 49 ch. 95/105 € - ☕ 8 €.* Hôtel composé de deux bâtiments séparés par une avenue conduisant à la mer. Chambres toutes rénovées dans un esprit moderne. Piscine et Jacuzzi en saison *(mai-sept.)*.

POUR SE FAIRE PLAISIR

Hôtel Neptune – *Sur le port de plaisance (suivre Carnon-Est) - ✆ 04 67 50 88 00 - www.hotel-neptune.fr - 53 ch. 85/130 € - ☕ 7/12 € - wifi gratuit - 🅿.* Bien situé, cet hôtel dispose de chambres, dotées d'un confort contemporain. Petit-déjeuner servi (aux beaux jours) autour de la piscine. Accueil agréable.

RESTAURATION

BUDGET MOYEN

Le St-Georges – *4 bd du Mar.-Foch, sur le port - ✆ 04 67 68 31 38 - fermé midi en juil.-août, dim. soir et lun. hors sais. - formule déj. 19 € - 23/35 €.* En face du port de plaisance, ce restaurant sert une cuisine légère qui met les poissons à l'honneur. Carte renouvelée tous les deux mois.

L'Escale – *Rive gauche, 5 bd Sarrail - ✆ 04 67 68 24 17 - www.restaurant-escale-palavas-les-flots.com - fermé merc. - déj lun.-vend. 18/22 €, menu 30/46 €, carte 39,50/73,50 €.* L'élégante salle à manger et la véranda offrent une belle vue sur la plage. Cuisine de la mer.

ACTIVITÉS

Voile

Cercle nautique – *Av. du Mar.-Foch - ✆ 04 67 68 97 38 - http://cercle-nautique-palavas.com - lun.-vend. 9h-11h30, 14h-16h30, merc. 9h-11h30, 13h30-18h, sam. 14h-17h.* Club affilié à la Fédération française de voile. Voiliers habitables (monotype Surprise) : initiation, perfectionnement et régates. Optimist. Planche à voile.

Port de plaisance – *Capitainerie - ✆ 04 67 07 73 50 - juil.-août : 8h-20h ; reste de l'année : 8h-12h, 14h-18h.* Voile, navigation de plaisance. Le port peut accueillir 1 100 bateaux.

Port de Carnon – *Capitainerie du Port - quai Auguste-Meynier - 34280 Carnon - ✆ 04 67 68 10 78 - www.mauguio-carnon.com - 8h-18h.* Carnon abrite un port de plaisance d'une capacité de 700 places à quai. Durant l'été, manifestations sportives, culturelles et animations.

Plongée

Club de plongée Octopus, cercle nautique – *Av. du Mar.-Foch - ✆ 04 67 68 18 43 - www.octopus-plongee.asso.fr.* Des moniteurs expérimentés assurent des formations à la plongée de tous niveaux. Chaque jour en juillet-août, trois sorties d'exploration. Possibilité de « randonnée palmée ».

Plages

☺ Les plages à proximité de Maguelonne sont naturistes.

AGENDA

Joutes nautiques – Juin-sept. (14 Juil. et 15 août, joutes nocturnes à 20h30).

Feria de la Mer – *W.-ends des 1er et 8 Mai.* Corridas, courses camarguaises, abrivados, etc.

Festival de musique à Maguelone – *Juin - www.musiqueancienneamaguelone.com.*

La Grande-Motte

8 352 Grands-Mottois – Hérault (34)

NOS ADRESSES PAGE 109

S'INFORMER

Office de tourisme – *Pl. du 1er-Octobre-1974 (pl. de la Mairie) - 34280 La Grande-Motte - 04 67 56 42 00 - www.ot-lagrandemotte.fr - juil.-août : 9h-20h ; avr.-juin et sept. : 9h30-12h30, 14h-18h30 ; reste de l'année : 9h30-12h, 14h-18h - fermé 1er janv., 25 déc.*

SE REPÉRER

Carte de microrégion D2 (p. 79) – *Carte Michelin Départements 339 J7.*
À 23 km au sud-est de Montpellier par la D 66 puis la voie rapide D 62. Depuis l'A 9, empruntez la sortie 29 qui débouche sur cette même voie rapide (D 62). Suivez les panneaux « Les plages ».

SE GARER

Vastes parkings en centre ville (mais souvent pleins en été…).

À NE PAS MANQUER

L'architecture signée Jean Balladur de la station et l'immense plage de sable fin.

ORGANISER SON TEMPS

Comptez 30mn pour découvrir l'architecture de la station.

AVEC LES ENFANTS

L'Espace Grand Bleu et les nombreuses activités nautiques proposées.

Ses hautes pyramides frappent le regard habitué au paysage horizontal du rivage languedocien, mais donnent aussi toute son identité à cette station balnéaire devenue la destination week-end des Montpelliérains. Réalisation phare de l'aménagement concerté du littoral en Languedoc-Roussillon, La Grande-Motte, installée contre vents et marées, fait désormais partie de la physionomie du littoral, pour le meilleur comme pour le pire…

Séjourner Plan de ville

La station

Dans cette station créée de toutes pièces à partir de 1967, les bâtiments principaux se présentent comme des **pyramides** alvéolées exposées au midi, tandis que les **villas**, disséminées dans une verdure qui apparaît aujourd'hui comme la vraie réussite de la station, adoptent un style provençal ou s'ordonnent autour de cours intérieures.

Son développement se poursuit vers l'ouest par le quartier piéton de la Motte du Couchant dont l'architecture présente des conques arrondies tournées vers la mer, et vers le nord autour du plan d'eau du Ponant. De nombreux espaces verts ont été aménagés un peu partout pour la circulation piétonne. L'architecte **Jean Balladur** (à l'époque le membre le plus connu de la famille, 1924-2002) dessina les immeubles d'habitation et dirigea l'équipe d'ingénieurs et d'architectes qui conçut la station, audacieuse pour l'époque. Elle prit le

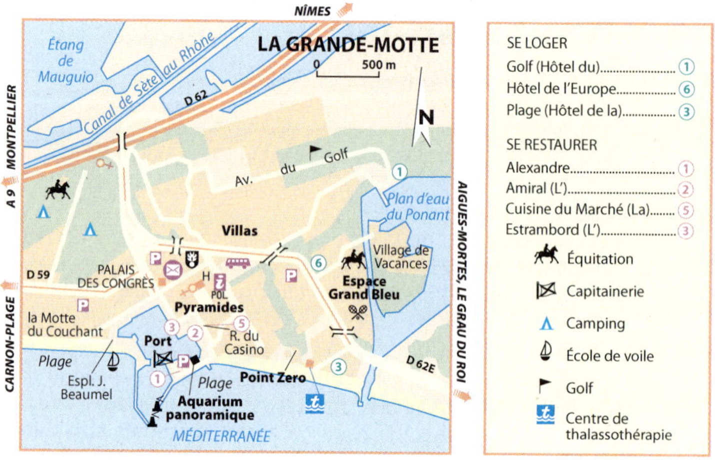

nom d'un mas niché dans les vignes, qui a aujourd'hui cédé la place aux « pyramides ».

La plage

L'immense plage de sable fin s'étend sur 6 km, avec accès direct à la ville. Elle est équipée de sanitaires avec douches. L'accès aux chiens est, en principe, interdit (il existe cependant une plage les accueillant), mais comme ils ne savent pas lire les panneaux…

Le port et les plans d'eau

Encadré par les pyramides, le port peut accueillir 1 410 bateaux. Le plan d'eau du Ponant est dévolu aux sports nautiques, l'étang de l'Or à la pêche.

Espace Grand Bleu

145 av. St-Louis - ✆ 04 67 56 28 23 - ♿ - juil.-août : 10h-20h ; reste de l'année : lun. et merc. 12h-20h, mar., jeu. et vend. 12h-14h, 16h-20h, w.-end et j. fériés 10h-18h - hte sais. 9,60 € (3-11 ans 7,60 €, -3 ans gratuit) - basse sais. 5,30 € (3-12 ans 4,80 €, -3 ans gratuit).

Espace de loisirs aquatiques avec toboggan géant, rivière à bouées, piscine à vagues (ouvert à partir de mi-juin), Jacuzzi, sauna, aquagym.

NOS ADRESSES À LA GRANDE-MOTTE

HÉBERGEMENT

POUR SE FAIRE PLAISIR

Hôtel Europe – *Allée des Parcs - ✆ 04 67 56 62 60 - www.hoteleurope34.com - 34 ch. 67/125 € - ☕ 11 € - mars-oct.* Loin de la sophistication d'autres lieux de la station, voici un hôtel familial bien agréable, doté notamment d'un beau « salon marocain », d'un solarium et d'une piscine.

Hôtel de la Plage – *Allée du Levant (côté Le Grau-du-Roi, près de l'embouchure du Vidourle) - ✆ 04 67 29 93 00 - www.hp-lagrandemotte.fr - 2 mars-5 nov. et 7 déc.-1er janv. - 39 ch. 85/179 € - ☕ 17 €.* Comme son nom l'indique, l'établissement se dresse face à la plage. Toutes les chambres, refaites à neuf, sont spacieuses et dotées d'une loggia côté Méditerranée. Le restaurant (ouvert le soir) possède une belle véranda et propose des spécialités de la mer. Piscine chauffée et spa avec hammam et Jacuzzi.

Golf Hôtel – *1920 av. du Golf - ✆ 04 67 29 72 00 - www.golfhotel34.com - 45 ch. 95/131 € - ☕ 12 €.* Hôtel de charme niché dans un quartier calme. Chambres peu à peu rénovées, toutes avec loggia et orientées vers le golf ou le plan d'eau du Ponant. Jardin avec piscine très agréable.

RESTAURATION

PREMIER PRIX

L'Amiral – *117 av. du Casino - ✆ 04 67 56 65 53 - ♿ - formule déj. 10,50/15 € - 15/29 €.* À deux pas du casino, cette brasserie dotée d'une terrasse extérieure en fer forgé arbore un style très baroque ! Surprenant mais chaleureux et confortable. Cuisine de la mer avec belle carte de poissons grillés. À cela s'ajoute un service jeune et efficace.

BUDGET MOYEN

L'Estrambord – *34 quai Georges-Pompidou - ✆ 04 67 56 50 50 - tlj sf lun. 10h-1h - 16/36 €.* L'*estrambòrd* désigne en occitan l'ambiance enthousiaste qui accompagne les festivités de tous ordres. Aujourd'hui, le doyen des restaurants de La Grande-Motte (il a ouvert lorsque la station n'était qu'un chantier) a conservé son décor d'origine, un peu kitsch, évoquant une grotte marine, rafraîchi par des peintures très colorées (au bar) de l'artiste nîmois **Michel Gilles** (1943-2008). Glaces, jus de fruits, cocktails, tapas, salades et grillades selon l'heure, et vue imprenable sur la foule déambulant sur le port.

La Cuisine du Marché – *89 r. du Casino - ✆ 04 67 29 90 11 - 15/30 €.* Un sympathique restaurant sans prétention proposant bien entendu une cuisine de la mer (bouillabaisse garantie sans arêtes, fondue de poissons) avec de subtiles touches exotiques (réunionnaises pour être précis).

POUR SE FAIRE PLAISIR

Alexandre – *Espl. Maurice-Justin - ✆ 04 67 56 63 63 - www.alexandre-restaurant.com - fermé dim. soir sf juil.-août, lun. et mar. d'oct. à mars, 1re sem. de nov. et janv. - 50/85 €.* Posé sur le port, ce lieu est idéal pour découvrir, dans un cadre très soigné, les saveurs du golfe du Lion concoctées par le chef, Michel Alexandre, maître cuisinier de France. Belle sélection de vins languedociens. Au rez-de-chaussée, **Le Bistrot d'Alexandre** *(juin-sept. à midi seult)* propose des grillades (poissons et viandes) à 23 €.

ACHATS

Marché provençal – *Pl. de la Mairie - ✆ 04 67 29 03 01 - www.lagrandemotte.fr - juin-sept. : jeu. 7h-14h ; reste de l'année : dim. 7h30-14h.*

Marché paysan – *Le merc. matin.*

Souleiado – *39 r. du Port - ✆ 04 67 29 82 92 - sais. : 9h30-19h30 ; hors sais. : mar.-sam. et dim. mat. 9h30-12h30, 14h30-18h30.* Dans cette boutique de la célèbre marque tarasconnaise pointent les couleurs et les parfums de Provence et de Camargue. Indiennes de Nîmes, savons, vaisselle, huiles essentielles et crèmes parfumées, ainsi qu'une belle collection de bijoux provençaux réalisés par un artisan de Martigues.

ACTIVITÉS

Plongée

Blue Dolphin – *71 av. Robert-Fages - ✆ 04 67 56 03 69 - www.bluedolphin.fr - 9h-12h, 14h-19h - fermé janv.-fév., merc. (hors sais.).* Après un bon briefing dispensé par Pascal et Oriane Jard, plongeurs très expérimentés et maîtres des lieux, vous pourrez partir à la découverte du spectacle des fonds marins. Du simple baptême au stage de niveau 4.

Voile

Centre nautique - École de Voile – *Espl. Jean-Baumel - ✆ 04 67 56 62 64 - www.lagrandemotte-centrenautique.com - juil.-août : 8h30-19h30, w.-end apr.-midi ; reste de l'année : 8h30-17h30, dim. apr.-midi fermé 1er w.-end de déc.-1er fév., 1er w.-end de sept., 1er Mai, 1er et 11 Nov.* Location et stages de planche à voile, catamaran, Optimist. Stages et cours particuliers d'aviron.

Promenades en bateau

Étrave croisières – *Quai d'Honneur - ✆ 04 67 29 10 87 - www.etrave-croisieres.com - fermé nov.-fév. - sortie 1h15 10 € (-10 ans 7 €).* Depuis des années, Étrave Croisières vous embarque pour des croisières-découvertes du littoral. Vous sont également proposées des pêches en mer, des locations de bateaux sans permis et des croisières-safari en Camargue.

Thalasso Méditerranée La Grande-Motte (centre Les Corallines) – *Le Point Zéro (côté Le Grau-du-Roi) - ✆ 04 67 29 13 13 - www.thalasso-grandemotte.com - 9h-18h, dim. 9h-13h - fermé 20 déc.-25 janv., certains w.-ends (juil.-août, se rens.).* On se presse des quatre coins de l'Hexagone pour passer quelques jours… ou plusieurs semaines à l'institut de La Grande-Motte. Si vous êtes de passage, vous pouvez vous offrir une simple journée de remise en forme, profiter de la piscine d'eau de mer chauffée, du hammam, des salles de massages et des cabines de relaxation.

Saint-Guilhem-le-Désert

★★

256 Sautarocs – Hérault (34)

NOS ADRESSES PAGE 118

S'INFORMER

Office de tourisme – *2 r. de la Font-de-Portal - 34150 St-Guilhem-le-Désert - 04 67 57 44 33 - www.saintguilhem-valleeherault.fr - juil.-août : 9h30-19h, w.-end 10h-13h, 14h-19h ; avr.-juin et sept. : 9h-30-13h, 14h-18h ; oct.-mars : 10h-13h, 14h-17h30 - fermé j. fériés.*

Maison du Grand Site – *Pont du Diable - 04 99 61 73 01 - avr.-oct.* Point d'information de la Vallée de l'Hérault, vente de produits de bouche de la vallée de l'Hérault (miel, tapenade, etc.) et vinothèque où les vignerons locaux proposent leur production à la dégustation et à la vente.

SE REPÉRER

Carte de microrégion B1-2 (p. 78) – *Carte Michelin Départements 339 G6.* À 47 km au nord-ouest de Montpellier par la N 109 et 37 km de Lodève par l'A 75 puis la N 109. À Aniane, empruntez la D 27, puis la D 4 qui longe les gorges de l'Hérault.

SE GARER

Depuis l'aire de stationnement du Grand Site (1 €/j), des navettes gratuites desservent St-Guilhem, la grotte de la Clamouse et le pont du Diable.

À NE PAS MANQUER

Le chevet de l'église abbatiale ; les pittoresques demeures de St-Guilhem et les splendides excentriques de la grotte de Clamouse.

ORGANISER SON TEMPS

En saison, préférez le matin car le village est très fréquenté. Prévoyez 1h pour visiter l'ensemble du site.

AVEC LES ENFANTS

Le musée Village d'Antan ; les grottes de Clamouse ou des Demoiselles ; Argileum à St-Jean-de-Fos ; le village préhistorique de Cambous ; les activités aquatiques au pont du Diable.

1

OPÉRATION GRAND SITE

En 2010, le site dit de St-Guilhem-Gorges de l'Hérault a obtenu le prestigieux label **Grand Site de France®**. C'est le huitième site de France à décrocher ce titre, et le deuxième du Languedoc-Roussillon après le pont du Gard *(voir p. 198)*. Cinq communes (St-Guilhem-le-Désert, Aniane, Montpeyroux, Puéchabon et St-Jean-de-Fos) sont concernées par ce classement qui induit des devoirs, notamment la gestion durable d'un environnement fragile par un contrôle du développement touristique. On encourage donc les accès « doux », notamment par la mise en place de navettes permettant aux visiteurs d'accéder aux sites depuis les parkings.

www.grandsitedefrance.com

Dans une vallée du bout du monde, au confluent du Verdus et de l'Hérault, se cache un joyau de pierres blondes : c'est St-Guilhem-le-Désert, village resserré autour d'une ancienne abbaye et niché au pied d'impressionnantes falaises calcaires. La cité légendaire, qui porte le nom de son patron fondateur, a conservé son identité médiévale avec une authenticité rare. Un lieu serein, beau à toutes les saisons.

Se promener

★ Le village

Des ruelles sinueuses, désormais parfaitement rénovées et embellies, traversent St-Guilhem pour aboutir à la place de la Liberté sur laquelle s'ouvre le portail de l'église abbatiale. On peut y voir quelques belles **façades médiévales** avec des baies géminées ou en arc brisé. À l'ouest et au nord de la place, les rues du Bout-du-Monde et Font-du-Portal conservent elles aussi de belles demeures.

★ Église abbatiale

Petit-fils de Charles Martel par sa mère, Guilhem (né vers 755) sera, sous Charlemagne, gouverneur d'Aquitaine et prince d'Orange. Mais après la mort de sa femme, aspirant à la solitude, il laisse à son fils aîné la principauté d'Orange, après en avoir avisé son souverain. Visitant ses terres aux environs de Lodève, il pénètre dans le val de Gellone. Ce coin perdu lui semble le lieu idéal pour élever un monastère et s'y installer avec quelques religieux. Charlemagne lui fait alors don de la relique de la Croix. Guilhem s'occupe désormais à améliorer son monastère : il crée des jardins, facilite les communications, fait venir l'eau dans le couvent. Son œuvre accomplie, il se retire dans sa cellule et termine sa vie en 812, dans le jeûne et la prière. Il est enterré solennellement dans l'église abbatiale. Après sa mort, le monastère de Gellone devient un lieu de pèlerinage important autour de la relique de la Croix et du tombeau du saint, d'autant qu'il s'agit d'une étape sur le chemin de St-Jacques-de-Compostelle. Aux 12e et 13e s., le monastère compte plus d'une centaine de moines et Gellone est rebaptisé St-Guilhem-le-Désert.

De l'abbaye, fondée en 804 par Guilhem, il ne reste que l'église construite au 11e s., désaffectée à la Révolution ; ses bâtiments monastiques furent dépecés et les sculptures du cloître dispersées… un peu partout.

Portail – Donnant sur une place ombragée d'un magnifique platane, le large portail à voussures de l'abbatiale est surmonté d'un clocher du 15e s. Les colonnettes des piédroits et les médaillons incrustés sont des fragments gallo-romains. Ce portail donne accès au narthex, *lo gimel*, dont la voûte sur croisées d'ogives a été édifiée à la fin du 12e s.

★ **Chevet** – De la ruelle bordée de maisons anciennes, on peut admirer la richesse de sa décoration. Flanqué de deux absidioles, il est éclairé par trois

LE PETIT MARQUIS AU COURT NEZ

Élevé avec les fils de Pépin le Bref, Guilhem se fait remarquer de bonne heure par son habileté dans le maniement des armes, son intelligence et sa piété. Les jeunes princes appellent Guilhem « le petit marquis au court nez », surnom on ne peut plus affectueux car tous lui sont très attachés ; son amitié avec l'un d'eux, Charles, futur Charlemagne, ne cessera qu'avec la mort.

Place de la Liberté à St-Guilhem.
F. Guiziou / hemis.fr

baies. Une suite d'arcades séparées par de fines colonnettes aux curieux chapiteaux les surmonte. Il est souligné par une frise en dents d'engrenage qui rappelle celle du portail.

Intérieur – La nef (11ᵉ s.) est d'une grande sobriété. L'abside, voûtée en cul-de-four, est décorée par sept grandes arcatures. De part et d'autre, dans des cavités creusées dans le mur, sont exposés à gauche la châsse de saint Guilhem contenant ses ossements, à droite le morceau de la Sainte Croix remis par Charlemagne. Cette relique est portée en procession sur la place du village, chaque année au mois de mai. Sous le sanctuaire se trouve la **crypte** qui abritait jadis le tombeau de saint Guilhem. C'est un vestige de la première église. L'orgue, œuvre de Cavaillé, a été inauguré en 1789. Il s'orne d'anges musiciens.

Cloître – *Accès par la porte qui s'ouvre dans le bas-côté droit*. Du cloître à deux étages, il ne reste que les galeries nord et ouest du rez-de-chaussée, ornées de fenêtres géminées dont les arcatures reposent sur des chapiteaux très frustes. La reconstitution du cloître à partir des colonnes réunies par le sculpteur américain Georges Grey Barnard (1863-1938) en 1906 est visible au musée des Cloîtres de New York.

Dans le **musée**, remarquez un sarcophage paléochrétien (6ᵉ s.) en marbre gris. Sur la face principale, on voit le Christ entouré des apôtres, sur les faces latérales Adam et Ève tentés par le serpent et les trois jeunes Hébreux dans la fournaise, et sur le devant du couvercle Daniel dans la fosse aux lions. Un autre sarcophage en marbre blanc, du 4ᵉ s., est dit « de saint Guilhem ». *☎ 06 58 49 88 69 - mai-sept. : 10h30-12h, 13h-18h, dim. 14h30-16h ; reste de l'année : w.-end 13h-17h, vac. scol. tlj de 13h-17h - 2,50 € (-12 ans 2 €, gratuit journées du patrimoine).*

Après l'église et la place, continuer par la rue du Bout-du-Monde pour rejoindre le départ des randonnées vers le **cirque de l'Infernet**, *(1h AR)* ou l'ermitage N.-D.-du-Lieu-Plaisant *(2h30 AR)*.

Musée Village d'Antan – *15 r. Chapelle-des-Pénitents - ☎ 04 67 57 77 07 - www.museestguilhem.fr - 10h-19h - fermé en janv. et hors vac. scol.* Dans une maison du 12ᵉ s., ce petit musée retrace sur 3 niveaux les traditions populaires d'autrefois à travers une collection d'outils, d'objets et de santons grandeur nature. Le couple passionné vous fera découvrir, ainsi, l'histoire de St-Guilhem. Ne manquez pas le son et lumière de la **maquette** d'un village d'antan, dont il aura fallu des centaines d'heures de réalisation aux propriétaires. Vente de santons dans la boutique.

Pour prolonger la visite, le salon de thé aménagé à l'arrière du musée est un véritable havre de paix. Vous pourrez déguster, à l'ombre des arbres, de délicieux gâteaux faits maison et une sélection de thés et de cafés.

À proximité Carte de microrégion

★★★ Grotte de Clamouse B2

3 km au sud de St-Guilhem-le-Désert en bordure de la D 4 (grands parkings et navette gratuite à la Maison du Grand Site) - 34150 St-Jean-de-Fos - 04 67 57 71 05 - www.clamouse.com - température 17 °C - visite guidée (1h15) - juil.-août : 10h30-18h20 ; juin et sept. : 10h30-17h20 ; fév.-mai et oct.-nov. : 10h30-16h20 - fermé déc.-janv. - 9 €.

Découverte en 1945 à la faveur d'une sécheresse exceptionnelle qui permit de franchir le siphon de la source de la Clamouse, cette grotte se distingue par l'abondance d'aragonites et de calcites qui sont de fines cristallisations de carbonate de calcium.

La projection d'un film retraçant l'histoire géologique de la grotte précède la visite dans le lit ancien de la rivière, réoccupé par les eaux en période de crue. La roche y apparaît taraudée, dentelée, formant un décor quelque peu fantomatique, fruit de la corrosion par les eaux. Outre les concrétions classiques, stalagmites, stalactites, colonnes, disques et draperies de calcite, parfois colorés par des oxydes métalliques, observez les animaux aquatiques cavernicoles réunis dans deux aquariums. Très sollicitée, l'imagination est aidée, de manière spectaculaire, par le **son et lumière★** intitulé « la cathédrale du Temps » qui célèbre l'histoire merveilleuse de la goutte d'eau et du temps. Mais le véritable trésor de la grotte se trouve un peu plus loin : les anciennes et majestueuses concrétions se font voler la vedette par de très « jeunes », à peine quelques milliers d'années, d'une blancheur étincelante. Le **Couloir blanc★★** et la **salle des Excentriques★★** sont de véritables joyaux parés de cristallisations fines peu fréquentes dans le monde des cavernes : **bouquets de cristaux** d'aragonite se désagrégeant en amas blanchâtres appelés **lait de lune**, pluies de **fistuleuses** (concrétions en forme de tubes) oscillant au moindre souffle d'air, énigmatiques **excentriques** aux formes capricieuses, mais aussi **cristaux de gours**, ces bassins naturels en écrins immaculés où

LA HURLEUSE

La résurgence qui bouillonne en contrebas de la route et dont les eaux vont, lors des fortes pluies, se briser avec fracas dans l'Hérault, s'appelle *clamosa*, « hurleuse ». Selon la légende, ce nom aurait pour origine le cri de douleur d'une mère pour son fils, berger, disparu et englouti dans un aven du Larzac. Plus tard, le corps du pauvre jeune homme serait réapparu, sans vie, dans les eaux de la résurgence. Plus récemment, l'histoire de Clamouse a été marquée par l'expérience de **Michel Siffre**. Au passage à l'an 2000, ce spéléologue de renom passa près de soixante-seize jours dans la grotte, complètement isolé. Une expérience hors du temps qui permit d'étudier l'influence du vieillissement sur le rythme du sommeil.

se lovent de délicates billes de calcaire dites « perles des cavernes » ou **pisolithes**... À la sortie du Cimetière, admirez la Méduse, spectaculaire formation translucide née de la coalescence de plusieurs disques (concrétions circulaires). L'ensemble fait de Clamouse la plus belle grotte à excentriques de la région.

Circuit conseillé Carte de microrégion

★ LA BUÈGES ET L'HÉRAULT : SOURCES ET GORGES B1-2

Pour visualiser ce circuit de 112 km autour de St-Guilhem, reportez-vous à la carte de microrégion (p. 78) – Comptez une bonne journée. Quittez St-Guilhem-le-Désert par la D 4 puis la D 27 au sud-est en direction d'Aniane.

Aniane B2

Village viticole, Aniane ne conserve plus rien de la prospère abbaye fondée au 8e s. par saint Benoît. En flânant dans les ruelles, on découvre l'église St-Jean-Baptiste-des-Pénitents, ensemble architectural hétéroclite abritant des expositions temporaires, l'église St-Sauveur à la façade solennelle (17e s.) et l'hôtel de ville du 18e s. aux fenêtres d'angle galbées.

Prenez au sud-ouest la D 42 vers Gignac.

Gignac B2

3 parc d'activité de Camalcé - 34150 Gignac - ✆ 04 67 57 58 83 - www.saintguilhem-valleeherault.fr - 9h-12h30, 14h-17h30 - fermé w.-end et j. fériés.

De ce *castrum* médiéval, il ne reste aujourd'hui qu'une massive **tour** carrée (13e s., 18 m de haut), et la **tour** semi-cylindrique **de l'Horloge**, vestige de l'enceinte du Moyen Âge. Surplombant Gignac, la **chapelle N.-D.-de-Grâce**, construite au 17e s., possède une superbe façade ocre et une belle entrée en anse de panier. Face à la chapelle, sur un promontoire qui domine l'A 75, un chemin de croix de quatorze chapelles de dévotion fut édifié aux 18e-19e s. En direction de Lodève, l'A 750 franchit l'Hérault sur le **pont** de Gignac : dessiné au 18e s. par l'ingénieur Bertrand Garipuy fils (1748-1782), c'est l'un des plus beaux ponts français de l'époque. Une plate-forme sur la rive gauche permet d'admirer sa grande arche, en anse de panier.

Faites demi-tour. À Aniane, prenez la D 32 vers St-Martin-de-Londres.

Viols-le-Fort B1

À 20 km d'Aniane. Construit sur une butte, ce village fortifié (remparts du 14e s.) est un dédale de ruelles tortueuses bordées de maisons anciennes.

Village préhistorique de Cambous B1

1 km au nord-est par la D 32, puis un chemin assez chaotique (chemin de pierre) - laissez votre voiture au parking et gagnez le village préhistorique à pied - 4 pl. de l'Olivier - ✆ 04 67 86 34 37 - www.archeologue.org - juil.-août : tlj sf lun. 14h-19h ; avr.-1er nov. : w.-end et j. fériés 14h-18h - fermé 2 nov.-mars, 1er janv., 11 Nov. et 25 déc. - possibilité de visite guidée - 4 € (-12 ans 2,50 €).

Ce village appartient à la civilisation fontbuxienne, baptisée d'après le nom du site néolithique de Fontbouisse, près de Sommières. On a mis au jour sur ce site découvert en 1967 les restes de maisons en pierre datant de 2800 à 2300 av. J.-C. : quatre groupes de cabanes comprenant chacun de 8 à 10 bâtiments distincts mais contigus. Les murs épais de 2,50 m sont en pierres sèches et les ouvertures forment de véritables couloirs limités par des dalles. Une habitation préhistorique a été reconstituée à l'identique.

Poursuivez sur la D 32.

★ St-Martin-de-Londres B1

Maison de Pays - 9 pl. de la Mairie - 34380 St-Martin-de-Londres - 04 67 55 09 59 - juil.-août : 9h30-12h45, 14h-19h ; juin et sept. : tlj sf dim. et lun. 10h-13h, 15h-17h ; reste de l'année : tlj sf dim. et lun. 9h30-12h30 - fermé 1er Mai, 25 et 31 déc.
En bordure de la plaine de Londres (le nom n'évoque pas la capitale anglaise mais vient du mot *loundro*, « marais »), le village a su conserver le charme de ses ruelles encaissées. Dans des passages insoupçonnés, les chats se chauffent au soleil, les volets entrebâillés préservent des curieux, alors que se dévoilent les façades de pierre des maisons anciennes. Arrivé sur la place, à l'ombre des platanes centenaires, on savoure la tranquillité des lieux. Au centre du vieux village (vestiges de murailles du 14e s.) on retrouve, avec quelques modifications, l'ancien **enclos**, fortifié au 12e s. par le seigneur du lieu, limité par une porte et appelé le vieux fort. Dotée d'un cloître, l'église, entourée de maisons anciennes, en occupe le centre. On y accède par un escalier La maison claustrale, actuellement presbytère, s'élève derrière le chevet de l'église au-dessus d'un passage voûté aboutissant au portail du cloître.
★ **Église** – *Tlj sf merc. et sam. 10h-12h, 15h-17h.* Bâtie à la fin du 11e s. par les moines de St-Guilhem, elle possède la suprême simplicité des églises romanes avec ses croisillons et son abside en hémicycle voûtés en cul-de-four, sa sobre corniche dentelée surmontant de petits arcs qui retombent de trois en trois sur des bandes lombardes, signe distinctif de leur appartenance au premier art roman languedocien. Ses ouvertures sont petites et peu nombreuses, et ses proportions harmonieuses.
Suivez la D 986 vers Ganges.

★ Ravin des Arcs B1

2 km au nord. Arrêtez-vous juste avant le pont sur le Lamalou et prenez à pied à gauche le sentier du ravin des Arcs. Celui-ci monte jusqu'à un mur et là, bifurque à gauche. Les marques rouge et blanc du GR 60 sont alors bien visibles. Comptez 2h AR. Le sentier traverse un paysage de garrigues, puis descend vers le ravin des Arcs, étroit canyon aux parois hautes de 150 à 200 m. Il doit son nom à la multiplicité des arches naturelles façonnées par le Lamalou, dont la plus belle est appelée le **Grand Arc**.

★★★ Grotte des Demoiselles *(voir p. 120)* B1

La route s'engage dans un canyon aux parois très abruptes.

Laroque B1

Une flânerie à travers les ruelles pavées fait découvrir le beffroi coiffé d'un campanile, le château, et, surplombant la rivière, l'ancienne magnanerie percée de baies en plein cintre.

LE BAS DE LUXE ET LES CAMISARDS

Le bas de soie naturelle a fait la gloire de Ganges depuis l'époque de Louis XIV. Une main-d'œuvre hautement qualifiée s'y consacrait, utilisant la matière première fournie par la région, et un savoir-faire de tissage et de culture répandu. On raconte que c'est à Ganges que les protestants, après avoir saccagé à leur usage une fabrique de chemises, auraient pris le surnom de **camisards**. Avec le temps, la rayonne puis le Nylon ont remplacé la soie naturelle, et de petites entreprises maintiennent aujourd'hui de plus en plus difficilement quelques emplois.

Ganges B1
À 18 km au nord-est de St-Martin-de-Londres par la D 986.
Plan de l'Ormeau - 34190 Ganges - 04 67 73 00 56 - www.ot-cevennes.com - juil.-août : tlj sf dim. 9h-12h, 14h-18h, sam. 9h30-12h30 ; reste de l'année : tlj sf dim. 9h-12h, 14h-18h, sam. 9h30-12h30 - fermé 1er janv., dim. de Pâques, 1er Mai, 1er nov., 11 Nov. et 25 déc.
Cette petite ville, jadis célèbre pour ses bas de soie, est un bon centre d'excursions, au confluent de l'Hérault et du Rieutord. Les mûriers ont aujourd'hui disparu et c'est sous les « belles platanes » (localement féminins) des promenades que le visiteur flâne avec nonchalance.
Quittez Ganges au sud en direction de St-Guilhem par la D 4.
Vous découvrirez une belle vue sur le pittoresque village de **Brissac** (B1), dominé par un château des 12e et 16e s.
La D 4 rejoint l'Hérault qui coule entre des escarpements calcaires. De la route, on aperçoit, à droite la chapelle romane de **St-Étienne-d'Issensac** et un pont du 12e s. qui enjambe la rivière. Jusqu'à **Causse-de-la-Selle**, la route s'engage dans une combe creusée par un cours d'eau aujourd'hui disparu. Par les journées torrides de plein été, ce paysage d'éboulis de rochers, sans eau, est empreint d'une désolation intense.
À Causse-de-la-Selle, prenez à droite la petite D 122.

St-Jean-de-Buèges B1
Ses hautes maisons en pierres dorées s'ornent de belles portes arrondies et de petites fenêtres.

Gorges de la Buèges B1
2h30 à pied AR au départ de St-Jean. De la place principale, traversez à pied le village. Le sentier qui s'amorce sous le château permet de descendre les gorges jusqu'au pont du 15e s. sur la Buèges, avant Vareilles.
Faites demi-tour ; aussitôt après le pont sur la Buèges, prenez à droite la D 122.

Source de la Buèges B1
Peu avant **Pégairolles-de-Buèges**, dominé par les ruines d'un château, prendre à droite le chemin du Méjanel qui traverse le ruisseau de Coudoulières. Après le pont, un chemin à droite conduit à la source de la rivière. Dans cette vallée aux versants brûlés, qui se creuse entre les escarpements de la montagne de la Séranne et ceux du causse de la Selle, cette résurgence apporte de la fraîcheur.
Revenez à Causse-de-la-Selle et poursuivez sur la D 4.

★★ Gorges de l'Hérault B1
Dominées par des versants escarpés, ces gorges, assez évasées jusqu'à St-Guilhem-le-Désert, se rétrécissent de plus en plus jusqu'au **pont du Diable★**. L'Hérault creuse, au fond de la vallée, un canyon dans lequel il coule étroitement encaissé. Çà et là, une petite terrasse soutenue par un mur, quelques pans de vigne, un petit pré ou quelques oliviers accrochés au-dessus du fleuve représentent les seules cultures.
★ **Pont du Diable** B2 – Ni le diable, ni les colères de l'Hérault ne semblent impressionner ce pont, le plus ancien d'époque romane en France (11e s.), construit par les moines des abbayes de Gellone et d'Aniane pour faciliter le passage des pèlerins de St-Jacques. On y accède désormais par l'audacieuse **passerelle des Anges** imaginée par l'architecte Rudy Ricciotti. C'est aux abords du pont que se trouve la **Maison du Grand Site** (*04 99 61 73 01, voir Nos adresses*). Plage en aval.

1

On passe l'Hérault sur un pont moderne : vue sur les gorges de l'Hérault et le pont-aqueduc qui permet d'irriguer les vignobles de la région.
St-Jean-de-Fos B2 – Bénéficiant de sa situation à la sortie des gorges de l'Hérault, le village se développe à partir du 11e s., enroulant ses maisons en « circulade » à l'abri des remparts. Il doit beaucoup à la poterie qui assure sa prospérité du 14e s. jusqu'au milieu du 19e s. Installé dans le plus ancien atelier de la cité, **Argileum, la maison de la poterie** (*6 r. du Monument - ✆ 04 99 62 58 76 - ♿ - juil.-août : 10h-19h ; fév.-juin et sept.-oct. : mar.-dim. 10h-12h30, 14h-17h - fermé reste de l'année - 5 € (11-18 ans 3 €), famille (4 pers. et +) 15 €*, propose une immersion dans le monde des potiers.
4 km suffisent pour regagner Aniane au sud-est ou St-Guilhem au nord-ouest.

NOS ADRESSES AUTOUR DE ST-GUILHEM

HÉBERGEMENT

PREMIER PRIX

Camping municipal La Meuse – *34150 Gignac - ✆ 04 67 57 92 97 - www.campinglameuse.fr - ouv. avr.-sept. - 86 empl. 9 € (+ 2,20 €/pers., élec. 2,50 €) - rest.* Situé face à la base nautique et en bordure de l'Hérault, il bénéficie d'une partie de campement assez traditionnelle mais confortable. Le bloc sanitaire, bien conçu et correctement tenu, abrite des cabines spacieuses. Terrains de volley et courts de tennis. Aire de camping-cars à l'entrée.

BUDGET MOYEN

Chambre d'hôte Mas de Luzière – *34190 St-André-de-Buèges (à 5,5 km au sud-ouest de Brissac par la D 108 puis la D 1) - ✆ 04 67 73 34 97 - www.luziere.com - fermé 1er nov.-Pâques - 6 ch. et gîtes 69 € ☕ - repas 26 €.* Au cœur de la vallée de la Buèges, savourez le calme de ce superbe mas de la fin du 19e s. Chambres très bien équipées. Jolie vue sur la campagne. 3 gîtes aménagés dans les dépendances. Spa, sauna et agréable piscine à débordement. Table d'hôte conviviale.

POUR SE FAIRE PLAISIR

Le Guilhaume d'Orange – *2 av. Guillaume-d'Orange - 34150 St-Guilhem - ✆ 04 67 57 24 53 - www.guilhaumedorange.com - fermé merc. d'oct. à avr., 22-28 déc. - 10 ch. 69/99 € - ☕ 7,80 € - rest. 20/28 €.* Cette vieille bâtisse a été restaurée en gardant son cachet d'origine. Jolies chambres décorées à l'ancienne et dotées de confort moderne. La salle à manger se double en été d'une agréable terrasse panoramique. Cuisine simple et familiale.
Chambre d'hôte Mas Cambounet – *34150 Gignac - ✆ 04 67 57 55 03 - www.mas-cambounet.com - fermé 1er nov.-1er mars - P - 4 ch. 66/90 € - ☕ 10 € - rest. 18/30 €.* Outre un hébergement de charme, dans des chambres indépendantes et pleines de caractère, ce mas du 18e s. propose une excellente restauration. Plats, préparés avec les produits de l'exploitation et accompagnés de vins de la propriété.

RESTAURATION

BUDGET MOYEN

La Table d'Aurore – *2 av. Guillaume-d'Orange - 34150 St-Guilhem - ✆ 04 67 57 24 53 - midi et soir - 20/28 €.* Une très bonne table, tant pour son cadre splendide, au bord de l'Hérault, et un bel aménagement intérieur, que pour la qualité de la carte et des vins.

Brasserie du Terroir – *Maison du Grand Site - pont du Diable - 34150 Aniane - ✆ 04 99 61 76 82 - avr.-oct. - menu déj. 15 € bc.* Dans un cadre exceptionnel, la brasserie permet de déguster des recettes régionales de saison. Snacks à emporter ou à consommer sur place.

Auberge de Saugras – *34380 Argelliers (à 9 km au sud de Viols-le-Fort par la D 32 et la D 27[E3] dir. Montarnaud) - ✆ 04 67 55 08 71 - www.aubergedesaugras.fr - fermé lun. midi en juil.-août, mar. sf le soir en juil.-août, merc., 7-29 août, 20 déc. 20 janv. - 20/60 € - 7 ch. 45/85 € - ☕ 9 €.* Perdue dans la garrigue, cette maison du 12e s. entièrement restaurée a le charme des auberges de campagne. Cuisine, rustique et généreuse.

POUR SE FAIRE PLAISIR

Jardin aux Sources – *30 av. du Parc - 34190 Brissac - ✆ 04 67 73 31 16 - www.lejardinauxsources.com - fermé 2-20 janv., 20 oct.-8 nov., dim. soir, lun. et merc. (hors sais.) - formule déj. 19 € - 29/70 € - 3 ch. 95/125 € ☕.* Maison en pierre au cœur du village. Jolie salle de restaurant voûtée avec vue sur les cuisines, ravissante terrasse et carte inventive. Chambres coquettes.

Lauzun – *3 bd de l'Esplanade - ✆ 04 67 57 50 83 - www.restaurant-delauzun.com - fermé sam. midi, dim. soir, lun. - 24/59 €.* Une mosaïque de petits légumes accompagne, en été, le gaspacho andalou. Une des bonnes tables de la région, dotée d'un chef talentueux. Accueil souriant.

ACHATS

À **St-Guilhem**, les nombreux artisans et vente de produits locaux.

Retrouvez les artisans-potiers qui exposent et vendent leurs objets à **St-Jean-de-Fos**.

Maison du Grand Site, au **pont du Diable** – *✆ 04 99 61 73 01 - avr.-oct.* Point d'information de la Vallée de l'Hérault, vente de produits de bouche de la vallée de l'Hérault (miel, tapenade, etc.) et vinothèque où les vignerons locaux proposent leur production à la dégustation et à la vente.

Domaine Alexandrin – *7 av. du Monument - St-Jean-de-Fos - ✆ 04 67 57 72 09 - www.domaine-alexandrin.com - juil.-août : 10h30-18h.* Outre les bons vins du domaine, montez à bord du Petit Train des Vignes *(4 € ; 6-14 ans. 2 €)* à la découverte du vignoble, suivi d'une dégustation gratuite.

ACTIVITÉS

Canoë Le Moulin – *Av. du Chemin-Neuf - 34190 St-Bauzille-de-Putois - ✆ 04 67 73 30 73 - www.canoelemoulin.fr - de déb. avr. à mi-oct. : 9h-18h (dernier dép. 16h).* Via ferrata, canyoning, escalade, etc. Location de canoës-kayaks pour découvrir les gorges de l'Hérault et possibilité de nuits en bivouac.

Mas de la Bruyère – *34190 Montoulieu - ✆ 04 67 20 07 87 - www.aupalya.com - 8h-20h - fermé de mi-nov. à déb. mars.* Base de canoë, spéléologie et hébergement en gîte…

1

Grotte des Demoiselles

★★★

Hérault (34)

NOS ADRESSES PAGE CI-CONTRE

S'INFORMER

Office du tourisme de Ganges – *Plan de l'Ormeau - 34190 Ganges - ✆ 04 67 73 00 56 - www.ot-cevennes.com - juil.-août : tlj sf dim. 9h-12h, 14h-18h, sam. 9h30-12h30 ; reste de l'année : tlj sf dim. 9h-12h, 14h-18h, sam. 9h30-12h30 - fermé 1er janv., dim. de Pâques, 1er Mai, 1er nov., 11 Nov. et 25 déc.*

SE REPÉRER

Carte de microrégion B1 (p. 78) – *Carte Michelin Départements 339 H5.* À 43 km au nord de Montpellier par la D 986 et à 9 km au sud de Ganges. À St-Bauzille-de-Putois, prenez la route à sens unique qui s'élève en lacet à flanc de montagne et conduit aux deux terrasses proches de l'entrée de la grotte.

SE GARER

Les terrasses sont aménagées en vastes parkings plantés d'arbres encore jeunes. De là, belle vue sur la montagne de la Séranne et la vallée de l'Hérault. Les escaliers en terrasses menant du parking à l'entrée de la grotte sont plantés de sauge, verveine, iris, ciste, agave, cyprès, etc.

À NE PAS MANQUER

La grande salle et la stalagmite de la Vierge à l'Enfant.

ORGANISER SON TEMPS

Comptez 1h (visite guidée). En saison, prévoyez un petit temps d'attente avant de rentrer dans la grotte, et n'oubliez pas la petite laine…

AVEC LES ENFANTS

Tout leur plaira, arrivée en petit train comprise.

On pourrait l'imaginer trou béant s'enfonçant dans les entrailles de la terre, elle est anfractuosité dans le plateau de Thaurac dominant la vallée de l'Hérault. Si bien que, chose peu banale, pour atteindre le cœur de cette grotte, il ne faut pas descendre mais monter ! Un funiculaire évite tout effort pour gagner l'intérieur où, si vous vous mettez dans la peau des premiers visiteurs, l'émerveillement sera complet.

Découvrir

★★★ La grotte

✆ 04 67 73 70 02 - www.demoiselles.com - température : 14 °C - visite guidée (1h) - juil.-août : 10h-18h (dernier dép.) ; avr.-juin et sept. : 10h-17h30 ; mars et oct. : dép. à 10h, 11h, 14h, 14h45, 15h30, 16h30 ; nov.-fév. : tlj sf sam. : 14h, 15h, 16h (dim. et vac. scol. dép. suppl. à 10h et 11h) - fermé 3 sem. en janv., 1er janv. et 25 déc. - 8,90 € (12-17 ans 6,80 €).

De la gare supérieure du funiculaire, forée au niveau de la voûte, vous gagnerez, par une série de salles, l'orifice naturel de l'aven. L'aménagement de la grotte est sans doute un peu trop voyant. Mais vous l'oublierez vite, frappé dès l'abord par l'abondance et les dimensions des concrétions qui tapissent les parois. La sensation d'écrasement devant cette grandiose architecture persistera durant toute la visite.

De l'aven, par une série de couloirs étroits, vous déboucherez en surplomb sur la partie centrale de la grotte proprement dite : il s'agit d'une immense salle longue de 120 m, large de 80 m et haute de 50 m. Ces dimensions imposantes, les énormes colonnes qui semblent soutenir la voûte, un silence impressionnant et jusqu'à la légère brume qui flotte dans l'atmosphère composent le saisissant tableau d'une gigantesque « **cathédrale** ». Après avoir fait le tour de cette salle magnifique, une descente par paliers conduit à la légendaire stalagmite de la **Vierge à l'Enfant** juchée sur son piédestal de calcite blanche. Retournez-vous alors pour admirer l'imposant buffet d'orgue qui décore la paroi nord de la grotte. Le cheminement se poursuit entre de belles draperies, certaines translucides, d'autres formant tribunes pour de curieux personnages de théâtre.

À la sortie de la grotte, le sentier en surplomb offre un beau panorama sur la vallée de la Jonte.

CHANDELLES OU DEMOISELLES ?

On raconte qu'un des premiers explorateurs, un dénommé Jean, aurait dégringolé dans la grande salle. À son arrivée un peu bousculée, il ne vit pas « 36 chandelles » mais mille et une demoiselles, petites fées dansant tout autour de lui… La légende fit le reste.

NOS ADRESSES PRÈS DE LA GROTTE

HÉBERGEMENT

Voir aussi Nos adresses autour de St-Guilhem (p. 118).

BUDGET MOYEN

Auberge Domaine de Blancardy – *34190 Moulès-et-Beaucels (à 7 km à l'est de Ganges par la D 999 en dir. de Nîmes et rte secondaire) - ✆ 04 67 73 94 94 - www.blancardy.com - 13/45 € - 12 ch. 60/120 € - ☕ 9 €.* Entre vignes et garrigue, sur un immense domaine à flanc de coteau, cette ferme fortifiée du 12e s. abrite, réparties entre le mas et les anciennes écuries, douze chambres alliant grand confort et caractère. Auberge « gourmande », mettant à l'honneur les produits du terroir et les vins de l'exploitation : spécialités de canard et vins (également à la vente).

RESTAURATION

Plusieurs possibilités pour se restaurer, plus ou moins sommairement, s'offrent à vous dans les établissements installés sur les boulevards de **Ganges**, à l'ombre des platanes.

AGENDA

Messe de minuit dans la grotte chaque 24 décembre et quelques concerts programmés.

Lodève

★

7 345 Lodévois – Hérault (34)

NOS ADRESSES PAGE 128

S'INFORMER

Office de tourisme – *7 pl. de la République - 34700 Lodève - 04 67 88 86 44 - www.lodevoisetlarzac.fr - juil.-août : 9h30-12h30, 14h-18h30, sam. 9h-12h30, 15h30-18h, dim. et j. fériés 10h30-12h30, 15h30-18h ; juin et sept. : 9h30-12h30, 14h-18h, sam. 9h30-12h30, 15h30-18h, dim. 10h30-12h30 ; reste de l'année : se rens.*

Visite guidée – Lodève vient de se voir attribuer le label Ville d'art et d'histoire. Un programme de visites-découvertes animées par des guides-conférenciers agréés par le ministère de la Culture et de la Communication sera mis sur pied. *Rens. à l'office de tourisme.*

SE REPÉRER

Carte de microrégion A2 (p. 78) – *Carte Michelin Départements 339 E6.*
À 60 km au sud de Millau et à 58 km au nord-ouest de Montpellier, Lodève se trouve en bordure de l'autoroute A 75 (sortie 52).

SE GARER

Au centre-ville, l'avenue de la République mène directement aux parkings ombragés de majestueux platanes, tout proches.

À NE PAS MANQUER

Le chœur de l'ancienne cathédrale St-Fulcran ; le parc du prieuré St-Michel-de-Grandmont ; la collection d'art contemporain du musée Fleury.

ORGANISER SON TEMPS

Prévoyez 1h30 pour la visite de la ville, autant pour les alentours, et une demi-journée pour le Lodévois rouge.

AVEC LES ENFANTS

Le musée Fleury.

Terre de transition entre les Causses et la vallée de l'Hérault, Lodève est à la fois proche de la montagne, à deux pas des monts de l'Orb et de la plaine, et à quelques minutes du lac du Salagou. Une diversité de paysages qui laisse présager quelques agréables balades. En ville, il y en a pour tous les goûts ! Des dinosaures aux manufactures drapières, en passant par les sculptures de Paul Dardé du musée Fleury…

Se promener

Le **pont médiéval de Montifort** enjambe la Soulondres en faisant un dos-d'âne très prononcé ; on en a une jolie vue depuis le pont piéton en aval.

★ Ancienne cathédrale St-Fulcran

La cathédrale primitive constitue la crypte actuelle. L'édifice fut reconstruit une première fois au 10e s. par saint Fulcran et, à nouveau, au 13e s., mais pour l'essentiel, cette église date du début du 14e s. La façade est encadrée de deux tours à échauguettes. À l'intérieur, le chœur, très lumineux, est entouré de boiseries du 18e s. et d'une balustrade de marbre ; il est couvert à son extrémité par une élégante voûte en rayons. À l'opposé, orgues du 18e s. Dans la 1re chapelle du bas-côté droit reposent les 84 évêques de Lodève. Dans la 3e chapelle, placée sous le vocable de N.-D.-des-Sept-Douleurs et voûtée en réseau, caractéristique du gothique finissant, se trouve l'accès au cloître (14e-17e s.).

LA CITÉ DE L'ARGILE
Comme Lutèce, Lodève, en latin *Luteva*, doit son nom aux carrières d'argile (*lutum* signifie « boue »), exploitées dès la nuit des temps.

★ Musée Fleury

Sq. Georges-Auric - ✆ 04 67 88 86 10 - déb. juin-fin oct. ; tlj sf lun. 10h-18h ; de déb. nov. à fin mai : tlj sf lun. 9h55-12h, 14h-18h - fermé j. fériés (sf en juil.-août) - possibilité de visite guidée sur demande - 7 € (-18 ans 5,50 €).

Installé dans l'ancien hôtel du cardinal de Fleury (17e-18e s.), il renferme une belle **collection d'art contemporain** et de nombreux témoignages historiques du pays lodévois. Au rez-de-chaussée, les sculptures de **Paul Dardé** (1888-1963), originaire de Lodève, côtoient une quarantaine de tableaux représentatifs de l'histoire de la peinture de la première moitié du 20e s. **Courbet**, **Braque**, Camoin, **Dufy**, **Caillebotte**, Vlaminck, **Léger**, Soutine ou encore **Poliakoff** comptent parmi les artistes exposés. Le 1er étage est, quant à lui, réservé à des expositions temporaires qui, chaque année, attirent les amateurs d'art de toute la région.

La seconde partie du musée est consacrée à la ville et à sa région : vestiges préhistoriques et présentation de l'histoire locale, de l'époque gallo-romaine à nos jours. Une belle collection de **fossiles** de flore, d'empreintes de reptiles, de batraciens et de grands dinosaures est visible au 2e étage, et enfin, **stèles discoïdales** (12e-15e s.) d'Usclas-du-Bosc.

Manufacture nationale de tapis

Imp. des Liciers - av. du Gén.-de-Gaulle (au sud, rte de Montpellier) - ✆ 04 67 96 40 40 - www.mobiliernational.fr - ♿ - jeu. 10h30, 14h et 15h30, vend. 10h30 et 14h, sur demande à l'office de tourisme - fermé j. fériés - 3,20 € (-18 ans gratuit). C'est l'unique annexe de la Manufacture des Gobelins de Paris. On y tisse des copies d'anciens modèles destinés au Mobilier national. Visite de l'atelier de tissage.

À proximité Carte de microrégion

★ Prieuré St-Michel-de-Grandmont A2

▷ 8 km. Sortez au nord en direction de Millau et tournez à droite dans la D 153 vers St-Privat - ✆ 04 67 44 09 31 - www.prieure-grandmont.fr - 10h-18h - fermé 24 déc.-10 fév. - possibilité de visite guidée sur demande - 6,20 € (-14 ans 3,80 €).

Fondé au 12e s., ce prieuré est un des mieux conservés des 150 monastères grandmontains (ordre fondé en 1125 par les disciples d'Étienne de Muret). L'ensemble se compose, entre autres, d'une **église** à la remarquable acoustique, d'un **cloître** roman surmonté d'un charmant clocheton, d'une salle capitulaire aujourd'hui réunie avec le cellier.

Au pied du Larzac, à quelque 450 m d'altitude, le **parc animalier**★ offre un panorama exceptionnel sur la région et jusqu'à la mer. On y trouve d'intéressants dolmens (Coste-Rouge), cupules, pierres sacrées et autres vestiges mégalithiques qui recèlent bien des mystères.

Cirque et grotte de Labeil A1

12 km. Sortez au nord vers Millau, quittez l'A 75 en direction de Lauroux et prenez la D 151 menant à Labeil - ✆ 04 67 96 49 47 - www.grotte-de-labeil.com - visite guidée sur réserv. (5 j. av.) juil.-août : 10h-18h15 (dernier dép. 1h av. la fermeture) ; de mi-mars à fin juin et sept.-oct. : 11h-16h, dim. et j. fériés 11h-17h - fermé du 1er nov. à mi-mars, 1er janv. et 25 déc. - 8,40 € (-12 ans 4,80 €).

Constituant le contrefort sud du plateau du Larzac, le cirque de Labeil offre une belle vue *(de l'entrée de la grotte, à 500 m au-dessus de Labeil)* sur la vallée de Lauroux. Le parcours suit sur 300 m le lit d'une rivière souterraine. Dans cette grotte très humide, qui servait autrefois de cave à roquefort, stalagmites, stalactites et draperies constituent l'essentiel des concrétions, dont une belle cascade ocre et gris colorée par des oxydes métalliques.

Avène-les-Bains (hors plan A1)

30 km à l'ouest par la D 35 puis la D 8 à droite après Lunas.

Niché dans les méandres de l'Orb, ce village au plan circulaire a conservé son authenticité. Les ruelles étroites surmontées de magnifiques porches sont dominées par l'église St-Martin, construite en 1835, à l'emplacement du château dont il ne subsiste que peu de vestiges. En 1736, on y découvre la source Ste-Odile dont l'eau chargée d'oligoéléments soigne les maladies de peau : Avène a donné son nom à une marque de produits dermatologiques rachetée par les laboratoires Fabre qui ont installé une unité de production sur place.

Circuits conseillés Carte de microrégion

LE LODÉVOIS ROUGE A2

Pour visualiser ce circuit de 65 km, reportez-vous à la carte de microrégion (p. 78) – Comptez une demi-journée. Quittez Lodève au sud par l'A 75 que l'on laisse après 5 km (sortie 54).

Vous voici dans le pays de la ruffe ! Ces grès rouges très fins donnent toute leur identité aux paysages. C'est à la fin de l'ère primaire, lors de phases d'assèchement ou d'envahissement lagunaire du bassin, que remonte l'origine de cette roche composée d'une couche de sédiments argileux chargés d'oxydes de fer. Les volcans environnants ont recouvert de lave la majeure partie de ces ruffes, d'où, ici ou là, quelques incrustations noires de basalte.

★ Lac du Salagou A2

Après l'édification d'un barrage, une nappe d'eau de 750 ha a envahi le bassin où coulait le Salagou, affluent de la Lergue. Les berges du lac aménagées pour accueillir les pêcheurs, des campings, des plages, en font un lieu de détente agréable, où l'on peut en outre pratiquer l'équitation. Le village de

UN PETIT COIN DE TIBET

On ne s'attend pas à découvrir près de Lodève un authentique temple bouddhiste tibétain, toits retroussés et couleurs vives. C'est pourtant le cas avec le **temple de Lerab Ling**, centre de méditation, ouvert en 1992, et qui a reçu à deux reprises la visite du dalaï-lama. Une découverte aussi insolite qu'exotique au pied du Larzac. *Lerab Ling, L'Engayresque - 34650 Roqueredonde (à 15 km de Lodève par la D 902 vers Roqueredonde, puis la D 142 à droite vers Le Caylar) - ✆ 04 99 62 00 18 - www.lerabling.org - ouv. mars-nov., dim. 14h-17h - 6 € (-15 ans gratuit).*

Le village de Celles au bord du lac du Salagou.
J. Du Boisberranger / hemis.fr

Celles, abandonné depuis la mise en eau, revit pendant l'été. Vous pourrez faire le tour du lac en voiture en empruntant la D 148 qui procure des **vues★** superbes sur les eaux où se reflètent les collines coniques de grès rouge ; ou bien en prenant la route forestière après Celles, à droite juste avant le camping.
Poursuivez sur la D 148, traversez Octon et Salasc, puis prenez à gauche la D 8.

★★ Cirque de Mourèze A2 *(voir p. 130)*

Reprenez la D 8F1 jusqu'à la D 908, que vous empruntez à gauche sur 500 m environ, puis prenez à droite la D 15. À l'entrée de Cabrières, prenez à gauche un chemin signalisé « Mine de cuivre de Pioch-Farrus » et suivez-le sur 1 km.

Villeneuvette A2

8 Grand-Rue - ✆ 04 67 96 06 00 - visite guidée de la cité sur RV - lun.-vend. 9h-12h, 14h30-17h - fermé w.-end et j. fériés - 4 € (-12 ans 2 €).
Une allée bordée de platanes conduit depuis la D 908 à la porte d'honneur de Villeneuvette marquée de l'inscription : « Honneur au travail ». Cette ancienne manufacture textile royale fut fondée au 17e s. par Colbert. Sa principale activité consistait à transformer la laine des causses languedociens en draps fins destinés au commerce avec l'Orient. Au début du 19e s., la production se spécialise dans la fabrication de draps militaires. Les ateliers fermèrent en 1954.
La cité a conservé son unité architecturale. L'entrée débouche sur la **place Louis-XIV**, agrémentée d'une fontaine. La place, la rue principale et les abords des maisons d'ouvriers ont été repavés comme au 17e s. et ces dernières, transformées en résidences, s'ornent de jardins fleuris. La maison du directeur, avec sa porte et ses fenêtres encadrées de bossages, et d'anciennes fabriques témoignent de la révolution industrielle du 19e s.
Continuez sur la D 909.

Clermont-l'Hérault A2

Pl. Jean-Jaurès - 34800 Clermont-l'Hérault - ✆ 04 67 96 23 86 - www.clermont-l-herault.com - 11 juil.-19 août : 9h-13h, 14h-18h30, sam. 9h-12h30, 15h-18h, dim. et

j. fériés 10h-13h ; reste de l'année : 9h-12h, 14h-18h, sam. 9h-12h, 14h-17h - fermé dim. et j. fériés (sf juil.-août et journées du patrimoine).
Les ruelles étroites du vieux quartier escaladent, par des degrés, la colline couronnée des ruines d'un château du 12e s. d'où l'on a une vue agréable sur la ville et les environs. Comme Lodève, Clermont-l'Hérault fut longtemps spécialisé dans la fabrication de draps militaires. C'est actuellement un gros centre viticole et un marché de raisins de table. Construite entre 1276 et 1313, l'**église St-Paul★** fut fortifiée pendant la guerre de Cent Ans (mâchicoulis, échauguettes). Au 15e s., la façade occidentale s'orna d'une belle rose ; un porche précéda le portail nord sur lequel fut édifié le clocher octogonal. L'impression de puissance, accentuée à l'extérieur par la présence d'arcs-boutants, conjuguée à l'harmonie intérieure et à l'élégance de la nef, en fait un intéressant exemple d'architecture gothique.
Retour à Lodève par la D 609/A 75.

DU PIÉMONT AU CIRQUE DE NAVACELLES AB1

Pour visualiser ce circuit de 45 km, reportez-vous à la carte de microrégion (p. 78) – Comptez une demi-journée. Quittez Lodève par la D 151 puis suivez la D 25 en direction de Soubès.

Soubès A1

En entrant dans le village, remarquez sur votre gauche le beau porche roman de la chapelle St-Cyprien qui jouxte le cimetière, puis le monument aux morts du sculpteur Paul Dardé. Construit sur un ensemble de tuf, Soubès abrite quelques belles maisons anciennes qui ont intégré cet élément naturel à leur construction. Leur charme s'ajoute à celui des ruelles pittoresques et des passages voûtés de cet ancien village fortifié dominé par sa tour du 12e s.
De la place du Terral, 1,5 km. Le **chemin des Capitelles** permet d'observer cinq cabanes en pierres sèches des 18e et 19e s., assemblées sans mortier avec le produit de l'épierrement du sol pour l'extension des cultures. Certaines d'entre elles ont été transformées en réservoir d'eau.
Le chemin des Capitelles rejoint le sentier botanique.
De la place du Terral, boucle de 2 km sur le GR 71. Le **sentier botanique de Font d'Amas** présente 82 espèces végétales significatives de la région : corroyère à feuille de myrte, ronce arbrisseau, garance voyageuse, bruyère arborescente (panonceaux explicatifs)... La balade est agrémentée d'une ancienne mine de fer, d'une source et d'un belvédère sur le carrefour des vallées de la Lergue et de la Brèze avec vue sur Soubès, Lodève et les villages du Lodévois.
Emprunetz la D 25 sur 4,3 km puis bifurquez à droite sur la D 25E1.

LE DRAP EN QUELQUES MOTS

Les moutons du Lodévois ont longtemps constitué la principale ressource du pays. Aussi l'industrie de la laine y fut-elle prospère dès le 13e s. Plus tard, Henri IV transfère à Lodève les fabriques de drap de Semur, avant que Louvois n'adopte ses tissus pour l'habillement des troupes. Sous Louis XV, le cardinal de Fleury accorde à sa ville natale le monopole des fournitures militaires. Mais la qualité se ressent de cette protection et, du fait de malfaçons, les tissus de Lodève se déprécient peu à peu. Un rapport de 1754 s'exprime ainsi à leur sujet : « Ces draps habillent plutôt qui veut être couvert que qui veut être paré. » La fabrication a cessé en 1960.

DARDÉ, LE SCULPTEUR DE LODÈVE
D'abord ouvrier agricole, Paul Dardé (1888-1963) commence à pratiquer la sculpture en s'exerçant sur les cailloux du causse avec des outils de maçon, avant de suivre les cours du soir aux Beaux-Arts de Montpellier. Il rencontre un certain succès grâce à ses monuments aux morts (Lodève, Soubiès) et sculpte *L'Homme de Néandertal* aux Eyzies de Tayac. Mais il se ruine et son atelier parisien est vendu aux enchères. Aigri et persuadé d'être persécuté, il se réfugie sur le causse où il élève son atelier et élabore des projets grandioses avant de mourir dans la misère la plus absolue.

★ Cirque du Bout du Monde A1
Au pied des falaises calcaires, dans le lit du ruisseau de la Bronzinadouïre, les plaines fertiles recouvrent de leur tendre verdure la pierre de tuf. Ce cirque creusé par l'érosion dans les contreforts du Larzac offre un paysage exceptionnel au cœur duquel siège une ferme fortifiée. Remarquez également la belle demeure bourgeoise édifiée en 1845.
Rejoignez la D 25 à 1 km au sud.
Cette route reprend le tracé de l'ancien chemin royal n° 9 achevé en 1779 qui donna à **St-Étienne-de-Gourgas** un élan économique sans précédent, nombre de marchandises transitant ici, entre la Méditerranée et le sud du Rouergue. La commune abrite les vestiges d'un château édifié au 14e s. dont seule une tour reste visible.

1

Chapelle St-Michel d'Aubaygues A1
À 1,2 km par la D 25E.
Érigée au 12e s., elle offre un bel exemple d'art roman languedocien, avec l'arc en plein cintre à double rouleau de son porche, sa nef unique et son abside en cul-de-four. Remarquez le beau bénitier roman.
Suivez 5 km sur la D 25 vers St-Pierre-de-la-Fage et tournez à droite sur la D 25E.

Parlatges A1
En bordure de la superbe forêt de pins noirs de N.-D.-de-Parlatges, le hameau est doté d'une chapelle, lieu de pèlerinage pour la guérison des difficultés d'élocution. À l'intérieur, un retable en pierre du 14e s. représente des scènes de la vie de la Vierge pendant l'enfance du Christ. En 1926, Paul Dardé lui ajoute la partie basse (une prédelle en ciment décorée d'ondes) et greffe un nouveau buste de la Vierge, l'original se trouvant à l'entrée de l'édifice.
Suivez la D 25 sur 5 km.

St-Pierre-de-la-Fage A1
Un moulin à vent marque l'entrée du village dont l'église est un bel exemple d'architecture caussenarde : pierres grises et toit de lauzes subliment la simplicité de son architecture. La partie entre le clocher et le transept serait d'époque préromane.
Continuez pendant 3 km sur la D 25 puis la D 9.

La Vacquerie-et-St-Martin A1
On accède à un plateau parsemé de rochers ruiniformes. La maison du Bailly datant du 17e s. affiche en surplomb de la rue une belle galerie à arcades. Le moulin à vent des Brésilliers (19e s.) domine le village. Dans ce pays de calcaire, puits, citernes et abreuvoirs sont légion.
Continuez sur la D 9 jusqu'à La Trivalle puis empruntez à gauche la D 130 (4,2 km).

Dolmens de Ferrussac et menhirs du Coulet AB1
Ce vaste plateau est riche de monuments mégalithiques érigés entre 2 500 et 2 000 ans avant notre ère. Près de la ferme de Ferrussac, des dolmens sont visibles du bord de la route. Si le premier est de petite taille, vous serez surpris par l'envergure du second (table : 4,6 m de long pour 13 t). Avant d'arriver au Coulet, il vous reste cinq menhirs à découvrir (des panneaux d'information les signalent). Seuls quatre des sept menhirs de la plaine du Coulet ont été redressés, de part et d'autre de la route.
Poursuivez sur 5 km la D 130. À l'approche de St-Maurice, appréciez la vue qui embrasse les gorges de la Vis et s'étend jusqu'aux Cévennes.

St-Maurice-Navacelles B1
établi dans l'ancien lit de la Vis, le village enserre le château (17e s.) flanqué de tours cylindriques. C'est ici, à la sortie du village, que Paul Dardé installa son atelier.
En continuant sur la D 130, vous approchez de la ferme fortifiée de la Prunarède qui date du 17e s. et dont vous remarquerez la tour cylindrique et les fenêtres à meneaux.
Toujours sur la D 130, poursuivez sur 5 km.

La Baume-Auriol B1
à proximité de l'auberge, le belvédère offre un somptueux panorama sur le cirque de Navacelles.
La D 130 serpente sur la paroi sud du canyon.

★★★ **Cirque de Navacelles** B1 *(voir p. 283)*

NOS ADRESSES À LODÈVE

HÉBERGEMENT

BUDGET MOYEN

Hôtel du Nord – *18 bd de La Liberté - ✆ 04 67 44 10 08 - www.hoteldunord-lodeve.fr - fermé vac. de la Toussaint et vac. de Noël - 24 ch. 46/53 € - ☕ 7,50 € - wifi gratuit.* Le compositeur Georges Auric est né en 1899 dans cette demeure transformée en hôtel. Refait à neuf, il abrite des chambres simples et fonctionnelles. Agréable terrasse.

Hôtel La Source – *34800 Villeneuvette - ✆ 04 67 96 05 07 - www.hoteldelasource.com - hôtel fermé nov.-fév. ; rest. fermé déc.-fév. - P - 14 ch. 62/89 € - ☕ 10 € - demi-pension (oblig. en juil.-août) : 128/155 € - rest. 16/48 €.* Cet établissement, installé au cœur de l'ancienne manufacture, propose quatorze chambres, toutes différentes, chacune ayant une entrée indépendante. Cuisine du terroir raffinée.

POUR SE FAIRE PLAISIR

Chambre d'hôte La Missare – *9 rte de Clermont - 34800 Brignac (à 3 km à l'est de Clermont-l'Hérault) - ✆ 04 67 96 07 67 - http://la.missare.free.fr - P - ⊄ - 4 ch. 70 € ☕.* Les chais de cette ancienne maison de maître du 19e s. ont été aménagés en quatre chambres spacieuses et indépendantes, donnant sur le jardin. Le charme rustique du mobilier s'allie à un confort très actuel. Dans le hall d'accueil, belle collection de tableaux. Coin antiquités brocante.

Chambre d'hôte Château de Jonquières – *34725 Jonquières (à 4 km à l'est du Salagou par St-Félix-de-Lodez) - ✆ 04 67 96 62 58 - www.chateau-jonquieres.com - fermé de déb. nov. à fin mars - ⊠ - ⛱ - 4 ch. 90/95 € ☕.* Au cœur d'un parc aux buis centenaires, ce superbe château porte en ses murs une riche histoire. Accueil royal dans quatre chambres alliant confort et caractère. Découverte des vins du domaine au caveau de dégustation, dans les dépendances. Tout simplement magnifique.

RESTAURATION

BUDGET MOYEN

Le Petit Sommelier – *3 pl. de la République - ✆ 04 67 44 05 39 - fermé vac. de Noël, merc. soir sf juil.-août, dim. soir et lun. - formule déj. 16 € - 18/40 €.* Cette ancienne maison de maître s'est transformée en petit restaurant sans prétention. Vivement colorée, la salle à manger est le théâtre d'une cuisine traditionnelle simple et bien maîtrisée.

Le Tournesol – *2 r. Roger Salengro - 34800 Clermont-l'Hérault - ✆ 04 67 96 99 22 - www.letournesol.fr - 16 € (déj. en sem.) - 23/38 €.* Au cœur de la ville, on peut déguster une bonne cuisine régionale traditionnelle, en salle ou sur la terrasse ombragée de palmiers.

BOIRE UN VERRE

Bar à vins

Le Minuscule – *27 Grand-Rue - ✆ 04 67 88 50 35 - lun.-sam. 10h-19h.* Niché dans la rue piétonne du vieux Lodève, ce lieu charmant propose à midi une légère collation (plat du jour autour d'un verre de vin), le reste de la journée gâteaux maison, cafés et thés. Concerts (jazz, folk) le jeudi.

Salon de thé

Soleil Bleu – *39 Grand-Rue - ✆ 04 67 88 09 86 - www.soleil-bleu-lodeve.com - mar.-vend. 10h30-18h30, sam. 9h-18h30.* Assiette du jour à base de produits de la région, thés, pâtisseries et glaces maison, et expositions d'artisanat d'art, dans une grande salle, spacieuse et lumineuse.

ACHATS

Horizons intérieurs (Pôle des métiers d'art du Lodévois) – *45 Grand-Rue - ✆ 04 67 44 29 28 - www.horizons-interieurs.com.* Vitrine des quelques dizaines d'artisans d'art (ferronniers, potiers, céramistes…) installés dans le Lodévois.

ACTIVITÉS

Pêche

Centre Aquapêche – *Mas de Carles - 34800 Octon - ✆ 04 67 96 59 19 - www.pecheherault.com - ouv. tte l'année à tout détenteur de la carte de pêche.* Ce centre d'initiation à la pêche et de découverte du milieu aquatique propose des stages pour adultes hors périodes scolaires. 👪 Stages à la journée durant les vacances de printemps et de la Toussaint et séjours en juillet-août.

Thermalisme

Établissement thermal d'Avène – *34260 Avène-les-Bains - ✆ 04 67 23 41 87 - www.avenecenter.com - mars-oct. : 8h-18h.*

1

Cirque de Mourèze

★★

Hérault (34)

NOS ADRESSES PAGE CI-CONTRE

NOS ADRESSES PAGE CI-CONTRE

S'INFORMER

Office du tourisme de Clermont-l'Hérault – *Pl. Jean-Jaurès - 34800 Clermont-l'Hérault - ✆ 04 67 96 23 86 - www.clermont-l-herault.com - 11 juil.-19 août : 9h-13h, 14h-18h30, sam. 9h-12h30, 15h-18h, dim. et j. fériés 10h-13h ; reste de l'année : 9h-12h, 14h-18h, sam. 9h-12h, 14h-17h - fermé dim. et j. fériés (sf juil.-août et journées du patrimoine).*

SE REPÉRER

Carte de microrégion A2 (p. 78) – *Carte Michelin Départements 339 F7.*
À 31 km au sud de Lodève par l'A 75 et à 53 km à l'ouest de Montpellier par la N 109, puis l'A 75. En arrivant par la D 908 puis la D 8, profitez des beaux panoramas.

SE GARER

Laissez la voiture aux parkings aménagés aux deux entrées du village.

À NE PAS MANQUER

Les pittoresques ruelles du village et la vue sur le cirque depuis le belvédère du parc des Courtinals *(table d'orientation).*

ORGANISER SON TEMPS

Comptez 1h30.

AVEC LES ENFANTS

Les porcs gascons et la cabane reconstituée du parc des Courtinals.

Magnifique spectacle de la nature, creusé avec puissance au flanc de la montagne de Liausson. Le cirque de Mourèze apparaît comme un large amphithéâtre de 340 ha que dessine un vaste chaos de rochers dolomitiques aux grandes dénivellations, limité au sud par le vallon verdoyant de la petite Dourbie. De nombreux sentiers invitent à la balade.

Se promener

Le village

Mourèze porte bien son nom : le précelte *murr* signifie en effet « butte rocheuse ». Le village, dominé par un rocher aux parois verticales portant son château, mérite une flânerie le long de ses ruelles étroites, ses maisons aux escaliers extérieurs, sa fontaine de marbre rouge.

★★ Le cirque

De tous côtés, d'énormes blocs l'entourent. En empruntant l'un des sentiers balisés, on rencontre sans transition des coins frais et verdoyants, à côté de rocs auxquels l'érosion a donné les formes les plus étranges. L'aspect insolite de ces rochers ruiniformes est surtout impressionnant en début et en fin de journée.

Cirque de Mourèze.
Y. Guichaoua / iTravelstock collection / age fotostock

Parc des Courtinals

✆ 04 67 96 08 42 - www.courtinals.com - juil.-août : 9h30-19h - avr.-juin et sept.-oct. : 10h-18h - 4 € (enf. 2 €).

Situé à l'est du cirque, ce parc est un ancien site d'habitat préhistorique, occupé dès le néolithique moyen jusque vers 450 ans av. J.-C. (fin de l'âge du bronze). Il est dominé, sur quasiment tout son périmètre, par une barrière de rochers, au pied desquels des abris naturels ont dévoilé des silex et des céramiques. En parcourant le sentier, découvrez plusieurs emplacements de cabanes de l'âge du fer (une d'entre elles a été reconstituée) et quelques curiosités dolomitiques comme l'Oracle, ce curieux rocher en équilibre sur son socle. Le long du sentier, des panneaux informent sur la flore environnante et une vieille race, antérieure à l'ère romaine, les porcs gascons, a été réintroduite dans quelques enclos. Depuis le **belvédère**, admirez le cirque dans son ensemble.

NOS ADRESSES À MOURÈZE

HÉBERGEMENT ET RESTAURATION

Hôtel Navas Les Hauts de Mourèze – *Cirque dolomitique - 34800 Mourèze - ✆ 04 67 96 04 84 - fermé 2 nov.-26 mars - P - piscine - 16 ch. 52/64 € - petit-déj. 6 €.* Chambres rustiques sans téléphone ni TV pour plus de tranquillité, parc, et le superbe cirque dolomitique à deux pas : pour les amoureux de calme et de nature.

Auberge de Val Mourèze – *Rte de Salasc - 34800 Mourèze - ✆ 04 67 96 06 26 - www.aubergedevalmoureze.com - fermé dim. soir et lun. - 18 ch. 70/120 € - petit-déj. 10 €.* Sur le haut du village, dans un site sauvage, ensemble de bâtiments cévenols plein de charme, aux chambres rénovées et disposant d'un sauna.

Bassin de Thau

Hérault (34)

NOS ADRESSES PAGE 135

S'INFORMER

Point tourisme de la communauté de communes nord du bassin de Thau – *Château de Girard - BP 98 - 34140 Mèze - 04 67 43 93 08 - www.ccnbt.fr - de déb. juil. à fin sept. : 9h-12h, 14h30-19h, dim. et j. fériés 9h-12h30 ; reste de l'année : 9h-12h, 14h-17h, sam. 9h-12h30.*

SE REPÉRER

Carte de microrégion B3 (p. 78) – *Carte Michelin Départements 339 G8*. À 30 km au sud-ouest de Montpellier par la D 613 et à 31 km au sud-est de Béziers par la D 612. Le bassin s'étend entre Sète et Agde, que relie un étroit cordon littoral. Vous pouvez en faire le tour (voir notre circuit) grâce aux D 51, D 613 et D 612.

À ne pas manquer

Le panorama depuis l'ancienne abbaye St-Félix-de-Montceau ; les mosaïques de la villa Loupian et une dégustation d'huîtres de Bouzigues.

ORGANISER SON TEMPS

Comptez 4h pour la totalité du circuit.

AVEC LES ENFANTS

Le musée-parc des Dinosaures et celui des origines de l'homme à Mèze.

Bienvenue au pays de la conchyliculture méditerranéenne ! C'est ici, dans ce vaste étang, tenu à distance de la mer par l'isthme des Onglous, que se pratique depuis l'Antiquité l'élevage d'huîtres et de moules. Aux alentours, les terres recèlent de nombreuses empreintes historiques, du temps des dinosaures à celui des Romains. Sur la rive nord, les petits villages nés de la pêche gardent le charme de leurs cabanes cachées dans les roseaux. Dans ce décor lagunaire, laissez-vous tenter par le plaisir d'une dégustation de coquillages à consommer sans retenue, accompagnés d'un petit blanc frais du pays... un picpoul-de-Pinet, par exemple !

Circuit conseillé Carte de microrégion

Pour visualiser ce circuit de 74 km, reportez-vous à la carte de microrégion (p. 78) – Comptez environ 4h. Quittez Sète, longez la rive est du bassin de Thau et prenez la direction de Balaruc-les-Bains.

Balaruc-les-Bains B3

Pavillon Sévigné - 34540 Balaruc-les-Bains - 04 67 46 81 46 - www.balaruc-les-bains.com - juil.-août : 9h-13h, 14h-19h, dim. 10h-12h30, 16h-19h ; mai-juin et 1re quinz. de sept. : 9h-12h, 14h-19h, dim. 10h-12h30, 16h-19h ; 2e quinz. de sept. à déb. déc. et mars-avr. : 9h-12h, 14h-18h, dim. 10h-12h30 ; reste de l'année : tlj sf w.-end 10h-12h, 14h-17h - fermé 1er janv., 1er Mai, 25 déc.

Construite en terrain plat au bord du bassin de Thau, la station soigne les affections osseuses et rhumatismales grâce aux applications de boues marines macérées dans l'eau thermale chlorurée sodique recueillie sur place. C'est la troisième station thermale de France en terme de fréquentation.

Balaruc-le-Vieux B3

Sur une éminence dominant l'étang, le village a gardé son plan en « circulade » caractéristique. Quelques maisons se distinguent encore par leurs nobles portes cintrées.

De Balaruc-le-Vieux, prenez la D 2 et rejoignez la D 613 jusqu'à Gigean. De là, suivez les panneaux de signalisation vers St-Félix-de-Montceau.

Ancienne abbaye St-Félix-de-Montceau B3

Merveilleusement situés sur une colline d'où se découvre un vaste **panorama★** sur la plaine et le bassin de Thau, les vestiges de cette ancienne abbaye bénédictine, bâtie aux 11e et 13e s., montrent la coexistence d'une chapelle romane et d'une église gothique dont le chevet à sept pans était éclairé par trois baies géminées. Une association de bénévoles a reconstitué un petit jardin monastique médiéval. Potager, jardin des senteurs, carré médicinal ou encore verger-cimetière y sont aménagés avec goût.

De Gigean, reprenez la D 613 vers Béziers.

Bouzigues B3

Haut lieu de l'activité conchylicole, ce village tranquille fait découvrir l'activité principale de ses riverains dans son **musée de l'Étang de Thau** *(quai du Port de-Pêche)*. On y suit l'évolution des techniques de pêche et d'élevage des coquillages (mas conchylicole des années 1950, « magasin » de pêcheurs, aquariums animés avec les espèces vivant dans l'étang, vidéo). *1 quai du Port-de-Pêche - ✆ 04 67 78 33 57 - www.bouzigues.fr/musee - ♿ - juil.-août : 10h-12h30, 14h30-19h ; mars-juin et sept.-oct. : 10h-12h, 14h-18h ; nov.-fév. : 10h-12h, 14h-17h - fermé 1er janv., 25 déc. - 4 € (-12 ans 3 €, gratuit journées du patrimoine).*

Revenez sur la D 613 et tournez à droite vers Loupian.

Loupian B3

Situé sur un ancien domaine gallo-romain, ce village viticole conserve encore quelques vestiges de ses remparts médiévaux (porte fortifiée du 14e s.) ainsi que son château, bâti au 16e s. L'**église St-Hippolyte** (12e s., romane) est l'ancienne chapelle castrale, fortifiée et insérée dans les remparts au 14e s. Dans l'abside, les pierres de la voûte, disposées en chevrons, sont retenues par une fausse croisée d'ogives. *✆ 04 67 18 68 18 - sur demande préalable à la villa Loupian.*

L'**église Ste-Cécile** (14e s., gothique), au bel appareil de pierre ocre, ne manque pas de majesté. Ses contreforts très saillants sont caractéristiques de l'art gothique du Languedoc, de même que la large nef unique voûtée sur croisée d'ogives qui se termine par une élégante abside polygonale.

★ Villa Loupian B3

Sur la D 158E4 en direction de Mèze - ✆ 04 67 18 68 18 - http://villaloupian.free.fr - ♿ - juil.-août : 10h30-13h, 13h30-19h ; reste de l'année : tlj sf mar. 13h30-18h, w.-end 10h45-12h30, 13h30-18h (dernière entrée 1h av. la fermeture ; visite guidée des mosaïques, dép. ttes les h) - fermé janv., 1er Mai, 14 Juil., 1er nov. et 25 déc. - 4,60 € (-12 ans 3,50 €, gratuit journées du patrimoine).

Il s'agissait d'un vaste domaine agricole (villa), actif de 50 av. J.-C. jusqu'au 6e s. de notre ère. La visite du musée permet de se familiariser avec la vie quotidienne de ses occupants, leurs ressources (céréales, vin, élevage, ostréiculture déjà) grâce aux interprétations des fouilles archéologiques menées sur place.

LES NACELLES
Preuve de l'importance de la pêche ici, les **nacelles**, ces barques étroites sur lesquelles embarquaient naguère les pêcheurs de l'étang, servent d'emblème au bassin. Les huîtres et les moules en sont la spécialité. Les huîtres sont commercialisées sous l'appellation d'**huîtres de Bouzigues**, du nom du village où naquit l'ostréiculture sur le bassin.

On y découvre la luxueuse résidence des propriétaires du lieu, la fonction des différentes salles et surtout les remarquables **mosaïques★** polychromes du début du 5e s., réalisées par des ateliers d'Aquitaine et de Syrie. Remarquez le trompe-l'œil dans l'abside de la salle de réception de la résidence. Très vivante et documentée, la visite permet de corriger quelques idées reçues (comme celle de la brutalité de la chute de l'Empire romain) et d'imaginer la vie des lointains occupants du lieu… dont les préoccupations n'étaient pas tellement différentes des nôtres.
Rejoignez la D 613 et Mèze.

Mèze B3
Centre de conchyliculture important, cette ville attire de nombreux touristes autour de son port et dans ses rues étroites. Église gothique du 15e s.
Prenez la D 613 vers Montagnac. À 4 km, tournez à droite dans une petite route à travers les vignes.

Musée-parc des Dinosaures
✆ 04 67 43 02 80 - www.musee-parc-dinosaures.com - juil.-août : 10h-19h (dernière entrée 1h av. la fermeture) ; reste de l'année : 14h-18h (ouv. w.-ends uniquement en janv. 14h-17h) - fermé 1er janv. et 25 déc. - 8 € (-12 ans 6,50 €), billet combiné avec musée-parc Préhistoire Origine Évolution 15 € (-12 ans 12 €).
Sur ce site a été mis au jour un grand gisement d'œufs et d'ossements de dinosaures datant de 65 millions d'années. Vous pourrez voir le squelette d'un **brachiosaure** long de 24 m et haut de 12 m, des reconstitutions grandeur nature de charmantes bêtes comme le deinonychus ou le terrifiant **tyrannosaure** (6 m de haut, 15 m de long). Quelques nids avec des œufs ont été laissés *in situ*. Pour les enfants, un mini-champ de fouilles recèle les fossiles d'étranges animaux.
Musée-parc Préhistoire Origine Évolution – *✆ 04 67 43 02 80 - www.musee-prehistoire-origine-evolution.com - juil.-août : 10h-19h ; reste de l'année : 14h-18h (ouv. w.-ends uniquement en janv. 14h-17h) - fermé 1er janv. et 25 déc. - 7 € (5-12 ans 6 €).*
À l'ombre des pinèdes, le parcours dévoile une série de reconstitutions à taille réelle. Depuis les premiers hominidés, jusqu'à l'Homo sapiens, sans oublier la célèbre Lucy, les reconstitutions de nos ancêtres s'exposent dans un décor naturel. Réalisés par des sculpteurs anatomistes, les personnages sont impressionnants. Avec son environnement sonore, ses 120 m² au sol et ses 300 m² de peaux de bête, la hutte du paléolithique, temps fort de la visite, plonge le visiteur quelques millénaires en arrière.
Revenez à la D 613 en direction de Mèze puis tournez à droite dans la D 51 en direction d'Agde.

Marseillan B3
Probablement fondé au 6e s. av. J.-C. par des marins massaliotes, Marseillan est toujours un village de pêcheurs. Mais, c'est aussi le berceau du **Noilly-Prat**

dont on peut visiter les **chais** *(à proximité du port)*. L'élaboration du *vermouth dry* (mis au point en 1813 par Joseph Noilly à l'aide d'herbes dont le secret est jalousement gardé) et de vins doux naturels y est expliquée. L'une des phases caractéristiques de la fabrication est le vieillissement en plein air du mélange de cépages de picpoul et de clairette dans des fûts de 600 l chacun. *1 r. Noilly - ✆ 04 67 77 75 19 - www.noillyprat.com - ♿ - visite guidée sur réserv. (7 j. av.) mai-sept. : 10h-12h, 14h30-18h ; mars-avr. et oct.-nov. : 10h-12h, 14h30-16h30 - fermé janv.-fév., dim. et lun. de Pâques, 1er Mai et 25 déc. - 4 € (-18 ans 2,50 €, gratuit journées du patrimoine).*

À 6 km, **Marseillan-Plage** déroule des kilomètres de plages de sable.

Revenez à Sète en suivant le cordon littoral, occupé par la plage.

NOS ADRESSES AUTOUR DU BASSIN DE THAU

Voir aussi Le Cap d'Agde (p. 398) et Sète (p. 143).

HÉBERGEMENT

PREMIER PRIX

Camping Yelloh ! Village Les Méditerranées - La Nouvelle Floride – *Av. des Campings - 34340 Marseillan-Plage - 262 av. des Campings - ✆ 04 67 21 94 49 - www.lesmediterranees.com - avr.-sept. - ♿ - (chauffée en hiv.) - 475 empl. 15/50 €.* Vivez ici les plaisirs de l'eau avec l'accès direct à la plage et la piscine. Les équipements allient style et grand confort dans un site ombragé. Animations pour petits et grands. Locations de mobile homes.

BUDGET MOYEN

À La Voile Blanche – *301 av. Louis-Tudesq - 34410 Bouzigues - ✆ 04 67 78 35 77 - www.alavoileblanche.com - 8 ch. 65/90 € - 8 €.* Un ancien bistrot de pêcheurs relooké : dans un décor contemporain raffiné, des chambres de charme, certaines dotées de terrasse. Le cadre est magnifique : mont Saint-Clair et parc à huîtres aux pieds des visiteurs sur le bassin.

RESTAURATION

PREMIER PRIX

L'Arseillière – *17ter av. Louis-Tudesq - 34140 Bouzigues - ✆ 04 67 78 84 12 - ouv. 11h-17h, fermé lun., 1er janv., 25 déc. - de juin à sept. ouv. vend. et sam. soir - ♿ - - 12,90/17,50 € - plateau-repas coquillages 49,90 € pour 2 pers. bc.* Ne ratez pas cette maison consacrée à la dégustation de fruits de mer, « récoltés » par le patron, éleveur-producteur d'huîtres et moules. Petite salle, mezzanine et terrasse aux tables recouvertes de toiles cirées.

BUDGET MOYEN

La Palourdière – *Chem. de la Catonnière - 34410 Bouzigues - ✆ 04 67 43 80 19 - www.lapalourdiere.com - fermé lun., mar. et dim. soir d'oct. à mars, déc. - 20/40 €.* Une carte classique, mais un cadre à couper le souffle. Les parcs à huîtres se trouvent au pied de l'immense terrasse et le mont Saint-Clair est juste en face. Grillades au feu de bois.

Les Jardins de la Mer – *Av. Louis-Tudesq - 34140 Bouzigues - ✆ 04 67 78 33 23 (réserver) - www.jardinsdelamer.fr - fermé janv.,* *merc. tte l'année et dim. soir d'oct. à juin - 21/45 €.* Une ambiance enchanteresse à l'abri de grandes voiles blanches claquant au vent. Les plateaux de fruits de mer et les vins les accompagnant sont une véritable fête dans ce restaurant, fameux sur tout le bassin de Thau.

Chez Philippe – *20 r. Suffren - 34340 Marseillan - ✆ 04 67 01 70 62 - fermé 15 juin.-15 sept. et lun.-mar. - formule déj. 15/19 € - 28 €.* Sympathique ambiance méridionale à proximité du bassin : cuisine gorgée de soleil, servie dans la salle au décor rénové ou sur l'agréable terrasse d'été.

POUR SE FAIRE PLAISIR

Le Château du Port – *9 quai de la Résistance - 34340 Marseillan - ✆ 04 67 77 31 67 - www.chateauduport.com - de déb. mars à fin oct. - fermé dim. soir et lun. sf juil.-août - menu déj. 17 € (en sem. 29/50 €).* Dans une belle maison bourgeoise prolongée par une grande terrasse donnant sur le canal, la cuisine des frères Pourcel est ici entièrement dédiée à la mer et aux coquillages du bassin.

UNE FOLIE

Le St-Clair – *Quai du Port - 34540 Balaruc-les-Bains - ✆ 04 67 48 48 91 - www.restaurant-saintclair.com - 54/99 €.* Une belle terrasse sous les palmiers donnant sur le bassin. Poissons et coquillages à l'honneur.

ACTIVITÉS

Voile, croisières

Centre nautique municipal Manureva – *Av. de la Gare - 34540 Balaruc-les-Bains - ✆ 04 67 48 55 63 - fermé vac. de Noël, j. fériés (sf juil.-août).* École reconnue par la Fédération française. Pratique de tous les sports nautiques.

Thermalisme

Balaruc-les-Bains - thermes de Balaruc – *Allée des Sources - BP 45 - 34540 Balaruc-les-Bains - ✆ 04 67 51 76 00 - ♿ - P - www.balaruc-les-bains.com - de déb. mars à mi-déc. : 8h30-12h, 14h-17h30 (réserv.).* Traitement des affections osseuses et rhumatismales et séjours « bien-être ».

Espace Magie de l'Eau – *Ch. de l'Étang - 24540 Balaruc-les-Bains - ✆ 04 67 18 52 05 - www.obalia.fr - Pass 2h 15 €.* Centre de bien-être : détente, bassin sensoriel, *onsen* japonais, sauna, douche « expérience » et « chemin de pluie »…

AGENDA

Foire aux huîtres – Le 1er ou 2e w.-end d'août, foire aux huîtres et produits du terroir. *✆ 04 67 78 30 12 (mairie de Bouzigues) ou 04 67 78 32 93 (ligne directe).*

Sète

★

42 786 Sétois – Hérault (34)

NOS ADRESSES PAGE 143

S'INFORMER

Office de tourisme – *60 Grand-Rue Mario-Roustan - ☏ 04 99 04 71 71 - www.tourisme-sete.com - juil.-août : 9h30-19h30 - déb. avr. et sept. : 9h30-18h ; reste de l'année : 9h-30-18h, w.-end et j. fériés 9h30-12h30, 14h-17h30 - fermé 1er janv., 25 déc. - annexe canal des Quilles en juil.-août.*

Visites guidées de la ville – *☏ 04 99 04 71 71 - www.tourisme-sete.com.* L'office du tourisme de Sète propose plusieurs circuits audioguidés *(de 1h30 à une demi-journée)* et loue du matériel *(5 €)*. Il organise également une visite guidée *(1h)* ayant pour thème « la Criée aux poissons » *(6 €)* et des sorties-dégustation vers les domaines viticoles de la région.

SE REPÉRER

Carte de microrégion B3 (p. 78) – *Carte Michelin Départements 339 H8.* À 36 km au sud-ouest de Montpellier par l'A 9 puis la N 300/D 600. En venant de Béziers (56 km) via Agde, par la D 912 entre mer et étang.

SE GARER

Une suggestion : le long de la darse de la Peyrade (horodateurs).

À NE PAS MANQUER

Les quais animés du vieux port ; les points de vue depuis le mont St-Clair ; la plage de Villeroy et les célèbres joutes nautiques de la St-Louis.

ORGANISER SON TEMPS

Prévoyez la journée. Profitez de la fraîcheur du matin pour la promenade sur le mont St-Clair, déjeunez à la Marine, puis flânez dans la ville.

AVEC LES ENFANTS

Le MIAM ; l'Espace Brassens ; la promenade en bateau à paroi de verre ; les plages.

« Île singulière » réunie à la terre par deux étroites langues de sable, Sète se glisse au pied de la colline calcaire du mont St-Clair, entre l'étang de Thau et la Méditerranée. Port de pêche, de plaisance et de commerce, la ville est bercée par les rêves de destinations lointaines, ponctués de sirènes de bateaux ; les canaux parcourent en tous sens la cité neuve. Les charmes de Sète, où l'eau est omniprésente, se livrent peu à peu au visiteur…

Se promener Plan de ville

★ MONT ST-CLAIR

Pour visualiser ce circuit, reportez-vous au tracé vert sur le plan de ville page suivante. Comptez 2h à pied, vous pouvez également monter en voiture (5mn), un premier parking est à votre disposition devant l'entrée du parc des Pierres

SE LOGER
- Balajan (Hôtellerie de)........ 1
- Grand Hôtel (Le)........ 2
- Orque Bleue (L')........ 4
- Port Marine (Hôtel)........ 7
- Tamaris (Camping Les)........ 10
- Tritons (Hôtel Les)........ 13

SE RESTAURER
- Au Bord du Canal (La Table Sincère)........ 15
- Binocles (Les)........ 1
- Chez François........ 3
- Demoiselles Dupuy (Les)........ 5
- The Marcel........ 7
- Paris Méditerranée........ 9
- Pasta Politi........ 11

Blanches, un second au niveau de la chapelle N.-D.-de-la-Salette. De la promenade du Mar.-Leclerc, poursuivez par l'avenue du Tennis et bifurquez à droite dans la montée des Pierres-Blanches.

Le meilleur souvenir qu'on puisse emporter de Sète est l'excursion au mont St-Clair. Cette colline, autrefois couverte de forêts de pins et de chênes, s'élève à 183 m au-dessus de la mer et forme un belvédère de choix.

Parc panoramique des Pierres Blanches

Balisé de sentiers pédestres, c'est un agréable lieu de flânerie qui permet de découvrir le site alentour. De la table d'orientation, ample **vue★** sur la partie ouest du bassin de Thau, la basse plaine de l'Hérault, la pleine mer, la corniche, la plage.

Chapelle N.-D.-de-la-Salette

Le mont doit son nom au saint qui, dès le haut Moyen Âge, était ici vénéré. Au 17e s., un ermitage existait encore près du fortin appelé « la Montmorencette », du nom du duc de Montmorency qui l'avait fait élever contre les Barbaresques. Après la révolte du duc, le fort fut démantelé, et une ancienne casemate

L'île singulière

Le nom de Sète vient des Grecs, et en particulier du célèbre historien-géographe Strabon. Impressionnés par le mont St-Clair, ils l'appelaient Sition, de *set* signifiant « montagne ».

UNE PORTE POUR LE CANAL

La ville est née au 17e s., lorsque Colbert décide de construire un port au débouché sur la Méditerranée du canal des Deux-Mers. La première pierre est posée le 29 juillet 1666 par **Pierre Paul Riquet**, créateur du canal du Midi. Pour favoriser son développement, Louis XIV, en 1673, permet « à toutes personnes de bâtir des maisons, vendre et débiter toutes sortes de marchandises avec exemption du péage ». En quelques années, une ville industrielle et commerçante se crée, pendant que Riquet fait bâtir les deux jetées de l'avant-port et creuser le canal de Sète entre le bassin de Thau et la mer.

LA GARE DU MAROC

Au 19e s., c'est l'âge d'or. Les travaux d'aménagement du port et du canal maritime se multiplient, tandis que les compagnies de chemins de fer desservent plus fréquemment la ville. Vers 1840, Sète occupe le **5e rang** des ports français. Après la conquête de l'Algérie, les liaisons avec l'Afrique du Nord accentuent la prospérité sétoise. Aujourd'hui, en dépit d'un net déclin qu'il tente d'enrayer, le port est toujours actif et la « gare du Maroc » retrouve toute son animation lorsque le magnifique ferry *Le Marrakech*, immense vaisseau blanc invitant au voyage, est à quai.

TERRE D'ARTISTES

« Il dépend de celui qui passe/Que je sois tombe ou trésor/Que je parle ou que je me taise/Ceci ne tient qu'à toi/Ami n'entre pas sans désir », écrivit **Paul Valéry** (1871-1945), qui repose dans le cimetière marin. Le poète était en effet sétois, de même que **Georges Brassens** (1921-1981), qui chanta les lieux de son enfance dans sa *Supplique pour être enterré à la plage de Sète*. Si l'on ajoute le comédien **Jean Vilar**, l'écrivain **Maurice Clavel**, les peintres **Robert Combas** et **Hervé Di Rosa**, chefs de file du mouvement de la figuration libre, on conviendra que l'« île singulière » est un lieu où souffle l'esprit ! Rien d'étonnant donc à ce que **Agnès Varda**, qui y a passé une partie de son enfance, ait évoqué sa ville de prédilection dans deux films, *La Pointe courte* (1946) et *Les Plages d'Agnès* (2008).

LES CHEVALIERS DE LA TINTAINE

De Sète, Mèze, Agde, Frontignan, Palavas ou du Grau-du-Roi, les gros bras de la région, armés d'une lance et munis d'un pavois, juchés en haut de la « tintaine », se défient sur le canal, barque bleue contre barque rouge. Spectacle coloré, le tournoi de joutes se déroule en musique et dans la liesse populaire. Il obéit à des règles strictes, à des codes parfois inaccessibles au profane, et voit en général l'un des lutteurs terminer le combat par un plongeon spectaculaire dans les eaux du canal. C'est pour les fêtes de la St-Louis qu'il faut assister au grand tournoi de joutes, véritable championnat du monde de la spécialité, précédé du défilé d'une centaine de participants, la « tchibille ».

transformée en chapelle expiatoire, dédiée plus tard à Notre-Dame-de-la-Salette. Elle attire des pèlerins toute l'année, et tout particulièrement le 19 septembre, jour-anniversaire de la première apparition à la Salette (1846).

Points de vue

De l'esplanade, face à la chapelle, où une grande croix est illuminée toutes les nuits, la **vue★** est très belle sur Sète, la partie est du bassin de Thau, les garrigues, les Cévennes, le pic St-Loup, la montagne de la Gardiole, la côte avec ses étangs et ses petites villes. D'une tour d'orientation aménagée sur la terrasse du presbytère, un splendide **panorama★★** se dévoile : si les premiers plans vibrent de lumières et de couleurs, dans les lointains formes et teintes se fondent en nuances douces. Par temps clair (l'hiver), la vue s'étend vers le sud-ouest, au-delà des lagunes et de la mer, jusqu'aux Pyrénées dominées par le Canigou et, vers l'est, jusqu'aux Alpilles.

Poursuivez par le chemin de St-Clair en très forte descente.

Dominant la mer, paisible et serein, se trouve le **cimetière marin★** où reposent Jean Vilar *(dans la partie basse)* et Paul Valéry *(dans la partie haute)*. Comment ici ne pas songer au vers du poète : « La mer, la mer, toujours recommencée » ?

Musée Paul-Valéry

Face à la mer, près du cimetière marin, sur le mont St-Clair - ✆ 04 99 04 76 16 - www.museepaulvalery-sete.fr - avr.-oct. : 9h30-19h ; reste de l'année : tlj sf lun. 10h-18h - fermé 1er janv., 1er Mai et 25 déc. - 5 € (hors expositions) ou 7 € (-10 ans et 1er dim. du mois gratuit), billet combiné Espace Brassens et MIAM 6 €.

Au-dessus du cimetière marin, cet agréable musée présente des œuvres d'artistes locaux reconnus (Combas, Di Rosa) ou inspirés par la ville (Desnoyer, Marquet, Sarthou). Un espace est consacré aux joutes sétoises. À l'étage, une salle superbement ouverte sur la mer, d'un bleu intense, est dédiée à Paul Valéry : éditions originales, manuscrits, aquarelles et dessins permettant d'admirer le joli coup de crayon du poète ! Une autre salle est consacrée à des œuvres du 19e s. évoquant le port et la ville ainsi qu'à de nombreuses marines. Des expositions temporaires animent le lieu toute l'année.

Regagnez le centre-ville par la Grande-Rue-Haute.

PORTS ET PLAGES

Port de commerce

À l'entrée de la ville côté Frontignan, la zone portuaire voit transiter chaque jour bois tropicaux, céréales, produits pétroliers et autres marchandises. Le spectacle des gigantesques hangars et des grues géantes donne un aperçu de l'intense activité du 2e port de commerce de la Méditerranée française.

★ Vieux port

Avec ses canaux, ses ponts, ses restaurants où tielles, rouilles, bourrides et autres loups grillés vous attendent, ses embarcations de plaisance, ses chalutiers et ses vieux gréements colorés, c'est ici que bat le cœur de la cité. Depuis le quai Aspirant-Herber, belle vue sur la ville qui s'étage au flanc du mont St-Clair. La **Marine**, le long du canal de Sète, est bordée d'immeubles aux façades colorées et de restaurants de fruits de mer dont les terrasses donnent sur le canal. Les abords du môle St-Louis ont été aménagés pour servir de base d'entraînement à la voile de haut niveau. Construit en 1666, long de 750 m, il offre une belle promenade balayée par la brise.

Musée international des Arts modestes (MIAM) – *23 quai du Mar.-de-Lattre-de-Tassigny, sur le grand canal - ✆ 04 99 04 76 44 - www.miam.org - ♿ - avr.-sept. :*

La canal de Sète.
J. Du Boisberranger / hemis.fr

1

9h30-19h ; reste de l'année : tlj sf lun. 10h-12h, 14h-18h - possibilité de visite guidée sur RV - fermé 1er janv., 1er Mai, 1er nov. et 25 déc. - 5 € (-10 ans et 1er dim. du mois gratuit), billet combiné musée Paul-Valéry et Espace Brassens 6 €.

Musée ludique et unique en son genre, le MIAM présente des collections d'objets du quotidien d'ici et d'ailleurs, accumulés par Hervé Di Rosa et Bernard Belluc, et exposés dans des vitrines et des caravanes. Ces objets, qui reflètent l'univers fantasmagorique des deux artistes, ravissent les adultes nostalgiques et fascinent les plus jeunes. Outre ses collections, le MIAM conçoit et présente des expositions originales dans lesquelles se côtoient toutes formes d'art populaire, d'art singulier et d'art contemporain.

Centre régional d'art contemporain (CRAC) – *26 quai Aspirant-Héber (sur la rive opposée après le pont de la Savonnerie) - ✆ 04 67 74 94 37 - http://crac.languedocroussillon.fr - lun., merc.-vend. 12h30-19h, sam.-dim. 14h-18h (15h-20h en été). Se rens. sur les dates et les thèmes d'exposition. Entrée libre.* Exemple surprenant de reconversion, cet ancien centre de congélation de poisson accueille aujourd'hui de nombreuses expositions temporaires, tout au long de l'année. Cette vaste structure brute, très modulable, est devenue un lieu d'échange et de pédagogie autour de l'actualité artistique.

Port de plaisance

Répartis entre le môle St-Louis et le port des Quilles, les 350 anneaux permettent l'accueil de nombreux plaisanciers.

Promenade de la Corniche

Cette promenade entaille la base du mont St-Clair aux pentes couvertes de villas et offre un beau panorama sur la Grande Bleue.

Plages

La plage du Lazaret, la plus proche du centre-ville, doit son nom à la pointe qui délimite sa petite rade. Au niveau du canal des Quilles, la **plage de la Corniche**, située à 2 km du centre-ville, est aménagée d'aires de jeux pour les enfants, de bars et de restaurants. Dans son prolongement, la plage de Villeroy déroule jusqu'à Marseillan ses 12 km de sable blond dans un site naturel protégé.

À voir aussi Plan de ville

Espace Georges-Brassens

67 bd Camille-Blanc - ✆ 04 99 04 76 26 - www.sete.fr/brassens - ♿ - juil.-août : 10h-18h ; juin et sept. : 10h-18h ; oct.-mai : tlj sf lun. 10h-12h, 14h-18h - fermé les j. fériés sf 14 juil., 15 août et 1er Nov. - 5 € (à partir de 10 ans 2 €, -10 ans et journées du patrimoine gratuit), billet combiné musée Paul-Valéry et MIAM 6 €.

À travers une scénographie originale, ce lieu évoque la vie et l'œuvre du chanteur poète (1921-1981) qui, avec des mots (parfois chargés d'irrévérence) et des mélodies simples scandées par des accords de guitare ou soulignées par la contrebasse, sut parler des thèmes éternels que sont l'amitié *(Chanson pour l'Auvergnat)*, l'amour *(Je me suis fait tout petit)* ou la mort *(Pauvre Martin)*. Muni d'un casque à infrarouge, le visiteur découvre ou redécouvre l'enfance de l'artiste à Sète, sa « montée » à Paris et ses premiers succès, les œuvres des écrivains qu'il a adaptées *(Ballade des dames du temps jadis* de Villon, *Il n'y a pas d'amour heureux* d'Aragon) ou même sa correspondance amoureuse. Dans ce lieu de mémoire vivante, on se surprend facilement à fredonner des airs familiers… Le poète ne repose pas sur la plage de la Corniche comme il en avait émis le souhait dans sa célèbre *Supplique*, mais sous un cyprès, en face de l'Espace, dans le cimetière Le Py.

Circuit conseillé Carte de microrégion

AU PAYS DU MUSCAT C3

Pour visualiser ce circuit de 28 km, reportez-vous à la carte de microrégion (p. 78) – Comptez 2h environ (plus le bain !). Quittez Sète par la D 612, en direction de Montpellier.

Frontignan-Plage C3

Cette petite station balnéaire est dotée d'un port de plaisance proposant 600 places à flot.

Poursuivez par la D 60, empruntant l'étroit cordon littoral entre mer et étang.

Les Aresquiers C3

Sur cette plage de galets, appréciée des naturistes, des petites guinguettes, dont les bouillabaisses attirent les connaisseurs, donnent parfois en soirée des concerts (rock, reggae). La route, tracée sur une digue entre étangs et canal, ménage des vues paisibles dans un paysage serein qui, au soleil déclinant, se pare de rose et d'orangé.

Par Vic-la-Gardiole et Mireval (qui produit un muscat réputé), rejoignez la D 612 que vous prenez sur la gauche, en direction de Frontignan.

Massif de la Gardiole C3

Au nord se dresse le massif de la Gardiole, sillonné de sentiers balisés que parcourent amateurs de VTT et de randonnées tant pédestres qu'équestres.

Frontignan C3

Cette petite ville industrielle a donné son nom à un muscat aussi doré que réputé, dont le vignoble recouvre près de 800 ha au bord de l'étang d'Ingril.

Église St-Paul – Au 14e s., l'église (12e s.) fut reconstruite dans le style gothique méridional, avec une seule nef et une abside pentagonale, les contreforts renforcés. Puis, intégrée dans les fortifications dont s'entoura la ville, sa tour-clocher à l'allure de donjon fut surélevée et couronnée d'une tourelle. Après avoir détaillé le portail et sa frise de poissons et de bateaux, à l'intérieur vous observerez le plafond de la nef qui a été rétabli dans ses dispositions du 14e s., laissant apparaître quelques belles poutres peintes.

Musée d'Histoire locale – *R. Lucien-Salette, Musée municipal de Frontignan - ☎ 04 67 18 50 05 - ♿ - 19 mars-nov. : tlj sf mar. 10h-12h, 14h-18h - fermé 1er janv. et déc.-18 mars - gratuit.*

Installé dans l'ancienne chapelle des Pénitents blancs s'ouvrant par un portail monumental du 17e s., il rassemble des collections de préhistoire, d'archéologie subaquatique, des souvenirs napoléoniens. Certains aspects de la vie locale sont évoqués : travail du tonnelier, fabrication du muscat, tournois de joutes nautiques.

Retour à Sète par la D 612.

NOS ADRESSES À SÈTE

HÉBERGEMENT

PREMIER PRIX

Camping Les Tamaris – *140 av. d'Ingril - 34110 Frontignan (au nord-est par la D 60, dir. Les Aresquiers) - ☎ 04 67 43 44 77 - www.les-tamaris.fr - avr.-sept. - ♿ - réserv. conseillée - 250 empl. 45 €.* Camping installé au bord de l'eau. Quelques mètres à faire pour plonger dans les vagues ! Belle piscine, bar, restaurant et magasin…

BUDGET MOYEN

Hôtel Les Tritons – *Bd Joliot-Curie - ☎ 04 67 53 03 98 - www.hotellestritons.com - ♿ - P - 56 ch. 50/90 € - ☕ 8 € - wifi gratuit.* Bâtiment à la façade ocre dressé sur la corniche. Spacieuses et colorées, les chambres contemplent la mer ou jouissent du calme de l'arrière.

L'Orque Bleue – *10 quai Aspirant-Herber - ☎ 04 67 74 72 13 - www.hotel-orquebleue-sete.com - 30 ch. 65/130 € - ☕ 9/12 € - wifi gratuit.* Dans ce bel immeuble situé sur le vieux port, à vous de choisir entre les chambres surplombant le canal, ou celles donnant sur un agréable patio très calme.

POUR SE FAIRE PLAISIR

Hôtel Port Marine – *Môle St-Louis - ☎ 04 67 74 92 34 - www.hotel-port-marine.com - P - 46 ch. 75/169 € - ☕ 11 € - rest. formule déj.15 € - 27 €.* Architecture moderne face au môle St-Louis d'où l'*Exodus* prit la mer en 1947. Les chambres disposent d'un mobilier de style bateau. Toit-solarium. Cuisine traditionnelle servie au restaurant ou sur la terrasse avec vue sur la mer.

Le Grand Hôtel – *17 quai du Mar.-de-Lattre-de-Tassigny - ☎ 04 67 74 71 77 - www.legrandhotelsete.com - fermé 24 déc.-4 janv. - 43 ch. 80/140 € - ☕ 10 € - wifi gratuit.* Face au canal, élégant hôtel (1882) de style Belle Époque. Chambres raffinées mêlant ancien et moderne, joli patio sous verrière. Cuisine actuelle au restaurant décoré de fresques.

Hôtellerie de Balajan – *41 rte de Montpellier - 34110 Vic-la-Gardiole - ☎ 04 67 48 13 99 - www.hotel-balajan.com - fermé 24 déc.-4 janv., fév. et dim. soir (nov.-mars) - 18 ch.*

77/110 € - ☕ 11 € - rest. formule déj. 19,50 € - 28/54 €. Accueillant hôtel de bord de route. Certaines chambres donnent sur les vignes et le massif de la Gardiole. Côté restaurant, tables fleuries et saveurs méridionales dans l'assiette. Salon cosy.

RESTAURATION

Nombre de Sétois descendent de pêcheurs venus d'Italie, ce qui n'a pas manqué d'influencer la cuisine. Plusieurs préparations, comme la tielle, la macaronade ou la bourride de lotte, en témoignent. Vous découvrirez ces spécialités dans les restaurants de la Marine, souvent tenus par des pêcheurs.

BUDGET MOYEN

Chez François – *8 quai du Gén.-Durand - ✆ 04 67 74 59 69 - ouv. tlj sf mar., janv.-mars ouv. midi et vend., sam. soir, fermé 15 nov.-1er déc. et 15 janv.-1er fév. - 15/70 €.* Dissimulé parmi les terrasses, François est une référence. Producteur à Port-Loupian, il propose aussi des plateaux de fruits de mer à emporter *(commander avant 18h).*

Pasta Politi – *5 quai Charles-Maresquier - ✆ 04 67 78 69 65 - fermé dim. et lun. sf juil.-août - 15/30 €.* Créé par des Italo-Sétois, le restaurant perpétue la tradition transalpine. Charmante terrasse en bordure de canal.

Les Binocles – *25 r. Pierre-Semard - ✆ 04 99 04 98 35 - fermé lun. et mar. - 22/29 €.* Une cuisine très chaleureuse et une ardoise changée tous les jours. C'est ici que vous pourrez découvrir la véritable salade du pêcheur « à la sétoise ».

POUR SE FAIRE PLAISIR

The Marcel – *5 r. Lazare-Carnot - ✆ 04 67 74 20 89 - fermé 2 sem. en juin, vac. de Noël - 20/50 €.* Dans une rue calme, rendez-vous apprécié des Sétois au décor hétéroclite mélangeant gaiement style Art déco, fauteuils club en velours, mobilier bistrot… et servant de galerie aux peintres d'ici. Cuisine du cru…

Les Demoiselles Dupuy – *4 quai Maximin-Licciardi - ✆ 04 67 74 03 46 - 30/40 €.* Huîtres et moules de l'étang de Thau, poissons et crustacés achetés à la criée du matin. Charmant et chaleureux.

Au bord du Canal (La Table sincère) – *9 quai Maximin-Licciardi - ✆ 04 67 51 98 39.* Cadre très simple mais élégant pour déguster huîtres de Bouzigues et poissons. Clientèle d'habitués.

Paris Méditerranée – *47 r. Pierre-Semard - ✆ 04 67 74 97 73 - fermé 1re quinz. de juil., 2e sem. de fév., sam. midi, dim. et lun. - 25/45 €.* Un décor original pensé par la maîtresse des lieux, à l'image de la cuisine inventive que concocte son mari.

BOIRE UN VERRE

Ô Dit-Vin – *12 quai Rhin-et-Danube - ✆ 04 67 46 94 35 - 18h-1h.* Le nouveau lieu branché de Sète joue le velours rouge et les coins intimes. Excellents vins accompagnés de tapas très réussies.

Le Social – *35 r. Villaret-Joyeuse - ✆ 04 67 74 54 79 - 14h-17h en juil.-août, reste de l'année fermé merc.* Perché sur les hauteurs, un bar de quartier où se retrouvent jouteurs et footballeurs sétois, et tous les amoureux d'ambiance portuaire. Fête tous les soirs.

ACHATS

Marchés

Les Halles – *6h-13h.* Sous ces grandes halles animées mais sans charme particulier, vous trouverez des ostréiculteurs de l'étang de Thau venus proposer les fruits de leur élevage.

Marché aux puces – *Pl. de la République - dim. 6h-13h.*

Produits de bouche

Paradiso – *11 quai de la Résistance - ✆ 04 67 74 26 48 - 8h30-19h - fermé lun., janv.* Adrienne Verducci avait-elle imaginé que la tielle, chausson à base de poulpe et de tomate qu'elle créa en 1937, allait peu à peu devenir une des spécialités de la ville ? Sa descendance continue de faire vivre avec talent cette savoureuse création.

Chez David – *67 r. Paul-Bousquet - ✆ 04 67 53 14 30 - 7h-12h30, 16h-20h - fermé merc., 1er janv., 25 déc.* Située un peu à l'écart du centre-ville (entre la gendarmerie et la caserne des pompiers) et difficile à trouver, la boutique vaut le détour, car David fabrique de délicieuses tielles. Cet excellent artisan-traiteur, très au fait de la vie à Sète, en discute volontiers.

Biscuiterie Pouget – *47 quai de Bosc - ✆ 04 67 74 72 38 - 8h30-12h, merc., jeu. et sam. 15h-19h.* Cachée sous les arcades d'un bâtiment, la biscuiterie réalise depuis 1913 manuellement les navettes « cettoises », biscuits secs parfumés à l'anis, au citron, à la vanille, à la cannelle ou à la fleur d'oranger.

Le Flo des Mots – *6 quai Léopold-Suquet - ✆ 04 67 51 31 83 - mar.-sam. 10h-20h, dim. 11h-19h.* Une librairie-caviste, très beau lieu où se conjuguent les grands plaisirs de l'existence, les livres, les vins. Espace petite restauration.

Muscat

Cave coopérative du muscat de Frontignan – *14 av. du Muscat - 34110 Frontignan - ✆ 04 67 48 12 26/93 20 - www.muscat-frontignan.com - juin-sept. : 9h30-12h30, 15h-19h30 ; reste de l'année : 9h30-12h30, 14h30-18h30 - fermé 1er janv., 25 déc.*

ACTIVITÉS

Sète Croisières – *Quai de la Marine - ✆ 04 67 46 00 46 - www.sete-croisieres.com - fermé janv.* Promenade à bord du bateau *Aquarius (1h)* ou du bateau *Subsea (1h30)* à paroi de verre, pour découvrir les parcs à coquillages de l'étang de Thau *(tlj sf w.-end)* ou la côte rocheuse en mer *(w.-end ; durée 1h)* ; dép. quai de la Pointe-Courte pour l'étang de Thau ou quai de la Marine pour la mer *(embarquement 15mn av. le dép.).*

École de voile de Frontignan – *Av. Vauban - 34110 Frontignan - ✆ 04 99 04 91 72 - fermé 15 déc.-1er mars.* Stages d'initiation ou de perfectionnement : Optimist, dériveur double ou solitaire, planche à voile, catamaran.

AGENDA

Images singulières – *15 j. en juin.* Rencontres photographiques.

Quand je pense à Fernande... – *3e sem. de juin.* Festival de chanson française.

Jazz à Sète – *Autour du 14 Juil.*

Fêtes de la St-Louis – *Autour du 25 août.* Joutes et traversée de Sète à la nage.

LAVANDE
FRUITS ROUGE
ANIS
Abricot
FIGUE
JASMIN
Savon de Marseille
ABRICOT
Pur végétal 100 gr
FIGUE

+ d'adresses

Nîmes et le Gard, entre mer et Cévennes 2

Carte Michelin Départements 339 – Gard (30) et Hérault (34)

Boutique à Aigues-Mortes.

C. Huetter / Arco Images / age fotostock

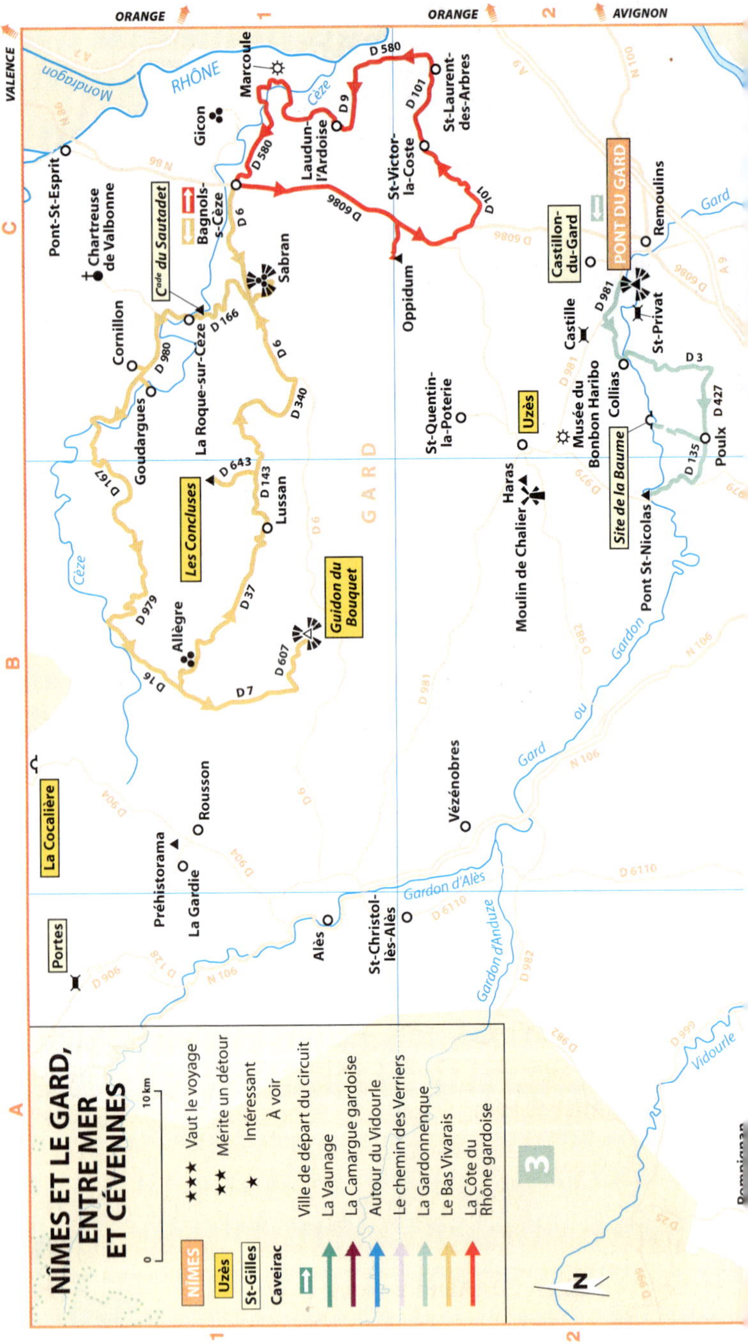
NÎMES ET LE GARD, ENTRE MER ET CÉVENNES
0
10 km
NÎMES ★★★ Vaut le voyage
Uzès ★★ Mérite un détour
St-Gilles ★ Intéressant
Caveirac À voir
Ville de départ du circuit
La Vaunage
La Camargue gardoise
Autour du Vidourle
Le chemin des Verriers
La Gardonnenque
Le Bas Vivarais
La Côte du Rhône gardoise
3
N
VALENCE
ORANGE
AVIGNON
Montdragon
RHÔNE
Pont-St-Esprit
Chartreuse de Valbonne
Cornillon
Goudargues
Cade du Sautadet
Bagnols-s-Cèze
La Roque-sur-Cèze
Sabran
Gicon
Marcoule
Laudun-l'Ardoise
St-Victor-la-Coste
St-Laurent-des-Arbres
Oppidum
Les Concluses
Lussan
Allègre
Guidon du Bouquet
GARD
St-Quentin-la-Poterie
Uzès
Haras
Moulin de Chalier
Castillon-du-Gard
PONT DU GARD
Remoulins
Castille
St-Privat
Collias
Musée du Bonbon Haribo
Site de la Baume
Poulx
Pont St-Nicolas
La Cocalière
Rousson
Préhistorama
La Gardie
Vézénobres
Portes
Alès
St-Christol-lès-Alès
Gardon d'Alès
Gardon d'Anduze
Gardon ou Gard
Vidourle
Cèze
Gard
A B C
1 2

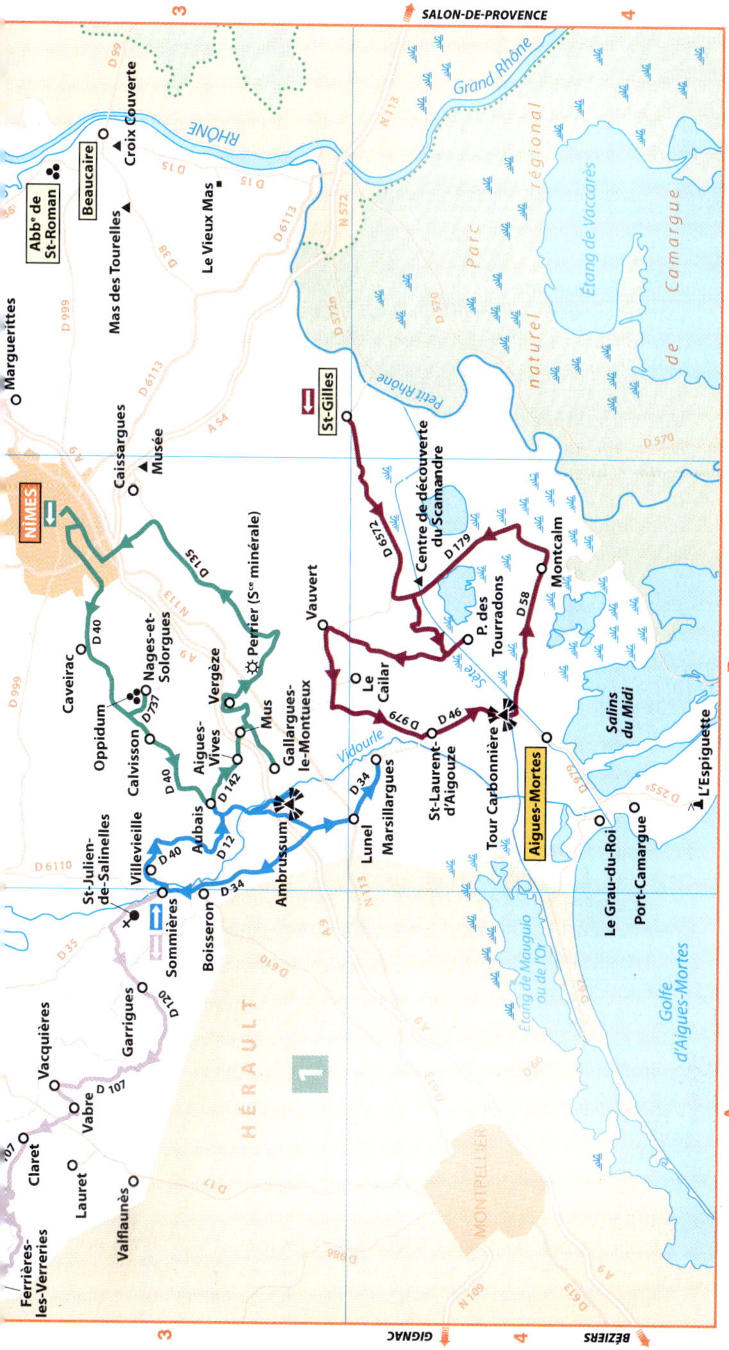
SALON-DE-PROVENCE
GIGNAC
BÉZIERS
3
4
A
B
C
1
NÎMES
Marguerittes
Abbᵉ de St-Roman
Beaucaire
Croix Couverte
Mas des Tourelles
Le Vieux Mas
RHÔNE
Grand Rhône
Petit Rhône
St-Gilles
Caissargues
Musée
Caveirac
Nages-et-Solorgues
Oppidum
Calvisson
Vergèze
Perrier (Sᶜᵉ minérale)
Mus
Gallargues-le-Montueux
Aigues-Vives
Aubais
Villevieille
St-Julien-de-Salinelles
Sommières
Boisseron
Ambrussum
Lunel
Marsillargues
Vidourle
Vauvert
Le Cailar
St-Laurent-d'Aigouze
Tour Carbonnière
Aigues-Mortes
Centre de découverte du Scamandre
P. des Tourradons
Montcalm
Salins du Midi
L'Espiguette
Le Grau-du-Roi
Port-Camargue
Golfe d'Aigues-Mortes
Étang de Mauguio ou de l'Or
Étang de Vaccarès
Parc naturel régional de Camargue
Sète
HÉRAULT
MONTPELLIER
Garrigues
Vacquières
Vabre
Claret
Lauret
Valflaunès
Ferrières-les-Verreries
D 999
D 6113
D 38
D 15
D 99
N 113
N 572
D 572n
D 570
A 54
A 9
D 135
D 40
D 737
D 142
D 12
D 34
D 6110
D 35
D 610
D 120
D 107
D 17
D 986
N 109
D 613
D 6572
D 179
D 58
D 979
D 46
D 255ᵉ
D 62
D 66

Nîmes

★★★

140 267 Nîmois – Gard (30)

NOS ADRESSES PAGE 162

S'INFORMER

Office de tourisme – *6 r. Auguste - 30020 Nîmes cedex 01 - ✆ 04 66 58 38 00 - www.ot-nimes.fr - juil.-août : lun.-vend. 8h30-20h, sam. 9h-19h, dim. et j. fériés 10h-18h ; avr.-juin et sept. : lun.-vend. 8h30-19h, sam. 9h-19h, dim. et j. fériés 10h-18h ; oct.-mars : lun.-vend. 8h30-18h30, sam. 9h-18h30, dim. et j. fériés 10h-17h - fermé 1er janv. et 25 déc.*

Visites guidées de la ville – *Rens. à l'office de tourisme - de 4,50 à 6 €. Nîmes, qui porte le label Ville d'art et d'histoire, propose des visites-découvertes (2h) animées par des guides-conférenciers agréés par le ministère de la Culture et de la Communication. Elles permettent notamment de voir l'hôtel Fontfroide fermé à la visite autrement. Ateliers proposés aux 6-12 ans pdt les vac. scol. - inscriptions et rens. auprès du service culturel de la ville ✆ 04 66 76 70 61/74 49.*

Pass Nîmes romaine – *✆ 04 66 21 82 56 - www.arenes-nimes.com - achat dans le premier monument visité. Il permet de visiter les arènes, la Maison carrée et la tour Magne - 10 € (-18 ans, étudiant, chômeur 7,70 €, -7 ans gratuit) - valable 3 jours.*

SE REPÉRER

Carte de microrégion B3 (p. 149) – *Carte Michelin Départements 339 L5.*
En partie construite sur des collines (sept, comme à Rome dont elle se veut l'héritière), Nîmes s'étend en lisière de la vaste plaine du Vistre. Délimité par une ceinture de boulevards, le centre-ville (ou Écusson) est piétonnier. D'où que vous veniez, tâchez de rejoindre le viaduc emprunté par la voie de chemin de fer en suivant « Gare SNCF », pour avoir une chance raisonnable de laisser la voiture à proximité du centre… où vous ne pourrez de toute façon pas (ou très mal) circuler en voiture du fait de travaux interminables.

SE GARER

Parmi les parkings souterrains, le plus commode d'accès est celui de la gare. De là, l'avenue Feuchères conduit vers le centre-ville. Pour vous garer gratuitement, tentez les quartiers résidentiels établis au-delà du viaduc.

À NE PAS MANQUER

Les arènes et la Maison carrée ; les rues piétonnes de la vieille ville ; les jardins de la Fontaine ; le Carré d'art et son musée d'Art contemporain ; le musée du Vieux Nîmes ; le Musée archéologique.

ORGANISER SON TEMPS

Si vous n'appréciez pas la chaleur, évitez les mois d'été : Nîmes est alors une étuve et même les nuits y sont caniculaires. Pour voir une corrida, choisissez le week-end de Pentecôte ou celui de la feria des Vendanges, mais sachez qu'il est alors difficile de visiter quoi que ce soit, hormis les *bodegas*, et quasiment impossible de s'y loger !

El Nimeño II devant les arènes de Nîmes.
F. Villesèche / Fotolia.com

AVEC LES ENFANTS

La chasse au trésor dans les arènes (pour les 7-12 ans).

Parcours jeunes (6-18 ans) – *Rens. ✆ 04 90 51 24 61.* Arènes, Maison carrée et tour Magne : visite audioguidée avec approche vivante et interactive de la romanité et du monde des gladiateurs. Ateliers pédagogiques.

2

Rome française pour les uns, Madrid selon d'autres, Nîmes arbore des visages variés, voire antagonistes : catholique ou protestante, tiraillée entre Cévennes et Camargue, austère mais aussi débridée, lorsque les ferias endiablent son magnifique amphithéâtre et que mille bodegas envahissent ses rues… Les Nîmois, quant à eux, s'honorent d'être des « réboussiés », se saisissant du moindre prétexte pour s'adonner à d'interminables polémiques ! À l'unisson de ce caractère passionné, le climat : sec le plus souvent, torride en été, il donne parfois lieu à des orages aussi torrentiels que dévastateurs.

Se promener Plans de ville

NÎMES ROMAINE ET MÉDIÉVALE

Pour visualiser le circuit 1, reportez-vous au tracé sur le plan II (p. 155).

Cette promenade permet de découvrir les principaux monuments de la ville romaine ainsi que l'« Écusson », lacis de ruelles du quartier médiéval serré entre les boulevards ombragés de micocouliers et ponctué de vitrines et de beaux hôtels particuliers parfois réhabilités (même si un peu partout les digicodes interdisent l'accès aux cours intérieures).

Esplanade Charles-de-Gaulle C4

Cette vaste place, bordée d'un côté par les colonnes du palais de justice et des terrasses de cafés, ouvre de l'autre sur l'avenue Feuchères bordée

d'aristocratiques façades. En son centre, la **fontaine Pradier,** élevée en 1848.
Poursuivez le boulevard de la Libération jusqu'à la place des Arènes.
Sur le vaste terre-plein des arènes trône la statue de Christian Montcouquiol, alias **El Nimeño II**, célèbre torero nîmois dont la brillante carrière s'acheva tragiquement à Arles un jour de septembre 1989.

★★★ Arènes B4

Accès au monument au débouché de la rue de l'Aspic - ✆ 04 66 21 82 56 - www.arenes-nimes.com - juil.-août : 9h-20h ; juin : 9h-19h ; avr.-mai et sept. : 9h-18h30 ; mars et oct. : 9h-18h ; reste de l'année : 9h30-17h - possibilité de visite guidée - fermé j. de spectacle et j. de ferias - visite avec audioguide 7,90 € (-18 ans, étudiant : 6 €) ; possibilité de billet combiné avec certains sites d'Orange (le musée municipal, le théâtre antique) et le château des Baux-de-Provence ; Pass Nîmes romaine qui permet de visiter les arènes, la Maison carrée et la tour Magne 10 € (-18 ans, étudiant, chômeur 7,70 €, -7 ans gratuit) - valable 3 jours.
Deux espaces multimédias vous apprendront tout sur les gladiateurs et la tauromachie. Les 7-12 ans se lanceront dans une chasse au trésor.
Même époque (fin du 1er s., début du 2e s.), dimensions, contenances comparables (133 m sur 101 m, 24 000 spectateurs) : cet amphithéâtre ne se distingue de son frère arlésien que par les voûtes des galeries en berceau, suivant la tradition romaine. S'il n'est, par ses dimensions, que le 9e des 20 amphithéâtres retrouvés en Gaule, il est le mieux conservé du monde romain. Construit en grand appareil de calcaire de Barutel, il présente à l'extérieur deux niveaux de 60 arcades chacun (hauteur totale 21 m) couronnés d'un attique. La principale des quatre portes axiales, au nord, a conservé un fronton orné de taureaux. Une visite de l'intérieur permet d'apprécier le système complexe de couloirs, d'escaliers, de galeries et de vomitoires qui permettait au public d'évacuer l'édifice en quelques minutes. Du sommet des gradins, on appréciera une vue d'ensemble du monument et de la *cavea*, ensemble des gradins. Sous l'arène (68 m sur 37 m), deux larges galeries disposées en croix servaient de coulisses. Tout en haut des gradins, sur l'attique, subsistent des consoles percées d'un trou : elles recevaient les mâts supportant le *velum* destiné à protéger le public du soleil.
Après l'interdiction des combats de gladiateurs en 404, les arènes furent transformées en forteresse par les Wisigoths : il leur suffit de boucher les arcades, d'ajouter quelques tours, de creuser un fossé et d'édifier une petite enceinte supplémentaire (vestiges dans le sous-sol du palais de justice). Deux arcades murées, percées de petites fenêtres romanes, du côté de l'esplanade, constituent les seuls témoins du château des vicomtes de Nîmes, édifié à l'intérieur du monument. Lui succéda un véritable village qui comptait encore 700 habitants au 18e s. Le dégagement commença en 1809, prélude à la restauration de l'édifice qui retrouva alors sa vocation première, l'organisation de courses de taureaux camarguaises puis espagnoles, dès 1853.
Remontez le boulevard Victor-Hugo, en laissant à gauche, après le lycée, l'église romano-byzantine St-Paul. Séparée du Carré d'art par le boulevard, au centre d'une place élégante, s'élève la Maison carrée (de là, possibilité de prolonger la promenade par le circuit 2 avant de poursuivre le circuit 1).

★★★ Maison carrée B3

✆ 04 66 21 82 56 - juil.-août : 10h-20h ; juin : 10h-19h ; avr.-mai et sept. : 10h-18h30 ; mars et oct. : 10h-18h (fermé 13h-14h en oct.) ; reste de l'année : 10h-13h, 14h-16h30 - 4,60 € (-18 ans, étudiant, chômeur 3,80 €) ; Pass Nîmes romaine qui permet de visiter les arènes, la Maison carrée et la tour Magne 10 € (-18 ans, étudiant :

7,70 €, -7 ans gratuit) - valable 3 jours Un film en 3D – L'Histoire de Nîmes et ses héros *– est présenté ttes les 30mn (env. 20mn).*
Avec son portique aux colonnes sculptées, elle devait avoir fière allure aux abords du forum… La Maison carrée, sans doute le temple romain le mieux conservé, fut édifiée sous le règne d'Auguste (fin du 1er s. av. J.-C.), sur le plan du temple d'Apollon à Rome. Elle était probablement vouée au culte impérial et dédiée aux princes de la jeunesse, les petits-fils d'Auguste, Caïus et Lucius Caesar.
Au fait, pourquoi qualifier de carré un bâtiment rectangulaire ? Tout simplement parce que le mot rectangle est d'apparition récente et que ce que nous désignons ainsi s'appelait autrefois un « carré long ». La pureté des lignes, les proportions de l'édifice et l'élégance gracile de ses colonnes cannelées dénotent sans doute une influence grecque (décoration sculptée). Mais avant tout, il s'en dégage un charme empreint de fragilité qui tient autant à l'harmonie du monument qu'à son inscription dans la cité, désormais bien mise en valeur : au centre d'une vaste place dallée, la proximité audacieuse du Carré d'art semble lui avoir donné une nouvelle jeunesse, ce que confirme la restauration du monument. Comme tous les temples classiques, elle se compose d'un vestibule délimité par une colonnade et d'une *cella*, chambre consacrée à la divinité, auxquels on accède par un escalier de 15 marches. On peut y voir un film en 3D sur l'histoire de la cité baptisé *L'Histoire de Nîmes et ses héros*.

★ Carré d'art B3

16 pl. de la Maison-Carrée - ✆ 04 66 76 35 70 - http://carreartmusee.nimes.fr - ♿ - 10h-18h (dernière entrée 30mn av. la fermeture) - possibilité de visite guidée (1h) sur demande préalable - fermé lun., 1er janv., 1er Mai, 1er nov. et 25 déc. - 5 € (étudiant : 3,70 €, le 1er dim. du mois et -26 ans gratuit).

2

Ce bâtiment aux formes élégantes, hardiment placé face à la Maison carrée dont il ambitionne d'être le pendant contemporain, a été conçu par Norman Foster pour abriter la médiathèque, installée en sous-sol, et le **musée d'Art contemporain** de la ville. Celui-ci propose un panorama de la création de 1960 à nos jours, selon trois grands axes : l'art en France, l'identité méditerranéenne (Espagne et Italie en particulier avec l'Arte povera et le mouvement Transavangarde) et la création anglo-saxonne et germanique. La collection réunit quelques œuvres représentatives des grands mouvements picturaux contemporains comme le nouveau réalisme, Support/Surface, le groupe BMPT, la figuration libre ou la nouvelle figuration. César, Jean Tinguely, Sigmar Polke, Christian Boltanski, Gérard Garouste, Martial Raysse, Julian Schnabel, Miquel Barceló, Annette Messager, le photographe Thomas Struth et, bien sûr, le Nîmois Viallat sont quelques-uns des grands noms d'une collection exposée par roulement aux deux étages supérieurs de l'édifice (le dernier étant parfois consacré à des expositions temporaires).
Prenez l'étroite rue de l'Horloge ; place de l'Horloge, tournez à droite et, enfin, à gauche, dans la rue de la Madeleine.

Rue de la Madeleine B3-4

Principale artère commerçante de la cité. Au n° 1, remarquez la finesse des sculptures de la façade de la **Maison romane**, la plus ancienne maison du vieux Nîmes. On débouche sur la très agréable **place aux Herbes**, où la pause à une terrasse de café s'impose, d'autant qu'elle permet de contempler la façade de la **cathédrale N.-D.-et-St-Castor**, qui a conservé, malgré les nombreuses mésaventures dues aux querelles religieuses, une frise en partie romane où sont figurées des scènes de l'Ancien Testament.

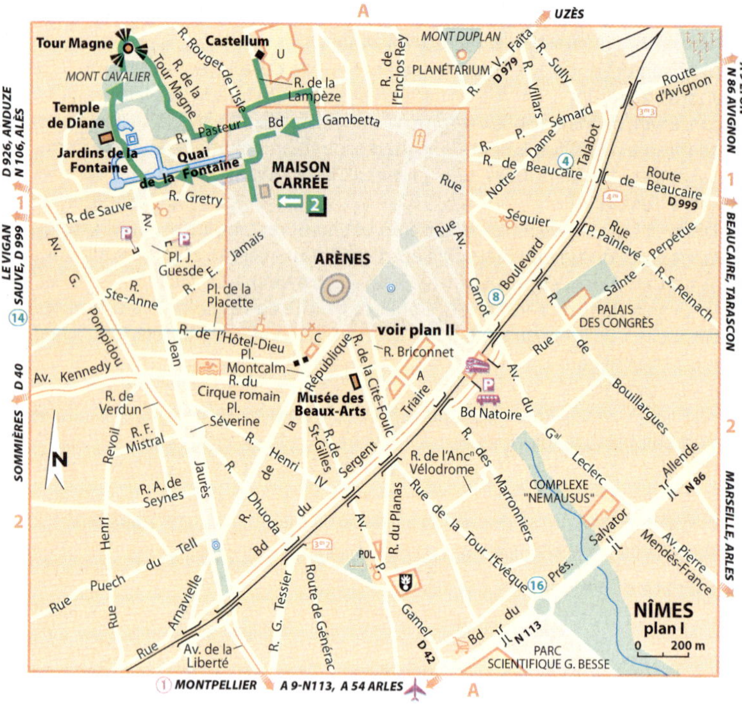

Prenez à gauche de la cathédrale une étroite ruelle puis, par la rue Curaterie et la place du Grand-Temple, rejoignez le boulevard de l'Amiral-Courbet.

Porte d'Auguste C3

C'est ici que la voie Domitienne arrivait dans Nemausus. Flanquée à l'origine de deux tours, la porte comporte deux larges passages réservés aux chars et deux plus étroits pour les piétons. Copie en bronze d'une statue d'Auguste.
Revenez sur le boulevard. Après le Musée archéologique, prenez à droite la rue des Greffes, puis tout de suite à droite la Grande-Rue.

Chapelle des Jésuites C3

Ce lieu, devenu aujourd'hui salle d'exposition et de concert, mérite amplement le coup d'œil. Si la façade est surtout imposante, l'**intérieur★** ne manquera pas de surprendre par l'harmonie de ses proportions. Abondant décor sculpté où l'architecte semble s'être ingénié à rappeler les monuments romains de la ville, qu'il réinterprète à sa manière.

★ Musée archéologique C3-4

13 bd de l'Am.-Courbet - ✆ 04 66 76 74 80 - www.nimes.fr - 10h-18h - fermé lun., 1er janv., 1er Mai, 1er nov. et 25 déc. - gratuit.
Dans l'ancien collège des Jésuites, il présente dans la galerie du rez-de-chaussée des objets antérieurs à la colonisation ainsi que des inscriptions romaines (bornes milliaires).
À l'étage, objets de la vie quotidienne à l'époque gallo-romaine (toilette, parure, outils, stèles funéraires, lampes à huile), verreries, céramiques (grecque,

étrusque et punique), monnaies, dont le fameux « as » de Nîmes, et d'étonnantes maquettes en liège des principaux monuments antiques de la cité. Un *Félin au bord d'une corniche*, panneau peint datant d'environ 150 apr. J.-C., attend les amoureux des chats.

La **mosaïque de Penthée** (2e s.) découverte en 2007 sur le bd Jean-Jaurès par l'INRAP, aujourd'hui restaurée, est présentée dans la salle d'exposition temporaire du musée au 1er étage *(tlj sf lun. : 10h-18h - entrée libre)*.

Notez enfin que les riches collections de ce musée, à la présentation un peu vieillotte, devraient émigrer dans un avenir plus ou moins proche vers un **musée de la Romanité** que les Nîmois appellent de leurs vœux depuis des années.

Muséum d'histoire naturelle C3-4

13 bd de l'Am.-Courbet - ✆ 04 66 76 73 45 - www.nimes.fr - 10h-18h - fermé lun., 1er janv., 1er nov. et 25 déc. - gratuit.

Dans le même bâtiment que le **Musée archéologique**, le Muséum d'histoire naturelle comprend une section d'ethnographie avec des masques, des armes, des parures d'Asie, d'Afrique et d'Océanie. Dans la section d'histoire naturelle, collection régionale sur la préhistoire, mammifères et reptiles de tous pays.

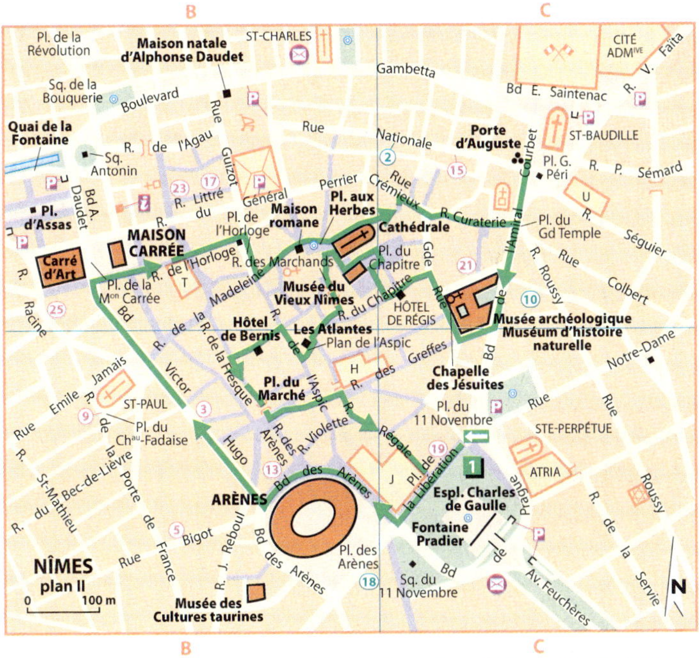

SE LOGER

- Baume (New Hôtel La) ... 2
- Cheval Blanc (Le) ... 18
- Côté Patio (Hôtel) ... 4
- Jardins Secrets (Hôtel) ... 8
- Kyriad Nîmes-Centre (Hôtel) ... 10
- Mazade (Chambre d'hôte La) ... 14
- Orangerie (Hôtel L') ... 16

SE RESTAURER

- Alexandre ... 1
- Alizés (Les) ... 3
- Ancien Théâtre (L') ... 25
- Bistrot des Arènes ... 5
- Chapon Fin (Au) ... 9
- Lisita (Le) ... 13
- Magister (Le) ... 15
- Marché sur la Table (Le) ... 23
- Nicolas ... 21
- Plaisirs des Halles (Aux) ... 17
- Resto (Le) ... 19

Prenez la rue du Chapitre. Remarquez la belle façade 18e s. et la noble cour pavée de l'**hôtel de Régis**, au n° 14. La rue de la Prévôté débouche sur la place du Chapitre.

Musée du Vieux Nîmes B3

Pl. aux Herbes - ✆ 04 66 76 73 70 - www.nimes.fr - 10h-18h - possibilité de visite guidée (1h) sur RV 2 € - fermé lun., 1er janv., 1er Mai, 1er nov., 25 déc. - 6 € (réduit 4 €, -25 ans et journées du patrimoine gratuit) - le billet donne l'accès gratuit au musée des Cultures taurines.

Installé dans l'ancien évêché (17e s.), à côté de la cathédrale, ce musée fondé en 1920 par Henri Bauquier selon les principes du Museon Arlaten *(à Arles)* présente des collections évoquant la **vie traditionnelle nîmoise** : industrie du textile (superbes châles et émouvant casaquin d'adolescent en tissu sergé, ancêtre du « denim »), mobilier (remarquez les *manjadous*, ou garde-manger, mais aussi une belle armoire languedocienne en noyer du 17e s. dont le décor des portes représente *Suzanne et les vieillards*), poteries, métiers traditionnels (avec, en particulier, un *castelet*, couveuse pour œufs de vers à soie). Visite indispensable pour qui souhaite mieux connaître la vie traditionnelle en pays nîmois.

Retrouvez la place aux Herbes pour prendre sur la gauche la rue des Marchands et emprunter le pittoresque passage couvert du Vieux Nîmes. Prenez à droite la rue de la Trésorerie puis à droite le plan de l'Aspic. Au n° 2, remarquez la maison des Atlantes (1676) aux influences baroques et classiques.

Prenez ensuite la rue de l'Aspic et tournez à gauche dans la rue de Bernis.

Rue de Bernis B4

Au n° 3 de la rue de Bernis, l'**hôtel de Bernis** arbore une élégante façade du 15e s., : admirez ses fenêtres. En face, l'hôtel Bourbon au n° 4, aujourd'hui théâtre de Nîmes.

Par la rue Fresque, à gauche, un passage sous arche permet de déboucher sur la **place du Marché**, où se dresse le palmier, symbole de Nîmes, tandis qu'un crocodile en bronze, œuvre de Martial Raysse, se mire dans l'eau d'une fontaine.

Rejoignez l'esplanade par la rue de l'Hôtel-de-Ville puis, à droite, par la rue Régale.

Hôtel de ville – Dans l'escalier de l'hôtel de ville sont suspendus quatre crocodiles naturalisés ! Les armoiries de Nîmes, accordées par François Ier en 1535, représentent un crocodile attaché à un palmier.

RETOUR AUX SOURCES

▶ *Pour visualiser le circuit 2, reportez-vous au tracé sur le plan I p. 154.*

Depuis la place de la Maison carrée, remontez le boulevard Alphonse-Daudet jusqu'à la **place d'Assas** : cette vaste étendue, bordée d'un côté par des terrasses de restaurants, a été redessinée par Martial Raysse.

En obliquant sur la droite, on débouche sur l'aristocratique **quai de la Fontaine**, bordé de beaux hôtels. Suivez alors le canal, ombragé de micocouliers : leurs feuillages se mirent dans ces eaux calmes où glissent parfois quelques cygnes.

★★ Jardins de la Fontaine A1

On y pénètre par la majestueuse grille faisant face à l'avenue Jean-Jaurès.

Ce jardin a été aménagé au 18e s. par un ingénieur militaire, J.-P. Mareschal, au pied et sur les premières pentes du mont Cavalier, que surmonte la tour Magne. Il a respecté le plan antique de la fontaine de Nemausus qui s'étale en miroir d'eau avant d'alimenter des bassins et le canal. Il s'agit d'une résurgence des eaux de pluie qui s'infiltrent dans les collines calcaires des garrigues.

Taureau dans l'arène.
Tilio / Paolo / Fotolia.com

À l'époque gallo-romaine, ce quartier comprenait les thermes (on peut en apercevoir quelques vestiges), un théâtre et un temple. Des fouilles récentes ont permis de dégager dans les environs une riche demeure du 2e s. *(r. Pasteur)*, les traces d'un quartier populaire indigène et, au croisement de l'avenue Jean-Jaurès et de la rue de Sauve, un édifice public somptueux dont l'usage demeure mystérieux.

Sur la gauche de la fontaine, le **temple de Diane**, ruiné en 1577 lors des guerres de Religion, compose avec la végétation un tableau des plus romantiques. L'édifice, datant du 2e s., n'était du reste sans doute pas un temple mais, selon certains, un lupanar ! Quoi qu'il en soit, il mérite une visite, avant de partir à l'assaut du mont Cavalier, peuplé d'essences méditerranéennes, somptueux écrin de verdure d'où émerge l'emblème de la cité, la **tour Magne★**. Il s'agit du plus imposant vestige de la très longue enceinte romaine de Nîmes. Cette tour polygonale à trois étages, haute de 32 m et fragilisée par les travaux d'un chercheur de trésor du 16e s., est antérieure à l'occupation romaine. Depuis la petite plate-forme, superbe **vue★★** sur les toits roses de Nîmes, avec en toile de fond le mont Ventoux et les Alpilles. Une **table d'orientation** y présente Nîmes telle qu'elle était à l'époque romaine. *✆ 04 66 21 82 56 - www.arenes-nimes.com - juin-août : 9h-19h ; avr.-mai : 9h-18h30 ; reste de l'année : se rens. - 2,70 € (-18 ans 2,30 €) - 9,80 € billet combiné « Nîmes romaine » (arènes, Maison carrée et tour Magne).*

Quittez le jardin et redescendez vers le canal de la Fontaine par la rue de la Tour-Magne, puis prenez à gauche la rue Pasteur.

LA CROIX HUGUENOTE

Elle a été inventée par un **orfèvre nîmois** vers 1692. Louis XIV avait interdit aux protestants tout insigne ; ces derniers, en signe d'insoumission, utilisèrent la croix de Malte fleurdelisée… Quant à la colombe, elle représente le Saint-Esprit, expression de la relation du chrétien avec Dieu.

NÎMES EN FERIA

Si la feria de Pentecôte, créée en 1952 à l'imitation des ferias espagnoles, tout comme sa jeune sœur des Vendanges, est centrée autour des arènes et des corridas et novilladas qui s'y déroulent, c'est toute une ville qui se retrouve autour de ses traditions : *pégoulade* nocturne autour des boulevards, courses d'amateurs dans les arènes de la périphérie, *abrivados* dans différents quartiers, concerts, expositions et bals rassemblent dans la ville une population venant de tous horizons. De nombreuses associations d'aficionados (connaisseurs), créées afin d'analyser les corridas qui viennent de se dérouler ou d'affirmer leur ferveur pour tel ou tel torero (ou élevage), ouvrent à cette occasion dans les lieux les plus inattendus des *bodegas* (caves) où la cuisine et les vins espagnols sont à l'honneur, d'autres préférant jouer la carte régionale avec l'incontournable pastis débité « au kilomètre ».

Castellum A1

Ce bassin circulaire de distribution des eaux était le point d'aboutissement de l'aqueduc de Nîmes. Redécouvert en 1844, il s'agit d'un des rares édifices de ce type qui nous soient parvenus, et le mieux conservé avec celui de Pompéi. Plus haut se dresse le fort Vauban, citadelle élevée en 1687, devenue aujourd'hui centre universitaire.

En redescendant sur le boulevard Gambetta, on aperçoit la **maison natale d'Alphonse Daudet**, demeure bourgeoise située au n° 20, avec cette inscription « Je ne sais qu'une chose, crier à mes enfants : vivre la vie ! »

Regagnez la Maison carrée par le square Antonin et la rue Auguste.

À voir aussi Plan de ville

★ Musée des Beaux-Arts Plan I - A2

R. Cité-Foulc - ✆ 04 66 28 18 32 - www.nimes.fr - ♿ - juil.-août : 10h-19h30 ; reste de l'année : 10h-18h ; nocturne jusqu'à 21h se rens. - possibilité de visite guidée (2h) sur demande - fermé lun., 1er janv., 1er Mai, 1er nov., 25 déc. - 5 € (chômeur 3,70 €, -26 ans et pers. handicapée gratuit), collection permanente gratuite.

Réaménagé en 1986 par Jean-Michel Wilmotte autour d'une mosaïque romaine découverte en 1883 *(Le Mariage d'Admète)*, il présente des œuvres du 15e au 19e s. des écoles italienne, hollandaise flamande et française. Au hasard des salles, on pourra s'attarder devant un Bassano *(Suzanne et les vieillards)*, un *Arracheur de dents* du peintre hollandais Jan Miel (1599-1663), un *Portrait de moine* par Rubens, une *Moissonneuse endormie* de Jean-François de Troy, un étonnant mascaron de céramique d'Andrea Della Robbia, *La Vierge à l'Enfant*, dite aussi *Madone Foulc*, des portraits dus à Nicolas de Largillière et Hyacinthe Rigaud. Les fans du pompiérisme ne manqueront pas le théâtral *Cromwell devant le cercueil de Charles Ier* de Paul Delaroche. Quant à la peinture régionale, elle est représentée par de délicats portraits de l'Uzétien Xavier Sigalon (1787-1837), une marine de Joseph Vernet, des tableaux d'histoire du Nîmois Natoire et un *Paysage des environs de Nîmes* daté de 1869 et signé de J.-B. Lavastre (1839-1891) qui, s'il ne mérite sans doute pas d'entrer dans l'histoire de la peinture, cultivera la nostalgie d'un temps où les collines de Nîmes étaient encore le cadre de la « civilisation du mazet ».

À la conquête de l'ouest

LA CITÉ ROMAINE

En 31 av. J.-C., des légionnaires vétérans de l'armée romaine d'Égypte succèdent sur les lieux aux Volques Arécomiques. Dès leur installation, une enceinte de 16 km de longueur est élevée ; traversée par la **voie Domitienne**, la ville se couvre de splendides édifices : un forum, bordé au sud par la Maison carrée, un amphithéâtre, un cirque, des thermes et des fontaines qu'alimentait un aqueduc (le pont du Gard en est le plus spectaculaire vestige) débitant 20 000 m^3 d'eau par jour. Au 2e s., choyée par Hadrien et, plus encore, par **Antonin le Pieux** (de mère nîmoise), la ville atteint son apogée : elle compte près de 25 000 habitants, voit s'édifier la mystérieuse basilique de Plotine et le quartier de la Fontaine.

DE LA SERGE DE NÎMES AU BLUE-JEANS DENIM

Modeste, mais essentielle, telle fut la contribution nîmoise à la conquête de l'Ouest. On peut dire, sans exagération, que, sans Nîmes, jamais l'Amérique n'aurait été découverte : la solidité de la serge nîmoise, connue de toute l'Europe dès le Moyen Âge, était telle que Christophe Colomb n'aurait voulu d'autre toile pour les voiles de ses caravelles. Cette toile s'exportait depuis Gênes… et en 1873, un certain Levy Strauss, émigré bavarois aux États-Unis, eut l'idée d'en exploiter la robustesse pour y tailler des pantalons qu'il vendit aux chercheurs d'or et autres aventuriers partant à la conquête de l'Ouest. Le « bleu de Gênes » prononcé à l'américaine devint *blue-jeans* tandis que la marque **Denim** perpétue l'apport du textile nîmois à l'épopée américaine. Pour conclure sur cette influence nîmoise outre-Atlantique, ajoutons que la fameuse Maison carrée a servi de modèle pour l'édification du State Capitol de Richmond (Virginie), car le temple avait eu l'heur d'enthousiasmer Thomas Jefferson, lors de son passage à Nîmes en 1787.

LA BRANDADE

« Que faire de tout cela ? » se demandaient les Nîmois en voyant arriver des cargaisons de morue séchée envoyées par les Terre-Neuvas bretons, en paiement du sel d'Aigues-Mortes. L'un d'entre eux eut l'idée de piler le poisson dans un mortier, d'y ajouter de l'huile d'olive et du lait, obtenant ainsi une préparation crémeuse : la brandade (du provençal *brandar*, « remuer ») était née. Servi avec des croûtons ou en garniture de vol-au-vent, ce plat est aujourd'hui au menu de toute table de la région.

LA COLÈRE DU DIEU NÉMOZ

Le 3 octobre 1988 au petit matin, un orage accompagné de trombes d'eau éclata sur la ville. Quelques minutes plus tard, de nombreux ruisseaux, généralement à sec, les *cadereaux*, sortaient de leur lit, tandis que ceux qui étaient enterrés crevaient leurs canalisations. La route d'Alès devint bientôt un impétueux torrent de boue qui envahit la ville, inondant les Arènes et les marches de la Maison carrée, arrachant tout sur son passage, projetant arbres et véhicules contre les murs, causant huit morts et semant la désolation.

Musée des Cultures taurines Plan I - C5

6 r. Alexandre-Ducros - ✆ 04 66 36 83 77 - 10h-18h - fermé lun., 1er janv., 1er Mai, 1er nov. et 25 déc. - possibilité de visite guidée sur demande - 6 € (réduit 4 €) - le billet donne l'accès gratuit au musée du Vieux Nîmes.

Tout proche des arènes, installé dans l'ancien mont-de-piété de la ville, ce musée aborde dans une perspective ethnographique et artistique le thème des jeux taurins, en partant de leur élément de base : le taureau de Camargue et son élevage. Petit à petit se sont développés différents jeux de rue *(abrivados, bandidos)* ou d'arène (avec la « course libre », devenue aujourd'hui course camarguaise) jusqu'à l'introduction au milieu du 19e s. de la tauromachie espagnole qui, chez ce peuple dévoré par la « *fé di biou* » (la foi des taureaux), ne pouvait rencontrer qu'un terrain favorable. Plus de 35 000 objets et documents, affiches, costumes, outils sont présentés dans cet espace aéré par un grand patio, premier véritable musée en France consacré aux différentes formes de tauromachie.

À proximité Carte de microrégion

Aire de Caissargues B3

Entre l'échangeur de Nîmes-Centre et celui de Garons, sur l'A 54 (direction Arles).

À l'extrémité d'un mail bordé de micocouliers a été réédifiée la **colonnade néoclassique** de l'ancien théâtre de Nîmes, qui, naguère, faisait pendant à la Maison carrée. La mise à bas de la colonnade du théâtre, seul vestige de l'édifice détruit par le feu en 1952, a déclenché une de ces polémiques dont les Nîmois ont le secret, opposant partisans de la modernité et nostalgiques d'un théâtre dont 35 ans après, ils n'avaient pas fait le deuil. C'est la raison pour laquelle ces nobles colonnes veillent désormais sur la plaine du Vistre. Le bâtiment d'exposition rassemble les moulages des vestiges découverts lors des travaux de construction de l'autoroute, en particulier la « Dame de Caissargues », squelette de femme âgée de 25 à 30 ans inhumée en position fœtale 5000 ans av. J.-C.

Marguerittes C3

10 km à l'est par la D 6086.

1,9 km. Le sentier de découverte des Capitelles est un agréable parcours à travers un ensemble de constructions en pierres sèches restaurées.

Circuit conseillé Carte de microrégion

LA VAUNAGE B3

Pour visualiser ce circuit de 44 km, reportez-vous à la carte de microrégion (p. 149) – Comptez environ 1h de route (2h30 avec les arrêts). Quittez Nîmes par la route de Sommières : de la gare, longez le viaduc en direction de Montpellier, puis prenez à droite la rue Dhuoda (direction Alès) ; franchissez l'avenue Jean-Jaurès à hauteur de la place Séverine, et poursuivez sur l'av. G.-Pompidou avant de prendre à gauche l'av. Kennedy que prolonge la D 40.

Caveirac B3

La mairie de ce village occupe un imposant **château** du 17e s. en fer à cheval : deux tours d'angle carrées couvertes de tuiles vernissées, des fenêtres à meneaux, de belles gargouilles et un grand escalier à rampe en fer forgé. Le porche d'entrée est assez large pour laisser passer une route, la D 103.

Poursuivez sur la D 40 puis, passant au large de St-Dionizy, prenez sur la gauche la D 737 en direction de Nages-et-Solorgues.

Oppidum de Nages B3

À l'entrée du village, la première rue à gauche conduit à la fontaine romaine qui alimente encore en eau plusieurs fontaines du bourg. Prenez la rue de la Fontaine-Salée.

30mn AR. Suivre le GR. C'est l'un des cinq oppidums de l'âge du fer (de 800 à 50 av. J.-C.) qui rassemblaient la population de la Vaunage. Les îlots d'habitations aménagés dans le sens de la pente (donc du ruissellement), séparés par des rues parallèles, laissent deviner ce que pouvait être le cadre urbain des Celto-Ligures. Chaque habitation comprenait en son centre un foyer et n'avait à l'origine qu'une seule pièce. Ce n'est qu'au 2e s. av. J.-C. que les maisons s'agrandirent et se subdivisèrent, mais le confort restait pour le moins rudimentaire. Une partie de l'enceinte de l'oppidum (en fait il y en eut quatre successives) a été dégagée. Aucun monument public n'a été découvert, hormis une sorte de *fanum* (petit temple indigène) daté de 70 av. J.-C. La pénétration romaine n'arrêta pas le développement de l'oppidum qui atteignit sa plus grande extension entre 70 et 30 av. J.-C., époque à laquelle semble s'être ébauchée une spécialisation économique (présence d'une forge).

Nages-et-Solorgues B3

Situé au 1er étage de la mairie, le **Musée archéologique** regroupe divers objets évoquant la vie quotidienne des habitants de l'oppidum : activités vivrières (agriculture, élevage, chasse), artisanales (travail des métaux, fabrication de la céramique, tissage), armes, ustensiles de toilette et objets funéraires. *S'adresser au secrétariat de la mairie tlj sf w.-end - ☏ 04 66 35 05 26.*

Retournez sur la D 40 que vous emprunterez sur la gauche.

Calvisson B3

Au centre de la plaine de la Vaunage, ce paisible village viticole, dominé par une colline que coiffent des moulins, est célèbre pour son corso de Pâques.

Maison du boutis – *☏ 04 66 01 63 75 - www.la-maison-du-boutis.com - mai-oct. : jeu.-dim. 14h30-18h ; nov.-avr. : vend. et w.-end 14h30-18h, possibilité de visite guidée (1h) - fermé j. fériés et de mi-déc. à fin janv. - 3 € (enf. 2,30 €).* Consacrée aux techniques du piquage en basse Occitanie, elle présente de façon émouvante, outre des nécessaires à couture munis d'aiguilles à boutis, de belles réalisations (18e-19e s.) de cette technique importée de Sicile : costumes, bourrasses et bourrassons, coiffes et bonnets, jupons de mariées et vannes (magnifiques courtepointes de mariage), ainsi qu'une belle collection de « pétassons », pièces d'étoffe que certains prenaient soin de poser sur leurs genoux avant de prendre un bébé dans leurs bras. Remarquez les motifs d'une exquise délicatesse.

Dans le bourg, prenez la D 107 vers Fontanès : à la sortie du village, prenez à gauche la route du Roc de Gachonne.

De la table d'orientation placée au sommet d'une **tour**, vue sur les toits de tuiles rouges du village, la vallée du Vidourle au sud-ouest et le pic St-Loup à l'est.

Regagnez la D 40 pour prendre à gauche la D 249 jusqu'à Aubais.

À gauche, la D 142 conduit à **Aigues-Vives** (patrie d'un célèbre « Gastounet », l'ancien président de la République Gaston Doumergue). Après être passé sous l'autoroute, rejoindre **Mus**, qui, comme sa voisine **Gallargues-le-Montueux**, mérite un coup d'œil.

Vergèze B3

L'économie de ce village à vocation agricole repose sur l'exploitation de la source Perrier qui emploie plus de 1500 personnes.

2

La D 139 conduit à la source Perrier.

Source Perrier B3

Les Bouillens - 30310 Vergèze - ✆ 04 66 87 61 01 - www.sites-touristiques-gard.fr/La-Source-Perrier - avr.-août : lun.-vend. 9h30-17h, sept.-mars : lun.-jeu. 9h30-17h - réserv. obligatoire - 4 € (7-18 ans, étudiant, chômeur 1 €, enf. -7 ans gratuit). La source des Bouillens est une nappe d'eau souterraine de 15 °C d'où se dégage du gaz naturel qui, recueilli par des captages, est réincorporé à l'eau. C'est le bon docteur Perrier qui découvrit à l'eau des Bouillens de mystérieuses vertus thérapeutiques. Mais c'est un Anglais du nom d'Harmsworth qui en dirigea la commercialisation, ce qui explique sans doute le succès de Perrier dans les pays anglo-saxons, et la présence d'un manoir de style victorien sur le site. De nos jours, la marque appartient au groupe Nestlé. La visite des usines permet d'assister à la fabrication des bouteilles et aux opérations d'embouteillage, d'étiquetage, d'emballage et de stockage, tandis qu'une exposition permanente du matériel publicitaire permettra de revivre les grandes heures télévisées de la sympathique petite bouteille verte.

Retour vers Nîmes par la D 135, puis, au domaine de La Bastide, la D 613 à gauche.

NOS ADRESSES À NÎMES

HÉBERGEMENT

Réservez quelques mois à l'avance (et munissez-vous de boules Quies) si vous souhaitez séjourner à Nîmes pendant une des deux ferias… périodes où les tarifs montent en flèche.

BUDGET MOYEN

Hôtel Côté Patio – *31 r. de Beaucaire - ✆ 04 66 67 60 17 - www.hotel-cote-patio.com - 17 ch. 70/125 € - ☕ 10 € - wifi gratuit.* Le charme de cet hôtel est bien sûr le patio où vous prendrez votre petit-déjeuner à l'ombre des parasols.

Kyriad Nîmes Centre – *10 r. Roussy - ✆ 04 66 76 16 20 - www.hotel-kyriad-nimes.com - P - 28 ch. 71/95 € - ☕ 9 € - wifi gratuit.* Un agréable petit hôtel représentant une des options abordables en centre-ville.

POUR SE FAIRE PLAISIR

Le Cheval Blanc – *1 pl. des Arènes - ✆ 04 66 76 05 22 - www.lechevalblanc-nimes.com - 32 ch. 115 € - ☕ 11 € - wifi gratuit.* Pablo Picasso, Coco Chanel ou Jean Cocteau furent les clients de cet hôtel légendaire, qui a retrouvé une nouvelle jeunesse après quinze ans de fermeture. Situation idéale, sobre décor, chambres claires et confortables, équipées d'un coin-cuisine *(formule résidentielle pour un minimum de 5 nuits).*

L'Orangerie – *755 r. Tour-de-l'Évêque - ✆ 04 66 84 50 57 - www.orangerie.fr - ♿ - P - 37 ch. 79/119 € - ☕ 12 € - 16/27 €, demi-pension petit-déj. et déj. 3 plats 35 € - wifi gratuit.* Jolies chambres provençales (avec terrasse ou avec bains bouillonnants) dans une maison aux allures de vieux mas. Au restaurant, plats régionaux.

UNE FOLIE

New Hôtel La Baume – *21 r. Nationale - ✆ 04 66 76 28 42 - www.bookinnfrance.com - 34 ch. 230/260 € - ☕ 10 € - wifi gratuit dans les pièces communes.* Délicieuse cour carrée à ciel ouvert, salle des petits-déjeuners voûtée, magnifique escalier et chaleureuses chambres refaites avec goût : un ancien hôtel particulier bien agréable.

Jardins Secrets – *3 r. Gaston-Maruéjols - ✆ 04 66 84 82 64 -*

www.jardinssecrets.net - 14 ch. 195/450 € - ☕ 25 €. Folie pour folie, autant qu'elle soit grande ! Vous trouverez, dans cet endroit raffiné, un jardin absolument insoupçonné doté qui plus est d'une piscine et d'un spa. Pour un moment rare, au cœur de la ville.

À proximité

BUDGET MOYEN

Chambre d'hôte La Mazade – *12 rue de la Mazade - 30730 St-Mamert-du-Gard - ✆ 04 66 81 17 56 - www.lamazade.fr - P - ⊄ - 3 ch. 75/80 € ☕ - rest. 25 €.* Maison de famille originale, où dans chaque pièce vivent en harmonie décor design, objets d'art mexicains et exubérance de plantes vertes… Le soir, dîner « à la fraîche » à la table d'hôte installée sous la treille, face au jardin. Petit gîte (35 m²) à la semaine *(400 €).*

RESTAURATION

PREMIER PRIX

Nicolas – *1 r. du Poise - ✆ 04 66 67 50 47 - www.restaurant-nicolas-nimes.com - fermé lun., sam. midi et dim. soir - menus 14/26 €.* Depuis plus d'un demi-siècle, la famille Martin exploite ce petit restaurant au décor inspiré par la course camarguaise. Ces amoureux de la *bouvine* (traditions taurines camarguaises) proposent des recettes régionales sans prétention mais savoureuses, de la brandade à la gardiane de taureau. Une institution appréciée des Nîmois de souche.

Les Alizés – *26 bd Victor-Hugo - ✆ 04 66 67 08 17 - www.restaurant-les-alizes.com - menu 16,50 €, carte 17,80/30 €.* Une salle pleine de gaieté et une terrasse sous les micocouliers du boulevard, pour une carte ou des formules déclinant les spécialités nîmoises. Accueil chaleureux.

BUDGET MOYEN

Au Chapon Fin – *3 r. du Château-Fadaise - ✆ 04 66 67 34 73 - www.chaponfin-restaurant-nimes.com - fermé dim. - ♿ - formule déj. 11,50 € - 29,50 €.* L'adresse est installée derrière l'église St-Paul. Aux plats du jour, concoctés selon le marché, s'ajoutent quelques valeurs sûres de la cuisine méditerranéenne, et une carte de vins régionaux. Décor contemporain et terrasse face au château Fadaise.

Bistrot des Arènes – *11 r. Bigot - ✆ 04 66 21 40 18 - fermé dim., août, 10 j. fin déc. - ♿ - formule déj. 11 €.* Guignol a fait une « descente » à Nîmes… Nous l'avons retrouvé dans ce bouchon typiquement lyonnais au décor fouillis à souhait, et sympathique comme tout.

L'Ancien Théâtre – *4 r. Racine - ✆ 04 66 21 30 75 - fermé sam. midi, dim. et 1re quinz. d'août - menus 18/29 €.* Arrivage direct du Grau-du-Roi : les poissons et autres fruits de mer sont concoctés avec créativité et raffinement dans ce restaurant qui se niche un peu à l'écart du boulevard, derrière le Carré d'art.

Le Resto – *6 r. St-Thomas - ✆ 04 66 21 80 12 - www.leresto-nimes.com - lun.-jeu. midi et vend. - 24,50/38 €.* Un agréable petit restaurant travaillant avec talent des produits de qualité à deux pas de l'Esplanade.

POUR SE FAIRE PLAISIR

Aux Plaisirs des Halles – *4 r. Littré - ✆ 04 66 36 01 02 - www.auxplaisirsdeshalles.com - fermé vac. de la Toussaint et vac. de fév., dim. et lun. - menu 22/60 €, carte 51/74 €.* Belle salle à manger contemporaine épurée (boiseries, mobilier design) et joli patio fleuri pour les repas d'été. Cuisine généreuse et savoureuse ; bon choix de vins régionaux.

Le Marché sur la Table – *10 r. Littré - ✆ 04 66 67 22 50 - http://marche.sur.la.table.free.fr - formule déj. merc.-vend. 29 €, 36/39 € - merc.-dim.* Lui est cévenol et cuisinier, elle basque et sommelière. Ensemble, ils ont ouvert ce lieu dans l'îlot Littré, avec une belle salle ouverte sur un patio. Ils y proposent une cuisine de marché renouvelée en fonction des arrivages, et des vins au verre.

Le Magister – *5 r. Nationale - ✆ 04 66 76 11 00 - fermé merc. midi, sam. midi et dim. - formule déj. 25 € - 36/48 €.* Des peintures égaient les murs en bois patiné de ce restaurant chaleureux. Appétissants plats régionaux.

Le Lisita – *2 bd des Arènes - ✆ 04 66 67 29 15 - www.lelisita.com - fermé dim. et lun. (ouvert tlj juil.-août) - 39,40/59,30 €.* Face aux arènes, une belle salle et un superbe jardin accueillent la meilleure table du centre-ville. Une façon de redécouvrir la brandade, ici aromatisée à la fleur de thym et à la truffe : un régal !

À proximité

UNE FOLIE

Alexandre – *2 r. Xavier-Tronc - 30128 Garons (à 9 km par la rte d'Arles, D 42) - ✆ 04 66 70 08 99 - www.michelkayser.com - fermé dim. soir, lun., mar. (sept.-juin), fermé dim.-lun. (juil.-août) et vac. scol. fév. (zone A), dernière sem. d'août et 1re de sept. - 48/148 €.* Doublement étoilée, la table de Michel Kayser attire dans ce village les fines gueules de la cité romaine.

PAUSES

Le Ciel de Nîmes – *Carré d'art, 3e étage, pl. de la Maison-Carrée - ✆ 04 66 36 71 70 - www.lecieldenimes.fr - mar.-dim. 10h-18h (ven. et sam. soir seult mai-sept.).* Salon de thé à fréquenter absolument dans la journée pour jouir de la superbe vue sur les toits de tuile et les monuments émergeant des frondaisons des micocouliers.

Grand Café de la Bourse – *2 bd des Arènes - ✆ 04 66 67 68 69 - www.la-grande-bourse.com - lun.-dim. 6h30-1h - rest. (Le Petit Bofinger) déj. 13,30 €, menu 20/28 €.* Un plafond à caissons de style Napoléon III, une terrasse située face aux arènes : nous sommes ici dans l'un des cafés historiques de Nîmes dont la terrasse est souvent bondée. Brasserie attenante de style « classique » (choucroute, andouillettes…).

Courtois – *8 pl. du Marché - 04 66 67 20 09.* En plein cœur de l'Écusson, cette pâtisserie-salon de thé est une véritable institution nîmoise.

Bar d'hôtel

Bar Hemingway – *Quai de la Fontaine, 15 r. Gaston-Boissier - ✆ 04 66 21 90 30 - www.hotel-imperator.com - 11h30-23h.* Ouvrant sur un jardin ombragé (séquoias, cèdres du Liban et ginkgo biloba), agrémenté d'une fontaine et de sculptures, le bar de l'hôtel Imperator Concorde est un lieu empreint de calme et de magie. Quelques photographies évoquent le passage en ces murs de deux amateurs de corridas, Ava Gardner et Ernest Hemingway.

Cinéma, théâtre

Le Sémaphore – *25 r. Porte-de-France - ✆ 04 66 67 83 11 - www.cinema-semaphore.fr - 11h-23h30 - fermé w.-end de la Pentecôte - de 5,90 € (5 € - 25 ans, 4 € - 12 ans).* LE cinéma d'art et d'essai de la ville (5 salles) est doté en outre d'une cafétéria.

Programmes – Consultez l'édition locale du quotidien *Midi libre*, ou l'hebdomadaire *La Gazette de Nîmes*.

ACHATS

Marchés

Grand marché et marché aux fleurs lundi sur le parking du stade des Costières. **Alimentaire** samedi matin pl. du Griffe-St-Césaire. **Producteurs agricoles** mardi matin sur le Chemin-Bas-d'Avignon et vendredi matin bd Jean-Jaurès Sud. **Brocante** lundi matin av. Jean-Jaurès. **Marché aux puces** dimanche matin au Marché Gare, rte de Montpellier. **Marché vestimentaire** lun. matin av. de la Bouvine. **Livres neufs et occasion** 3e sam. du mois espl. Ch.-de-Gaulle.

Gourmandises

Courtois – *8 Pl. du Marché - 04 66 67 20 09.* En plein cœur de l'Écusson, cette pâtisserie-salon de thé est une véritable institution nîmoise.

La Vinothèque – *18 r. Jean-Reboul - ✆ 04 66 67 20 44 - www.la-vinotheque-nimes.fr - mar.-sam. 9h30-12h30, 15h-20h - fermé 2 sem. en août et j. fériés.* Dans les rayons, les vins des Costières de Nîmes, des Côtes-du-Rhône et du Languedoc jouent les vedettes, mais le choix s'étend au-delà des crus régionaux. Belle sélection de champagnes et de spiritueux.

Maison Villaret – *13 r. de la Madeleine - ✆ 04 66 67 41 79 - 7h-19h30 (été 20h).* Farine, sucre, eau, fleur d'oranger, extrait de citron et amandes figurent parmi les ingrédients des croquants inventés en 1775 par Paul Villaret dans cette boulangerie-pâtisserie. Le four à bois, d'époque, est toujours en activité.

Librairie

Librairie Goyard – *34 bd Victor-Hugo - ✆ 04 66 67 20 51 - tlj sf dim. 9h30-19h - fermé j. fériés.* Cette librairie générale s'adresse également aux *aficionados* (bon choix de livres sur la tauromachie), mais aussi aux amateurs de livres régionalistes.

Textile

Les Olivades – *4 pl. de la Maison-Carrée - ✆ 04 66 21 01 31 - www.lesolivades.fr - mar.-sam. 10h30-12h30, 14h-19h - fermé j. fériés.* L'ancienne tradition textile de Nîmes se perpétue aujourd'hui grâce aux Olivades. Vous trouverez ici tissus, linge de maison, arts de la table et accessoires aux couleurs de Provence.

AGENDA

Ferias – Elles sont au nombre de deux : la plus connue, celle de **Pentecôte**, du merc. au lun. avec *pégoulade* sur les boulevards, *abrivados*, novilladas et corridas matin et soir, concerts et animations diverses dans la ville. Tout aussi cotée, celle des **Vendanges**, se déroule le 3e w.-end de sept. (du jeu. au dim.). *Comptez de 21 à 99 € pour une corrida, de 18 à 50 € pour une novillada. Bureau de location : 4 r. de la Violette - ✆ 0 891 701 401 (0,225 €/mn) - www.arenesdenimes.com.*

Spectacles – En dehors des ferias, les arènes accueillent de nombreuses manifestations : spectacles, concerts, manifestations sportives.

Les Grands Jeux romains – *W.-end de Pâques - www.arenes-nimes.com.* Tous les ans, Nîmes revendique sa romanité. Diverses animations en ville, le tout culminant aux arènes avec une grande reconstitution : jeux équestres, courses de chars, combats de gladiateurs…

Festival de flamenco – *10 j. en janv. - www.theatredenimes.com. Théâtre 1, pl. de la Calade, 04 66 36 65 10.*

Saint-Gilles

★

13 507 Saint-Gillois – Gard (30)

NOS ADRESSES PAGE 171

S'INFORMER

Office de tourisme – *1 pl. Frédéric-Mistral - 30800 St-Gilles - ✆ 04 66 87 33 75 - www.saint-gilles-tourisme.fr - avr.-oct. : 9h30-12h30, 14h-18h, sam. 9h30-12h30; reste de l'année : 9h30-12h30, 14h-17h - fermé dim. et j. fériés.*

SE REPÉRER

Carte de microrégion C3-4 (p. 149) – *Carte Michelin Départements 339 L6.* Le vieux St-Gilles se cache! Qu'ils arrivent de Nîmes (19 km au nord) ou d'Arles (11 km à l'est), les visiteurs traversent la cité par la rue Gambetta, aussi commerçante qu'animée.

SE GARER

Il est préférable de stationner sur le parking signalé *(sur la droite en venant de Nîmes)* pour gagner à pied, par la rue Porte-des-Maréchaux, la place de l'église.

À NE PAS MANQUER

La façade de l'église abbatiale, sa vis et sa crypte; autour de St-Gilles, la Petite Camargue gardoise.

ORGANISER SON TEMPS

En visitant l'église au cours de la matinée, vous pourrez déjeuner à St-Gilles, puis consacrer l'après-midi à la Petite Camargue.

Aux portes de la Camargue gardoise, cette importante cité agricole (fruits, vins des Costières) est renommée pour son ancienne église abbatiale : véritable chef-d'œuvre, la façade offre l'un des plus beaux exemples de statuaire romane provençale.

Se promener

Église St-Gilles

✆ 04 66 87 33 75 - visite de l'ancien chœur, de la vis de St-Gilles et de la crypte - juil.-août : 9h30-12h, 15h-18h30 (dernière entrée 30mn av. la fermeture); avr.-juin et sept.-nov. : 9h30-12h, 14h-17h30; reste de l'année : se rens. - possibilité de visite guidée - fermé 1er janv., 1er Mai, 1er nov., 11 Nov. et 25 déc. - 3 € (10-18 ans 2,50 €, -10 ans gratuit).

On a du mal aujourd'hui à imaginer l'importance de l'abbaye lors de son apogée. Pour s'en faire une idée, il faut reconstruire mentalement le chœur de l'ancienne abbatiale au-delà du chœur actuel, avec, sur la droite de l'église, un cloître dont la cour était entourée d'une salle capitulaire, d'un réfectoire, de cuisines et d'un cellier en sous-sol. L'édifice, comme ses occupants, fut victime des guerres de Religion. En 1562, les protestants, non contents de jeter les religieux dans le puits de la crypte, incendient le monastère : les voûtes de l'église s'effondrent; en 1622, ils abattent le grand clocher. Si bien qu'au

Un passé prestigieux

LA BICHE DE SAINT GILLES

Grec touché par la grâce vers le 8e s., **saint Gilles** (*sant Gèli*, en terres d'oc) distribue ses biens aux pauvres et embarque sur une nef qui le conduit, au gré des flots, en Provence. Il s'y installe dans une grotte, nourri par une **biche**... Un jour, poursuivie par un seigneur, celle-ci se réfugie auprès de son maître. La flèche que lance le chasseur est alors arrêtée en plein vol par l'ermite ! Pour honorer l'auteur de ce miracle, le seigneur décide de fonder une abbaye en cet endroit. Et quand le pape fait don à saint Gilles de deux portes destinées à l'édifice, celui-ci les jette dans le Tibre : elles traversent la mer, remontent le Petit Rhône et parviennent à la grotte en même temps que lui. La biche est aujourd'hui devenue l'emblème de la ville.

FOI ET COMMERCE

À l'emplacement du tombeau de saint Gilles s'élève un sanctuaire, objet d'un culte fervent et d'un pèlerinage, car il se situait sur l'une des quatre routes principales de St-Jacques-de-Compostelle.
C'est au 12e s. que le **monastère** atteint son apogée. Les croisades, et les flux commerciaux qui les accompagnent, ne font qu'accroître sa fortune : dans son port transitent quantité de marchandises orientales ; des pèlerins, des croisés s'y embarquent, et les St-Gillois possèdent des comptoirs avec privilèges dans les États latins de Jérusalem. La **foire de St-Gilles**, en septembre, connaît un rapide essor : elle constitue l'un des grands points d'échanges entre Méditerranéens et Nordiques.
Cette prospérité se réduira au 13e s., notamment sous l'effet de la concurrence du port royal d'Aigues-Mortes.

GLOIRE ET MALHEUR DES COMTES DE TOULOUSE

C'est à St-Gilles que commence l'aventure de **Raimond IV**. Fils cadet du comte Pons de Toulouse, il reçoit en lot la seigneurie de St-Gilles. Un mariage judicieux avec la fille du comte de Provence, la succession de son frère Guillaume IV de Toulouse, mort sans enfants, et Raimond se retrouve à la tête d'un vaste domaine, de Cahors aux îles de Lérins : les « États de St-Gilles ». En 1096, il y accueille le pape **Urbain II** et fait vœu de se consacrer à la reconquête de la Terre sainte. Il sera tué au cours du siège de Tripoli (1105).
Son arrière-petit-fils, **Raimond VI**, devait vivre des heures plus amères dans cette même cité. Sommé par le pape **Innocent III** d'entrer en lutte contre ses sujets cathares, il reçoit à St-Gilles, le 14 janvier 1208, le légat Pierre de Castelnau, porteur des exigences papales. L'entrevue est orageuse et, le lendemain, le légat est assassiné. Innocent III excommunie aussitôt Raimond VI et fait prêcher la croisade. Pour éviter le pire, Raimond cède. Le 12 juin 1209, il se présente nu devant le grand portail de l'église de St-Gilles et jure obéissance au pape. On lui passe une étole au cou et le nouveau légat, le tirant par cette étole, le fait entrer dans le sanctuaire, tout en le flagellant vigoureusement ; la pénitence se poursuit dans la crypte devant le tombeau de Castelnau et le comte est enfin libéré et absous.
Cette soumission durera peu. Bientôt, conduits par Simon de Montfort, les « barons du Nord » entameront une lutte sans merci contre Raimond VI.

17e s., pour ne pas entreprendre de réparations trop importantes, l'église est raccourcie de moitié et sa voûte abaissée. Ainsi, du monument médiéval ne subsistent qu'une admirable façade, quelques vestiges du chœur et la crypte.
★★ **Façade** – Cette œuvre, une des plus belles pages de sculpture romane du sud de la France, a été exécutée au 12e s. par plusieurs ateliers de sculpteurs (on y distingue cinq groupes stylistiques) très inspirés par l'antique, comme l'atteste leur goût pour la technique du haut-relief et pour la représentation des volumes et des formes (drapés et vêtements plissés). Le thème représenté est celui du Salut à travers les épisodes de la vie du Christ. La grande frise se lit de gauche à droite : les événements de la Semaine sainte s'y déroulent, du jour des Rameaux au matin de la Résurrection pascale, avec la découverte du tombeau vide par les saintes femmes.
Ancien chœur – À l'extérieur de l'église actuelle, les bases des piliers et des murs montrent parfaitement le plan de l'ancien chœur avec son déambulatoire et ses cinq chapelles rayonnantes. Sur les côtés du déambulatoire, deux petits clochers étaient desservis par des escaliers tournants, dont celui de gauche, la « vis de St-Gilles », subsiste.
★ **Vis de St-Gilles** – Il faut monter au sommet *(50 marches)* de cet escalier, terminé en 1142, pour découvrir la rare qualité de la taille et de l'assemblage des pierres : les marches s'appuient sur le noyau central et sur les murs, intérieurement cylindriques. Leur emboîtement parfait compose une voûte hélicoïdale à 9 claveaux. L'art du tailleur apparaît dans la double concavité et convexité de chaque claveau. Depuis toujours, la vis de St-Gilles fascine les compagnons tailleurs de pierre qui, dans leur tour de France, ne manquent pas de venir l'étudier : de nombreux graffitis marquent leur passage et d'innombrables « chefs-d'œuvre », exécutés en réduction, témoignent de cette admiration.
★ **Crypte** – Ici, autour du tombeau de saint Gilles, se déroulait un des plus importants pèlerinages d'Occident : pendant trois jours, une foule de 50 000 personnes défilait dans le sanctuaire. L'église basse était autrefois couverte par des voûtes d'arêtes : il en subsiste quelques-unes dans des travées à droite de l'entrée. Le reste de la crypte présente des voûtes d'ogives (milieu du 12e s.) qui comptent parmi les plus anciennes de France. Remarquez l'escalier et le plan incliné qu'empruntaient les moines pour accéder à l'église haute. Sarcophages, autels et chapiteaux romans attirent également l'attention.

CINQ ARTISTES POUR UN CHEF-D'ŒUVRE

Un style antiquisant, lourd et austère caractérise les sculptures attribuées au seul maître ayant laissé sa signature, **Brunus** (sculpteur de Matthieu, Barthélemy, Jean l'Évangéliste, Jacques le Majeur et Paul). Un traitement linéaire et animé, de facture typiquement romane, marque la contribution du **maître de saint Thomas**, auteur de Thomas, Jacques le Mineur, Pierre, et des bas-reliefs du portail central. On a qualifié de **maître doux** (drapés souples modelant les plis autour des bras et des jambes) l'auteur du tympan et du linteau du portail nord ainsi que des apôtres à droite du portail central. Remarquez la différence avec le style du **maître dur**, auteur du portail sud et des apôtres sculptés à sa gauche : les plis des drapés sont plus rudes et les contrastes entre ombre et lumière sont accentués. Quant au **maître de saint Michel**, son style mouvementé et expressif peut être apprécié en observant le Saint Michel, ainsi que les entablements encadrant le portail central.

CANAL
Le canal irriguant le Bas-Languedoc, du Rhône à Montpellier, porte désormais le nom de **Philippe Lamour** (1903-1992), avocat, journaliste, fondateur d'une revue d'art (avec Fernand Léger) et pionnier de l'aménagement hydraulique du territoire. Sa pièce maîtresse est située à 5 km au nord-est de St-Gilles par la D 38 (vers Beaucaire), au lieu-dit Pichegu : c'est la **station de pompage Aristide-Dumont**, située à la jonction du canal d'irrigation et du canal des Costières. Élevée à une hauteur suffisante, l'eau s'écoule par simple gravité à travers tout le Bas-Languedoc.

Maison romane
04 66 87 40 42 - se rens. pour horaires et tarifs.
C'est dans cette belle demeure du 12e s. que serait né Gui Foulques, devenu en 1265 le pape Clément IV. À l'intérieur, une salle d'ethnographie présente la vie saint-gilloise d'autrefois : outils et objets de berger, tonnellerie, travail des champs et vie quotidienne. Dans la salle médiévale (magnifique cheminée), petit musée lapidaire où sont rassemblés des vestiges (sarcophages, bas-reliefs du 12e s., tympan et chapiteaux) provenant de l'ancienne abbaye.

Circuit conseillé Carte de microrégion

LA CAMARGUE GARDOISE B3-4

Pour visualiser ce circuit de 73 km, reportez-vous à la carte de microrégion (p. 149) – Comptez 1h30 de route sans les arrêts.
Entre les Costières et le Petit Rhône, St-Gilles et Aigues-Mortes, la Camargue gardoise, terre de marais et de roseaux, présente des paysages plus sévères que le delta du Rhône. Son attachement aux traditions et à la « bouvine » en fait un pays qui mérite d'être exploré, d'autant que vous y traverserez trois terroirs labellisés : celui des Costières de Nîmes, celui des vins des sables et celui du riz de Camargue.
Quittez St-Gilles au sud-ouest par la D 6572 en direction de Montpellier.
À flanc de coteaux, la route traverse le territoire des **Costières de Nîmes** (nombreux « caveaux » où l'on pourra faire quelques emplettes) tout en dominant sur la gauche une zone lacustre : les vastes étangs de Scamandre, et du Charnier, que l'on devine parmi les roselières.
Après 12 km, prenez sur la gauche la D 779 en direction de Gallician ; dans ce bourg viticole, prenez à droite la D 38, puis à gauche la D 104 jusqu'au canal du Rhône à Sète.

Pont des Tourradons B4
Depuis ce pont perdu dans les marais, **vue★** intéressante sur un paysage typique de Petite Camargue : canal rectiligne, étangs, roseaux, mariage de la terre et du ciel dans la solitude et le silence. Quelques manades de taureaux noirs aux cornes en lyre paissent paisiblement dans les « prés » du **Cailar**. Il s'agit d'un des endroits où l'on peut approcher au plus près la Camargue authentique.
Reprenez en sens inverse la D 104, puis à droite (Mas Roubaud) la D 352.

Vauvert B3
Ce gros bourg viticole, aujourd'hui banlieue résidentielle de Nîmes, a conservé un centre ancien, avec des halles converties en lieux d'expositions. L'expression

2

LA SAGNE
La coupe du roseau, ou « sagne », a de tout temps constitué une ressource majeure. Entre novembre et avril, le roseau sec est coupé, souvent à la main, par les « sagneurs » puis entassé en gerbes. La récolte sert à confectionner des toits de chaume (pour les cabanes de gardian) et à fabriquer les « paillassons » utilisés pour protéger les cultures. Mais cette pénible et peu rentable activité est de plus en plus délaissée (malgré la mécanisation) et les roseaux ont tendance à proliférer au détriment des équilibres écologiques du marais...

« Au diable vauvert » n'a rien à voir avec Vauvert qui, du reste, s'appelait autrefois Posquières avant de prendre le nom d'un lieu de pèlerinage proche, la *Vallis Viridis*, ou vallée Verte.
Prenez la D 6572 vers Aimargues.

Le Cailar B4
Au rond-point donnant accès au village, tombeau d'un fameux taureau camarguais, **Le Sanglier**. Le centre de ce haut lieu de la bouvine, dont la signalétique a été réalisée par le peintre François Boisrond, a conservé un certain cachet languedocien. Ombragé de platanes, l'ancien « plan de la Glaciero » (les arènes) est un des temples de la course camarguaise.

St-Laurent-d'Aigouze B4
De cet autre bourg viticole, il faut fréquenter les arènes, installées sur la place du village qu'ombragent de grands platanes et adossées à l'église (la sacristie semble servir de toril), lors des courses camarguaises de la **fête votive**.
Par la D 46, tracée sur une digue à travers les étangs, on contourne la tour Carbonnière (voir Aigues-Mortes, p. 177). Rejoignez la D 58 pour prendre à gauche en direction d'Arles.
On traverse alors le domaine des **vins des sables** (et des asperges). De proche en proche, grands mas, ombragés de bosquets de pins parasols.
Au bout de 9,5 km, prenez sur la gauche la petite D 179.
Dans le hameau de **Montcalm**, vestiges d'une vaste demeure (dégradée) du début du 18e s. où le marquis de Montcalm séjourna avant son départ au Canada. Une chapelle de la même époque s'élève un peu plus loin dans le vignoble.
Très étroite, la route longe un canal jusqu'au mas des Iscles. Au carrefour, on trouve le parking du centre du Scamandre.

Centre de découverte du Scamandre B4
À Vauvert - ✆ 04 66 73 52 05 - www.camarguegardoise.com - ♿ - 9h-18h - possibilité de visite guidée sur demande préalable - fermé dim., lun. et j. fériés - gratuit.
Aménagé dans la Réserve naturelle volontaire du Scamandre, il a pour mission essentielle la protection et la gestion des marais ainsi que la sensibilisation du public à ce fragile écosystème. Une exposition et deux sentiers de découverte (4 km et 1 km) permettent de découvrir ce paysage fragile et original.
La D 779, conduit vers Gallician, le long du **canal des Capettes**, fréquenté par les pêcheurs, et qui court entre les étangs du Charnier et de Scamandre, dans une forêt de roseaux, fort appréciés des « sagneurs ».
Après avoir franchi le canal du Rhône à Sète et traversé Gallician, rentrez à St-Gilles par la D 6572 à droite.

NOS ADRESSES À SAINT-GILLES ET ENVIRONS

HÉBERGEMENT

Voir Nos adresses à Aigues-Mortes (p. 177) et à Beaucaire (p. 196).

RESTAURATION

Spécialité – Le bœuf à la saint-gilloise, dit aussi « gardiane des mariniers », est une variante locale de la gardiane de taureau.

PREMIER PRIX

Le Clément IV – *36 quai du Canal - 04 66 87 00 66 - fermé dim. soir et lun. - 17/48 €.* Restaurant offrant une vue agréable sur le petit port de plaisance aménagé le long du canal. Produits de la mer et spécialités camarguaises servies en véranda ou en terrasse.

Le Grand Café – *225 pl. de la République - 30220 St-Laurent-d'Aigouze - 04 66 88 12 35 - déj. seult 13/15 €.* Comme les seize autres établissements du Languedoc-Roussillon labélisés « café de pays », le Grand Café de St-Laurent s'engage à promouvoir les produits locaux. On y déguste en particulier du steak de taureau (de Camargue, bien sûr) accompagné de vins locaux ou de bière Red Rice, concoctée à base de riz. Une curiosité : le samedi soir, concours de boules à l'intérieur du café, avec l'ambiance que l'on imagine… Et une précision rassurante, les boules sont « molles »…

ACHATS

Artisanat

Maison des métiers d'art – *24 Grand-Rue - 04 66 87 09 05.* Ateliers d'artisans : céramiques, orfèvrerie, vitrail, poterie, etc.

ACTIVITÉS

Mas des Iscles – *(face au centre du Scamandre) - 30600 Vauvert - 06 14 48 10 73 - www.masdesiscles.com - 9h-12h, 14h30-17h.* Domaine de 400 ha comprenant des rizières et un élevage de chevaux camarguais. Stages d'équitation et découverte de la faune et de la flore.

AGENDA

Feria de la pêche et de l'abricot – *St-Gilles - date actuellement variable (se rens.).* Une ou plusieurs corridas.

Feria de Vauvert – *2e w.-end de juin.* Novilladas.

Courses camarguaises – En août à Vauvert, une semaine de courses camarguaises. Le Cailar prend la relève avec plusieurs courses. Aimargues et St-Laurent-d'Aigouze achèvent le mois avec force *abrivados, bandidos* et courses camarguaises.

Aigues-Mortes

★★

7 891 Aigues-Mortais – Gard (30)

NOS ADRESSES PAGE 177

S'INFORMER

Office de tourisme – *Pl. St-Louis - 30220 Aigues-Mortes - ✆ 04 66 53 73 00 - www.ot-aiguesmortes.fr - ♿ - juil.-août : 9h-20h, w.-end et j. fériés 10h-20h ; nov.-fév. : 9h-12h30, 13h30-17h30, w.-end et j. fériés 10h-12h30, 14h-17h30 ; mars-15 mai et 16 sept.-oct. : 9h-12h30, 13h30-18h, w.-end et j. fériés 10h-12h30, 14h-18h ; 16 mai-15 juin : 9h-18h, w.-end et j. fériés 10h-12h30, 14h-18h ; 16-30 juin : 9h-19h, w.-end et j. fériés 10h-12h30, 14h-18h30 - fermé 1er janv. et 25 déc.*

Visites guidées de la ville – *✆ 04 90 18 41 20 - www.tourisme.ville-arles.fr - Arles, qui porte le label Ville et Pays d'art et d'histoire, propose des visites-découvertes (1h30) animées par des guides-conférenciers agréés par le ministère de la Culture et de la Communication.* Visite des chapelles des Pénitents blancs, des Pénitents gris, de l'église N.-D.-des-Sablons et de la place St-Louis.

SE REPÉRER

Carte de microrégion B4 (p. 149) – *Carte Michelin Départements 339 K7.*
Que vous arriviez de Nîmes (41 km au nord) par la D 769 ou d'Arles (47 km à l'est) par la D 58, il vous faudra traverser une zone commerciale et artisanale, puis le canal du Rhône à Sète, avant de découvrir la vieille ville depuis le pont (attention au virage à angle droit…).

SE GARER

Plusieurs parkings payants au pied des remparts.

À NE PAS MANQUER

Une promenade dans les ruelles à l'abri des murailles ; l'église N.-D.-des-Sablons ; le tour des remparts par le chemin de ronde ; la tour de Constance.

ORGANISER SON TEMPS

Comptez 1h pour une simple balade dans les ruelles, 2h si vous souhaitez grimper sur les fortifications *(accès payant)*. Préférez la fin d'après-midi pour la balade sur les remparts, « à la fraîche ».

AVEC LES ENFANTS

Le tour de la ville en train touristique (20mn), ou, aux alentours, une promenade en péniche *(voir Nos adresses)*.

« Vaisseau de haut bord » (dixit Chateaubriand) échoué entre étangs, salines, marais et canaux, plus tout à fait camarguaise et pas totalement languedocienne, Aigues-Mortes apparaît tel un mirage, dressant ses longues murailles aux tons de miel, délicatement rosées par les rayons du couchant. Aujourd'hui, les marchands du temple ont pris d'assaut la cité, où les boutiques de souvenirs côtoient les galeries d'art. Vous prendrez plaisir à vous balader dans ces rues en damier, caractéristiques des villes nouvelles du Moyen Âge.

Retour de course camarguaise, porte de la Marine.
N. Thibaut / Photononstop

Se promener Plan de ville

2

LE CENTRE-VILLE

Pour visualiser ce circuit, reportez-vous au tracé vert sur le plan de ville p. 175.
La ville fut dessinée sur le modèle des **bastides**, selon un plan régulier de 550 sur 300 m quadrillé par des rues rectilignes. Protégée du vent salé par ses hautes murailles, Aigues-Mortes semble avoir aussi échappé à l'usure du temps. Vous y trouverez de nombreux cafés, échoppes d'artisans, magasins de souvenirs et galeries d'art autour de la **place St-Louis** et dans les rues principales. Les ruelles plus excentrées, à l'est de la ville, aux alentours des portes de la Reine et des Cordeliers, sont beaucoup moins animées, comme hors du temps.

Entrez par la porte de la Gardette que prolonge la Grand'Rue Jean-Jaurès et prenez à gauche la rue de la République.

Chapelle des Pénitents blancs

Pl. St-Louis - ✆ 04 66 53 67 65 ou 06 70 13 62 24 - des Rameaux à fin sept. : 14h30-18h30 - possibilité de visite guidée (1h) sur demande (4 j. av.) - gratuit.

Cette chapelle baroque, rendue au culte tous les ans pour le dimanche des Rameaux, abrite ostensoirs, dais et lanternes, qui étaient utilisés lors des processions par cette confrérie instituée en 1622. Remarquez, derrière le chœur, l'immense *Pentecôte* de Xavier Sigalon.

Poursuivre tout droit par la rue Baudin, puis tourner à droite dans la rue Rouget-de-l'Isle et enfin à gauche dans la rue Paul-Bert.

Chapelle des Pénitents gris

R. Paul-Bert - ✆ 04 66 53 67 65 ou 06 70 13 62 24 - juil.-août : 10h-12h, 15h-19h ; des Rameaux à fin sept. : 14h30-18h - gratuit.

Cette charmante chapelle encadrée de cyprès fut élevée entre 1360 et 1400. Incendiée en 1575, elle est reconstruite en 1607 dans le style baroque. Elle

Une ville entre sel et sable

Aquae mortae : les eaux mortes. Les habitants du lieu trouvaient ce nom si lugubre qu'ils demandèrent en 1248 à Saint Louis d'adopter celui, plus optimiste, de *Bona per forsa* (« Bonne malgré tout », en latin de cuisine). Mais, pareille aux bras morts du Rhône, la requête se perdit dans les sables…

AU COMMENCEMENT ÉTAIT LE SEL

Exploitées dès l'Antiquité, les **salines** d'Aigues-Mortes attirèrent pêcheurs et sauniers dans ce lieu insalubre. Les moines bénédictins y établirent dès le 8e s. l'**abbaye de Psalmodi** afin d'exploiter cette denrée précieuse dans les étangs de Peccais. Les salines restèrent très longtemps une des principales ressources de la ville. Mais grevé de taxes (dont la fameuse gabelle instituée en 1343), le sel suscita une telle **contrebande** que **Sully**, agacé (et toujours soucieux des deniers publics), voulut faire noyer en 1596 tous les salins provençaux.

UNE OPÉRATION IMMOBILIÈRE

Soucieux de libérer les lieux saints des « infidèles », **Saint Louis**, dont le royaume ne comptait aucun port sur la Méditerranée, achète en 1240 un lopin de terre aux moines de Psalmodi. Il y fait aménager un **port**, construire la tour de Constance et l'église N.-D.-des-Sablons, et accorde maints **privilèges** aux rares intrépides qui acceptent de s'établir en ce lieu insalubre et isolé. Le 28 août 1248, Saint Louis embarque pour la **septième croisade**. 1 500 navires appareillent pour Chypre, en empruntant un chenal, le canal vieil, pour atteindre la mer au Grau Louis, ouvert sur une vaste baie, l'anse du Repos, l'actuel étang du Repausset. L'expédition n'ayant guère donné de résultats, le roi repart en 1270 pour Tunis, où il meurt du typhus. C'est son fils **Philippe III le Hardi** qui, en 1272, commande la construction des remparts à un entrepreneur génois, Guillaume Boccanegra.

BOURGUIGNONS ET ARMAGNACS

Pendant la guerre de Cent Ans, les Bourguignons s'emparent d'Aigues-Mortes. Les Armagnacs assiègent la ville, lorsqu'une poignée de partisans qu'ils comptent dans la place réussissent, par une nuit obscure, à massacrer la garnison d'une des portes et à faire entrer les assiégeants. Les Bourguignons qui tenaient la place sont passés au fil de l'épée. Mais les morts sont si nombreux, que, pour éviter la pourriture des cadavres, on les met dans une tour en alternant une couche de sel, une couche de Bourguignons, et ainsi de suite. Si l'histoire reste sujette à caution, on avouera qu'elle ne manque pas de sel !

LA LUTTE CONTRE LE SABLE

Le développement de son port attire à Aigues-Mortes une certaine prospérité. Les villes italiennes comme Venise l'utilisent, et diverses ordonnances lui accordent le monopole du commerce français en Méditerranée. Cependant, l'**ensablement du canal**, puis la fermeture et la transformation en étang de l'anse du Repos, au 16e s., annoncent le déclin. Malgré des travaux continuels et le percement de l'actuel **chenal maritime** vers Le Grau-du-Roi, le destin d'Aigues-Mortes se sépare de la mer. L'annexion de la Provence en 1482 donne la prééminence au port de Marseille, et la création du port de Sète, en 1666, porte le coup de grâce aux aspirations maritimes des Aigues-Mortais.

servit sous la Révolution d'entrepôt à fourrage : c'est sans doute ce qui a sauvé de la destruction le délirant retable (1687) sculpté par Jean Sabatier.
Revenez sur vos pas et prenez en face la rue Pasteur jusqu'à la place St-Louis.

★ Église N.-D.-des-Sablons

Grand-Rue-Jean-Jaurès - ✆ 04 66 53 73 00 - www.ot-aiguesmortes.fr - visite guidée (1h30) sur demande (4 j. av.) à l'office de tourisme - juil.-août : 10h30-12h, 14h30-16h - fermé w.-end et j. fériés - 5 € (-12 ans 2 €, gratuit journées du patrimoine).
Édifiée sous le règne de Saint Louis, l'église gothique fut parfois pillée, souvent remaniée… et subit bien des mésaventures (elle servit même, un temps, d'entrepôt à sel). Une belle charpente et un décor dépouillé sont mis en lumière par les vitraux contemporains de **Claude Viallat**, l'apôtre nîmois du groupe Support/Surface.

Place St-Louis

Jolie place ombragée de platanes, cœur animé de la cité, elle accueille en son centre une statue de Saint Louis (par Pradier, 1849). Du haut de son piédestal, il surveille d'un œil indulgent la foule qui, l'été, envahit les terrasses des cafés et des restaurants. La **chapelle des Capucins**, édifiée au 17e s. avec des pierres venant de l'ancien môle de la Peyrade, servit de halle couverte jusqu'à

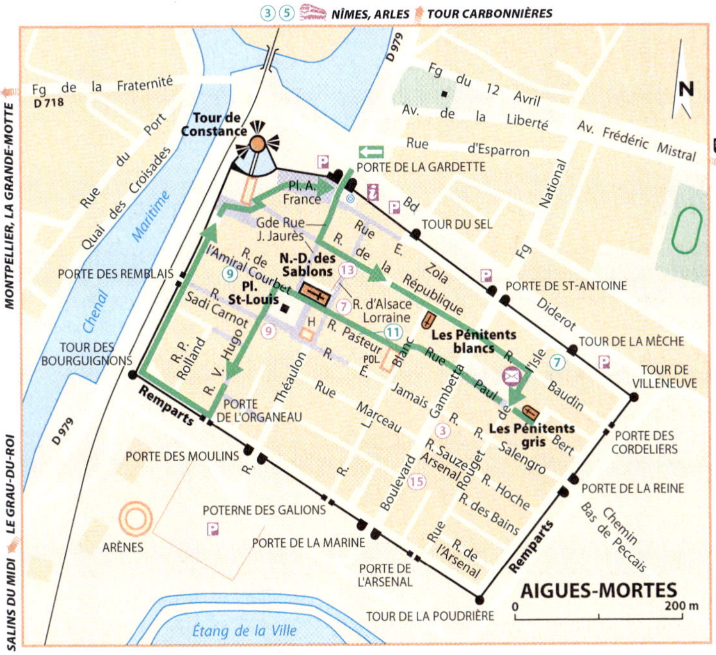

SE LOGER
Canal (Hôtel)........ ③
Chez Carrière........ ⑪
Hermitage de Saint-Antoine (Chambre d'hôte)........ ⑦
Mas de la Montille (Chambre d'hôte)........ ⑤
St-Louis (Hôtel)........ ⑨

SE RESTAURER
Arcades (Les)........ ③
Café de Bouzigues (Le)........ ⑦
Minos (Le)........ ⑨
Salicorne (La)........ ⑬
Villa Mazarin........ ⑮

sa reconversion en lieu d'exposition. Tout à côté, au n° 4, la **Galerie Z**, qui décline le verre sous toutes ses formes, est ici une institution, tandis qu'au coin de la rue Émile-Jamais, un passage couvert a été investi par des galeries d'art. *Rejoignez les remparts à la porte de l'Organeau par la rue Victor-Hugo et suivez à droite le boulevard intérieur sud puis le boulevard ouest. On arrive ainsi à la porte de la Gardette.*

LES FORTIFICATIONS

Comptez 1h30 - accès par la place Anatole-France - Logis du Gouverneur - ☎ 04 66 53 61 55 - www.aigues-mortes.monuments-nationaux.fr - mai-août : 10h-19h (dernière entrée 1h av. la fermeture) ; reste de l'année : 10h-17h30 - possibilité de visite guidée (45mn) sur demande préalable - fermé 1er janv., 1er Mai, 1er et 11 Nov., 25 déc. - 7 € (-26 ans et 1er dim. du mois gratuit).

★★ Tour de Constance

Dans la première salle du donjon, un film illustre l'histoire d'Aigues-Mortes (5mn). Ce puissant donjon circulaire de 40 m de hauteur (tourelle comprise) fut édifié entre 1240 et 1249 ; le châtelet d'entrée et le pont qui le relie au rempart datent, eux, du 16e s. On y enferma des templiers et quelques soudards accusés de trahison, mais c'est à partir de la révocation de l'édit de Nantes (1683) que la tour de Constance reçut ses pensionnaires les plus nombreux, les huguenots. En 1703, un chef camisard, **Abraham Mazel**, parvint à s'enfuir, avec seize de ses compagnons, en descellant une pierre de la pointe d'un couteau et en se glissant au pied des murs à l'aide d'une corde. En 1715, la tour de Constance fut choisie comme lieu de détention perpétuelle pour les femmes. Les dernières ne furent libérées qu'en 1768. Leur grande figure demeure la Vivaraise **Marie Durand**, incarcérée de 1730 à 1768, à qui l'on attribue le fameux « RÉSISTER », gravé dans la pierre de la margelle du puits central.
La salle de garnison, voûtée de belles ogives, a gardé son four à pain ; un oculus percé en son centre servait d'accès au cul-de-basse-fosse. Un escalier à vis mène à l'oratoire du roi, petite pièce ménagée dans le mur, puis à la salle haute, où furent emprisonnés maints huguenots. La tourelle de guet *(fermée au public)*, que surmonte une cage en fer forgé, protégeait jadis une lanterne servant de phare. Depuis la terrasse, un immense **panorama★★** se découvre au-delà des remparts sur les salins, la Camargue, les pyramides de La Grande-Motte, Sète et la barre bleutée des Cévennes.

★★ Les remparts

Un tour des remparts par le **chemin de ronde** permet de découvrir la ville, avec de belles perspectives sur le chenal maritime (aujourd'hui port de plaisance) et les salins d'Aigues-Mortes. Les plus imaginatifs se mettront sans peine dans la peau des soldats de la garnison chargés de défendre la cité, à ceci près que les douves qui protégeaient l'enceinte ont été comblées. Édifiées à partir de 1270, les murailles d'Aigues-Mortes (en pierre de Beaucaire et des Baux) nous sont parvenues intactes, ce qui en fait le meilleur exemple d'architecture militaire du 13e s. Elles dessinent un grand quadrilatère dont les murs, surmontés de chemins de ronde, sont flanqués de tours. Les plus fortes, placées aux angles et aux portes principales, sont couvertes de terrasses comprenant deux salles voûtées.
S'il n'y avait que deux portes côté nord, les quais d'embarquement du port de l'étang de la Ville (aujourd'hui asséché), côté sud, étaient desservis par cinq portes. La **porte de l'Organeau** doit son nom à l'organeau (anneau de fer) où les nefs venaient s'amarrer. Quant à la **porte des Galions**, elle rappelle que ces vaisseaux venaient se ranger à cet endroit.

À proximité Carte de microrégion

Tour Carbonnière B4

3 km au nord en direction de St-Laurent-d'Aigouze.

Tracée sur une digue parmi étangs et roseaux, la route, ancienne piste de sauniers, constituait autrefois le seul accès terrestre vers Aigues-Mortes. Rien d'étonnant à ce qu'on y ait édifié, au 14e s., cette tour afin de défendre la ville contre les visiteurs indésirables, avant d'y installer, en 1409, un poste de péage. La garnison vivait dans une salle au 1er étage (cheminée et four à pain). De la plate-forme, vue sur les étangs. Un parking et un cheminement par ponton jetés sur l'étang permettent aujourd'hui d'y accéder commodément.

Salins du Midi B4

3 km au sud par la rte du Grau-du-Roi - ✆ 04 66 73 40 24 - www.visitesalinaiguesmortes.fr - visite guidée en petit train de déb. mars à déb. nov. : juil.-sept. 9h30-19h30 ; reste de l'année : 9h30-12h30, 13h30-17h30 - 8,50 € (4-13 ans 6,10 €) ; 25 € billet 2 adultes + 2 enf.

Voilà une visite qui ne manque pas de sel, d'autant qu'elle permet de comprendre le long cheminement du condiment, de la mer à l'assiette. Le sel a toujours été considéré comme une matière précieuse : les légionnaires romains étaient payés pour partie en sel, ce qui a donné en français le mot salaire. Techniquement parlant, vous découvrirez ici comment, pour parvenir aux « tables saunantes », l'eau pompée dans la mer parcourt plus de 70 km dans des **roubines** ; la concentration de chlorure de sodium y passe de 29 g/l à plus de 260 g/l. Récolté mécaniquement, le sel est amoncelé en de scintillantes « camelles » avant d'être conditionné. Récolté à Aigues-Mortes par la compagnie des **Salins du Midi**, il est réservé à l'usage alimentaire. On peut y apercevoir nombre d'oiseaux, migrateurs ou non, parmi lesquels les fameux flamants roses, qui doivent leur couleur aux crustacés et à une algue, la *Dunaliella salina*, dont ils se repaissent. Quant aux amateurs de flore, ils découvriront la saladelle à fleur violette (on l'appelle ici « la fleur des gardians ») et la salicorne, utilisée en cuisine.

Le Grau-du-Roi *(voir p. 180)* B4

4 km au sud par la D 979 depuis Aigues-Mortes, par une jolie route parcourant une digue entre les salins et le canal.

NOS ADRESSES À AIGUES-MORTES

VISITE

Petit train d'Aigues-Mortes – *SEPTAM - Porte de la Gardette - ✆ 04 66 53 85 20 - www.petittrain-aiguesmortes.com - visite commentée de déb. avr. à sept. et vac. de la Toussaint : 9h30-12h, 14h-17h30 (dép. ttes les 40mn) - 4 € (enf. 2,50 €) - petit train d'Aigues-Mortes : circuit de 20mn, dép. porte de la Gardette.*

HÉBERGEMENT

POUR SE FAIRE PLAISIR

Hôtel Canal – *440 rte de Nîmes - ✆ 04 66 80 50 04 - www.hotelcanal.fr - fermé de mi-nov. à mi-déc. et 10 janv.-7 fév. - P - 25 ch. 71/155 € - ☕ 12 € - wifi gratuit.* À l'entrée de la ville, hôtel contemporain. Les chambres, fonctionnelles et climatisées, sont bien insonorisées. Piscine et solarium.

Chez Carrière – *20 r. Pasteur - ✆ 04 66 53 73 07 - www.chezcarriere.com - 10 ch. 68/78 € - ☕ 8,50 € - rest. 14,50 € - wifi gratuit.* À deux pas de la place St-Louis, un hôtel sans prétention où dormir à des prix raisonnables dans l'enceinte fortifiée de la ville. Le restaurant, pimpant et tout en bleu et jaune, propose des spécialités locales, notamment la soupe de poissons présentée en croûte.

Hôtel St-Louis – *10 r. de l'Am.-Courbet - ✆ 04 66 53 72 68 - www.lesaintlouis.fr - fermé 5 oct.-1er avr. - P - 22 ch. 79/112 € - ☕ 10 € - rest. formule déj. 15 € - 19/32 € - wifi gratuit.* Une élégante demeure du 18e s. dont les chambres, confortables et colorées, sont plus spacieuses au 2e étage. L'hiver, la cheminée réchauffe la salle à manger ; l'été, le patio ombragé devient incontournable.

Chambre d'hôte Hermitage de St-Antoine – *9 bd Intérieur-Nord - ✆ 06 03 04 34 05 - www.hermitagesa.com - 3 ch. 79/84 € ☕ - wifi gratuit.* Au pied des remparts, cette petite maison propose des chambres au confort cosy, auxquelles leur taille réduite donne un air de maison de poupée. Petits-déjeuners servis dans la courette, si le temps s'y prête.

Chambre d'hôte Mas de la Montille – *Rte des Stes-Maries-de-la-Mer - 30220 St-Laurent-d'Aigouze - ✆ 04 66 35 59 43/06 18 - http://masdelamontille.free.fr - P - ⊭ - 5 ch. 80/120 € ☕ - rest. 28/35 €.* Meubles et voilages orientaux (la propriétaire est syrienne) s'intègrent au cadre méridional de ce mas camarguais. Aménagées dans une annexe, les chambres bénéficient du même style décoratif. Piscine, Jacuzzi et table d'hôte de qualité sur réservation. Accueil très chaleureux.

RESTAURATION

PREMIER PRIX

Le Café de Bouzigues – *7 r. Pasteur - ✆ 04 66 53 3 95 - www.cafedebouzigues.com - 14/31 €.* Vous ne mangerez pas ici d'huîtres de Bouzigues, mais une cuisine locale parfumée (la carte change tous les mois), dans une salle à manger colorée… ou dans la cour-terrasse, décorée de brocs et de cages à oiseaux.

BUDGET MOYEN

Le Minos – *7 pl. St-Louis - ✆ 04 66 53 83 24 - 14,80/26 €.* Vous serez accueilli dans une belle salle aux pierres apparentes décorée de toiles d'artistes locaux. La carte est un hommage aux traditions locales : tellines, gardiane de taureau et poisson à la plancha.

POUR SE FAIRE PLAISIR

Les Arcades – *23 bd Gambetta - ✆ 04 66 53 81 13 - www.les-arcades.fr - fermé mar. midi, et lun. (sf soir juil.-août) - formule déj. 20 € - 36/48 € - 9 ch. 98/140 € - ☕ 10 €.* Cadre raffiné (pierres apparentes), terrasse dressée sous les arcades, cuisine du terroir et chambres plaisantes dans cette belle maison du 16e s., très tranquille. Guitare flamenco en été (le w.-end).

UNE FOLIE

La Salicorne – *9 r. Alsace-Lorraine - ✆ 04 66 53 62 67 - www.la-salicorne.com - fermé 3 janv.-7 fév. et mar. sf vac. scol. - 52/70 €.* Pierre et poutres apparentes, cheminée, fer forgé, jolie terrasse d'été et saveurs aux accents du Sud : un concentré de Provence !

Villa Mazarin – *35 bd Gambetta - ✆ 04 66 73 90 48 - www.*

villamazarin.com - fermé dim. soir et lun. - menus 29/44 € - 20 ch. 120/260 € - ☕ 14 €. Reconverti en hôtel de charme, cet hôtel particulier du 16e s. propose en salle ou dans le superbe jardin intérieur une cuisine de marché raffinée. Les chambres, meublées 17e s., sont le cadre idéal pour une escapade de charme.

ACHATS

Gourmandises

Marché traditionnel – *Av. Frédéric-Mistral - merc. et dim. 8h30-12h30.*

Caveau les Sablons – *Rte d'Arles - ✆ 04 66 53 75 20 -* **Caveau Les Remparts** *- Rte du Grau-du-Roi - ✆ 04 66 53 80 55 - www.caveaulessablons.fr - tlj sf dim. hors sais.* Ces deux maisons du terroir, qui s'honorent du label « Sud de France », proposent un éventail de spécialités locales. Riz de Camargue, huile d'olive, tapenades ou gardiane de taureau. Une place de choix revient aux vins des sables, gris, blancs et rouges.

Boulangerie-pâtisserie Olmeda – *32 r. Émile-Jamais - ✆ 04 66 53 73 42 - 6h-13h, 16h-19h - fermé merc. (oct.-juin).* Avec sa façade ornementée d'une jolie mosaïque multicolore, cette boulangerie située à deux pas de la place St-Louis attire le regard. Mais sa renommée vient surtout de la grande fougasse, savoureuse spécialité parfumée à la fleur d'oranger.

Look

La Bandido – *12 r. Pasteur - ✆ 04 66 53 72 31 - mai-oct. : 9h30-13h, 14h-21h ; reste de l'année : tlj sf dim.-lun. 9h30-12h, 15h-19h, fermé 1er janv., 25 déc.* On y propose chemises imprimées, vestes en velours noir, pantalons et jupes cavalières en peau de taupe, chapeaux, bottes et *seden* (lasso)… pour jouer au gardian.

Artisanat d'art

Galerie Z – *4 pl. St-Louis - ✆ 04 66 53 61 98 - www.la-galerie-z.com- 10h30-12h30, 14h-19h.* Verrerie, céramique, bijoux dans un style résolument contemporain.

ACTIVITÉS

Promenades en péniche

Sur le canal du Rhône à Sète, à la découverte de la faune et de la flore. Arrêt dans une manade pour assister au travail des gardians.

Isles de Stel – *12 r. de l'Am.-Courbet - ✆ 04 66 53 60 70 - www.islesdestel.camargue.fr - fermé de mi-nov. à Pâques, 1er janv., 25 déc. - 10 € (enf. 6 €).*

Péniche Pescalune – *Port de Commerce - ✆ 04 66 53 79 47 - www.pescalune-aiguesmortes.com - avr.-sept. : 10h30, 15h, dim. 15h ; reste de l'année : sur réserv. - fermé janv. - 10 € (-12 ans 6 € : circuit 1h45).*

AGENDA

Fête votive – *1re sem. d'octobre.*

2

Le Grau-du-Roi

8 110 Graulens – Gard (30)

NOS ADRESSES PAGE 183

S'INFORMER

Office de tourisme – *30 r. Michel-Rédarès - 30240 Le Grau-du-Roi - ✆ 04 66 51 67 70 - www.vacances-en-camargue.com - juil.-août : 9h-21h ; mai et sept. : 9h-19h ; juin : 9h-20h ; reste de l'année : 9h-12h15, 14h-18h - fermé 1er janv., 25 déc.*

SE REPÉRER

Carte de microrégion B4 (p. 149) – *Carte Michelin Départements 339 J7.* Deux façons d'arriver au Grau : par la D 62A qui traverse l'**étang du Repausset** ; ou bien d'Aigues-Mortes par la D 979, en longeant les salins et le chenal. Le Grau-du-Roi s'ordonne en trois parties distinctes : le vieux village, de part et d'autre du canal ; le port de plaisance de Port-Camargue, et enfin le site préservé de la pointe de l'Espiguette, avec son phare et sa longue plage.

À NE PAS MANQUER

Les plages.

ORGANISER SON TEMPS

Le Grau-du-Roi est une base de séjour idéale pour des vacances en famille. Vous avez la chance de pouvoir venir hors vacances scolaires ? Félicitations, vous pourrez jouer les Robinson Crusoé, seuls (ou presque) tout au long des 18 km de plages de sable fin. En hiver, à vous les longues promenades sur le sable.

AVEC LES ENFANTS

Le Seaquarium.

Construite de part et d'autre d'un grau (brèche dans le cordon littoral ouverte naturellement vers 1570, au lieu-dit Gagne-Petit), entre l'embouchure du Vidourle et celle du Rhône, cette station déroule 18 km de plages de sable fin destinées aux adeptes des bains de mer. Jusqu'au milieu du 19e s., cet humble port était peuplé de pêcheurs, souvent d'origine

Balade à cheval en bordure de l'étang des Baronnets.
F. Guiziou / hemis.fr

italienne, vivant dans de modestes cabanes. L'arrivée du chemin de fer en a fait la plage des Nîmois. Quant aux plaisanciers, ils disposent avec Port-Camargue de marinas leur permettant d'accéder directement à leur bateau.

Se promener

Village

C'est un quadrillage de rues bordées de maisons basses, envahies en saison par des boutiques d'artisanat, de confection ou d'articles de plage, et dont le centre névralgique reste le canal, avec son pont tournant, ses pontons et le vieux phare coiffé de son campanile, symbole de la cité. Des bateaux de pêche sont amarrés le long des quais, par ailleurs bordés de restaurants. Depuis le bout de la jetée, vue sur le golfe d'Aigues-Mortes avec, à gauche, la pointe de l'Espiguette (et Port-Camargue), à droite, La Grande-Motte que semble surplomber le pic St-Loup, la montagne de la Gardiole et le mont St-Clair qui domine Sète.

2

Plages

Essentiellement fréquenté pour ses plages, Le Grau-du-Roi dispose d'un littoral déroulant 18 km de sable. Du nord au sud, vous trouverez la **plage du Boucanet**, qui s'étend des quartiers résidentiels jusqu'au centre commerçant. Passé le canal, vient ensuite la **plage nord**, que l'on peut longer en empruntant la promenade piétonne, qui s'étire jusqu'à Port-Camargue. Le port de plaisance, lui, compte la **plage sud**. Passé le chenal sud commence la longue **plage de l'Espiguette**, la plus sauvage *(voir p. 182)*.

★ Seaquarium - Palais de la Mer

Sur la route de Port-Camargue (accès fléché « Palais de la Mer »), parking gratuit à droite du Palais - av. du Palais-de-la-Mer - ✆ 04 66 51 57 57 - www.seaquarium.fr - ♿ - juil.-août : 9h30-23h30 (dernière entrée 1h av. la fermeture) ; avr.-juin et

LES « TELLINAÏRES »

Armés de leur tellinier (trois manches en bois, une lame et un filet à mailles serrées, la *couffe*), ils raclent les fonds sableux à la recherche des tellines, ces petits coquillages au goût délicat (ainsi nommés du grec *tellinos*, « bout de sein »), fort appréciés dans le golfe d'Aigues-Mortes.

LE CESTMED
Le Centre d'études et de sauvegarde des tortues marines en Méditerranée recueille et soigne des tortues marines blessées. Le rôle prépondérant qu'il joue dans la protection et la sauvegarde de ces espèces menacées depuis de nombreuses années est aujourd'hui accompagné par le Seaquarium.

sept. : 9h30-19h30 ; reste de l'année : 9h30-18h30 - fermé 25 déc. - 11,90 € (-16 ans 8,90 €) 36,50 € billet 2 adultes + 2 enf.

Requins, méduses, phoques, otaries, poissons de Méditerranée et bassins tropicaux amuseront ou impressionneront petits et grands dans ce vaste espace ordonné en sept thèmes. Tout au long du parcours, des écrans interactifs et des projections vidéo vous informent sur le mode de vie des poissons, mollusques et autres crustacés, tandis que jeux et espaces tactiles aident les enfants à découvrir le monde sous-marin.

Parmi les points forts de la découverte, il faut citer **Muséo Tortues**, exposition qui vous initiera, à travers un parcours ludique, au monde des tortues marines… sans toutefois vous en montrer, car, l'espèce étant particulièrement menacée, il est interdit aux aquariums d'en posséder. Mais, outre le toujours populaire **bassin des phoques et des otaries**, la vedette des lieux demeure sans conteste le **Requinarium**. Cet espace de 1 000 m² contenant un million de litres d'eau de mer est unique en Europe. Il permet d'accueillir 25 espèces de requins dans plusieurs bassins (dont un géant de 80 000 litres d'eau, visible sur deux étages). Vous partirez à la découverte de leurs mystères, de leur diversité, et de leurs habitudes alimentaires grâce aux saisissants « frigos de l'angoisse ». Pour autant, ne négligez pas le petit **musée de la Mer** : maquettes de navires (« nacelles » et « mourres de porcs »), types de pêches locales abandonnées ou non (au globe, au trabaque, à la bordigue, sans oublier la « seinche », version graulenne de la madrague) et le ramassage des tellines.

En empruntant le passage qui mène aux jeux pour enfants (Babyland) et au mini-golf, à l'extérieur du Palais, vous pourrez vous promener le long de la mer et profiter de la plage à quelques mètres…

Port-Camargue

Accès par la D 62^B, au sud-est.

Entre Le Grau et l'Espiguette, la station a été créée de toutes pièces en 1969 autour d'un port de 170 ha, pouvant abriter 4 860 bateaux : bassins d'escale et d'hivernage sont entourés par la capitainerie, le chantier naval, les services nautiques et les marinas conçues par l'architecte Jean Balladur.

Phare et plages de l'Espiguette

6 km au sud par la route partant du rond-point marquant l'entrée de Port-Camargue - parking payant du 2 avr. au 25 sept. : 7h30-18h - 5,50 € par véhicule.

Pour rejoindre cette immense plage de sable (900 m de large et 9 km de long !), il faut suivre une route tracée entre plages et étangs, permettant de découvrir un paysage camarguais et d'apercevoir quelques oiseaux. En bordure de l'**étang des Baronnets**, face à la Maison méditerranéenne des vins, de l'olive et des produits régionaux *(voir Nos adresses)*, arrêtez-vous à la **cabane camarguaise** qui sert d'observatoire. Autre curiosité à explorer entre deux baignades : le **phare**, posé à l'origine à 150 m de la mer, se dresse aujourd'hui à 1,5 km du rivage, au milieu de dunes où poussent tamaris, chardons, roquettes de mer ou cakiles. Sur cette immense plage, le port du maillot relève de l'excentricité.

NOS ADRESSES AU GRAU-DU-ROI

TRANSPORT

Train – *04 66 51 67 70.* Pour ceux qui n'ont pas de voiture, ce rutilant TER mène, depuis Nîmes, parmi les étangs, jusqu'à la gare du Grau-du-Roi en un peu moins d'une heure.

HÉBERGEMENT

PREMIER PRIX

Camping Le Boucanet – *BP 206 - 30240 Le Grau-du-Roi (1 km au nord-ouest du Grau-du-Roi) - 04 66 51 41 48 - www.campings-franceloc.fr - 9 avr.-2 oct. - réserv. conseillée - 458 empl. 40 € - rest.* Pour qui aime avoir les pieds dans l'eau, certains emplacements sont à 5 m de la mer ! La piscine a aussi son charme. Détente assurée pour petits et grands : tennis, planche à voile, club enfants… Location de mobile homes.

BUDGET MOYEN

Les Acacias – *21 r. de l'Égalité (rive droite) - 04 66 51 40 86 - www.hotel-les-acacias.fr - fermé de mi-déc. à mi-fév. - 29 ch. 52/88 € - 9 € - wifi gratuit.* Une terrasse ombragée dans une rue calme précède cet hôtel familial au décor sobre et aux chambres agréables.

Le Splendid – *Bd Alphonse-Juin (front de mer) - 04 66 51 41 29 - www.splendid-camargue.com - 35 ch. 65/125 € - 11 €.* Un grand classique local qui a su évoluer. Depuis les balcons des chambres, vue imprenable sur le golfe d'Aigues-Mortes.

POUR SE FAIRE PLAISIR

L'Oustau Camarguen – *3 rte des Marines - 30240 Port-Camargue (à 3 km au sud du Grau-du-Roi par D 62B) - 04 66 51 51 65 - www.oustaucamarguen.com - fermé 13 oct.-25 mars - P - 39 ch. 81/105 € - 12 € - rest. 27/33 €.* Petit mas camarguais sur la route de la plage sud. Chambres spacieuses dans l'esprit provençal, certaines avec jardinets privatifs. Restaurant avec terrasse en bord de piscine. Cuisine classique, grill le midi. Hammam et Jacuzzi.

RESTAURATION

Les restaurants saisonniers qui investissent les rues du village sont de qualité inégale. Privilégiez plutôt les adresses plus locales comme **Le Palangre** ou **Le Dauphin** sur la rive droite aux abords du pont tournant.

PREMIER PRIX

L'Aigo Boulido – *Plage du Boucanet (bd du Dr-Jean-Bastide) - 04 66 77 69 21 - midi et soir - 9,50/23 €.* Ce fut longtemps une adresse culte perdue dans les étangs du côté d'Aigues-Mortes. Aujourd'hui transféré au Grau, le lieu a conservé son décor hétéroclite et coloré, comme son atmosphère chaleureuse et décalée. On y déguste des tellines, mais aussi des grillades de sardines ou maquereaux, ou encore des côtes de taureau à la fleur de sel. Mais on vient surtout pour l'ambiance…

BUDGET MOYEN

L'Amarette – *8 av. Jean-Lasserre - Centre commercial Camargue 2000 - 30240 Port-Camargue (à 3 km au sud du Grau-du-Roi par la D 62B) - 04 66 51 47 63 - www.l-amarette.com - fermé merc. hors sais., et déc.-janv. - 23/60 €.* Restaurant aménagé au 1er étage d'un centre commercial où vous pourrez déguster poissons, coquillages et crustacés de très grande fraîcheur, sur une terrasse dominant le littoral.

BOIRE UN VERRE

Café

Bar de la Marine – *31 quai Colbert - ☎ 04 66 51 40 33 - été : 7h-1h ; reste de l'année : 8h-20h.* Cette institution locale constitue, été comme hiver, un des points stratégiques de la station. Son décor en bleu et blanc est fort agréable et sa terrasse surplombant le canal permet d'assister au retour des chalutiers cernés par les « gabians » (goélands).

EN SOIRÉE

Casino Flamingo – *100 rte de l'Espiguette - ☎ 04 66 53 40 95 - www.groupetranchant.com - 10h-4h.* Ce casino propose des jeux de black-jack, roulettes anglaises, boule, stud poker et 160 machines à sous. Dîners-spectacles, soirées musicales et dansantes.

ACHATS

Maison méditerranéenne des vins, de l'olive et des produits régionaux – *Domaine de l'Espiguette (suivre « plage de l'Espiguette ») - ☎ 04 66 53 07 52 - www.maisondesvins-lespiguette.com - juil.-août : 9h-13h30, 14h30-19h30 ; avr.-juin et sept. : 9h30-12h30, 14h30-19h30 ; oct.-mars : 9h30-12h30, 14h30-18h30.* Lieu consacré à la dégustation et à la vente de produits régionaux : vins méditerranéens, huiles d'olive, plats cuisinés, miels, riz, sel de Camargue et savons de Marseille. Artisanat et coin librairie.

ACTIVITÉS

Balade en mer

Le Providence – *Jetée rive gauche (quai Colbert) - ☎ 06 10 56 22 69 - www.leprovidence.fr.* Balades en mer à bord d'un grand catamaran (1h ou 2h), découverte du port de La Grande-Motte, parties de pêche. Croisière vers le port de Sète.

Équitation

Ranch Lou Seden – *1820 rte de l'Espiguette - ☎ 04 66 51 74 75 - www.ranch-lou-seden.com - été : 8h-21h ; le reste de l'année : 9h-19h - 15 €/h ; 25 €/2h.* En 1950, Jean Vedel eut l'idée d'organiser des excursions équestres à travers la Camargue. Aujourd'hui, ses enfants ont pris le relais et mettent à votre disposition chevaux et poneys pour un grand choix de promenades, de 1h (dans les marais), de 2h au bord de la mer, ou de 4h (pour cavaliers confirmés).

Mas de l'Espiguette – *Rte du Phare - ☎ 04 66 51 51 89 - www.masdelespiguette.com - 8h-21h - fermé 25 déc. - 18/55 €.* Une monitrice diplômée assure des cours à l'année ou des stages. Laissez-vous charmer par la beauté des paysages camarguais en galopant dans les marais, ou dans l'écume des vagues sous le soleil couchant.

AGENDA

Spectacles taurins – *D'avr. à oct. :* courses camarguaises aux arènes (surtout lors de la fête votive mi-septembre, lorsqu'est mis en jeu le Trophée de la mer). *Abrivados* dans les rues, sur le pont tournant et sur la plage du Boucanet *(un sam. de mars).* Corridas portugaises, toros-piscine. *(juil.-août).*

Vogua Mostra – *W.-end de l'Ascension.* Fête des traditions locales.

Le pont romain sur le Vidourle.
cynoclub / Kalium / age fotostock

Sommières

4 505 Sommiérois – Gard (30)

2

NOS ADRESSES PAGE 190

S'INFORMER

Office de tourisme – *5 quai Frédéric-Gaussorgues - 30250 Sommières - 04 66 80 99 30 - www.ot-sommieres.fr - juil.-août : 9h-12h30, 14h-18h, dim. et j. fériés 10h-13h ; reste de l'année : 9h-12h30, 14h-17h30, sam. 9h-12h30, dim. 10h-13h - fermé 1er janv., 1er et 8 Mai, dim. de Pentecôte, 1er et 11 Nov., 25 déc.*

SE REPÉRER

Carte de microrégion AB3 (p. 149) – *Carte Michelin Départements 339 J6.* Sur la D 610 à 19 km au nord-est de Montpellier et à 46 km au sud d'Alès.

SE GARER

Laissez la voiture à l'un des différents parkings aménagés autour de la place des Aires (sur la D 610) et traversez le Vidourle par le pont romain pour gagner le centre-ville.

À NE PAS MANQUER

Le pont romain et les places de marché de Sommières ; la salle à manger en cuir des Flandres du château de Villevieille ; les fouilles du site d'Ambrussum ou encore la façade Renaissance du château de Marsillargues.

ORGANISER SON TEMPS

Comptez 1h.

AVEC LES ENFANTS

La halle du Verre à Claret.

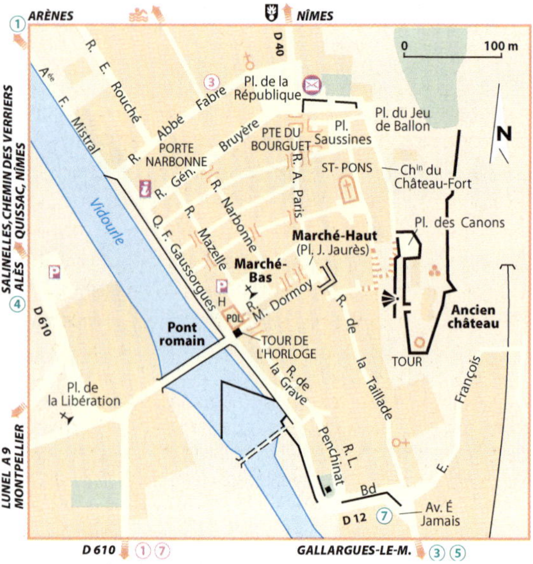

SOMMIÈRES

SE LOGER

- Château Roumanières (Chambre d'hôte)...... ①
- Estelou (Hôtel de l')................. ③
- Mas de Baumes........... ④
- Mas Fontclaire (Chambre d'hôte)...... ⑤
- Pont Romain (Auberge du)............. ⑦

SE RESTAURER

- Chodoreille................... ①
- Olivette (L')..................... ③
- Rose Blanche (La)........ ⑦

Née au pied d'un château fort à la belle tour carrée, cette cité médiévale a conservé tout son caractère, comme en témoignent ses portes fortifiées, ses ruelles franchies par des arceaux ou encore ses places ornées d'arcades. Coulant paresseusement (le plus souvent!) sous le pont romain, le Vidourle ajoute au charme de cette cité réputée jadis pour la fabrication de cuirs et d'étoffes de laine.

Se promener Plan de ville

Pont romain

Le pont d'origine, long de 190 m et doté de 17 arches, fut jeté sur le Vidourle, sous le règne de Tibère, au début du 1ᵉʳ s. Restauré au 18ᵉ s., il se prolonge dans la partie basse de la cité.

Marché-Bas

Accès par l'escalier de Reilhe, à gauche, aussitôt franchie la tour de l'Horloge. Cette place, entourée de maisons à arcades, était bordée au sud par des arches du pont romain (dont on peut apercevoir des vestiges).

Marché-Haut

Il communique avec le Marché-Bas par une curieuse ruelle en partie voûtée qui ne marque qu'un très faible dénivelé. Également connu sous le nom de place Jean-Jaurès, c'est l'ancien marché au blé de Sommières. Dans un angle, un passage couvert dessert la rue de la Taillade, ancienne voie romaine donnant accès au pont romain; aussitôt à gauche, au nᵒ 3, hôtel du 17ᵉ s. présentant une intéressante cage d'escalier.

Ancien château

Accès en voiture par la rue du Château-Fort ou à pied par la montée des Régordanes. De là, une belle **vue** s'offre sur Sommières et ses toits de tuiles rouges, les garrigues et, au-delà, sur les Cévennes.

Circuits conseillés Carte de microrégion

AUTOUR DU VIDOURLE B3-4

Pour visualiser ce circuit de 43 km, reportez-vous à la carte de microrégion (p. 149) – Comptez 2h environ. Quittez Sommières par la D 610 (direction Alès) et tournez immédiatement sur la droite dans la D 40 (direction Nîmes).

Villevieille B3

Dominant Sommières, ce paisible village perché, avec ses maisons de pierres sèches, ses ruelles enjambées d'arcs, semble surveiller la vallée du Vidourle.

Château – *✆ 04 66 80 01 62 - www.chateau-de-villevieille.fr - juil.-sept. : 14h-20h ; avr.-juin et oct. : w.-end et j. fériés 14h-19h - fermé nov.-mars - 8 € (-10 ans gratuit).* Bâti sur un éperon rocheux, il encadre de ses tours médiévales une façade Renaissance. Au rez-de-chaussée, salle à manger tendue en **cuir des Flandres★** ; au premier étage, chambre que Louis XIII occupa pendant le siège de Sommières, chambre de Saint Louis, à l'imposante cheminée médiévale, et grand salon décoré de gypseries du 18e s. La terrasse offre une belle vue sur la vallée.

Regagnez la D 40 puis prenez à droite la D 105 vers Junas. La route traverse la **Vaunage**, terre vallonnée de garrigues peuplée de chênes verts et d'olivettes, à laquelle quelques cyprès donnent un je-ne-sais-quoi de toscan.

Aubais B3

Dominé par la silhouette de son château, le village du peintre **Claude Viallat** est habité par de nombreux artistes qui ouvrent régulièrement les portes de leurs ateliers lors des manifestations des « Quatre Saisons de l'Art à Aubais ». Remarquez les célèbres *empègues*, dessins au pochoir réalisés à l'occasion des fêtes votives, au-dessus des portes des maisons.

Poursuivez en direction de Villetelle par la D 142 et la D 12 et, à la sortie du village, rejoignez l'oppidum d'Ambrussum (signalisation).

Ambrussum B3

Parking. Déjà occupé à la fin du néolithique, puis plus tard au premier âge du fer, ce site de hauteur, permettant de contrôler le franchissement du Vidourle, fut transformé en **oppidum** dès la fin du 4e s. Plus tard, il devint un relais important sur la voie Domitienne, entre Nîmes et Castelnau-le-Lez.

Musée – *✆ 04 67 02 22 33 - www.ambrussum.fr - juil.-août : tlj sf lun. 10h-12h30, 14h30-19h ; reste de l'année se rens. - fermé janv., 1er Nov. et 25 déc. Visites guidées 3 € (musée + site 6,5 €) ; visites libres : gratuit.* Il propose de découvrir le rôle de cet ancien relais et les différentes phases d'occupation grâce aux objets retrouvés et à des maquettes.

Les fouilles ont mis au jour des vestiges intéressants : sur la colline, le soubassement d'un **rempart** (3e s. av. J.-C.) en pierres sèches, jalonné de 25 tours très rapprochées, des **maisons gallo-romaines** à cours intérieures

LES « VIDOURLADES »

Fleuve côtier, le Vidourle ne paie pas de mine lorsqu'on l'aperçoit en été presque à sec. C'est compter sans ses colères subites, les « vidourlades » qui continuent à semer régulièrement la désolation, même si des bassins de retenue (réalisés ou en projet) tentent de l'amadouer…

2

bordées de portiques, un édifice public élevé sur une place dallée, mais surtout un tronçon bien conservé de la **voie Domitienne**, pavée et creusée de profondes ornières, qu'on peut suivre sur 200 m. En contrebas, le **pont romain** avec son arche unique (il en comptait 11 à l'origine) permettait à la voie Domitienne de rejoindre la rive droite du Vidourle. Vous verrez le tableau qu'en a tiré Courbet au musée Fabre de Montpellier. Un peu plus loin s'étend le quartier bas avec ses îlots bordant une rue, où l'on a identifié une auberge.
Rejoignez Lunel par la D 110^{E} puis la D 34.

Lunel B3-4

Réputée pour son muscat, cette petite ville est fière de ses traditions tauromachiques (tant espagnoles que camarguaises), du nom de ses habitants, les Pescalunes (ou « pêcheurs de lune ») et d'un passé prestigieux. Au 13e s., son école talmudique forma des rabbins renommés : les vestiges de la synagogue sont visibles au 207 de la rue Alphonse-Ménard. Découvrez aussi, dans le vieux Lunel, le passage voûté des Caladons (13e s.), l'église N.-D.-du-Lac (17e s.), l'hôtel de Bernis (17e s.) ou encore celui de Brignac (18e s.). Pour les bibliophiles, la belle bâtisse du 18e s. située place des Martyrs-de-la-Résistance abrite la **bibliothèque municipale** enrichie du fonds Louis-Médard (1768-1841) : une collection de près de 5 000 ouvrages datant pour certains du 12e s.
Poursuivez sur la D 34.

Marsillargues B4

Autrefois fief du légiste Guillaume de Nogaret, bras droit de Philippe le Bel, le village natal de **Gaston Defferre** (1910-1986) est entouré de boulevards ombragés de platanes. La grande place commande l'accès à l'église, à l'hôtel de ville, aux arènes et à l'imposant château de style Renaissance.
Château – Guillaume de Nogaret fit débuter sa construction en 1305. L'édifice fut profondément remanié au 16e s., puis à nouveau modifié avant d'être ravagé lors d'un terrible incendie en 1936.
La **façade nord★** (16e s., à gauche) est un très bel exemple d'architecture méridionale Renaissance : bas-reliefs, masques, guirlandes, emblèmes royaux, etc. L'aile sud a été construite à la fin du 17e s. pour lui donner la réplique (juste la façade).
Le château ne se visite pas mais accueille un modeste **musée** qui retrace son histoire ainsi que celle des célébrités et traditions locales. *Mai-sept. : merc. 15h-18h - 2 € (enf. gratuit).*
Le retour sur Sommières s'effectue par la D 34 avec, pourquoi pas, un arrêt sur les berges du Vidourle à **Boisseron**, avant de reprendre à droite la D 6110.

★ LE CHEMIN DES VERRIERS A3

Pour visualiser ce circuit de 44 km, reportez-vous à la carte de microrégion (p. 149) – Comptez 3h jusqu'à Ferrières-les-Verreries.
Au Moyen Âge, les épidémies de peste et les famines entraînent la mise en friche des terres sur le causse de l'Orthus, territoire de crêtes calcaires s'étendant au pied du pic St-Loup, au nord-est de Sommières. La garrigue qui l'a bientôt envahi se révèle une réserve de combustible intéressante pour les verriers. C'est ainsi que nombre d'ateliers s'y installent ; leur activité est bientôt régie par la « charte de Sommières » (1445), selon laquelle la profession ne peut être exercée que par des gentilshommes jouissant de divers privilèges, dont celui de transmettre leur charge à leurs descendants, garçons ou filles. Longtemps prospère, l'activité des verriers connaît le déclin au 18e s. lorsque les nouveaux besoins de l'industrie entraînent la raréfaction du bois, avant

de subir un coup fatal en 1789 avec l'abolition des privilèges. Les dernières verreries forestières ont disparu dans la seconde moitié du 19e s. Soucieuses de faire revivre ce passé, les communes de la région se sont engagées dans un travail de restauration des ateliers d'autrefois, tout en encourageant l'installation d'artistes verriers contemporains.

Chapelle St-Julien de Salinelles A3

Quittez Sommières par la D 35 en direction de Quissac. Tournez à gauche au rond-point (chemin signalisé) avant l'entrée dans le village de Salinelles.

Cette chapelle romane du 11e s. forme un ravissant tableau avec son cimetière, ses cyprès et son environnement champêtre. Fort bien restaurée, elle sert de cadre en été à des expositions de peinture et à des concerts.

Reprenez la D 35, puis après 2,3 km, empruntez à gauche une route étroite en direction d'Aspères ; dans ce village, suivez la direction « Vacquières, Claret ».

Traversant quelques villages (comme **Garrigues**) ou hameaux, la route, sinueuse, s'insinue entre des collines où les vignes, parfois illuminées de rosiers, sont omniprésentes. De-ci, de-là, dans la campagne, « mazets » et capitelles rappellent l'usage ancestral de la pierre sèche dans la construction.

Après 11,5 km, prenez sur la droite la D 109.

Vacquières A3

Doté d'un pont médiéval, c'est le premier village de verriers que vous rencontrez. Quelques ateliers sont établis de part et d'autre de la route en direction du hameau de **Vabre**.

Prenez sur la D 107 vers Sauteyrargues et Claret (à 6,5 km de Vacquières).

Claret A3

50 av. du Nouveau-Monde (à l'entrée de la halle du Verre) - 34270 Claret - ✆ 04 67 59 06 39 - www.cc-orthus.fr.

Halle du Verre – *Voir coordonnées ci-dessus - www.halleduverre.fr - juil.-août : 10h-13h, 15h-19h ; avr.-juin, sept.-oct. : merc.-dim. 14h-18h - fermé 1er Mai et nov.-mars - 3 € (-15 ans : gratuit).* Cet espace muséographique raconte de façon didactique, ludique et interactive l'histoire du verre, des verres naturels de la haute Antiquité (obsidienne, cristal de roche) à nos jours. Matériaux, techniques de fabrication, grands centres verriers, commerce et transport (notamment par voie maritime à l'époque romaine) y sont présentés, une attention spéciale étant portée aux gentilshommes verriers de la région. En mezzanine, un espace accueille des expositions temporaires de verriers d'art contemporains. Démonstrations ponctuelles de soufflage de verre à la canne, et jeu de piste pour les enfants.

Quittez Claret en direction de Ferrières par la D 107 puis la D 107A.

La route, parfois étroite, part à l'assaut de la crête de Taillade dans un paysage de garrigues âpre et odorant. Seuls quelques mas isolés viennent rompre la solitude des lieux.

Ferrières-les-Verreries A3

À l'entrée de ce minuscule village, prenez sur la droite une route qui descend en lacet vers la verrerie de la Couloubrine (signalisation).

Ancienne verrerie de la Couloubrine – *Visite en groupe sur RV au ✆ 04 67 59 06 39.* Bien restaurée, cette bâtisse de pierre sèche élevée au 16e s. abrita un atelier de gentilhomme verrier entre 1513 et 1776.

Vous pouvez revenir sur vos pas jusqu'à Claret de façon à explorer d'autres villages verriers comme **Lauret** ou **Valflaunès**, ou bien monter vers St-Hippolyte-du-Fort *(voir p. 296)* via **Pompignan** par la D 25.

NOS ADRESSES À SOMMIÈRES

HÉBERGEMENT

POUR SE FAIRE PLAISIR

Auberge du Pont-Romain – *2 r. Émile-Jamais - ✆ 04 66 80 00 58 - www.aubergedupontromain.com - P - 19 ch. 75/125 € - ☕ 14 € - repas 25/60 €.* Une ancienne fabrique de draps posée en bordure du Vidourle, à quelques encablures du fameux pont de Sommières. Grandes chambres parfois biscornues, certaines dotées de balcons dominant le jardin. Le restaurant met l'accent sur les spécialités régionales apprêtées avec goût et une certaine originalité. Belle carte de vins.

Chambre d'hôte Mas Fontclaire – *8 r. Émile-Jamais - ✆ 04 66 77 78 69 - http://masfontclaire.free.fr - 3 ch. 80/120 € ☕.* Il faut passer un grand porche pour découvrir ce havre de paix : les dépendances d'une ancienne maison vigneronne, au milieu d'un joli jardin fleuri. Les chambres, toutes différentes, sont modernes ou plus typiquement provençales. Petit-déjeuner dans le patio. Piscine.

Autour du chemin des Verriers

Chambre d'hôte Château Roumanières – *34160 Garrigues - ✆ 04 67 86 49 70 - www.chateauroumanieres.com - réserv. indispensable - 3 ch. et 2 suites 80/120 € ☕ - repas 20 € 42 € bc.* Cette grosse maison, autrefois un château, a été restaurée en 2007. Chambres ou suites, toutes marient à merveille le charme d'antan avec les murs en pierre, les meubles anciens et le confort moderne des salles de bains. Pour les repas (table d'hôte le sam. soir uniquement, les autres soirs « planche-repas »), impressionnante salle voûtée ou l'on dégustera un menu régional arrosé des vins de la propriété.

Mas de Baumes – *34190 Ferrières-les-Verreries (sur la D107E, 4 km avant le village) - ✆ 04 66 80 88 80 - www.oustaldebaumes.com - fermé dim. soir, lun. et mar. (1er nov.-15 mars), fin oct.-déb. nov., 15 j. déb. janv. - 7 ch. 70/195 € ☕ - repas 18/38 €.* Perdu dans la garrigue, ce vieux mas isolé, superbement restauré, propose des chambres aussi confortables qu'agréables. Au restaurant, des plats volontiers inventifs, articulés dans deux menus, « saveurs » et « couleurs ».

RESTAURATION

Aux beaux jours, nombreuses terrasses autour de la place des Aires et sous les couverts du Marché-Bas.

BUDGET MOYEN

L'Olivette – *11 r. Abbé-Fabre - ✆ 04 66 80 97 71 - fermé mar. soir et merc. - formule déj. 15 € - 19/35 €.* En plein cœur du village, ce petit restaurant fréquenté par les locaux propose une cuisine traditionnelle et méditerranéenne. Sa salle claire et agréable, son service efficace et souriant en font une bonne adresse.

Chodoreille – *140 r. Lakanal - 34400 Lunel - ✆ 04 67 71 55 77 - www.chodoreille.fr - fermé lun. et*

dim. sf j. fériés, 13-31 août - 22/53 €. Dans une ruelle un peu excentrée, ce restaurant discret prolonge sa petite salle d'un joli patio en été. Cadre contemporain, accueil attentionné et quelques plats de Camargue rondement menés contribuent à sa bonne réputation.

La Rose Blanche – *51 r. Maurice-Chevet - 34160 Boisseron - ✆ 04 67 86 60 76 - fermé lun., mar. midi, dim. soir sur réserv. pour groupe - 13/42 €.* Installé dans le château, ce restaurant ose avec bonheur marier un décor contemporain aux voûtes médiévales. Cuisine agréable et colorée, inspirée par les traditions du cru.

Sur le chemin des Verriers

Possibilité de restauration légère (ou plus conséquente) au café-restaurant de la Place à **Claret**.

ACHATS

Terre de Sommières

Saupoudrée sur les taches fraîches, cette terre (du silicate de magnésium, historiquement extrait dans les mines de Salinelles, aujourd'hui fermées), une fois pilée et rendue fine comme le talc, permet de détacher à sec les cuirs, le daim ou les tissus… Vous pourrez sans doute en trouver quelques sachets à l'**Atelier de Corinne**, *13 r. Antonin-Paris - ✆ 04 66 88 76 50.*

Verriers

Yannverre – *Route du Moulin-à-Vent - 34270 Vacquières (D 107) - ✆ 06 13 20 84 61 - www.yannverre.com.*

Attard – Verrier au chalumeau - *63 av. du Nouveau-Monde - Claret - merc.-dim. 14h-18h.*

Verrerie d'art – *Claret, à côté de la halle du Verre - ✆ 04 67 55 17 00 - halle du verre@ccaps.fr - ♿ - de mi-avr. à mi-juin et de mi-sept. à fin oct. : merc., sam. et dim. 14h-18h ; de mi-juin à mi-sept. : lun.-dim. 10h-12h30, 14h-19h.* Expositions collectives des verriers du village.

AGENDA

Festival de musique de chambre – Au château, chaque été, *1re quinz. d'août.*

Fêtes votives – Sommières *(1re sem. d'août)* : courses camarguaise et « encierro » nocturne dans les ruelles du centre ; Aubais *(autour du 15 août)* : les courses se donnent comme autrefois dans un « plan de charrettes »… émotions (fortes) garanties quand il prend au taureau l'envie de s'intéresser aux spectateurs !

Feria – Lunel *(autour du 14 Juillet).*

2

Beaucaire

★

15 505 Beaucairois – Gard (30)

NOS ADRESSES PAGE 196

S'INFORMER

Maison du tourisme – *24 cours Gambetta - 30301 Beaucaire - ✆ 04 66 59 26 57 - www.ot-beaucaire.fr - juil. : 8h45-12h15, 14h-18h, sam. 9h30-12h30, 15h-18h, dim. 9h30-12h30 ; 6 avr.-26 sept. : tlj sf dim. 8h45-12h15, 14h-18h, sam. 9h30-12h30, 15h-18h ; reste de l'année : tlj sf w.-end 8h45-18h - fermé 1er et 11 Nov., 25 déc.*

Visite guidée – *Rens. à la Maison du tourisme ou sur www.ot-beaucaire.fr - 4,30 €.* Beaucaire, qui porte le label Ville d'art et d'histoire, propose des visites-découvertes thématiques (1h30) animées par des guides-conférenciers agréés par le ministère de la Culture et de la Communication : le château, les hôtels particuliers, au temps de la foire de la Madeleine…

SE REPÉRER

Carte de microrégion C3 (p. 149) – *Carte Michelin Départements 339 M6.* Que l'on arrive de Tarascon en traversant le Rhône, de Nîmes par la D 999, d'Arles (14 km au sud) par la D 15, ou d'Avignon (24 km au nord) par la D 2, on aboutit toujours le long du canal du Rhône à Sète où est aménagé un port de plaisance.

SE GARER

Parking sur les deux rives du canal. En été, on préférera l'ombre des platanes sur le cours Gambetta (attention : disque obligatoire…).

À NE PAS MANQUER

Le château ; le vieux Beaucaire.

ORGANISER SON TEMPS

Compter 1h pour la visite du château, au moins autant pour flâner dans les ruelles, et sans doute plus longtemps si vous venez un jeudi ou un dimanche, jours de marché traditionnel. Les vendredis d'été, un marché nocturne, musical et artisanal, se déroule sur les quais du port.

AVEC LES ENFANTS

Le Vieux Mas (reconstitution d'une ferme à l'ancienne).

L'antique Ugernum a été peu à peu supplanté par le nom de Castrum Bellicadri, qui en occitan donna naturellement bèu caire, le « caire » désignant une pierre de taille (et, donc, le château qui domine la ville). Fièrement dressée face à Tarascon l'impériale, et jadis fameuse dans toute l'Europe pour sa foire qui des siècles durant draina les foules, la citadelle des comtes de Toulouse a aujourd'hui tout d'une belle endormie. Il ne tient qu'à vous d'aller la réveiller…

Se promener Plan de ville

★ LE VIEUX BEAUCAIRE

Pour visualiser ce circuit, reportez-vous au tracé sur le plan p. 194. Prenez, à droite du cours Gambetta, la rue de l'Hôtel-de-Ville qui conduit à la place Georges-Clemenceau.

Hôtel de ville

Ce bel édifice classique, édifié à la fin du 17e s. sur des plans de Mansart, ne manque pas de noblesse. Outre sa façade (des guirlandes de fleurs encadrent les fenêtres), la cour, avec son double portique à colonnes précédant le grand escalier, mérite un coup d'œil.

Église N.-D.-des-Pommiers

Façade incurvée, caractéristique du style « jésuite » en vogue au 18e s. ; à l'intérieur, majestueuse coupole sur pendentif s'élevant à la croisée du transept.

En empruntant la rue Charlier, on aperçoit une frise, encastrée dans la partie supérieure du mur, seul vestige de l'église romane à laquelle l'édifice actuel a succédé. Elle représente la Cène, le Baiser de Judas, la Flagellation, le Portement de la croix et la Résurrection.

Un arceau donne accès à la rue de la République que l'on prend sur la droite.

Façade classique de l'**hôtel des Clausonnettes** (18e s.) adossé au château *(entrer si possible dans la cour)* et, attenant, au n° 23, l'**hôtel des Margailliers**, avec sa belle façade sculptée qui lui a valu son surnom de « maison des cariatides ». Quelques mètres plus loin, en face, l'**hôtel de Roys de St-Michel** (F), du 18e s., a lui aussi belle allure.

2

La rue débouche sur la sympathique **place de la République** dont les arceaux abritent quelques artisans.

Musée du Cheval et de l'Éperonnerie d'art – *R. du 4-Septembre (accès par la rue Barbès) - ✆ 04 66 59 41 08 - merc.-sam. 10h-12h, 15h-18h (19h vend.-sam.), dim. 10h-12h - 3 € (-12 ans 1 €).* Les amateurs d'équitation y découvriront de remarquables pièces de harnachement (mors, selles, étriers, provenant du monde entier et réunis par un collectionneur passionné).

Revenez à la place puis à la rue de la République et prenez à droite la montée du Château.

★ Château

Montée du Château - ✆ 04 66 59 71 34 (mairie) - visite guidée sur demande à l'office de tourisme de mi-avr. à fin oct. : 10h - fermé j. fériés - 4,30 €.

Bâti au 11e s. à l'emplacement d'un *castrum* (camp fortifié) romain, remanié au 13e s. (à la suite du siège mémorable de 1216 au cours duquel le jeune comte de Toulouse Raimond VII obtint la capitulation de la garnison française), le château fut démantelé par Richelieu. Ses vestiges se dressent sur le sommet de la colline, protégé par une enceinte, ombragée de pins, de cyprès, fleurie d'iris et de genêts d'Espagne, que l'on peut suivre, découvrant au passage la curieuse **tour polygonale** (dite aussi tour triangulaire), de plan très rare, posée sur un éperon rocheux, les **courtines** dominant l'à-pic et la belle **tour ronde** d'angle. La petite **chapelle** romane possède un charmant tympan sculpté *(la partie haute du château, comprenant la tour et la chapelle, n'est pour l'heure pas accessible à la visite).*

SE LOGER

Doctrinaires (Hôtel Les)........................ 5
Mas de Lafont.................. 6
Vignes Blanches (Hôtel Les)........................ 9

SE RESTAURER

Amandin (Auberge de l')................ 1
Soleil (Le).......................... 9

Hôtel de Roys de St-Michel................ F

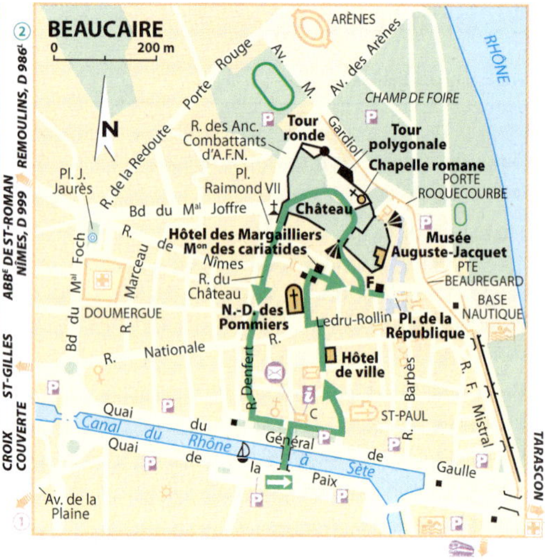

Rejoignez le cours Gambetta par la place Raimond-VII, puis par la rue du Château et, dans le prolongement, la rue Denfert-Rochereau.

Musée Auguste-Jacquet

Au château - ✆ 04 66 59 90 07 - www.beaucaire.fr - avr.-oct. : 10h-12h30, 14h-18h ; reste de l'année : 10h-12h, 14h-17h - possibilité de visite guidée (1h) sur demande préalable - fermé mar., 1er janv., 25 déc. - 5 € (-12 ans 2 €).

Installé dans l'enceinte du château, il abrite une section archéologique regroupant des pièces allant de la préhistoire à la période gallo-romaine. Il présente aussi une évocation intéressante du Beaucaire d'autrefois : reconstitution d'un intérieur bourgeois, costumes, coiffes, ustensiles, céramiques de St-Quentin-la-Poterie *(voir Uzès, p. 218)* et documents concernant la foire.

À proximité Plan de microrégion

★ Abbaye de St-Roman C3

5 km au nord-ouest par la route de Remoulins (D 986). Laissez la voiture au parc de stationnement (gratuit et surveillé) - ✆ 04 66 59 19 72 - www.abbaye-saint-roman.com - juil.-août : 10h-13h, 14h-19h (dernière entrée 30mn av. la ferm.) ; avr.-juin et sept. : tlj sf lun. 10h-13h, 14h-18h ; mars et oct. : tlj sf lun. 14h-17h ; reste de l'année : dim. et vac. scol. 14h-17h - fermé 25 déc. - 5,50 € (-18 ans gratuit).

30mn AR. Le chemin d'accès s'élève dans un paysage de garrigue jusqu'à l'entrée du site. Au sommet d'un piton calcaire dominant la vallée du Rhône, au confluent du Gardon, cet étonnant monastère troglodytique, qui dépendait de l'abbaye de Psalmodi *(voir Aigues-Mortes, p. 172)*, fut abandonné au 16e s. Une forteresse, bâtie en partie avec les pierres de l'abbaye, lui succéda. Elle fut démantelée en 1850 et seuls quelques vestiges des fortifications sont encore visibles. Un circuit balisé mène à la chapelle taillée dans le roc, qui abrite le tombeau de saint Roman. Depuis la terrasse (nécropole creusée dans la roche), belle **vue★** sur le Rhône, Avignon, le mont Ventoux, le Luberon, les Alpilles et, au premier plan, Tarascon et son château. On découvre en redescendant une vaste salle (elle comptait à l'origine trois niveaux) et les cellules

Marchands et monstres

LA FOIRE DE BEAUCAIRE

On a peine aujourd'hui à imaginer ce que représentait, à son apogée (18e s.), la foire de Beaucaire : durant tout un mois, 300 000 visiteurs se retrouvaient dans la cité pour vendre, acheter et se distraire. Son prestige était tel que les prix qui y étaient négociés devenaient la référence pour tout le royaume. Chaque rue avait sa spécialité : rues du Beaujolais (vins), des Bijoutiers, des Marseillais (huiles, savons) en témoignent aujourd'hui ; ici, on vendait laine, soie, draps, indiennes, dentelles, rouennerie, là, vêtements, armes ou quincaillerie, plus loin, cordages, sellerie, bourrellerie. Sur les quais, poissons en saumure, sucre, cacao, café, cannelle, vanille, citrons, oranges, dattes.
Au champ de foire, jouets, bagues, pipes, parfumerie, chapeaux, chaussures, faïences, porcelaines, paniers, bouchons et outils ; chevaux, ânes et mulets étaient également marchandés. On s'amusait aux parades des saltimbanques, des bateleurs, des acrobates ou des comédiens. Femmes à barbe, nains, géants le disputaient aux singes et aux chiens savants, aux lions, aux ours, aux éléphants. Au travers des lentilles grossissantes, on s'émerveillait devant les panoramas de Constantinople, de Paris et, plus tard, de Versailles. Ribaudes et larrons fendaient la foule à la recherche de bourses bien remplies.
D'où vient ce succès ? Sans doute la position de Beaucaire, au carrefour de voies commerciales, terrestres et fluviales, y fut-elle pour beaucoup, aidée par le décret de **Louis XI** faisant de la cité un port franc. Le déclin vint au 19e s., avec la révolution industrielle et l'avènement du chemin de fer qui modifièrent profondément les courants d'échange. De nos jours, la foire ne vit plus que dans les « Estivales » de Beaucaire qui, depuis quelques années, drainent une foule, plus modeste, vers des activités placées sous le signe de la fête.

LE DRAC

Tarascon a la tarasque. Beaucaire, lui, a le redoutable **drac**, monstre surgissant du fond des eaux pour dévorer ses proies. Un jour, le monstre s'empare d'une jeune lavandière et l'entraîne dans sa grotte.
Mais, alors que la malheureuse s'attend au pire, le Drac lui explique ce qu'il attend d'elle : il cherche une nourrice pour son fils, le draconnet. Et c'est ainsi que la lavandière beaucairoise nourrit pendant sept ans le petit monstre avant d'être relâchée.
Mais un jour de foire, le drac vient faire son marché, en prenant une apparence humaine… La lavandière reconnaît son geôlier et ameute la foule. Furieux d'être ainsi démasqué, le drac crève les yeux de la pauvre lavandière qui, affirme Gervais de Tilbury, auteur en 1214 de ce conte, resta « aveugle jusqu'à la fin de ses jours ». Pour assister à la **Fête du drac**, venez le 3e week-end de juin.

des moines : également rupestres, elles viennent compléter cet ensemble, d'une envoûtante simplicité.

Mas gallo-romain des Tourelles C3

4 km à l'ouest. Quitter Beaucaire par la rocade, puis prendre la D 38 (direction St-Gilles). À 4 km, prendre à droite vers le mas des Tourelles. ✆ 04 66 59 19 72 - www.tourelles.com - ♿ - juil.-août : 10h-12h, 14h-19h, dim. 14h-19h ; avr.-juin et sept.-oct. : 14h-18h ; reste de l'année : sam. 14h-17h30 - possibilité de visite guidée (1h) - fermé 24 déc.-4 janv., 1er et 11 Nov. - 4,90 € (-16 ans 1,50 €).

Autour d'une cour fleurie s'ordonnent les bâtiments de cette ferme, établie au 17e s. à l'emplacement d'une villa gallo-romaine qui comprenait une exploitation agricole et un atelier de poterie. La bergerie, la cave et la maison du fermier abritent du matériel archéologique trouvé sur place et des informations sur la fabrication du vin à l'époque gallo-romaine. Dans la *cella vinaria*, cave romaine reconstituée, un fouloir *(calcatarium)*, un cuvon *(lacus)*, un pressoir *(torcula)* et des jarres *(dolia)* permettent de se faire une idée du travail des vignerons d'antan *(Journée des vendanges le 2e dim. de sept.)*. Une promenade à travers le vignoble romain mène au site archéologique en cours de fouille.

Croix Couverte (L'Ouradou) C3

1,5 km au sud, à l'angle de la D 15 (dir. Fourques) et d'une petite route à droite.
Petit oratoire du début du 15e s. que surmonte une fine balustrade ajourée.

Le Vieux Mas C3

6,5 km au sud par la D 15, puis une petite route à droite vers le mas Taraud, que l'on suit sur 2 km jusqu'au mas de Végère - ✆ 04 66 59 60 13 - www.vieux-mas.com - ♿ - avr.-sept. : 10h-18h (dernière entrée 1h av. la fermeture) ; reste de l'année : merc., w.-end, j. fériés et vac. scol. 13h30-18h - fermé 30 déc.-6 fév., 25 déc. - 6,50 € (-16 ans 5 €).

Dindons, oies, canards, vaches… évoluent dans ce mas (18e s.) où la vie semble être revenue quelque 100 ans en arrière. Les outils utilisés par des personnages en costume d'époque permettent de faire revivre les métiers, comme les savoir-faire, aujourd'hui disparus. Une douce nostalgie règne en ce lieu, celle d'un pays rural vivant au rythme des saisons.

NOS ADRESSES À BEAUCAIRE

HÉBERGEMENT

BUDGET MOYEN

Hôtel Les Doctrinaires – *Quai Gén.-de-Gaulle - ✆ 04 66 59 23 70 - www.hotel-doctrinaires-30.com - P - 32 ch. 55/90 € - 8,50 € - repas 19/23 € (déj.) - carte à partir de 29 €.* Prise en mains par une nouvelle direction, cette noble demeure, ancien couvent des « pères de la Doctrine », est dotée d'un agréable jardin. Rénovée, elle dispose en outre de superbes salles de restaurant (le **St-Roman**) où est servie une cuisine régionale traditionnelle.

POUR SE FAIRE PLAISIR

Hôtel Best Western Les Vignes Blanches – *67 av. de Farciennes (rte de Nîmes) - ✆ 04 66 59 13 12 ou 0 800 90 44 90 - www.lesvignesblanches.com -*

fermé 2 janv.-8 fév. - P - 57 ch. 75/113 € - 9 € - rest. 20/45 €. Bien rénové autour d'un hall original, cet hôtel bordant un axe passant compte des chambres colorées (demandez celles donnant sur l'arrière) et dotées d'une literie récente. Espace bistrot ou salle à manger traditionnelle ; cuisine du marché.

Chambre d'hôtes Mas de Lafont – *Chemin d'Aillaud (accès par la D 38 vers Bellegarde puis, à gauche, par une voie traversant le canal du Rhône à Sète) - 04 66 59 29 50 - - 3 ch. 80/110 €* . Un beau mas du 17e s. le long du canal, à hauteur de l'écluse de Nourrigier. Les chambres donnent sur le jardin et les hôtes peuvent en outre utiliser la cuisine.

RESTAURATION

Bon à savoir – Plusieurs possibilités de repas légers dans les cafés qui déploient leurs terrasses face au canal sur le quai Gén.-de-Gaulle, notamment au n° 30 avec **Le Soleil** (parilladas de poissons, menu à 12,50 €).

BUDGET MOYEN

Auberge de l'Amandin – *1076 chem. de la Croix-de-Marbre, quartier St-Joseph (3 km au sud du centre-ville de Beaucaire par D 15 dir. Fourques puis ZI sud Domitia) - 04 66 59 55 07 - www.auberge-amandin.com - fermé 15 j. fin août, dim. soir et lun. - ardoise du jour (déj.) 19,50 € - menu terroir à 23 €, menu gourmand à 32 €.* Meubles rustiques et tableaux président au cadre de ces deux petites salles à manger aménagées dans les anciennes écuries d'un mas. La carte propose une cuisine du marché et des grillades. Terrasse face au jardin.

ACHATS

Marché – *04 66 59 26 57 - jeu. et w.-end.*

Marché artisanal – *Juil.-août vend. 17h-0h.* Les Beaux Quais du vendredi.

Vin

Château Mourgues du Grès – *Rte de Bellegarde (D 38, 4 km au SO de Beaucaire) - 04 66 59 46 10 - www.mourguesdugres.com - lun.-vend. 9h-12h, 14h-18h30, sam. 10h-12h.* L'un des costières de Nîmes les plus réputés. Le château présente en outre une « lecture paysagère » des différents vins.

Mas des Tourelles – *4294 rte de St-Gilles - www.tourelles.com - 04 66 59 19 72 - avr.- oct. 14h-18h, juil.-août tlj 10h-12h, 14h-19h, sf dim. mat., nov.-déc., fév.-mars 14h-17h30 sf dim. - fermé 1er et 11 Nov., 23 déc.-3 janv.* Pourquoi ne pas compléter la visite par une dégustation de vins « archéologiques » produits par le mas et proposés à la vente ? Un *mulsum*, au goût de miel renforcé d'épices, un *turriculae*, vin blanc élaboré selon les préceptes édictés par un agronome du 1er s., Columelle, ou un *carenum*, vin doux dont le moult fermente avec du *defrutum* (jus de raisin) ?

AGENDA

Les Fêtes de la Madeleine – *10 derniers jours de juil.* Les **Fêtes de la Madeleine** rappellent l'époque de la foire de Beaucaire. *Abrivados*, courses camarguaises aux arènes (les *raseteurs* s'y disputent le prestigieux trophée de la Palme d'or), corridas le dernier week-end de juil., fête foraine, bals, concerts, feux d'artifice, *bodegas*, et **Rencontres équestres méditerranéennes**.

2

Pont du Gard

★★★

Gard (30)

NOS ADRESSES PAGE 203

S'INFORMER
Site et activités – *Accueil téléphonique - 0 820 903 330 (0,12 €/mn). Pour tous rens. sur le site et les activités : www.pontdugard.fr.*
Visite guidée de la canalisation – *Env. 1h30, juil.-août, 3 dép./j. - 8 €.*

SE REPÉRER
Carte de microrégion C2 (p. 148) – *Carte Michelin Départements 339 M5.*
À Remoulins, vous avez le choix entre l'une ou l'autre rive : la rive gauche, par la D 19 (en direction d'Uzès), ou la rive droite, par la D 981.

SE GARER
Parking sur chaque rive 7h-1h. 15 € la journée, gratuit si vous prenez le forfait site à la journée (voir tarifs). Si vous comptez revenir plusieurs fois, optez pour la carte d'abonnement annuel (20 €).

À NE PAS MANQUER
La star : le pont lui-même ; le passionnant musée qui décrypte ses moindres secrets ; une visite guidée de l'arche supérieure du pont.

ORGANISER SON TEMPS
D'une heure à une journée, le site est organisé de façon à répondre à tous les emplois du temps, été comme hiver (la saison la plus tranquille, évidemment). Les noctambules ne sont pas oubliés puisqu'ils peuvent assister entre juin et sept. à la mise en lumière du monument.

AVEC LES ENFANTS
L'espace de jeux Ludo, pour s'improviser archéologue.

Merveille de l'Antiquité, ouvrage grandiose édifié au 1er siècle, le pont du Gard, serti dans un cadre superbe, justifierait presque à lui seul un voyage dans la région. Quant au Gard, affluent du Rhône ayant donné son nom à un département, il présente la particularité rare de ne pas exister… du moins sous ce nom. Formé par l'adjonction de multiples cours d'eau, les Gardons (réputés pour leurs redoutables gardonnades), il conserve l'appellation de Gardon jusqu'à son embouchure.

Se promener

Point d'accueil

Ce vaste bâtiment semi-enterré est situé entre le parking de la rive gauche et le pont - ♿ - les espaces de découverte intérieurs sont fermés lun. mat. et 9 nov.-8 mars ; musée, Ludo, Ciné et expositions temporaires : sais. 9h30-19h (oct. 18h) ; reste de l'année : 9h30-17h ; médiathèque sur RV ; Mémoires de garrigue visite libre - accès gratuit au Pont, à l'espace Mémoires de garrigue et à la médiathèque ; à l'unité : musée 7 €, Ludo 5 €, Ciné 4 €, livret Mémoires de garrigue 4 € ; forfait site à la journée 12 € (6-17 ans 9 €, accès aux sites, livret Mémoires

Le pont du Gard.
M. Colin / hemis.fr

de garrigue et parking compris) ; forfait famille 24 € (2 adultes accompagnés de 1 à 4 enfants).

2

Musée de la Romanité

Comptez 1h30.

La visite de cette exposition interactive et multimédia, consacrée pour l'essentiel à la question de l'eau à l'époque de la *Pax romana*, est passionnante ! Grâce à des vidéos, fac-similés d'objets, photographies, bornes interactives, vous découvrirez le système des égouts dans une ville antique et l'art de vivre des Romains, dont une bonne partie de la journée se passait aux thermes. Mais pour cela, il fallait faire venir l'eau jusqu'à la ville, parfois de fort loin : comment les ingénieurs romains ont-ils résolu cette question ? C'est l'objet de la seconde partie de l'exposition qui traite de l'aqueduc. Le fameux pont est le plus spectaculaire élément parmi les quelque 25 ouvrages d'art (ponts, bassins de régulation et même tunnels, comme à Sernhac), dont quelques tronçons sont encore visibles dans la garrigue, entre la source de l'Eure et Nîmes. Le GR 6 permet aux plus vaillants de le suivre : c'est la seule façon de mesurer véritablement toute l'ampleur de cet extraordinaire ouvrage d'art. Enfin, les travaux de construction du pont proprement dit sont évoqués avec un grand luxe de détails.

GRAND SITE

Le pont du Gard est le 3e site à avoir obtenu le label Grand site de France®, au même titre que St-Guilhem-Vallée-de-l'Hérault *(voir p. 111).* *www.grandsitedefrance.com.*

Espace enfants « Ludo »

Voir conditions de visite au point d'accueil.

Dans cet espace de jeux, on s'improvise archéologue en interprétant les traces du passé, on suit la vie quotidienne d'un enfant romain et on apprend à apprivoiser l'eau ou à découvrir la faune et la flore de la garrigue.

Projection de film
Voir conditions de visite au point d'accueil.
Les plus intéressés d'entre vous prolongeront la visite par la vision d'un film de 23 minutes projeté sur écran géant et célébrant l'histoire du pont, *Le Vaisseau du Gardon*.

Médiathèque
14h-17h.
Ouvrages, revues et sites Internet sont à votre disposition pour compléter vos connaissances.

Parcours « Mémoires de garrigue »
1,4 km (1 à 2h).
Ce sentier de découverte serpente à travers un paysage méditerranéen reconstitué. Les terres entourant le site, longtemps délaissées, ont été remises en culture : oliviers, vignes, mûriers, arbres fruitiers, céréales… Cette agréable promenade vous permettra de mieux connaître le milieu naturel des garrigues, mais aussi l'activité agraire traditionnelle dont elles sont le cadre.

★★★ Découvrir le Pont du Gard

Accès gratuit.
Après cette mise en bouche, l'unique vedette des lieux (et quelle vedette !) est, naturellement, le fameux pont que ces aménagements relativement récents ne sauraient faire oublier…
Bâti en blocs colossaux de 6 à 8 tonnes hissés à plus de 40 m de hauteur, il enjambe la vallée du Gardon. Afin de rompre toute sensation de monotonie, les trois étages d'arcades sont en retrait l'un sur l'autre et l'architecte a su varier, dans un même étage, la dimension des arcs.
Les arches sont faites d'anneaux indépendants accolés, ce qui donne à la masse beaucoup d'élasticité en cas de tassement. Les pierres saillant sur les façades supportaient les échafaudages. Les bancs de pierre qui apparaissent sous les arcades servaient de points d'appui aux cintres de bois utilisés pour l'établissement des voûtes. Des escaliers et des sentiers en accès libre, rive droite, permettent d'aller sous le pont ou de l'admirer de haut.
Rarement une œuvre humaine ne s'est insérée dans le paysage de façon aussi « naturelle ». Car la performance technique n'est pas tout ; ses vieilles pierres mordorées, l'étrange sensation de légèreté, inattendue dans un ouvrage aussi colossal, le cadre de collines couvertes d'une végétation méditerranéenne, les eaux vertes du Gardon dans lesquelles le pont mire ses arches, le ciel d'un bleu intense, chacun de ces éléments contribue à un merveilleux spectacle que vous ne vous lasserez pas de contempler sous divers points de vue : du pont lui-même quand les arcades semblent jouer avec les rayons du soleil rasant, des rives, du haut des collines…

CHIFFRES À L'APPUI
Hauteur totale : 49 m au-dessus des basses eaux du Gardon. Étage inférieur : 6 arches, 142 m de longueur, 6 m de largeur, 22 m de hauteur. Étage moyen : 11 arches, 242 m de longueur, 4 m de largeur, 20 m de hauteur. Étage supérieur : 35 arches, 275 m de longueur, 3 m de largeur, 7 m de hauteur.

UN AQUEDUC POUR NÎMES

Les Romains attachaient une grande importance à la qualité des eaux alimentant leurs cités. Captée de préférence sur le versant nord des collines, l'eau était conduite dans un canal voûté et entièrement maçonné, pourvu d'ouvertures d'aération ainsi que de purgeurs pour vidanger, nettoyer et réparer. Qu'un accident de terrain se présente et on le franchissait au moyen de ponts, de tranchées, de tunnels ou de siphons. Les hommes transportaient sans doute les blocs sur des barges après avoir mis en eau la carrière. Puis ils les élevaient avec des palans, le treuil étant constitué par un tambour de bois que faisaient tourner des « hommes-écureuils ». L'aqueduc de Nîmes, qui captait les eaux des sources de l'Eure, près d'Uzès, long de près de 50 km, avait une pente moyenne de 24,8 cm par kilomètre, plus forte en amont du pont, afin de réduire le plus possible la hauteur de cet ouvrage. Son débit était d'environ 20 000 m^3 d'eau, distribuée chaque jour dans la cité par le *castellum*. À partir du 4e s., il ne fut plus guère entretenu, les dépôts calcaires s'accumulant jusqu'à obstruer aux deux tiers la conduite. Au 9e s., il était devenu inutilisable ; les riverains prélevèrent pierres et dalles pour leurs propres constructions.

À proximité Carte de microrégion

Jardins du château de St-Privat C2

Laissez la voiture sur le parking de la rive droite du pont du Gard - ✆ 04 66 37 36 36 - mai-juin et 15 août-15 nov. : w.-end et j. fériés 15h (point de rendez-vous : café des Terrasses, rive droite) - 7 € (enf. gratuit).

Dans un site des plus romantiques, ce château à la fois palais et forteresse a été bâti sur une ancienne commanderie de **Templiers** qui a elle-même succédé à une villa gallo-romaine. Parmi les hôtes illustres du château : Catherine de Médicis accompagnée des futurs Henri III et IV, Louis XIII et Richelieu qui y reçurent la capitulation des protestants nîmois en 1629. Vous découvrirez, près de la chapelle du 18e s., un avant-parc planté de micocouliers et de mûriers, un parc dont les arbres vénérables entourent le bassin de Neptune et un beau jardin à la française surplombant le Gardon.

★ Castillon-du-Gard C2

3,5 km au nord-est par la route de Remoulins (D 981) puis à gauche la D 238.

Ce village médiéval perché, aux maisons de pierres rousses très bien restaurées, est une halte gourmande bien connue des Gardois. Privilège unique, c'est le seul village d'où l'on aperçoit le pont du Gard, depuis un petit belvédère situé près du parking municipal, au pied du château d'eau.

Remoulins C2

4,5 km à l'est par la D 981.

Ce gros bourg a conservé quelques vestiges de ses remparts (église romane à clocher à peigne).

Château de Castille C2

5 km au nord-ouest par la route d'Uzès (D 981).

Après une chapelle romane et un mausolée entouré de colonnes, une allée bordée d'ifs mène au château *(ne se visite pas)*, remanié au 18e s. par Joseph de Froment d'Argilliers, baron de Castille.

Ce baron professait un amour immodéré pour les colonnes, si bien que lorsque maçons et tailleurs de pierre uzétiens étaient frappés par la crise, il leur ouvrait généreusement ses carrières… à la seule condition qu'ils édifient des colonnes. Le baron les disposait ensuite où bon lui semblait, même en rase campagne s'il le fallait, et c'est ainsi qu'il peupla le parc de son château de « fabriques » d'un style antiquisant qui ont toutes à peu près disparu aujourd'hui, certaines émigrant même aux États-Unis…

Circuit conseillé Carte de microrégion

LA GARDONNENQUE B-C2

Pour visualiser ce circuit de 43 km, reportez-vous à la carte de microrégion (p. 148) – Comptez 1h de route (4h au total avec les arrêts).

C'est autour du pont du Gard que la vallée du Gardon se présente sous son jour le plus spectaculaire. Roches mises à nu par les intempéries et le vent, cistes, genêts, chênes kermès, asphodèles, plantes aromatiques, parfois chênes verts ou pubescents (les *garrics*, auxquels la garrigue doit son nom) composent le paysage de cette zone calcaire vallonnée et aride, profondément entaillée par le lit des rivières.

En quittant le pont du Gard, prenez sur la gauche la route d'Uzès (D 981), puis après 2,5 km environ, celle de Collias, toujours à gauche.

Collias C2

Centre de tourisme nautique (pas moins de quatre loueurs de canoës et de kayaks s'alignent sur les rives) et équestre, point de passage du GR 63 qui permet de suivre les gorges du Gardon, Collias possède en outre d'abruptes falaises que les varappeurs n'hésitent pas à escalader.

Après avoir franchi le Gardon, poursuivez sur la D 3.

La route traverse une garrigue parsemée de vignes et d'olivettes.

Dans le village de Cabrières, prenez à droite la D 427 en direction de Poulx.

Poulx C2

Aujourd'hui banlieue résidentielle de Nîmes, le village abrite une jolie petite église romane.

Dans le village, prenez à droite la D 127 qui a conservé de rares traces de son revêtement d'antan (croisement impossible en dehors des parkings aménagés).

Les cinéphiles ne manqueront pas d'évoquer, pendant la descente, Charles Vanel et Yves Montand au volant de leur camion chargé de nitroglycérine. Une scène fameuse du *Salaire de la peur* fut en effet tournée sur cette route.

★ Site de la Baume C2

Laissez la voiture après le dernier lacet et empruntez le chemin qui conduit au fond des gorges.

1h AR. Après avoir traversé des vestiges de constructions, on atteint, en bordure du Gardon, un point pittoresque, très fréquenté en été par les baigneurs, naturistes ou non. Sur l'autre rive, on peut apercevoir dans la falaise l'entrée de la grotte de la Baume.

Revenez à Poulx et prenez à droite la D 135 puis la D 979 en direction d'Uzès.

Tracée en corniche, la route offre de belles vues sur le Gardon, en particulier dans un virage à gauche (possibilité de se garer) où l'on découvre une belle **vue★** sur l'enfilade des gorges du Gardon.

Pont St-Nicolas B2

Lancé sur le Gardon, dans un site très particulier (et apprécié en été), ce pont à neuf arches a été édifié au 13e s. par la confrérie des frères pontifes.

NOS ADRESSES AUTOUR DU PONT DU GARD

Voir aussi Nos adresses à Uzès (p. 219).

HÉBERGEMENT

BUDGET MOYEN

Hôtel Le Colombier – *24 av. du Pont-du-Gard (D 981, rive droite entre le pont et Remoulins) - 04 66 37 05 28 - www.lecolombierdugard.com - P - 17 ch. 58 € - 9 € - rest. 12/29 €.* Maison centenaire dotée d'une salle et d'une belle galerie-terrasse où l'on sert les petits-déjeuners, et d'un agréable salon pour lire ou deviser en soirée. Rénovées, les chambres situées à l'étage ont des dimensions variables. Cuisine traditionnelle sans fioritures.

POUR SE FAIRE PLAISIR

Chambre d'hôte La Terre des Lauriers – *Pont du Gard, rive droite - 30210 Remoulins - 04 66 37 19 45 - www.laterredeslauriers.com - fermé vac. scol. de fév. et 2 sem. en déc. - - 5 ch. + 1 gîte 99 € - table d'hôtes 20 €/pers. - wifi gratuit.* Au cœur d'un parc de 6 ha, cette maison tapissée de vigne vierge propose des chambres climatisées, joliment colorées, alliant espace et confort. Un peu à l'écart, un confortable chalet offre plus d'indépendance. Agréable piscine et rivière en contrebas.

Chambre d'hôte Vic – *Mas de Raffin - 30210 Castillon-du-Gard (à 4 km au nord-est du pont du Gard par D 19 et D 228) - 04 66 37 13 28 - www.chambresdhotes-vic.com - - 4 ch. 75/95 €.* Mas viticole rénové dont les chambres, aux tons rouges et jaunes, associent avec bonheur vieilles pierres et décoration moderne. Certaines sont voûtées, d'autres ont une mezzanine. En été, petit-déjeuner sous le mûrier. Piscine, Spa et hammam.

Chambre d'hôte La Petite Provence – *Montée Cazalèdes - 30126 Lirac (à 20 km au nord-est de Remoulins) - 04 66 33 11 04 - www.lapetiteprovence.net - 4 ch. 70 € (15 € pers. suppl.) - table d'hôte 30 € (le soir).* Entre vignoble et Avignon : un havre de tranquillité non loin de l'animation. Dans ce mas du 18e s., vous pourrez lézarder sur la terrasse où vous prélasser dans la fraîcheur de l'ancien pressoir. Cuisinier de formation, le propriétaire vous régalera de ses recettes à base de produits locaux.

UNE FOLIE

Le Vieux Castillon – *10 r. Turion-Sabatier - 30210 Castillon-du-Gard - 04 66 37 61 61 - www.vieuxcastillon.com - P - fermé de janv. à mi-fév. - 32 ch. 205/390 € - 20 € - rest. (fermé lun. midi, mar. midi) 55/120 € - wifi gratuit.* Au cœur du vieux village, une superbe demeure, véritable dédale de cours intérieures et de terrasses. Belles chambres et cuisine raffinée.

RESTAURATION

Sur le site même, snack et crêperie. Un peu plus loin en descendant vers le pont, **Le Vieux Moulin** propose une carte de grillades *(15/20 €)* ; sur l'autre rive, **Les Terrasses** *(04 66 37 51 10)* propose une cuisine sans prétention aux saveurs méditerranéennes.

PREMIER PRIX

Le Chardonnay – *Pl. de la Madone - 30210 Argilliers - 04 66 58 06 15 - fermé mar. et merc. - 24/30 € (enfant 9 €).* Vous apprécierez la grande simplicité

2

des lieux (un ancien presbytère restauré), tant dans la décoration que sur la carte : large choix de plats régionaux.

UNE FOLIE

Hostellerie Le Castellas – *Grand'Rue - 30210 Collias - ✆ 04 66 22 88 88 - www.lecastellas.fr - fermé janv.-mars - 42/60/160 € - 15 ch. 90/210 € - ☕ 20 €.* À force de talent, Jérôme Nutile a su hisser le Castellas au rang des grandes tables de la région. Cuisine à la fois classique et contemporaine, sophistiquée et simple. Incontournable ! Quant aux clients de l'hôtel, installé dans une bergerie du 17e s., ils bénéficieront d'un magnifique jardin et de chambres on ne peut plus confortables, au décor aussi raffiné que personnalisé. Bref, une grande adresse…

L'Amphitryon – *Pl. du 8-Mai-1945 - 30210 Castillon-du-Gard - ✆ 04 66 37 05 04 - fermé mar. sf juil.-août, et merc. - 48/85 €.* Voûtes et pierre brute pour cette salle à manger aménagée dans une ancienne bergerie. L'agréable patio accueille les repas aux beaux jours. Cuisine régionale actualisée.

ACTIVITÉS

Kayak Vert – *30210 Collias - ✆ 04 66 22 80 76 - www.canoe-france.com/gardon - 9h-19h - fermé 15 déc.-15 janv.* Descentes du Gardon en canoë ou en kayak ; pour tous les niveaux.

Baignades – Plages au bord du Gardon à **Collias**, à la **Baume**, au **pont St-Nicolas** et au **pont du Gard** *(rive droite, juil.-août 10h-19h).* Des baignades rafraîchissantes mais qui peuvent être dangereuses, notamment pour les enfants : attention au courant, dont le débit change, et aux subites montées des eaux qui ne sont pas rares lorsque l'orage gronde sur les Cévennes.

AGENDA

L'été au pont du Gard – De mi-juin à mi-août : concerts, spectacles et expositions. Mise en lumière à la tombée de la nuit et spectacle pyrotechnique. *Programmes complets sur www.pontdugard.fr.*

Bagnols-sur-Cèze

18 506 Bagnolais – Gard (30)

NOS ADRESSES PAGE 209

S'INFORMER

Office de tourisme – *Espace St-Gilles - 30200 Bagnols-sur-Cèze - 04 66 89 54 61 - www.tourisme-bagnolssurceze.com - juin-sept. : 9h-19h, dim. et j. fériés 10h-13h ; reste de l'année : tlj sf dim. 9h-18h, sam. et j. fériés 10h-13h - fermé 1er janv., dim. de Pâques, 1er Mai, 1er et 11 Nov., 25 déc.*

SE REPÉRER

Carte de microrégion C1 (p. 148) – *Carte Michelin Départements 339 M4.*
Au sud des gorges de l'Ardèche (25 km) et au nord du pont du Gard (32 km), on y accède de Remoulins par la D 6086. Bagnols offre une bonne base de départ pour sillonner le Bas Vivarais, à l'ouest.

À NE PAS MANQUER

Le musée d'Art moderne Albert-André ; le circuit du Bas Vivarais, avec surtout le Guidon du Bouquet et les Concluses de Lussan.

ORGANISER SON TEMPS

Dans le vieux Bagnols, circuit fléché et commenté (plan disponible à l'office de tourisme), de 45mn ou 1h30.

AVEC LES ENFANTS

Le Visiatome de Marcoule ; une mini-descente en canoë-kayak sur la Cèze, si les eaux sont calmes *(voir Nos adresses).*

Le vieux Bagnols se révèle charmant avec sa ceinture de boulevards, ses demeures anciennes et son musée d'Art moderne figuratif. Quant aux amoureux de la nature, ils trouveront leur bonheur tout au long de la paisible vallée de la Cèze.

Se promener

★ Musée d'Art moderne Albert-André

Hôtel de Ville - Pl. Auguste-Mallet - 04 66 50 50 56 - www.musees-mediterranee.org - juil.-août : 15h-19h ; reste de l'année : 10h-12h, 14h-18h - fermé lun., fév., 1er janv., dim. de Pâques, 1er et 8 Mai, jeu. de l'Ascension, dim. de Pentecôte, 14 Juil., 15 août, 1er et 11 Nov., 25 déc. - possibilité de visite guidée sur demande préalable - gratuit.

Ce bel édifice du 17e s. contient des collections figuratives d'art moderne réunies par le peintre Albert André, conservateur de 1918 à 1954. Des peintres amis tels que Monet, Marquet, Signac, Bonnard et surtout Renoir enrichirent cette collection que compléta la donation Besson, fort bel ensemble de peintures, aquarelles, dessins et sculptures signés Renoir, Valadon, Matisse ou Van Dongen.

Musée d'archéologie Léon-Alègre

Maison Jourdan - 24 av. Paul-Langevin - 04 06 68 97 40 - www.musees-mediterranee.org - mar., jeu. et vend. : 10h-12h, 14h-18h - fermé 1er janv., 1er et 8 Mai, jeu. de l'Ascension, 14 Juil., 1er et 11 Nov., 25 déc. - possibilité de visite guidée sur demande préalable - gratuit.

LES POMPIERS AU SERVICE DE L'ART
Si les pompiers bagnolais n'avaient pas trop arrosé la Ste-Barbe en 1923, Bagnols n'aurait peut-être pas aujourd'hui de musée d'Art moderne. Mais voilà : ils firent tant et si bien qu'ils… mirent le feu au musée Léon-Alègre qui présentait dans un agréable désordre peintures, animaux empaillés, pièces archéologiques et outils agricoles. Albert André, à la tête d'un musée sans collection, fit alors appel à ses amis peintres… et les dons affluèrent, permettant de constituer la collection du premier musée d'art moderne de province.

Collections d'origine rhodanienne illustrant différentes périodes de l'Antiquité : la civilisation celto-ligure et ses liens avec les Grecs de Marseille (6e-1er s. av. J.-C.) évoquée par des poteries et des objets en bronze, la civilisation gallo- romaine avec des céramiques, amphores, verrerie et objets usuels, et une évocation de la naissance du vignoble local. Une salle est consacrée à l'oppidum de St-Vincent-de-Gaujac avec une reconstitution d'un angle de la salle chaude des thermes.

Circuits conseillés Carte de microrégion

LE BAS VIVARAIS BC1

Pour visualiser ce circuit de 109 km, reportez-vous à la carte de microrégion (p. 148) – Comptez 1 journée. Quittez Bagnols à l'ouest par la D 6 (route d'Alès), puis tournez à gauche dans la D 166.

Sabran C1
Charmant village perché. Du pied de la statue colossale de la Vierge, au milieu des vestiges du château fort, vaste **panorama★**.
Revenez sur la D 6 que vous traversez pour suivre la D 166.
Sur une crête empanachée de vieux cyprès se dresse le village de **La Roque-sur-Cèze**, couronné d'une chapelle romane, dans un **site★** d'une sereine beauté. Un pont ancien à plusieurs arches et avant-becs pointus franchit la Cèze.
Suivez le chemin sur la rive gauche, sans franchir le pont.

★ Cascade du Sautadet C1
Le site est accessible mais dangereux : suivez les consignes de sécurité indiquées sur les panneaux.
Cette chute est surtout curieuse par son profil en creux dans le lit de la rivière et par le réseau complexe de crevasses où s'enfonce la Cèze. De l'extrémité sud de la chute, jolie vue.
Revenez sur la D 166 et continuez jusqu'à la D 980 que vous prenez à gauche vers Barjac. Après 3 km, prenez à droite.

Cornillon C1
Cet ancien site fortifié offre une agréable promenade sous ses remparts. Depuis la cour du château, **panorama★** sur la vallée de la Cèze (table d'orientation).

Goudargues C1
Face à Cornillon à 1,5 km au-delà de la D 980.
On l'appelle, avec une emphase toute méridionale, « la petite Venise gardoise ». De canaux en petits ponts, c'est en tout cas une halte pleine de charme et

La cascade du Sautadet.
D. Pazery / MICHELIN

de fraîcheur. Entouré de platanes gigantesques, le bourg est dominé par son église, ancienne abbatiale dont la haute abside romane s'orne intérieurement d'un double étage d'arcatures.

Poursuivez sur la D 980. Après St-André-de-Roquepertuis, tournez à gauche dans la D 167 qui court à travers un plateau d'une farouche solitude. Prenez la D 979 en direction de Rochegude, puis la D 16 vers la station thermale des Fumades, et enfin la D 7 jusqu'à Brouzet-lès-Alès.

★★ Guidon du Bouquet B1

Point culminant de la serre du Bouquet, avec sa silhouette en forme de bec, il domine un vaste horizon entre le Gard et l'Ardèche. L'accès se fait par une route en forte montée au cours de laquelle on apercevra, parmi les taillis de chênes verts, les ruines du château du Bouquet. Du sommet, le **panorama**★★ s'étend sur les causses cévenols, l'enchevêtrement des serres du Bas Vivarais, le Ventoux et les Alpilles. Depuis la statue de la Madone, à-pic vertigineux dominant la garrigue de l'Uzège. À l'arrière du relais de télévision, jolie vue sur la serre du Bouquet.

De retour à Brouzet, revenez sur vos pas sur la D 7. Après 8 km, tournez à droite dans la D 37.

Le parcours offre à la montée une vue sur les **ruines**★ du château d'**Allègre**, avant de se poursuivre à travers la garrigue jusqu'au sympathique village perché de **Lussan**.

Au pied du village, prenez la D 143 puis, à gauche, la D 643 qui mène aux gorges de l'Aiguillon, appelées Concluses. Laissez la voiture au bout de la route, de préférence au second parking : aménagé sur un terre-plein, en contre-haut, il forme un belvédère sur la partie amont des gorges ; de là, on distingue nettement les marmites de géant qui parsèment le lit du torrent.

★★ Les Concluses de Lussan B1

1h AR

Le torrent de l'Aiguillon, à sec en été, seul moment de l'année où la promenade est possible, a eu beaucoup de mal à se frayer un passage dans le plateau calcaire, d'où son tracé sinueux. C'est à cause des cuvettes et des conques, les *conclusas* en occitan, que les gorges de l'Aiguillon ont fini par s'appeler Concluses.

Empruntez à droite le sentier signalé vers le Portail.

Observez en descendant les cavités ouvertes dans les parois de la rive opposée, notamment la Baume de Biou (grotte des Bœufs). Un promontoire rocheux marque l'entrée du plan de Beauquier, élargissement boisé encadré d'escarpements magnifiques : au flanc de la falaise, trois nids d'aigles abandonnés. Au bas du sentier, on atteint le **Portail**. Les parois des gorges se referment à leur sommet; leur base s'arrondit en forme de goulet, par où l'Aiguillon s'écoule en période de crue. Passant sous le Portail, on pénètre dans les détroits rocheux et on suit le lit du torrent sur 200 m environ : une profonde impression de solitude s'empare du visiteur...

De retour sur la D 143, gagnez Verfeuil, puis à droite la D 340 qui ramène à la route de Bagnols.

LA CÔTE DU RHÔNE GARDOISE C1-2

Pour visualiser ce circuit de 50 km, reportez-vous à la carte de microrégion (p. 148) – Comptez environ 3h. Quittez Bagnols par la D 6086 au sud (direction Remoulins) jusqu'à Gaujac; prenez à droite la D 310 qui passe en contrebas du village, puis un chemin de terre (fléchage) peu carrossable en montée.

Oppidum de St-Vincent-de-Gaujac C1-2

Ce site de hauteur en pleine forêt a été occupé par intermittence du 5e s. av. J.-C. au 6e s. de notre ère, puis entre le 10e s. et le 14e s. À l'époque romaine, ce fut un sanctuaire rural avec temples et thermes. Une porte fortifiée (vestige d'une enceinte) donne accès aux ruines de l'essart médiéval avec sa citerne, puis aux fouilles gallo-romaines, ensemble du Haut-Empire (1er-3e s.) : en haut, un *fanum*, petit temple; en contrebas, les thermes (restes de canalisations). Le lieu fut abandonné au 3e s. pour une raison inconnue.

Reprenez la D 6086 puis, après Pouzilhac, tournez à gauche dans la D 101.

La route, étroite et sinueuse, traverse un paysage caractéristique de garrigues et de forêt. Peu avant St-Victor se dressent les ruines d'un imposant château féodal, le **Castella**, démantelé lors de la croisade contre les Albigeois.

St-Victor-la-Coste C2

À la limite de la garrigue et des vignobles, ce vieux village de pierres sèches se blottit au pied des ruines de son château.

St-Laurent-des-Arbres C2

Autrefois propriété des évêques d'Avignon, le village conserve quelques vestiges médiévaux, dont une **église romane**, fortifiée au 14e s. : les murs ont été surélevés et munis d'un parapet crénelé; à l'intérieur, on admirera les coupoles, ornées des symboles des évangélistes. Près de l'église, **donjon** rectangulaire de l'ancien château : la partie inférieure, surhaussée au 14e s. d'un étage en retrait, remonterait à la fin du 12e s. Toute proche, une **tour romane**, dite tour Ribas, abrite l'office de tourisme.

Au carrefour avec la N 580, prenez à gauche. À L'Ardoise, prenez à gauche la D 9.

Laudun-l'Ardoise C1

Le village est dominé par son imposante église gothique (14e s.), d'où vous pourrez gagner, en empruntant le GR 42 en direction d'Orsan, le plateau dit du **Camp de César** offrant une belle vue sur la vallée du Rhône. Il s'agit d'un important oppidum occupé du 5e s. av. J.-C. au 6e s. apr. J.-C., où l'on a mis au jour les vestiges d'un forum et d'une basilique. *℘ 04 66 50 55 79 - site public, accessible gratuitement - 10h-12h, 15h-17h - fermé lun., mar., w.-end (sf juil.-août 9h30-12h30) et j. fériés.*

Le matériel recueilli est exposé à la **mairie** de Laudun (rez-de-chaussée). *℘ 04 66 50 55 79 - juin-sept. : mar.-vend. 9h-12h, 15h-18h, sam. 9h-12h, dim. 10h-13h ; oct.-mai : se rens. - fermé j. fériés - 1,83 €.*

De Laudun, gagner Orsan par la D 121 au nord, puis prenez à droite pour traverser la N 580.

Visiatome de Marcoule C1

Centre de Marcoule - 30200 Chusclan - ℘ 04 66 39 78 78 - www.visiatome.fr - ♿ - 10h-18h, w.-end 14h-18h, j. fériés 10h-18h - possibilité de visite guidée (2h) et d'ateliers enf. (vac. scol.) sur demande préalable (3 j. av.) - fermé 1er janv., 25 déc. - 4 € (-6 ans gratuit).

À côté du centre de recherche sur les déchets nucléaires de Marcoule, ce vaste bâtiment en pierre du Gard et en bois accueille une exposition sur le thème de l'énergie en général et sur la radioactivité en particulier. Un espace est dédié aux déchets radioactifs. La scénographie dernier cri (écrans animés, jeux interactifs, etc.) rend la visite plutôt ludique.

Retour sur Bagnols par Chusclan, puis la N 580, à droite.

Surplombant Chusclan, le **château de Gicon**, qui a fait l'objet d'une restauration, se remarque de loin. Passé la chapelle romane, on arrive à la porte d'entrée qui débouche sur une calade et des constructions de diverses époques (maison forte, donjon, tour de guet, bergerie, etc.). *Accès libre. Possibilité de visite guidée : ℘ 04 66 90 14 04/03 15.*

NOS ADRESSES À BAGNOLS-SUR-CÈZE

HÉBERGEMENT

POUR SE FAIRE PLAISIR

Chambre d'hôte La Tonnelle – *Pl. des Marronniers - 30200 La Roque-sur-Cèze - ℘ 04 66 82 79 37 - www.chambres-la-tonnelle.com - P - ⊭ - 2 ch. 75 € ☕ - wifi gratuit.* Maison ancienne, entourée d'un jardin avec piscine et d'une parcelle de vigne. Chaque chambre a emprunté son nom à une fleur. Vous savourerez, en même temps que votre petit-déjeuner sous la tonnelle, la vue en contre-plongée sur le village et la « roque », couronnée de cyprès… et aux beaux jours, vous disposerez d'une « cuisine d'été ».

Château du Val de Cèze – *69 r. Léon-Fontaine (au dép. de la rte d'Avignon) - ℘ 04 66 89 61 26 - www.sud-provence.com - fermé de fin déc. à déb. janv. - 22 ch. 96/140 € - ☕ 6 (enf.)/12 € (adultes) - rest. 26/50 €.* Halte de charme dans les salons de ce château du 18e s. Les chambres, de style régional, se répartissent dans des bâtiments récents, dans le parc. Cuisine du marché.

UNE FOLIE

La Vieille Fontaine – *R. du Château - 30630 Cornillon - ℘ 04 66 82 20 56 - www.lavieillefontaine.net - ouv. avr.-oct., lun.-merc. - 40/60 € - 8 ch. 105/155 € - ☕ 10 € - rest. 45/60 € (dîner seult).* Maison de caractère adossée aux murailles médiévales. Chambres coquettes, salle à manger voûtée, cuisine traditionnelle, piscine et jardin en terrasses sur la vallée.

RESTAURATION

Bon à savoir – Possibilité de restauration, notamment dans l'agréable village de **Goudargues** (**La Galantine**, *7 pl. de la Mairie - ✆ 04 66 82 22 39 - 18/22 €)*.

ACHATS

Au sud de St-Laurent-des-Arbres (par la D 26) se trouvent **Lirac** (vins rouges ou rosés assez corsés) et **Tavel** (fameux pour son rosé), occasion de quelques achats.

ACTIVITÉS

Cap Canoë – *Rte de Barjac - 30500 St-Ambroix - ✆ 04 66 24 25 16 - www.capcanoe.com - 9h-19h - fermé oct.-mars - 18 € (-12 ans 5 €) - parcours de 8 km.* Ce loueur de canoës et de kayaks propose des balades, accessibles à tous les niveaux, sur les méandres tranquilles de la Cèze. Les circuits sont élaborés à la carte : mini-descente pour les enfants, journée ou randonnée de deux jours avec bivouac (selon le niveau d'eau de la Cèze). À vos pagaies !

Pont-Saint-Esprit

10 046 Spiripontins – Gard (30)

NOS ADRESSES PAGE 212

S'INFORMER

Office de tourisme – *Résidence Welcome - 1 av. Kennedy - 30130 Pont-St-Esprit - ✆ 04 66 39 44 45 - www.ot-pont-saint-esprit.fr - juin-sept. : 9h-19h, dim. 9h30-12h30 ; reste de l'année : tlj sf dim. 9h-18h, sam. 9h30-12h30 - fermé 1er janv., dim. et lun. de Pâques, 1er et 8 Mai, dim. et lun. de Pentecôte, 1er et 11 Nov., 25 déc.*

SE REPÉRER

Carte de microrégion C1 (p. 148) – *Carte Michelin Départements 339 M3.*
On ne peut faire moins que de traverser le Rhône sur le pont… (venant de Bollène, à 9 km au nord-est, ou d'Orange, à 24 km au sud-est) avant d'emprunter, après le carrefour de l'Europe, le bd Gambetta sur la gauche puis le bd Carnot, de façon à laisser la voiture sur les allées Jean-Jaurès.

ORGANISER SON TEMPS

Consacrez une demi-journée à la ville.

Un pont audacieux lancé sur le Rhône, édifié entre 1265 et 1309, un peu en amont du confluent avec l'Ardèche, par une confrérie placée sous le signe du St-Esprit, a favorisé l'éclosion de cette petite cité négociante, qui a conservé quelques belles demeures anciennes et sa vocation de marché.

Se promener

C'est un pont… mais ce n'est pas qu'un pont, car sa situation en fit dès le Moyen Âge un important lieu d'étape dont la ville a conservé quelques traces.

Balade au départ de l'allée Jean-Jaurès.

Rue St-Jacques

Elle est bordée de logis anciens tels l'**hôtel de Roubin**, du 17e s. (au n° 10), et surtout la **maison des Chevaliers** (au n° 2). Il est assez rare qu'une maison soit occupée pendant huit siècles par la même famille… C'est pourtant le cas de cette maison, édifiée au 12e s. et habitée jusqu'en 1988 par les Piolenc, grande famille de négociants de la vallée du Rhône. Cet hôtel particulier à la jolie baie romane géminée abrite aujourd'hui le musée d'Art sacré du Gard.

Musée d'Art sacré du Gard

2 r. St-Jacques - ☏ 04 66 39 17 61 - www.musees-mediterranee.org - ♿ - juil.-août : tlj sf lun. 10h-12h30, 15h-18h30 ; reste de l'année : tlj sf lun. 10h-12h, 14h-18h - possibilité de visite guidée (1h30) sur RV - fermé fév., 1er janv., dim. de Pâques, 1er et 8 Mai, jeu. de l'Ascension, dim. de Pentecôte, 14 Juil., 1er et 11 Nov., 25 déc. - gratuit.

L'ambition de ce musée : mieux faire comprendre le patrimoine religieux en familiarisant le public avec ses rites et leur signification… un peu oubliés aujourd'hui. Les salles du rez-de-jardin proposent une réflexion sur la place de la Bible face à la science et sur le sens du sacré. L'ancienne tour dominant le jardin est réservée aux crèches et aux santons des 18e et 19e s. tandis qu'une salle conserve une collection de reliquaires domestiques dont quelques « paperolles », tableaux composés de papiers roulés formant décor autour des reliques. Parmi les œuvres exposées, outre un émouvant *Christ à l'agonie* polychrome (17e s.), on remarquera l'*Adoration des Mages* par Nicolas Dipre (vers 1495). Enfin, la pharmacie de l'hôpital du St-Esprit (bel ensemble de céramiques hispano-mauresques médiévales) et un petit cabinet d'apothicaire complètent la visite.

La **cour royale de justice★** constitue un magnifique écrin pour *Le Mystère de la chute des anges*, retable de 1509-1510 dû au primitif provençal Raymond Boterie.

Musée Paul-Raymond

Pl. de l'Ancienne-Mairie - ☏ 04 66 39 09 98 - www.musees-mediterranee.org - juil. août : tlj sf lun. 10h-12h, 15h-19h ; reste de l'année : tlj sf lun. et sam. 10h-12h, 14h-18h - fermé fév., 1er janv., dim. de Pâques, 1er et 8 Mai, jeu. de l'Ascension, dim. de Pentecôte, 14 Juil., 1er et 11 Nov., 25 déc. - gratuit.

Installé dans l'ancienne **maison de ville**, il abrite sur deux étages l'œuvre du peintre **Benn** (1905-1989), dont les tableaux illustrent divers thèmes religieux. Au sous-sol se trouve l'ancienne glacière de la ville (1780).

Suivez la rue du Haut-Mazeau.

Place St-Pierre

Elle est encadrée au nord par l'église paroissiale du 15e s., au sud-ouest par la façade baroque de la chapelle des Pénitents, et au sud par l'ancienne église St-Pierre du 17e s. La **terrasse** donnant sur le Rhône offre une belle vue d'ensemble du pont.

Un escalier monumental à double volée conduit au quai de Luynes que l'on suit jusqu'au pont. À gauche, presque au pied de celui-ci, la **maison du Roy** est percée de baies Renaissance.

Le pont

Long de près de 1 000 m, il a conservé 19 arches anciennes sur 25. Les remous du fleuve, l'impétuosité de son courant et l'étroitesse des arches entraînèrent maints naufrages de bateliers. Ainsi les deux premières arches furent remplacées par une arche unique. À l'origine, il était défendu à ses extrémités par des bastilles, et en son milieu par deux tours, ouvrages défensifs aujourd'hui démolis. Depuis le pont, belle vue en aval sur le Rhône et la ville. Du centre de l'esplanade, on aperçoit le portail flamboyant (15e s.) de l'ancienne **collégiale du Plan**, ainsi que des vestiges de la citadelle fortifiée au 17e s. par Vauban.

À proximité Carte de microrégion

Chartreuse de Valbonne C1

À St-Paulet-de-Caisson, 10 km à l'ouest par la D 23 - ✆ 04 66 90 41 21 - www.chartreusedevalbonne.com - avr.-sept. : 10h-12h, 14h-18h30 (dernière entrée 30mn av. la fermeture) ; reste de l'année : w.-end uniquement 9h-12h, 14h-18h - 5 € (-18 ans gratuit).

Fondée en 1203 et reconstruite aux 17e et 18e s., elle fut habitée par des moines chartreux jusqu'en 1901. C'est un pasteur qui racheta les lieux en 1926 pour y fonder une léproserie. Aujourd'hui, un établissement de réinsertion socioprofessionnelle occupe ce long bâtiment flanqué de tourelles de style provençal. Une **cellule** reconstituée rassemble le mobilier et les objets évoquant la vie quotidienne des chartreux. L'accès à la cour d'honneur se fait par un portail du 17e s. En face s'élève l'église, à la riche **décoration intérieure★** (stalles sculptées dans le chœur). Par un passage à droite, on gagne l'une des galeries de l'immense cloître vitré ouvrant une perspective de plus de 100 m sur laquelle donnaient les cellules des moines, aujourd'hui chambres d'hôtel.

NOS ADRESSES À PONT-SAINT-ESPRIT

HÉBERGEMENT

BUDGET MOYEN

Hôtel de la Bourse – *6 pl. de la République - ✆ 04 66 39 20 44 - www.hoteldelabourse.com - 12 ch. 60/110 € - ☕ 8,50 €.* On trouvera son bonheur dans cet hôtel du centre-ville aux chambres spacieuses et confortables, certaines avec terrasse sur la place.

RESTAURATION

PREMIER PRIX

Le St-Pancrace – *Rte de Barjac (3 km au nord-ouest) - ✆ 04 66 39 47 81 - www.lesaintpancrace.fr - ♿ - P - fermé sam. midi et merc. midi sf merc. en été - 12/25 €.* L'adresse doit sa réputation à la qualité de sa cuisine et à son accueil. Salle à manger lumineuse et terrasse dans le jardin. Belle sélection de vins.

Le Rosalbin – *Allée Frédéric-Mistral - ✆ 04 66 33 15 69 - fermé dim. soir, lun. soir, mar. soir, entre Noël et Nouvel An et dernier w.-end d'août - formule déj. 11 € - 14/26 €.* Fraîcheur de la cuisine du marché, service souriant, style bistrot et contemporain à la fois.

AGENDA

Rencontres musicales internationales de Pont-St-Esprit – *✆ 04 66 39 44 45 - 2e sem. d'août.* Concerts classiques.

Uzès

★★

8 213 Uzétiens – Gard (30)

NOS ADRESSES PAGE 219

S'INFORMER

Office du tourisme d'Uzès et de l'Uzège – *Chapelle des Capucins - pl. Albert-Ier - 30700 Uzès - 04 66 22 68 88 - juil.-août : 10h-19h, w.-end et j. fériés 10h-13h, 14h-17h ; juin et sept. : 10h-18h, w.-end et j. fériés 10h-13h, 14h-17h ; reste de l'année : tlj sf dim. 10h-12h30, 14h-18h, sam. 10h-13h - fermé 1er janv., 1er et 8 Mai, 1er et 11 Nov., 25 déc.*

Visite guidée de la ville – *Rens. à l'office de tourisme ou sur www.vpah.culture.fr - juin-sept. : lun., merc. et vend. à 16h, sam. à 14h15 ; visites nocturnes en juil.-août à 21h - la visite de l'église St-Étienne est comprise dans le circuit.* Uzès, qui porte le label Ville d'art et d'histoire, propose des visites-découvertes (2h) animées par des guides-conférenciers agréés par le ministère de la Culture et de la Communication.

SE REPÉRER

Carte de microrégion C2 (p. 148) – *Carte Michelin Départements 339 L4.* L'arrivée par la D 981, depuis le pont du Gard (13 km au sud-est), offre la plus jolie vue sur la ville, hérissée de tours et installée à l'extrémité d'un plateau dominant la vallée de l'Alzon. Mais quelle que soit l'approche choisie, on se trouvera vite sur le boulevard circulaire à sens unique.

SE GARER

Places de stationnement (horodateurs) sur le boulevard circulaire, soit sur le Portalet, peu avant la tour Fenestrelle, soit au parking Gide (payant), soit encore sur l'avenue de la Libération.

À NE PAS MANQUER

Une flânerie dans la ville ancienne ; la tour Fenestrelle ; la place aux Herbes ; la visite du Duché.

ORGANISER SON TEMPS

Nos moments préférés ? Le printemps et l'automne, quand les ruelles sont rendues aux seuls Uzétiens (ou presque) ; le mercredi matin, quand le marché des producteurs anime la belle place aux Herbes ; le mois de février, quand les amandiers fleurissent.

AVEC LES ENFANTS

Le musée du Bonbon Haribo ; le moulin de Chalier ; le parc aquatique de La Bouscarasse *(voir Nos adresses).*

Le « premier duché de France » occupe un paysage de garrigues au charme austère ou éblouissant, selon les saisons. Avec ses boulevards ombragés, ses ruelles médiévales et leurs belles demeures aux façades mordorées, nées aux 17e et 18e s. lorsque le drap, la serge et la soie firent la richesse de la ville, Uzès dégage une beauté radieuse et sereine.

Se promener Plan de ville

★★ LE VIEIL UZÈS

Pour visualiser le circuit, reportez-vous au tracé sur le plan ci-dessous.
Étrangement silencieuses parfois, les ruelles d'Uzès nous transportent hors du temps, lorsque d'une fenêtre s'égrènent quelques notes de piano. Soudain, on débouche sur une place à couverts où se tient un marché, haut en couleur, ou bien l'on aperçoit en contrebas la garrigue, illuminée en février par les amandiers en fleurs. Devant les vitrines des artisans, souvent de qualité, à l'écoute de l'animation toute méridionale des boulevards, quand le feuillage des platanes est pris d'un brusque frémissement… on éprouve la délicieuse sensation de pouvoir se perdre, l'espace d'un instant, dans cette cité dont le charme tient à un subtil équilibre entre présent et passé.
Depuis l'avenue de la Libération, prenez à droite le boulevard des Alliés.

Église St-Étienne

Travaux de restauration en cours.
Sa façade curviligne relève du style jésuite en vogue au 18e s. Elle a été édifiée sur l'emplacement d'une église du 13e s. détruite au cours des guerres de Religion et dont ne subsiste que le clocher rectangulaire.
Sur la place, **maison natale de Charles Gide**, économiste défenseur du système coopératif (1847-1932), et oncle d'André.

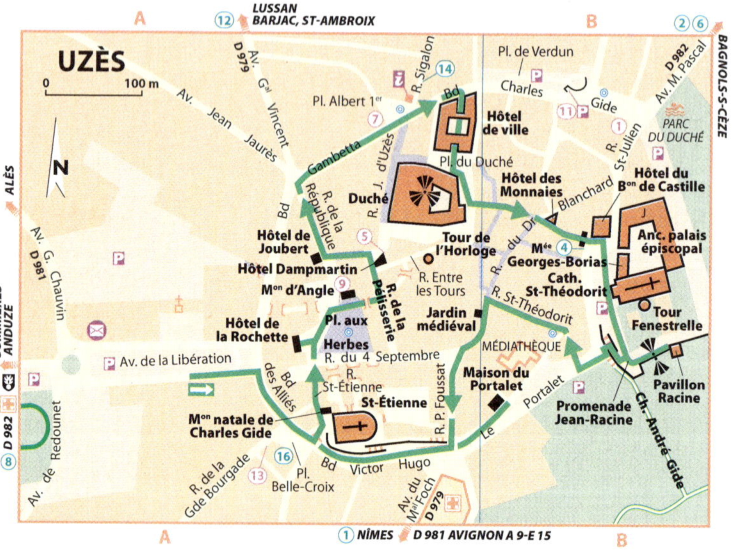

SE LOGER
- Best Western Hôtel Uzès Pont du Gard ... 1
- Clos de Pradines (Hôtel Le) ... 2
- Général d'Entraigues (Hôtel du) ... 4
- Hostellerie Provençale ... 16
- Mas de Caroubier (Chambre d'hôte Le) ... 6
- Mas de Conil (Chambre d'hôte Le) ... 8
- Patio de Violette (Hôtel Le) ... 12
- Taverne (Hôtel La) ... 14

SE RESTAURER
- 80 Jours (Le) ... 7
- Esprit du Samaritain (L') ... 11
- Parenthèse (La) ... 13
- Patio St-Julien (Le) ... 1
- Suisse d'Alger (Au) ... 5
- Terroir ... 9

« NOS NUITS SONT PLUS BELLES QUE VOS JOURS »

C'est ce qu'écrivait le jeune Racine à un ami parisien lors du séjour de 18 mois qu'il fit à Uzès à partir de novembre 1661 : en effet, ce jeune homme de 22 ans, après avoir tâté de la discipline janséniste, s'était émancipé et songeait sérieusement à se consacrer au théâtre ! Pour détourner le godelureau de cette funeste vocation, on l'envoya donc chez son oncle, le chanoine Sconin, vicaire général à Uzès, qui fit miroiter au poète en herbe un « bénéfice » s'il entrait dans les ordres. L'oncle ne fut sans doute pas assez persuasif mais Racine tomba sous le charme de ce Midi qu'il découvrait et ce séjour lui inspira ses *Lettres d'Uzès*, intéressant témoignage sur la vie uzétienne de l'époque.

Prenez la rue St-Étienne en direction de la place aux Herbes.
Au passage, remarquez (au n° 1) une imposante porte Louis XIII à pointes de diamant et, plus loin, à gauche, dans une impasse, une belle façade Renaissance.

★ Place aux Herbes

De plan asymétrique, entourée de couverts (les « arceaux ») sous lesquels se nichent d'agréables boutiques et nombre de cafés et restaurants, plantée de platanes, elle est le véritable cœur de la cité qui s'anime les jours de marché. Parmi les demeures qui la bordent, dans un renfoncement, l'**hôtel de la Rochette** (du 17ᵉ s.) et, au nord, une **maison d'angle** flanquée d'une tourelle sont les plus remarquables.
Une petite ruelle devant cette dernière conduit à l'étroite rue Pélisserie, que l'on prend à gauche. Sur la droite, prenez la rue Entre-les-Tours.

2

Tour de l'Horloge

Cet ouvrage du 12ᵉ s. (campanile en fer forgé) était la tour de l'Évêque : elle s'opposait à la tour ducale et à la tour du Roi à l'époque où ces trois forces se disputaient le pouvoir sur la cité.
Revenez sur vos pas et poursuivez rue Pélisserie.
À l'angle de la rue et de la place Dampmartin, belle façade Renaissance de l'**hôtel Dampmartin**, que flanque une tourelle d'escalier ronde.
Traversez la place et prenez la rue de la République.
Au n° 12, l'**hôtel de Joubert** déploie sa belle façade, dotée de fenêtres à meneaux, d'époque Henri II.
Poursuivez la rue, puis prenez à droite le boulevard Gambetta jusqu'à l'hôtel de ville, que l'on traverse de façon à admirer la cour.

Hôtel de ville

Depuis la façade arrière (18ᵉ s., belle cour intérieure bordée de portiques), perspectives sur la silhouette massive du Duché et la toiture en tuiles vernissées de la chapelle.
Sortez sur la place du Duché.

★ Duché

1 pl. du Duché - ✆ 04 66 22 18 96 - www.uzes.com - juil.-août : 10h-12h30, 14h-18h30 (dernière entrée 30mn av. la fermeture) ; reste de l'année : 10h-12h, 14h-18h - fermé 1ᵉʳ janv., 25 déc. - 17 € (-18 ans 13 €) visite libre de la tour, visite guidée des appartements et des caves (45mn).
Vu de l'extérieur, le Duché, dans son style féodal, arbore un aspect aussi massif qu'imposant. Cette fière forteresse n'ayant jamais été attaquée, elle se

présente donc quasi intacte au regard du visiteur. Lorsque l'on entre dans la cour, les bâtiments que l'on découvre témoignent de l'ascension de la prestigieuse dynastie des seigneurs d'Uzès : à gauche, la tour de la Vicomté, avec sa tourelle octogonale, date du 14e s. ; la tour Bermonde est un donjon carré du 11e s. À droite s'étend la **façade**★ Renaissance édifiée vers 1550 par le premier duc sur les plans attribués à Philibert Delorme. À l'extrémité de la façade s'élève une chapelle gothique, restaurée au 19e s.

On accède à la **tour Bermonde** par un escalier à vis de 135 marches. En récompense, **panorama**★★ sur les vieux toits de tuiles romaines brûlées de soleil, le campanile de la tour de l'Horloge et la garrigue.

Un bel escalier d'honneur Renaissance voûté en caissons et à pointes de diamant mène aux **appartements meublés**. Grand salon bleu Louis XV orné de gypseries et de quatre cheminées d'angle en marbre de Carrare ; bibliothèque, salle à manger décorée de meubles Renaissance et Louis XIII ; chapelle du 15e s. (remaniée au 19e s.).

En sortant, sur la gauche, on aperçoit la **tour de la Vigie** (12e s.).

De la place du Duché, prenez à gauche le passage du jardin des Jésuites, puis, dans le prolongement, la rue Boucairie, où l'on travaillait jadis le cuir.

À l'angle de la rue Raffin s'élève l'**hôtel des Monnaies**, rappelant que les évêques eurent le privilège de battre monnaie jusqu'au 13e s.

Au bout de la rue Boucairie, prenez sur la droite l'étroite rue du Dr-Blanchard puis immédiatement à gauche la rue de la Calade.

Après l'arceau qui enjambe la rue, sur la place de l'Évêché, se dresse la façade, précédée d'une colonnade, de l'**hôtel du Baron de Castille** *(voir aussi Château de Castille, p. 201).*

Au-delà de la rue St-Julien *(traversez avec précaution car cette rue étroite fait partie du boulevard circulaire)*, l'**ancien palais épiscopal**, demeure fastueuse, abrite entre autres le musée municipal Georges-Borias.

Musée d'Uzès Georges-Borias

Dans l'ancien évêché - ✆ 04 66 22 40 23 - juil.-août : 10h-12h, 15h-18h ; mars-juin et sept.-oct. : 15h-18h ; nov.-déc. et fév. : 14h-17h - fermé lun., janv., 1er nov., 25 déc. - 3 € (-18 ans 1,20 €).

Collections très éclectiques : archéologie, documents, terres cuites de St-Quentin-la-Poterie *(voir À proximité)*, toiles de Xavier Sigalon et de Chabaud, souvenirs de la famille Gide. **L'armoire peinte d'Uzès** fait son apparition au début du 18e s. De petite taille, elle est décorée de motifs qui rehaussent la teinte sombre du meuble. Vous en verrez trois au musée et une au Duché.

Cathédrale St-Théodorit

✆ 04 66 22 68 88 - nov.-mars : 8h30-20h ; reste de l'année : 8h30-18h.

Elle a été élevée au 17e s. sur l'emplacement de l'ancienne cathédrale romane, détruite pendant les guerres de Religion et dotée d'une façade néoromane en 1873. À l'intérieur, superbes **orgues**★ Louis XIV encadrées de volets peints destinés à les masquer pendant le carême.

ENFANTS DU PAYS

Uzès a vu naître quelques célébrités : le peintre **Nicolas Froment** (fin du 15e s.), auteur pour le roi René du célèbre *Triptyque du Buisson ardent* que l'on peut voir à Aix ; son confrère **Xavier Sigalon** (1788-1837) ; **André Gide** (1869-1951) a évoqué ses vacances uzétiennes chez son oncle dans *Si le grain ne meurt*. Mais c'est **Jean Racine** (1639-1699) qui a le plus fait pour le renom de la cité.

★★ Tour Fenestrelle

Particulièrement harmonieux, ce vestige roman (12e s.) de l'ancienne cathédrale est l'unique exemple en France de clocher de plan circulaire. Elle doit son nom à ses cinq étages de fenêtres géminées, surmontant un premier étage aveugle.

Poursuivre sur la **promenade Jean-Racine** d'où l'on domine les garrigues et la vallée de l'Alzon. L'Eure y prend sa source : captée par les Romains, elle était dirigée sur Nîmes par le pont du Gard. À gauche, en saillie, le **pavillon Racine**, surmonté d'un dôme, a été construit sur une tour des anciennes fortifications.

Traversez Le Portalet, partie du boulevard circulaire qui domine la garrigue, et prenez la rue St-Théodorit.

Étroite et pentue, la rue, dont le départ est marqué par une fontaine fermée d'une grille, donne accès à un réseau de ruelles bordées de nobles demeures, toutes remarquablement restaurées.

Prenez en face l'impasse Port-Royal.

VERS L'ALZON

Vous pourrez rejoindre la vallée de l'Alzon en empruntant le **chemin André-Gide**, en contrebas de la promenade Racine : lieu fort bucolique d'où vous découvrirez une très belle vue sur la ville… et quelques ouvrages d'art de l'aqueduc romain.

Jardin médiéval

Imp. Port-Royal - 04 66 22 38 21 - http://jardinmedievaluzes.blogspot.fr - juil.-août : 10h30-12h30, 14h-18h ; avr.-juin et sept.-oct. : 14h-18h, w.-end et j. fériés 10h30-12h30, 14h-18h - possibilité de visite guidée (1h) sur demande préalable - fermé 1er janv., 1er et 11 Nov., 25 déc. - 4 € (-12 ans gratuit).

Au bout d'un passage voûté, vous découvrirez ce havre de verdure où l'on trouve plantes potagères, condimentaires, utilitaires, ornementales et médicinales. Reconstitué avec soin, ce jardin, conçu à la suite de recherches historiques, offre en outre une vue imprenable sur les tours du Roi et de l'Évêque, qui servent de cadre à des expositions.

Descendez la rue Port-Royal et par la rue Paul-Foussat, regagnez le boulevard.

Sur Le Portalet, à votre gauche, au no 19, la **maison du Portalet** est un bel hôtel Renaissance.

Revenez pour retrouver le boulevard Victor-Hugo.

À proximité Carte de microrégion

Haras national d'Uzès B2

3,5 km. Quittez Uzès au nord-ouest par la route d'Alès (D 981). À 2 km, tournez à gauche dans la D 407 ou chemin du mas des Tailles (fléchage) - 0 811 90 21 31 - ♿ - visite libre tlj sf dim. et j. fériés 14h-17h ; visite guidée (2h) 13 juil.-24 août : mar. et jeu. 10h et 15h30 ; 22 juin-12 juil. et 25 août-9 sept. : mar. et jeu. 15h30 (avec entraînement de M. Lucien Gruss) - 8 € (5-12 ans 4 €).

Créé en 1974 autour d'une ancienne propriété, il s'est doté d'installations modernes, dont un manège, des carrières et un terrain planté d'obstacles pour l'entraînement de ses étalons, chevaux ou ânes de Provence, race d'ânes officiellement reconnue depuis 1995.

Musée du Bonbon Haribo C2

Au Pont-des-Charrettes, à l'entrée d'Uzès, sur la D 981 (rte de Remoulins) - 04 66 22 74 39 - www.haribo.com - ♿ - 10h-13h, 14h-18h - fermé j. fériés et lun. sf pdt vac. scol. - 6 € (-15 ans 4 €, -5 ans gratuit).

Tout sur l'histoire et la fabrication des bonbons, en particulier les gélifiés aux formes variées, comme les fameuses fraises Tagada. Espace arôme pour exercer son nez et dégustation. Adresses des dentistes à l'office de tourisme !

Moulin de Chalier à Arpaillargues B2

3 km. Quittez Uzès à l'ouest par la D 982 en direction d'Anduze. Peu avant Arpaillargues, prenez à droite une petite route en descente - 04 66 22 58 64 - www.moulin-de-chalier.fr - - juil.-août : 10h-19h ; fév.-juin et sept. : tlj sf lun. 10h-12h, 14h-18h ; vac. de la Toussaint : 10h-12h, 14h-18h ; reste de l'année : se rens. - fermé janv., 25 déc. - 7 € (4-12 ans 5 €).

Dans une bâtisse en pierre du 18e s., le **musée 1900** regroupe véhicules, affiches et objets évoquant la vie quotidienne à la Belle Époque. Moyens de transport, du grand bi de 1870 aux limousines des années 1950, lanternes magiques, cinéma des frères Lumière, postes à galène et évocation des activités agricoles de la région (moulin à huile du 18e s.).

À 100 m, le **musée du Train et du Jouet** propose un réseau ferroviaire miniature datant de 1923 : 400 m de rails sillonnent des paysages cévenols et camarguais où ont été placés les sites les plus prestigieux de la région, tels que les arènes de Nîmes ou le pont du Gard.

St-Quentin-la-Poterie C2

5 km. Quittez Uzès au nord-est par la D 982 (route de Bagnols). À 2 km, prenez à gauche la D 5, puis la D 23.

L'argile locale d'excellente qualité a fait la fortune de St-Quentin : au 14e s., on y réalisa plus de 120 000 carreaux de faïence vernissée destinés à orner les salles du palais des Papes à Avignon. La production se maintint à un niveau important jusqu'au début du 20e s., en particulier avec les « toupins » (petits pots en terre) au bel émail jaune, des pipes en terre et des briques, avant de s'éteindre en 1974, date de la fermeture de la dernière usine. Mais, depuis 1983, le village a trouvé une nouvelle jeunesse avec l'arrivée de céramistes et de potiers produisant des pièces décoratives ou utilitaires.

Installé dans un ancien moulin à huile transformé en Maison de la terre *(14 r. de la Fontaine)*, le **musée de la Poterie méditerranéenne** abrite une collection de 250 pièces, utilitaires ou festives, provenant d'Espagne, de Crète, du Maroc, de Tunisie et de St-Quentin, bien sûr. *04 66 03 65 86 - www.musee-poterie-mediterranee.com - juin-août : 10h-13h, 15h-19h ; fév.-mai et sept.-nov. : 14h-18h ; reste de l'année : sur demande préalable - fermé lun. et mar. (sf juil.-août), 1er janv., 1er et 11 Nov., 25 déc. - 3 € (-12 ans gratuit).*

À côté, la **galerie Terra Viva** présente des expositions de céramistes contemporains. *04 66 22 48 78 - www.terraviva.fr - - 10h-13h, 14h30-18h ou 19h (déc. : w.-end et vac. scol. uniquement) - fermé lun. en avr., oct. et nov., janv.-26 mars, 1er janv., 25 déc. - gratuit.*

NOS ADRESSES À UZÈS

HÉBERGEMENT

BUDGET MOYEN

Le Patio de Violette – *Chemin de Trinquelaïgues - ✆ 04 66 01 09 83 - www.hotel-uzes-pontdugard.com - ♿ - 25 ch. 60/75 € - ☕ 8,50 € - wifi gratuit.* Le patio et son agréable terrasse constituent le cœur de cette maison récente et contemporaine. Décoration épurée. Restaurant régional avec des plats soignés et des vins locaux.

POUR SE FAIRE PLAISIR

La Taverne – *4-7 r. Xavier-Sigalon - ✆ 04 66 22 13 10 - 9 ch. 70/80 € - ☕ 8/10 € - rest. 26/33 € - wifi gratuit.* Dans une rue piétonne donnant sur le boulevard à deux pas de l'office de tourisme, un petit hôtel familial aussi paisible que confortable. Restaurant un peu plus loin dans la rue.

Hostellerie Provençale – *1-3 r. Grande-Bourgade - ✆ 04 66 22 11 06 - 9 ch. 103/142 € - ☕ 11 €.* Nouvelle direction pour ce charmant petit hôtel situé à proximité du boulevard. Le restaurant **La Parenthèse** *(voir Restauration)* mérite qu'on y fasse un détour gourmand. Petit-déjeuner servi sur le toit-terrasse.

Best Western Hôtel Uzès Pont du Gard – *Rte de Nîmes 0,5 km - ✆ 04 66 03 32 22 - www.bestwestern.fr - 65 ch. 80/125 € - ☕ 10 € - rest. 17/30 €.* Groupe de bâtiments ordonnés autour d'une piscine et d'une terrasse ombragée, où l'atmosphère est (presque) familiale, en dépit de l'appartenance de l'hôtel à une chaîne. Chambres rénovées, équipées de meubles actuels. Attablez-vous dans une salle à manger aux couleurs provençales ou sur la jolie terrasse.

Hôtel du Général d'Entraigues – *Pl. de l'Évêché (accès par la rue de la Calade) - ✆ 04 66 22 32 68 - www.leshotelsparticuliers.com - P - (payant) - 36 ch. 70/185 € - ☕ 13 € - rest. Les Jardins de Castille.* Plusieurs nobles demeures des 17e et 18e s. ont été réunies pour constituer cette hôtellerie de charme située face à la tour Fenestrelle. Décrochements, courettes et patio, harmonieux mélange d'ancien et de moderne concourent à la magie des lieux. Piscine aux beaux jours.

Clos de Pradines – *Pl. du Pigeonnier - 30700 St-Quentin-la-Poterie - ✆ 04 66 20 04 89 - www.clos-de-pradines.com - fermé 11-31 janv., 16-29 nov. - 18 ch. 73/175 € - ☕ 13 € - rest. 18/43 €.* Sur les hauteurs du village, hôtel paisible proposant de ravissantes chambres de style néoprovençal dotées de miniterrasses ou de balcons orientés plein sud. Au restaurant, belle terrasse dominant la vallée, salle à manger contemporaine et cuisine traditionnelle. Piscine.

Chambre d'hôte Le Mas de Caroubier – *684 rte de Vallabrix - 30700 St-Quentin-la-Poterie - ✆ 04 66 22 12 72 - www.mas-caroubier.com - fermé janv. - P - 💳̸ - 4 ch. 80/110 € ☕.* Ce mas surgissant au bout d'un chemin de campagne est un havre de paix. Tout y incite à la sérénité : le délicieux accueil, le charme des chambres garnies de meubles chinés, la quiétude du jardin et du beau potager médiéval, la piscine… Stages de poterie et de peinture.

Chambre d'hôte Le Mas Conil – *Chemin de Collorgues - 30190 Aubussargues - ✆ 04 66 63 97 00 -*

2

www.masconil.com - fermé 10 j. à Noël - 🅿 *- 4 ch. 95/110 €* ☕ *- rest. 35 €.* Non loin du château d'Aubussargues, vous trouverez ce mas en pierre sèche abritant 4 chambres et une suite familiale où couleurs apaisantes et meubles chinés se marient de façon harmonieuse. Table d'hôte sur réservation : recettes provençales assorties en hiver de quelques spécialités helvétiques. Jolie piscine.

RESTAURATION

Sous les arceaux de la place aux Herbes et dans les environs immédiats de la place, sandwicheries, saladeries et cafés proposant des tapas abondent.

PREMIER PRIX

Le Patio St-Julien (La Cour de l'église, quartier des Arts St-Julien) – *30 bd Charles-Gide et r. de la Ferté-Milon - ✆ 04 66 22 25 65 -* ♿. C'est une authentique église (désaffectée au culte, bien entendu) qui abrite aujourd'hui ce magasin d'antiquités et salon de thé. Selon l'heure, et après avoir chiné, vous pourrez déguster, dans la nef ou dans le minuscule jardin qu'ombrage un figuier, un délicieux jus de fruit frais ou un plat du jour : grand choix de salades et de tartines, et barbecue « volcanique » le soir.

Au Suisse d'Alger – *Pl. Dammartin - ✆ 04 66 22 11 67.* Bar à vins servant des tapas à toute heure, mais aussi toutes sortes de tartes et quiches, des salades, etc. Concerts certains soirs à partir de Pâques. Une institution uzétienne.

Terroir – *5 pl. aux Herbes - ✆ 04 66 03 41 90 - tapas 4,90/5 €, assiettes gourmandes 10/13 €, tartines grillées 9/10 €.* Pour déjeuner sur le pouce en admirant la place et ses couverts. Le lieu comprend une boutique où vous pourrez vous procurer des produits... du terroir bien entendu !

BUDGET MOYEN

Le 80 Jours – *2 pl. Albert-Ier - ✆ 04 66 22 09 89 - fermé dim. - formule déj. 16 € - 19/38 €.* Voûtes et vieilles pierres, décor exotique, joli patio ombragé : il fait bon s'attabler dans cette brasserie moderne dont l'enseigne évoque Jules Verne et les voyages du patron.

POUR SE FAIRE PLAISIR

L'Esprit du Samaritain – *24 bd Charles-Gide - ✆ 04 66 22 58 86 - menus 21,90/29,90 €.* Une superbe salle voûtée accueille ce restaurant dont la cuisine mélange tradition et créativité.

La Parenthèse – *3 r. Grande-Bourgade - ✆ 04 66 22 11 06 - fermé merc. midi en hiver - formule déj. 16 € - 32 €.* Le restaurant de l'Hostellerie Provençale propose, sous l'égide d'une nouvelle équipe, une cuisine de terroir remise au goût du jour, qui peut être servie sur la terrasse. Le dessert « la ballade des gens gourmands » est un clin d'œil au chanteur Gérard Lenormand, apparenté à l'un des associés.

ACHATS

Foires et marchés – Journée de la truffe sur la place aux Herbes, le 3e dimanche de janvier. Au même endroit, Foire à l'ail le 24 juin et un marché traditionnel samedi matin. Foire aux vins, début août, sur l'Esplanade. Marché des producteurs tous les merc. matin.

Gourmandises

Huile d'olive – Deux moulins sont ouverts au public, à Collorgues et à Martignargues.

La Maison de la truffe – *27 pl. aux Herbes - ✆ 04 66 63 86 45.*

Cette boutique rappelle qu'Uzès est un des traditionnels marchés « rabassiers » de la région. Ici, le noble tubercule est vendu en son état naturel mais aussi décliné : apéritif (un vin blanc sec aromatisé au jus de truffe noire), polenta, huiles, etc.

Céramique

Atelier Christophe Pichon Céramiques – *Zac Pont-des-Charrettes - ✆ 04 66 22 11 86 - www.ceramique-pichon.fr - 9h-12h, 14h-18h30 - fermé dim. et j. fériés.* Atelier de fabrication de céramiques traditionnelles fondé en 1802 par un ancêtre de Christophe Pichon. De nouveaux styles égaient les collections, mais la passion familiale est toujours intacte.

ACTIVITÉS

Randonnée

Balades en Uzège – *Topoguide réunissant 6 itinéraires de randonnées (3 €), cartoguide* Sentier de l'aqueduc romain *et* Gorges de Gardon *(3 €), en vente à l'office du tourisme d'Uzès et d'Uzège.*

Parc à thème

Parc Aquatique de La Bouscarasse – *Rte d'Alès - 30700 Serviers-et-Labaume - ✆ 04 66 22 50 25 - http://bouscarasse.fr - de fin mai à fin août : 10h-19h, w.-end et j. fériés 10h-20h ; de déb. à mi-sept. : merc. 10h-19h, w.-end 10h-20h (en fonction de la météo) - fermé de mi-sept. à fin mai - 11/14,50 € (5-11 ans 11/12 €).* Besoin d'un peu de fraîcheur ? 2 500 m^2 de bassins et de pataugeoires attendent les vacanciers et leurs enfants. Le grand parc ombragé et doté d'une végétation luxuriante comporte des aménagements pour les pique-niques, un théâtre à ciel ouvert et un petit snack.

AGENDA

Biennale du meuble peint – *Week-end de Pâques (années paires).*

Nuits musicales d'Uzès – *www.nuitsmusicalesuzes.org.* Elles rassemblent depuis 1970 de prestigieux interprètes de musique Renaissance et baroque (mais aussi musiques du monde, telles que bossa-nova ou chant choral basque) dans les édifices historiques d'Uzès et de l'Uzège durant la 2e quinz. de juil.

Festival Autres Rivages – *www. autres-rivages.com.* De mi-juillet à mi-août, il permet de découvrir des musiques traditionnelles du monde dans plusieurs villages de l'Uzège.

Festival européen des arts céramiques Terralha – Il a lieu durant le 3e w.-end de juil. (les années paires) à St-Quentin. Des milliers de visiteurs viennent faire leur choix parmi les pièces proposées.

Alès

40 520 Alésiens – Gard (30)

NOS ADRESSES PAGE 227

S'INFORMER

Office de tourisme – *Pl. de l'Hôtel-de-Ville - 30100 Alès - 04 66 52 32 15 - www.allescevennes.fr - juil.-août : 9h-19h, dim. 9h-12h ; juin : 9h-18h ; reste de l'année : 9h-12h, 13h-17h30 - fermé dim. (hors sais.) et j. fériés (sf juil.-août).*

SE REPÉRER

Carte de microrégion A1 (p. 148) – *Carte Michelin Départements 339 J4.* À 96 km au nord de Montpellier par la D 6110 et à 68 km au sud-est de Florac par la N 106. En arrivant d'Anduze par la D 50, après St-Jean-du-Pin, monter sur la colline de l'Ermitage.

SE GARER

Sur la rive gauche du Gardon (av. Carnot), grand parking gratuit sur les berges (en partie ombragé).

À NE PAS MANQUER

Les témoins du passé minier d'Alès ; les expositions du musée-bibliothèque Pierre-André Benoit ; le panorama depuis le château de Portes.

ORGANISER SON TEMPS

Comptez une matinée pour la ville et le thème de la mine.

AVEC LES ENFANTS

La mine-témoin, le Préhistorama de Rousson et le musée du Scribe à St-Christol.

Centre industriel et porte des montagnes cévenoles, Alès a conservé quelques traces de son passé minier, et sa situation en fait le point de départ de belles excursions dans les Cévennes. En période estivale, le marché du lundi se peuple d'artisans d'art et les festivals assurent une animation culturelle de qualité dans cette ville qui, sans être belle, est des plus sympathiques.

Se promener Plan de ville

Cathédrale St-Jean-Baptiste A

Un bien curieux mélange de styles : la façade romane est en partie cachée par un porche gothique du 15e s. tandis que la nef date du 17e s. et le grand chœur du 18e s. À l'intérieur, c'est le règne du « néo » : la nef, couverte d'ogives très néogothiques, ouvre sur une abside ornée d'une colonnade néoclassique.

À côté de la cathédrale, dans la rue Lafare-Alès, se trouve l'**ancien évêché**, construit au 18e s.

Musée du Colombier B

Parc du Colombier - 04 66 86 30 40 - parking gratuit - 14h-18h - fermé 2e quinz. fév., 1er janv., 1er Mai, jeu. de l'Ascension, 14 Juil., 25 déc. - gratuit.

Il est aménagé dans le château du Colombier (18e s.), situé dans un agréable jardin public, à côté d'un pigeonnier d'où il tient son nom. Les collections d'art

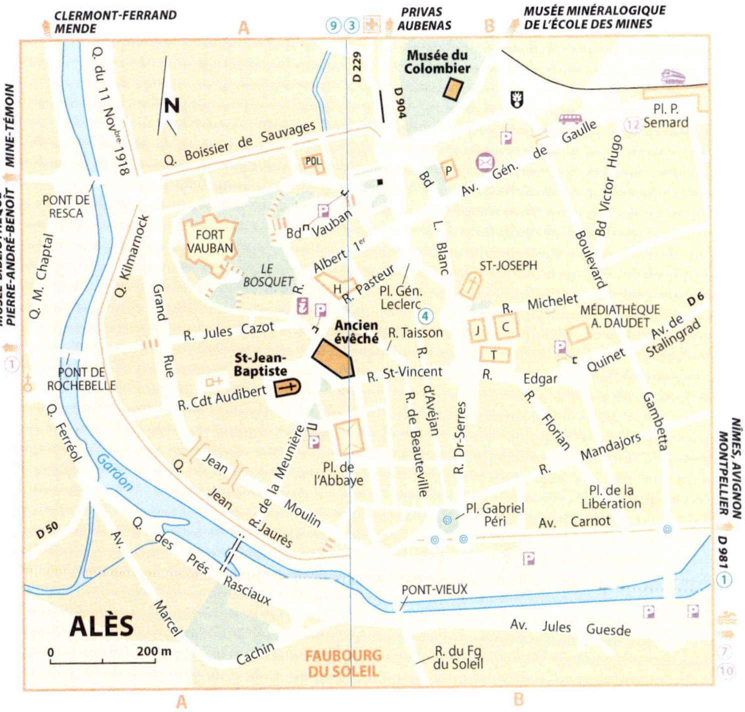

SE LOGER

- Deltour (Hôtel) 1
- Domaine des Fumades (Camping) 3
- Mas de la Filoselle (Le) 9
- Orly (Hôtel) 4
- St-Hilaire (Auberge de) 7
- Voutins (Auberge des) 10

SE RESTAURER

- Atelier des Saveurs (L') 1
- Riche (Le) 12

qu'il abrite couvrent une période s'étendant du 16e s. au 20e s., avec notamment le *Triptyque de la Trinité* par Jean Bellegambe (début 16e s.), des tableaux de Van Loo, Bassano, Brueghel de Velours, Masereel, Mayodon, Marinot, etc. Sculptures, mobilier et objets d'art. Importantes collections archéologiques, de la préhistoire au gallo-romain.

★ Musée-bibliothèque Pierre-André Benoit

R. de Brouzen, Rochebelle. Traversez le Gardon par le pont de Rochebelle, puis suivez la signalisation - parking gratuit - ✆ 04 66 86 98 69 - 14h-18h - fermé 1re quinz. fév., 1er janv., 1er Mai, jeu. de l'Ascension, 14 Juil., 25 déc. - gratuit.

Le château de Rochebelle (18e s., restauré), ancienne résidence des évêques d'Alès, abrite la donation de **Pierre-André Benoit** (1921-1993) à sa ville natale. Il était à la fois éditeur, imprimeur, écrivain, dessinateur et peintre. Ses précieuses collections sont le fruit de ses rencontres ou correspondances, en particulier avec Char, Claudel, Tzara, Seuphor, Braque, Picasso, Miró, Jean Hugo, Jacques Villon… Les œuvres graphiques et les livres sont présentés par roulement ou lors d'expositions temporaires au rez-de-chaussée ou à la bibliothèque *(2e étage)*, décorée par Benoit. Les salles du 1er étage abritent la collection picturale : belles huiles sur toile de Camille Bryen, tableaux de Picabia, compositions aux oiseaux de Braque, paysages de Léopold Survage et miniatures.

À voir aussi

★ Musée minéralogique de l'École des mines

6 av. de Clavières - ✆ 04 66 78 51 69 - www.mines-ales.fr - de mi-juin à mi-sept. : tlj sf w.-end et j. fériés 14h-17h ; reste de l'année : sur demande - 4 € (enf. 2 €).

Quelque 1 600 minéraux provenant du monde entier, dont certaines pièces remarquables (opale d'Australie, calcédoine du Maroc, quartz morion de l'Aveyron), témoignent de la richesse des collections autrefois destinées à l'enseignement (plus de 10 000 échantillons, 800 variétés). La présentation est complétée par celles des roches et des fossiles.

NE PAS CONFONDRE AVEC ALÉSIA !

Alès (qui s'orthographia « Alais » jusqu'en 1926) doit son nom à un obscur citoyen romain dénommé Allectus. Quant à l'aile, emblème de la cité, elle n'a aucun lien avec l'étymologie d'« Alais », il s'agit en fait du blason de Bérard de Montalet, seigneur d'Alès au 17e s.

Mine-témoin

3 km à l'ouest du plan. Traversez le Gardon par le pont de Rochebelle et continuez au nord par la rue du Fg-de-Rochebelle ; prenez à gauche le chemin de St-Raby puis à droite le chemin de la Cité-Ste-Marie - ✆ 04 66 30 45 15 - www.mine- temoin.fr - température : 15 à 17 °C - audiovisuel : 20mn - juil.-août : visite guidée (dernier dép. 1h30 av. fermeture) 10h-19h ; de mi-fév. à juin et de déb. sept. à mi-nov. : 9h30-12h30, 14h-18h - fermé de mi-nov. à mi-fév., 1er janv., 25 déc. - 7 €.

La tradition minière de la région remonte au 13e s., lorsque les moines bénédictins extrayaient le « charbon de terre ». Les mines ont connu leur apogée en 1947 avant un déclin très rapide et définitif dans les années 1960. Le dernier puits a fermé en 1985. Après une présentation vidéo sur l'exploitation moderne du charbon, vous rejoindrez la « cage » située sous le chevalement pour un voyage au cœur de la mine ; celle-ci n'a jamais servi pour la production mais a été une mine-école pendant 23 ans. Casque sur la tête, vous descendez à 10 m/s pour rejoindre les galeries, et remonter le temps jusqu'à l'époque de *Germinal*. On passe de l'ingénieux soutènement marchant à la terrible « taille familiale » où l'on employait des enfants de 10 ans. L'évolution des matériels et l'organisation du travail s'avèrent parfois difficiles à saisir ; l'accent est plutôt mis sur les terribles conditions de vie des mineurs.

À proximité Carte de microrégion

★ Château de Portes A1

20 km au nord-ouest. Quittez Alès au nord par la D 906 en direction de Génolhac. Laissez la voiture au col de Portes et faites le tour du château - ✆ 04 66 54 92 05 - www.chateau-portes.org - juil.-août - 10h-19h, lun. 13h-19h (dernière entrée 30mn av. la fermeture) ; 2 avr.-juin : w.-end et j. fériés uniquement 14h-17h30 ; reste de l'année : se rens. - possibilité de visite guidée sur demande préalable - fermé 15 nov.-fin mars, 1er janv., 25 déc. - 4,80 € (-18 ans 3,50 €).

Juché sur la ligne de crête séparant le bassin du Gardon de la vallée du Luech, le vieux bastion de Portes assura longtemps sur la **voie Régordane** la protection des pèlerins qui se rendaient à St-Gilles *(voir p. 166)* par les Cévennes. La forteresse médiévale est de plan carré ; à la Renaissance, on y ajouta un bâtiment de plan polygonal dont l'avancée en proue constitue une prouesse architecturale. À l'intérieur de ce bâtiment, qui accueille des expositions et des concerts, admirez les belles cheminées monumentales à manteau monolithe. Au sommet du château, le **panorama★** s'étend au nord, sur la dépression de Chamborigaud, dominée par le mont Lozère et les contreforts du Tanargue.

Rousson B1

9 km au nord. Quittez Alès au nord et suivez la D 904 en direction d'Aubenas. Tournez à droite dans la D 131.

Château – Cette robuste bâtisse, cantonnée de quatre tours d'angle, n'a jamais été transformée depuis sa construction entre 1600 et 1615. La façade principale, orientée sud-est, présente une suite de fenêtres à meneaux et une imposante porte Louis XIII à bossages. À l'intérieur, beaux **dallages** anciens, bien conservés et variés. Remarquez, au rez-de-chaussée, la cuisine avec sa vaste cheminée et son four à pain, et dans la galerie du 1er étage, un ancien coffre de marine.

Préhistorama – *Suivez la D 904 en direction d'Aubenas. Au Pont-d'Avène, tournez à gauche dans un chemin fléché « Préhistorama » - ✆ 04 66 85 86 96 - www.prehistorama.com - ♿ - juin-août : 10h-19h ; fév.-mai et sept.-nov. : 14h-18h - fermé déc.-janv. - 6 € (-14 ans 4 €).*

Il retrace l'évolution de la vie sur Terre (collection de fossiles), puis celle de l'homme, sous forme de dioramas présentant des reconstitutions grandeur nature des premiers êtres humains.

Jardins ethnobotaniques de la Gardie – *400 m après le Préhistorama - ✆ 04 66 85 66 90 - www.lesjardinsethno.org - juil.-août : tlj sf lun. 10h-12h, 15h-18h ;*

CONVERSION ET RECONVERSIONS

Réformée – Alès est acquise à la foi protestante dès le milieu du 16e s. et devient, avec l'édit de Nantes (1598), une des places de sûreté autorisées. C'est ici qu'est signé, en 1629, l'édit de Grâce accordé par Louis XIII aux protestants (la « paix d'Alès ») : si les protestants perdent leurs places de sûreté, la liberté de conscience accordée par l'**édit de Nantes** est confirmée.

Pasteur et la pébrine – Au 19e s., Alès était un grand centre de sériciculture, avec quelque 45 filatures et des plantations de mûriers en grand nombre avant qu'une maladie, la pébrine, atteigne les vers à soie. En 1865, Pasteur accepte de venir pour tenter de trouver un remède. À peine ses recherches entamées, il est frappé par le malheur : la même année, il perd son père et sa plus jeune fille, âgée de 2 ans ; un an plus tard, c'est une autre de ses filles qui meurt de la typhoïde. Surmontant son déchirement, Pasteur trouve le remède en 1867 : en examinant au microscope les papillons reproducteurs, il supprime simplement les œufs présentant les signes caractéristiques de la maladie. Cette méthode de préservation reçoit en 1868 une éclatante confirmation, mais ne sauvera malheureusement pas la sériciculture, qu'un autre fléau, bien plus grave, emportera bientôt : la soie synthétique.

Terre minière – Durant la 2e moitié du 19e s., la mine prend la relève, transformant Alès en un centre industriel très important qu'alimentent les bassins houillers d'Alès, de la Grand-Combe et de Bessèges, des mines de fer, de plomb, de zinc, d'asphalte. Les années 1950 marquent le début du déclin de cette activité. Le dernier puits ferme en 1985. De nos jours, l'agglomération alésienne tente cependant de rester un foyer industriel même si la crise actuelle entraîne de graves difficultés dans le secteur de la métallurgie.

mai-juin et sept. : w.-end 15h-18h ; reste de l'année sur réserv. - possibilité de visite guidée sur demande préalable - 5 € (-10 ans et journées du patrimoine gratuit).

Un parcours pédagogique de plus d'un kilomètre invite à découvrir le riche milieu naturel cévenol et ses liens traditionnels avec l'homme : verger conservatoire (mûrier, vignes…), champs de céréales anciennes, jardin botanique, charbonnière (fabrication de charbon de bois), jardin des simples…

St-Christol-lès-Alès : musée du Scribe A2

2 km au sud par la D 6110 (Anduze, Montpellier). Fléchage sur la droite, avant la « pyramide » où les deux routes se séparent - 42 r. du Clocher (près de l'église) - 04 66 60 88 10 - www.museeduscribe.com - - juin-août : 14h-19h ; reste de l'année : sur RV - fermé lun., merc., w.-end, 1er janv., 25 déc. - possibilité de visite guidée sur demande préalable (2 j. av.) - 5 € (6-10 ans 3,50 €, -6 ans gratuit).

Les communs de l'ancien château du village, bien restaurés, abritent ce musée qui, comme son nom l'indique, est voué à l'écriture, c'est-à-dire avant tout à ses instruments : impressionnante collection de plumes et de porte-plumes, encriers aux formes parfois inattendues, techniques de fabrication des supports utilisés au cours des siècles, papyrus, parchemin, papiers. Vous terminerez votre visite avec la reconstitution d'une classe d'autrefois, qui vous ramènera au temps de la IIIe République.

Vézénobres B2

11 km au sud. Quittez Alès à l'est par la N 106.

Ce village perché, dominant le confluent des gardons d'Alès et d'Anduze, a conservé et mis en valeur les vestiges de son passé médiéval : la porte Sabran, les ruines du château fort et plusieurs maisons des 12e, 14e et 15e s. Flâner dans les trois « étages » du village, reliés entre eux par des *endrounes* (ruelles en escaliers), ne manque pas de charme.

Les amateurs de **figues** seront comblés dans cette petite cité qui renoue, avec l'aide du Conservatoire botanique de Porquerolles, avec une tradition remontant au 17e s., époque où les fruits étaient mis à sécher sur des terrasses couvertes, les *calaberts*, avant d'être commercialisés.

NOS ADRESSES À ALÈS

HÉBERGEMENT

PREMIER PRIX

Camping Domaine des Fumades – *30500 Allègre-les-Fumades (accès par D 241, à proximité de l'établissement thermal, bord de l'Alauzène) - ✆ 04 66 24 80 78 - www.domaine-des-fumades.com - de mi-avr. à mi-sept. - ♿ - réserv. indispensable - 230 empl. 32,70 €.* Au bord de l'Alauzène, un camping installé autour d'une belle bâtisse et de son magnifique patio. Dans une nature bien préservée, trois piscines, des restaurants et des commerces contribuent au confort des vacanciers… Mini-club pour les enfants.

BUDGET MOYEN

Hôtel Orly – *10 r. d'Avéjan (au coin de la rue St-Vincent) - ✆ 04 66 91 30 00 - www.orly-hotel.com - fermé de mi-déc. à déb. janv. - 28 ch. 60/68 € - ☕ 8 € - wifi gratuit.* Au cœur de la rue piétonne et commerçante du centre-ville, un petit hôtel traditionnel aux chambres charmantes et personnalisées.

Hôtel Deltour – *Imp. des Pommiers - rocade est - ✆ 04 66 54 98 10 - www.ales.deltourhotel.com - P - 30 ch. 54 € - ☕ 6,50 €.* À l'instar des autres établissements appartenant à la même chaîne et présents dans la région, cet hôtel propose des chambres de confort actuel, garnies d'un mobilier de bonne qualité. Climatisation, connexion wifi et sdb dans chacune d'entre elles. Accueil charmant, service impeccable et prix raisonnables compensent l'éloignement du centre.

Maison d'Hôtes Mas de la Filoselle – *344 r. du 19-Mars-1962 - ✆ 06 61 23 19 95 - http://filoselle.free.fr - 4 ch. 85 € ☕.* Sur les hauteurs de ce village, aux portes d'Alès, une ancienne magnanerie aux chambres thématiques. Table d'hôte le soir.

RESTAURATION

POUR SE FAIRE PLAISIR

L'Atelier des Saveurs – *16 fg de Rochebelle - ✆ 04 66 86 27 77 - www.latelierdessaveurs.net - fermé 24 août-13 sept., sam. midi, dim. soir et lun. - formule déj. 19 € - 29/62 €.* Lumineux intérieur un brin champêtre, délicieux patio ombragé, ambiance conviviale et attrayantes recettes actuelles où s'invitent les saveurs du Sud : laissez-vous bercer…

Le Riche – *42 pl. Semard - ✆ 04 66 86 00 33 - www.leriche.fr - fermé août - 19 ch. 72 € - ☕ 9 € - rest. 22/52 €.* Bel immeuble du début du 20e s. Sous un haut plafond, salle à manger Art nouveau aux lambris restaurés et aux couleurs vives. Cuisine classique. Chambres au design contemporain.

Auberge de St-Hilaire – *5 r. André-Schenk - 30560 St-Hilaire-de-Brethmas (à 3 km au SE d'Alès par la D 936) - ✆ 04 66 30 11 42 - www.auberge-saint-hilaire.com - fermé dim. soir et lun. - ♿ - P - 25/68 €.* Cette avenante maison constitue une agréable étape gourmande : jolie cour-terrasse où trône un olivier, grande salle à manger égayée de tableaux et de nappes jaunes, et cuisine classique bien tournée.

Auberge des Voutins – *Rte d'Uzès - 30340 Méjannes-lès-Alès (à 4 km au SE en direction d'Uzès par la D 981) - ✆ 04 66 61 38 03 - fermé mar. midi, dim. soir et lun. (sf j. fériés) - P - 28/60 €.* Maison de pays bien protégée de la route par un rideau d'arbres. Recettes traditionnelles à goûter dans une salle à manger campagnarde ou sur la terrasse, à l'ombre d'un tilleul.

ACHATS

La Brûlerie – *185 Grand-Rue - ✆ 04 66 52 14 14 - www.labrulerie.com - 8h30-12h, 14h-19h.* Renée Rédarès a deux qualités évidentes : sa gentillesse et un talent certain pour communiquer sa passion du café. Elle commercialise quelque 30 variétés afin que sa clientèle découvre sans cesse de nouveaux goûts. La boutique fait aussi le bonheur des consommateurs de thé. Dégustation possible dans le magasin du marché de l'abbaye.

ACTIVITÉS

Équitation

Centre équestre du Galeizon – *Rte du Pont-des-Camisards - hameau de Labaume - 30480 Cendras - ✆ 04 66 78 77 98 - www.centreequestredugaleizon.com - été : 9h-12h, 16h-20h ; reste de l'année : 9h-12h, 14h-17h - fermé 21-30 août.* Randonnées accompagnées dans le cadre de la belle vallée du Galeizon.

Ruée vers l'or

Jean-Luc Billard – *21 r. de la Montagnade - 30720 Ribaute-les-Tavernes - ✆ 04 66 83 67 35 - www.orpailleur.com - 28 €/j (-12 ans 18 €).* Cet orpailleur vous propose de découvrir les techniques de base de son métier, et vous garantit de trouver de l'or dans les alluvions des rivières du Gard. Stages à la journée *(merc. en juil.-août)* ou sur demande. Boutique proposant le matériel de recherche (pour l'or, ainsi que des détecteurs de métaux) et des bijoux réalisés avec les paillettes d'or.

AGENDA

Festival de cinéma Itinérances à Alès – *✆ 04 66 30 24 26 - www.itinerances.org - en mars - rens. à l'office de tourisme.*

Feria – *W.-end de l'Ascension.* Bodegas, lâchers de taureaux, concerts, festivités diverses, course de chevaux dans le lit du Gardon, course camarguaise et corridas aux arènes du Tempéras. On y privilégie les élevages réputés difficiles et ce sont toujours à d'âpres combats qu'assistent les rudes Alésiens.

Fous chantants – *Dernière sem. de juil. - www.fouschantants.com.* Chaque année, 1 000 choristes rendent hommage à un artiste de variété (Ferrat, Moustaki, Goldman, Sheller…).

Grotte de la Cocalière

★★

Gard (30)

NOS ADRESSES PAGE 231

S'INFORMER

Office du tourisme « Cévennes Actives » – *50 r. de la République - 30160 Bessèges - ✆ 04 66 25 08 60 - www.cevennes-montlozere.com - de mi-juin à mi-sept. : 9h-12h30, 15h30-19h, dim. 10h-12h ; reste de l'année : 9h-12h - 13h30-17h30, dim. 10h-12h - fermé j. fériés sf 14 Juil. et 15 août.*

SE REPÉRER

Carte de microrégion B1 (p. 148) – *Carte Michelin Départements 339 J3-K3.* À 68 km au nord de Nîmes et 26 km au nord d'Alès par la D 904, via St-Ambroix.

À NE PAS MANQUER

Les nombreux gours ; les imposants disques et la « perle de caverne ».

ORGANISER SON TEMPS

Comptez 1h (visite guidée), ajoutez 30mn pour parcourir le sentier et une autre demi-heure pour découvrir à pied le village de Courry, le hameau de Reboul et monter à la chapelle St-Sébastien.

AVEC LES ENFANTS

Le retour en petit train s'ajoute au plaisir de la visite souterraine comme le sentier de découverte qui serpente au cœur de la garrigue.

2

Sans petit train ni aménagements touristiques, nos ancêtres préhistoriques appréciaient déjà la Cocalière puisque la grotte a révélé une occupation très dense allant du paléolithique (40 000 av. J.-C.) à l'âge du fer (400 av. J.-C.) ! Avec sa galerie horizontale de 1 200 m, elle est sans doute l'une des plus faciles à visiter en France. À la surface, le superbe plateau de garrigue, qui regorge lui aussi de témoignages préhistoriques, vous permet de prolonger agréablement la visite.

Visiter

★★ LA GROTTE

✆ 04 66 24 34 74 - www.grotte-cocaliere.com - température : 14 °C - juil.-août : 10h-19h ; de mi-mars à fin juin et sept.-nov. : 10h-12h, 14h-18h (dernier dép. des visites 1h15 av. fermeture) - fermé fin vac. scol. de la Toussaint jusqu'à mi-mars - 7,50 € (enf. 5,50 €).

L'entrée naturelle de la grotte, l'aven, se trouve sur le territoire de St-André-de-Cruzières (Ardèche), à 5 km de là. Mais c'est par une entrée artificielle et un escalier creusé dans la roche (252 marches) que l'on accède aux galeries ouvertes à la visite, sur une longueur d'environ 1 km.

Après la Salle du Congrès (à l'acoustique exceptionnelle), la grotte se distingue par la richesse et la variété des concrétions se réfléchissant de part et d'autre du chemin dans des plans d'eau ou des petits bassins alimentés par des cascatelles. Ici, de nombreux **disques** (concrétions rares aux diamètres impressionnants) sont suspendus ou rattachés à la paroi en porte-à-faux. On découvre quelques concrétions aux formes surprenantes, ce qui leur a valu d'être baptisées selon la tradition : les Rois Mages, le Morse, etc. Certaines voûtes présentent un cloisonnement géométrique de fines stalactites colorées par des oxydes métalliques ou d'une blancheur absolue, lorsqu'il s'agit de calcite pure.

Peu avant le « Camp des spéléologues », on observe la formation d'une précieuse bille de calcaire appelée **perle de caverne★** et les niphargus (petits crustacés cavernicoles) se déplaçant sous l'eau, pour peu que la lumière vienne les tirer de leur sommeil. Après la salle du Chaos et ses impressionnants entassements de roches (vestige sans doute d'un séisme), on pénètre sous des voûtes tourmentées par l'érosion, dans le domaine des draperies et des excentriques, ces concrétions aux formes désordonnées. Prenez le temps d'admirer l'imposante **cascade de gours** (bassins naturels remplis d'eau) ainsi que les puits reliés aux étages inférieurs et à leurs rivières.

La sortie de la grotte se trouvant au cœur de la garrigue, c'est en petit train que s'effectue le retour au hall d'accueil.

Sentier de Découverte – *20mn.* À l'extérieur, après une petite pause sur les agréables terrasses ombragées, suivez le sentier de découverte tracé dans la garrigue pour voir un dolmen, des tumulus (amas de terre ou de pierres élevés au-dessus des tombes), des capitelles, des abris préhistoriques et différents phénomènes karstiques (avens, lapiés, failles).

À proximité

Courry

À 2 km au sud par la D 904 (direction Alès).

15 km, 4h. Au pied des Cévennes, le petit village de Courry, dominé par son église romane du 12e s., offre quelques agréables balades. C'est le cas de celle vers le charmant **hameau de Reboul** situé à deux kilomètres du centre du village : composé d'une unique ruelle dallée traversant une poignée de maisons, il marque le point de départ de nombreux sentiers de randonnées. Autre balade possible : depuis la mairie, un **sentier balisé** serpente entre dolmens, four à chaux et capitelles. À la sortie du village, en direction du hameau Les Pierres Mortes, vous pouvez également emprunter le chemin Alexis-Raynard qui vous conduit jusqu'à la **chapelle St-Sébastien** édifiée en 1722. Là, découvrez le point de vue sur les Cévennes et le Vivarais *(table d'orientation).*

NOS ADRESSES AUTOUR DE LA GROTTE

Voir aussi Nos adresses à Alès (p. 227).

SE LOGER

PREMIER PRIX

Chambre d'hôte Les Muriers – *Pierregras - 07460 St-André-de-Cruzières - ✆ 04 75 39 02 02 - www.les-muriers.com - fermé janv. - - 4 ch. 47 € .* L'étage de cette ancienne magnanerie abrite 4 chambres indépendantes. La salle à manger, mignonne et pleine de caractère, accueille les petits-déjeuners si le temps ne permet pas un service en terrasse. Mais en temps normal, c'est sous un mûrier centenaire que vous dégusterez les délicieuses confitures maison. Table d'hôte mettant à l'honneur les légumes du potager et les viandes des producteurs locaux.

BUDGET MOYEN

Chambre d'hôte La Picholine – *Croix de Parens - 30500 Courry (juste en face de la grotte sur la D 904 – signalisation) - ✆ 04 66 24 13 30 - www.lapicholine.fr - 5 ch. 55 €/pers. (+10 € par pers. supp.) - repas 25 € (dîner seult).* Retrouvez le charme des vieilles pierres dans cette ancienne bergerie aux salles voûtées, parfaitement restaurée, située en bordure du village. Ses chambres parées de mobilier ancien vous accueillent pour des séjours à thème mêlant activités physiques et séances de relaxation.

SE RESTAURER

Sur place – Une cafétéria-snack et d'agréables aires de pique-nique sous les arbres sont aménagées à proximité de l'entrée de la grotte.

POUR SE FAIRE PLAISIR

La Bastide des Senteurs et **Le Bistrot de la Bastide** – *30500 St-Victor-de-Malcap (à 8 km de la grotte de la Cocalière par la D 904 et D 51ᶜ) - ✆ 04 66 60 24 45 - www.bastide-senteurs.com - fermé nov.-fév. - Le Bistrot : lun.-vend. à midi ; le Restaurant : fermé sam. midi - formule déj. (au Bistrot) à partir de 17,50 € - 39/73 € - 14 ch. 68/180 € - 10 €.* De cette bastide à l'abandon, les jeunes propriétaires ont fait une étape de charme. Vous y apprécierez la cuisine inventive du restaurant, son choix judicieux de vins (la propriétaire est sommelière de formation), la sobriété élégante du décor et l'accueil chaleureux : ici, tout chante les saveurs et les couleurs du Sud ! Jolies chambres personnalisées, piscine à débordement et belle terrasse.

ACTIVITÉS

Randonnée spéléo à la Cocalière – De la partie aménagée de la grotte jusqu'à son entrée naturelle, à St-André-de-Cruzières, une traversée de 4 km comportant passages sur corde, traversée de deux lacs en bateau, progression dans des galeries étroites. Compter une journée et s'équiper en conséquence (pique-nique et vêtements de rechange). Randonnée accessible aux débutants à partir de 13 ans. Claustrophobes s'abstenir ! *Réservation au ✆ 06 07 16 30 31 - www.grotte-cocaliere.com - 60 €/pers.*

+ d'adresses

La Lozère et le pays cévenol 3

Carte Michelin Région 526 – Lozère (48)

A. Duquénoy / MICHELIN

LA LOZÈRE ET LE PAYS CÉVENOL
0
10km
N
MONTÉLIMAR
CLERMONT-FERRAND
ARDÈCHE
LOZÈRE
AVEYRON
Parc naturel régional des monts d'Ardèche
Filature des Calquières
Naussac
Langogne
Allier
Réserve de Bisons d'Europe
Le Malzieu
St-Alban-sur-Limagnole
St-Chély-d'Apcher
Arzenc-d'Apcher
Fournels
St-Juéry
Truc de l'Homme
1274
Châteauneuf-de-Randon
Tour des Anglais
Lac de Charpal
Chemin Stevenson
Belvre du Chassezac
La Garde-Guérin
Villefort
Jardin du Mas de l'Abri
Belvre des Bouzèdes
Champ
Castanet
Bellecoste
Pont-du-
Chalet du Mt-Lozère
Col de Finiels
1548
Lozère
Le Vallon du Villaret
Bagnols-les-Bains
Le Bleymard
Sommet de Finiels
1699
Mont
Parc
Cade de Rûnes
Les Bondons
Lanuéjols
Mende
Balsièges
Col de Montmirat
1046
Marvejols
Parc des loups du Gévaudan
Roc de Peyre
1179
Grotte et Cade de Déroc
La Baume
Nasbinals
Pont des Nègres
Route des lacs
Lac de Bonnecombe
Col de Bonnecombe
1350
Lot
Colagne
Bès
D 14
D 989
D 75
D 987
D 806
D 906
D 901
D 20
D 66
D 51
N 88
N 106
N 102
D 809
D 900
D 56
D 52
D 107
A 75
1
2
A
B
C

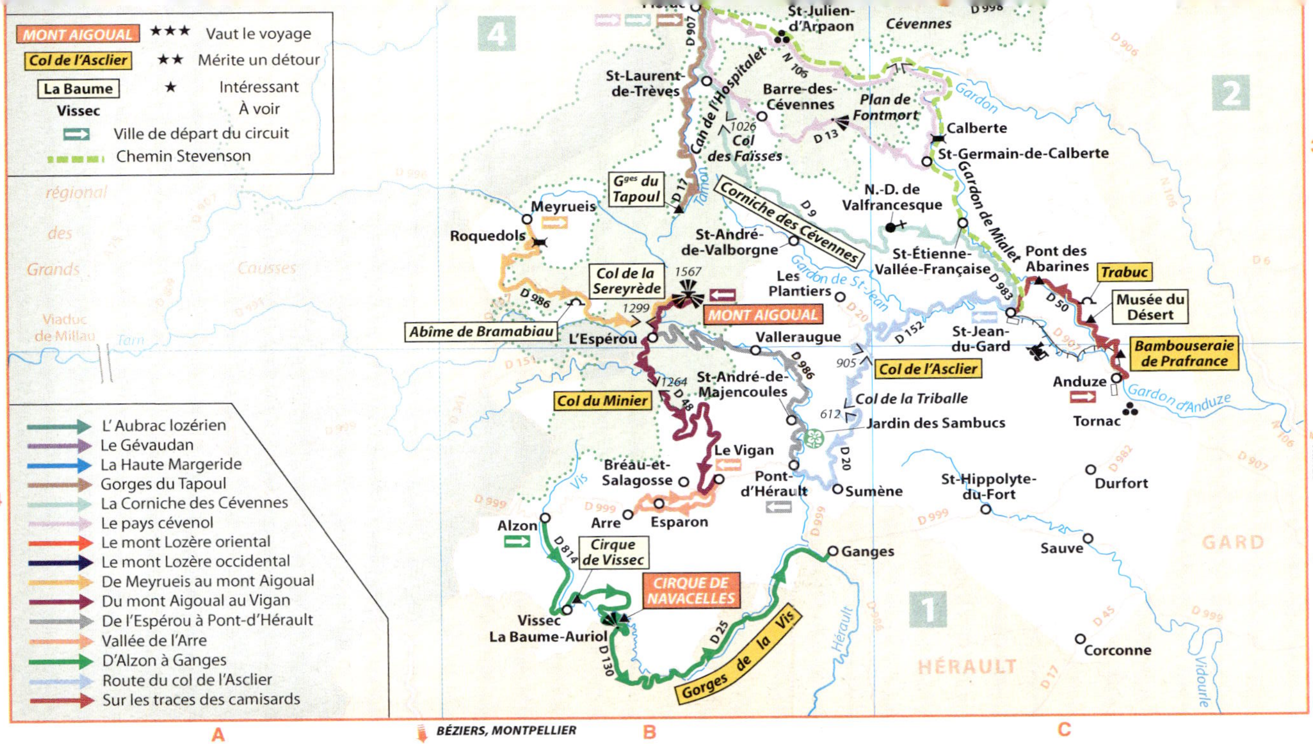

MONT AIGOUAL ★★★ Vaut le voyage
Col de l'Asclier ★★ Mérite un détour
La Baume ★ Intéressant
Vissec À voir
Ville de départ du circuit
Chemin Stevenson
L'Aubrac lozérien
Le Gévaudan
La Haute Margeride
Gorges du Tapoul
La Corniche des Cévennes
Le pays cévenol
Le mont Lozère oriental
Le mont Lozère occidental
De Meyrueis au mont Aigoual
Du mont Aigoual au Vigan
De l'Espérou à Pont-d'Hérault
Vallée de l'Arre
D'Alzon à Ganges
Route du col de l'Asclier
Sur les traces des camisards
St-Julien-d'Arpaon
Cévennes
St-Laurent-de-Trèves
Can de l'Hospitalet
Barre-des-Cévennes
Plan de Fontmort
Col des Faïsses
Calberte
St-Germain-de-Calberte
Gardon de Mialet
N.-D. de Valfrancesque
St-Étienne-Vallée-Française
Gges du Tapoul
Corniche des Cévennes
Meyrueis
Roquedols
St-André-de-Valborgne
Pont des Abarines
Trabuc
Musée du Désert
Col de la Sereyrède
Les Plantiers
Gardon de St-Jean
MONT AIGOUAL
Abîme de Bramabiau
L'Espérou
Valleraugue
St-Jean-du-Gard
Bambouseraie de Prafrance
Col de l'Asclier
Anduze
Gardon d'Anduze
Tornac
St-André-de-Majencoules
Col du Minier
Col de la Triballe
Jardin des Sambucs
Le Vigan
Bréau-et-Salagosse
Pont-d'Hérault
Sumène
St-Hippolyte-du-Fort
Durfort
Arre
Esparon
Alzon
Cirque de Vissec
Ganges
Sauve
GARD
CIRQUE DE NAVACELLES
Vissec
La Baume-Auriol
Gorges de la Vis
HÉRAULT
Corconne
Vidourle
Hérault
Vis
Tarn
Viaduc de Millau
régional des Grands Causses
BÉZIERS, MONTPELLIER
NÎMES

Mende

★

12 190 Mendois - Lozère (48)

NOS ADRESSES PAGE 239

S'INFORMER

Office de tourisme – *Pl. du Foirail - 48000 Mende - ✆ 04 66 94 00 23 - www.ot-mende.fr - juil.-août : lun.-sam. 9h-19h, dim. 10h-17h ; juin et sept. : tlj sf dim. 9h-12h, 14h-18h ; oct.-mai : lun.-vend. 9h-12h, 14h-18h, sam. 9h-12h - fermé 1er janv., 1er Mai, 1er et 11 Nov., 25 déc.*

Visite guidée – *Rens. à l'office de tourisme ou sur www.ot-mende.fr - juil.-août : 10h (2h) - 3 € - reste de l'année : sur réserv. - horaires et tarifs variables selon période.* Mende, qui porte le label Pays d'art et d'histoire, propose des visites-découvertes (1h30 à une demi-journée) animées par des guides-conférenciers agréés par le ministère de la Culture et de la Communication.

SE REPÉRER

Carte de microrégion B2 (p. 234) – *Carte Michelin Région 526 MN4.* À 95 km au nord-est de Millau par l'A 75 et la N 88, et à 104 km d'Alès par la N 106.

SE GARER

Nombreux parkings. Les jours de marché, celui de la cathédrale est bondé.

À NE PAS MANQUER

Les stalles et les tapisseries d'Aubusson de la cathédrale ; les toits en carène de vaisseau renversé aux abords du pont Notre-Dame et le panorama depuis la croix du Mont-Mimat.

ORGANISER SON TEMPS

Comptez 1h30.

AVEC LES ENFANTS

Mimat Aventures *(voir Nos adresses).*

Préservé par son enceinte de boulevards, Mende garde l'allure d'un gros bourg rural veillé par son imposante cathédrale. Vous vous perdrez avec bonheur dans ses rues étroites et tortueuses, bordées de vieilles maisons qui, pudiques, dévoilent à qui sait le mériter une belle porte en bois, un portail ou des oratoires. Ce chef-lieu de la Lozère, département le moins peuplé de France, connaît un (modeste) « boom » démographique grâce à ses fonctions administratives, scolaires et commerciales.

Se promener Plan de ville

Circuit tracé en vert sur le plan page ci-contre.

★ Cathédrale

Plusieurs églises ont précédé la cathédrale actuelle, construite en majeure partie au 14e s. par le pape Urbain V, mais très retouchée par la suite. En effet, lorsque le capitaine Merle s'empara de la ville en 1579, il fit sauter ses piliers, ne laissant debout que les clochers (début 16e s.), les murs latéraux du nord et les chapelles du chevet. La cathédrale possédait la plus grande cloche de

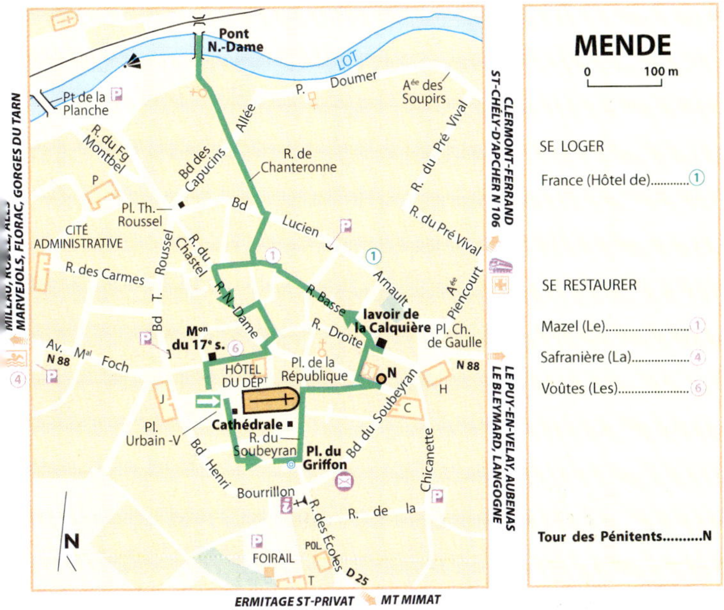

la chrétienté, la *Non Pareille*, qui pesait 20 t. Brisée par les hommes de Merle, il n'en reste que l'énorme battant, haut de 2,15 m, placé sous les orgues (17e s.), à côté du clocher de l'Évêque. La cathédrale a été restaurée au 17e s.

La façade ouest, précédée d'un porche construit en 1900 dans un style néo-flamboyant, est encadrée par deux clochers. Celui de gauche, le « clocher de l'Évêque », qui culmine à 84 m, présente dans les parties hautes une fine colonnade inspirée de la Renaissance italienne, qui contraste avec la sobriété du « clocher des Chanoines ».

À l'intérieur *(éclairage payant, au fond à droite)*, les trois nefs sont entourées de quinze chapelles latérales. Les restes du jubé décorent actuellement la chapelle des fonts baptismaux *(2e chapelle latérale gauche)*. Au même niveau, de l'autre côté, un escalier descend à la **crypte de saint Privat** *(interrupteur à g. en descendant)*. Ne manquez pas d'admirer les **orgues** des frères Eustache (1653) avant de remonter vers le chœur orné de belles **stalles** (1692). Au-dessus, huit **tapisseries** d'Aubusson (1706) reproduisent les principales scènes de la vie de la Vierge. La chapelle du chevet sur la gauche *(près de la sacristie)*, dédiée à Notre-Dame de Mende, abrite la **Vierge noire**, sculpture du 11e s. que les

LE PAPE DE MENDE

Mende avait autrefois une devise : *Tenebrae eam non comprehenderum* (« Les ténèbres ne l'ont pas envahie ») ; en effet, la ville demeura fermée aux influences protestantes, alors que le reste du Gévaudan leur était acquis. Une rareté en France, Mende a son pape, **Urbain V**. Il naquit près du Pont-de-Montvert vers 1310, fit ses études au Monastier, à côté de Marvejols et entreprit la construction de la cathédrale de Mende. Il a désormais sa statue devant le portail.

UN SAINT ET UN STRATÈGE

À l'époque romaine, de belles villas occupaient déjà la rive droite du Lot. Au 3e s., l'évangélisateur du Gévaudan, saint Privat, poursuivi par des barbares, vint se réfugier dans une grotte sur le mont Mimat. Il y fut capturé et mis à mort. La grotte qu'il avait habitée et la crypte où il fut enterré devinrent des lieux de pèlerinage très fréquentés autour desquels la ville se développa.

Au moment des guerres de Religion, Mende connut un des épisodes les plus marquants de son histoire quand le capitaine **Merle**, un protestant stratège, profita de la nuit de Noël de 1579 pour l'attaquer. Quelques mois plus tard, les catholiques, voulant récupérer leur cité, tinrent le siège devant Mende, mais Merle, décidément spécialiste des attaques de nuit, les tailla en pièces pendant leur sommeil. Cependant, Merle avait fait des envieux et un autre chef protestant, Châtillon, profita de son absence pour s'emparer de Mende. Merle reprit la ville et le futur Henri IV l'en nomma alors gouverneur.

croisés, dit-on, auraient rapportée d'Orient où les moines du mont Carmel l'auraient sculptée dans un bois très dur.

Prenez, à droite de la cathédrale, la rue de l'Arjal. La rue débouche sur la **place du Griffon** dont la fontaine servait à nettoyer les rues.

Prenez à gauche la rue du Soubeyran, puis à droite, face au chevet de la cathédrale, la très étroite rue de la Jarretière qui débouche sur la place au Blé.

Tour des Pénitents

C'est un vestige de l'enceinte du 12e s. qui a cédé la place aux boulevards.

Revenez sur la place au Blé et prenez à droite des halles la rue Charlier-Hugonnet. Prenez ensuite à gauche la rue Basse.

À l'angle des rues Basse et d'Angiran se trouve le **lavoir de la Calquière** : il servait jadis aux tanneurs à nettoyer leurs peaux avec de la chaux, d'où son nom.

Remontez la rue Basse. Au-delà de la place du Mazel, tournez à droite dans la rue du Chou-Vert. Traversez le boulevard et prenez en face la rue de Chanteronne.

★ Pont Notre-Dame

Construit au 13e s., ce pont très étroit, en dos-d'âne, a résisté aux terribles crues du Lot grâce à son arche principale largement ouverte. On observe, aux abords du pont, des maisons à toits en carène de vaisseau renversé dits « à la Philibert Delorme », du nom de cet architecte de la Renaissance (16e s.). Cette forme est typique de la vallée du Lot.

Faites demi-tour ; au bout de la rue du Chou-Vert, prenez à droite la rue du Collège, puis à gauche la rue Notre-Dame.

En remontant la rue, un petit détour à gauche par la rue Traversière-Notre-Dame permet de découvrir l'ancienne maison consulaire et un mur en trompe l'œil.

Place René-Estoup, prenez à droite la rue d'Aigues-Passes.

Rue d'Aigues-Passes (n° 7) se trouve une **maison du 17e s.** avec de faux balustres aux fenêtres. **Mandrin**, célèbre brigand du 18e s., y aurait caché un fabuleux trésor. Une pietà rappelle la procession qu'on y faisait pour bénir les pains (la statue porte d'ailleurs le nom de « Vierge des Panets »).

Regagnez la place Urbain-V par la rue de l'Ormeau, à gauche.

À voir aussi

Sentier d'interprétation des Causses

Deux boucles : 10,2 km - 4h30, ou 4,5 km - 2h. Départ place du Foirail. Pensez à être bien chaussé et à prendre de l'eau. Pas de passages difficiles mais un environnement forestier, donc pas de poussette ! Le long du sentier, des panneaux présentent la faune et la flore du causse. Parmi les étapes-clés, ne manquez pas l'**ermitage St-Privat** (petite chapelle et grotte) et le **panorama** depuis la croix du Mont-Mimat qui offre un point de vue exceptionnel sur la ville de Mende dominée par sa grandiose cathédrale.

NOS ADRESSES À MENDE

HÉBERGEMENT

POUR SE FAIRE PLAISIR

Hôtel de France – *9 bd Lucien-Arnault - ✆ 04 66 65 00 04 - www.hoteldefrance-mende.com - fermé 27 déc.-15 janv. - P (3 €) - 27 ch. 83/88 € - ☕ 11 € - rest. 29/51 € - wifi gratuit.* Cet ancien relais de poste situé au cœur de la ville borde un axe assez fréquenté. Chambres assez confortables ; préférez toutefois celles récemment rénovées. Salle à manger plaisante et cuisine de marché.

RESTAURATION

BUDGET MOYEN

Le Mazel – *25 r. du Collège - ✆ 04 66 65 05 33 - fermé 1 sem. à Noël et 1 sem. en fév. - menu 16 €.* Une fresque en mousse d'argile de Loul Combres orne le mur de la salle de restaurant : cette œuvre de terre célèbre la cuisine du terroir.

Les Voûtes – *13 r. Aigues-Passes - ✆ 04 66 49 00 05 - www.les-voutes.com - menus 14,50/25 €.* Dans une rue piétonne, 3 salles voûtées et une agréable terrasse vous accueillent. Goûtez au pavé d'ombrine sauce à l'infusion de mauve ou au magret de canard sauce au miel.

La Safranière – *À Chabrits (à 5 km au nord-ouest de Mende par la D 42) - ✆ 04 66 49 31 54 - fermé dim. soir, lun. et merc. midi (sf juil.-août) - réserv. obligatoire - menus 23/47 €.* Le jeune chef est revenu au pays pour ouvrir son restaurant. Dans sa maison d'enfance, il a aménagé une pièce au décor contemporain et y reçoit les gourmets de la région…

ACTIVITÉS

Mimat Aventures – *À 3 km de Mende vers l'aérodrome - ✆ 04 66 45 00 24 - www.chapitre-vacances.com/mimat-aventures.php - juil.-août : 10h30-19h30, avr.-juin et sept. : w.-end 14h-19h (parfois en sem. rens. par téléphone ou sur le site internet) - 20 €, enf. + de 1,40 m, 17 €, enf. entre 1,10 m et 1,40 m 13 €, enf. -1,40 m accès refusé.* Parc acrobatique en forêt (« saut fantastique », tobotiro en fin de toboggan), location VTT, aires de jeux pour enfants, parcours de santé…

3

Marvejols

5 011 Marvejolais – Lozère (48)

NOS ADRESSES PAGE 244

S'INFORMER

Office de tourisme – *Porte du Soubeyran - 48100 Marvejols - ✆ 04 66 32 02 14 - www.ville-marvejols.fr - juil.-août : 9h-12h30, 14h-19h (sam. 18h30), dim. et j. fériés 9h-12h30 - reste de l'année : tlj sf lun. et dim. 9h-12h, 14h30-18h, sam. 9h-12h, 14h-17h30 - fermé j. fériés.*

SE REPÉRER

Carte de microrégion A2 (p. 234) – *Carte Michelin Région 5267 L4.* À 180 km au nord-ouest de Montpellier, 69 km au nord de Millau par l'A 75 et 28 km à l'ouest de Mende par la N 88 qu'il vous faut quitter à la hauteur de Barjac pour emprunter la D 808.

À NE PAS MANQUER

Les trois portes de la ville fortifiée et son centre piétonnier ; la balade jusqu'à la cascade de Déroc ; les décors du château de la Baume et les loups du parc du Gévaudan.

ORGANISER SON TEMPS

Comptez une journée pour les alentours.

AVEC LES ENFANTS

Les loups du Gévaudan.

Si la petite cité médiévale a aujourd'hui retrouvé le sourire, ses portes fortifiées semblent encore retentir des cris de son passé tourmenté. Faite ville royale en 1307 par Philippe le Bel, Marvejols abrita les protestants en 1586, ce qui entraîna sa destruction par l'amiral de Joyeuse. L'époque est aujourd'hui plus clémente, et l'ancienne capitale du Gévaudan se niche sereinement dans la jolie vallée de la Colagne entourée des hauts plateaux de l'Aubrac et du massif granitique de la Margeride. De belles échappées en perspective !

Se promener

Portes fortifiées

Constituées par deux grosses tours rondes reliées par une courtine faisant office de logis, elles commandent les trois entrées de la vieille ville. La **porte du Soubeyran★** conserve une inscription relatant la reconstruction de la cité par Henri IV – la reconnaissance des Marvejolais a valu à la place, que la porte ferme sur un côté, d'être gratifiée d'une très originale statue du bon roi, œuvre du sculpteur Emmanuel Auricoste (1908-1995), également auteur de la statue de la bête du Gévaudan.

Les deux autres portes sont nommées la **porte du Théron** et la **porte de Chanelles**, autrefois appelée porte de l'Hôpital. Elles aussi conservent des inscriptions rappelant les bienfaits d'Henri IV.

La Bête du Gévaudan par E. Auricoste.
P. Frilet / hemis.fr / © ADAGP, Paris 2013

Circuits conseillés Carte de microrégion

L'AUBRAC LOZÉRIEN A1-2

Circuit tracé sur la carte de microrégion (p. 234). À 97 km au nord-ouest de Marvejols – Environ 4h. Attention, le col de Bonnecombe est obstrué par la neige de décembre à avril. Quittez Marvejols par la D 900 au nord-ouest.

3

Au cours de la montée, la D 900 offre une vue dégagée sur Marvejols, la Margeride, le mont Lozère, les causses et, à l'horizon, les Cévennes; elle pénètre ensuite dans des bois de pins. Puis leur succèdent champs et prés, bientôt remplacés par les pâturages, très caractéristiques de l'Aubrac.

Nasbinals A1

Nasbinals, dont la petite **église** romane (12e-14e s.) mérite une halte, est un lieu très fréquenté par les randonneurs et les pèlerins. Le commerce des bestiaux y est très actif et des foires animées ont lieu plusieurs fois par an.

Reprenez en sens inverse la D 900 et à Montgrousset, tournez à droite dans la D 52.

Grotte et cascade de Déroc A1

30mn à pied AR. Parking à droite sur la D 52. Traversez la route et prenez, à gauche de la buvette, un chemin bordé de murets en direction d'une ferme. Ce chemin aboutit à un ruisseau qu'on longe à gauche, puis que l'on franchit pour atteindre le bord du ravin où se précipite un affluent du Bès. La cascade (chute de 32 m) tombe d'un rebord de basalte en avant d'une grotte dont la voûte est formée par les prismes de la roche. Pour descendre, passer par la gauche. Attention aux enfants, les abords ne sont pas sécurisés!

Route des Lacs A2

La D 52 s'élève bientôt vers la sauvage région des lacs *(privés)* souvent bordés de zones marécageuses impénétrables. La route longe le lac de Salhiens, passe près de celui de Souveyrols et arrive peu après au **pont des Nègres** qui doit son nom aux blocs prismatiques de basalte noir formant de petites cascades dans le ruisseau. Plus loin, une route à gauche conduit au lac de St-Andéol où flottent quelques barques de pêcheurs. Au bord du lac suivant, découvrez le **Buron de Born** *(voir Nos adresses)*. La route traverse les pâturages pour gagner le **col de Bonnecombe**.

Lac de Bonnecombe A2

5mn, aire de pique-nique. Ce petit lac est l'un des seuls aménagés en Aubrac. Des passerelles permettent d'approcher ses berges et des parties de pêche y sont organisées *(se rens. à l'office de tourisme).*

Au col, prenez la D 56.

La descente sur St-Pierre-de-Nogaret, par Les Hermaux, offre de jolies **vues★** sur la vallée du Lot et sur toute la région des causses. Par un parcours très sinueux et très pittoresque qui traverse, au milieu des bois, le vallon du Doulou, la route atteint St-Germain-du-Teil.

Prenez à gauche la D 52 pour gagner le col du Trébatut puis tournez à droite dans la D 56 pour rejoindre la vallée de la Colagne. Au Monastier, empruntez la D 809 pour rentrer à Marvejols.

LA BÊTE DU GÉVAUDAN

« Loup y es-tu ? » Entre 1764 et 1768, cette comptine prit un tour tragique. Plus d'une centaine de personnes furent tuées ou portées disparues, accréditant l'existence d'une mystérieuse bête féroce qui échappait avec flair aux chasseurs. Chose étrange, gourmet, l'animal semblait préférer la chair fraîche et tendre, celle des jeunes filles et des petits enfants.

Des prières publiques furent ordonnées par l'évêque de Mende, en vain. On murmurait que la bête était un instrument de la colère divine ; la cour de Louis XV s'émut. Le roi dépêcha son premier arquebusier : las, la mission fut infructueuse. En définitive, le massacre fut attribué à un loup-cervier, ou lynx, qu'un paysan finit par tuer près de St-Flour. L'histoire de ce « grand méchant loup » anima longtemps les veillées populaires. Elle suscite encore diverses hypothèses et entretient bien des fantasmes.

LE GÉVAUDAN A1-2

Circuit tracé sur la carte de microrégion (p. 234). À 52 km au nord de Marvejols – Environ 3h30. De Marvejols, rejoignez l'A 75 que vous prenez en direction de Clermont-Ferrand à l'échangeur n° 38. Sortez à l'échangeur n° 37, passez au-dessus de l'autoroute et suivez les panneaux « Château de la Baume ».

★ Château de la Baume à Prinsuéjols A1

04 66 32 51 59 - www.chateaudelabaume.org - juil.-août : visite guidée tlj 10h-12h, 14h-18h ; reste de l'année : sur RV - 6,20 € (-12 ans gratuit).

Au nord, le château, surnommé le « Versailles du Gévaudan », présente une rude façade (17e s.) en granit avec des toits à la Mansart couverts de lauzes. Au sud, le corps de bâtiment (18e s.) surplombe une vaste terrasse bordée d'un parc ombragé, inattendue sur ces plateaux.

Intérieur – L'austérité de l'édifice contraste avec les fastueuses décorations intérieures qui mêlent le style rustique du Gévaudan du début du 17e s. avec celui plus raffiné du 18e s. Si la plupart des pièces ont conservé leur parquet d'origine, remarquez particulièrement celui du grand salon qui comporte en son centre une belle **marqueterie★** articulée autour des armoiries incrustées d'ivoire. Les **cheminées** sont sculptées dans du châtaignier ayant séjourné dans les tourbières de l'Aubrac, ce qui a rendu le bois imputrescible et très foncé. Dans le **cabinet de travail★**, les lambris, peints et dorés à la feuille, se composent de motifs traités dans les tons pastel.

Tableaux de scènes mythologiques, tapisseries d'Aubusson et boiseries sorties des ateliers versaillais complètent la décoration. La famille de Las Cases racheta la propriété en 1858. Une pièce est consacrée au comte du même nom, compagnon de Napoléon à Ste-Hélène.

Revenez vers l'autoroute que la route enjambe. Au 2e rond-point, prenez la 3e route à droite puis tournez à droite dans la D 53 vers St-Sauveur-de-Peyre. Suivez la signalisation « Roc de Peyre ».

Roc de Peyre A1

15mn à pied AR.

Aucune trace notable ne permet d'imaginer qu'une forteresse occupait jadis ce piton à l'intérêt stratégique exceptionnel. Pourtant, il ne fallut pas moins de 2 500 boulets à l'amiral de Joyeuse pour abattre, en 1586, le donjon de ce fief protestant. Le temps fit le reste.

Du sommet (1 179 m, table d'orientation) que l'on atteint par un chemin et un escalier, on jouit d'un remarquable panorama sur l'Aubrac, le Plomb du Cantal, la Margeride, le mont Lozère, l'Aigoual et les causses.

Faites demi-tour pour rejoindre la D 809 que vous prenez à gauche. Tournez ensuite à gauche en direction de Ste-Lucie et tout de suite à droite en montée (suivez les panneaux).

★ Parc des Loups du Gévaudan à St-Léger-de-Peyre A2

L'automne et l'hiver sont les meilleures saisons pour visiter le parc : les loups ont un pelage plus fourni. Ils sont nourris trois fois par semaine (lun., merc. et vend. apr.-midi). ✆ 04 66 32 09 22 - www.loupsdugevaudan.com - juil.-août : 10h-19h ; avr.-juin et sept.-oct. : 10h-18h ; fév.-mars et nov.-déc. : 10h-17h. En mars et du 11 nov. à fin déc. ouv. pdt les w.-end et j. fériés - fermé janv. et 25 déc. - possibilité de visite guidée sur demande préalable - 7 € (-12 ans 4,50 €).

Aménagé à flanc de montagne, dans un cadre forestier, cet exceptionnel parc animalier de 20 ha présente plus de 100 loups mongols, canadiens, polonais, sibériens et, désormais, arctiques. Un film tourné dans le parc, commenté par Jean-Pierre Chabrol et Gérard Ménatory, visible dans les salles d'exposition, permet de mieux connaître cet animal tant décrié parce que méconnu (sinon par les contes qui ont contribué à sa légende noire). Le parcours pédestre de 30mn environ permet de se familiariser avec les loups et offre une belle vue depuis la table d'orientation. Expositions de photos exceptionnelles de loups.

La D 809 ramène à Marvejols.

NOS ADRESSES À MARVEJOLS

HÉBERGEMENT

BUDGET MOYEN

Relais de l'Aubrac – *Au pont de Gournier - 48260 Recoules d'Aubrac (carrefour D 12/D 112, à 4 km au nord par D 12) - ✆ 04 66 32 52 06 - www.relais-aubrac.com - fermé de mi-nov. à déb. mars - P - 27 ch. 50/75 € - ☕ 8,50 € - rest. formule aligot 14 € - 23/38 €.* Cette grande maison jouxte un pont franchissant le Bès. Ambiance familiale, chambres fonctionnelles, petit-déjeuner sous véranda. Repas régional dans un cadre rustique ou en terrasse. Service aimable.

RESTAURATION

Le Buron de Born (route des Lacs) prépare **l'aligot**, plat régional à base de fromage et de pommes de terre en purée. Roboratif !

Aire de pique-nique aménagée – Au col de Bonnecombe.

BUDGET MOYEN

L'Auberge Domaine de Carrière – *Av. Montplaisir (à 2 km à l'est par la D 1) - ✆ 04 66 32 47 05 - www.domainedecarriere.com - fermé janv., vac. de la Toussaint, merc. soir et dim. soir (sf juil.-août) et lun. - ♿ - P - 18/38 €.* Ex-écuries domaniales converties en table au goût du jour et au cadre d'esprit contemporain. Belle sélection de vins du Languedoc.

Auberge des Violles – *48100 Chirac (à 5 km au SO de Marvejols par la D 809, puis une rte secondaire) - ✆ 04 66 32 77 66 - www.lesviolles.net - fermé janv.-fév. - P - ⊄ - table d'hôte 15/20 €.* Au bout d'une longue route sinueuse, ce petit hameau de maisons typiques avec leur toit de lauze plaira aux amoureux de la nature. L'ambiance campagnarde de l'auberge est accentuée par les tables en bois brut, œuvres du patron, à la fois berger et ébéniste. Cuisine du marché, produits de l'exploitation. Piscine et petites chambres.

ACHATS

Marchés – Vente de produits locaux sam. mat. sur la pl. du Soubeyran.

ACTIVITÉS

Vol libre

Les Ailes des Trucs Lozériens – *6 r. des Fleurs - 48000 Mende - ✆ 04 66 94 07 64 - http://lesailesdestrucslozeriens.fr.* Deltaplane, parapente, cerf-volant et cage de pilotage (planeur ultraléger composé d'une aile et d'un cadre métallique). Baptêmes de l'air et initiation au pilotage.

Ski

Ski au Fer à Cheval – *3 km de Nasbinals, dir. d'Aumont-Aubrac, rte d'Aubrac - 48250 Nasbinals.* 15 km de pistes de ski de fond, un itinéraire de randonnée nordique, une piste de chiens de traîneaux, 2 parcours de raquettes, 3 pistes de ski alpin, une piste de luge pour les enfants et un téléski. Location de matériel à la station.

Thermalisme

Centre thermal et Espace forme de La Chaldette – *48310 Brion (18 km au N de Nasbinals via Malbouzon) - ✆ 04 66 31 68 00 - www.chaldette.com.* Balnéothérapie, remise en forme, soins des pathologies respiratoires, digestives et métaboliques. Forfait à la demi-journée ou sur plusieurs jours.

Le Malzieu

867 Malzéviens – Lozère (48)

NOS ADRESSES PAGE 248

S'INFORMER

Office de tourisme – *Tour de Bodon - 48140 Le Malzieu-Ville - ✆ 04 66 31 82 73 - www.gevaudan.com - juil.-août : 9h-12h, 14h-19h ; reste de l'année : tlj sf w.-end 9h-12h, 14h-17h30 - fermé j. fériés sf 14 Juil., 15 août.*

SE REPÉRER

Carte de microrégion A1 (p. 234) – *Carte Michelin Région 5267 M2.* À 50 km au nord de Mende par la D 806 puis à droite à St-Chély-d'Apcher, la D 989, qui promet le dépaysement.

À NE PAS MANQUER

Les maisons à tourelles d'angle et les dispositifs défensifs de la porte de Saugues ; l'exposition sur la bête du Gévaudan au Malzieu ; les bisons à Ste-Eulalie.

ORGANISER SON TEMPS

Comptez 30mn pour Le Malzieu, 3h pour les alentours.

AVEC LES ENFANTS

La visite en calèche ou en traîneau de la réserve de bisons d'Europe.

« La perle de la vallée de la Truyère », c'est ainsi qu'est surnommé ce village situé au cœur de la haute Margeride, à près de 860 m d'altitude. Quelques vestiges des murailles du 14ᵉ s., des maisons anciennes aux toits de tuile rénovées avec soin et une bondissante Truyère font le charme de cette bourgade. Près de 1 000 habitants à l'année, cinq fois plus l'été pour cette station verte : Le Malzieu et la haute Margeride environnante ne cessent d'attirer les visiteurs.

3

Se promener

Le bourg

Hautes de 8 à 10 m, les murailles, flanquées de tours massives et ceintes de fossés, formaient au 14ᵉ s. un hexagone qui a compté jusqu'à 2 000 habitants. Il en subsiste plusieurs vestiges. De charmantes rues permettent d'apprécier des **maisons à tourelles d'angle**, mais surtout plusieurs encadrements de portes conçus par des maçons italiens après que des mesures de désinfection maladroites eurent provoqué un grand incendie suite à la dramatique épidémie de peste de 1631.

Ne manquez pas également la **porte de Saugues** et ses dispositifs défensifs, la **tour de l'Horloge**, ancien donjon du **château** détruit, la **place de Rozières**, avec son ancien couvent et les bâtiments privés bordant le chemin de ronde ; à l'angle de cette place, on peut encore

LÉGENDE MATRIMONIALE

À proximité de la ville, il y a la porte des Fées. Et sachez que si vous êtes célibataire, il vous suffit de passer sous cette porte pour que l'âme sœur se manifeste enfin…

voir le **Trou de Merle** du nom du terrible capitaine huguenot qui s'introduisit ici dans la ville pour la mettre à feu et à sang en 1573.

Église

Contrairement à la plupart des églises de la région, elle ne possède pas de clocher-peigne. Les coquilles de St-Jacques-de-Compostelle sont visibles sur le mur extérieur du transept sud. Beau Christ en bois du 13e s.

Mairie

Ancienne chapelle des Pénitents restaurée, l'actuelle mairie abrite une petite **exposition sur la bête du Gévaudan**.

À proximité Carte de microrégion

Fournels A1

25 km à l'ouest. Dominé par un imposant château (privé), le village a gardé son église romane et de belles maisons à toits de lauzes.

Un peu plus au nord (environ 5 km), le site d'**Arzenc-d'Apcher** occupe un éperon rocheux au confluent de l'Apcher et du Bès. La chapelle (13e-18e s.) et la tour ruinée d'Arzenc (16e s.) sont les principaux vestiges du château (dont l'occupant, le marquis d'Apcher, entreprit en 1766 des battues pour traquer la bête du Gévaudan, qui sévissait sur la commune) ; derrière la chapelle, très beau **panorama★** sur les gorges sauvages du Bès et la Margeride.

Massif du Truc de l'Homme A1

60 km de pistes forestières, notamment au départ de Fournels. Aires de pique-nique. Situé au sein des monts de la Margeride, ce massif de 4 300 ha offre de nombreuses balades à l'ombre des pins sylvestres. Sur le site, des panneaux d'explication vous font découvrir la faune et la flore et des sentiers balisés vous guident pour randonner à pied, à VTT ou à cheval.

St-Juéry A1

29 km à l'ouest par la D 989.

Niché au cœur des gorges du Bès, le village abrite quelques belles maisons anciennes. Le pont, reconstruit après la Seconde Guerre mondiale, est une copie de l'original du 18e s. Remarquez, au bout de celui-ci, la croix en basalte (12e s.). Si le château du 13e s. a disparu, retenez cependant que c'est entre ses murs que naquit Marie-Angélique de Fontanges, favorite du Roi-Soleil, triste rivale de la moins angélique Montespan, qui fut soupçonnée de l'avoir empoisonnée.

Circuit conseillé Carte de microrégion

LA HAUTE MARGERIDE A1-B1

45 km – environ 2h. Quittez Le Malzieu à l'est par la D 4 puis prenez à gauche la D 14 puis la D 587 à droite (vers St-Alban) et la D 14 à nouveau jusqu'à Ste-Eulalie ; prenez enfin la D 7 à droite sur 2 km vers Le Chayla.

Réserve de bisons d'Europe B1

À Ste-Eulalie - 04 66 31 40 40 - www.bisoneurope.com - ouvert tte l'année, dép. 10h-19h ou 17h ou 16h selon la saison - 12,50 € (-7 ans 7 €) - réservation recommandée.

Dans un parc couvrant plus de 200 ha vivent en semi-liberté un troupeau de bisons d'Europe. Ils sont originaires de Pologne, premier pays où l'espèce a été

Réserve de bisons d'Europe à Sainte-Eulalie.
Morales / age fotostock

réintroduite en milieu naturel, à partir de 1952. En effet, victime de la chasse et du développement des terres agricoles au détriment de son habitat, l'animal ne subsistait plus que dans des parcs zoologiques. Depuis lors, d'autres expériences de réintroduction ont été menées avec succès, en Roumanie, en Lituanie ainsi qu'en Russie.

Une promenade en calèche d'environ une heure permet de découvrir avec un guide les bisons d'Europe dans leur habitat naturel : la forêt. La visite se poursuit au musée, où l'on découvre les origines et l'histoire de cette espèce un peu oubliée, au travers de supports audiovisuels, d'une reconstitution de grotte préhistorique et d'un espace ludique.

Revenez vers Ste-Eulalie, reprenez la D 14 puis à gauche la D 987.

3

St-Alban-sur-Limagnole B1

Le Château - 48120 St-Alban-sur-Limagnole - 04 66 31 57 01 - www.ot-saint-alban-sur-limagnole.fr - juin.-sept. : 9h-12h, 13h-18h30, dim. 9h-12h ; reste de l'année : tlj sf dim. et lun. 9h-11h45, 13h45-17h - fermé j. fériés.

Sur la route de St-Jacques (voir les coquilles sur l'un des chapiteaux de l'église), St-Alban tire son nom du premier martyr de l'Angleterre. Au cœur d'un hôpital psychiatrique « ouvert », le **château**, construit en 1245, a accueilli Paul Éluard en 1944. Remarquer le portail et les belles galeries de la cour intérieure, magnifiés par un grès rose local malheureusement très friable. *04 66 31 57 01 - horaires d'ouverture de l'office de tourisme - gratuit.*

Prenez la D 987, à l'ouest, vers Rimeize ; avant ce village, prenez à droite la D 75, le long du Chapouillet.

St-Chély-d'Apcher A1

Cette ville industrielle (fabrication de tôles magnétiques pour transformateurs), connue pour ses foires aux cèpes, propose un **musée de la Métallurgie**. *04 66 31 29 38 - - juin-sept. : mar.-sam. 9h30-12h, 14h-18h - fermé j. fériés - possibilité de visite guidée sur demande - 4 € (-10 ans 1 €).*

Retour au Malzieu par la D 989.

NOS ADRESSES AU MALZIEU

HÉBERGEMENT

PREMIER PRIX

Chambre d'hôte La Narce - M. Chalvet – *La Narce - 48310 Termes (à 5 km à l'est de Fournels par la D 989) - ✆ 04 66 31 64 12 - P - ⊭ - 4 ch. 50/60 € ☕ - wifi gratuit.* Cette ancienne ferme restaurée compte 4 chambres, à la fois simples et lumineuses, toutes situées à l'étage de l'habitation principale. La familiale, installée sous les combles, offre en plus des dimensions confortables. Organisation de randonnées équestres, ou VTT, de 2h à plusieurs jours. Table d'hôte le w.-end.

BUDGET MOYEN

Hôtel des Voyageurs – *Rte de Saugues - 48340 Le Malzieu - ✆ 04 66 31 70 08 - www.lozere-hotel-voyageurs.com - fermé 2-31 janv. - ♿ - P - 19 ch. 55/75 € - ☕ 8 € - rest. formule déj. 12 € - 15/40 €.* Bâtisse des années 1970 aux chambres fonctionnelles et au décor modernisé par les nouveaux propriétaires : une étape pratique si vous avez entrepris la découverte de la région. Plats traditionnels et lozériens.

Près de St-Alban

Gîte Les Sapins Verts – *Chazeirolettes - 48700 Fontans (à 6 km au sud de St-Alban par la D 4 puis une rte à g.) - ✆ 04 66 48 30 23 - www.lessapinsverts.com - P - ⊭ - 5 ch. 1 250/1 350 € (location à la semaine).* Cette exploitation agricole toujours en activité propose des chambres au mobilier fait maison alliant confort et bonne tenue.

RESTAURATION

PREMIER PRIX

Auberge du Verdy – *48310 Termes - ✆ 04 66 31 60 97 - fermé 20 déc.-1er avr. - P - 8 ch. 39/45 € - ☕ 6 € - rest. 12/29 €.* Grosse maison de pays des années 1990 située au pied du village. Chambres basiques assez amples. Les enfants seront ravis car ils disposent d'aires de jeux. Restaurant réchauffé en hiver par une cheminée typiquement lozérienne ; viandes grillées à la pierrade et spécialités régionales.

POUR SE FAIRE PLAISIR

La Petite Maison – *Av. de Mende - 48120 St-Alban-sur-Limagnole - ✆ 04 66 31 56 00 - www.la-petite-maison.fr - fermé 2 nov.-9 avr., lun. (sf soir juil.-août), mar. et merc. midi - formule déj. 24 € - 28/78 €.* Les amateurs d'insolite ne résisteront pas : le restaurant du charmant Relais St-Roch sert de la viande de bison ! Les autres pourront se rabattre sur la cuisine régionale authentique et généreusement servie. Décor rustique et trophée de bison, bien sûr ! Pour les amateurs : plus de 400 références de whiskies !

SPORTS & LOISIRS

Ski de fond – *À la station des Bouviers - 48700 St-Denis-en-Margeride - ✆ 04 66 47 41 54 - www.lesbouviers.com - 9h-18h - fermé de mi-nov. à mi-déc. et lun. (hors vac. scol.).* 32 km de pistes, itinéraire pour raquettes, chiens de traîneaux.

Centre thermal et Espace forme de La Chaldette – *48310 Brion, à 40 km à l'ouest du Malzieu - ✆ 04 66 31 68 00. Voir Marvejols.*

Châteauneuf-de-Randon

536 Castelrandonniers – Lozère (48)

NOS ADRESSES PAGE 250

S'INFORMER
Office de tourisme - *Av. Adrien-Durand - ✆ 04 66 47 99 52 - www.cantonchateauneufderandon.fr - juil.-août : 9h-12h, 14h-18h, dim. 10h-12h ; reste de l'année : tlj sf w.-end 9h-12h, 13h-17h - fermé j. fériés (sf 14 Juil. et 15 août mat.).*

SE REPÉRER
Carte de microrégion B1 (p. 234) – *Carte Michelin Région 526 NO 4.* À 171 km au nord de Montpellier et 30 km au nord-est de Mende.

À NE PAS MANQUER
Le mausolée à la mémoire de Du Guesclin et la très belle vue panoramique depuis le sommet du village (table d'orientation).

ORGANISER SON TEMPS
Comptez 30mn.

AVEC LES ENFANTS
Une promenade au bord du lac de Charpal.

Perché au sommet d'une butte granitique, dans un site très pittoresque du versant sud-est de la verte Margeride, Châteauneuf-de-Randon offre des séjours agréables été comme hiver : à travers bois, entre genêts et bruyères, les randonnées à pied, à cheval ou les excursions à skis de fond vous imprègnent du paysage…

3

Se promener

En haut du village, les ruines de la **tour de l'Anglais** sont les seules traces d'un ancien château, le nom de « randon » désignant une fortification à l'époque médiévale. Après avoir protégé la population des brigands, notamment aux 15e et 16e s., le château a été démantelé sous le règne de Louis XIII (vers 1632). Le village s'est développé au sud de son emplacement.

DU GUESCLIN À L'HONNEUR

Le **Centre socioculturel** abrite le **musée Du Guesclin** – *✆ 04 66 47 99 52 - juil.-août : 10h-12h, 14h-18h ; reste de l'année : se rens. - possibilité de visite guidée sur demande préalable (2 j. av.) - visite libre gratuit - visite guidée 5 €.* La statue du connétable, œuvre d'Henri Lemaire que l'État offrit à la commune en 1888, se dresse sur la grande place du bourg.

Mausolée

Au hameau de **L'Habitarelle**, un mausolée de granit à la mémoire du grand homme de guerre a été élevé. C'est à cet endroit même que, après la prise de Châteauneuf par les troupes de Du Guesclin, le représentant des Anglais aurait livré les clés de la ville. Il ne les remit pas au connétable, mais les déposa sur sa dépouille. Le connétable, en effet, venait de mourir. Le responsable de sa mort ? La source de la Glauze qui coule près de là. Du Guesclin aurait contracté la congestion pulmonaire qui devait l'emporter en buvant de son eau glacée au cours d'un combat.

À proximité Carte de microrégion

Lac de Charpal B1

À 20 km à l'ouest par la D 1.

3h - 8,7 km. Au cœur du plateau du Roi, à 1 400 m d'altitude, cette réserve d'eau potable de la ville de Mende affiche une superficie de 277 ha. Si la baignade est interdite, la promenade est, quant à elle, de rigueur sur le sentier balisé et ses passerelles autour du lac.

DU GUESCLIN, UN HÉROS EN PIÈCES DÉTACHÉES

En 1380, l'Auvergne était en proie aux déprédations des compagnies de brigands et aux incursions anglaises. Les États demandèrent alors l'envoi d'une armée royale et St-Flour insista pour qu'elle fût confiée à Bertrand Du Guesclin. Ce dernier commença en réduisant Chaliers après six jours de siège, puis il se rendit à Châteauneuf-de-Randon, tenu par les Anglais, pour investir la ville. C'est sous ses murs qu'il mourut le 14 juillet 1380. Avant de mourir, **Du Guesclin** avait demandé à être enterré près de sa terre natale, à Dinan, en Bretagne. Le cortège se met donc en route. Au Puy, le corps est embaumé ; les entrailles sont prélevées et enterrées dans l'église des Jacobins, aujourd'hui St-Laurent. Un gisant représente le connétable avec la barbe qu'il devait porter au moment de sa mort. À Montferrand, l'embaumement se révèle insuffisant : il faut faire bouillir les chairs pour les détacher des os et les ensevelir dans l'église des Cordeliers, détruite en 1793 par les révolutionnaires qui dispersèrent les cendres du connétable. Au Mans, qu'on gagne par voie d'eau, un officier du roi apporte l'ordre de conduire le corps à St-Denis : le squelette lui est alors remis et St-Denis offre au connétable un gisant (où il montre cette fois un visage imberbe). Enfin, le cœur, seul rescapé du voyage, arrive à Dinan où il est déposé dans l'église des Jacobins ; il est aujourd'hui dans la basilique St-Sauveur. Du Guesclin eut ainsi quatre monuments funéraires, donc plus que les rois de France qui n'avaient « que » trois tombeaux (cœur, entrailles et corps).

NOS ADRESSES À CHÂTEAUNEUF

HÉBERGEMENT

BUDGET MOYEN

Hôtel de la Poste – *48170 L'Habitarelle (près du mausolée de Du Guesclin) - ✆ 04 66 47 90 05 - www.hoteldelaposte48.com - fermé 22 oct.-3 nov. et 17 déc.-31 janv. - P - 16 ch. 46/53 € - 8,20 € - rest. 16/38 € - wifi gratuit.* La tradition de l'accueil des voyageurs est perpétuée dans cet ancien relais de poste. Les petites chambres blanches sont simples et dotées de meubles de bois. La grange s'est transformée en une originale salle à manger coiffée d'une belle charpente.

RESTAURATION

Aires de pique-nique – Lac de Charpal. Sur les rives du lac, des espaces sont aménagés pour les pique-niques.

Langogne

3 129 Langonais – Lozère (48)

NOS ADRESSES PAGE 253

S'INFORMER

Office de tourisme – *15 bd des Capucins - 48300 Langogne - ✆ 04 66 69 01 38 - www.langogne.com - 15 juin-15 sept. : 9h-12h30, 14h-18h, dim. 10h-12h ; reste de l'année : tlj sf dim. et j. fériés 9h-12h, 14h-18h.*

SE REPÉRER

Carte de microrégion C1 (p. 234) – *Carte Michelin Région 5267 P3.* Langogne se trouve au nord de la Lozère, à 100 km au nord d'Alès et à 50 km au nord-est de Mende par la N 88.

À NE PAS MANQUER

Les chapiteaux de l'église St-Gervais-et-St-Protais ; l'incroyable mécanique de la Mull Jenny au musée de la Filature des Calquières.

ORGANISER SON TEMPS

Prévoyez 1h30 pour découvrir Langogne.

AVEC LES ENFANTS

Le musée de la Filature des Calquières et les nombreuses activités nautiques proposées autour du lac de Naussac.

Ici, différentes époques cohabitent. Le Moyen Âge se dévoile dans une des « perles du Gévaudan », la petite église nichée dans un entrelacs de ruelles et de maisons basses, tandis que le 18e s. s'affirme dans les hautes halles à grains, aux piliers ronds et aux toits de lauzes, qui abritent aujourd'hui le marché. Située au confluent de l'Allier et du Langouyrou, Langogne s'est développée au fil de l'eau.

Se promener

Halle

Construite en 1742 comme abri pour le bétail, elle est devenue un marché aux grains. Soutenue par 14 colonnes de granit galbées, elle est coiffée d'un toit de lauzes conservant des lignolets dépassant de son arête faîtière.

Église St-Gervais-et-St-Protais

Cet édifice roman (10e s.), remanié du 15e au 17e s., est construit extérieurement en moellons de grès, mêlés de matériau volcanique. L'intérieur est en bel appareil de granit. La façade, fin 16e s.-début 17e s., montre un portail à voussures inscrit sous un arc en anse de panier, surmonté lui-même d'une baie flamboyante.

À l'intérieur, de nombreux **chapiteaux★** sculptés, à thèmes historiés au riche décor végétal, animent cet édifice austère. Les plus remarquables ornent les piliers de la nef, notamment, première travée à gauche : les Anges gardiens, et troisième travée à droite : la Luxure. La première chapelle à droite abrite une statue de la Vierge à l'Enfant (Notre-Dame de Tout Pouvoir), objet d'une vénération séculaire, qui aurait été rapportée de Rome au 11e s.

À proximité Carte de microrégion

★ Filature des Calquières C1

Suivre (en voiture) le fléchage dans la ville. R des Calquières - 04 66 69 25 56 - www.musee-lozere - visite guidée - 2 mai-15 nov. : 9h-12h, 14h-18h ; reste de l'année : tlj sf dim., lun. et j. fériés 9h-12h, 13h30-17h30 - fermé 21 déc.-20 janv. - 4,50 €.

Devenue « musée vivant », l'ancienne filature Engles-Boyer, dont les machines sont demeurées en parfait état de marche, renoue avec les procédés traditionnels de transformation de la laine, en commençant par le « dessuintage » (dégraissage) de la toison de mouton fraîchement tondue pour aller jusqu'à l'agencement du fil en écheveaux, prêt à être tricoté ou tissé. Dans la première salle, les anciennes machines semblent se remettre à fonctionner grâce aux sons et lumières qui accompagnent la visite. Le bassin de lavage, l'essoreuse et les batteurs s'animent alors que la grande roue du moulin, véritable moteur de toute la filature, reprend son mouvement ancestral. À l'étage, les cardes transforment la laine en nappes, en bobines puis en fil non retordu. Enfin, le clou de la visite reste sans aucun doute l'incroyable **mécanique de la Mull Jenny** qui remplaça le travail de vingt fileuses. Un voyage au cœur de la révolution industrielle.

Plan d'eau de Naussac C1

1 km. Quittez Langogne par la D 34. 1 080 ha.

Afin de contrôler l'Allier, on a construit un barrage qui a enseveli le vieux village de Naussac. Base nautique importante.

★★ Le Chemin de Stevenson C1-C3

Le 22 septembre 1878, un Écossais de santé fragile mais déterminé, **Robert Louis Stevenson** (1850-1894), entreprend la traversée des Cévennes sur les traces des camisards. Il quitte Le Monastier-sur-Gazeille pour un long périple qui va le conduire en douze jours, avec son ânesse Modestine, à St-Jean-du-Gard. Talentueux dessinateur, le futur auteur de *L'Île au trésor* est avant tout un écrivain qui n'a pas son pareil pour croquer en quelques mots bien tournés les paysages et les situations parfois cocasses auxquelles il est confronté. Le récit de cette aventure, *Voyage avec un âne à travers les Cévennes* (1879), devient rapidement un best-seller et ouvre la voie aux nombreux randonneurs qui veulent partir sur ses pas.

Le Chemin de Stevenson (ou GR 70), randonnée d'une dizaine de jours à travers les Cévennes, est de plus en plus fréquenté. Les gîtes fleurissent et, dans les principales haltes, des ânes attendent des randonneurs ou des familles à accompagner.

Langogne peut être un point de départ pour cette belle expérience, que nous vous conseillons d'organiser au printemps ou à l'automne. Vous trouverez dans Nos adresses, page ci-contre, quelques références de sites ou d'ouvrages, pour bien préparer votre parcours.

NOS ADRESSES À LANGOGNE

HÉBERGEMENT

BUDGET MOYEN

Hôtel de la Poste – *13 av. Foch - ✆ 04 66 69 00 02 - www.hotel-poste.fr - P - 13 ch. 46/82 € - ☕ 8 € - rest. 17/32 €.* Le choix en matière d'hébergement restant un peu limité dans la région, vous serez heureux de pouvoir compter sur cet hôtel, très simple et traditionnel. Les chambres, insonorisées et équipées de mobilier d'artisan dans un style un peu vieillot, demeurent fort correctes. Petits-déjeuners servis façon buffet.

ACHATS

Marché – *Halle en centre-ville - 18h-23h.* Un marché nocturne aux produits paysans a lieu mi-juillet et mi-août.

ACTIVITÉS

Sports aquatiques

Les Terrasses du Lac – *Lac de Naussac - A 75, RN 88, RN 102, D 26 - ✆ 04 66 69 29 62 - www.naussac.com - 8h-22h - fermé nov.-mars.* Nombreuses activités de plein air (randonnées, VTT, tennis, golf, pêche...) et nautiques sur le lac de Naussac ou en eaux vives (rafting, canyoning, kayak et piscine chauffée).

Train touristique

Train touristique des gorges de l'Allier – *BP 64 - 43300 Langeac - ✆ 04 71 77 70 17 - www.trainstouristiques-ter.com/auvergne.htm (informations) - www.auvergnevacances.com (réservation en ligne) - fermé nov.-avr. - 19,90 € (-12 ans 11,90 €) grande traversée des Gorges de l'Allier AR.* Évasion garantie dans ce train qui ne ménage pas ses efforts pour offrir le magnifique spectacle d'une nature restée sauvage, de Langeac à Langogne : en 2h, il lui faut traverser pas moins de 51 tunnels, affronter des pentes et des tournants difficiles - retour sur train régulier SNCF.

Chemin de Stevenson

Association Sur le Chemin de R. L. Stevenson – *Village 48220 Le Pont De Montvert - ✆ 04 66 45 86 31 - www.chemin-stevenson.org.* Elle fournit la liste des prestataires et tous les conseils utiles pour la randonnée. Pour les balades avec un âne, reportez-vous à *Nos adresses à Florac*.

Autres sites Internet

- *www.gr70-stevenson.com.*
- *www.lozere-tourisme.com.*

Livres et topoguides

R. L. Stevenson, *Journal de route en Cévennes*, texte intégral aux éditions Privat (2002).

Topo-guide *Le Chemin de Stevenson, GR 70*, édité par la FFRP et Chamina (2007).

Sur le chemin de Stevenson, texte d'Hervé Bellec et photographies de Bruno Colliot, aux éditions Ouest-France (2007).

Sur les pas de Robert Louis Stevenson, carnet d'aquarelles, illustrations et texte d'Anne Le Maître, éditions du Rouergue (2004).

Florac

1 900 Floracois – Lozère (48)

NOS ADRESSES PAGE 259

S'INFORMER

Office de tourisme – *33 av. Jean-Monestier - 48400 Florac - 04 66 45 01 14 - www.mescevennes.com - 9h-12h, 14h-17h - fermé w.-end et j. fériés sf juil.-août.*

Maison du Parc national des Cévennes – *Le Château - 6 bis pl. du Palais - 48400 Florac - 04 66 49 53 00 - www.cevenne-parcnational.fr - juil.-août : 9h-18h30 ; mai-juin et sept. : 9h30-12h15, 13h30-17h30 ; reste de l'année : tlj sf w.-end et j. fériés 9h30-12h15, 13h30-17h30.*

SE REPÉRER

Carte de microrégion B3 (p. 234) – *Carte Michelin Région 526 N6.* À 38 km au sud de Mende par la N 88 puis la N 106 et à 65 km au nord-ouest d'Alès par la N 106. La vieille ville de Florac se concentre autour du château, la ville moderne se trouve en contrebas.

SE GARER

Grands parkings accessibles depuis la N 106 et parking près du château.

À NE PAS MANQUER

Le sentier des menhirs de la cham des Bondons ; les berges escarpées des gorges du Tapoul ; le tombant de la cascade de Rûnes.

ORGANISER SON TEMPS

Prévoyez deux jours avec une nuit à Florac pour découvrir la nature environnante et vous offrir quelques belles promenades. Vous redescendrez vers St-Jean-du-Gard par la corniche des Cévennes.

AVEC LES ENFANTS

Le sentier des dinosaures de St-Laurent-de-Trèves.

Cette jolie petite ville s'élève au pied des falaises dolomitiques de Rochefort. Elle se trouve à la fois au contact du causse Méjean, des Cévennes et du mont Lozère, à l'entrée des gorges du Tarn, ce qui en fait un véritable carrefour pour les amateurs de nature. Cette ancienne capitale d'une des huit baronnies du Gévaudan a été logiquement choisie pour accueillir le siège de la direction et de l'administration du Parc national des Cévennes. Florac est aujourd'hui une bourgade sympathique, renommée pour sa table, son animation estivale et son site naturel.

Se promener

Château

04 66 49 53 00 - - juil.-août : 9h-18h30 ; mai-juin et sept. : 9h30-12h15, 13h30-17h30 ; reste de l'année : tlj sf w.-end 9h30-12h15, 13h30-17h30 - fermé j. fériés - gratuit.

Cette longue bâtisse du 17e s., flanquée de deux tours rondes, abrite le **centre d'information du Parc national des Cévennes** : exposition sur les paysages, la faune, la flore et les activités ; renseignements sur la randonnée, les visites accompagnées, les sites de l'écomusée du Parc et l'hébergement.

Parc national des Cévennes, chaos granitique de la cham des Bondons.
D. Caviglia / hemis.fr

Couvent de la Présentation

Cette ancienne commanderie des Templiers présente une belle façade et un portail monumental datant de 1583.

Source du Pêcher

À proximité, le sentier dit « de la Source », balisé de panneaux explicatifs, permet de découvrir l'environnement naturel de la source. Au pied du rocher de Rochefort, c'est l'une des principales résurgences du causse Méjean ; elle jaillit à gros bouillons (jusqu'à 7 000 l/s) au moment de fortes pluies ou de la fonte des neiges. Les eaux alimentent des bassins de pisciculture (truite), gérés par la Fédération départementale de pêche.

À proximité Carte de microrégion

Sentier des menhirs de la cham des Bondons B2

12 km au nord. Quittez Florac par la N 106 en direction de Mende puis prenez tout de suite à droite la D 998 en direction du Pont-de-Montvert. À Cocurès, prenez sur la gauche la route des Bondons. Parking au croisement de la D 135 et de la route des Combes. Sentier réalisé par le Parc national des Cévennes (doc. disponible au Pont-de-Montvert).

Deux circuits (2h ou 6h) invitent à découvrir cet exceptionnel ensemble de 150 menhirs. Le premier parcours descend jusqu'aux Combettes et remonte vers le site de « Pierre des trois paroisses » où se trouvent les blocs les plus importants. La promenade dévoile des paysages de causse dominés par d'étranges reliefs : « l'Eschino d'Ase » (dos-d'âne) et les « puechs » des Bondons.

Cascade de Rûnes B2

15 km à l'est. Quitter Florac comme précédemment. Peu après Cocurès, tournez à gauche vers Ruas, que vous traversez pour atteindre Rûnes.

Cette route bordée de frênes offre de jolies vues sur la vallée du Tarn. Au sud de Rûnes, un sentier *(45mn à pied AR)* conduit à une belle cascade sur le Mirals, tombant de 58 m.

★★ **Mont Lozère** B2-C2 *(voir p. 261)*

Découvrir Carte du Parc national des Cévennes

PARC NATIONAL DES CÉVENNES

Le Pont-de-Montvert

Le Quai - 48220 Le Pont-de-Montvert - ☎ 04 66 45 81 94 - www.cevennes-mont-lozere.com - avr.-oct. : 10h-12h30, 15h30-18h30, w.-end 10h-12h30 ; reste de l'année : tlj sf dim. et j. fériés 10h-12h30, 14h30-18h.

Maison du mont Lozère – *Au Pont-de-Montvert - ☎ 04 66 45 80 73 - www.cevennes-parcnational.fr - ♿ - avr.-oct. : 15h-18h ; reste de l'année : sam. 15h-18h - possibilité de visite guidée sur demande - 3,50 € (-18 ans 2,50 €) fermé 1er janv., 25 déc.* Chef-lieu de l'écomusée du mont Lozère mis en place par le Parc national des Cévennes, ce grand bâtiment moderne abrite une exposition permanente relatant l'histoire naturelle et humaine du mont Lozère, et un gîte pour les randonneurs pédestres.

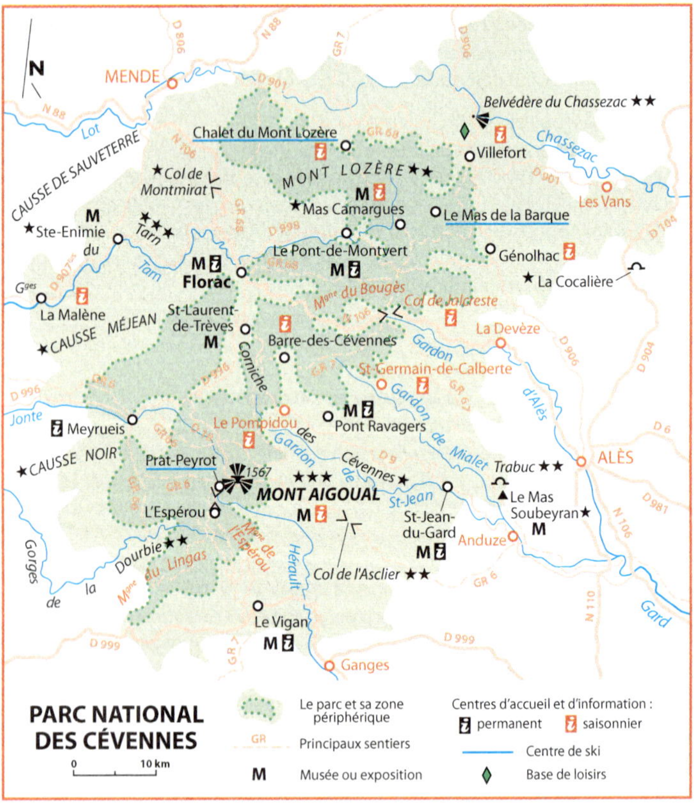

Sentier de l'Hermet – *6 km à pied au départ de la tour de l'Horloge, au centre du Pont-de-Montvert. Prévoir 3h AR.*Cette promenade jalonnée de 12 points d'observation fait découvrir les paysages, la flore et la faune de la vallée du Tarn, l'architecture traditionnelle du hameau de l'Hermet, divers types de bergeries et un panorama sur le flanc sud du mont Lozère.

Écomusée de la Cévenne

Créé sous l'impulsion du Parc national des Cévennes pour conserver la mémoire des Cévennes et mettre en valeur leur patrimoine naturel et culturel, l'écomusée de la Cévenne propose la découverte d'un ensemble de sites répartis sur un territoire d'un abord parfois difficile.

LA GUERRE DES CAMISARDS

L'**abbé du Chayla** fut assassiné au Pont-de-Montvert le 24 juin 1702, puis jeté dans la rivière, par **Abraham Mazel** et **Esprit Séguier**. Il est vrai que l'abbé n'était pas tendre avec ses prisonniers huguenots. Cet épisode marqua le début de la guerre des camisards.

Quelques lieux aménagés parmi d'autres : le **site paléontologique** de **St-Laurent-de-Trèves** et le sentier du paysage de **Barre-des-Cévennes**, le musée des Vallées cévenoles à **St-Jean-du-Gard** *(voir p. 285)*, le musée de la Soie à **St-Hippolyte-du-Fort** *(voir p. 296)*.

Regroupés en association ou agissant à titre personnel, les habitants du canton du Pont-de-Montvert réhabilitent le patrimoine traditionnel : c'est ainsi que d'entre les ronces ont ressurgi un *ferradou* (métier à ferrer les bœufs) à **Finialettes**, un four à pain à **Racoules**, ainsi qu'une *clède* à châtaignes à **St-Andéol-de-Clerguemont**.

Circuits conseillés Carte de microrégion

★ GORGES DU TAPOUL B3

Pour visualiser ce circuit de 25 km, reportez-vous à la carte de microrégion (p. 235). Quittez Florac au sud par la D 907 puis prenez à droite la D 996 en direction de Meyrueis. Aux Vanels, prenez à gauche la D 907 jusqu'à Rousses. Là, tournez à droite dans la D 119. Attention, la route des gorges du Tapoul peut être obstruée par la neige de mi-déc. à fin mars entre Massevaques et Cabrillac.

Le petit ruisseau du Trépalous, descendu de l'Aigoual, a creusé dans le granit rose un lit très profond aux berges escarpées, entre Massevaques et son confluent avec le Tarnon. Ce sont les gorges du Tapoul, où se glisse la D 119, route étroite et impressionnante par endroits.

En suivant le ravin, on voit de belles cascades bondissantes, les Escouffourens, et des excavations géantes creusées dans le lit de la rivière. Le ruissellement de l'eau sur le granit coloré donne des tons très particuliers.

Au-delà de Cabrillac, vous pouvez rejoindre le mont Aigoual par la D 18 à gauche.

★ LA CORNICHE DES CÉVENNES BC3

Pour visualiser ce circuit de 58 km, reportez-vous à la carte de microrégion (p. 235). De Florac à St-Jean-du-Gard – Environ 2h. Quittez Florac au sud par la D 907. Partez de préférence par temps clair, en fin d'après-midi, à l'heure où l'éclairage oblique fait le mieux ressortir les découpures des crêtes, la profondeur des vallées. Sous un ciel orageux, le spectacle est encore plus impressionnant.

La route de la corniche des Cévennes a été aménagée au début du 18e s. pour permettre le passage des armées de Louis XIV pénétrant dans les Cévennes pour lutter contre les camisards. Elle remonte d'abord la vallée du Tarnon, au pied des escarpements du causse Méjean, puis s'élève vers St-Laurent-de-Trèves.

St-Laurent-de-Trèves

Sur le promontoire calcaire qui domine le village ont été découvertes des traces de dinosaures datant de 190 millions d'années. À cette époque s'étendait là une lagune où vivaient des « grallators », bipèdes d'environ 4 m de haut. Vous découvrirez leurs empreintes en suivant le **sentier d'interprétation** équipé de panneaux explicatifs.

De ce site s'offre une très belle **vue★** sur le causse Méjean, les monts Aigoual et Lozère.

Au col du Rey commence la corniche des Cévennes proprement dite. La route s'engage sur le plateau calcaire, balayé par les vents, de la **Can de l'Hospitalet**. C'est dans ce paysage sauvage de landes parsemées de rochers que se réunissaient les camisards au 18e s. Puis la route suit le rebord du plateau dominant la vallée Française qu'arrose le Gardon de Ste-Croix. Au **col des Faïsses**, flanqué d'un à-pic des deux côtés, belle vue sur les Cévennes.

On traverse l'Hospitalet. Du plateau dénudé où la roche affleure, on a ensuite une vue magnifique sur le mont Lozère, la petite ville de Barre-des-Cévennes, la vallée Française et le massif de l'Aigoual. Au Pompidou, on laisse les calcaires pour les schistes. Puis la route suit une crête, à travers des bois de châtaigniers et de maigres prairies où fleurissent au printemps des narcisses.

Avant St-Roman-de-Tousque, prenez à gauche la D 140 puis à droite la D 983.

On pénètre alors dans la **vallée Française** qu'empruntèrent Robert Louis Stevenson et Modestine ; il faut lire le récit qu'il en fit dans son *Voyage avec un âne à travers les Cévennes*. Côté histoire, la vallée Française ou Valfrancesque constituait une enclave franque en territoire wisigoth, d'où son nom ; enfin, elle fut (et reste) une vallée protestante.

N.-D.-de-Valfrancesque

Autrefois dédiée à la foi catholique, aujourd'hui temple protestant, cette petite église romane (11e s.) reste charmante, surtout aux jours fleuris du printemps.

La route qui descend vers St-Jean-du-Gard en longeant le Gardon de Mialet passe par **St-Étienne-Vallée-Française** puis devant la grande ferme de Marouls *(gîte d'étape)*.

LE PAYS CÉVENOL BC3

Pour visualiser ce circuit de 75 km, reportez-vous à la carte de microrégion (p. 235) – Environ 3h. Quittez Florac par la D 907 et la N 106 au sud en direction d'Alès.

Vallées profondes et enchevêtrées dominées par des serres ravinées, toitures de schiste, routes bordées de châtaigniers, villages qui tous gardent un souvenir de la guerre des camisards, voilà le paysage que l'on découvre en suivant ce circuit au cœur du pays cévenol.

La route suit d'abord la vallée de la Mimente, entre des falaises de schiste. Après les ruines perchées du château de **St-Julien-d'Arpaon**, à gauche de la route, jetez un coup d'œil à gauche sur la montagne du Bougès qui culmine à 1 421 m d'altitude.

Au col de Jalcreste, prenez à droite la D 984 vers St-Germain-de-Calberte.

Aussitôt une vue intéressante s'offre sur la vallée naissante du Gardon de St-Germain. Passé le col, la descente vers **St-Germain-de-Calberte** commence parmi les châtaigniers, les chênes verts et les genêts. Des maisons cévenoles aux toitures de lauzes, surmontées d'une cheminée décorative, bordent la route. Dans un virage apparaît le **château de Calberte** juché sur un piton - *℘ 04 78 22 27 54 - juil.-sept. : 15h-20h.*

Au-delà de St-Germain-de-Calberte, prenez à droite la D 13.

Plan de Fontmort

Alt. 896 m. Dans la forêt domaniale de Fontmort, à un croisement, s'élève l'obélisque qui a été inauguré en 1887 pour fêter le centenaire de l'édit de Tolérance, signé par Louis XVI. Belle vue à l'est sur les serres cévenoles.

Du plan de Fontmort à Barre-des-Cévennes, on suit une crête étroite offrant de belles vues sur les vallées cévenoles au sud, avec, au premier plan, des landes de bruyère.

Barre-des-Cévennes

Cette petite ville commande l'accès à toutes les routes des Gardons. Sa position en a fait un centre de défense et de surveillance important pendant la guerre des camisards. Sur la colline du Castelas, on voit encore des vestiges d'anciens retranchements. Empruntant le sentier de Barre-des-Cévennes, long de 3 km, le visiteur découvre le passé du village et la nature de son environnement.

Vous rejoignez la route de la corniche des Cévennes (voir circuit précédent) au col du Rey où vous prenez à droite la D 983 qui offre des vues à gauche sur le massif du Mont-Aigoual et à droite sur la massive dorsale du mont Lozère.

Regagnez Florac par St-Laurent-de-Trèves et la vallée du Tarnon.

★ LE CAUSSE MÉJEAN

87 km au départ de Florac. Voir Causse Méjean p. 366.

3

NOS ADRESSES À FLORAC

HÉBERGEMENT

BUDGET MOYEN

Hôtel des Gorges du Tarn – *48 r. du Pêcher - ℘ 04 66 45 00 63 - www.hotel-gorgesdutarn.com - fermé de la Toussaint à Pâques, merc. (sf juil.-août) - P - 22 ch. 58/90 € - ☕ 9 €.* Préférez les chambres fraîchement rénovées, au décor actualisé ; plus spacieuses à l'annexe. Au restaurant, la carte et ses spécialités content le pays cévenol dans un cadre lambrissé. L'établissement propose en outre 4 studios avec cuisines équipées et met en place un accès pour handicapés.

Hôtel La Lozerette – *48400 Cocurès (à 5,5 km au NO de Florac) - ℘ 04 66 45 06 04 - www.lalozerette.com - fermé de la Toussaint à mi-mars - P - 20 ch. 59/90 € - ☕ 8,80 € - rest. 17/48 € - wifi gratuit.* Au cœur des Cévennes, cette grande maison a bien du charme. Au bord de la route, elle jouit cependant du calme environnant et ses chambres proprettes sont agréablement meublées. Menu d'un bon rapport qualité/prix.

RESTAURATION

BUDGET MOYEN

Auberge Cévenole - Chez Annie – *48400 La Salle-Prunet (à 2,6 km au SE de Florac) - ☏ 04 66 45 11 80 - fermé dim. soir et lun. (hors sais.), de mi-nov. à mi-fév. - P - formule déj. 12,80 € - 19,80/32 € - 5 ch. 43 € - ☕ 6 €.* Cette vieille maison cache une belle salle campagnarde dotée d'une cheminée. Cuisine du terroir (une bonne occasion de déguster le célèbre aligot). Agréable terrasse et chambres simples et propres.

ACHATS

Gourmandises

Marchés – *48220 Le Pont-de-Montvert.* Marché ouvert aux producteurs et artisans locaux le merc. mat. de mi-juin à mi-sept.

Atelier du sucre et de la châtaigne – *64 av. Jean-Monestier - ☏ 04 66 45 28 41 - www.biscuiteriedescevennes.fr - 9h-12h30, 14h30-19h, dim. 9h-12h30 - fermé fin mars.* Fabrication artisanale de produits cévenols à base de châtaigne, miel, fruits rouges... Ne manquez pas le pain à la châtaigne.

La Maison du Pays cévenol – *3 r. du Pêcher - ☏ 04 66 45 15 67 - juil.-août : 9h-19h30 ; reste de l'année : tlj sf lun. 9h30-12h30, 15h-19h, dim. 9h30-12h30 - fermé 3 janv.-14 mars.* M. Digaro choisit lui-même ses fournisseurs : producteurs de miels, de conserves à base de gibier, d'escargots ou de truites, de fromages, de vins, d'huiles. Les confitures, sirops et champignons séchés ou en bocaux sont fabriqués par le patron.

ACTIVITÉS

Chemin de Stevenson

Voir Langogne p. 252.

Ânes en vallée Française – *Le Pont de Burgen - 48330 St-Étienne-Vallée-Française - ☏ 04 66 45 75 30 - www.gites-randos-cevennes.com - fermé déc.-mars - 45 €/j location de l'âne.* Location d'ânes pour la randonnée dans le Parc national des Cévennes. Possibilité de randonnées de 10 j.

Gentiâne – *Castagnols - 48220 Vialas - ☏ 04 66 41 04 16 - www.ane-et-randonnee.fr - 8h-19h - fermé de mi-nov. à mi-mars - 240 € 1 âne pour 1 sem.* Location d'ânes pour la randonnée en famille (l'âne peut porter des bagages et un enfant).

Tramontâne – *La Rouvière - 48110 St-Martin-de-Lansuscle - ☏ 04 66 45 92 44 - 45 €/j/1 âne.* Louer un âne : la solution idéale pour vos randonnées pédestres, en particulier avec vos enfants. Formules très souples avec itinéraires adaptés à la demande.

AGENDA

« Les 160 km de Florac » – Course d'endurance équestre : les cavaliers parcourent le mont Lozère, l'Aigoual et le causse Méjean - *chaque année en juil.*

Mont Lozère

★★

Lozère (48)

NOS ADRESSES PAGE 269

S'INFORMER

Office du tourisme de Villefort – *17 r. de l'Église - 04 66 46 87 30 - www.villefort-cevennes.com.*

Maison du mont Lozère – *Voir p. 256.*

SE REPÉRER

Carte de microrégion B2-C2 (p. 234) – *Carte Michelin Région 526 O5.* Situé au nord-est de Florac et au sud-est de Mende, le mont Lozère est constitué de hauts plateaux s'alignant sur 35 km. Vous pouvez soit le contourner par les D 901, 906, 998 et N 106, soit le traverser du nord au sud par la D 20.

À NE PAS MANQUER

La vue depuis le col de Finiels ou depuis le sommet pour les plus courageux, le panorama du pic Cassini et celui du col de Montmirat, le village médiéval du château d'Aujac et enfin une incontournable dégustation de miel de bruyère.

ORGANISER SON TEMPS

Comptez au moins deux bonnes journées, voire trois, pour faire les deux circuits dans leur totalité.

AVEC LES ENFANTS

Le château d'Aujac et le Vallon du Villaret.

3

Point de ralliement des amateurs de randonnée, ce puissant massif granitique dresse sa masse majestueuse dans le paysage cévenol. Entre Florac, Mende, Génolhac et Villefort, il est le symbole du département auquel il a donné son nom. Le long de ses rivières sauvages et fraîches, vous découvrirez quelques petits coins de paradis.

Circuits conseillés Carte du mont Lozère

★ LE MONT LOZÈRE ORIENTAL

Pour visualiser ce circuit de 150 km au départ du Pont-de-Montvert, reportez-vous à la carte p. 262-263 (voir aussi p. 256) – Comptez une journée. Prenez au nord la D 20 et tournez tout de suite à droite à la sortie du Pont-de-Montvert. La route *(étroite, croisements difficiles en saison estivale)* traverse les paysages dénudés de pâtures et de landes parsemées de rochers.

L'Hôpital

Ce hameau fut une commanderie des Hospitaliers de St-Jean-de-Jérusalem. Quelques estivants restaurent ses bâtisses de granit et l'écomusée a réaménagé le moulin à eau et une vieille grange qui ont retrouvé leurs anciens toits de chaume. *Le GR 7 qui traverse L'Hôpital permet d'accéder à Pont-du-Tarn.*

Pont-du-Tarn

De L'Hôpital, 1h à pied AR. Suivant la draille (chemin de transhumance) de la Margeride qu'emprunte le GR 7, cette promenade offre de belles vues sur les paysages de la plaine du Tarn, nom donné à ce plateau où s'écoule la rivière naissante. Un très joli pont enjambe la rivière qui se faufile à travers les rochers polis, au pied du bois du Commandeur.

★ Mas Camargues

04 66 45 80 73 - www.cevennes-parcnational.fr - visite guidée juil.-août : 10h30-12h30, 14h30-18h30 - gratuit - 1er janv., dim. et lun. de Pâques, 1er et 8 Mai, 1er et 11 Nov., 25 déc.

C'est une maison de maître de vastes dimensions, dont la façade est constituée de blocs de granit taillés. Un **sentier d'observation** a été aménagé alentour pour expliquer les différents éléments d'une exploitation agricole dans cette région : bergerie, moulin, *béal* (petit canal), réservoir d'eau, ainsi que les paysages qui l'entourent (chaos de boules de granit, hêtraies).

Après avoir visité le mas Camargues, on peut poursuivre à pied jusqu'à **Bellecoste** (1 km), exemple intéressant d'architecture rurale où subsistent un four banal et une chaumière traditionnelle habitée l'été par un berger.

Revenez à la D 20 que vous prenez à droite.

La route, bordée de sorbiers, s'élève sur le versant méridional vers le **col de Finiels**. Après le village de ce nom, elle traverse de grandes étendues désertes

jonchées çà et là de blocs de granit. L'horizon est fermé au sud par la montagne du Bougès et par le causse Méjean.

★ Col de Finiels

Alt. 1 548 m. Des abords du col, et particulièrement des sommets qui encadrent le passage, la **vue★** peut par temps clair porter jusqu'à l'Aigoual et aux causses. Au début de la descente, le massif du Tanargue (Vivarais cévenol) est visible en avant et à droite.

Chalet du mont Lozère

Parmi de jeunes boisements de sapins s'élèvent le chalet-refuge, un hôtel, un vaste bâtiment de l'UCPA et un **centre d'information du Parc national des Cévennes**.

★ Sommet de Finiels

3h à pied AR. Du chalet du mont Lozère, prendre le sentier balisé entre la D 20 et la chapelle qui suit une rangée de pierres plantées jusqu'à la crête. Prendre à droite jusqu'à une cabane de pierre en ruine. De là, une **vue★★** étendue vers le sud-est montre la succession de sommets arrondis des hauts plateaux jusqu'au pic Cassini, tandis que vers le nord, le plateau granitique de la Margeride barre l'horizon. Suivre la ligne de crête jusqu'à la borne indiquant 1 685 m et rejoindre, en descendant, la route des Chômeurs qui ramène au point de départ.

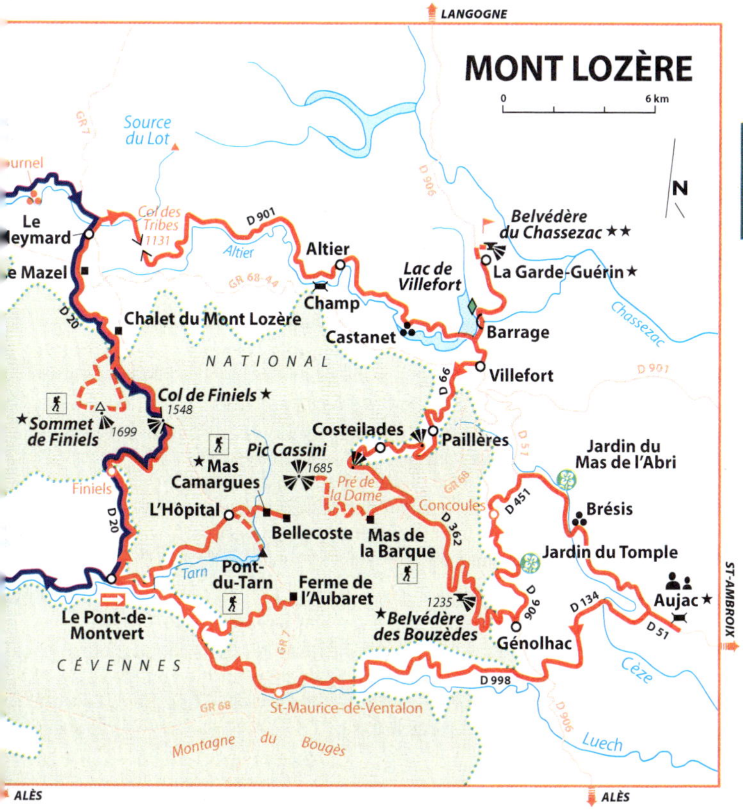

Le Mont Chauve

Le **mont Lozère** culmine à 1 699 m au sommet de Finiels. Celui-ci est le point le plus haut du Massif central qui ne soit pas d'origine volcanique. Autrefois, il était couvert de hêtres ; aujourd'hui, on rencontre un paysage de landes d'où surgissent quelques chaos de granit, ce qui lui vaut son surnom. Ses versants, reboisés au cours des dernières décennies, ont retrouvé une parure de pins, sapins et hêtres au sud (montagne du Bougès), à l'est (versant vivarois) et au nord.

TERRES DE CHEVALIERS

Quelques bornes de granit marquées de la croix de Malte rappellent que les Hospitaliers de St-Jean-de-Jérusalem, devenus plus tard les chevaliers de Malte, y possédaient des terres. Mais la pierre a surtout servi à construire de robustes maisons capables d'affronter le vent et la neige qui balaient les plateaux. Les clochers de tourmente, dont le son de la cloche était le seul repère pour le voyageur perdu dans la tempête de neige, sont là pour en témoigner.

LA FIN DES TRANSHUMANCES

Autrefois, les troupeaux transhumants peuplaient ces grandes étendues durant l'été. Évalués à une centaine de milliers de têtes au 19e s., ils sont moins d'une dizaine de milliers aujourd'hui, et les drailles, chemins de transhumance, ont tendance à disparaître sous la végétation. Les moutons ont été remplacés par les troupeaux de vaches des villages du versant sud, qui viennent paître sur les hauts plateaux du mont Lozère.

LE FESTIN DES ABEILLES

Dès le mois d'août, le mont Lozère se couvre de bruyères formant un tapis mauve à perte de vue. Profitant de l'aubaine, les abeilles viennent butiner le pollen de la *callune* (bruyère). Goûter le miel de bruyère fera partie de votre découverte de la région.

UN MUSÉE POUR UN MONT

Créé sous l'égide du **Parc national des Cévennes**, l'écomusée a pour but de présenter le milieu naturel et humain du mont Lozère. Son siège se trouve à la **Maison du mont Lozère** au Pont-de-Montvert *(voir p. 256)*. L'écomusée, éclaté, se compose de divers éléments d'intérêt architectural, naturel ou humain, dispersés sur l'ensemble du massif. L'accent est mis sur l'architecture et le fonctionnement d'une exploitation agricole du 19e s. à la ferme de **Mas Camargues**. Les clochers de tourmente, les bornes marquées de croix de Malte ont été recensés. Plusieurs sentiers de découverte ont été aménagés, dont celui du **Mas de la Barque**.

LE CHEMIN DE SAINT GILLES

Pour découvrir la région au pas, les randonneurs peuvent parcourir les 242 km de la **voie Régordane**. Ce chemin romain reliant le Puy-en-Velay au Bas-Languedoc était emprunté par les pèlerins de St-Gilles. *Rens.* **La voie Régordane, les chemins de la tolérance** - ✆ *06 72 21 53 53 - www.regordane.fr.*

Après le chalet du mont Lozère, au moment où la D 20 va quitter le ravin de l'Altier pour repasser sur le versant de l'Atlantique, les monts de la Margeride se déploient au nord. Au lieu-dit **Le Mazel** se dressent les bâtiments désaffectés d'une mine de plomb et de zinc exploitée du début du 20e s. jusqu'en 1952. Plus loin, le village du **Bleymard**, reconverti l'hiver en station de ski, conserve de solides demeures aux toitures de lauzes et une église du 13e s.

Prenez à droite la D 901 en direction de Villefort.

Les paysages deviennent plus sauvages et dénudés. La route quitte la vallée du Lot pour suivre, après le col des Tribes, celle de l'Altier sinueuse et boisée. Les tours du **château de Champ** (15e s.) apparaissent en contrebas de la route, sur la droite.

Quelques kilomètres après **Altier**, ancienne place forte, on arrive au bord du lac de Villefort. Au bord du lac, se dresse le **château de Castanet** (fin 16e s.), entièrement restauré en 2006. Il présente une exposition sur l'histoire et l'architecture de la région *(juil.-août : apr.-midi sf sam. - visite libre château et expo. avec audioguides ; visites guidées lun. : 10h30 - 3 €, 18-25 ans 1 €).*

Lac et barrage de Villefort

Le barrage, long de 190 m à la crête, s'élève à 70 m au-dessus du lit du torrent ; il alimente l'usine de Pied-de-Borne située à 9 km en aval.

Après le barrage, sur la route de Langogne, une base nautique et une **plage**, très fréquentées en été, ont été aménagées.

Villefort

La situation de ce bourg accueillant permet d'entreprendre de nombreuses excursions à pied dans les Cévennes, le Bas Vivarais et le mont Lozère. Villefort possède en saison un **point d'information sur le Parc national des Cévennes** au syndicat d'initiative. *✆ 04 66 49 53 00 - www.cevenne-parcnational.fr - juil.-août : 9h-18h30 ; reste de l'année : tlj sf w.-end 9h30-12h15, 13h30-17h30 - fermé 1er janv., 1er et 11 Nov., 25 déc.*

★ La Garde-Guérin

8 km au nord par la D 906 en direction de Langogne. Une imposante tour signale aux alentours ce vieux village fortifié, labellisé « plus beau village de France », et escarpé du plateau lozérien. Cernée par une multitude de ruisseaux chantants, La Garde-Guérin est au contact des majestueux blocs de granit du mont Lozère et des schistes de l'Ardèche.

Le village – L'ensemble des maisons de ce village, où seuls habitent quelques éleveurs de bétail, bâties en gros moellons de granit, présente un caractère montagnard accusé. Vous reconnaîtrez les demeures des pariers : ce sont des logis plus élevés, percés de fenêtres à meneaux. L'église montagnarde, à clocher-peigne, est de construction particulièrement soignée.

Donjon – *Accès par un porche à gauche de l'église.* C'est le seul vestige important du château fort primitif, où les seigneurs locaux avaient établi un péage sur la voie Régordane. Du sommet, vue sur le village et la trouée du Chassezac.

★★ **Belvédère du Chassezac** – *15mn à pied AR. Laissez la voiture au panneau « Belvédère », à gauche de la D 906. Un sentier mène à une étroite plate-forme.* Le site est saisissant : le regard plonge à pic au-dessus des gorges du Chassezac ; le grondement des eaux répercuté par les parois, l'aspect chaotique ou déchiqueté des roches, la profondeur de l'abîme vertical laissent une impression très vive.

Revenez à Villefort. À la sortie nord de Villefort, empruntez la D 66 vers Génolhac.

Mas de la Barque

La route s'élève au-dessus d'un ravin ombragé de châtaigniers en procurant de très belles vues sur Villefort et sa vallée. On traverse les hameaux de **Paillères** et de **Costeilades**, entourés de jardinets en terrasses et dont les maisons sont couvertes de lauzes; remarquez la disposition en épi des lauzes faîtières.

Peu à peu se dégagent au nord-est les plateaux qu'entaillent les gorges de la Borne et du Chassezac. Lors de la traversée d'un chaos de blocs granitiques, les échappées portent jusqu'aux massifs du Tanargue et du Mézenc, avec les Alpes à l'horizon.

Peu après le Pré de la Dame se détache, à droite, la route du **Mas de la Barque**. Cette maison forestière, gîte d'accueil pour randonneurs, s'élève dans un cadre reposant de prairies et de taillis cernés par la forêt. En hiver, c'est un centre de ski.

Au départ du mas, un sentier *(2h AR)* monte au **pic Cassini**, qui offre, par temps clair, un **panorama★★** sur la chaîne alpine et le mont Ventoux au loin.

Revenez au Pré de la Dame et poursuivez sur la D 20 vers Génolhac.

★ Belvédère des Bouzèdes

Alt. 1 235 m. La route décrit ici un lacet sur le flanc d'une croupe plongeant sur Génolhac, 800 m en contrebas. Vue sur les toits de tuiles à l'aspect méridional.

Génolhac

Cette coquette cité médiévale fleurie est située dans la vallée de la Gardonnette, au pied du mont Lozère.

Remontez vers Villefort par la D 906. À la sortie de Génolhac, prenez la direction de Concoules sur 2 km; des panneaux vous signalent un chemin (800 m) à droite vers le jardin.

Jardin du Tomple à Concoules

✆ 04 66 61 11 31 - mai-oct.: 10h-19h - possibilité de visite guidée sur demande - 5 € (-12 ans 4,50 €).

Nichée au fond du vallon, une yourte annonce l'entrée du jardin où rosiers, vivaces et arbustes s'étagent sur les terrasses cévenoles. Les hydrangeas côtoient viornes et pivoines au son enchanteur des eaux ruisselantes. Ici, l'esprit est à l'anglaise. Dans un désordre apparent, chaque espèce végétale est identifiée par son nom latin.

Après Concoules, empruntez à droite la D 451, puis encore à droite la D 51 avant de prendre à gauche la D 313 en direction de Ponteils-Village.

Prenez le premier chemin à gauche.

Jardin du Mas de l'Abri à Ponteils-et-Brésis

✆ 04 66 61 17 61 - mai-15 août: 10h-19h (1re quinz. de juin uniquement sur RV) - possibilité de visite guidée sur demande préalable (7 j. av.) - 6 € (-7 ans gratuit).

Sur les flancs d'un joli vallon traversé par une source, les jardins se succèdent entre rosiers anciens élevés en arceau, vivaces, et collection d'arbustes. Le long des sentiers, de petits coins intimes invitent à la rêverie, comme ce vieux banc près du bassin de plantes aquatiques où les libellules offrent un somptueux ballet alors qu'en arrière-plan, le mont Lozère se dévoile majestueusement. Dans le plus grand respect de la nature, la propriétaire chérit son trésor végétal et en livre les secrets.

Revenez sur la D 51 pour prendre à gauche en direction de Bessèges.

La route débouche à **Brésis**, dominé par les ruines de son **château** médiéval à l'élégant donjon crénelé. Continuez sur la D 51 jusqu'à Aujac.

Le mont Lozère au col de Finiels.
D. Hughes / Robert Harding Picture Library / age fotostock

★ Château d'Aujac

Dans Aujac, prenez à gauche une petite route montant au château. Laissez la voiture au parking et montez à pied (10mn) - ✆ 04 66 61 19 94 - www.chateau-aujac.com - visite guidée juil.-août : tlj sf lun. 14h-19h ; 9 avr.-oct. : dim. et j. fériés 14h-18h - fermé 1er nov.-8 avr. - 5 € (-12 ans 3 €).

Planté sur un éperon rocheux, au carrefour du Gard, de la Lozère et de l'Ardèche, ce château fort surveille, depuis le 11e s., la vallée de la Cèze où passe la voie Régordane qui joint St-Ambroix à Villefort. Une équipe de bénévoles s'est attelée à sa restauration, ainsi qu'à celle du village.

La visite débute au pied de la tour ronde, dans le **village médiéval** fortifié. Situé en contrebas et sous la protection du château, il témoigne de l'activité qu'entraînait la présence d'un site défensif. Composé de deux cours et quatre corps de bâtiments regroupés autour d'une rue centrale, il est aujourd'hui le lieu de travail et d'exposition de quelques artisans.

Avec ses massives tours carrées et ronde, son corps de logis en L, le **château** d'Aujac, encore habité aujourd'hui, est un des édifices médiévaux les mieux conservés de la région.

Prenez à l'ouest la D 134 en direction de Génolhac puis la route d'Alès (D 906) à gauche et enfin tournez à droite dans la D 998 vers Le Pont-de-Montvert.

Le circuit, pittoresque jusqu'à St-Maurice-de-Ventalon, suit la vallée du Luech.

6 km après Les Bastides, une petite route, sur la droite, indiquée Masmejean, conduit, au-delà de ce hameau, à la ferme de l'Aubaret.

Ferme fortifiée de l'Aubaret

Elle apparaît au pied d'un vaste chaos de rochers, sur le tracé de la draille de la Margeride. Ses robustes murs de granit rose ont été percés de fenêtres à meneaux.

Revenez à la D 998 que vous prenez à droite pour rejoindre Le Pont-de-Montvert.

★★ LE MONT LOZÈRE OCCIDENTAL

Pour visualiser ce circuit de 100 km au départ de Mende, reportez-vous à la carte p. 262-263 (voir aussi p. 256) – Comptez une demi-journée. Quittez Mende par la D 25 au sud-est en direction de l'aérodrome.
À Langlade, prenez à gauche la D 41.

Lanuéjols

Cette localité est bien connue des archéologues pour le **mausolée romain**, situé à la sortie ouest du village, en contrebas de la route de Mende. Il a été érigé par de riches citoyens romains à la mémoire de leurs deux jeunes fils qui, d'après l'inscription latine gravée sur le linteau, seraient morts d'une même maladie de langueur.
L'**église St-Pierre**, romaine, ne manque pas de charme quand le soleil couchant illumine ses pierres ocre. À l'intérieur, la nef principale voûtée en plein cintre se termine par une élégante abside en cul-de-four. Quelques chapiteaux intéressants.
Continuez sur la D 41 jusqu'à Bagnols-les-Bains.

Bagnols-les-Bains

Cette station hydrominérale *(voir Nos adresses page ci-contre)* indiquée pour les rhumatismes et les affections ORL est bâtie en amphithéâtre sur les pentes de la montagne de la Pervenche et descend jusqu'à la rive gauche du Lot. Les eaux de la source thermale qui y est exploitée furent captées et aménagées par les Romains.
Si vous êtes victime du surmenage, vous serez ici bien soigné : air salubre et vivifiant dû à l'altitude (913 m) et à la proximité des forêts de sapins, calme du pays et régularité de la température sauront vous détendre.
Prenez la petite route au nord-est de Bagnols, en direction du Villaret.

Le Vallon du Villaret

04 66 47 63 76 - juil.-août : 10h-18h45 (dernière visite 16h30) ; avr.-juin : 10h30-18h45 ; de mi-sept. à fin oct. : w.-end 11h-18h ; vac. de la Toussaint : 11h-18h (dernière visite 2h av. la fermeture) - 9/11 € selon période (gratuit pour enf. moins d'un mètre).
Parc de loisirs sur le thème de la découverte de la nature : en entrant par la Grande Porte, on empruntera le chemin des Filets, puis celui des Troncs avant de pénétrer tour à tour dans le pays des Sons et dans celui de l'Eau. Le village du Villaret (ateliers d'artistes, expositions, lieu de spectacles et de concerts) se trouve tout au bout de ce vallon interactif.
Revenez à Bagnols et prenez à gauche vers Le Bleymard.
La vallée s'encaisse en défilés rocheux et boisés. Les ruines du château du Tournel se campent fièrement sur un éperon rocheux que contourne le torrent.

Le Bleymard *(voir p. 265)*

Prenez à droite la D 20 vers Le Pont-de-Montvert. Entre Le Bleymard et Le Pont-de-Montvert, voir dans le circuit la description du parcours en sens inverse.

Le Pont-de-Montvert *(voir p. 256)*

Prenez à droite la D 998 vers Florac.
La route suit la haute vallée du Tarn qui se resserre en gorges sauvages. Sur un promontoire apparaît le château de Miral avec ses vestiges de fortifications du 14e s.

Florac *(voir p. 254)*
Prenez au nord la N 106 en direction de Mende.
Une fois dépassée la route des **gorges du Tarn★★★** *(voir p. 353)* vers Ispagnac, la route monte en corniche au-dessus de Florac.

★ Col de Montmirat

Alt. 1 046 m. Il s'ouvre entre le mont Lozère, granitique, et le causse de Sauveterre, calcaire. Vers le sud, on embrasse un immense **panorama★** : au premier plan se creusent les *valats* qui vont rejoindre la vallée du Tarn, au-delà de laquelle apparaissent les escarpements du causse Méjean ; plus à gauche se dessinent les crêtes des Cévennes ; par temps clair, on aperçoit l'Aigoual.
On descend la vallée du Bramon qui se rétrécit et offre des vues lointaines sur le **Truc de Balduc**, petit causse aux escarpements abrupts, puis sur les contreforts du mont Lozère.

Balsièges

Le village est dominé au sud par les falaises du causse de Sauveterre au sommet duquel se dressent deux gros rochers calcaires dont l'un est appelé, en raison de sa forme, le Lion de Balsièges.
La N 88 longe le Lot entre les escarpements boisés des causses de Mende et de Changefège avant de rejoindre Mende.

NOS ADRESSES AU MONT LOZÈRE

Voir aussi Nos adresses à Mende (p. 239) et à Florac (p. 259).

HÉBERGEMENT ET RESTAURATION

PREMIER PRIX

Camping du Lac – *À Morangies - 48800 Villefort (à 3,4 km au nord par la D 901, rte de Mende, D 906, rte de Prévenchère et à g. chemin de Pourcharesses) - ✆ 04 66 46 81 27 - www.camping-lac-cevennes.com - de déb. mai à fin sept. - ♿ - réserv. conseillée - 78 empl. 9,80/16,50 €.* La partie haute de ce camping, installé au bord du lac, est réservée aux mobile homes. Les chalets et emplacements traditionnels, disponibles à la nuitée, sont situés en contrebas. Les sanitaires un peu vieillissants, sont néanmoins bien entretenus.

BUDGET MOYEN

Hôtel Balme – *Pl. du Portalet - 48800 Villefort - ✆ 04 66 46 80 14 - http://hotelbalme.free.fr - P - fermé 15-20 oct. et 15 nov.-15 fév. - 16 ch. 49/56 € - ☕ 9 € - rest. 23/39 €.* Une belle maison ancienne au cœur du village abrite cet hôtel traditionnel aux chambres très diverses. Le restaurant *(fermé dim. soir et lun. et mar. midi hors juil. août)* propose la roborative cuisine cévenole.

Auberge Régordane – *La Garde-Guérin - ✆ 04 66 46 82 88 - www.regordane.com - fermé 4 oct.-9 avr. - 16 ch. 57/68 € - ☕ 9 € - rest. 20/39 €.* Dans un village qui domine une nature extraordinaire, cette demeure du 16e s. est très pittoresque avec ses solides murs de granit gris. Ses petites chambres pastel sont nettes. Le restaurant installe ses tables dans la belle cour en été. Pour les amateurs : pêche, canyoning, escalade…

Chambre d'hôte La Butinerie – *Lieu-dit Albespeyre - 48800 Prévenchères (à 2 km au N de La Garde-Guérin par la D 906 puis*

3

petite rte à dr.) - ✆ 04 66 46 06 47 - www.labutinerie.com - P - ⊭ - 5 ch. 36/57 € ☕ - repas 22 €. Au cœur d'un petit hameau, ces bâtiments très bien restaurés ont conservé une certaine authenticité. Calme et tranquillité tant pour les chambres, bien équipées et meublées de façon simple, que dans l'ancienne bergerie, transformée en salle à manger au style campagnard joliment mis en valeur. Cuisine du terroir et séjours à thème.

ACTIVITÉS

Randonnée pédestre

Les paysages du mont Lozère se prêtent aux promenades à pied et de nombreux sentiers de Grande Randonnée le sillonnent. Pour le tour du mont Lozère, décrit par le topo-guide du GR 68, comptez 6 j. Le GR 7, ancienne draille de la Margeride, traverse le mont par son centre, permettant de découvrir paysages et hameaux caractéristiques (surtout dans le tronçon entre le col de Finiels et la ferme de l'Aubaret). *Rens. : Centre d'information du Parc national des Cévennes à Florac. (Voir aussi Le Mas de la Barque ci-après).*

Thermalisme à Bagnols-les-Bains – *Pl. des Thermes - 48190 Mont-Lozère - ✆ 04 66 47 60 02 - www.bagnols-les-bains.com.* Séjours de remise en forme dans un magnifique environnement et à 900 m d'altitude.

Domaine skiable du Mas de la Barque – *48220 Vialas - www.lemasdelabarque.com - alt. 1 340-1 650 m.* 28 km de pistes de ski de fond. Pistes raquettes et randonnées sur le mont Lozère. Info station : ✆ 04 66 46 92 72.

Domaine skiable du Mont Lozère-Le Bleymard – *48190 Le Bleymard - ✆ 04 66 48 66 48 - www.lemontlozere.com - alt. 1 350-1 560 m.* Pour les amoureux des grands espaces à parcourir en ski de randonnée ou ski de fond (22 km). Circuits pour raquettes. Ski alpin : 5 remontées mécaniques, 8 km de pistes tous niveaux.

AGENDA

Château de Castanet – En été, de nombreuses manifestations culturelles sont organisées dans et à proximité du château : théâtre, concerts, contes, ont lieu dans le théâtre de verdure situé devant le château. D'autres manifestations sont organisées à la guinguette du bout du lac.

Massif de l'Aigoual

★★★

Gard (30)

NOS ADRESSES PAGE 278

S'INFORMER

Maison de pays à Valleraugue – *Quartier des Horts (à la sortie du village vers le col de la Sereyrède) - 04 67 82 25 10 - www.aigoual-cevennes.com - mar.-sam. 9h-12h, 14h-18h, dim. et j. fériés 9h30-12h30.*
Voir aussi l'office du tourisme de Meyrueis (p. 374).

SE REPÉRER

Carte de microrégion B3 (p. 235) – *Carte Michelin Région 526 N7.* À 70 km à l'est de Millau et 60 km à l'ouest d'Alès. Trois routes principales traversent le massif et se croisent au col de la Sereyrède : la D 986 qui conduit de Pont-d'Hérault (entre Ganges et Le Vigan) à Meyrueis, la D 48 au départ du Vigan, qui rejoint la D 18 vers Florac.

À NE PAS MANQUER

L'abîme de Bramabiau ; le panorama depuis le mont Aigoual et celui depuis le col du Minier.

ORGANISER SON TEMPS

Choisissez un jour de beau temps et comptez une bonne journée pour les circuits.

AVEC LES ENFANTS

L'exposition Météo France à l'observatoire.

Toit des Cévennes, le sommet du massif de l'Aigoual culmine à 1 567 m d'altitude. Même s'il a souvent la tête dans les nuages, il dévoile le reste du temps un immense panorama qui se perd vers les impressionnantes gorges de la Dourbie, de la Jonte et du Trévezel. Tracées à travers les forêts dont se couvre la montagne ou sur des crêtes d'où les vues sont très étendues, les routes qui sillonnent le massif de l'Aigoual sont en général superbes.

Circuits conseillés Carte du massif de l'Aigoual

Les circuits décrits permettent de traverser complètement le massif et d'atteindre en voiture le sommet de l'Aigoual. Mieux vaut les suivre dans le sens Meyrueis-Le Vigan : la descente du col du Minier vers la vallée de l'Arre est vraiment superbe !

DE MEYRUEIS AU MONT AIGOUAL

Pour visualiser ce circuit de 32 km au départ de Meyrueis, reportez-vous à la carte p. 272 (voir aussi Meyrueis, p. 374) – Comptez environ 3h. Quittez Meyrueis par la D 986.

3

Château de Roquedols

2 km au sud par la D 986 et une petite route à gauche. Pour des raisons de sécurité, le château ne se visite pas. Laissez la voiture sur le parking et rendez-vous au château par le sentier de la forêt (15mn) bordé de beaux arbres. Ce château (15e-16e s.), vaste quadrilatère flanqué de quatre tours rondes, se pare de la couleur dorée de sa pierre, grès rose taché d'ocre.

Depuis Meyrueis, la montée au col de Montjardin s'effectue d'abord en forêt, sur la rive gauche du Bétuzon, puis à la lisière du causse Noir. Du col, vue très étendue sur ce causse, sur celui du Larzac et, peu après, sur les montagnes de l'Aigoual et de l'Espérou. Taillée en corniche dans les schistes, la route offre de belles échappées sur les anciennes mines de plomb argentifère de **Villemagne**.

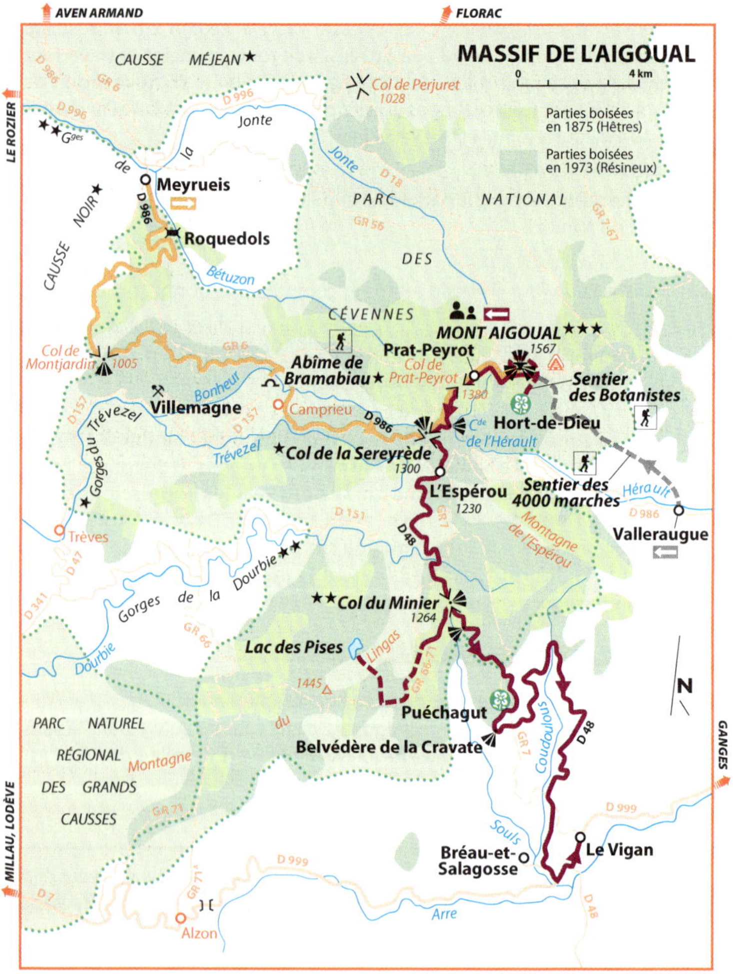

★ Abîme de Bramabiau

16 km. Parking, accueil et billetterie sur la gauche de la route - ✆ 04 67 82 60 78 - www.abime-de-bramabiau.com - température : 10 °C - 1,5 km AR - visite guidée juil.-août : 9h30-18h30 ; avr.-juin et sept. : 10h-17h30 ; de déb. oct. au 2 nov. : 10h30-16h30 - 8 € (-16 ans 5,50 €). Sols parfois quelque peu glissants, et passages redoutables pour les plus grands.

Depuis le pavillon d'accueil, sentier en descente (parfois prononcée) : 10mn environ. Le ruisseau du Bonheur, qui prend sa source au pied du mont Aigoual, au col de la Sereyrède, coulait autrefois sur le petit causse de Camprieu. De là, il se précipitait dans sa vallée inférieure, en une belle cascade dont le bruit rappelle, en temps de crue, le beuglement d'un bœuf. D'où le nom donné à la rivière, jusqu'à son confluent avec la Trévezel : *Brama Biòu*. Abandonnant son lit superficiel, le Bonheur s'est enfoui dans le causse. Après un parcours souterrain de plus de 700 m, il en sort par une haute et étroite fissure et jaillit dans un cirque rocheux nommé l'Alcôve en une belle cascade.

L'**entrée** dans le monde souterrain (exploré en 1888 par É. A. Martel) se fait par la résurgence, c'est-à-dire à la sortie de la rivière. Après avoir franchi le Bramabiau entre la première cascade (à l'air libre) et la deuxième, dite de l'Échelle (souterraine), le sentier s'engage dans une longue galerie (130 m), impressionnante par sa hauteur et ses profondes crevasses (**Grande Diaclase**) dues à l'érosion souterraine, et conduit à la salle du Havre.

De là, on accède au **Grand Aven**, où l'on peut admirer l'œuvre de Jean Truel, peintre des gouffres. Un sentier taillé en corniche sur la rivière, à plus de 20 m de hauteur, remonte la galerie Martel, passe au-dessus du Pas du Diable et arrive au filon. Ici, la caverne est creusée sur 200 m dans un filon de barytine blanchâtre qui débouche sur le Petit Labyrinthe. Quelques marches permettent de gagner la **salle de l'Étoile**, dont la particularité est son plafond formé de roches agglomérées entre elles par de la calcite. La sortie s'effectue par un double tunnel (le second en pente assez prononcée) creusé en 2006, et où l'on a découvert des contre-empreintes de dinosaures.

De là, un sentier permet de regagner le pavillon d'accueil en 10mn environ.

Quelques centaines de mètres après l'abîme de Bramabiau, en direction de Camprieu et Trèves, on croise la route des **gorges du Trévezel★** *(voir p. 344)*. Mais vous pouvez également aller musarder quelques minutes en bordure du lac de Camprieu avant de reprendre la route.

Poursuivez sur la D 986.

> **CÉVENNE INSPIRATRICE**
> L'écrivain cévenol **André Chamson** (1900-1983) a écrit une chanson sur la superbe route qui conduit du Vigan au mont Aigoual et situé à Bramabiau l'intrigue de son roman, *L'Auberge de l'abîme*.

★ Col de la Sereyrède

Alt. 1 300 m, sur la ligne de partage des eaux. Au pied du col se creuse la vallée de l'Hérault que dominent au loin les *serres* cévenoles.

Sur votre gauche, une belle route relie le col de la Sereyrède au sommet du mont Aigoual. Après de magnifiques vues plongeantes sur la vallée de l'Hérault où serpente la route de Valleraugue, elle pénètre en forêt. Sur la gauche, à partir de la station de **Prat-Peyrot** (les pistes de ski des Nîmois…), la D 18 emprunte le parcours de la grande **draille du Languedoc** ; au sud le GR 7 la suit jusqu'à l'Espérou, avant d'obliquer vers Valleraugue *(voir p. 276)*.

3

Sentier des Botanistes

1,5 km avant d'arriver au sommet de l'Aigoual, un panneau indique le sentier. 20mn à pied.

Formant une boucle de 1 km contournant le sommet de Trépaloup, ce sentier passe au-dessus de l'**Hort-de-Dieu** (« jardin de Dieu »), un arboretum créé en 1902 par Georges Fabre et Charles Flahault, directeur de l'Institut de Botanique de Montpellier, pour étudier la croissance des essences exotiques. Le sentier offre ensuite de très belles vues sur le versant sud de l'Aigoual, ses crêtes schisteuses et, au-delà, la succession des serres cévenoles, puis sur les versants est et nord couverts de forêts.

★★★ Mont Aigoual

★★★ **Panorama** – *En janvier (et surtout lorsque le vent du nord est de la partie), les conditions de visibilité sont exceptionnelles.* Des observateurs ont pu reconnaître simultanément le mont Blanc (Alpes) et le pic de la Maladetta (Pyrénées). *En juillet et août, le panorama étant souvent brumeux, mieux vaut partir tôt le matin, voire en fin de nuit pour assister au lever du soleil.*

L'observatoire – C'est au terme de sept années de travail, rendues particulièrement difficiles par les intempéries, que cette forteresse météorologique commandée par l'administration des Eaux et Forêts fut inaugurée. Nous sommes alors en 1894 et non en 1889 comme le laisse penser l'inscription gravée sur le fronton et qui n'est autre que la date initialement programmée pour l'achèvement des travaux. Dominant les bassins du Gardon, de l'Hérault et du Tarn, l'édifice a pour fonction, en utilisant des moyens de plus en plus sophistiqués, d'enregistrer notamment la direction et la vitesse des vents qui amèneront les pluies méditerranéennes torrentielles (les « épisodes cévenols » aujourd'hui bien connus de tous), ou des pluies océaniques favorables à la végétation. Construit à 1 567 m d'altitude, l'observatoire est devenu un lieu d'expérimentation pour tous types d'appareils soumis à des conditions extrêmes.

Le Météosite (Exposition Météo France) – *Sommet de l'Aigoual - 04 67 82 60 01 - www.aigoual.fr - ♿ - juil.-août : 10h-19h ; mai-juin et sept. : 10h-13h, 14h-18h - gratuit.*

La première partie de l'exposition présente les activités de Météo France, avec notamment la présentation du système Météotel (réception et interprétation des images satellitaires). De nombreux panneaux explicatifs vous enseignent comment reconnaître les nuages et comprendre les techniques utilisées par les météorologues. Après avoir visionné la vidéo *(10mn)* dévoilant les conditions de vie à l'observatoire, ainsi qu'un diaporama, poursuivez la visite à l'étage inférieur. Là, objets de mesure anciens et reconstitutions de phénomènes climatologiques sont ponctués de devinettes aux réponses souvent étonnantes. Les passionnés pourront en outre *(sur réservation)* apprendre en compagnie d'un technicien de Météo-France à utiliser les outils permettant de produire le bulletin « Aigoual-Cévennes ».

DU MONT AIGOUAL AU VIGAN

Circuit de 39 km (reportez-vous à la carte p. 272) – Environ 1h30. Du sommet du mont Aigoual, descendez au col de la Sereyrède, où vous prendrez la D 48.

En quittant le col de la Sereyrède, vous pourrez apercevoir à gauche, de l'autre côté de la vallée, au creux d'un ravin, la cascade formée par l'Hérault naissant.

L'Espérou

L'Espérou est un agréable centre de séjour d'altitude (1 230 m) environné de bois et d'herbages, exposé au midi, à l'abri des vents du nord. Il est fréquenté l'été pour son site et sa délicieuse fraîcheur.

Vue sur le col du Minier depuis l'observatoire météorologique du mont Aigoual.
D. Caviglia / hemis.fr

★★ Col du Minier

Alt. 1 264 m.

Une stèle évoque le général Huntziger (commandant de la IIe armée à Sedan) et ses compagnons tués dans un accident d'avion en novembre 1941.

Lac des Pises – *Au col du Minier, prenez la route forestière vers le col de l'Homme Mort. Parking à 5 km* *2 km (sans difficulté).* Un sentier d'interprétation permet d'effectuer le tour de ce lac de barrage de 13 ha, vestige d'un projet touristique que la naissance du Parc national des Cévennes fit avorter. La promenade permet de découvrir un milieu naturel mal connu (les tourbières) ainsi que, si la saison s'y prête, des oiseaux migrateurs (ou non, comme le héron cendré).

Au début de la longue descente sur le versant méditerranéen, la route en corniche domine de très haut le ravin du Souls, tandis que la vue devient magnifique sur le causse de Montdardier et la montagne de la Séranne.

Vous passez ensuite au milieu d'un curieux chaos de rocs granitiques et laissez sur votre droite la maison forestière de **Puechagut**.

Arboretum de Puechagut

Créé à la fin du 19e s. par Georges Fabre, il était destiné à l'expérimentation d'essences forestières exotiques susceptibles de résister aux conditions de sol et de climat de ce flanc de l'Aigoual.

Belvédère de la Cravate

Plus bas, dans un virage à gauche, ce belvédère offre un point de vue sur le bassin de l'Arre au premier plan, le causse du Larzac, la montagne de la Séranne et le pic St-Loup. Plus loin, la route domine la vallée du Coudoulous aux versants couverts de châtaigniers, puis traverse un paysage au caractère méditerranéen (vignes, mûriers, oliviers, cyprès) avant d'atteindre Le Vigan.

DE L'ESPÉROU À PONT-D'HÉRAULT

36 km au départ de Pont-d'Hérault par la D 986 – Environ 1h.
Après avoir décrit une forte pente (nombreux lacets et vues superbes quand la végétation le permet!), la route rejoint la vallée de l'Hérault à hauteur de Valleraugue.

Valleraugue

Agréable village typiquement cévenol posé au pied du massif, au confluent de l'Hérault et du Clarou. Il est réputé pour être le point de départ de randonnées, et notamment du fameux **Sentier des 4000 marches**.

Sentier des 4000 marches – *21 km. Pour marcheurs entraînés. Une journée AR. Carte sur Internet : http://randonnee.cevenole.free.fr.*
Départ de l'arboretum de l'Hort-de-Dieu. Suivez les panneaux représentant une chaussure de marche ou deux empreintes de pied.
Ce célèbre sentier empierré – les « marches » n'apparaissent que dans son nom – pénètre dans l'arboretum de l'Hort-de-Dieu pour se poursuivre dans un paysage plus sauvage de landes de bruyère et de genêts. Il descend ensuite dans la châtaigneraie en offrant de belles vues sur Valleraugue et sa vallée. Arrivé à Valleraugue, reprendre le même chemin ou suivre un autre circuit plus varié et plus long qui suit les crêtes et les vallées en passant par l'Aire de Côte, procurant de nombreuses vues sur la succession des serres.
Au-delà de Valleraugue, la vallée s'élargit. Sur ce territoire, nombre de filatures abandonnées (ou reconverties) témoignent de l'importance passée de la sériciculture en pays cévenol *(voir liste non exhaustive à St-Hippolyte-du-Fort, p. 296).*
Avant d'accéder à Pont-d'Hérault, carrefour avec la D 999 de Ganges au Vigan, vous passerez au large de **St-André-de-Majencoules**, capitale incontestée de l'oignon doux des Cévennes.
Un peu plus loin, prendre sur la gauche la petite route du Villaret.

Jardin des Sambucs

Hameau Le Villaret - 06 82 49 59 19 - www.jardinsambucs.com - juil.-août : 10h-19h ; mai-juin et de sept. à mi-oct. : w.-end et j. fériés 10h-19h, sem. sur RV - 3 €.
Entre plantes vivaces, lotus et nénuphars, ce jardin de 3000 m² s'épanouit au milieu des fontaines et bassins, offrant une balade pleine de fraîcheur. Sur les nombreuses terrasses, suivez les sentiers de galets, ils vous entraînent dans un univers labyrinthique balisé de bric et de broc qui donne à ce jardin naturel une consonance poétique. Dans les espaces-détente, prenez le temps de déguster le sirop de sureau (fabrication maison bien sûr!) qui vous est offert.

Le carrefour des pluies

MICROCLIMAT

L'Aigoual est l'un des **nœuds hydrographiques** les plus importants du Massif central : de là, son nom *Aiqualis*, devenu Aigoual en occitan (l'aqueux, le pluvieux). Les précipitations, en année moyenne, atteignent 2,25 m. Le sommet du massif de l'Aigoual condense à la fois les nuages venus de l'Atlantique et les vapeurs méditerranéennes qui s'y combattent constamment. Il partage les eaux de pluie entre deux régions très dissemblables : sur le versant méditerranéen, les gorges profondes alternent avec les crêtes schisteuses très découpées, tandis qu'à l'ouest, vers l'Océan, des pentes douces soudent le massif au vaste pays calcaire des causses. L'hiver, la neige paralyse les voies d'accès de novembre à mai, le brouillard persiste en moyenne 241 jours par an. L'été, la température ne dépasse pas 25 °C.

LA FORÊT RETROUVE SES DROITS

Il y a un peu plus de cent ans, l'Aigoual présentait l'aspect désolant d'une montagne pelée. En 1880, **Georges Fabre**, garde général des Eaux et Forêts, entreprend son reboisement. Il réussit à faire voter une loi l'autorisant à acheter des terrains communaux ou particuliers, ce qui lui permet de remplacer le mince rideau d'arbres destiné à retenir les terres en bordure des rivières par de larges surfaces plantées. Peu à peu, malgré la résistance des bergers qui n'hésitent pas à mettre le feu aux jeunes plants, Fabre parvient à redonner à la montagne sa parure de forêts. Fabre ne s'est pas contenté de reboiser. Il a développé autour de l'Aigoual un réseau de routes et de sentiers, restauré des maisons forestières, organisé des arboretums pour l'étude de l'accroissement des essences, construit un observatoire destiné aux recherches météorologiques. Bon à savoir : les amateurs de botanique peuvent profiter des visites guidées de l'arboretum organisées par l'université des sciences de Montpellier II *(14 Juil.-20 août - 14h30)*.

LA GRANDE DRAILLE DU LANGUEDOC

Le col de la Sereyrède était un des passages empruntés par la grande **draille** du Languedoc, l'une de ces larges pistes de transhumance foulées naguère chaque année, au mois de juin, par les moutons des garrigues languedociennes montant aux pâturages de l'Aubrac, du mont Lozère, de la Margeride. On reconnaît ces drailles, dont certaines sont encore empruntées, aux saignées qu'elles tracent dans le paysage des « serres » cévenoles. Aujourd'hui, c'est en camion que la plupart des bêtes sont transportées jusqu'à leurs pâturages d'été. Quelques troupeaux montent encore à pattes, faisant l'objet de la Fête de la transhumance, au passage de l'Espérou, à la mi-juin.

NOS ADRESSES AUTOUR DU MONT AIGOUAL

HÉBERGEMENT

BUDGET MOYEN

Hôtel du Parc – *30570 L'Espérou, Carrefour dit « des Hommes de la Route » - 04 67 82 60 05 - P - fermé déc. - 10 ch. 60 € - 8,50 €.* Si l'architecture des lieux (évoquant un chalet) n'est guère enthousiasmante, le confort est au rendez-vous et la délicieuse fraîcheur estivale est des plus appréciée lorsque la canicule règne sur le Bas-Languedoc. Cuisine cévenole.

Hôtellerie Les Bruyères – *R. André-Chamson (rte principale) - 30570 Valleraugue - 04 67 82 20 06 - fermé oct.-avr. - 20 ch. 49/62 € (15 € en sus pour les hôtes solitaires) - 8 € - rest. 15/30 €.* En plein cœur du village, au confluent de l'Hérault, un charmant petit hôtel doté, à l'arrière, d'une agréable piscine. Restaurant de spécialités locales, que vous pourrez déguster aux beaux jours, sur la petite terrasse surplombant le torrent.

POUR SE FAIRE PLAISIR

Chambre d'hôte La Coconnière – *5 r. Neuve - 30570 Valleraugue - 04 67 82 00 13 - www.lacoconniere.com - - 5 ch. (se rens. sur le tarif, le lieu étant en train de changer de propriétaires).* Ancien lieu de stockage des cocons de vers à soie, ces grandes bâtisses abritent aujourd'hui des chambres d'hôte spacieuses et lumineuses et un gîte d'étape pouvant héberger des groupes. Grande cuisine à disposition, ou table d'hôte. De nouveaux propriétaires.

RESTAURATION

PREMIER PRIX

Une petite faim ? Vous trouverez un snack au pavillon d'accueil de l'**abîme de Bramabiau**.

BUDGET MOYEN

Auberge Cévenole – *La Pénarié - 30570 Valleraugue - 04 67 82 25 17 - fermé 1er-16 déc., lun. soir et mar. (sf juil.-août) - P - formule déj. 13 € - 18/29 € - 6 ch. 42 € - 7 €.* Coquette salle à manger (poutres, cheminée, objets agrestes) et terrasse qui domine la rivière. L'Hérault musarde au pied de cette sympathique auberge de pays située sur la route du mont Aigoual. Petites chambres fraîches et garnies d'un mobilier régional.

Le Moulin du Mazel – *Rte de Valleraugue - 30570 Le Mazel - 04 67 81 59 47 - fermé merc., jeu. (hors sais.) ; dim. soir - P - rest. 17/26/32 €.* Pour les beaux jours, une terrasse en bordure de l'Hérault ; pour les autres, une vaste demeure de pierres sèches ; et par tout temps, une agréable cuisine cévenole, propre à vous remettre de votre ascension de l'Aigoual : la perspective du craquant de foie gras et de saint-jacques sur un beurre aromatisé à la liqueur de cassis comme celle du filet de bœuf aux écrevisses suffira à motiver les traînards !

Ferme-auberge Randals Bison – *Les Randals - 30750 Lanuéjols - 04 67 82 73 74 - www.randals-bison.com - fermé de la*

Toussaint à Pâques, en sem. (de Pâques à fin mai et de mi-sept. à la Toussaint) - ♿ - 🅿 - 🚭 - 24/28 € - 3 ch. 55/59 € ☕. Cette ferme caussenarde se trouve au cœur d'un domaine de 300 ha (élevage de bisons, vaches américaines et chevaux). Visite en chariot de l'exploitation et « show » façon grandes plaines de l'Ouest. L'ancienne bergerie abrite un restaurant proposant un bon choix de grillades, à déguster dans une ambiance western. Chambres d'hôte installées dans une maison en rondins de bois.

ACHATS

Gourmandises

Maison de l'Aigoual – *Col de la Sereyrède - rte du Mont-Aigoual - 30570 L'Espérou - ✆ 04 67 82 65 39 - www.terres-aigoual.com - 11h-18h - fermé lun. (hors sais.).* Plusieurs agriculteurs installés sur les flancs du mont Aigoual ont réuni leur savoir-faire et ouvert une boutique de produits du terroir (charcuteries, foie gras, fromages, miel, sirops, châtaignes, etc.) issus de leur propre exploitation. Également, vente par correspondance. Toute l'année, paniers cadeaux.

La Confiturerie de Béatrice – *Quartier des Horts (à côté de la Maison de pays) - 30570 Valleraugue - ✆ 06 88 65 91 95 - merc., sam., dim. 9h30-12h.* Si les périodes d'ouverture sont assez confidentielles, vous ne regretterez pas les délicieuses confitures maison. En prime, produits régionaux avec notamment des jus de pommes reinettes du Vigan.

ACTIVITÉS

Randonnée

Les GR – L'Aigoual est situé à la croisée des sentiers de Grande Randonnée GR 6 (Alpes-Océan) et GR 7 (Vosges-Pyrénées), qui, dans le massif, s'enrichissent de nombreuses variantes, dont le GR 66 qui fait l'objet d'un topo-guide intitulé Tour du mont Aigoual.

En outre, le Parc national des Cévennes organise en été des promenades commentées d'une heure autour du sommet.

À dos d'âne

Ânambule – *Mas Corbières - 30570 Notre-Dame-de-la-Rouvière - ✆ 04 67 82 48 10 - www.mascorbieres.com.* Vos randonnées en famille d'un à sept jours peuvent être égayées par ces sympathiques compagnons que sont les ânes qui, en outre, une fois bâtés, porteront vos sacs à dos. Compter à partir de 48 € par âne et par jour, tous frais et assurances inclus. L'Association fait partie du réseau « Cévennes éco-tourisme » et propose également des randonnées pédestres et à VTT.

Sports d'hiver

Station du Prat-Peyrot – *http://pratpeyrot.net.* 14 pistes de ski alpin, 13 remontées mécaniques. La station des Nîmois dispose en outre de 60 km de pistes de fond et d'un nombre impressionnant de canons à neige.

Le Vigan

4 429 Viganais – Gard (30)

NOS ADRESSES PAGE 282

S'INFORMER

Office du tourisme des Cévennes méridionales – *Pl. du Marché - 30120 Le Vigan - ✆ 04 67 81 01 72 - www.cevennes-meridionales.com - juil.-août : 8h45-12h30, 13h45-19h, dim. 10h-12h ; reste de l'année : tlj sf dim. 9h-12h30, 14h-18h, sam. 9h-12h30 (et sam. 15h-18h de mi-avr. à mi-oct.).*

SE REPÉRER

Carte de microrégion B4 (p. 235) – *Carte Michelin Région 526 N7-8.* Situé au sud du mont Aigoual sur la D 999, Le Vigan est à 70 km au sud-ouest d'Alès et à 65 km au nord de Montpellier par la D 986.

À NE PAS MANQUER

La promenade à l'ombre des châtaigniers ; les reconstitutions du musée cévenol et le marché nocturne qui se tient de mi-juillet à fin août.

ORGANISER SON TEMPS

Si 1h suffit pour découvrir la ville, laissez-vous tenter par la flânerie à laquelle invite la promenade ombragée des châtaigniers.

AVEC LES ENFANTS

La salle des Métiers du Musée cévenol.

Exposée au pied du mont Aigoual, la petite ville cévenole du Vigan porte les couleurs du Sud ! Fondée au Moyen Âge par des moines venus de St-Guilhem-le-Désert, elle conserve des ruelles étroites et quelques places agrémentées de « griffouls », ces très belles fontaines de forme octogonale, datant du 17e s., qui rappellent la présence des nombreuses sources environnantes. C'est dans un bassin des plus fertiles où quelques bonneteries et filatures de soie résistent encore vaille que vaille que Le Vigan a fait de la pomme sa reine(tte) !

Se promener

Promenade des Châtaigniers

Parmi les lieux les plus agréables de la ville, la promenade des Châtaigniers, créée au 18e s. à la place d'un ancien champ de foire, est ombragée comme son nom l'indique d'énormes châtaigniers séculaires.

Pour faire écho au Festival des artistes du rire, les jardins de l'hôtel de Ginestous (actuelle Caisse d'Épargne, rue du Maquis) accueillent une statue de Michel Colucci, dit Coluche.

Autour de l'église et place du Quai

Dans le prolongement de l'**église** (17e-19e s.), la place Bonald doit son nom à l'hôtel (18e s.) du même nom. Non loin de là, entre la rue de l'Horloge et la D 999, le très bel **hôtel d'Assas** a été complètement rénové pour accueillir la médiathèque.

Le cœur du Vigan est la grande **place du Quai** qui était une halte sur la route royale entre Aix et Montauban.

Vieux pont

Enjambant l'Arre, il est antérieur au 13e s. On en a une bonne vue depuis une plate-forme au bord de la rivière, en amont du pont.

★ Musée cévenol

1 r. des Calquières - ✆ 04 67 81 06 86 - juil.-août : tlj sf mar. 10h-12h, 15h-18h30 ; avr.-mai et sept.-oct. : merc.-dim. 10h-12h30, 14h-18h ; nov.-mars : vac. scol. (zone A) merc.-vend. 10h-12h, 14h-17h - fermé 1er Mai - possibilité de visite guidée sur demande préalable (2 j. av.) - 4,50 € (-6 ans gratuit).

Installé dans les bâtiments d'une filature de soie du 18e s., ce musée est dédié à l'artisanat et aux traditions populaires du pays cévenol. Une salle évoque la vie et l'œuvre de l'écrivain académicien **André Chamson** (1900-1983), liée à sa terre d'origine, les Cévennes.

La **salle des métiers** intéressera les enfants : elle présente les artisanats traditionnels avec le travail du « banastaïre » (fabricant de paniers), du verrier, du ferblantier... Des reconstitutions d'échoppes et d'un intérieur cévenol complètent cette plongée dans la vie quotidienne d'autrefois. La salle du Temps évoque l'histoire locale depuis les temps géologiques jusqu'à la Réforme. Les 18e s. et 19e s. sont représentés par une collection de vêtements en soie.

À proximité Carte de microrégion

Bréau-et-Salagosse B4

4 km par la D 48 vers le col du Minier, puis une petite route à gauche (attention au virage, pas très évident à négocier) qui donne accès à la petite D 190. Cela peut être l'occasion de partir à la découverte du minuscule (mais harmonieux) village perché de Bréau.

Maison des jouets – *Les Plans - 30120 Bréau-et-Salagosse (rte d'Aulas) - ✆ 04 67 81 29 40 - www.la-maison-des-jouets.fr - mai-août : tlj sf lun. 14h-18h30.*

Cette belle collection de jouets et d'automates du monde entier et de différentes époques ne manquera pas de ravir les enfants. Les plus grands seront sans doute intéressés en découvrant le secret des mécanismes qui les animent parfois. Films et animations complètent l'ensemble, ainsi bien sûr qu'une boutique car le lieu est également un atelier de création de jouets.

Revenez à la D 48 pour descendre sur Le Vigan.

Circuit conseillé Carte de microrégion

VALLÉE DE L'ARRE B4

Circuit de 18 km tracé sur la carte de microrégion (p. 235) – 2h. Quittez Le Vigan par la D 999 en direction d'Alzon.

La route suit la vallée qui offre un curieux contraste entre son versant sud, calcaire et aride, formé par les escarpements du causse de Blandas, et son versant nord, schisteux et boisé, constitué par les contreforts de la montagne du Lingas. Le village d'**Arre** s'est longtemps spécialisé dans la teinture des textiles. On voit d'ailleurs tout au long de la route les bâtiments d'anciennes filatures de soie datant du 18e ou du 19e s.

D'Arre, revenez à Bez et prenez une petite route tortueuse qui conduit à Esparon.

Très pittoresque, cette route s'élève jusqu'au village perché d'**Esparon** puis redescend vers **Molières-Cavaillac** en offrant de belles vues sur les contreforts orientaux de la montagne du Lingas.

Après Molières-Cavaillac, prenez à gauche, puis à droite et rentrez au Vigan.

3

NOS ADRESSES AU VIGAN

HÉBERGEMENT

BUDGET MOYEN

Hôtel Le Mas de la Prairie – *Av. du Sergent-Triare - ✆ 04 67 81 80 80 - www.masdelaprairie.fr - P - fermé déc.-Pâques - 25 ch. 49 € - ☕ 9 € - rest. 13/23 € - wifi gratuit.* Dans une région assez pauvre en établissements associant prix abordables et qualité, on se réjouit de trouver un hôtel comme celui-ci. Entièrement restauré, dans un cadre vaste et aéré, il vous offre des chambres climatisées, avec un plateau accueil qui fait toujours plaisir. Piscine agréable en été. Restaurant classique.

Chambre d'hôte Château Massal – *Rte de Millau - 30120 Bez-et-Esparon (à 7 km au sud-ouest du Vigan par D 999, dir. Millau) - ✆ 04 67 81 07 60 - www.cevennes-massal.com - P - fermé nov.-1er avr. - 🚭 - 4 ch. 68/98 € ☕ - table d'hôtes (dîner seult) sur réserv. à partir de 4 pers. 28 € - wifi gratuit.* Majestueux château du 19e s. situé aux portes du village, face au pont. Ses 4 chambres aménagées à l'étage sont dotées d'un mobilier familial. L'une d'entre elles, avec parquet en noyer, moulures au plafond et piano, bénéficie d'une vue splendide sur la vallée. L'été, les repas sont servis dans le jardin fleuri.

RESTAURATION

BUDGET MOYEN

Auberge Cocagne – *Pl. du Château - 30120 Avèze - ✆ 04 67 81 02 70 - www.auberge-cocagne-cevennes.com - P - fermé dim. soir - 22/26 € - ch. 65/74 € - ☕ 8 € - wifi gratuit.* Reprise par un couple passionné de cuisine de grand-mère, cette authentique auberge cévenole vous accueille dans l'une de ses salles à manger rustiques ou sur sa terrasse ombragée. Formules à l'ardoise et petits plats mijotés raviront les palais les plus délicats.

ACHATS

Lingerie

Parmi les rares entreprises de ce secteur qui produisent encore en France, Well, fabricant de lingerie féminine, ouvre son magasin d'usine aux particuliers. *Bagatelle - rte de l'Elze - 30120 Le Vigan - ✆ 04 67 81 29 78 - 9h30-12h30, 14h30-18h30 - fermé dim.* Bas, collants et lingerie à prix réduits.

Gourmandises

Le Mas Neuf - *St-Julien-de-la-Nef - ✆ 04 67 82 42 96 - www.lemasneuf.com - P.* Outre des châtaignes, vous pourrez vous procurer ici les fameuses **reinettes**, ces petites pommes au goût acidulé qui font la fierté du Vigan.

Le cirque de Navacelles.
J.-P. Azam / hemis.fr

Cirque de Navacelles

★★★

Gard (30)

NOS ADRESSES PAGE 285

3

S'INFORMER

Point info belvédère de La Baume-Auriol – *34520 St-Maurice-de-Navacelles - ✆ 04 67 88 86 44 ou 04 67 44 51 52 - www.lodevoisetlarzac.fr - juil.-août : 10h-19h ; mars-juin et sept.-nov. : 10h-12h45, 13h30-18h.*

SE REPÉRER

Carte de microrégion B4 (p. 235) – *Carte Michelin Départements 339 G5.*
À 72 km au nord-ouest de Montpellier, 34 km au nord-est de Lodève par l'A 75 puis la D 25 et la D 130 et 37 km au sud-est de Ganges par la D 25 puis la D 130.

À NE PAS MANQUER

Vous pouvez voir le cirque dans sa totalité de loin (depuis le belvédère nord), du bas (depuis Navacelles) et de haut (depuis le bord de la falaise). À vous de choisir, mais les trois vues valent la peine ! Ne manquez pas non plus le cirque de Vissec et les gorges de la Vis.

ORGANISER SON TEMPS

Comptez 2h.

AVEC LES ENFANTS

L'impressionnante beauté du site les séduira. L'été, il est possible de se baigner tant dans les criques du cirque qu'ailleurs dans la Vis.

C'est le site le plus prestigieux de la vallée de la Vis, entre les causses de Blandas et du Larzac. Il se présente comme un immense et magnifique méandre, profondément encaissé, aux parois presque verticales. À l'origine, la Vis enserrait un petit promontoire qu'elle a abandonné là où s'est posé le hameau de Navacelles. Depuis, le fond de la vallée reste toujours humide et verdoyant.

Circuit conseillé Carte de microrégion

D'ALZON À GANGES B4

Pour visualiser ce circuit de 57 km, reportez-vous à la carte de microrégion p. 235 – Comptez environ 2h.

En aval d'Alzon, la route descend au fond de la vallée, boisée de chênes et de sapins, puis franchit la Vis qui dessine bientôt des méandres de plus en plus larges sur le fond plat de sa vallée.

Gagnez Vissec par la D 113 qui reste au fond des gorges et franchit le pont sur la Vis souvent à sec.

Vissec

L'aridité des lieux et la blancheur des pierres donnent à cet endroit perdu un caractère tout à fait insolite. Ce village blotti au fond du canyon se compose de deux quartiers, chacun sur un promontoire, dont l'un est presque complètement encerclé par un méandre de la Vis.

★ Cirque de Vissec

Au cours de la montée (9 %) vers Blandas, la vue se dégage sur le canyon aux parois dénudées. Le cirque de Vissec, plus modeste que celui de Navacelles, plaît aux amateurs de paysages sévères.

Par le plateau caussenard, la route gagne Blandas. La D 713 qui s'embranche sur la D 158 atteint le rebord du causse de Blandas.

Belvédère nord

Alt. 613 m. Sur le rebord même du plateau, il offre la révélation du **cirque de Navacelles★★★** et une vue intéressante sur le canyon de la Vis. À l'horizon, la vue s'arrête à la longue chaîne de la Séranne.

La route de descente, très bien tracée, dessine quelques lacets à hauteur de la falaise, puis une ample boucle dans la combe du Four; elle plonge jusqu'au fond du cirque et gagne Navacelles.

Navacelles

À 325 m d'altitude, ce petit village possède un joli pont à une seule arche sur la Vis.

Un sentier au départ de Navacelles mène à la résurgence de la Vis et de la Virenque où se trouvent trois moulins à eau.

La D 130 gravit la paroi sud du canyon.

La Baume-Auriol

Alt. 618 m. Du nord de la ferme s'offre une vue saisissante sur le cirque. Le canyon est splendide avec ses méandres resserrés qui emboîtent leurs pédoncules effilés aux hautes parois très abruptes vers l'amont.

Après La Baume-Auriol, la route gagne St-Maurice-Navacelles où vous prenez à gauche vers Ganges.

Plus loin, la route plonge en lacet, par le Rau de Fontenilles, vers le canyon de la Vis, sur lequel le début de la descente vers Madières offre une jolie vue.

★★ Gorges de la Vis

Au-delà de Madières, la route traverse des pépinières riches en conifères ; elle suit au plus près la berge de la Vis qui sépare les hautes falaises dolomitiques du causse de Blandas à gauche et les versants de la montagne de la Séranne à droite. Passé Le Claux, remarquer en avant et à droite les ruines du château de Castelas, plaqué contre la falaise au débouché d'un ravin.

Après Gorniès, un pont enjambe la Vis. On a alors une belle vue sur **Beauquiniès**, village pittoresquement étagé, puis sur le **roc de Senescal** qui s'avance en proue sur le versant gauche. La vallée devient sauvage et étroite avant de déboucher dans les gorges de l'Hérault que l'on suit jusqu'au Pont et Ganges *(voir p. 116)*.

NOS ADRESSES PRÈS DE NAVACELLES

HÉBERGEMENT ET RESTAURATION

BUDGET MOYEN

Le Cévenol – *D 999 - 30770 Alzon - ✆ 04 67 82 06 05 - P - fermé dim. soir d'oct. à fév., 15 déc.-1er mars - déj. 12 € - 19/25 € - 7 ch. 30/80 € - ☕ 7 € - wifi gratuit.* Petite affaire familiale sans prétention, typique de la région, sur le chemin du cirque de Navacelles. On s'installe sur la terrasse ombragée pour savourer quelques spécialités du terroir mettant en valeur les produits de la région. Une aubaine dans un secteur assez pauvre en adresses de ce type.

3

Saint-Jean-du-Gard

2 563 Saint-Jeannais – Gard (30)

NOS ADRESSES PAGE 289

S'INFORMER

Office de tourisme – *Pl. Rabaut-St-Étienne - 30270 St-Jean-du-Gard - ✆ 04 66 85 32 11 - www.tourisme-saintjeandugard.fr - juil.-août : 9h-12h30, 14h30-18h, dim. 10h-12h30 ; reste de l'année : tlj sf dim. 9h-12h, 13h-17h, sam. et j. fériés 10h-12h - fermé 24 déc.-2 janv.*

SE REPÉRER

Carte de microrégion C3 (p. 235) – *Carte Michelin Région 526 P7.* À 30 km à l'ouest d'Alès par la D 6110 puis la D 910A et à 88 km de Montpellier par l'A 9 et la D 6110. Suivez la D 907 qui mène jusqu'à St-Jean-du-Gard.

SE GARER

Le mardi, c'est jour de marché. On dirait que toutes les Cévennes sont descendues ici ! Trouver une place où garer sa voiture est un privilège réservé à ceux qui viennent tôt… Tentez votre chance aux sorties de la ville ou sur la rive droite du Gardon, vers l'Atlantide Parc.

À NE PAS MANQUER
L'exposition sur les activités traditionnelles au musée des Vallées cévenoles et le panorama depuis le col de l'Asclier.

ORGANISER SON TEMPS
Prévoyez en temps normal 2h pour la ville, autant pour les alentours, ou plus les jours de marché.

AVEC LES ENFANTS
Atlandide Parc, la Maison de l'eau de la vallée Borgne.

Nichée entre les vallées Française et Borgne, la petite bourgade s'étend sur la rive gauche du Gardon, qu'elle franchit par un vieux pont en dos-d'âne. C'est ici, dans cette contrée imprégnée de la tumultueuse histoire du protestantisme, que l'écrivain écossais Robert-Louis Stevenson acheva en 1878 son périple dans les Cévennes en compagnie de la célèbre Modestine, son ânesse. Sous la douce lumière de fin d'après-midi, la vieille ville dominée par la tour de l'Horloge et sa Grand'Rue étroite dévoile son visage méridional.

Se promener

Château

✆ 04 66 85 03 41 - www.chateausaintjeandugard.com - juil.-août : tlj sf merc. 14h-18h ; mai et sept. : w.-end et j. fériés 14h-18h ; w.-end de Pâques 14h-18h - 6 € (6-16 ans 5 €).
Mentionné pour la première fois dès 1314, le château reste marqué par les guerres de Religion : propriété d'un seigneur protestant, l'édifice est brûlé en 1560 lors d'une expédition punitive commandée par les troupes royales. Reconstruit en 1569, il se voit adjoindre un temple et accueille le duc de Rohan, chef des réformés, à maintes reprises au cours du 17e s.
Les propriétaires actuels évoquent cette histoire à travers une exposition de gravures, tableaux et livres anciens. Une collection de jouets est judicieusement mise en scène dans les différentes salles aux meubles d'époque.

★ Musée des Vallées cévenoles

✆ 04 66 85 11 36 - www.museedescevennes.com - juil.-août : 10h-19h ; avr.-juin et sept.-oct. : 10h-12h30, 14h-19h ; nov.-mars : mar. et jeu. 9h-12h, 14h-18h, dim. 14h-18h - 5 € (-12 ans gratuit). Audio-guides (6 €) en français, anglais, allemand, néerlandais.
Installées dans une auberge construite au 17e s., les collections d'objets, d'outils, de documents, de photographies… du musée évoquent la vie quotidienne et traditionnelle des habitants de cette partie des Cévennes. On y trouve des outils agricoles utilisés pour la culture des céréales, de la vigne, des châtaigniers ; des objets ayant trait à l'élevage des moutons, des chèvres, des abeilles ; les différents types de portages pratiqués dans cette région accidentée : à dos d'homme, à dos de mulet ; des ustensiles domestiques et le mobilier, etc. Une place particulière est réservée aux deux principales activités traditionnelles : la culture du châtaignier ou « arbre à pain » et la production de la soie.

Atlandide Parc

Av. de la Résistance, rive droite du Gardon - ✆ 04 66 85 40 53 - www.aquarium-cevennes.com - ♿ - juin-août : 11h-19h ; avr.-mai et sept.-oct. : tlj sf lun. 11h-18h ; dernière entrée 1h av. la fermeture - fermé nov.-mars - 8 € (enf. 6 €).

FLÉAUX
Trois lettres inversées pour une même terreur : après les dragonnades, menées contre les protestants par les dragons de Louis XIV, voici les « **gardonnades** ». Tel est le nom donné aux crues subites du Gardon de St-Jean. Elles font souvent suite aux pluies torrentielles causées par le refroidissement brutal des nuages venant de la Méditerranée au contact des montagnes cévenoles.

Dans des décors antiquisants, des aquariums offrent aux regards la variété des formes et des couleurs de la faune aquatique tropicale. La rivière artificielle, où se jette une cascade bouillonnante, ajoute une note d'exotisme.

À proximité Carte de microrégion

St-André-de-Valborgne B3

25 km à l'ouest. Quittez St-Jean-du-Gard pour rejoindre la route de la corniche des Cévennes (D 260) en direction de Florac. 2 km après le col de l'Exil, prenez à gauche la D 39 puis la D 907.
Dans la vallée Borgne (de l'occitan *bornha* désignant ces grottes d'où sortent des sources) que ferme la crête des Cévennes et qu'arrose le Gardon de St-Jean, St-André-de-Valborgne est une petite ville aux rues étroites, bordées de sévères maisons anciennes, qui témoignent de la prospérité économique engendrée, naguère, par le développement de l'industrie de la soie.

Maison de l'eau de la vallée Borgne aux Plantiers B3

Aux Plantiers, à 20 km à l'ouest par la D 907 puis la D 20 que l'on prend à droite à L'Estréchure - 04 66 30 36 55 - www.maison-de-leau.org - - juil.-août : 11h30-18h30 - 2 avr.-juin et sept.-9 nov. : merc.-dim. et j. fériés 14h-18h - possibilité de visite guidée sur demande - 4 € (-6 ans gratuit).
Dans l'ancien moulin des Plantiers, la question de l'eau en pays cévenol, à la fois bienfaisante et destructrice, est abordée sous de multiples angles : de la pluviosité à la faune et à la flore des cours d'eau, du patrimoine hydraulique aux techniques traditionnelles de pêche, en passant par les légendes locales. Tables interactives, jeux des senteurs et maquettes animées agrémentent la visite.

Circuits conseillés Carte de microrégion

★ LA CORNICHE DES CÉVENNES B3

Circuit de 58 km tracé sur la carte de microrégion p. 235. De St-Jean-du-Gard à Florac – Comptez environ 2h. Sortez de St-Jean au nord-ouest par la D 983, en direction de Moissac-Vallée-Française. Description en sens inverse à Florac (p. 257).

★★ ROUTE DU COL DE L'ASCLIER B4/C3

Circuit de 44 km tracé sur la carte de microrégion p. 235. De St-Jean-du-Gard à Pont-d'Hérault – Comptez environ 1h30.
Entre St-Jean-du-Gard et Peyregrosse, la route, très sinueuse et parfois très étroite, nécessite une grande prudence, en particulier entre L'Estréchure et le col de l'Asclier : des emplacements ont été aménagés pour faciliter le croisement. Le col de l'Asclier est généralement obstrué par la neige de décembre à mars.

3

Ce circuit franchissant une « barre » cévenole permet de passer de la vallée du Gardon dans celle de l'Hérault, au pied du mont Aigoual.

Quittez St-Jean au nord-ouest par la D 907.

La D 907 remonte le cours du Gardon de St-Jean et suit toutes les sinuosités de la rivière.

Juste avant L'Estréchure, prenez à gauche la D 152 vers le col de l'Asclier.

Après Milliérines, le paysage devient extrêmement sauvage ; la route domine les vallons de plusieurs affluents du Gardon de St-Jean, puis contourne le ravin de la Hierle. En tournant à gauche, on arrive bientôt au col de l'Asclier.

★★ Col de l'Asclier B4

Alt. 905 m. La route passe sous un pont de la draille de la Margeride servant au passage des troupeaux transhumants. Du col, magnifique **panorama**★★ vers l'ouest : au premier plan se creuse le ravin de N.-D.-de-la-Rouvière ; au loin, sur la gauche, s'élèvent le pic d'Anjeau et les rochers de la Tude ; au-delà du pic d'Anjeau s'allonge, à l'horizon, la crête calcaire de la montagne de la Séranne ; plus à droite s'étend le causse de Blandas dont les escarpements abrupts tombent sur la vallée de l'Arre ; plus à droite encore se dresse le massif de l'Aigoual.

Col de la Triballe B4

Alt. 612 m. De là se dégage une vue très étendue sur les Cévennes. On aperçoit en contrebas le village de St-Martial.

Poursuivez sur la D 20 en direction de Sumène.

Sumène B4

Posé au confluent du Rieutord et du Recodier, ce village-rue, qui s'étire le long de l'ancien chemin royal, a conservé de ses fortifications médiévales une tour, le portail de la Font (12e s.), ainsi qu'un pittoresque passage couvert, le chemin de ronde (ou les Erbuns). Naguère grand centre de production de soie (magnaneries, filatures, comme celle du Diguedan à l'architecture caractéristique), Sumène s'est reconvertie aujourd'hui dans un tourisme estival qui lui assure une certaine animation aux beaux jours.

Par la D 11 à l'entrée nord de la bourgade, vous rejoignez la route de Ganges au Vigan, à hauteur de Pont-d'Hérault.

NOS ADRESSES À SAINT-JEAN-DU-GARD

HÉBERGEMENT

PREMIER PRIX

Camping Les Sources – *Rte de Mialet (à 1 km au nord-est par la D 983 et la D 50, rte de Mialet) - ✆ 04 66 85 38 03 - www.camping-des-sources.fr - de déb. avr. à fin sept. - ♿ - réserv. conseillée - 92 empl. 24 € - wifi gratuit.* Affaire familiale bien tenue, ambiance agréable et accueil chaleureux. Réaménagée depuis peu, la piscine dispose maintenant d'une partie solarium. Le site, très calme, a été classé refuge pour les oiseaux et compte 42 espèces différentes. Initiation à la poterie hors saison. Une vraie merveille.

BUDGET MOYEN

La Corniche des Cévennes – *Quartier le Raset - Route de Florac (D 260) - ✆ 04 66 85 06 99 - www.corniche-cevennes.com - P - ♿ - fermé de janv. à mi-fév. - 12 ch. 56 € - ☕ 8 € - rest. 19,90/29,90 € - wifi gratuit.* Les chambres de ce petit hôtel-restaurant au charme provincial se nichent dans un parc agréablement boisé. Cuisine cévenole.

RESTAURATION

BUDGET MOYEN

Les Bellugues – *11 r. Pelet-de-la-Lozère - ✆ 04 66 85 37 29 - www.hotel-bellugues.com - fermé dim. soir et lun., déc.-mars - ♿ - P - 17/24 € - 16 ch. 39/53 €.* Si, côté rue, l'enseigne de ce restaurant passerait presque inaperçue, son jardin exotique vaut vraiment le détour. Au menu, une cuisine traditionnelle, au parfum cévenol, agrémentée d'un service sympathique et convivial. On préférera les tables de la rotonde vitrée et celles de l'extérieur.

Hôtel-Restaurant Bourgade – *Pl. de l'Église - 30940 St-André-de-Valborgne - ✆ 04 66 56 69 32 - www.restaurant-bourgade.fr - fermé mar., merc. et jeu. (hors sais.), dim. soir et lun. (sf de mi-juin à mi-sept.) - 15/26 € - menu à la carte 35 €.* Un lieu historique de la vallée Borgne puisque l'endroit abritait un relais de diligence il y a déjà trois siècles. Le restaurant privilégie une cuisine de marché apprêtée avec goût. Dix chambres *(55/75 € - ☕ 9 €)* accueillent ceux qui préfèrent éviter le retour par la route tourmentée et profiter du calme de la capitale de la vallée.

ACHATS

Gourmandises

Marché aux pélardons et aux produits du terroir – *Fermé dim. hors sais.* Marché animé le mar., marché nocturne le jeu., brocante le lun. en juil.-août. Marché paysan les sam. matin d'avr. à oct.

Terroir Cévennes – *La Châtaigneraie - 30270 St-Jean-du-Gard - ✆ 04 66 85 15 26 - www.terroircevennes.com - de mi-juil. à fin août et vac. scol. : 9h30-19h ; reste de l'année : 9h30-13h, 15h-19h - fermé 1er janv., 25 déc. et lun. hors vac. scol.* Produits fermiers cévenols et artisanat (vente directe par les producteurs et artisans).

ACTIVITÉS

Association Le Merlet – *Rte de Nîmes - ✆ 04 66 85 18 19 - www.lemerlet.asso.fr.* Séjours pleine nature pour les enfants (7 à 16 ans). Kayak, spéléo, escalade, canyoning.

Train à vapeur des Cévennes – *Voir p. 291.*

Anduze

3 289 Anduziens – Gard (30)

NOS ADRESSES PAGE 294

S'INFORMER
Office de tourisme – *2 Plan de Brie - BP 6 - 30140 Anduze - 04 66 61 98 17 - www.ot-anduze.fr - de mi-juin à mi-sept. : 10h-17h30, dim. 10h-12h30 ; reste de l'année : tlj sf sam. apr.-midi et dim. 10h-12h, 14h-17h - fermé 1er janv., dim. et lun. de Pâques, 1er et 8 Mai, jeu. de l'Ascension, dim. et lun. de Pentecôte, 1er et 11 Nov., 25 déc.*

SE REPÉRER
Carte de microrégion C4 (p. 235) – *Carte Michelin Région 526 Q7.* À 17 km au sud-ouest d'Alès par la D 50, à 13 km de St-Jean-du-Gard par la D 907 ou encore à 75 km au nord de Montpellier par la D 6110 puis la D 907.

SE GARER
Grand parking (gratuit) en bordure du Gardon (rive droite).

À NE PAS MANQUER
La jungle multicolore des bambous à Prafrance, la mémoire des camisards au musée du Désert et les Cent mille soldats de la grotte de Trabuc.

AVEC LES ENFANTS
Les instruments du musée de la Musique, l'exotisme de la bambouseraie, les gours et concrétions de la grotte de Trabuc, le train à vapeur.

Haut lieu du protestantisme, dernière ville de la plaine et toute première des montagnes cévenoles, Anduze se niche entre deux plissements de roches, au débouché de l'étroite porte des Cévennes (cluse du portail du Pas) qui ouvre sur les deux vallées des Gardons de St-Jean et de Mialet. Vous y croiserez les vacanciers descendus des Cévennes ou venus des campings proches pour musarder sur le marché, flâner entre les étals de fruits et légumes ou de pélardons ou encore jauger la finesse des poteries vernissées. C'est au bord du Gardon, à Générargues, que s'est implanté le plus exotique des jardins languedociens : la bambouseraie de Prafrance.

Se promener

Tour de l'Horloge

Située sur le plan de Brie, place allongée de l'ancien château, elle date de 1320. Seul vestige des fortifications, elle fut épargnée en 1629 parce qu'elle portait déjà une horloge.

Temple protestant

Il a été construit en 1823 sur l'emplacement d'anciennes casernes. Un péristyle à quatre colonnes abrite l'entrée du monument, un des plus vastes temples de France.

Vieille ville

Les ruelles étroites et tortueuses (et commerçantes), comme la rue Bouquerie ou la rue Droite, sont agréables à parcourir. Par la porte s'ouvrant sur le plan

LA « GENÈVE CÉVENOLE »
Acquise dès le début de la Réforme à la foi protestante, Anduze est choisie comme siège de l'assemblée générale des protestants du Bas-Languedoc en 1579. En 1622, la cité devient le quartier général du grand chef protestant, le **duc de Rohan**. Ce dernier consolide les remparts et fait construire des forts sur les hauteurs. Appuyé sur les Cévennes entièrement protestantes, Rohan tient là une très forte position. Quand, en 1629, Louis XIII et Richelieu mènent leur expédition du Languedoc, ils préfèrent s'attaquer à Alès qui capitule. Anduze n'aura donc à subir aucun siège, mais, après la paix d'Alès, les forteresses protestantes sont démantelées. La partie de remparts qui protégeait la cité des terribles crues du Gardon est abattue. À l'aube du 18e s., l'ancienne place forte devient, lors de la guerre des **camisards**, le principal centre d'opérations des troupes royales. La tourmente passée, la ville retrouve la prospérité. En 1774, les États du Languedoc construisent une digue, le « quai », sur la rive du Gardon. La ville se développe alors, s'adonnant à l'artisanat **textile** (laine, soie, chapellerie). Pendant longtemps, elle demeure aussi importante qu'Alès, jusqu'à ce que cette dernière, grâce à son bassin minier, prenne, au 19e s., un essor décisif.

de Brie, on gagne la place Couverte où s'élèvent une ancienne halle et une curieuse **fontaine-pagode** dont les tuiles vernissées ont été spécialement réalisées par les céramistes d'Anduze en 1649.

À voir aussi

Musée de la Musique

Rte d'Alès, sur la rive gauche au débouché du pont - juil.-août : 15h-18h30 ; reste de l'année : se rens.

Il rassemble et fait entendre plus d'un millier d'instruments de musique de tous pays et de toutes époques classés par grandes familles : les percussions, les instruments à vent, à anche ou à embouchure et enfin les instruments à cordes.

3

Balade en train

★ Train à vapeur des Cévennes C3-4

04 66 60 59 00 - www.trainavapeur.com - juin-6 sept. : 9h30-18h40 ; avr.-mai : tlj sf lun. 10h30-17h40 ; 7 sept.-oct. : tlj sf lun. et vend. 10h30-17h40 - fermé nov.-mars - 14 € AR (-12 ans 9 € AR).

La ligne de chemin de fer qui desservait, de 1909 à 1960, les gares d'Anduze, Générargues et St-Jean-du-Gard a été remise en service en tant que ligne touristique. Au départ de la gare d'Anduze (à l'entrée de la ville côté Nîmes), il vous conduit via la bambouseraie de Prafrance (arrêt), le long des Gardons d'Anduze, de Mialet et de St-Jean, jusqu'à **St-Jean-du-Gard** *(voir p. 285)*.

À proximité Carte de microrégion

★★ Bambouseraie de Prafrance à Générargues C4

2 km par la D 129 - 04 66 61 70 47 - www.bambouseraie.com - - 21 mars-30 sept. : 9h30-19h ; 1er mars-20 mars et oct. : 9h30-18h ; 2-15 nov. : 9h30-17h - dernier dép. 45mn av. fermeture - fermé 16 nov.-28 fév. : 9h30-17h - 8,80 € (-12 ans 5,20 €) - boutique.

Ce parc exotique fut créé en 1855 par Eugène Mazel. Cévenol passionné de botanique, parti en Extrême-Orient pour étudier les mûriers indispensables à la culture des vers à soie, Mazel fut séduit par ces curieuses plantes que sont les bambous et en rapporta des plants. Grâce à sa fortune, il commença en 1856 ses premières plantations, essayant d'acclimater des espèces provenant du Japon, d'Amérique du Nord et de la région himalayenne. À Prafrance, la forêt de bambous, bénéficiant d'un sol enrichi par les alluvions du Gardon, d'une nappe phréatique et d'un microclimat, devint vite une jungle étonnante. La forêt de bambous (où Henri-Georges Clouzot tourna quelques scènes du *Salaire de la peur* en 1953) s'étend sur une dizaine d'hectares et comprend pas loin de 200 variétés aux couleurs variées. Elle constitue, pendant les mois d'été, une halte rafraîchissante des plus appréciables.

Le parc est parcouru par une magnifique allée de bambous hauts de 20 m et de superbes séquoias de Californie. Une autre allée, bordée de palmiers de Chine, est ornée d'un beau magnolia. En flânant, on découvre le village laotien en bambou, l'harmonieux vallon du Dragon avec son *tori* (porte de temple Shinto) rouge vif et son pavillon du Phénix, le labyrinthe, les serres… Dans le jardin aquatique nagent des carpes japonaises entre les lotus et les papyrus d'Égypte.

Château de Tornac C4

4 km d'Anduze par la D 901 vers Nîmes puis la D 982, direction St-Hippolyte-du-Fort. 20mn AR. C'est autour d'une tour de guet (12e s.) que ce château a été édifié au 16e s. Brûlé à la Révolution, il garde fière allure, d'autant qu'il a été largement restauré, et constitue aujourd'hui un agréable lieu de promenade.

Circuit conseillé Carte de microrégion

SUR LES TRACES DES CAMISARDS C3-4

Pour visualiser ce circuit de 26 km, reportez-vous à la carte de microrégion (p. 235). D'Anduze à St-Jean-du-Gard par le Gardon de Mialet – Comptez une demi-journée, visites et baignade comprises.

★ Musée du Désert à Mialet C3

7 km au nord par Générargues (route d'Alès par St-Jean-du-Pin) et, à gauche, la route de Mialet - 04 66 85 02 72 - www.museedudesert.com - juil.-août : 9h30-18h30 ; mars-juin et sept.-nov. : 9h30-12h, 14h-18h - fermé déc.-fév. - 5 € (-10 ans gratuit).

Quelques maisons serrées les unes contre les autres couvrent un petit plateau au paysage âpre et sévère : c'est le **Mas Soubeyran**, un des hameaux de la commune de Mialet, qui domine les eaux du Gardon. Ce haut lieu du protestantisme, riche en enseignements tant pour les férus d'histoire que pour les curieux, accueille chaque année, le 1er dimanche de septembre, une foule importante lors de l'« assemblée du Désert ».

Au sein de ce hameau typiquement cévenol se trouve le musée du Désert constitué dans et autour de la maison natale du chef camisard Roland. Quinze salles et 2 000 objets présentent, après une introduction muséographique et audiovisuelle à la Réforme, l'histoire des huguenots et des camisards.

La **maison de Roland** est demeurée telle qu'elle existait aux 17e et 18e s. Remarquez le « jeu de l'Oye » destiné à enseigner les principes catholiques aux jeunes huguenotes retenues dans les couvents. Dans la cuisine, on peut voir la bible du chef des camisards et la cachette où il se dissimulait à l'arrivée

La bambouseraie de Prafrance.
B. Preschesmisky / Bambouseraie de Prafrance

des dragons. La chambre de Roland a conservé son ameublement. Divers documents, déclarations, arrêts, ordonnances, cartes anciennes et tableaux retracent la période qui précéda les persécutions, la lutte des camisards, la restauration du protestantisme par Antoine Court, le triomphe difficile des idées de tolérance (l'affaire Calas).
Une salle évoque les assemblées du Désert, réunions clandestines que les protestants organisaient dans les ravins isolés pour célébrer leur culte. Dans la salle des Bibles sont présentées de nombreuses bibles du 16e au 20e s., une remarquable série de psautiers et des peintures de Jeanne Lombard.
Le **mémorial**, dans une suite de cinq salles, rappelle le souvenir des « Martyrs du Désert » : pasteurs et prédicants exécutés, réfugiés, galériens, prisonniers. Dans les vitrines, croix huguenotes et intéressante collection de coupes de communion escamotables. La salle des Galériens commémore la souffrance des 2 500 protestants condamnés aux galères. On voit aussi des maquettes de galères, des tableaux de Labouchère et de Max Leenhardt.
La visite se termine par la reconstitution d'un intérieur cévenol, à l'heure où la famille réunie écoute la lecture de la Bible, et par un hommage rendu aux prisonnières de la tour de Constance à Aigues-Mortes *(voir p. 176)*.

★★ Grotte de Trabuc C3

11 km au nord d'Anduze par Générargues et la vallée du Gardon de Mialet, le long de la D 50 que l'on quitte après Luziers pour prendre à droite vers Trabuc. Température : 14 °C - visite guidée juil.-août : 10h15-18h (dernier dép.) ; avr.-juin et sept. : 10h30, 11h30, 14h30-17h30 (ttes les h) ; mars et oct. : 14h30-17h30 (ttes les h) ; fév. et nov. : dim., j. fériés et vac. scol. : 14h30, 15h30 et 16h30 - fermé déc. et janv. - 8,80 € (-12 ans 5,60 €).

La grotte de Trabuc, la plus grande des Cévennes, fut habitée à l'époque néolithique, puis servit de demeure aux Romains. Pendant les guerres de Religion, des camisards se réfugiaient dans ses galeries ramifiées qui étaient les plus sûres des cachettes. Elle servit aussi de repaire à des brigands, les *trabucaïres*, auxquels elle doit son nom : le *trabuc* étant le nom du pistolet que portaient ces bandits.

On y pénètre par un couloir artificiel de 40 m, foré par les mineurs d'Alès à 120 m au-dessus de l'orifice naturel. On découvre la **salle du Gong** et sa grande draperie en oreille d'éléphant qui résonne comme cet instrument de musique, les **gours** (et microgours), bassins formés par des barrages de calcite, les fistuleuses du grand couloir, les coulées colorées d'oxyde surnommées « cascades rouges », les curieux cristaux d'aragonite, teintés de noir par le manganèse. On parvient ensuite au remarquable paysage souterrain que composent les **Cent mille soldats★★**, concrétions exceptionnelles formées dans des gours et évoquant la Grande Muraille de Chine.

Au cours de la remontée, un arrêt dans la **salle du Lac** permet d'admirer la très belle pendeloque du Grand Papillon, des « méduses », des excentriques et surtout le lac de Minuit aux eaux claires.

Le Gardon de Mialet

De retour vers le Mas Soubeyran, vous pouvez poursuivre le long du Gardon de Mialet (nombreuses possibilités de baignade) par une route étroite et sinueuse. Typiquement cévenols, les paysages sont superbes, riants en été, plus inquiétants à la mauvaise saison, surtout lorsqu'un épais brouillard pare la vallée de mystère. Vous apercevrez sur les versants nombre de *restanques* (cultures en terrasses) et quelques mas isolés aux pierres prenant volontiers des teintes rousses sous la caresse du soleil. Après 6,5 km, vous atteignez l'impressionnant **pont des Abarines**.

De cet endroit, la D 50 vous conduit de façon quelque peu vertigineuse en 5 km à **St-Jean-du-Gard** *(voir p. 285)*.

NOS ADRESSES À ANDUZE

HÉBERGEMENT

PREMIER PRIX

Camping L'Arche – *1 105 chemin de Recoulin - quartier de Labahou (à 2 km au nord-ouest, bord du Gardon) - ✆ 04 66 61 74 08 - www.camping-arche.fr - avr.-sept. - ♿ - réserv. conseillée - 250 empl. 38 € - wifi gratuit.* Piscine, espace aquatique et plage aménagée au bord de la rivière pour ce camping installé dans le très beau site des gorges du Gardon. Aire de jeux pour les enfants, terrains de volley, basket et pétanque, ping-pong, etc. Nombreuses animations proposées en période estivale ; accueil des plus charmants.

BUDGET MOYEN

Auberge Les Trois Barbus – *Rte de Mialet - 30140 Générargues - ✆ 04 66 61 72 12 - www.aubergeles3barbus.com - P - fermé 2 janv.-15 mars, dim. soir (oct.-avr.), mar. (nov.-mars), mar. midi (mai-sept.) et lun. (sf le soir mai-sept.) - 28 ch. 99/178 € - ☕ 12 € - rest. 30/55 € - wifi gratuit.* Cet hôtel bâti à flanc de coteau aux confins du « Désert » cévenol dispose de grandes chambres garnies de meubles régionaux et orientées sur la vallée des Camisards. Restaurant soigné. Au menu, carte classique (produits frais) ; grillades au bord de la piscine.

POUR SE FAIRE PLAISIR

Hôtel de la Porte des Cévennes – *Rte de St-Jean-*

du-Gard (D 907, à 3 km au nord d'Anduze) - ✆ 04 66 61 99 44 - www.porte-cevennes.com - P - fermé de mi-oct. à fin mars - 34 ch. 83/90 € - ☕ 10 € - rest. 24/30 € - wifi gratuit. Non loin de la bambouseraie, paisible maison disposant de grandes chambres fonctionnelles pour la moitié tournées sur la vallée du Gardon. Table traditionnelle au décor champêtre, et terrasse panoramique en prime.

Chambre d'hôte Le Mas des Sources – *30140 St-Sébastien-d'Aigrefeuille (près de la Bambouseraie) - ✆ 04 66 60 56 30 - www.mas-des-sources.fr - P - ✗ - 5 ch. 90/105 € ☕ - suite 4 pers. 170 € - wifi gratuit.* Derrière glycines et marronniers centenaires, cette magnanerie du 17e s. est aujourd'hui une maison d'hôte de charme. Dans ce décor unique, vous pourrez profiter du petit-déjeuner en terrasse. Une cuisine et un barbecue sont à disposition des hôtes. Animaux familiers acceptés (5 €).

Chambre d'hôte Le Mas de Prades – *Hameau de Prades - 30140 Thoiras - ✆ 04 66 85 09 00 - www.masdeprades.com - fermé nov.-mars - P - ✗ - 5 ch. 80/100 € ☕ - rest. 29 € - wifi gratuit.* Il vous faudra serpenter et cheminer pour atteindre ce havre de paix et de verdure. Mais à l'arrivée, le superbe mas et ses 5 chambres pleines de charme récompenseront tous les efforts consentis. Vue imprenable sur les Cévennes, espace piscine (chauffée) avec bar et coin lecture adouciront votre séjour. Table d'hôte savoureuse.

RESTAURATION

POUR SE FAIRE PLAISIR

La Ferme de Cornadel – *Rte de Générargues - ✆ 04 66 61 79 44 - www.cornadel.fr - fermé mar. (sf juil.-août) - ♿ - P - 26/39 € - 5 ch. 110/135 € ☕ - wifi gratuit.* Il règne une ambiance campagnarde-chic dans cette ferme cévenole réhabilitée. Belle salle à manger agrandie d'une terrasse ombragée de kiwis ; cuisine régionale (aïoli, truffes et cèpes en saison) avec des touches asiatiques évoquant la proche bambouseraie. Jolies chambres personnalisées.

Maison d'Hôte Le Moulin de Corbes – *Rte de St-Jean-du-Gard (à 4 km) - ✆ 04 66 61 61 83 - www.moulin-corbes.com - P - 40 € - 5 ch. 72/90 € - suite 100 € - ☕ 12 € - wifi gratuit.* Sur les bords du Gardon, ce restaurant lumineux vous reçoit dans trois salons ensoleillés, décorés sur le thème du vin (stage de dégustation). Chambres fonctionnelles et calmes. Piscine et Jacuzzi d'été.

BOIRE UN VERRE

Au P'tit Jardin – *20 Plan de Brie - ✆ 04 66 61 30 92.* Un café dont la terrasse est stratégiquement posée au cœur de la Genève cévenole… Y prendre son café du matin sous la caresse du soleil est un moment divin !

ACHATS

Poterie d'Anduze - Les Enfants de Boisset – *Rte de St-Jean-du-Gard - ✆ 04 66 61 80 86 - ♿ - P - 9h-12h, 14h-18h, dim. 14h-18h - atelier : tlj sf w.-end 12h-14h - fermé 25 déc.-15 janv et j. fériés (mat.).* Fabrication artisanale de poteries en terre cuite vernissée (dans une large gamme de formes et de couleurs) destinées aux jardins. Cette maison propose, entre autres et depuis le 17e s., les fameux (et très lourds) vases d'Anduze. Visite possible des ateliers.

Saint-Hippolyte-du-Fort

3 391 Cigalois – Gard (30)

NOS ADRESSES PAGE 298

S'INFORMER

Office de tourisme – *Pl. du 8-Mai-1945 - Les Casernes - 30170 St-Hippolyte-du-Fort - ☎ 04 66 77 91 65 - www.cevennes-garrigue-tourisme.com - juil.-août : 10h-13h, 14h-17h, sam. 10h-15h, dim. 9h30-13h ; juin et sept. et vac. scol. : tlj sf dim. 10h-12h, 14h-17h, sam. 9h30-12h30 ; reste de l'année : tlj sf w.-end 10h-12h, 14h-17h - fermé 1er janv., 1er Mai, 11 Nov., 25 déc.*

SE REPÉRER

Carte de microrégion C4 (p. 235) – *Carte Michelin Région 526 P8.* À 49 km au nord de Montpellier, par la D 986 puis la D 999, et à 38 km au sud-ouest d'Alès par la D 6110 puis la D 910 jusqu'à Anduze. Là, prenez la D 982 pour finir par la D 999.

À NE PAS MANQUER

Le musée de la Soie et les ruelles médiévales de Sauve.

ORGANISER SON TEMPS

Comptez une demi-journée pour St-Hippolyte et les alentours.

Bien abrité par les premiers contreforts des Cévennes méridionales, St-Hippolyte-du-Fort s'ouvre vers la plaine languedocienne, bercée par les effluves de thym et de romarin. Du passé, la cité cigaloise a conservé deux tours et quelques rues étroites bordées de nobles façades. Mais il faut surtout la visiter pour découvrir la sériciculture. La soie, l'élevage du ver et le tissage ont en effet jadis apporté une contribution non négligeable à l'ordinaire des habitants de la région.

Visiter

Musée de la Soie

Pl. du 8-Mai-1945 - ☎ 04 66 77 66 47 - www.museedelasoie-cevennes.com - 10h-12h30, 14h-18h - fermé 11 nov.-mars - possibilité de visite guidée en juil.-août - 5 € (-6 ans gratuit). Musée fermé pour travaux ; réouverture prévue début avril 2013.
Aménagé dans d'anciennes casernes, il retrace, au milieu de documents anciens et d'outils spécifiques, les techniques soyeuses traditionnelles mais aussi actuelles utilisées dans la région (démonstration de filature et de tissage, vidéo). Pour les mordus de cette belle activité qu'est la sériciculture, une magnanerie vivante, fonctionnant de mai à novembre, fait découvrir le cycle si particulier du bombyx.

Les Cévennes, au fil de la soie
La sériciculture ne vit plus aujourd'hui que grâce à l'artisanat, mais on peut encore voir, souvent perdues en pleine nature, d'anciennes filatures plus ou moins intactes. Il s'agit là d'un patrimoine architectural industriel caractéristique des vallées cévenoles. Cette liste non exhaustive permet de découvrir l'importance que revêtit naguère l'activité séricicole. Certaines de ces bâtisses sont aujourd'hui des propriétés privées ou à l'abandon ; aussi, contentez-vous de les admirer de loin.
Filature du Mazel – *Près de N.-D.-de-la-Rouvière sur la route de Pont-d'Hérault à Valleraugue (D 986).* Ce fut l'une des plus importantes filatures des Cévennes, lorsque l'activité battait son plein.
Filature de Fontrouch – *Près de Molières-Cavaillac, au sud-ouest du Vigan. Carte Michelin Départements 339 G5.*
Filature Angliviel – *Au hameau des Salles, au nord de Valleraugue (D 10). Carte Michelin Départements 339 G4.*
Filature Caussignac – *À St-André-de-Majencoules. Carte Michelin Départements 339 H4.*
Filature et moulinerie de Peyregrosse – *Au nord-est de St-André-de-Majencoules (D 986). Carte Michelin Départements 339 H4.*
Filature de la Maison Rouge – *À St-Jean-du-Gard. Carte Michelin Départements 339 I4.*
Filature du pont de Salindres – *Près de Thoiras (D 907). Carte Michelin Départements 339 I4.*
Lassale *(13 km au nord de St-Hippolyte par la D 39)* compte une douzaine d'anciennes filatures, toutes bâties entre 1800 et 1875 sur les rives de la Salindrenque. Elles sont désormais utilisées à d'autres fins (habitations, maison des jeunes, centre culturel, etc.) *Visites guidées organisées par le musée de la Soie.*

3

À proximité Carte de microrégion

Sauve C4

8 km à l'est par la D 999.
Bâtie en amphithéâtre en bordure du Vidourle, la capitale du Salavès, dont les seigneurs portaient le titre de satrapes (!), a conservé son aspect médiéval. Dans ce dédale de ruelles étroites, parfois enjambées par des arches, de passages voûtés, de places à couverts (pl. Jean-Astruc), une promenade au hasard des rues (nombre de créateurs ont investi les anciennes échoppes) présente beaucoup de charme. En suivant la Grand-Rue, on arrive à la tour de Mole. En face s'amorce la rue de l'Évêché (façade Renaissance avec fenêtres à meneaux) qui mène à la place ombragée où s'élève la maison des Comtes. En continuant à monter, on passe devant l'hôtel de la Monnaie, puis on emprunte la montée des Capucins, sous voûtes ; en poursuivant son chemin, on arrive à la Mer de rochers.

Conservatoire de la Fourche – *Les Cazernes - r. des Boisseliers - ✆ 04 66 80 54 66 - www.lafourchedesauve.com - avr.-sept. 9h30-12h30, 15h-19h ; oct.-mars : merc.-dim. 14h-17h - 4 € (enf. 2,50 €).* Sauve possède une industrie tout à fait originale : il s'agit des fourches en bois de micocoulier (ou « fanabrègues ») utilisées traditionnellement dans les haras, mais aussi devenues aujourd'hui aussi des objets décoratifs. En visitant le conservatoire, vous apprendrez comment l'on taille les micocouliers de façon à ne leur laisser que trois branches, puis comment on confectionne, au four, les fameuses fourches.

Mer de rochers – *20mn à pied AR.* Au sommet de la falaise, d'où l'on a une belle vue sur le village et ses toits, s'étendent tout à coup la garrigue et les chaos de rochers ruiniformes qui la parsèment. De ce paysage sauvage et étrange émerge un donjon entouré de cyprès, vestige du château de Roquevaire.

Poursuivez jusqu'à Quissac (6 km) et prenez à gauche la D 46 vers Montpellier.

Corconne C4

Agréable village médiéval blotti au pied d'une falaise abrupte, le **massif calcaire de Coutach**. C'est au-dessus du village, dans une végétation quasi inextricable, que se dissimule le **Pont du Hasard**, étrange arche naturelle lancée entre deux falaises.

Durfort C4

11 km au nord-est de St-Hippolyte, par la D 999 puis la D 982 en direction d'Anduze.

Cet agréable village perché au plan en « circulade », dont les maisons médiévales rénovées abritent nombre de résidences secondaires et que domine une tour à signaux, conserve, dans la toponymie urbaine, le souvenir d'un mammouth *(Elephas meridionalis)* qui y fut découvert… et qui, « monté » à Paris, loge désormais au Muséum d'histoire naturelle.

NOS ADRESSES À ST-HIPPOLYTE-DU-FORT

HÉBERGEMENT

PREMIER PRIX

Chambre d'hôte Mas de l'Aubret – *La Pause - 30170 Monoblet (à 7 km au nord-est de St-Hippolyte) - ✆ 04 66 85 42 19 - http://masdelaubret.com - P - 5 ch. 40/60 € - wifi gratuit.* Cette maison de style provençal se trouve au bout du village, dans un jardin bien arboré. Les chambres aux murs blancs sont d'une sobriété de bon aloi. Quatre d'entre elles ont une terrasse privative. Vous profiterez aussi de l'ombre des arbres ou du salon pour vous reposer…

BUDGET MOYEN

Chambre d'hôte Domaine de l'Evesque – *30610 Sauve (à 9 km au sud-est de St-Hippolyte) - ✆ 04 66 77 51 97 - www.lapousaranque.com - P - 5 ch. 52/60 € - rest. 12/25 € - wifi gratuit.* Cette ancienne maison de maître comporte un bâtiment central et deux ailes sur les côtés, dont une ancienne orangerie. Celle-ci abrite aujourd'hui une belle salle de réception. Les chambres, personnalisées et soignées, offrent un excellent rapport qualité/prix.

La Magnanerie – *D 999 - 30610 Sauve - ✆ 04 66 77 57 44 - www.lamagnanerie.fr - P - ♿ - 8 ch.*

56/65 € - 1 gîte 100/115 €/j (5 pers.) - ☕ 7 € - rest. 26/50 €. Une belle ferme ancienne posée dans un agréable jardin fleuri en bordure du Vidourle. Chambres confortables et grand calme.

RESTAURATION

BUDGET MOYEN

L'Amourier – *Rte de Monoblet (D 185) - ✆ 04 66 77 26 19 - fermé dim. soir et lun. (sf j. fériés) - 18/39 €.* Un agréable petit restaurant de spécialités cévenoles, très fréquenté par les gens du coin : réservez si vous voulez être sûrs de trouver une table.

Muz'Bar – *1 ch. des Garennes (en face de l'usine Éminence) - ✆ 04 66 93 07 24 - 15/30 € - mar.-sam. 12h-15h, fermé août.* Dans le cadre du Muz'art, lieu voué à la création artistique sous toutes ses formes, ce restaurant-salon de thé propose des salades et assiettes gourmandes dans un cadre agréable.

Auberge la Pousaranque – *30610 Sauve - ✆ 04 66 77 51 97 - www.lapousaranque.com - fermé jeu., sam. midi et dim. soir - P - 15/25 €.* En langue d'oc, une « pousaranque » est un puits à aube : celui-ci, collé au restaurant, daterait du 16e s. La cuisine régionale est servie dans une ancienne remise aux murs de pierres sèches et au plafond en « vouten ». Cinq chambres dans la maison de maître *(55/60 €).*

ACHATS

Gourmandises

Entre Thym et Châtaigne – *2 pl. de la Couronne (à la sortie de la ville vers Nîmes) - ✆ 04 66 77 21 68 - www.thymetchataigne.com - 9h-12h30, 15h-19h - fermé lun., 1er janv., 25 déc.* Boutique née d'un groupement d'agriculteurs vendant en direct leurs propres productions.

Cosmétiques

L'Asinerie des Garrigues – *Rte de Villesèque - 30610 Sauve (à 2,5 km du village).* Outre des balades accompagnées de sympathiques ânes (1h à la journée), vous pourrez vous procurer, savons, crèmes, laits corporels à base de lait d'ânesse.

3

+ d'adresses

Les Grands Causses et les gorges du Tarn

4

Carte Michelin Région 526 – Aveyron (12) et Lozère (48)

Cheval de Przewalski, parc du Villaret dans le causse Méjean.

E. Baccega / age fotostock

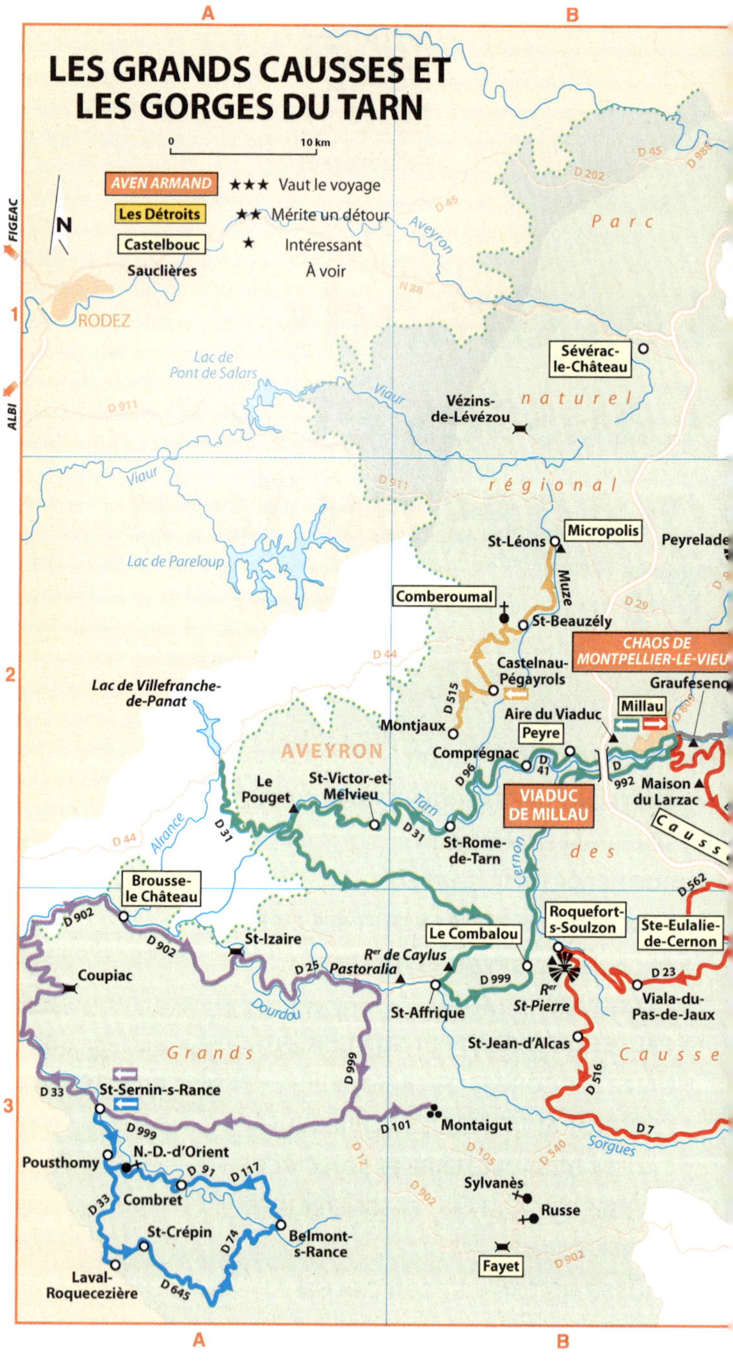
LES GRANDS CAUSSES ET LES GORGES DU TARN
0
10 km
AVEN ARMAND ★★★ Vaut le voyage
Les Détroits ★★ Mérite un détour
Castelbouc ★ Intéressant
Sauclières À voir
N
FIGEAC
ALBI
A
B
1
2
3
RODEZ
Lac de Pont de Salars
Lac de Pareloup
Lac de Villefranche-de-Panat
Viaur
Aveyron
Tarn
Muze
Alrance
Cernon
Dourdou
Sorgues
Parc naturel régional des Grands Causses
AVEYRON
D 45
D 988
D 202
N 88
D 911
D 29
D 44
D 515
D 31
D 96
D 41
D 992
D 809
D 562
D 902
D 25
D 999
D 23
D 516
D 7
D 33
D 101
D 12
D 105
D 540
D 91
D 117
D 74
D 645
Sévérac-le-Château
Vézins-de-Lévézou
St-Léons
Micropolis
Peyrelade
Comberoumal
St-Beauzély
Castelnau-Pégayrols
CHAOS DE MONTPELLIER-LE-VIEUX
Graufesenq
Millau
Aire du Viaduc
Peyre
Montjaux
Comprégnac
Maison du Larzac
VIADUC DE MILLAU
Le Pouget
St-Victor-et-Melvieu
St-Rome-de-Tarn
Brousse-le Château
St-Izaire
Le Combalou
Roquefort-s-Soulzon
Ste-Eulalie-de-Cernon
Coupiac
Rer de Caylus
Pastoralia
St-Affrique
Rer St-Pierre
Viala-du-Pas-de-Jaux
St-Jean-d'Alcas
St-Sernin-s-Rance
Montaigut
Pousthomy
N.-D.-d'Orient
Combret
Sylvanès
Russe
Belmont-s-Rance
St-Crépin
Laval-Roquecezière
Fayet

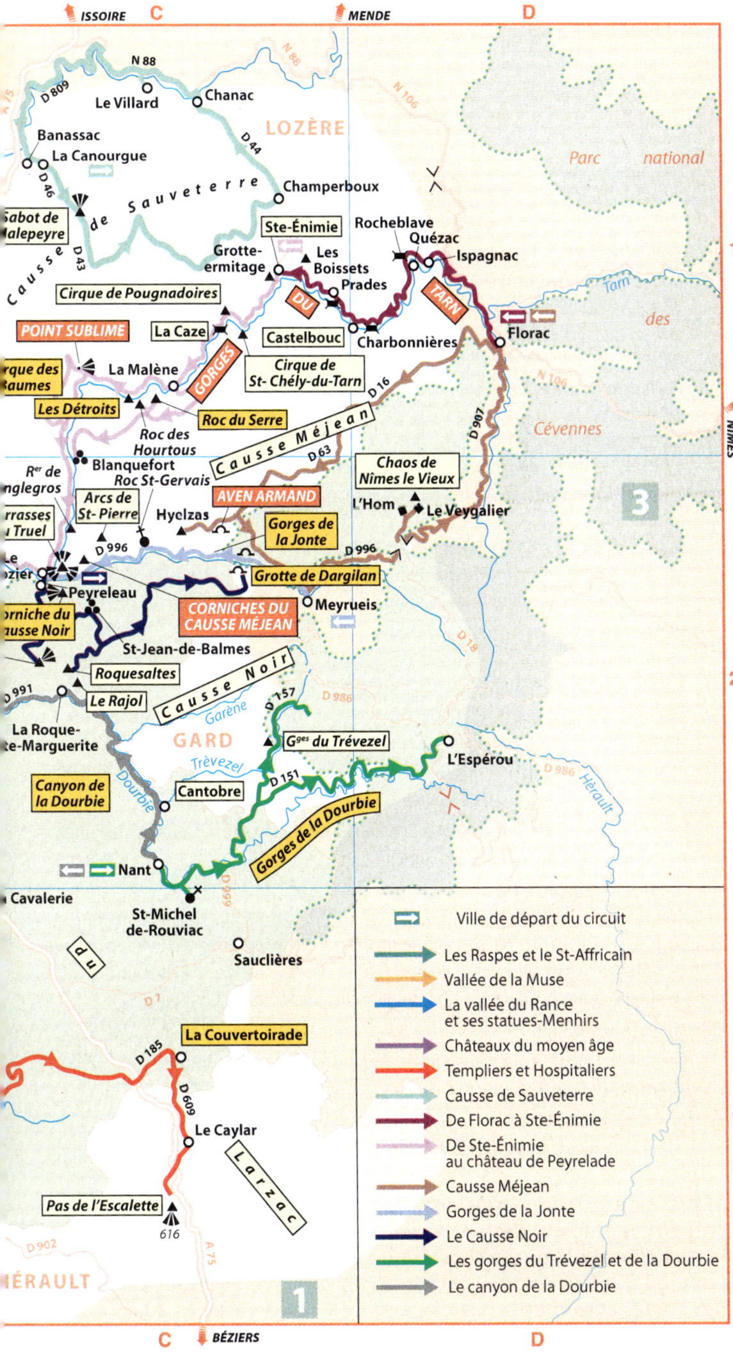
ISSOIRE
MENDE
C
D
LOZÈRE
Parc national des Cévennes
Causse de Sauveterre
Le Villard
Chanac
Banassac
La Canourgue
Champerboux
Sabot de Malepeyre
Ste-Énimie
Rocheblave
Quézac
Ispagnac
Grotte-ermitage
Les Boissets
Prades
Cirque de Pougnadoires
Castelbouc
Charbonnières
Florac
POINT SUBLIME
La Caze
Cirque de St-Chély-du-Tarn
GORGES DU TARN
La Malène
Les Détroits
Roc du Serre
Roc des Hourtous
Causse Méjean
Blanquefort
Roc St-Gervais
Arcs de St-Pierre
Chaos de Nîmes le Vieux
L'Hom
Le Veygalier
AVEN ARMAND
Hyelzas
Gorges de la Jonte
Grotte de Dargilan
Peyreleau
CORNICHES DU CAUSSE MÉJEAN
Meyrueis
St-Jean-de-Balmes
Roquesaltes
Le Rajol
Causse Noir
La Roque-Ste-Marguerite
GARD
Gges du Trévezel
L'Espérou
Canyon de la Dourbie
Cantobre
Gorges de la Dourbie
Nant
Cavalerie
St-Michel de-Rouviac
Sauclières
La Couvertoirade
Le Caylar
Larzac
Pas de l'Escalette
616
HÉRAULT
NÎMES
BÉZIERS
1
2
3
Ville de départ du circuit
Les Raspes et le St-Affricain
Vallée de la Muse
La vallée du Rance et ses statues-Menhirs
Châteaux du moyen âge
Templiers et Hospitaliers
Causse de Sauveterre
De Florac à Ste-Énimie
De Ste-Énimie au château de Peyrelade
Causse Méjean
Gorges de la Jonte
Le Causse Noir
Les gorges du Trévezel et de la Dourbie
Le canyon de la Dourbie

Millau

★

21 943 Millavois – Aveyron (12)

NOS ADRESSES PAGE 312

S'INFORMER

Office de tourisme – *Hôtel de Galy - 1 pl. du Beffroi - 12100 Millau - 05 65 60 02 42 - www.millau-viaduc-tourisme.fr et www.stylemillau.fr - juil.-août : 9h-19h ; reste de l'année : 9h-12h30, 14h-18h30, sam. 9h-18h30, dim. 9h30-16h - fermé 1er janv., 25 déc.*

PNR des Grands Causses – *71 allée de l'Ayrolle - BP 126 - 12101 Millau Cedex - 05 65 61 35 50 - www.parc-grands-causses.fr - mai-sept. : 9h-12h30, 14h-18h ; reste de l'année : 9h-12h, 14h-17h - fermé 1 sem. en fin d'année, w.-end et j. fériés.* Le Parc donne des adresses utiles pour trouver un hébergement authentique, pratiquer des activités originales ou découvrir le patrimoine local.

Halle Viaduc - Maison des Grands événements – *Pl. de la Capelle - 05 65 60 95 05 ou 06 65 60 95 06 - tlj sf dim. 10h-13h, 15h-19h.* Espace d'information sur la ville et la région et vitrine des grandes manifestations.

SE REPÉRER

Carte de microrégion B2 (p. 302) – *carte Michelin Région 526 K7.* À 116 km au nord de Montpellier par l'A 75 ; la sortie 47 à la hauteur de la Cavalerie permet de rejoindre la D 809 qui s'élève sur le causse du Larzac. Là, un belvédère offre une belle vue sur le **site★** de Millau et son vieux moulin bâti au 15e s. sur l'ancien pont du 12e s., dont subsistent deux arches.

SE GARER

Le parking couvert de la place Emma-Calvé se situe en plein centre. Sinon, parking gratuit place de la Capelle.

À NE PAS MANQUER

Le viaduc et ses points de vue ; les fouilles du village de potiers de la Graufesenque ; la section paléontologie du musée de Millau ; toutes les étapes de fabrication des gants de cuir au musée de la Peau et du Gant ; l'église troglodytique du charmant village de Peyre.

ORGANISER SON TEMPS

Prévoyez une bonne demi-journée pour visiter Millau et consacrez votre après-midi à la découverte des alentours.

AVEC LES ENFANTS

La découverte du viaduc.

Millau a désormais acquis une réputation internationale grâce à son élégant viaduc qui détient le record mondial de la plus haute pile ! Formidable atout pour la circulation et la communication, ce magnifique ouvrage d'art ne doit pas cacher la ville qui s'est développée au cours des siècles autour de la poterie, puis de la mégisserie et de la ganterie. Carrefour stratégique au croisement des routes d'Albi, de Clermont-Ferrand et de Montpellier, la ville se refait une beauté et mérite une

Les halles de Millau.
M. Seguret / MICHELIN

halte approfondie car elle combine avec bonheur patrimoine culturel et activités de plein air. Amateurs de randonnées, de sports d'eau vive ou de vol libre, la proximité des gorges du Tarn et des causses vous susurre des promesses de moments inoubliables.

Découvrir

★★★ LE VIADUC

4

Spectaculaire, le viaduc multi-haubané conçu par l'architecte anglais **sir Norman Foster** prend son envol au-dessus du Tarn. Sur 7 piles de béton, le fin tablier métallique et les pylônes d'acier donnent à l'ensemble une réelle élégance. Avec ses 245 m de hauteur, la pile P2 est la plus haute du monde. D'une longueur totale de 2460 m, culminant à 343 m au-dessus du Tarn, le viaduc détient le record mondial de hauteur. Il a été mis en service en décembre 2004. En décembre 2007, le viaduc a obtenu le Prix international d'architecture de l'« Outstanding Structure Award ». Mais au-delà des prouesses techniques, c'est la sobre élégance de ce grand vaisseau blanc qui frappe le visiteur.

De nombreuses possibilités de visites sont organisées par l'office de tourisme ou des prestataires ; bateaux, canoës, ULM, parapentes, quad... *(voir Nos adresses p. 314)*. Si vous souhaitez l'emprunter en voiture, il vous en coûtera 7,70 € en été, 6 € le reste de l'année. Pour le régal des yeux, de nombreux belvédères ont été aménagés autour de la ville.

Aire de vision du viaduc de Millau – *Sur l'A 75, av. le péage, sortie 45 - depuis Millau, prendre la D 911 - www.tourisme-aveyron.com - ouv. tte l'année - accès gratuit.* L'ancienne ferme caussenarde de Brocuéjouls, aujourd'hui restaurée, s'ouvre sur quatre espaces : le Viaduc Expo, l'Espace Découverte de l'Aveyron et l'Espace Grands Sites de la région Midi-Pyrénées.

Dans l'Espace Gourmand, venez savourer un « capucin » (petit pain en forme de cône rempli de spécialité du terroir), concocté par Michel Bras, grand chef étoilé.

Depuis le belvédère, point de vue saisissant sur cet ouvrage d'art exceptionnel !
Viaduc Espace Info – *Aire des Cazalous (sous le viaduc, à proximité de Creissels sur la D 992 reliant Millau à St-Affrique) - ✆ 05 65 58 80 65 - www.ot-millau.fr - avr.-sept. : 10h-19h (dernière entrée 20mn av. la fermeture) ; reste de l'année : 10h-17h.*
Une maquette de l'ouvrage est exposée et un film *(10mn)* retrace les différentes étapes des travaux de construction. Le **Jardin des Explorateurs** est une exposition en plein air où se trouve une reconstitution de la base de la pile P2. Le translateur, ayant permis de pousser le tablier, fonctionne sous vos yeux - *visite guidée (1h), s'inscrire 15mn av. le déb. de la visite - 11h, 14h, 16h et 17h (en été) - 5,50 € (enf. 6-17 ans : 3 € ; famille : 13 €).*
Aire de vision du cap de Coste – *À 5 km de Millau, en direction de St-Affrique, au départ de Creissels. Une petite route sinueuse monte (départ de parapente) et domine le viaduc.*
Sur les hauteurs du village de Peyre, en direction de Comprégnac, **belle vue** sur le viaduc.

LE VIADUC EN CHIFFRES

- **7** piles en béton.
- **343 m** de hauteur.
- **2 460 m** de long.
- **245 m** pour la plus haute pile (P2).
- **342 m** entre les piles.
- **36 000** t d'acier.
- **205 000** t de béton.
- **3 ans** de travaux.
- **3 000** hommes et femmes ont travaillé à la construction du viaduc.
- **400 millions** d'euros est le coût de l'ouvrage.

Se promener Plan de ville

LE VIEUX MILLAU

Visualisez le circuit tracé en vert sur le plan de ville (p. 308). Départ de la place de la Capelle puis rue de la Capelle.

Place du Maréchal-Foch

C'est la partie la plus pittoresque du vieux Millau, avec ses « couverts » à arcades (12e-16e s.) soutenues par des colonnes cylindriques. On y voit encore une pierre rectangulaire, reste de l'ancien pilori *(entre la 2e et la 3e colonne en venant du nord).* La 3e colonne porte l'inscription (assez peu distincte) : *Gara qué faras*, « Attention à ce que tu vas faire »…
Église N.-D.-de-l'Espinasse – Elle possédait autrefois une épine de la Sainte Couronne, d'où son nom. Lieu de pèlerinage important au Moyen Âge, l'édifice, roman à l'origine, fut reconstruit au 17e s. Les fresques du chœur (1939) sont dues à Jean Bernard et les vitraux de la nef (1984) à Claude Baillon (artisan local).

★ Musée de Millau et des Grands Causses

Pl. du Mar.-Foch - ✆ 05 65 59 01 08 - www.museedemillau.fr - juil.-août : 10h-18h ; sept. : 10h-12h, 14h-18h ; oct-avr. : tlj sf dim. 10h-12h, 14h-18h - 5,40 € (13-18 ans 2 €), gratuit 1er sam. du mois ; 6,50 € billet combiné avec les fouilles de la Graufesenque.
Il est installé dans l'hôtel de Pégayrolles (18e s.), au sud-est de la place. Au rez-de-chaussée, la **section de paléontologie** abrite, au milieu de nombreux fossiles de faune et de flore du secondaire, le squelette, presque complet, d'un plésiosaure de Tournemire, reptile marin de 4 m de long datant de 180 millions d'années…
Les caves voûtées du musée abritent une remarquable collection de **poteries★** gallo-romaines, trouvées sur le site de la Graufesenque : vases ornés et lisses de

toutes les périodes de construction, moules, poinçons et comptes de potiers, atelier et four reconstitués. Remarquez les piles de vases collés à la cuisson et complètement déformés. Ce sont des « ratés » !

Le **musée de la Peau et du Gant★** présente, au 1er étage, les deux industries traditionnelles de Millau : la mégisserie, qui permet de transformer une peau périssable et brute en un produit imputrescible de haute qualité *(montage audiovisuel de 12mn)*, et la ganterie. Nombreux outils, échantillonnage de peaux, présentation des différentes étapes de fabrication d'un gant de la coupe à la finition (reconstitution d'un atelier du 19e s.). L'histoire du gant, avec ses raffinements (magnifiques paires de gants de soirée) et ses différentes utilisations, est très bien présentée.

Pour prolonger la visite, vous pouvez visiter la **ganterie Causse** *(5 bd des Gantières)* ou la **mégisserie Richard** *(parc d'activité de Millau Levézou, ✆ 06 84 84 34 94 - www.megisserierichard.com).*

À gauche de la place, prenez la rue des Coloristes.

La Maison du peuple

Aujourd'hui théâtre de la ville, elle abritait, au début du 20e s., bals, spectacles, conférences mais surtout elle était un lieu de rassemblement populaire. En 1935, elle fut le siège de la grande grève des gantiers.

Revenez sur la place du Mar.-Foch pour prendre, à gauche, la rue des Jacobins.

On passe sous le **passage du Pozous**, ancienne porte fortifiée du 13e s. La rue du Voultre, avec ses passages voûtés très bas, débouche sur la place Frédéric-Bompaire.

Par le quai de la Tannerie *(sur votre gauche)*, vous pouvez rejoindre le pont d'où vous avez une belle **vue** sur la ville et les kayakistes.

Revenez en arrière et suivez le boulevard de l'Ayrolle.

Boulevard de l'Ayrolle

Vous y verrez successivement le curieux **lavoir de l'Ayrolle** (18e s.), de plan hémisphérique, surmonté d'un joli toit, et le **château de Sambucy** datant du 17e s. *(visite des jardins du château - se renseigner à l'office de tourisme).).*

Continuez sur le boulevard jusqu'à la rue Droite que vous prendrez sur votre droite.

Beffroi

✆ 05 65 59 50 00 - juil.-août : 10h-12h, 14h-18h ; de mi- à fin juin et de déb. à mi-sept. : 14h-18h - possibilité de visite guidée - 2,50 € visite libre, 3,50 € visite guidée.

4

LA CITÉ DU GANT

Dans cette région des causses où les brebis abondent, le travail de la peau ne pouvait que se développer. Dès le 12e s., Millau devint le centre du gant d'agneau. La fabrication comporte trois phases : la mégisserie ou préparation de la peau, la teinturerie, la ganterie ou confection du gant lui-même. Avant d'être achevé, un gant doit passer par… 70 mains différentes ! Gant « glacé » et « suède », gants de sport « tannés lavables » et « fourrés », gants de protection, Millau fabriquait 200 000 paires de gants par an exportées dans le monde entier. Mais les modes passent et le déclin du gant a entraîné, après la dernière guerre, une diversification des débouchés : aujourd'hui, les mégisseries millavoises ne destinent plus leur production à la seule ganterie : vêtements (dans la haute couture notamment), chaussures, maroquinerie et ameublement ont pris le relais.

Le dépliant Cuir Millau, *qui rassemble les boutiques de maroquinerie, vêtements, peausserie et ganterie, est disponible à l'office de tourisme.*

Dans la rue Droite, une des plus commerçantes de la ville, cette tour gothique est un reste de l'ancien hôtel de ville. La tour carrée (12e s.) est due aux rois d'Aragon, la tour octogonale a été édifiée par les consuls de la ville au 17e s.

Un peu plus loin à droite se trouve une place d'architecture résolument contemporaine, honorant la cantatrice **Emma Calvé**. De là, jolie vue sur le beffroi.

De retour dans la rue Droite, prenez presque en face vers les halles.

De la fin du 19e s. les **halles**, de style Baltard, accueillent le marché couvert *(voir Nos adresses p. 314).*

L'ancien **hôtel de Galy** abrite aujourd'hui l'office de tourisme. Le portail roman rappelle sa construction médiévale. L'escalier en pierre à balustre montre qu'il a été remanié au 18e s.

Prenez la rue Sarret, à droite puis la rue de la Capelle.

Espace Métiers d'art

10 r. de la Capelle - ✆ 05 65 62 39 73 - www.espacemetiersdartmillau.com - juin-sept. : 10h30-12h30, 15h30-19h30 ; reste de l'année : 15h-19h - fermé janv.-fév., lun. hors sais., dim.

L'association Millau'Art et Savoir-Faire regroupe une trentaine d'artisans d'art. Cette jolie galerie voûtée présente une quinzaine de métiers différents allant du tourneur sur bois à la costumière, en passant par le potier (terre mêlée),

MILLAU

0 — 100 m

SE LOGER

- Capelle (Hôtel de la)........ 1
- Cévenol Hôtel.................... 2
- Château de Creissels....... 4
- Emma Calvé (Hôtel)......... 5
- Quiers (Ferme-Auberge de).... 7
- Saisonneraie (Chambre d'hôte La)... 10

SE RESTAURER

- Arcades (Les)...................... 1
- Braconne (La)...................... 3
- Capion................................. 5
- Jeu de Paume (Au).......... 7
- Mangeoire (La)................... 9
- Marmite du Pêcheur (La).............. 11

NOS ANCÊTRES LES POTIERS
Au 1er s. de notre ère, Condatomagus (« le marché du confluent »), ancêtre de Millau, occupe une quinzaine d'hectares à l'emplacement du confluent du Tarn et de la Dourbie. C'est en ces lieux et à cette époque que l'atelier de la Graufesenque, l'un des plus grands ateliers gallo-romains, fort de 600 potiers, produit une vaisselle de luxe dite sigillée parce qu'en terre cuite rouge et décorée de sceaux et de poinçons. Certaines de ces poteries étaient faites au tour et restaient lisses tandis que d'autres, moulées, s'ornaient de décors floraux, géométriques ou historiés d'influence hellénistique. En 150 ans environ, ce sont près de 600 millions de pièces, cuites dans une quarantaine de fours, qui ont été exportées à travers toute l'Europe, le Moyen-Orient et jusqu'en Inde.

le gantier ou le relieur sur cuir... La plupart de ces exposants ont des ateliers ouverts au public avec visite commentée ou démonstration de savoir-faire. Certains proposent également des stages-découverte (demandez le dépliant à l'entrée). Tous les deux mois, l'espace accueille un artisan pendant deux semaines et organise un événement à cette occasion. Les pièces exposées montrent tout le savoir-faire des artisans de Millau et de ses alentours.
Rejoignez la place de la Capelle, puis le boulevard Gambetta où se trouve la manufacture du **gantier Causse**, le seul qui reste à Millau. Installé au n° 5, il bénéficie de superbes locaux de bois et de cuivre aménagés par Jean-Michel Wilmotte. Visite de l'atelier sur demande, boutique. *✆ 05 65 60 03 05 - www.causse-gantier.fr - visite de l'atelier tlj sf dim. et j. fériés 9h30-12h30, 14h-19h.*

À proximité Carte de microrégion

Fouilles de la Graufesenque B2

1 km au sud de Millau. Sortez en direction de Montpellier et Albi, puis tournez à gauche au rond-point suivant immédiatement le pont sur le Tarn - ✆ 05 65 60 11 37 - ♿ - juil.-août : 10h-12h30, 14h30-19h ; mai-juin et sept. : 10h-12h, 14h-18h ; oct.-avr. : 10h-12h, 14h-17h - fermé lun., janv.-fév. et j. fériés - 4,30 € (-18 ans gratuit), gratuit 1er dim. du mois ; 6,50 € billet combiné avec le musée de Millau.
Après une vidéo, projetée dans la maison d'accueil, vous découvrirez les fouilles qui ont permis de dégager les fondations d'un village gallo-romain de potiers avec sa rue centrale, son canal, les ateliers, les maisons des esclaves et l'un des énormes fours où l'on pouvait cuire jusqu'à 40 000 vases dans la même fournée. Il est vrai que celle-ci durait presque un mois !

Circuit conseillé Carte de microrégion

LES RASPES ET LE ST-AFFRICAIN AB2-3

Pour visualiser ce circuit de 120 km, reportez-vous à la carte de microrégion (p. 302) – Comptez environ 4h. Quittez Millau au sud-ouest par la D 41 en suivant la direction de Comprégnac.
La route, qui longe le Tarn, passe sous le **viaduc** (point de vue).

★ Peyre B2

À 7 km, par la D 41, direction St-Rome-de-Tarn. Accroché aux falaises où nichent chauves-souris et corbeaux, le village est des plus pittoresques. Dans les

4

ruelles étroites, les façades de tuf des maisons sont ornées de belles ferronneries. L'**église semi-troglodytique** (11e s.) présente sur sa façade quelques éléments défensifs : bretèches, bouches à feu et assommoirs. C'est à l'heure des incursions huguenotes (17e s.) qu'elle fut fortifiée.

Comprégnac B2

Continuez par la D 41. Prenez à gauche dans le village et laissez la voiture sur un petit parking aménagé à l'ombre de châtaigniers.

Maison de la truffe – *Ruelle du Château - ☎ 05 65 62 31 00 - www.compregnac12.fr - juil.-août : 15h-19h ; juin : tlj sf dim. 15h-19h ; sept. : mar. et vend. 15h-19h - reste de l'année : sur RV - gratuit - boutique.*

Vous découvrirez, au fil de la visite, la culture et la récolte de la truffe. À la suite d'une petite vidéo, testez vos connaissances sur la borne interactive. La permanence est assurée par des trufficulteurs amateurs de l'Aveyron qui seront ravis de vous renseigner sur le « truffadou » ou encore le « brûlé »...

Pour dresser votre chien à chercher la truffe, le « Canitruffe » est tout indiqué !

Continuez sur la D 41 puis à gauche la D 96 qui conduit à **St-Rome-de-Tarn**, étagé au-dessus de la rivière que l'on traverse pour rejoindre la D 31. La vallée s'encaisse dans un passage appelé les « raspes » du Tarn, portion de la rivière où les rochers déchiquetés se mêlent aux genêts et aux châtaigniers.

St-Victor-et-Melvieu A2

Centre de l'art mural et d'interprétation de la fresque – *☎ 05 65 62 58 21 - www.raspes-du-tarn.fr - juil.-août : 10h-13h, 14h-18h ; avr.-juin et début sept. : w.-end et j. fériés 10h-12h, 14h-18h - gratuit.* Bornes interactives et projections vidéo vous permettent de découvrir l'art de la peinture murale au fil des siècles. Le village caussenard, dominé par sa tour de guet (16e s.), abrite en effet un surprenant joyau : surnommée « la chapelle Sixtine rouergate », la petite église romane comporte de magnifiques **fresques★** de Nicolaï Greschny (1912-1985). Né en Estonie, ce peintre d'icônes, héritier d'une tradition familiale, connaît l'exil dès la révolution russe. Ses voyages à travers l'Europe l'emmènent jusque dans le Tarn où il s'installe définitivement en 1948. Il réalisa près de 10 000 m² de fresques dans de nombreuses églises du Sud-Est. À St-Victor, l'ensemble se compose de 25 scènes bibliques dans lesquelles se glissent Nicolaï Greschny (en culottes courtes !) mais aussi quelques figures locales choisies par le peintre.

Après St-Victor, prenez à droite la D 510 puis à gauche la D 73.

Gagnez **Le Pouget**, ce site très verdoyant est le siège d'une des plus importantes **centrales hydroélectriques** du Sud-Ouest.

Partez vers l'ouest. Au-delà du village du Truel, remontez sur le plateau puis prenez à droite la D 25.

Lac de Villefranche-de-Panat A2

C'est un des grands lacs du sud Aveyron (197 ha), où pêcheurs et baigneurs (deux plages avec baignade surveillée) se retrouvent en été. Construit sur l'Alrance, un affluent du Tarn, il est alimenté par les eaux des lacs de Pont-de-Salars, de Bage, de Pareloup. Ses eaux sont ensuite dirigées vers le barrage de St-Amans, pour actionner l'usine du Pouget.

Revenez au Truel et traversez le Tarn pour rejoindre la D 527 vers Les Costes-Gozon. Dépassez ce village et prenez à droite la D 50. À un croisement planté d'une croix, tournez à droite puis encore à droite vers Crassous. Sur le côté gauche de la route, après Crassous, beau dolmen.

Faites demi-tour jusqu'au croisement à la croix. Prenez à droite vers Tiergues. Un autre dolmen se trouve dans un champ, à 200 m de la route.

PARC NATUREL RÉGIONAL DES GRANDS CAUSSES

Le parc s'étend sur 315 640 hectares. Il englobe 94 communes rassemblant une population de plus de 64 000 habitants. Il a pour but la valorisation du patrimoine naturel et architectural, le soutien d'une agriculture gestionnaire de l'espace et des activités économiques (conservation des races ovines menacées : raïole, caussenarde des garrigues et rouge du Roussillon, développement de l'hébergement rural), la promotion des produits agroalimentaires et artisanaux. Concernant le patrimoine rural disséminé sur les Grands Causses, une action de sauvegarde de témoins du passé, comme les fours à pain, les cazelles, les lavognes, les pigeonniers, les lavoirs ou les fontaines, est engagée.

PARC NATUREL RÉGIONAL DES GRANDS CAUSSES

0 — 20 km

- Centre d'information
- Musée ou exposition
- Départ de randonnée
- GR Principaux sentiers
- Centre équestre
- Canoë, kayak
- Site d'escalade
- Deltaplane, Parapente

Rejoignez la D 993 après Tiergues.

St-Affrique B3 *(voir p. 324)*

Revenez à Millau par les D 999 et D 992.

NOS ADRESSES À MILLAU

HÉBERGEMENT

PREMIER PRIX

Hôtel de la Capelle – *7 pl. de la Capelle - ✆ 05 65 60 14 72 - www.hotel-millau-capelle.com - ♿ - P - 40 ch. 39/61 € - 4 suites familiales (jusqu'à 4 pers.) 60/90 € - ☕ 7 €.* S'il manque singulièrement de charme, cet hôtel a deux avantages : des prix raisonnables et une situation centrale. Les chambres sont simples et ont gardé un cadre années 1960.

BUDGET MOYEN

Ferme-auberge de Quiers – *12520 Compeyre - ✆ 05 65 59 85 10 - www.quiers.net - fermé nov.-mars - P - ✗ - ✂ - 5 ch. 59 € ☕ - rest. 19/23 €.* Dans un hameau agrippé aux contreforts des Causses, cette vieille grange restaurée abrite des chambres confortables et fonctionnelles (certaines avec arches en pierres apparentes ou plafond voûté), et une coquette salle à manger rustique. Superbe vue sur la vallée et les plateaux, et calme absolu.

Hôtel Emma Calvé – *28 av. Jean-Jaurès - ✆ 05 65 60 13 49 - http://hotelemmacalve.canalblog.com - P - 13 ch. 52/75 € - ☕ 6 €.* Honorant la cantatrice millavoise qui vécut ses dernières années dans les lieux, cet hôtel très simple et au charme vieillot (la salle du petit-déjeuner avec ses boiseries vous transporte dans un autre siècle) propose des chambres d'une propreté irréprochable. Celles donnant sur le boulevard sont moins chères (bien que l'animation nocturne y soit toute relative…).

Cévenol Hôtel – *115 r. du Rajol - ✆ 05 65 60 74 44 - www.cevenol-hotel.fr - ♿ - fermé 3 sem. fin déc.-déb. janv. - P - ✂ - 42 ch. 60/70 € - ☕ 8 € - rest. formule déj. 12 € - 19/34 €.* Situé à 300 m du centre-ville, cet hôtel confortable possède une très belle vue sur les Causses. Vous pourrez vous rafraîchir au bar ou dans la piscine découverte ! Le restaurant Le Pot d'Étain complète l'offre.

POUR SE FAIRE PLAISIR

Château de Creissels – *Pl. du Prieur (à 2 km au sud par la route de St-Affrique) - ✆ 05 65 60 16 59 - www.chateau-de-creissels.com - fermé janv.-fév. - rest. fermé dim. soir - P - ✂ - 26 ch. 79/111 € - ☕ 10 € - rest. formule déj. 16 € - 25/60 €.* Château du 12e s. et son extension bâtie en 1971 : selon le cas, les chambres offrent le charme de l'ancien ou plus de sobriété. Salon stylé et billard. Repas traditionnel à composantes régionales, sous de belles voûtes de pierre ou en terrasse, panoramique.

Chambre d'hôte La Saisonneraie – *Hameau de Luzençon - 12100 St-Georges-de-Luzençon - ✆ 05 65 62 58 86 / 06 84 47 18 72 - www.lasaisonneraie.com - P - ✗ - 5 ch. 79/89 € ☕ - dîner (sur réserv.) 27/30 €.* Dans un village perché sur la colline, cette bâtisse du 11e s.

compte cinq belles chambres offrant toutes une vue superbe sur le vaste paysage alentour. Quatre d'entre elles offrent un accès indépendant sur l'extérieur.

RESTAURATION

Plusieurs brasseries bordent la place Mandarous à l'orée de la vieille ville. La rue de la Capelle, quant à elle, est bordée de petits restaurants pour la plupart exotiques.

BUDGET MOYEN

Les Arcades – *2-3 pl. du Mar.-Foch - 05 65 60 87 88 - fermé dim. soir et lun. - 15/22 €.* Salades et grillades au cœur de la vieille ville. Pour la couleur locale, aligot aux trois viandes. Pour l'exotisme, bourguignon de kangourou.

La Marmite du Pêcheur – *14-16 bd de la Capelle - 05 65 61 20 44 - fermé lun. (sais.), mar.-merc. (hors sais.) - 20/36 €.* Dans la salle voûtée en pierre, rafraîchissante en été, ou en terrasse, vous pourrez goûter une cuisine traditionnelle qui privilégie le poisson, comme le nom de l'établissement l'indique.

Au Jeu de Paume – *4 r. St-Antoine - 05 65 60 25 12 - www.aujeudepaume-millau.com - fermé dim. hors sais. - 20/37 €.* Dans la salle voûtée se trouve une grande cheminée où le chef fait griller poissons et viandes. Bar et tables installés dans une agréable cour (ancien jeu de paume). Piano-bar le vend. soir d'oct. à avr. (jazz et blues).

La Braconne – *7 pl. du Mar.-Foch - 05 65 60 30 93. - www.restaurant-la-braconne.fr - ♿ - fermé lun. - 19/40 €.* Une belle salle sobrement décorée, aux pierres apparentes et dotée d'une superbe cheminée, où vous pourrez déguster une cuisine de pays, aussi abondante que raffinée.

La Mangeoire – *8-10 bd de la Capelle - 05 65 60 13 16 - www.restaurantmillau.com - fermé lun. - formule 15 € - 21/49 €.* Charmante salle voûtée (anciens remparts) et agréable terrasse sur rue. Vous pouvez commencer par un gaspacho de melon parfumé au muscat, à la menthe fraîche et au jambon de pays, puis goûter la saucisse grillée au feu de bois et son aligot, et enfin terminer par la flaune (dessert local à base de petit-lait de brebis et fleur d'oranger).

Capion – *3 r. Jean-François-Alméras - 05 65 60 00 91 - www.restaurant-capion.com - fermé 3 sem. en juil., mar. soir et merc. - ♿ - formule déj. 15 € - 18/40 €.* Cet établissement du centre-ville affiche souvent complet. Vous y dégusterez une copieuse cuisine traditionnelle valorisant le terroir, ainsi qu'un menu des îles plus exotique.

BOIRE UN VERRE

Brasserie L'Estaminet – *Pl. des Halles - situé dans les halles - 06 07 88 87 07 - merc.-sam. 7h-15h, dim. 8h-15h (juil.-août) - plat 10 €.* Les Millavois s'y retrouvent au comptoir, dans une ambiance très agréable, pour prendre un verre ou déguster une collation.

EN SOIRÉE

Théâtre

La Maison du peuple – *R. Pasteur - 05 65 59 47 61 - www.maisondupeuplemillau.fr.* La Maison du peuple est à la fois théâtre et espace culturel *(voir aussi p. 307).*

PAUSE GOURMANDE

Cak'T – *1 r. de la Capelle - 05 65 60 13 82 - 10h30-19h - formule déj. 11 €.* Un salon de thé (réservez si vous comptez vous y poser pour déjeuner) joliment décoré (petites lampes, gravures, nappes à carreaux…). Sucré ou salé, tout est fait maison. Les Millavois en raffolent !

ACHATS

Marchés

Toute l'année, les mercredis et vendredis matin aux Halles, sur la place Foch et dans les rues du centre ancien.

Marché nocturne – *Juil.-août, lun.* Producteurs et artisans locaux.

Gourmandises

J. Bonami – *4 r. Peyssière - ✆ 05 65 60 07 40 - fermé 2 sem. en fév., 3 sem. apr. le 15 août et j. fériés.* M. et Mme Bonami n'en démordent pas : « Nous sommes définitivement anti-artificiel, anti-mauvaise qualité et pour la tradition : les cerises, c'est en juin, le raisin, en septembre, et ce n'est pas autrement. » Découvrez dans cette pâtisserie le véritable gâteau à la broche cuit au feu de bois et les échaudés, élaborés selon une recette ancienne.

Cave des Vignerons des gorges du Tarn – *Av. des Causses - 12520 Aguessac - ✆ 05 65 59 84 11 - été : 8h-12h, 14h-19h ; reste de l'année : 8h-12h, 14h-18h - fermé dim.* Cette cave regroupe les appellations d'origine « Vin délimité de qualité supérieure » (VDQS) côtes de Millau donnant des vins rouges et rosés.

Artisanat

Le dépliant Cuir Millau *qui rassemble les boutiques de maroquineries vêtements, peausserie et ganterie, est disponible à l'office de tourisme.*

Espace Métiers d'art – *Voir p. 308.*

Coutellerie – L'âme du Causse (Coutellerie du Larzac) – *39 r. Droite - ✆ 05 65 60 66 50 - www.couteaux-du-larzac.com.*

ACTIVITÉS

Les causses sportifs

Roc et Canyon – *55 av. Jean-Jaurès - ✆ 05 65 61 17 77 - www.roc-et-canyon.com - juil.-août : 9h-19h ; accueil : 9h-19h - ouvert le reste de l'année sur réserv.* Escalade, spéléo, VTT, rafting, randonnées, canyoning, canoë, aventure aquatique, frenzy, hot-dog, via ferrata, biplace parapente, parcours aventure… Activités contrôlées par des moniteurs diplômés d'État.

Évasion Parapente – *Chem. des Terrasses - rte de Paulhe - ✆ 06 09 14 46 94 - www.millau-evasion.com - parapente 55/140 €.* Cette École française de parapente propose des baptêmes ou des stages, mais aussi un accompagnement en montagne ; randonnée pédestre, raquettes…

Horizon Millau – *6 pl. Lucien-Grégoire - ✆ 05 65 59 78 60 - www.horizon-millau.com - fermé janv. - 20 € (-10 ans 7 €).* Au cœur du Parc régional, vous pourrez, grâce à ce centre, pratiquer le parapente, ou encore le canyoning, la via ferrata et l'escalade, la spéléologie. Propose également un parcours aventure. Boutique de matériel spécialisé.

Centre international de vol libre – *Cabrières - 12520 Aguessac - ✆ 05 65 59 84 44 - www.cabrieres.net.* À l'entrée des gorges du Tarn, cette école de deltaplane dispense ses cours aux débutants, et propose aussi des stages de cuisine et des séjours à thème. Gîte de séjour pour l'hébergement.

Randonnées – *Chemin des Terrasses - ✆ 06 09 14 46 94 - www.millau-evasion.com - 75 € baptême* *de l'air en parapente (-5 ans 55 €).* Parapente (baptême de l'air, stages), raquettes à neige en hiver et randonnées pédestres.

Centre permanent d'initiatives pour l'environnement (CPIE) du Rouergue – *25 av. Charles de Gaulle- ✆ 05 65 61 06 57 - www.cpie-rouergue.com - nuitée 12 €.* Propose des randonnées de découverte de la nature et du patrimoine.

Esprit Nature – *Rte des Gorges-du-Tarn - 12520 Aguessac - ✆ 05 65 59 72 03 - www.escapade-espritnature.com - 15 à 60 €.* Canoë, kayak, canyoning, escalade, spéléologie.

Promenade en bateau

Les Bateliers du Viaduc – *Pl. du 19-Mars - 12100 Creissels - ✆ 05 65 59 12 41 - www.bateliersduviaduc.com - 9h-18h - 22 € (enf. 9,50 €). Groupes (à partir de 20 pers.) 17,50 €.*

Le Héron des Raspes – *Le Mas de la Naucq - 12490 Viala-du-Tarn - ✆ 05 65 62 59 12/52 49 - de mi-juil. à fin août : 15h30, 16h45 ; 1re sem. de juil. et dernière sem. d'août : 15h30 ; avr.-juin et sept. : sur demande - 11 € (-12 ans, 7,50 €)* - promenade en bateau au dép. du Viala-du-Tarn.

Promenade en petit train

Petit train des Raspes – *✆ 05 65 62 58 21 - www.raspes-du-tarn.fr - au dép. de N.-D.-du-Désert - 12400 St-Victor-et-Melvieu - 5,50 € (enf. 2,50 €), tarif famille, se renseigner.*

AGENDA

Vibram Natural Games – *Fin juin.* Festival de sports de pleine nature. Championnats et initiations au vol libre, escalade, VTT et canoë. *www.naturalgames.fr.*

100 km à pied de Millau – Les 100 km de Millau – *Fin septembre.* Cette course devenue légendaire (41e édition en 2012) regroupe plus de 3 000 participants. *www.100kmdemillau.com.*

Millau en Jazz – *Autour du 14 Juil.* Rues et places sont garnies de concerts et animations musicales. *www.millauenjazz.org.*

Fête de la truffe – *À Comprégnac, le dimanche avant Noël. www.compregnac12.fr.*

Castelnau-Pégayrols

282 Castellévéziens – Aveyron (12)

S'INFORMER

Point info tourisme – *Mairie - 12620 Castelnau-Pégayrols - ✆ 05 65 62 02 97 - www.castelnau-pegayrols.fr - juil.-août : 10h-12h, 14h-18h - fermé lun.*
Visite guidée – *Juil.-1er sept. - fermé lun. - visite du village, du prieuré, des deux églises, des remparts et du système hydraulique par l'association La Terrasse des Grands Causses - ✆ 05 65 62 05 05.*

SE REPÉRER

Carte de microrégion B2 (p. 302) – *Carte Michelin Région 526 J7.* À 20 km au nord-ouest de Millau par la D 911 et la D 515.

SE GARER

Le village est interdit aux voitures. Garez-vous à l'entrée.

À NE PAS MANQUER

La beauté sobre du prieuré de Comberoumal et le monde des insectes de Micropolis.

ORGANISER SON TEMPS

Comptez 30mn pour le village.

AVEC LES ENFANTS

Micropolis.

Isolé sur le rude versant méridional du plateau du Lévézou, ce si petit village de grès rose s'enorgueillit d'un château et d'une belle église romane. C'est qu'il y a quelques siècles, Castelnau, qui s'appelait alors « du Lévézou », n'était rien de moins que la capitale de ce territoire ! Aujourd'hui, la patine des pierres ajoute au charme de ses étroites ruelles.

Se promener

La première partie du nom vient de son « château neuf » *(castellum novum)*. Quant à « Pégayrols », il a plus tardivement été ajouté par le conseil municipal et viendrait de la famille de Pégayrolles, qui possédait le château.

Église St-Michel

Cette ancienne église (fin du 11e s.) a des allures de forteresse avec ses contreforts massifs et son clocher-tour carré. Seuls quelques motifs ornent les piliers de la nef. Dans la première travée, une tribune, ajoutée au 15e s., s'ouvre en deux étages sur la nef. Sous le chœur se trouve une crypte, fait rare en Rouergue.

Église Notre-Dame

Situé dans le cimetière, ce modeste édifice a été habilement disposé sur un terrain accidenté. Au chœur, voûté en cul-de-four (11e s.), une fausse croisée d'ogives témoigne de la volonté d'appliquer les règles gothiques.

Château

✆ 05 65 62 05 05 - visite guidée juin-juil. : tlj sf mar. 14h30-17h30 - 5 €.

L'ancien château des seigneurs de Lévézou (11e s.) puis d'Arpajon a été réaménagé au 18e s. par le marquis de Pégayrolles qui en fit son palais d'été. Dans les cuisines, deux immenses cheminées de pierre. Une terrasse s'ouvre sur le formidable paysage de la vallée de la Muse et, au-delà, sur les Cévennes et les causses.

Micropolis, la cité des Insectes.
Photothèque Micropolis, cité des Insectes

Circuit conseillé Carte de microrégion

VALLÉE DE LA MUSE B2

Pour visualiser ce circuit de 40 km, reportez-vous à la carte de microrégion (p. 302) – Comptez environ 2h. Quittez Castelnau au sud-ouest par la D 515.

Montjaux B2

Accroché au plateau, ce village possède quelques belles maisons anciennes le long des rues qui descendent vers l'église romane (12e s.), ornée de chapiteaux historiés.

Table d'orientation – *Prenez la D 993 en direction de St-Beauzély.* À la première intersection sur la droite (rte de Marzials, calvaire), un sentier monte vers le site de l'ancien château (attention, ruines non sécurisées) qui offre un magnifique **panorama** sur les monts environnants et jusqu'au viaduc de Millau.

Faites demi-tour. À Castelnau, prenez vers Estalane puis tournez à droite dans la D 30.

★ Prieuré de Comberoumal B2

Laissez la voiture à l'entrée du chemin d'accès au prieuré.

D'époque romane, il se compose de quatre bâtiments disposés en carré autour d'un petit cloître malheureusement détruit. Au nord s'élève l'église. Une seule fenêtre, au fond, éclaire la nef, tandis que le chœur, plus large et percé de trois baies largement ébrasées, concentre la lumière. L'aile ouest, modifiée, était réservée aux hôtes (cheminée romane à conduit circulaire). L'aile sud, transformée lors de la construction de l'étage, conserve au rez-de-chaussée le réfectoire et la cuisine (un passe-plat ouvre encore sur le cloître). À l'est se succèdent depuis l'église un passage couvert vers le cimetière, la salle capitulaire et une salle commune – ou cellier.

Le prieuré dépendait de l'ordre des **Grandmontains**, fondé par Étienne de Muret en 1076. Du 12e au 14e s., cet ordre rayonna sur tout le royaume avant de s'éteindre au 18e s. Les principes de pauvreté et de recueillement firent naître un art sobre et beau.

Faites demi-tour et continuez sur la D 30.

St-Beauzély B2

Le centre du village est occupé par un château féodal réaménagé au 15e s. : c'est une grande bâtisse rectangulaire, qui abrite le **musée « Mémoire de la vie rurale »** (agriculture, métiers…). *05 65 62 03 90 - juil.-août : 10h30-12h30, 14h30-18h30 ; avr.-juin et sept. : 14h30-18h30 - 3,50 € (enf. 2 €).*

Quittez St-Beauzély au nord. Après la sortie, dans un virage, prenez à gauche une petite route longeant la Muse.

St-Léons B2

St-Léons est la ville natale de **Jean Henri Fabre**, dont on peut voir la **maison** qui présente sa vie et son œuvre, tandis qu'un sentier botanique a été aménagé sur les chemins parcourus jadis par le célèbre entomologiste. *05 65 58 80 54 - juil.-août : 10h-19h - même billet que Micropolis.*

★ **Micropolis, la Cité des Insectes** – *05 65 52 50 50 - www.micropolis-aveyron.com - - juil.-août : 10h-19h ; avr.-juin : 10h-18h ; reste de l'année : 10h-17h, w.-end 10h-18h - fermé de nov. à mi-fév., lun. et mar. (sf vac. scol. en mars, sept.-oct.) - possibilité de visite guidée sur demande préalable - 13,10 € (-12 ans 8,90 €) - le tarif inclut aussi la visite de la maison natale de Jean Henri Fabre. Comptez 2h.*

Bienvenue dans le monde des insectes, un monde étrange, méconnu, fascinant, auquel cet espace est consacré. Salle après salle, vous découvrirez ce qu'est un insecte, comment il se comporte, où il vit, ce qu'il mange, ce qu'il apporte à l'homme et à l'environnement. Tout cela, en le vivant, le touchant, l'entendant grâce à diverses animations et autres bornes interactives… Vous pouvez observer l'organisation d'une fourmilière ou d'une ruche géante sans craindre la moindre piqûre ; n'hésitez pas à rendre visite aux phasmes, scorpions et même aux impressionnantes mygales qui vous attendent sagement dans la salle voûtée des vivariums. Après la serre tropicale et la projection du film 3D « Jour de miel », des hublots dévoilent les salles d'élevages des charmants petits pensionnaires du lieu. Bref, une véritable plongée dans le monde du très petit, pour apprendre à ne pas se croire trop grand.

Avant de partir, faites un tour à l'extérieur où de gigantesques sculptures de métal jouent le carnaval des insectes. Les proportions s'inversent, donnant aux visiteurs l'impression d'être minuscules aux côtés des fourmis, mantes, papillons, cigales, abeilles et criquets devenus géants !

Sévérac-le-Château

★

2 395 Sévéragais – Aveyron (12)

NOS ADRESSES PAGE 321

S'INFORMER

Office de tourisme – *5 r. des Douves - 12150 Sévérac-le-Château - ✆ 05 65 47 67 31 - www.tourisme-severaclechateau.fr - juil.-août : 9h30-12h30, 14h-18h ; reste de l'année : tlj sf dim. et j. fériés 9h30-12h30, 14h-18h, sam. 9h30-12h30, lun. 14h-18h.*

SE REPÉRER

Carte de microrégion B1 (p. 302) – *Carte Michelin Région 526 K6*. À 38 km au nord de Millau par l'A 75, sur la N 88 en direction de Rodez. La ville possède deux quartiers bien distincts, le quartier médiéval du château, sur la colline, et le quartier de la gare, à ses pieds.

À NE PAS MANQUER

Les vues depuis la terrasse et la tour de guet du château ; les maisons anciennes de la cité ; la maquette du château à la maison des Consuls et l'exposition sur le Moyen Âge à la maison de Jeanne.

ORGANISER SON TEMPS

Comptez 2h. Début août, la fête médiévale et le son et lumière subliment le site.

AVEC LES ENFANTS

La fête médiévale et le spectacle de fauconnerie du château.

À l'horizon, un rocher abrupt porte les restes d'un château imposant… Voici Sévérac-le-Château ! Ce bourg autrefois fortifié s'élève sur les flancs d'une colline isolée au milieu de la dépression qu'arrosent les sources de l'Aveyron et leurs affluents. Si, autrefois, l'activité tournait autour de la gare de triage construite dans les années 1880 sur la ligne Rodez-Millau, cette période est désormais révolue. Aujourd'hui, ce sont la cité médiévale et les vestiges du château qui font vivre cette paisible cité aveyronnaise.

Se promener

La cité médiévale

Accès par un passage en face de l'office de tourisme.

Dans les ruelles et passages voûtés (les « crottes » enjambées par des « traversières ») conduisant au château s'élèvent des maisons anciennes (15e-16e s.) avec fenêtres à meneaux, tourelles en encorbellement et façades à pans de bois. Vous découvrirez également une belle fontaine d'époque romane.

POINT DE VUE

C'est de l'aire de l'Aveyron, sur l'autoroute A 75, que vous découvrirez la plus belle vue panoramique sur la cité perchée, son château et ses toits argentés.

Dans la **maison des Consuls**, qui renferme une maquette du château tel qu'il se présentait au 17e s., remarquez le plafond peint et la cheminée Renaissance qui ornent la salle des Consuls. La **maison de Jeanne**, qui accueille une exposition sur le Moyen Âge, daterait du 11e s. et serait la plus ancienne du Rouergue.

Château

✆ 05 65 47 67 31 - juil.-août : 10h-19h ; reste de l'année : 9h-19h - visite guidée uniquement en juil.-août - 5 € (-6 ans gratuit).

L'entrée du 17e s. donne accès à la cour d'honneur. Au nord s'élèvent des constructions plus anciennes (13e et 14e s.) : vestiges de courtines, trois tours de guet et une chapelle abritant une exposition sur les costumes au Moyen Âge ; au sud, la façade Renaissance et les restes d'un escalier monumental à double volée. De la terrasse, située à l'est de la cour d'honneur, la vue s'ouvre sur le bourg et la haute vallée de l'Aveyron, les causses de Sévérac et de Sauveterre, les contreforts des Cévennes et, plus à droite, le Lévézou. Depuis la tour de guet du rempart ouest, admirez la vue qui s'étend sur la vallée de l'Aveyron ; vous distinguerez, au loin, le château de Loupiac, flanqué de ses quatre tours rondes.

À proximité Carte de microrégion

Château de Vezins-de-Lévézou B1

21 km. Quittez Sévérac à l'ouest par la N 88. À Recoules-Prévinquières, prenez à gauche la D 96 - ✆ 05 65 61 87 02 - visite guidée de déb. juil. à fin août : tlj sf

DEUX GUERRIERS, UN MUSICIEN

Amaury de Sévérac – La baronnie de Sévérac, l'une des plus anciennes et des plus puissantes de France, compte dans ses rangs Amaury de Sévérac (1365-1427), devenu seigneur de Sévérac-le-Château en 1416. Nommé chambellan du dauphin (futur Charles VII), il prit part à d'innombrables faits d'armes avant de devenir maréchal de France. Dépourvu de descendance, il fut assassiné au château de Gages, au nord-est de Rodez, en 1427. Avec lui s'éteignit la branche aînée des barons de Sévérac. Une lignée collatérale s'est maintenue à Entraygues, puis à St-Félix-Lauragais (Haute-Garonne) où est né le compositeur **Déodat de Séverac** (1873-1921), qui composa des mélodies d'une délicatesse exquise, imprégnées du folklore languedocien.

Un mari peu complaisant – Louis d'Arpajon, héritier de la seigneurie de Sévérac-le-Château, fut lui aussi un guerrier fameux : sa bravoure et ses talents lui valent, en 1637, le titre de général d'armée et, plus tard, le comté de Rodez. En 1663, à l'apogée de sa gloire, Arpajon se retire dans son château, avec son épouse, Gloriande de Thémines. Très fière de son « vaillant seigneur », Gloriande fait du château une brillante demeure où les fêtes se succèdent, au grand émoi de sa belle-mère, austère calviniste convertie au catholicisme, qui parvient à faire croire à Louis que son fils n'est pas de son sang. Fou de jalousie, le bouillant militaire tue son rival supposé et séquestre sa femme jusqu'à l'époque du pèlerinage à N.-D.-de-Ceignac que Gloriande décide de suivre. Des hommes armés, cachés dans les fourrés, s'emparent alors de la litière et maintiennent Gloriande pendant qu'un chirurgien barbier lui ouvre les artères des poignets et des chevilles. Quand la mort a fait son œuvre, on bande les plaies et le corps est ramené au château. Personne ne s'avise de discuter la version officielle d'une crise cardiaque foudroyante.

merc. 10h-12h, 14h-19h ; reste de l'année : possibilité de visite sur demande préalable - 6 € (-10 ans 4 €).
La visite de ce château de forme défensive, en fer à cheval, permet de décrypter l'évolution architecturale de l'édifice (du 12e au 19e s.). De l'autre côté du passage voûté médiéval, la terrasse offre une vue sur le village et une partie du plateau du Lévézou.
Intérieur – L'ancienne salle de garde rend hommage à deux peintres : Eugène Viala (1859-1913) et Renaud de Vezins (1882-1932), ce dernier étant de la famille des propriétaires. La cuisine abrite une collection de cuivres du 18e s. Dans la chambre Henri IV, remarquez le parquet chevillé en chêne et châtaignier datant du 17e s.

NOS ADRESSES À SÉVÉRAC-LE-CHÂTEAU

HÉBERGEMENT

PREMIER PRIX

Sev'Hôtel – *Av. de Paris (vers Sévérac-Gare, au carrefour) - ✆ 05 65 70 21 60 - http://hotels-severac.pagesperso-orange.fr - P - 30 ch. 39 € - ☕ 5,50 €.* Installé dans le Parc national des Grands Causses, cet hôtel, bien qu'il ressemble à un établissement de chaîne, propose un hébergement correct pour un prix très raisonnable. Les chambres, équipées de façon moderne (douches, WC et TV), offrent une belle vue sur la nature environnante. Idéal pour petit budget. Aire de jeux pour les enfants.

RESTAURATION

BUDGET MOYEN

Hôtel des Causses – *38 av. A.-Briand - ✆ 05 65 70 23 00 - www.hotel-causses.com - fermé dim. soir (sept.-juin) et lun. (sf soir en juil.-août), 15 j. en mars et un mois en sept.-oct.) - 15/39 €.* Dans une plaisante salle à manger (ou sur une terrasse agréablement ombragée dès qu'il commence à faire beau), vous dégusterez une savoureuse cuisine de terroir.

ACHATS

Marché traditionnel – Tous les jeudis matin place de la gare.

AGENDA

Fête médiévale – *1er w.-end d'août.*
Son et lumière – *Déb. août.* « Mémoires de Sévérac, la légende de Jean de Fol », spectacle de 1h40, dans la cour d'honneur du château.
Spectacle de fauconnerie – Dans cette même cour, animations par les maîtres fauconniers en juil.-août : spectacles en costume et en musique mettant en scène plus de 20 rapaces diurnes et nocturnes.

Roquefort-sur-Soulzon

★

685 Roquefortais – Aveyron (12)

NOS ADRESSES PAGE 325

S'INFORMER
Office de tourisme du pays de Roquefort – *Av. de Lauras - 12250 Roquefort-sur-Soulzon - ✆ 05 65 58 56 00 - juil.-août : 9h-19h ; avr.-juin et sept.-oct. : tlj sf dim. 9h-18h ; nov.-mars : tlj sf w.-end 10h-17h.*

SE REPÉRER
Carte de microrégion B3 (p. 302) – *Carte Michelin Région 526 J8.* 26 km au sud de Millau par la D 992 et à 62 km au nord-ouest de Lodève par l'A 75. Suivez la D 999 avant de prendre à gauche la D 23 pour entrer dans Roquefort.

SE GARER
Parking devant l'office de tourisme, proche des caves.

À NE PAS MANQUER
La visite des caves et une dégustation !

ORGANISER SON TEMPS
Comptez 1h pour Roquefort, plus pour d'éventuelles balades (Roquefort est situé dans le Parc naturel régional des Grands Causses).

AVEC LES ENFANTS
La Maison de la mémoire à St-Affrique. Pensez également à consulter le « Plan pour les canailles », édité chaque année par l'office du tourisme du pays de Roquefort.

Au ras du village, un gigantesque éboulis provient de la corniche du Combalou. Mais surtout, pas de panique ! Cette catastrophe a eu lieu il y a bien longtemps et c'est à elle que l'on doit le fameux roquefort : c'est en effet grâce aux fissures de la roche souterraine, les fleurines, que le lait caillé se transforme en ce « roi des fromages » que vantait déjà Diderot.

Se promener

★ Les caves de Roquefort
L'effondrement de la partie nord du Combalou a laissé dans la roche des anfractuosités, qu'on appelle « fleurines », d'une température et d'une humidité constantes. Elles sont à l'origine de la transformation des fromages en roquefort. Après leur fabrication dans les fermes-fromageries, les pains sont disposés en longues files sur des étagères de chêne dans les caves naturelles aménagées, où s'affairent les « cabanières » chargées d'envelopper les pains dans des feuilles d'étain (pour le 2e affinage). La lente maturation s'opère sous le contrôle des maîtres affineurs. Grâce à l'air froid et humide soufflé par les fleurines, le *Penicillium roqueforti* se développe en donnant les marbrures vert bleu bien connues. Pour obtenir un bon roquefort, il faut au minimum trois mois.

Le roquefort

HISTOIRE D'UN NOM

« Roquefort », en l'honneur du château fort qui existait sur le rocher de Combalou au 11e s. (« roque » pour le rocher et « fort » pour le château), a donné son nom au célèbre fromage. Si célèbre que la ville a également donné son nom au champignon grâce auquel le caillé devient fromage, le *Penicillium roqueforti*.

LA BREBIS LACAUNE

Reine du pays de Roquefort, la brebis qui doit son nom à une commune du Tarn est le résultat d'une sélection des meilleures races locales. Réputée pour ses qualités laitières, elle se reconnaît à sa silhouette allongée et à sa toison blanche laissant à découvert une longue tête fine et un « délicat décolleté ».

UN BERGER AMOUREUX

On raconte que le roquefort serait né des amours d'un berger et d'une bergère, s'étant donné rendez-vous dans une des innombrables grottes du Combalou. Le jeune berger oublia son sac contenant un morceau de pain de seigle et du caillé de brebis. Quelques jours plus tard, lors d'un autre rendez-vous, le berger, aussi amoureux qu'affamé, retrouva son sac : il en sortit un morceau de pain et un fromage couverts de moisissures vert bleu. Le fromage avait changé de goût et d'odeur mais les deux amoureux le mangèrent avec délice. Et *roquefortum fiat* !

ESSOR D'UN FROMAGE

Le territoire de production de lait de brebis et la zone dans laquelle sont aménagées les caves d'affinage font l'objet de délimitations rigoureuses. L'appellation d'origine du roquefort est probablement la plus ancienne des appellations puisque le roquefort, qui pourrait dater de plus de 5000 ans av. J.-C., était déjà apprécié à Rome au temps de Pline et à Aix-la-Chapelle à la table de Charlemagne.

L'**AOC** actuelle a été décrétée en 1979. La région de production du lait de brebis s'est progressivement étendue vers le nord jusqu'à la vallée du Lot, vers l'ouest jusqu'à la Montagne Noire et, débordant des Grands Causses vers le sud et le sud-est, dans les régions montagneuses de l'Hérault et les contreforts des Cévennes. Le fromage est fabriqué exclusivement avec du lait de brebis cru, pur et entier, sans qu'homogénéisation ou pasteurisation soient nécessaires, dans des laiteries situées sur les lieux mêmes de la collecte.

Les caves

Prévoir des vêtements chauds car la température intérieure est de 10 °C.

Roquefort Société – *05 65 58 54 38 - www.visite-roquefort-societe.com - visite guidée 11 juil.-4 sept. : 9h30-18h30 ; avr.-juin et sept.-oct. : 9h30-12h, 13h-17h ; reste de l'année : 10h-12h, 13h30-16h30 - fermé 1er janv., 25 déc. - 5 € (-11 ans gratuit).* Ouvertes au public depuis 1957, les caves Société proposent une véritable découverte de l'univers du roquefort : fleurines, *Penicillium*, cabanières et affinage vous révéleront leurs mystères au cours d'une passionnante promenade exploratoire.

Roquefort Papillon – *05 65 58 50 08 - www.roquefort-papillon.com - visite guidée juil.-août : 9h30-18h30 ; avr.-juin et sept. : 9h30-11h30, 13h30-17h30 ; reste de l'année : 9h30-11h30, 13h30-16h30 - fermé 1er janv., 25 déc. - gratuit.* Les caves se visitent : on y découvre les différents stades d'affinages du Roquefort Papillon, un parcours agrémenté par la projection d'un film et une dégustation gratuite.

Voir aussi Nos adresses p. 325.

Les fermes

À l'origine du roquefort, avant son affinage en caves, il y a le lait de brebis et un métier, celui d'éleveur. Plusieurs d'entre eux proposent aux individuels la visite de leur ferme sur réservation du 15 juin au 15 septembre à 16h, suivie d'une dégustation. Cela pourra être l'occasion pour les enfants d'approcher les agneaux... et pour tous de s'adonner à une succulente dégustation.

Voir aussi Nos adresses p. 325.

Rocher St-Pierre

Accès par escaliers, au départ du parking des caves Société. Adossé à la falaise du Combalou, ce belvédère (alt. 650 m) offre une **vue★** (table d'orientation) jusqu'aux monts du Lévézou, à droite sur la vallée du Soulzon et le cirque de Tournemire, à gauche sur la vallée du Cernon, en face sur les falaises tabulaires du causse du Larzac, et au pied sur le village de Roquefort.

Voir aussi Nos adresses p. 325.

Sentier des Échelles

2h30 à pied ; quelques passages difficiles (passages étroits, échelles glissantes par temps de pluie). Au départ du village (630 m), il permet d'accéder au plateau du Combalou (791 m), en passant près de l'Éboulis. Sur le plateau, **vue panoramique**.

À proximité Carte de microrégion

St-Affrique B3

13 km au sud-ouest par la D 999. Ici, pas de savane ni de girafes : c'est l'évêque saint Affrique (ou saint Africanus ou encore saint Fric) qui, chassé du Comminges par les Wisigoths, trouva refuge dans le Rouergue et y mourut. La petite ville qui naquit autour de son tombeau prit tout naturellement son nom. Une flânerie dans ses rues vous permettra de découvrir la fontaine à moutons *(pl. de la Mairie)*, une tour, vestige des remparts, et trois ponts enjambant la Sorgues.

Maison de la mémoire – *Pl. Painlevé - 05 65 49 07 31 - www.saintaffrique.com - 9h15-12h, 13h30-17h15 - possibilité de visite guidée - fermé w.-end et j. fériés - gratuit.* Dans la maison natale du savant mathématicien émile Borel (1871-1956), la salle de classe reconstituée du début du 20e s. côtoie une belle collection d'outils et de machines qui met à l'honneur le chapelier, le cordonnier ou encore l'imprimeur.

Les caves d'affinage du roquefort.
T. Pepeira / Iconotec / Photononstop

Pastoralia – *À la sortie de St-Affrique sur la route de Savignac. ✆ 05 65 98 10 23 - www.pastoralia.com - ♿ - juil.-août : 10h-19h ; 9 avr.- fin juin : 10h-12h, 14h-18h ; reste de l'année : tlj sf w.-end 10h-12h, 14h-18h - fermé 4 mars-8 avr., 1er janv., 25 déc. - 4,80 € (6-12 ans 3,50 €, -6 ans gratuit).* Dans une ancienne bergerie, cette exposition présente toute la filière, de la brebis au roquefort. Film, boutique et quelques brebis à l'extérieur.

Rocher de Caylus – *1,5 km au nord de St-Affrique par l'avenue de Caylus.* L'énorme bloc déchiqueté aurait porté le château des comtes de Caylus, connus pour la résistance qu'ils opposèrent en vain au comte de Toulouse, Raimond VII lorsque celui-ci cherchait à reconquérir ses États (1222-1224). Du rocher, belle vue sur la ville et ses environs.

NOS ADRESSES À ROQUEFORT-SUR-SOULZON

HÉBERGEMENT

BUDGET MOYEN

Chambre d'hôte Lou Jassou – *Pl. de l'Église - 12230 Lapanouse-de-Cernon - ✆ 05 65 62 72 07 - http://chambres-lapanouse.pagesperso-orange.fr - ⊄ - 4 ch. 52/67 € ☕.* La pelouse parfaite, aux faux airs de gazon anglais, donne une idée du bon entretien général de cette bâtisse de village. Ornées de mobilier contemporain réalisé par des ébénistes locaux, les 3 chambres, au 2e étage, offrent un bon confort et une apparence plutôt chic. Plein de conseils utiles pour les randonneurs.

ACHATS

Producteurs - visites de caves

Roquefort Carles – *6 av. de Lauras - ✆ 05 65 59 90 28 - www.roquefort-carles.com - 8h15-12h, 13h15-16h30 - fermé w.-end et j. fériés.* Tradition oblige, ce roquefort réputé se prépare encore avec du *Penicillium roqueforti* cultivé sur pain. La famille Carles est en effet l'une des rares maisons (fondée en 1927) à perpétuer ce savoir-faire ancestral. Si vous êtes amateur, poussez la porte du laboratoire situé sur la rue principale du village : vous ne le regretterez pas ! Vente au détail possible

Roquefort Papillon – *8bis av. de Lauras - ✆ 05 65 58 50 08 - www.roquefort-papillon.com - fermé 25 déc., 1er janv.* Cette fromagerie centenaire fondée par Paul Alric a choisi la discrétion d'une petite rue piétonne pour installer sa boutique ouverte sur la vallée. Dès la porte, une bonne odeur de roquefort vient chatouiller les narines tandis que le regard se porte sur la banque où trône la production maison : emballage noir pour les fromages les plus corsés, bordeaux pour les plus doux et blanc pour le roquefort bio fabriqué avec un lait biologique certifié AB. Visite des caves *(p. 324).*

Roquefort Société – *2 av. François-Galtier - ✆ 05 65 58 54 38 - www.roquefort-societe.com - fermé 1er janv., 25 déc.* Visite des caves *(4 €, prévoir des vêtements chauds, p. 322).* Dégustation à la fin de la visite.

Roquefort Le Vieux Berger – *7 av. du Combalou - ✆ 05 65 59 91 48 - www.le-vieux-berger.com - ♿ - P - fermé sem. du 15 août, w.-ends et j.-fériés - lun.-vend. : 8h30-12h, 13h30-18h (17h le vend.) - gratuit.* Depuis trois générations, la famille Combes fabrique le Roquefort de façon artisanale. Le « tunnel de visite » vous permettra de découvrir, derrière de grandes vitres, les trois dernières étapes de réalisation des fromages *(la salle de détente, la salle de revirage et le conditionnement),* le tout fait manuellement. Quatorze panneaux permettent de découvrir toutes les phases d'élaboration. La visite se termine par un très beau film *(20mn).*

Roquefort Gabriel Coulet – *Pl. de l'Église - ✆ 05 65 59 24 27 - www.gabriel-coulet.fr - visite libre et vente aux particuliers ouvertes tte l'année.* Cave reconstituée avec sa salle voûtée, ses fleurines et ses travées de chêne. Présentation d'une vidéo et dégustation gratuite.

Visites de fermes

Téléphoner la veille pour réserver.

Martine Fabrègues – *GAEC des Issards - 12230 Ste-Eulalie-de-Cernon - visite-découverte les mar., merc., jeu. et vend. et goûter - ✆ 05 65 62 76 19.*

Annie Bernat – *Campalviès - 12360 Camarès - ✆ 05 65 99 51 33 - visite-découverte et dégustation.*

Magali Bec – *La Croix de Fer - 12380 St-Cernin-sur-Rance - ✆ 05 65 62 76 19.*

ACTIVITÉS

Randonnée

Il existe trois sentiers de randonnée (balisés et agrémentés de panneaux d'interprétation) autour de Roquefort : le sentier du Menhir (3,6 km), le sentier de Trompette (4 km) et le sentier des Échelles (6 km) - *rens. à l'office de tourisme.*

Saint-Sernin-sur-Rance

674 Saint-Serninois – Aveyron (12)

NOS ADRESSES PAGE 330

S'INFORMER

Office de tourisme – *Av. d'Albi - 12380 St-Sernin-sur-Rance - 05 65 99 29 13 - juil.-août : 9h30-12h30, 14h-18h, dim. et j. fériés 9h30-12h30 ; sept.-avr. : tlj sf w.-end et j. fériés 9h30-12h, 13h-17h ; mai-juin : tlj sf dim. 9h30-12h, 13h-17h, sam. 9h30-12h - fermé j. fériés sf juil.-août.*

SE REPÉRER

Carte de microrégion A3 (p. 302) – *Carte Michelin Région 526 H8*. À 111 km au nord-ouest de Béziers et à 64 km au sud-ouest de Millau par la D 992. Dans ce coin un peu perdu, St-Sernin est desservi par une magnifique route, la D 999.

À NE PAS MANQUER

Les statues-menhirs ; le porche de la collégiale de Belmont-sur-Rance ; le retable baroque du monastère bénédictin de N.-D.-d'Orient et le site de Brousse-le-Château.

ORGANISER SON TEMPS

Prévoyez la journée pour St-Sernin et ses alentours.

AVEC LES ENFANTS

Le circuit des statues-menhirs qui peut s'apparenter à une chasse au trésor et les châteaux médiévaux de Coupiac, Brousse, St-Izaire et Montaigut qui prévoient tous des visites pour enfants.

Village phare de la vallée du Rance, St-Sernin a conservé sa collégiale gothique, renfermant de belles boiseries, et d'étroites ruelles qui dévalent vers la rivière. En automne, les maisons à toit de lauze laissent échapper de leur cheminée une odorante fumée de feu de bois. Appréciez le calme de ce village aveyronnais, cerné par une nature généreuse livrant cèpes énormes, gibier savoureux, truites et écrevisses. Ici, nombreux sont les touristes et les habitants des villages alentour qui s'arrêtent, le temps d'une causette, d'une course... ou d'un bon repas !

4

Circuits conseillés Carte de microrégion

LA VALLÉE DU RANCE ET SES STATUES-MENHIRS A3

Pour visualiser ce circuit de 70 km, reportez-vous à la carte de microrégion (p. 302). Au départ de St-Sernin – Environ 3h30.

La vallée du Rance, comme celle du Dourdou, fut parsemée de statues-menhirs, pierres érigées à la fin du néolithique et gravées à l'effigie de personnages. Les copies de ces statues ont retrouvé leur emplacement dans la vallée, tandis que les originaux sont visibles au musée Fenaille de Rodez et au musée de St-Crépin.

10mn - Vous commencez votre quête en suivant le sentier au départ de la Croix du coq. Voici la copie dans son site d'origine, l'original de la **Dame de St-Sernin★** se trouve à St-Crépin.

L'ENFANT SAUVAGE
Sur la place du Fort de St-Sernin, on trouve la statue de Victor de St-Sernin, alias « l'Enfant sauvage », venu se réfugier dans une maison du village en 1798. Probablement sourd et muet (il ne prononça jamais un mot), il fut transféré, à la demande des scientifiques, de St-Sernin à St-Affrique puis à Rodez pour atterrir à Paris où il mourut en 1828. Son histoire inspira une pièce de théâtre, *Victor ou l'Enfant de la forêt*, mais l'adaptation la plus réussie reste celle de François Truffaut au cinéma en 1970, *L'Enfant sauvage*.

Quittez St-Sernin au sud par la D 33.

Pousthomy A3
Situé au milieu des vergers, ce village abrite une église du 16e s. et une **fontaine gothique**. Il offre la seconde étape de cette « chasse aux statues ». La première, statue masculine dont vous remarquerez les jambes serrées, se cache derrière le cimetière. La seconde est à deux pas du moulin. Les statues masculines tiennent entre leurs mains un objet souvent maintenu par un baudrier, les féminines sont parfois ornées de pendeloque, parure de forme rectangulaire.
Suivez la D 33 qui débouche sur la D 607 que vous prenez vers Lacaune. Peu après, tournez à gauche dans un chemin menant à Laval-Roquecezière.

Laval-Roquecezière A3
Le rocher de Roquecezière est dominé par une statue de la Vierge. Une table d'orientation offre un vaste panorama : au nord sur la vallée du Rance où se niche N.-D.-d'Orient ; à l'est sur Belmont-sur-Rance, reconnaissable à son clocher, tandis qu'au loin le regard se perd sur le plateau du Larzac ; au sud-est sur les monts de Lacaune, d'où émerge le roc de Montalet (1 259 m) ; au sud-ouest sur la Montagne Noire.
Revenez à la D 607 que vous prendrez à droite. Au croisement avec la D 33, empruntez la D 554 à droite vers St-Crépin.

St-Crépin A3
C'est ici que, dans un petit **musée**, sont rassemblées, entre autres, ces curieuses statues-menhirs provenant des monts du Somail, de Lacaune ou de l'Espinouse. Petites ou grandes (de 80 cm à 1 m), en grès rouge ou en grès blanc, elles sont gravées ou sculptées de figures humaines représentées en partie ou en totalité, datant d'environ 2500 av. J.-C. Remarquez particulièrement la plus célèbre d'entre elles, la **Dame de St-Sernin★**, découverte dans cette région du sud de l'Aveyron en 1892. *✆ 05 65 99 61 57 - 14h-18h - gratuit.*
Prenez à droite la D 645 jusqu'à Linas puis à gauche la D 74 jusqu'à Belmont.

Belmont-sur-Rance A3
Le village, étagé sur une petite colline en bordure du Rance, se dissimule au milieu d'un paysage largement vallonné. Les maisons semblent se blottir autour de l'imposante **collégiale** dont le clocher-porche, massif à la base, dresse fièrement sa flèche gothique dans le ciel.
L'entrée est protégée par un porche monumental surélevé, qui présente une belle voûte à liernes et tiercerons ; sous un arc en accolade vient se loger le tympan orné d'une Assomption de la Vierge entourée d'anges musiciens. À l'intérieur, la nef unique à croisée d'ogives est clôturée par une abside polygonale à trois pans. Une rosace surmonte le chevet : la croix centrale, ornée d'un

Couronnement de la Vierge, date du 16e s. *05 65 99 93 66 - visite guidée 14h-17h, se renseigner au syndicat d'initiative.* Pour admirer la collégiale, montez au sommet du village *(rue au-dessus du jardin de la collégiale).*
Sortez du village par la D 32 en direction de St-Affrique pour apercevoir la reproduction de la statue-menhir de St-Julien trouvée en ces lieux.
Prenez ensuite sur votre gauche la D 117 puis la D 91.

Combret A3

Laissez la voiture sur la terrasse en bas du vieux village que vous abordez par une porte médiévale.
Les ruelles bordées de maisons de pierre rouge, très agréables à parcourir, mènent au sommet du village où se situent l'église romane et les restes d'une tour, dernier vestige d'un des trois châteaux qui existaient au Moyen Âge.
Continuez sur la D 91 vers St-Sernin. Une petite route à droite mène au monastère.

Chapelle du monastère bénédictin de N.-D.-d'Orient A3

L'intérieur de l'église (17e s.) est plutôt surprenant : on imagine assez mal dans cette région austère une telle profusion de décorations, d'autant plus que l'extérieur est plutôt sobre : rinceaux peints, plafond à chevrons en bois et retable baroque monumental avec maître-autel en marqueterie de bois. Vierge, saints et anges sont là pour glorifier le triomphe de la Contre-Réforme. Une fois dehors, remarquez le cadran solaire portant la devise : « Le soleil fait du jour des heures quand il luit mais dans son occident il nous donne la nuit ». Voilà qui nous rassure sur la bonne marche des choses… Ne manquez pas, avant de repartir, la statue-menhir qui trône devant la chapelle.

CHÂTEAUX DU MOYEN ÂGE AB3

Circuit de 113 km tracé sur la carte de microrégion p. 302 – Environ une demi-journée. Quittez St-Sernin au nord par la D 999 puis suivez la direction de Plaisance par la D 33. 3 km après Plaisance, tournez à droite dans la D 60.

Coupiac A3

Un gros **château** flanqué de trois tours rondes, dont une, portant une horloge, côtoie le portail d'entrée, occupe le centre du village depuis le 15e s. Il fut réaménagé au 18e s. pour le rendre plus confortable. *05 65 99 79 45 - www.chateaudecoupiac.com - de Pâques à la Toussaint : dim. et j. fériés 14h-18h ; juil.-août : 10h-19h ; vac. scol. de Pâques et de la Toussaint, 2e quinz. de juin et 1re quinz. de sept. : 14h-18h - 5 € (-12 ans 2 €) - visite pour enf. sous forme de questionnaire.* Dans la salle des gardes, canonnière à rotule : un boulet amovible permet de boucher la canonnière dès le coup de feu parti.
L'ancienne **chapelle** du château contient un morceau du saint voile de la Vierge, relique qui donne lieu à un pèlerinage le 2e dimanche après Pâques. L'intérieur a été peint à fresque par Nicolaï Greschny, peintre néobyzantin d'origine russe.
Revenez à la D 33 en empruntant la D 159 au nord du village. Suivez la direction de Brousse-le-Château.

★ Brousse-le-Château A3

Au confluent de l'Alrance et du Tarn, Brousse se distingue par son site perché, dominé par son église au clocher fortifié et son **château fort** – *05 65 99 45 40 - www.brousselechateau.com - juil.-août : 10h-19h ; mai-juin : 14h-18h ; 12 fév.-juin et de sept. à mi-nov. : merc.-dim. 14h-18h - fermé mi-nov. à mi-fév. - 5 € (-12 ans gratuit) - visite pour enf. sous forme de jeu de piste en juil.-août.*

4

Ses maisons des 17e et 18e s. se dressent le long de l'Alrance qu'enjambe un pont gothique.

Revenez à la D 902 que vous prenez à gauche. À Faveyrolles, prenez la D 60 à gauche vers St-Izaire.

St-Izaire A3

Ville natale de l'**abbé Hermet** (1856-1939), inventeur, entre autres, de la statue-menhir dite de St-Sernin, St-Izaire concentre ses maisons de grès rouge sur la rive gauche du Dourdou.

La ville est dominée par son **château** (14e s.), bâtisse rectangulaire s'ouvrant par une porte fortifiée (herse) sur une cour intérieure. Au rez-de-chaussée, une salle archéologique présente quelques originaux des statues-menhirs trouvées en pays rouergat. Les étages supérieurs, quant à eux, sont aménagés en musée d'Histoire locale. Remarquez la chambre des Évêques avec son plafond peint du 17e s., ainsi que la chapelle, qui porte des fresques à carreaux très colorés.

05 65 99 42 27 - www.st-izaire.monclocher.com - juil.-août : 10h-18h ; Pâques, mai-juin et sept. : w.-end 14h-18h ; reste de l'année : lun., mar., jeu. et vend. 9h-11h, 13h30-15h30 - possibilité de visite guidée sur demande préalable (7 j. av.) - 4 € (-18 ans gratuit) - visite pour enf. sous forme de jeu en juil.-août.

Traversez le Dourdou et prenez à droite la D 25 vers St-Affrique. Tournez à droite vers Vabres et suivez la D 999 jusqu'à Querbes. Là, tournez à gauche dans la D 101. Dépassez Montlaur puis tournez à gauche dans une petite route fléchée « Château de Montaigut ».

Château de Montaigut B3

05 65 99 81 50 - visite guidée - juil.-août : 10h-18h30 ; reste de l'année : 10h-12h, 14h30-18h30 - fermé 15 déc.-1er fév. et w.-end de fév. au 16 avr. - 5 € (-12 ans 1 €) - visite pour enf. sous forme de jeu.

Construite sur une butte, cette forteresse médiévale du 11e s., aménagée au 15e s., domine le pays du Rougier qui doit son nom à la terre colorée par l'oxyde de fer. Les salles du rez-de-chaussée ont été bâties sur la roche creusée de sépultures du haut Moyen Âge (7e-8e s.). On y trouve les pièces habituelles des châteaux forts aménagés en résidences quelques siècles plus tard : cuisine au-dessus du cellier, grande salle à vivre avec cheminée, chambres. Plus loin, une maison de 1914 abrite un musée des Arts et Traditions populaires ainsi qu'une exposition sur le plâtre. Sentier de découverte autour du château.

Retournez à Montlaur puis à Querbes et tournez à gauche dans la D 999.

NOS ADRESSES À ST-SERNIN-SUR-RANCE

HÉBERGEMENT/RESTAURATION

PREMIER PRIX

Carayon – *Pl. du Fort - 05 65 98 19 19 - www.hotel-carayon.com - fermé dim. soir, et lun. sf j. fériés - P - 74 ch. 43/102 € - 8 € - rest. 14/54 € - wifi gratuit.* Cet ancien relais de poste cache derrière sa façade crépie rose un parc où les amateurs de loisirs en plein air trouveront leur bonheur : piscine, tennis, ping-pong, balançoires et minigolf. Les autres pourront se reposer dans des chambres au cadre actuel dotées de balcons ou dans celles logées dans des maisonnettes.

ACHATS

Poterie de Lucante – *12370 Combret - ✆ 05 65 99 60 55 - www.poterie-de-lucante.com - avr., juin-oct.* Stages d'initiation et de perfectionnement à la céramique. Façonnage, émaillage et cuisson sont pratiqués dans un spacieux atelier bien équipé. Exposition et vente (hors saison, visite sur RV).

ACTIVITÉS

Association des Amis du château de Montaigut – *12360 Gissac - ✆ 05 65 99 81 50 - chateau-montaigut2@wanadoo.fr - 10h-12h, 14h30-18h30 (juil.-août 10h-18h30) - fermé 15 déc.-1er fév - 5 €. Stages de taille de pierre et d'arts plastiques.*

Ancienne abbaye de Sylvanès

Aveyron (12)

NOS ADRESSES PAGE 333

S'INFORMER

Office du tourisme de St-Affrique – *Bd de Verdun - 12400 St-Affrique - ✆ 05 65 98 12 40 - www.ot-dusaintaffricain.com - juil.-août : 9h-13h, 15h-19h, dim. 9h-13h ; reste de l'année : tlj sf w.-end 9h-13h, 14h-17h - fermé j. fériés (sf 14 juil., 15 août).*

SE REPÉRER

Carte de microrégion B3 (p. 302) – *Carte Michelin Région 526 J8.* À 82 km au nord de Béziers, et à 55 km au sud de Millau par la D 992 puis la D 999 que vous quittez juste avant St-Affrique pour prendre à gauche la D 7 vers Cornus. À la sortie de St-Félix-de-Sorgues, tournez à droite pour suivre la D 540 jusqu'à l'abbaye.

À NE PAS MANQUER

Les concerts du festival en juillet et août, l'église russe et les décors du château de Fayet.

ORGANISER SON TEMPS

Choisissez vos dates en fonction de celles du festival. Comptez 1h pour la visite de l'ancienne abbaye.

AVEC LES ENFANTS

Des livrets-jeux accompagnent la visite de l'ancienne abbaye et celle du château de Fayet.

Ici, la musique est sacrée et l'acoustique des lieux le confirme ! Cette ancienne abbaye cistercienne, édifiée au 12e s., est le joyau d'une région boisée semée de collines. Sa première mélodie fut celle d'un affluent du Dourdou dont les eaux réputées virent naître un centre thermal au 19e s. Mais ce temps est révolu et c'est grâce à un vaste programme de restauration, mené par un religieux mélomane, que l'abbaye forme aujourd'hui un accueillant centre de rencontres culturelles ouvert aux arts et à la spiritualité.

MUSIQUE SACRÉE

Au début des années 1970, cette ancienne abbaye cistercienne qui menaçait de tomber en ruine fut redécouverte et restaurée par le père André Gouzes, dominicain mais surtout musicien et compositeur. Accompagné de Michel Wolkowitsky, un artiste toulousain, il s'attache à restaurer les lieux et en fait un espace d'art et de rencontres. La première édition du Festival international de musique sacrée en 1978 célèbre l'exceptionnelle acoustique de l'abbatiale et marque le début d'une grande aventure. Devenue centre international de recherche, de formation, de création et d'édition au service de la liturgie et de la musique sacrée, l'abbaye a acquis une renommée qui dépasse largement nos frontières. Rencontres spirituelles et musicales, stages de chant et d'art pictural, découverte du patrimoine… La richesse du programme des activités en dit long sur le dynamisme de ce pôle culturel et spirituel.

Découvrir

Église

✆ 05 65 98 20 20 - juil.-août : 9h30-12h30, 14h-19h ; mars-juin et sept.-nov. : 9h30-12h30, 14-18h ; reste de l'année : tlj sf w.-end 9h30-12h30, 14h-18h - fermé de mi-déc. à déb. janv. et j. de concerts - 2 €, visite guidée (juil.-août) 4,50 €.

Le brigand Pons de Léras, repenti, se racheta en fondant l'abbaye en 1138. L'église de grès fut construite moins de vingt ans après. Avant d'y entrer, remarquez le chevet plat, très cistercien, dont les fenêtres sont ornées de remarquables **grilles** de fer forgé (fin 12e s.). À l'intérieur, l'église a la sobriété et les caractéristiques du style cistercien méridional. Composée d'une vaste nef voûtée en berceau brisé, elle est munie de contreforts intérieurs qui forment autant de chapelles latérales. Les épaisses nervures qui soutiennent le berceau de la croisée du transept donnent l'illusion d'une voûte d'ogives ; il s'agit en réalité d'un artifice sans portée architecturale. Au fond de l'église, un impressionnant **orgue** moderne (4600 tuyaux) a été ajouté en 1997.

Bâtiments abbatiaux

L'église se prolonge au sud par les bâtiments abbatiaux. Une galerie du cloître comprenant trois travées ouvre sur la salle capitulaire et l'ancienne sacristie. La grande salle des moines ou *scriptorium*, voûtée sur croisée d'ogives, est divisée en deux nefs par une rangée de colonnes très dépouillées.

À proximité Carte de microrégion

Église russe B3

5 km. Quittez Sylvanès et prenez la D 92 en direction de Fayet. Tournez à gauche vers Les Bertrands avant le lieu-dit de la Baume. La route d'accès à l'église est une mauvaise route forestière interdite aux voitures sur le dernier tronçon. Comptez alors 15mn à pied. ✆ 05 65 49 52 32/90 34 - 10h-12h, 15h-18h - se rens. avant - 3 € (enf. gratuit).

Il s'agit de la reconstitution d'une église qui avait été construite en 1994 dans la forêt de Khirov, à 700 km à l'est de Moscou. Entièrement en bois, cette église orthodoxe dresse ses clochers à bulbe au milieu d'une forêt de sapins. On est surpris, en entrant, par le plan intérieur de l'église. Après le porche couvert, on pénètre dans le vestibule, puis dans la salle à manger (où se retrouvent les fidèles après l'office religieux) avant de gagner la nef.

★ Château de Fayet B3

6 km au sud - ✆ 05 65 49 59 15 - http://chateaufayet.free.fr - visite guidée - juil.-août, vac. scol. de printemps et de Toussaint : 10h-12h, 14h-18h, dim. 14h-18h ; reste de l'année : sur demande - 6 € (-12 ans 2 €). Concerts classiques et animations théâtrales en saison.

Très différent des orgueilleuses demeures dressées sur les pitons rocheux, ce château est une discrète mais belle résidence de plaisance conçue au 16ᵉ s. par un architecte italien. Dans la cour, admirez le beau **puits★** Renaissance et la balustrade de pierre. Un escalier d'apparat vous conduit au premier étage pour découvrir l'enfilade de salons décorés de plafonds à la française. Salle de musique, salon de compagnie : ici, tout est conçu pour le plaisir ! Au rez-de-chaussée, la table est dressée dans la grande cuisine pour partager une dégustation du vin d'hypocras fabriqué au château.

Château de Montaigut *(voir p. 330)* B3

10 km de Sylvanès. Rejoignez la D 105 que vous prenez à droite, puis tournez à droite en suivant la signalisation vers Montaigut.

NOS ADRESSES À SYLVANÈS

HÉBERGEMENT

BUDGET MOYEN

Chambre d'hôte La Grine – *12360 Sylvanès - ✆ 05 65 99 52 82 - fermé de mi-nov. à mi-mars - - 5 ch. 52 € - repas 18 €.* À côté de la ferme d'élevage de brebis laitières, proche de l'abbaye de Sylvanès. Priorité à la simplicité et au fonctionnel, mais l'authenticité des lieux demeure fort agréable. Chambres correctes, bon accueil et table d'hôte où le roquefort est roi, région oblige.

Château de Gissac – *12360 Gissac - ✆ 05 65 98 14 60 - www.chateau.gissac.com - fermé 15 nov.-15 mars - 32 ch. 55/95 € - 9 € - wifi gratuit.* Charmant château des 16ᵉ et 18ᵉ s. posté dans un village isolé. Un bel escalier en pierre dessert des chambres sobrement contemporaines. Petit jardin à la française. De belles voûtes anciennes servent de cadre au restaurant attenant. Piscine chauffée.

ACTIVITÉS

Centre culturel de l'abbaye – *✆ 05 65 98 20 20 - www.sylvanes.com - fermé w.-end (sf d'avr. à mai).* Il offre pendant neuf mois de l'année un riche programme de stages de musique vocale, d'art sacré (iconographie, peinture), des colloques et des séminaires.

La Couvertoirade

★★

153 Couvertoiradiens – Aveyron (12)

NOS ADRESSES PAGE 336

S'INFORMER

Point info tourisme de La Couvertoirade – *✆ 05 65 58 55 59 - www.lacouvertoirade.com - juil.-août : 10h-19h ; avr.-juin et sept. : 10h-12h, 14h-18h ; mars et de déb. oct. au 11 nov. : 10h-12h, 14h-17h.*

SE REPÉRER

Carte de microrégion C3 (p. 303) – *Carte Michelin Départements 338 L7.* À 81 km au nord-ouest de Montpellier et à 42 km au sud de Millau par la D 809 puis l'A 75.

SE GARER

Parking payant obligatoire, à durée illimitée (2 €, payable en sortant – machine automatique : prévoir une pièce...).

À NE PAS MANQUER

La vue sur le village des remparts ; l'église fortifiée et la charmante lavogne.

ORGANISER SON TEMPS

Le matin avant 10h, le lieu désert n'est qu'à vous mais boutiques et point info sont fermés ; après 10h, le village s'anime et se partage... Comptez 1h pour en faire un tour audioguidé (le commentaire est de qualité).

AVEC LES ENFANTS

Le four banal ; le musée d'Automates de Sauclières mais aussi le panorama sur le Larzac depuis le signal de Montaymat, tout près de La Couvertoirade (alt. 870 m).

Au milieu du plateau du Larzac, il est un vestige de l'histoire templière et hospitalière : La Couvertoirade, ancienne dépendance de la commanderie de Ste-Eulalie. L'enceinte presque intacte qui la protège fut élevée en 1439 par les chevaliers de St-Jean-de-Jérusalem. Et pour ne rien gâcher, de belles demeures aux encadrements de portes remarquables ajoutent au charme des lieux. Une flânerie intemporelle dans un minuscule bourg fortifié.

Se promener

Maison de La Scipione (point accueil) – *✆ 05 65 58 55 59 - www.lacouvertoirade.com - juil.-août : 10h-19h ; avr.-juin et sept. : 10h-12h, 14h-18h ; mars et du 1er oct. au 11 nov. : 10h-12h, 14h-17h ; fermé reste de l'année - 3 € (-12 ans 2 €). Possibilité de visite guidée sur RV, combinant remparts et église fortifiée (juil.-août : 11h, 15h et 17h) - 6 €. De nombreux travaux de réfection ont eu lieu sur le site.*

Remparts

Franchissez la porte nord et entrez dans la maison de La Scipione (Renaissance). La tour nord, très haute, de plan carré, semble avoir joué le rôle de tour de guet. Elle abrite une exposition permanente sur l'histoire locale. De là, vous

L'enceinte de La Couvertoirade.
F. Teissedre / Photononstop

pouvez monter aux remparts, et visionner un film retraçant l'histoire de La Couvertoirade *(20mn)*.

En suivant le chemin de ronde, à gauche, jusqu'à la tour ronde, vue curieuse sur le bourg et la rue Droite.

Revenez au pied de la tour nord et pénétrez dans le bourg en prenant sur la gauche.

Église fortifiée

Légèrement en hauteur, à l'extrémité de la place d'armes, elle offre un joli **point de vue★** sur le village. Édifiée au 14e s. par les Hospitaliers, elle participait à la défense de la cité (une archère canonnière est visible dans la tour de l'extérieur du village). Dans le cimetière clos, moulages de stèles discoïdales. Passez la brèche dans l'enceinte à la hauteur du cimetière pour repérer, à droite, les vastes ruines de l'ancienne grange et des écuries du château : elles donnent une idée de l'importance du site, qui comptait au 14e s. plus d'habitants que Ste-Eulalie et La Cavalerie.

Château

Visite du château : juin-août - se rens. au 05 65 58 74 02 ou 04 67 43 95 73 - www.lechateaudelacouvertoirade.com - payant. Construit par les Templiers aux 12e et 13e s., le donjon a perdu ses deux étages supérieurs.

Prenez à gauche jusqu'à une vaste place, ancienne mare asséchée, et là, par la droite, contournez un ensemble de maisons pour gagner la rue Droite.

Rue Droite

Elle est investie par des artisans (émaux, poterie, verrerie, savonnerie, sculpture), ses maisons sont typiquement caussenardes, avec leurs escaliers extérieurs *(lou balet)* desservant le balcon d'accès aux pièces d'habitation, et la voûte abritant la bergerie du rez-de-chaussée. Repérez aussi plusieurs citernes.

LA CITERNE

En occitan, *Cubertoirada* signifie « eau couverte » ou « citerne ». Celle-ci était indispensable à la survie du village étant donné l'aridité du causse !

Après une importante réhabilitation, le **four banal** propose, en été, une fournée de pain hebdomadaire *(jeu.)* et fait de la grande salle voûtée un théâtre de poche où conteurs, chanteurs, slameurs et humoristes se donneront en spectacle.

Franchissez la porte sud (porte d'Aval - *en cours de restauration*), dont la tour s'est effondrée, pour voir un bel exemple de **lavogne★** rénovée elle aussi (mare dallée, conçue pour recueillir les eaux de pluie et abreuver le bétail). Celle-ci a été transférée au 19e s. par les Couvertoiradiens, pour des raisons sanitaires. Elle occupait à l'origine la petite place sur laquelle ouvre la porte sud. Depuis la lavogne, en levant la tête, on peut voir le moulin, sur la butte, qui a retrouvé ses ailes !

Longez extérieurement les remparts sur la droite pour regagner la voiture.

À proximité Carte de microrégion

Musée d'Automates de Sauclières C3

13 km au nord-est. Sur la D 7, près du croisement avec la D 999 - 05 65 62 11 81 - www.musee-automates-santons.fr - ♿ - juil.-août : 10h-18h30 ; avr.-juin et sept.-oct. : 10h-12h, 14h-18h, w.-end 14h-18h ; fév.-mars : tlj sf w.-end 14h-17h ; nov.-déc. : tlj sf sam. 14h-17h - fermé janv., 1er et 11 Nov., 25 déc. - 4 € (-12 ans 2,60 €).

Plus que des automates, ce sont des santons que vous pourrez découvrir ici. Deux salles sont en effet consacrées à de minutieuses reconstitutions des villages (y compris la gare avec son train à vapeur) et des métiers d'autrefois. Quelques automates grandeur nature s'animent en fin de parcours.

NOS ADRESSES À LA COUVERTOIRADE

SE RESTAURER

BUDGET MOYEN

La Crêperie Montes – *R. Droite - 05 65 58 10 71 - fermé de fin vac. d'oct. aux vac. scol. de printemps - - 15/18 €.* Au programme, des crêpes, bien sûr, mais avec huile d'olive et herbes de Provence ! Une petite dégustation sera la bienvenue pour agrémenter la visite du bourg historique. Vous serez bien accueilli dans sa belle salle voûtée, décorée de gravures, dessins et vieux outils.

Causse du Larzac

★

Aveyron (12)

NOS ADRESSES PAGE 341

S'INFORMER

Office du tourisme de Millau – *Hôtel de Galy - 1 pl. du Beffroi - 12100 Millau - ☏ 05 65 60 02 42 - www.ot-millau.fr - juil.-août : 9h-19h ; reste de l'année : 9h-12h30, 14h-18h30, sam. 9h-18h30, dim. 9h30-16h - fermé 1er janv., 25 déc.*

Visites guidées – Visites-privilèges d'un ou plusieurs sites avec un guide-interprète. *Rens. ☏ 05 65 59 12 22 - www.conservatoire-larzac.fr - en juil.-août, à 11h et 15h sur tous les sites.*

Visites pour les enfants – Le Conservatoire Larzac *(www.conservatoire-larzac.fr)* templier et hospitalier distribue gratuitement les livres *Hugues, chevalier du Larzac* et *Hugues part en croisade* aux enfants de 6 à 12 ans pour leur permettre de faire une visite ludique des sites du Larzac. Diplôme de chevalier et récompenses jalonnent le circuit « Découverte du Larzac templier et hospitalier ». Le parcours réussi donne la possibilité d'adhérer au club des Chevaliers du Larzac et de recevoir la carte de membre qui offre des avantages aux enfants lors des animations.

SE REPÉRER

Carte de microrégion B2-C3 (p. 302-303) – *Carte Michelin Région 526 KL7-8.*
Le Larzac est le premier causse atteint depuis Montpellier puisqu'il n'est qu'à 75 km par la N 109 puis l'A 75 (sortie 49, Le Caylar). Si vous venez de Millau situé au nord, il vous faut parcourir 43 km sur la D 809 et l'A 75.

À NE PAS MANQUER

La visite des caves de Roquefort ; la commanderie templière de Ste-Eulalie-de-Cernon ; La Couvertoirade ; la vue depuis le Pas de l'Escalette.

ORGANISER SON TEMPS

Prévoyez une journée pour parcourir le causse.

AVEC LES ENFANTS

Les sites des Templiers et Hospitaliers ; le reptilarium de Ste-Eulalie-de-Cernon.

Terre de résistance paysanne, le causse du Larzac s'élève en une véritable forteresse de calcaire, où sont disséminés villages et commanderies templières. Avec 1 000 km^2 de plaines arides peuplées de rochers ruiniformes, ce territoire est le plus étendu des grands causses aveyronnais. Tous les ans, pendant la première semaine de juillet, revivez à cheval le parcours emprunté au Moyen Âge par les caravanes de sel venues de Thau, d'Aigues-Mortes ou de St-Gilles pour vendre leur précieuse marchandise dans le Massif central. Un trajet haut en couleur au cœur d'une nature des plus sauvages.

Circuit conseillé Carte de microrégion

★ TEMPLIERS ET HOSPITALIERS B2-C3

Pour visualiser ce circuit de 66 km, reportez-vous à la carte de microrégion (p. 302-303). Au départ de Millau (voir p. 304) – Comptez une journée et demie. Quittez Millau par la D 809 en direction de Béziers.

La route franchit le Tarn et s'élève sur le flanc nord du causse du Larzac, offrant de superbes panoramas sur Millau, le causse Noir, le canyon de la Dourbie. Après un virage au-dessus de la falaise, on découvre l'immense surface dénudée du causse.

Maison du Larzac B2

05 65 60 43 58/06 77 38 13 01 - ♿ - avr.-mai : w.-end 10h-19h30 ; juin-sept. : 10h-19h30 - gratuit.

Sur la droite de la D 809 s'élève une vaste bergerie couverte de lauzes appelée **La Jasse** (de l'occitan *jaç* signifiant bergerie). C'est le centre d'accueil de l'**écomusée du Larzac**. Créé en 1983, il a pour but de présenter le patrimoine naturel, historique et culturel du causse à travers différentes curiosités dispersées sur un territoire de 35 km de long et 25 km de large. On peut ainsi voir une ferme traditionnelle, une bergerie ultramoderne avec un rotolactor pouvant traire 700 brebis à l'heure, la bergerie de la Blaquière construite au moment des événements des années 1970, des expositions sur l'architecture caussenarde, l'archéologie, les Templiers, etc.

Poursuivez sur la D 809 jusqu'à La Cavalerie. La route longe le camp du Larzac.

La Cavalerie BC3

Office de tourisme du Larzac - 05 65 62 78 73 - www.lacavalerie.fr - visite guidée du chemin de ronde (30mn) avec le village (1h15) - visite audioguidée 4 € - billet audio-pass 5 sites 16 €.

Créé par les Templiers puis fortifié par les Hospitaliers, ce gros bourg rappelle le souvenir de la chevalerie et conserve encore d'imposants **remparts** (220 m) superbement restaurés ainsi que des maisons caussenardes typiques et hôtels particuliers, des 15e et 17e s. À l'extérieur de l'enceinte, l'ancien relais de poste, du 18e et 19e s. et une ancienne jasse (toit de lauze et voûte) ont été rénovés. Le village est animé par les résidents du camp militaire du Larzac dont on peut voir les installations en prenant la route vers Nant.

De la D 809, prenez à droite la D 999 vers St-Affrique. Après 3,4 km, prenez à gauche la route de Lapanouse-de-Cernon.

★ Ste-Eulalie-de-Cernon B3

Place de l'Église - 05 65 62 79 98/72 99 - www.ste-eulalie-larzac.com - juil.-août : 10h-19h ; mars-juin et sept.-oct. : 10h-12h, 14h-18h ; reste de l'année se rens. À l'entrée du village, suivre sur la droite la dérivation conduisant au parking visiteurs (gratuit).

Ste-Eulalie fut le siège de la **commanderie des Templiers** *(voir les horaires ci-dessus - visite audioguidée 4 € - billet audio-pass 5 sites 16 €)* dont dépendaient La Cavalerie et La Couvertoirade. De son passé de place médiévale fortifiée, Ste-Eulalie a conservé la plupart de ses remparts, ses tours et ses portes (celle qui s'ouvre à l'est est remarquable). L'église, dont la porte d'entrée est surmontée d'une Vierge en marbre du 17e s., donne sur une charmante place ornée d'une fontaine. Au 18e s., le tribun révolutionnaire Mirabeau se rendit souvent à Ste-Eulalie, en visite chez son oncle l'amiral de Riqueti-Mirabeau, le dernier des commandeurs.

Le Larzac

LE GRAND CAUSSE

« Énormes rochers pensifs, aux épaules lourdes, aux têtes de lion ou de philosophes, votre échine s'est accoutumée au mauvais temps. » C'est ainsi que l'écrivain occitan Max Rouquette voit la rude terre de ses aïeux. S'étendant sur près de 1 000 km², c'est le plus grand des causses et son altitude varie de 560 à 920 m. C'est une succession de plateaux calcaires arides et de vallées verdoyantes. Sur les plateaux, des sotchs argileux tapissés de terres rouges ont permis l'installation de domaines agricoles. Les eaux qui tombent sur le Larzac réapparaissent au fond des vallées qui l'entament, en près de soixante résurgences. De même que les autres causses, le Larzac est troué d'avens ; celui de **Mas Raynal**, à l'ouest du Caylar, exploré en 1889 par une équipe réunissant Martel, Armand, G. Gaupillat et E. Foulquier, s'avéra être un « regard » sur le trajet d'une rivière souterraine qui alimente la Sorgue.

TEMPLIERS ET HOSPITALIERS

Au 12ᵉ s., l'ordre des Templiers avait reçu en donation une partie du Larzac et installé une commanderie à Ste-Eulalie-de-Cernon avec des dépendances à La Cavalerie et à La Couvertoirade. En 1312, à la suite de la dissolution de l'ordre, les Hospitaliers de St-Jean-de-Jérusalem prirent possession de leurs biens. Au 15ᵉ s., période d'instabilité et de troubles, les Hospitaliers élevèrent des fortifications, dont les enceintes, les tours et les portes hérissent encore les paysages du Larzac.

BREBIS ET MOUTONS

Le Larzac est le royaume du **roquefort**, fabriqué avec du lait de brebis. Ces dernières sont partout présentes sur le causse, rassemblées en troupeaux de 300 à 1 000 têtes. Ce qui revient à dire qu'elles sont plus nombreuses que les humains (du moins lorsque ceux-ci ne sont pas en train d'effectuer leur transhumance annuelle vers les plages sur l'autoroute qui traverse le plateau) sur ce bout de terre voué à l'élevage.

« GARDARÈM LO LARZAC ! »

Tel fut le mot d'ordre qui mobilisa toute la région (et même au-delà) pendant plus de dix ans, depuis ce jour de 1970, lorsque les habitants du Larzac apprennent que la surface occupée par le camp de manœuvres militaires de La Cavalerie (créé en 1903) doit passer de 3 000 ha à 17 000 ha, ce qui signifie l'expropriation d'une centaine d'exploitations agricoles, de 500 paysans et quelque 15 000 brebis. Les paysans se rebellent, montent à pied et en tracteur à Paris pour manifester, construisent la bergerie de la Blaquière sur le territoire revendiqué par l'armée, occupent les fermes déjà achetées, brûlent les dossiers d'enquête… De grands rassemblements les soutiennent. Pendant dix ans, le Larzac fait la une des médias. Puis, en 1980, la Cour de cassation annule une grande partie des expropriations ; en 1985, une convention est signée, qui permet à la Société civile des terres du Larzac d'exploiter 6 400 ha de terrains dont l'État reste propriétaire. En 2003, le Larzac est revenu sous les feux de l'actualité en accueillant un grand rassemblement altermondialiste.

Reptilarium – *Sur le parking - ✆ 05 65 61 32 08 - www.reptilarium-larzac.com - juil.-août : 10h30-19h ; reste de l'année : tlj sf vend. 14h-18h - fermé de mi-nov. à déb. fév. - 8 € (-12 ans 6 €).* Derrière les vitrines, boas, pythons, caïmans et lézards offrent leurs couleurs éclatantes. Sous le regard médusé des tortues africaines, reines des lieux, les bébés reptiles s'agitent du côté de la nurserie en attendant leur pitance. L'équipe d'éleveurs, qui nourrit les animaux la journée, répond à toutes vos questions.

Prenez la D 561 au sud puis à droite la D 23. La route passe par un autre village créé par les Templiers, Viala-du-Pas-de-Jaux.

Viala-du-Pas-de-Jaux C3

✆ 05 65 58 91 89 - http://vialadupasdejaux.e-monsite.com - juil.-août : 10h-19h ; de Pâques à la Toussaint : 10h-12h, 14h-18h ; reste de l'année : tlj sf w.-end et j. fériés 10h-12h, 14h-17h - visite audioguidée 4 € - possibilité de visite guidée - billet audio-pass 5 sites 16 €. Le logis des chevaliers est en cours de restauration.

Le village est dominé par une tour de cinq étages, désormais restaurée. Haute de 27 m, c'est la plus haute tour fortifiée du Larzac. Elle fut construite au 15e s., contre le logis des chevaliers, afin de protéger les habitants (et leurs moutons !) au cours de la guerre de Cent Ans. Dans la campagne environnante, vous apercevrez un grand nombre de lavognes, de jasses et de drailles (chemins de transhumance).

★ Roquefort-sur-Soulzon B3 *(voir p. 322)*

Quittez Roquefort au sud par la D 93 vers Fondamente puis tournez à droite au panneau « St-Jean-d'Alcas ».

St-Jean-d'Alcas B3

La Grange aux Marnes - St-Jean-d'Alcas - 12250 St-Jean-St-Paul - ✆ 05 65 97 61 07 - www.tourisme-stjeanstpaul.fr - juil.-août : 10h-19h30 ; avr.-juin et de déb. sept. à mi-nov. : 10h-13h, 14h-18h ; de mi-nov. à mi-déc. : mar. et sam. 14h-17h - visite audioguidée 4 € - visite guidée des remparts et des logis de l'abbesse (1h) - billet audio-pass 5 sites 16 € (-14 ans gratuit).

Ce beau village fortifié, construit au 15e s., possède une église romane, elle aussi fortifiée, enclose dans les remparts. Certaines maisons, aux porches arrondis et aux fenêtres à meneaux, ont été bien restaurées ; on peut apercevoir de belles voûtes à l'intérieur. Les salles hautes du fort (au-dessus de l'actuelle mairie), aujourd'hui restaurées, se visitent (remarquez les **vitraux** contemporains de Claude Baillon, artisan verrier de l'Aveyron) et mènent aux remparts d'où l'on voit les monts Lévézou et les cirques de Tournemire et de St-Paul-des-Fonts.

Prenez la D 93, puis la D 500.

St-Paul-des-Fonts

Joli petit village accueillant dans le presbytère de l'église, l'**Espace botanique-Hippolyte Coste**. Ce petit musée et son jardin nous dévoilent la vie et l'œuvre de ce passionné, aussi appelé le « curé des fleurs ».

Reprenez la D 93, à Fondamente, tournez à gauche sur la D 7, passez au-dessus de l'autoroute A 75. Continuez tout droit par la D 185 vers La Couvertoirade.

★★ La Couvertoirade C3 *(voir p. 334)*

Suivez la D 55 au sud et poursuivez vers Le Caylar. La route, en légère montée, offre un joli coup d'œil sur le site extrêmement curieux du Caylar et sur le massif de l'Aigoual au loin à gauche.

Le Caylar C3

De loin, on pourrait croire à une ville aux remparts et aux donjons impressionnants mais en approchant, on s'aperçoit que ce « château » est fait de roches sculptées par les eaux. Du rocher le plus élevé, une vue à ne pas manquer sur les roches dolomitiques. Parmi ces rochers est blottie la petite chapelle romane **N.-D.-de-Roc-Castel**.

Au pied des rochers, la vieille ville a gardé sa **tour de l'Horloge**, dernier vestige des remparts. Quelques portes et fenêtres datant des 14e et 15e s. ornent les maisons anciennes. Enfin, dans l'**église**, on peut voir un Christ mutilé, en bois (17e s.) et, dans la chapelle de la Vierge, un beau retable en pierre sculptée du 14e s. dont les panneaux relatent l'enfance du Christ.

Quittez Le Caylar au sud puis prenez la voie parallèle à l'A 75 puis la D 155E jusqu'à St-Félix-de-l'Héras. De là, empruntez la D 155. À la bifurcation de la D 9, laissez la voiture et continuez à pied jusqu'au Pas de l'Escalette.

★ Pas de l'Escalette C3

Alt. 616 m. Ce passage, brèche rocheuse dominée par de hautes falaises, était appelé ainsi car il permettait de descendre du Larzac par des marches taillées dans le rocher. Du Pas, **vue** sur les cascades de la Lergue.

Retournez à l'échangeur du Caylar-nord pour prendre l'A 75 qui ramène à Millau.

NOS ADRESSES SUR LE CAUSSE DU LARZAC

HÉBERGEMENT

PREMIER PRIX

Chambre d'hôte Domaine de la Barraque – *La Barraque - 12230 Ste-Eulalie-de-Cernon - ✆ 05 65 62 77 33 - www.domaine-barraque.com - fermé 18 janv.-1er avr. - P - 6 ch. 40/70 € - ☕ 7 € - rest. 18/50 €.* En pleine nature, cette grande ferme a du caractère… Vous y serez accueilli sans chichis dans des chambres simples et claires, meublées à l'ancienne ou, solution économique, dans des dortoirs. Possibilité de louer des chevaux et de loger les vôtres.

Chambre d'hôte Chez Mme Vinas – *Les Clauzets - 12230 Ste-Eulalie-de-Cernon - ✆ 05 65 62 71 26 - P - ⊭ - 3 ch. 42 € ☕.* À côté d'un lotissement aéré à la sortie du village, cette maison de construction contemporaine compte trois chambres de plain-pied, très simples, d'accès direct à un agréable espace verdoyant et sa tonnelle. Pas de table d'hôte, mais de bons conseils sur les restaurants des environs. Barbecue à disposition.

Hôtel du Rocher – *Aire du Caylar - 34520 Le Caylar - ✆ 04 67 44 99 10 - www.millau-larzac.com - 30 ch. 38/67 € - ☕ 6,50 €.* Sur la route des vacances, une halte commode, confortable et fonctionnelle à deux pas de l'autoroute et juste avant d'entreprendre la descente vers les plages par le pas de l'Escalette.

BUDGET MOYEN

Chambre d'hôte Le Barry du Grand Chemin – *88 fg St-Martin - 34520 Le Caylar - ✆ 04 67 44 50 19 - www.le-barry.fr - P - ⊭ - 5 ch. 68 € ☕ - rest. 27 € bc.* Cette maison de 1850 à la façade de pierre se prolonge par une aile qui abrite des chambres de plain-pied fort bien tenues. Dans la petite salle voûtée, appréciée pour sa fraîcheur en été, les maîtres des lieux préparent plats régionaux et grillades pour la table d'hôte.

POUR SE FAIRE PLAISIR

Chambre d'hôte Le Moulin de Gauty – *12250 St-Jean-d'Alcas - ✆ 05 65 97 51 90 - www.moulindegauty.com - P - ⊭ - 4 ch. 82/125 € ☕ - wifi gratuit.* En pleine nature, ancien moulin propice au repos et à la détente. Chambres de style contemporain épuré et beau jardin traversé par une rivière. VTT à disposition et piscine.

RESTAURATION

PREMIER PRIX

Restaurant de la Gare – *Av. de la Gare - 12490 St-Rome-de-Cernon - ✆ 05 65 62 39 78 - fermé sam., dernière sem. d'août, 1re sem. de sept., 3 sem. à Noël - réserv. conseillée à midi et en sais. - ♿ - P - formule déj. 11 € - 12,50/23 €.* Quand un restaurant fait rimer qualité et simplicité, il ne tarde pas à bénéficier d'une solide réputation. C'est le cas de celui-ci : un accueil convivial, sans chichis, un service impeccable, une salle à manger rustique, sans surcharge, une cuisine à briser tous les régimes, sans se ruiner.

Lou Sarnou – *Pl. de l'Église - 12230 Ste-Eulalie-de-Cernon - ✆ 05 65 62 74 46 - 14 € - 8,50/12,50 €.* Un « bistrot de pays » proposant des formules (plat/dessert) et, conformément à la charte, des salades de pays (gésiers, roquefort) ou des plats régionaux comme l'incontournable saucisse-aligot.

BUDGET MOYEN

Ferme-Auberge de Jassenove du Larzac – *12100 Millau - ✆ 05 65 60 71 80 - fermé 10 j. fin sept., merc. (juil.-août) - P - ⊭ - 21/25 € (enf. 14 €).* Dans un coin boisé du causse de Larzac, cette belle ferme-auberge a le charme des lieux qui ont gardé leur authenticité. On s'y attable dans une ambiance chaleureuse pour savourer, entre autres, le soufflé au roquefort dont la réputation n'est plus à faire dans la région.

AGENDA

Route du sel – Début juillet, randonnée équestre, à pied ou à VTT, de la Méditerranée à Rodez - *✆ 05 65 76 56 26.*

Les Estivales du Larzac – Animations culturelles sur l'ensemble des sites. Reconstitution de camps médiévaux et animations à La Cavalerie, La Couvertoirade, St-Jean-d'Alcas et Viala-du-Pas-de-Jaux en juil.-août - également animations artistiques en sept. avec Journées du patrimoine - *Rens. : Conservatoire Larzac Templier et Hospitalier, immeuble Jean-Henri-Fabre à Millau - ✆ 05 65 59 12 22 - www.conservatoire-larzac.fr.*

Nant et les gorges de la Dourbie

★★

Aveyron (12) et Gard (30)

NOS ADRESSES PAGE 346

S'INFORMER

Office du tourisme de Nant – *Pl. du Claux - 12230 Nant - ✆ 05 65 62 24 21 - www.ot-nant.fr - juin-sept. : 9h30-12h30, 14h30-19h ; avr.-mai : tlj sf dim. 9h30-12h30, 14h30-17h30 ; reste de l'année : tlj sf w.-end 9h30-12h30, 14h30-17h30 - fermé 1er janv., 1er et 11 Nov., 25 déc.*

SE REPÉRER

Carte de microrégion C2 (p. 302) – *Carte Michelin Région 526 L7.* Les circuits partent de Nant, à 34 km au sud-est de Millau par la D 809 puis la D 999 qui longe le camp militaire du Larzac.

À NE PAS MANQUER

La route en elle-même, pour ses vues époustouflantes ; et pour ceux qui aiment manger avec les doigts, une dégustation d'écrevisses à Nant.

ORGANISER SON TEMPS

Comptez 30mn pour visiter Nant, 2h pour l'ensemble des circuits.

AVEC LES ENFANTS

L'Espace de l'eau Noria à St-Jean-du-Bruel.

Bien moins connues et donc fréquentées que les gorges du Tarn mais recelant des sites tout aussi spectaculaires, les gorges et le canyon se longent par des routes sinueuses, parfois vertigineuses. Le plus souvent étroite et encaissée, la Dourbie garde toute la fraîcheur sauvage de ses eaux à truites tandis que, écrasés de soleil, les villages de pierre sèche se perchent à mi-hauteur, à flanc de coteaux.

Se promener à Nant

Église abbatiale St-Pierre

12e s. Elle offre le caractère sévère d'une forteresse dominée par son donjon. Celui-ci, après la démolition en 1794 du clocher qui s'élevait à la croisée du transept, fut surmonté d'une flèche, refaite en 1960.

Le narthex s'ouvrait par trois grandes arcades. Dans celle du centre a été inséré un portail gothique. Une arcature trilobée plaquée sur la façade le surmonte. Remarquez les **chapiteaux★** historiés ou à motifs géométriques et floraux, le chœur et sa série d'arcatures, deux tribunes, l'une au-dessus du narthex, l'autre sur pendentifs au carré du transept.

Vieille halle

Elle faisait partie de la cour de l'ancien monastère. Ses cinq arcades trapues datent du 14e s. Elle abrita un marché qui fut longtemps prospère.

Pont de la Prade
14ᵉ s. Très belle arche ; on en aura une bonne vue depuis la chapelle du Claux (mémorial érigé en souvenir des Nantais victimes des guerres de Religion).

Circuits conseillés Carte de la vallée de la Dourbie

★★ LES GORGES DU TRÉVEZEL ET DE LA DOURBIE

Pour visualiser ce circuit de 35 km, reportez-vous à la carte ci-contre. De Nant à l'Espérou – Environ 1h. Quittez Nant au sud-est par la D 999. De nombreux virages brusques et des croisements souvent difficiles obligent à une prudence soutenue, en particulier entre le village de Dourbies et le hameau de Laupies.

Entre Nant et St-Jean-du-Bruel, la vallée de la Dourbie est large et riante. Sur la gauche apparaissent les quatre tours du château de Castelnau, transformé en ferme.

Laissez la voiture au panneau « St-Michel », à droite de la route, et montez à pied le petit chemin qui mène à la chapelle.

St-Michel-de-Rouviac
Formant un ensemble harmonieux avec le cimetière et le presbytère, la charmante chapelle romane apparaît sur un fond de verdure. Il s'agit d'un ancien prieuré dépendant de l'abbaye de Nant au 12ᵉ s. On y voit les mêmes types de décorations : chapiteaux avec entrelacs et palmettes.

La vallée est dominée au sud par les ruines du château d'Algues, au nord par les escarpements du causse Bégon qui lance au-dessus de Nant un éperon rocheux, appelé le roc Nantais.

Continuez sur la D 99.

St-Jean-du-Bruel
À l'entrée des gorges de la Dourbie, ce village est le point de départ de nombreuses randonnées. Un vieux pont du 15ᵉ s., en dos d'âne, franchit la rivière. Du Pont neuf, vue pittoresque sur les rives de la Dourbie ; à côté, belle halle du 18ᵉ s.

★ **Noria – L'Espace de l'eau** – *05 65 62 20 32 - www.noria-espacede-leau.com - ♿ - juil.-août : 14h-18h ; avr.-juin et sept.-oct. : tlj sf lun. 14h-18h - fermé nov.-mars - 6 € (enf. 5 €).*

Sur les bords de la Dourbie, l'ancien moulin a subi de redoutables crues et connu bien des reconversions depuis le 13ᵉ s. Il a beaucoup travaillé pour la fabrication de bas au 18ᵉ s. et s'est même mis, plus récemment, à la production d'électricité. Il est aujourd'hui au cœur d'un espace pédagogique passionnant qui explique de manière interactive et ludique l'importance de l'eau pour l'homme, pour la vie, que ce soit dans les causses, sur la terre ou dans l'univers. Parmi les nombreuses animations, une intéressante présentation du système hydroélectrique de la vallée du Tarn. Espace de jeux.

Prenez la D 341.

Col de la Pierre Plantée
Alt. 828 m. La vue se dégage sur la vallée de la basse Dourbie et, au-delà, sur la montagne du Lingas et le causse du Larzac.

Au carrefour, prenez à gauche la D 47.

★ Gorges du Trévezel
Entre le massif de l'Aigoual et la vallée de la Dourbie, le Trévezel coule dans un lit chaotique. La vallée se rétrécit peu à peu pour devenir un défilé entre des

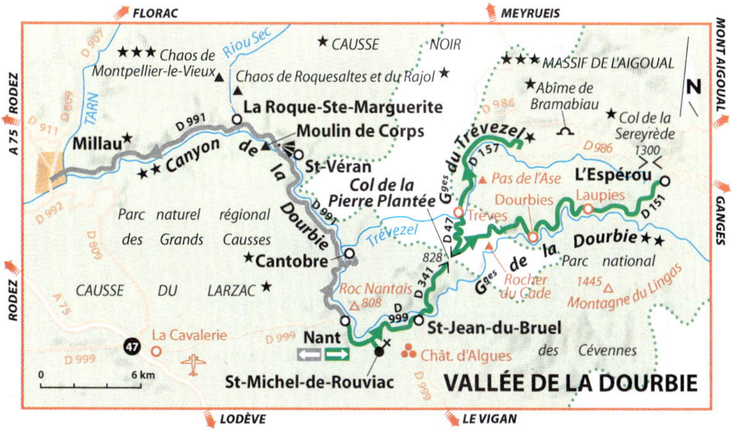

versants escarpés que surmontent de hautes falaises de 400 m aux colorations changeantes. Dans sa partie la plus étroite, le « Pas de l'Ase » (le Pas de l'Âne), le canyon ne dépasse pas une trentaine de mètres de largeur.

Revenez au col de la Pierre Plantée et tournez à droite dans la D 151.

Jusqu'à **Dourbies**, la route, parfois étroite et sinueuse, domine d'une très grande hauteur les **gorges de la Dourbie★★** (d'environ 300 m au rocher du Cade – du genévrier – situé à 5 km de Dourbies). C'est un splendide parcours en corniche, souvent impressionnant et offrant des vues plongeantes de toute beauté sur le gouffre boisé, hérissé de roches granitiques et schisteuses, au fond duquel coule la rivière.

L'Espérou *(voir p. 274)*

★★ LE CANYON DE LA DOURBIE

Pour visualiser ce circuit de 32 km, de Nant à Millau, reportez-vous à la carte ci-dessus – Comptez environ 1h.

En aval de Nant, la vallée s'encaisse de nouveau, cette fois entre les calcaires des Grands Causses.

4

★ Cantobre

Ce pittoresque village, situé au confluent du Trévezel et de la Dourbie, se dresse sur un promontoire du causse Bégon.

★★ Canyon de la Dourbie

Ses versants s'élèvent et se hérissent de roches calcaires, curieusement sculptées par l'érosion.

À hauteur de **St-Véran**, perché dans un site pittoresque, la route offre une belle **vue★** sur le village aux maisons restaurées et sur la tour de l'ancien château du **marquis de Montcalm** (1712-1759) qui mourut à Québec en défendant la ville assiégée par les Anglais ; en contrebas se dresse l'église de Treilles.

On passe devant le **moulin de Corps**, alimenté par une résurgence, dans un site enchanteur.

La Roque-Ste-Marguerite

Ce village s'étage à l'entrée du ravin du Riou Sec, au pied de la tour à mâchicoulis d'un château (17e s.) dont la chapelle romane sert aujourd'hui d'église

(accès par des ruelles tortueuses). Le village est dominé par les rochers ruiniformes du Rajol *(voir p. 377)* et de Montpellier-le-Vieux *(voir p. 347)*.
Par la D 991, on gagne alors Millau (voir p. 304).

NOS ADRESSES DANS LES GORGES

Voir aussi Nos adresses autour du mont Aigoual (p. 278).

HÉBERGEMENT

PREMIER PRIX

Hôtel Midi-Papillon – *12230 St-Jean-du-Bruel (à 7 km à l'est de Nant par la D 999, le long de la Dourbie) - ✆ 05 65 62 26 04 - www.hotel-midi-papillon.com - fermé 12 nov.-2 avr. - P - 18 ch. 36/64 € - ☕ 6 € - rest. 15/41 €.* Cet hôtel est tenu par la même famille depuis quatre générations. Une longévité qui rime avec bon accueil et professionnalisme. Ses confortables chambres sont soignées et personnalisées, et la cuisine du terroir, généreuse comme il sied dans la région. Piscine dans le joli jardin.

Hôtel des Gorges – *Pl. de la Bories - 12230 St-Jean-du-Bruel - ✆ 05 65 62 07 99 - www.hotel-des-gorges.com - fermé de mi-nov. à Pâques - P - 8 ch. 39/46 € - ☕ 5 €.* Au cœur du bourg, près de la poste, ce petit hôtel propose des chambres fonctionnelles, équipées d'agréables balcons. Pour les petits-déjeuners, en été, vous bénéficierez d'un jardin verdoyant et ombragé.

budget moyen

Gîtes et chambre d'hôte Lou Damadou - Catherine et Thierry Schreiber – *10 r. Damade - 12230 Nant (au centre du village, près de l'église) - ✆ 05 65 62 26 73 - www.gites-nant.com - ⊭ - 3 ch. 59 € ☕.* Trois maisons du vieux bourg, adossées aux anciens remparts. Les chambres sont très agréables et arborent une décoration associant poutres apparentes, sol en pierre et touches contemporaines.

POUR SE FAIRE PLAISIR

Chambre d'hôte L'Hermitage St-Pierre – *St-Pierre-de-Revens (à 11 km au nord-ouest de Nant dir. Millau sur la D 991) - ✆ 05 65 62 27 99 - http://hermitage.st.pierre.site.voila.fr - P - ⊭ - 5 ch. 69/79 € ☕.* Cette belle maison fut successivement une chapelle aux 10e et 11e s., un relais des Templiers, puis une église. Retapée par un couple de retraités, elle abrite maintenant des chambres aménagées avec goût.

La porte de Mycènes.
P. Jacques / hemis.fr

Chaos de Montpellier-le-Vieux

★★★

Aveyron (12)

NOS ADRESSES PAGE 349

4

S'INFORMER
Office du tourisme de Millau – *Hôtel de Galy - 1 pl. du Beffroi - 12100 Millau - ✆ 05 65 60 02 42 - www.ot-millau.fr - juil.-août : 9h-19h ; reste de l'année : 9h-12h30, 14h-18h30, sam. 9h-18h30, dim. 9h30-16h - fermé 1er janv., 25 déc.*

SE REPÉRER
Carte de microrégion C2 (p. 303) – *Carte Michelin Région 526 L7.* À 18 km au nord-est de Millau par la D 110 ; depuis Le Rozier ou Peyreleau par la D 29 et la D 110 (10 km) ; depuis Nant par la D 991. L'accès au parc du chaos de Montpellier-le-Vieux se fait par le hameau du Maubert, d'où vous empruntez la route privée (1,5 km) qui passe devant une table d'orientation puis aboutit au parking.

À NE PAS MANQUER
Le panorama depuis la plate-forme du donjon ; la porte de Mycènes ; la grotte de Baume Obscure et l'Aven.

ORGANISER SON TEMPS
Comptez 3h.

AVEC LES ENFANTS
Le petit train permet de découvrir le site sans fatigue.

Montpellier-le-Vieux n'est pas une ville mais un extraordinaire ensemble rocheux dû à la corrosion et au ruissellement des eaux de pluie s'exerçant sur la roche dolomitique du causse Noir dont il recouvre environ 120 ha. « Tout cet enchevêtrement de rues, de voûtes, de cheminements, de saillies sur corniches, tantôt se croisant à angle droit comme une ville tirée au cordeau, tantôt formant un vrai labyrinthe où l'on erre quelquefois avec un grand embarras, tout cet ensemble comme ces détails ne peuvent se décrire », dit M. de Malafosse, un de ses « inventeurs » en 1883.

Se promener

✆ 05 65 60 66 30 - www.montpellierlevieux.com - juil.-août : 9h-19h ; de mi-mars à fin juin et de déb. sept. à mi-nov. : 9h30-17h30 - fermé reste de l'année - 5,70 € (5-14 ans 4,05 €), supplément visite guidée en petit train 3,70 € (enf. 2,70 €).

Montpellier-le-Vieux est si curieux et si attachant, la végétation y est si belle que nombre d'entre vous aimeront sans doute s'attarder plus longtemps que ne l'exigerait une simple découverte de cet ensemble ruiniforme qui semble né du rêve d'un architecte frappé de folie. Une journée passée à flâner parmi ces rochers ombragés de pins sylvestres et de chênes, ces colonnes et ces murailles, laissera à tous les amis de la nature un souvenir impérissable. Les rochers de Montpellier-le-Vieux ont presque tous reçu, d'après leur forme, leur silhouette, des noms évocateurs : on trouve ainsi la Quille, le Crocodile, la porte de Mycènes, le Sphinx, la Tête d'Ours, et bien d'autres encore.

Les étapes décrites ci-dessous sont celles du **circuit rouge** (5 circuits existent sur le site) qui offre une découverte intéressante des lieux.

Douminal

Véritable donjon naturel commandant quatre cirques irréguliers (le Lac, les Amats, les Rouquettes, la Millière) séparés par de hautes crêtes rocheuses et entourés par les falaises du causse Noir, cette plate-forme offre un panorama étendu. De là, le regard embrasse au nord le rocher de la Croix et, sur la droite, le cirque du Lac couvert de pins ; au sud, la vallée de la Dourbie et la corniche du causse du Larzac ; à l'ouest, le cirque des Rouquettes ; à l'est, le chaos de Roquesaltes.

Une fois franchi le rocher de la Poterne, le sentier offre presque aussitôt, du **Rempart** (alt. 830 m), une vue d'ensemble particulièrement impressionnante sur le chaos. La descente vers le cirque des Amats conduit à la porte de Mycènes.

UNE CITÉ HANTÉE

Ce sont les bergers des troupeaux transhumants du Languedoc qui auraient donné ce nom à ce gigantesque amas de roches qui, vu de loin, évoque une grande ville ruinée. Jusqu'en 1870, ce chaos, masqué par une forêt impénétrable, était considéré par les habitants d'alentour comme une « cité maudite », hantée par le diable. Les brebis et les chèvres qui s'aventuraient un peu trop près disparaissaient à la nuit, happées par les loups qui y avaient élu domicile. Les coupes qui ont été effectuées par la suite, dégageant la « ville », ont fait disparaître ces hôtes indésirables. En 1931, la Société de l'aven Armand achète les terrains et aménage une route d'accès. L'ère touristique débute : aujourd'hui, le parc dispose de sentiers balisés et d'un petit train.

Porte de Mycènes

Elle évoquait, pour Édouard Alfred Martel, la célèbre porte des Lions du site antique. Par ses dimensions et par la hauteur de son arche naturelle (12 m), elle se classe parmi les sites les plus originaux de Montpellier-le-Vieux.

Le sentier rejoint le giratoire du petit train, franchit un ponceau et conduit à la grotte de **Baume Obscure** (qui porte bien son nom) où Martel mit au jour des ossements d'ours des cavernes. Des abords de la grotte, un regard à gauche découvre le **Nez de Cyrano**. Puis on monte vers le belvédère.

Belvédère

Vue sur le cirque des Rouquettes que l'on vient de contourner, au sud, la vallée encaissée de la Dourbie et, au nord, le cirque de la Millière.

Le sentier revient ensuite vers le point de départ en longeant, à mi-hauteur, le cirque de la Millière. Sur la droite, à quelque 200 m du belvédère, s'ouvre l'**Aven**, d'une profondeur de 53 m. *De là, le sentier ramène directement au parking.*

NOS ADRESSES AUTOUR DU CHAOS

HÉBERGEMENT

PREMIER PRIX

Chambre d'hôte Les Gargouilles – *Rte de Massegros - 12640 Boyne - ✆ 05 65 62 65 73 - www.lesgargouilles.fr - P - ⊭ - 5 ch. 55/60 € ☕ - Table d'hôtes : 20 € bc.* Cette grande demeure en pierres apparentes, au centre du village, abrite cinq chambres à la décoration soignée et au confort actuel. Piscine à débordement. Accueil sympathique.

Chambre d'hôte L'Arcade – *R. Beausoleil - 12640 Rivière-sur-Tarn - ✆ 05 65 59 85 88 - www. arcadefabre.fr - fermé de mi-nov. à mi-mars - P - ⊭ - 5 ch. 48 € ☕ - rest. 16 €.* Entre verger et potagers, cette maison contemporaine aux arceaux caussenards vous réserve un esprit convivial et accueillant de chambre d'hôte traditionnelle. Table d'hôte réputée. Les petits plats, confectionnés par un véritable cordon bleu, raviront les palais les plus sensibles. Cueillettes possibles en saison.

ACTIVITÉS

Petit train – *12100 La Roque-Ste-Marguerite - ✆ 05 65 60 66 30 - www.montpellierlevieux.com.* Empruntant un itinéraire à l'écart des sentiers piétonniers, le Petit Train vert sur pneus permet de s'approcher du cœur du site et de ses plus beaux rochers sans fatigue : la porte de Mycènes (1h AR) avec un petit parcours accessible à tous, le circuit jaune (1h30 AR) avec un parcours sur un sentier piétonnier. 5,70 € la randonnée, 9,40 € avec petit train.

Via ferrata – Les plus sportifs peuvent découvrir le site en empruntant le parcours de la via ferrata, encadrés par des monteurs (compter 20 €).

Causse de Sauveterre

Lozère (48)

NOS ADRESSES PAGE 352

S'INFORMER

Office du tourisme de Chanac – *Quartier de la Vignogue - 48230 Chanac - 04 66 48 29 28 - www.chanac.fr - tlj sf w.-end 9h-12h, 14h-18h - fermé 15 oct.-6 nov.*

SE REPÉRER

Carte de microrégion C1 (p. 303) – *Carte Michelin Région 526 LM5.* Délimité à l'ouest par Sévérac-le-Château et au sud par les gorges du Tarn, le causse de Sauveterre est assez bien desservi par des routes qui se croisent, permettant de le parcourir d'ouest en est (D 998) ou du nord au sud (D 32, D 986 et D 31).

À NE PAS MANQUER

La vue depuis la plate-forme du Sabot de Malepeyre ; les maisons caussenardes du hameau de Champerboux ; le retable en bois doré de l'église de Chanac.

ORGANISER SON TEMPS

Prévoyez une bonne demi-journée.

Ici, les Caussenards ont admirablement tiré parti du moindre sotch ; pas une parcelle de terre arable qui n'ait été soigneusement mise en culture, formant çà et là de belles ombres rougeoyantes ou verdoyantes suivant les saisons. Entre Lot et Tarn, le causse de Sauveterre présente aussi de grands espaces boisés, assez accidentés, ce qui en fait le moins aride des quatre Grands Causses.

Circuit conseillé Carte de microrégion

Pour visualiser ce circuit de 66 km au départ de La Canourgue, reportez-vous à la carte de microrégion (p. 303) – Comptez environ 5h.

La Canourgue C1

Laissez votre voiture sur le parking situé de l'autre côté de la D 998.

La vieille cité dominée par sa tour de l'Horloge s'étage au-dessus de l'Urugne, dont l'eau, conduite par de minces canaux, court à travers un véritable labyrinthe de ruelles pavées s'engageant sous des ponts, se perdant derrière de hautes demeures. Près de l'ancienne collégiale (12e-14e s.) au style composite provençal avec chœur roman entouré de chapelles rayonnantes, des maisons anciennes aux étages en encorbellement sont construites au-dessus de canaux.

Quittez La Canourgue par la D 998, vers Ste-Énimie. À 2 km, prenez la D 46 sur la droite. À 1,8 km de la bifurcation, laissez la voiture à hauteur du Sabot de Malepeyre, à gauche.

★ Sabot de Malepeyre C1

Cet énorme rocher de 30 m de haut a été creusé et façonné par les eaux qui circulaient autrefois à la surface du causse. Il est percé d'une large baie surmontée d'un arc en anse de panier. On peut passer sous l'arche haute de

3 m et large de 10 m. De la plate-forme sur laquelle repose le talon du Sabot s'offre une belle vue sur la vallée de l'Urugne et, au loin, sur les monts de l'Aubrac.

Après le Sabot, prenez à gauche la D 43, laquelle rejoint la D 32 que vous prenez à gauche. La D 32 débouche à son tour sur la D 998 que vous empruntez à droite. Après 6 km, tournez à gauche vers Roussac et Sauveterre.

ORIGINES

Le causse tire son nom d'un petit village situé à l'est du causse et au nord de Ste-Énimie et dont l'habitat est typiquement caussenard. Il s'agit d'une « sauveté », ancêtre des bastides, où les défricheurs des terres étaient placés sous la protection de l'Église.

Champerboux C1

Beau hameau avec de superbes maisons caussenardes. De quoi regretter de ne pas avoir conservé quelques économies dans un bas de laine pour racheter une ferme en ruine et la remettre en état !

Prenez la D 44 à gauche.

La route menant à Chanac est bordée d'abris de bergers construits en pierres sèches.

Chanac C1

Tout en haut du vieux bourg *(suivez le panneau « La Tour » depuis le syndicat d'initiative, en bas du village)* trône le donjon, unique vestige du château féodal, ancienne résidence d'été des évêques de Mende. La place du Plô, où se tient un marché le jeudi, a gardé sa tour de l'Horloge. Regagner le bas du village pour aller voir le retable en bois doré et sculpté (17e s.) surmonté d'un baldaquin, dans l'église St-Jean-Baptiste.

Traversez le Lot et prenez à gauche la N 88.

Le Villard C1

Dominant la vallée du Lot, Le Villard est un charmant village que flanque une ancienne forteresse épiscopale aujourd'hui restaurée. Au 14e s. fut érigée une enceinte ménageant une place forte qui permit aux populations des alentours d'échapper aux ravages des Grandes Compagnies. S'ouvrant par une porte monumentale en pierre de taille, la forteresse n'a conservé que le **bâtiment des Gardes**, au nord, qui présente une exposition sur la préhistoire en Lozère, et le logis Renaissance à tourelles situé face à l'église. De l'esplanade, on jouit d'une belle vue sur la vallée.

Poursuivez sur la N 88 puis prenez à gauche la D 809.

La route suit vers le sud le cours du Lot que l'on franchit pour rejoindre Banassac.

Banassac C1

Musée archéologique – *04 66 32 82 10 - - tlj sf w.-end et j. fériés 8h-12h, 14h-18h - gratuit.* Installé dans la mairie, il présente des poteries sigillées qui, aux 1er et 3e s., étaient recherchées tant en Gaule que dans le reste de l'Empire romain ; la production était aussi importante et réputée que celle de la Graufesenque, près de Millau. Les petites guirlandes décorant les bordures des poteries constituent une marque de fabrique. On a relevé des inscriptions sur les poteries, en particulier celle du bol rouge trouvé à Pompéi : *« Bibe amice de meo »* (« Bois, ami, de ce que je contiens »).

Du 5e au 9e s., quatre ateliers, alimentés par les mines d'argent exploitées dans la région, ont frappé le dixième des pièces (or et argent) du royaume.

NOS ADRESSES SUR LE CAUSSE

HÉBERGEMENT

PREMIER PRIX

Chambre d'hôte La Vialette – *La Vialette - 48500 La Canourgue (à 9 km au sud-est de La Canourgue par D 998 puis dir. Église de La Capelle) - 04 66 32 83 00 - www.gite-sauveterre.com - - 5 ch. 59 € - repas 18,50 €.* Dans une ferme caussenarde du 14e s. magnifiquement restaurée, ces cinq chambres à la décoration personnalisée disposent d'un confort actuel. Table d'hôte savoureuse, servie dans la salle à manger au mobilier de bois brut. Piscine intérieure chauffée et spa.

BUDGET MOYEN

Hôtel Le Calice du Gévaudan – *48500 Banassac - 04 66 32 94 18 - www.hotelcalicegevaudan.com - fermé vend. soir, sam. midi, dim., vac. de la Toussaint, j. fériés - P - 28 ch. 53/66 € - 7 € - rest. 15/19 € - wifi gratuit.* Pour une halte sur la route des vacances, misez sur cet hôtel fonctionnel qui propose des chambres simples et insonorisées. Le restaurant dispose d'une paisible terrasse donnant sur un jardin avec jeux d'enfants.

RESTAURATION

PREMIER PRIX

Auberge Chez Louis – *Le Mazelet - 48500 La Canourgue (à 8 km au sud-est de la Canourgue par D 998 puis D 46 et D 43) - 04 66 32 83 16 - www.gites-chez-louis.com - - 12/19,50 € - 5 ch. 52/65 € - gîte 6/8 personnes (La Maison de Marie) 600/860 €/sem.* Cette ferme-auberge exploitée en famille réserve quelques bonnes surprises dans la qualité de ses prestations : parmi celles-ci, sauna et salle de sport (accès : 15 €) et espace détente. La plupart des chambres sont équipées de mobilier contemporain. Spécialités locales en cuisine : essayez donc le poulet Mary avec de la truffade !

Ferme-Auberge Pradeilles – *Le Gazy - 48230 Chanac - 6 km au sud-ouest de Chanac par D 32, puis petite rte à dr. - 04 66 48 21 91 - fermé de déb. janv. à mi-mars - - réserv. conseillée - 14/16 € - 5 ch. 40/45 € .* Cette ferme-auberge propose un hébergement très convenable. Côté restauration, on prendra ses repas dans la salle à manger au décor campagnard. Cuisine régionale à base de produits de la ferme.

PARC À THÈME

Utopix – *04 66 48 59 07 - http://utopix.lozere.org - fermé nov.-fév. - 7 € (-15 ans gratuit).* Il semblerait que des extraterrestres se soient installés sur le causse de Sauveterre. Sur un site exceptionnel, ce parc offre l'occasion de se balader au milieu des dolmens, sculptures, constructions en pierre et autres curiosités. Jeux inédits pour petits et grands. Inhabituel et amusant!

Gorges du Tarn

★★★

Aveyron (12) et Lozère (48)

NOS ADRESSES PAGE 362

S'INFORMER
Voir Florac et Ste-Énimie, p. 254 et 363.

SE REPÉRER
Carte de microrégion C1-D1 (p. 303) – *Carte Michelin Région 526 LMN5-6.*
La D 907bis, malheureusement très empruntée l'été, épouse les méandres du Tarn sur environ 50 km entre Ispagnac au nord et Peyreleau, au sud.

À NE PAS MANQUER
Le bâtiment de captage de la source de Quézac ; le château et la résurgence du site de Castelbouc ; la pittoresque Ste-Énimie ; l'étonnant paysage du cirque des Baumes ; les vues sur le canyon depuis le Point Sublime et celui du Roc du Serre.

ORGANISER SON TEMPS
Évitez autant que possible l'affluence estivale. Que vous choisissiez de parcourir les gorges en voiture, de suivre le sentier pédestre ou de descendre le Tarn sur une embarcation, prévoyez la journée pour profiter pleinement du site.

AVEC LES ENFANTS
La visite de l'usine à Quézac et la descente en barque ou en canoë pour ceux qui savent nager.

Une succession ininterrompue de sites grandioses et de vues vertigineuses, voilà ce que vous réserve le site exceptionnel des gorges du Tarn. Les impressionnantes murailles de pierre enserrent le fleuve aux paillettes d'or, chanté par les troubadours du haut Moyen Âge, et dessinent un fascinant serpent au puissant corps émeraude. Que ce soit à pied, en voiture ou en canoë, vous ne vous lasserez pas des splendides paysages offerts par cette nature sauvage.

Circuits conseillés Carte des gorges du Tarn p. 358

Pour découvrir les gorges du Tarn, trois méthodes, qui peuvent se combiner, s'offrent à vous : le parcours en voiture de la route des gorges, la descente en barque ou en canoë, et une randonnée pédestre sur les sentiers des hautes corniches du causse Méjean ou le long du Tarn.
En voiture, vous verrez surtout défiler châteaux, belvédères, villages pittoresques, offrant un paysage admirable. La barque et le canoë permettent d'approcher les falaises et offrent sur le versant droit des gorges des vues qui restent insoupçonnées de la route tracée trop près de la falaise. Mais les paysages les plus étonnants, les contacts les plus intimes avec les parois rocheuses sont réservés aux plus vaillants, ceux qui accepteront « l'épreuve » d'une incomparable randonnée pédestre qui leur laissera l'impression d'avoir été complices de cette grandeur naturelle.

LA ROUTE DES GORGES

Constamment tracée au fond des gorges, sur la rive droite du Tarn, la D 907bis est toujours pittoresque et sans monotonie grâce aux mille aspects de la gorge, dont les teintes varient suivant les heures du jour. Préférez pourtant la fin de l'après-midi, quand les rayons obliques du soleil dorent les falaises, révélant le canyon dans toute sa splendeur.

DE FLORAC À STE-ÉNIMIE

Pour visualiser ce circuit de 30 km, reportez-vous à la carte p. 358-359 – Comptez environ 1h30.

Florac

Située à l'entrée des gorges du Tarn, cette jolie petite ville est un véritable carrefour pour les amateurs de nature. Cette ancienne capitale d'une des huit baronnies du Gévaudan a été logiquement choisie pour accueillir le siège de la direction et de l'administration du Parc national des Cévennes. Florac est aujourd'hui une bourgade sympathique, renommée pour sa table, son animation estivale et son site naturel.

Quittez Florac au nord par la N 106.

La route suit la vallée du Tarn bordée à l'est par les Cévennes et à l'ouest par les escarpements du causse Méjean qui dominent de 500 m le lit de la rivière.

En vue du village de Bieisses, sur la rive opposée du Tarn, laissez à droite la route de Mende par le col de Montmirat et prenez à gauche la D 907bis qui longe la rive droite de la rivière.

À hauteur d'Ispagnac, le Tarn tourne brusquement ; là commence vraiment le canyon, gigantesque trait de scie profond de 400 à 600 m qui sépare les causses Méjean et de Sauveterre. Au long de ce parcours, on voit encore quelques maisons à toit de lauzes : l'arête centrale est faite de plaques de schiste disposées en « ailes de moulin » ou « lignolets », témoins de la proximité des Cévennes.

Ispagnac

À l'entrée du canyon du Tarn, le bassin d'Ispagnac, planté d'arbres fruitiers et de vignes et où se développe la culture des fraises, jouit d'un climat très doux qui fut de tout temps renommé. Ce « jardin de la Lozère », qui attirait autrefois les gentilshommes lozériens, prolonge cette vocation puisqu'il est devenu un centre de villégiature estivale.

L'**église**, des 11e et 12e s., s'ouvre par un portail roman surmonté d'une belle rosace. À la croisée du transept, une coupole porte un clocher octogonal. Un bouton-poussoir, à droite en entrant, déclenche une visite guidée sur fond musical *(15mn)*. L'édifice est accolé aux restes d'un prieuré qui garde des vestiges de fortifications.

On peut voir encore le portail de l'ancien château et quelques maisons gothiques du 14e s., aux belles croisées.

1 km environ après Ispagnac, prenez à gauche.

Quézac

Le **pont de Quézac**, gothique, franchit le Tarn. C'est le pape Urbain V, originaire de Grizac, en Lozère, qui eut l'idée de le construire pour permettre aux pèlerins de gagner le sanctuaire qu'il avait élevé à Quézac. Détruit pendant les guerres de Religion, le pont fut réédifié sur le plan primitif, au début du 17e s., par l'évêque de Mende.

Une rue étroite bordée de maisons anciennes mène à l'**église de Quézac**, construite sur le lieu même où l'on découvrit en 1050 la statue de la Vierge,

Le hameau de Hauterives sur les bords du Tarn.
A. Duquénoy / MICHELIN

devant laquelle de nombreux pèlerins viennent prier. Elle s'ouvre par un porche datant du 16ᵉ s. À l'intérieur, ses clefs de voûte et quelques-uns de ses chapiteaux sont ornés des armes du pape Urbain V. Un grand pèlerinage a lieu en septembre.

L'exploitation de la **source** par Nestlé depuis 1995 participe grandement à la notoriété du village, publicité aidant. Près du pont, vous pourrez visiter le bâtiment de captage et observer quelques-unes des nombreuses résurgences. Des panneaux explicatifs retracent l'histoire de cette eau naturellement pétillante connue depuis la préhistoire et renommée déjà à l'époque gallo-romaine. Pour aller plus loin, visitez **l'usine d'embouteillage** située à quelques mètres. Depuis une galerie vitrée, vous observerez toutes les étapes du conditionnement avant de passer à une rafraîchissante dégustation.
04 66 45 47 15 - www.eaudequezac.com - visite guidée (2h) sur RV - juil.-août : tlj sf w.-end 9h-12h, 13h30-17h ; reste de l'année : ouv. jeu. mat., lun., mar. 9h-12h, 13h-17h - fermé j. fériés - 3 € (-12 ans gratuit).

Revenez à la D 907bis.

Entre Molines et Blajoux, deux châteaux apparaissent. Tout d'abord sur la rive droite, celui de **Rocheblave** (16ᵉ s.) – reconnaissable à ses mâchicoulis – dominé par les ruines d'un manoir du 12ᵉ s. et par une curieuse aiguille calcaire. Plus loin, sur la rive gauche, celui de **Charbonnières** (16ᵉ s.) est situé en aval du village de Montbrun.

★ Castelbouc

Sur la rive gauche du Tarn. D'après la légende, son nom remonterait aux croisades : un seigneur, resté seul parmi ses sujettes, périt d'épuisement suite à son excès de complaisance envers les pauvrettes esseulées. Lorsque son âme s'envola, on vit planer un énorme bouc sur le château qui, depuis, s'est appelé Castelbouc.

Le site très curieux de Castelbouc apparaît de la route même. Les ruines du château se dressent sur un rocher escarpé, haut de 60 m, qui surplombe, creusé

Le Tarn au creux de son lit

TROUVER LA FAILLE

Le Tarn, qui prend sa source au mont Lozère, à 1 575 m d'altitude, descend les pentes des Cévennes d'un cours rapide et torrentueux, recevant de multiples affluents, notamment le Tarnon, près de Florac. Il pénètre alors dans la région des causses. Désormais, son cours est guidé par une série de failles qu'il a utilisées puis approfondies en **canyon**. Il est alimenté uniquement par quarante résurgences venant du causse Méjean ou du causse de Sauveterre et dont trois seulement forment une petite rivière sur un trajet de quelques centaines de mètres. La plupart tombent directement dans le Tarn en cascades.

VILLAGES PERDUS

Dans cette gorge, brûlante l'été, les agglomérations, que menacent parfois des crues subites, sont rares et peu importantes. Elles s'échelonnent au débouché de ravins secs ou dans un élargissement de la vallée. Les pentes qui les entourent se couvrent de vergers et de vignes. La forte concentration des habitations, en certains points des gorges, contraste avec l'absence de peuplement des causses. Elle surprend le voyageur qui découvre subitement les villages, après avoir parcouru sur les plateaux des dizaines de kilomètres, sans rencontrer le moindre hameau. Souvent, au bord même du Tarn ou haut perchés sur les versants, se dressent des châteaux ruinés qui furent pour la plupart, au Moyen Âge, des repaires de pillards.

UN CHAOS CONTRE LE DIABLE

Une légende explique pourquoi le Tarn est enseveli sous un amas de roches au Pas de Soucy : poursuivi par sainte Énimie, le diable fuyait de roc en roc le long de la falaise dominant le Tarn. Voyant qu'elle ne pouvait l'attraper, la sainte appela les roches à la rescousse. Un éboulement gigantesque répondit à cette prière. Un rocher, **Roque Sourde**, de tout son énorme poids, se précipita sur Satan. Mais le Malin se glissa dans une fente du lit du Tarn et, meurtri mais indemne, regagna l'enfer.

RAPACES

Les **vautours** qui planent, portés par les vents au-dessus des gorges, ont été réintroduits et protégés pour pallier leur disparition signalée dans les années 1940.

dans le roc, un petit village dont les maisons ont utilisé la falaise comme mur de fond. Une résurgence extrêmement puissante jaillit par trois ouvertures, deux dans une grotte, une dans le village.
Peu après, à gauche de la route, apparaît le château de Prades.

Château de Prades

Dressé sur un éperon rocheux surplombant le Tarn, ce château, construit au début du 13e s., avait pour mission de protéger l'abbaye de Ste-Énimie et de défendre l'accès des gorges. Il fut, dès l'origine, propriété des évêques de Mende puis, de 1280 jusqu'à la Révolution, celle des seigneurs-prieurs de l'abbaye de Ste-Énimie.

★ Ste-Énimie *(voir p. 363)*

Quittez Ste-Énimie au sud par la D 986 et traversez le Tarn – 6,5 km.
Points de vue★★ sur le canyon du Tarn : le cirque de St-Chély et celui de Pougnadoires.

DE STE-ÉNIMIE AU CHÂTEAU DE PEYRELADE

Pour visualiser ce circuit de 68 km, reportez-vous à la carte p. 358-359 – Comptez environ 2h30. Quittez Ste-Énimie au sud par la D 907bis.

★ Cirque de St-Chély-du-Tarn

Le joli village de St-Chély s'élève sur la rive gauche du Tarn à l'entrée d'un gigantesque « bout du monde » formé, au pied du causse Méjean, par le cirque de St-Chély aux superbes falaises.
En franchissant le Tarn, on ira voir l'église romane au joli clocher carré, le four à pain de la place, les vieilles maisons (portes et cheminées Renaissance) qui ont gardé tout leur caractère, les beaux vergers.
Deux résurgences tombent en cascade dans le Tarn. L'une s'échappe de la grotte de Cénaret à l'entrée de laquelle a été bâtie une chapelle (12e s.).

★ Cirque de Pougnadoires

Le village de Pougnadoires encastre ses maisons dans les anfractuosités de la roche. Il s'adosse à ces gigantesques rochers dont les hautes murailles, percées de cavernes, aux teintes rougeâtres révélant l'apparition de la dolomie, forment le cirque de Pougnadoires.

★ Château de la Caze

Ce château du 15e s. *(hôtel-restaurant)* occupe un site romantique, sur les bords mêmes du Tarn. Il fut construit, sous le règne de Charles VIII, par François Alamand, ancien prieur de Ste-Énimie. Il en fit don à sa nièce, Soubeyrane Alamand, lorsqu'elle épousa le baron de Montclar.
Ce décor d'ombrages, de vieilles pierres et de rochers surplombants semble sortir d'un conte. Le château garde encore le souvenir de ses huit filles surnommées les « Nymphes du Tarn », d'une égale et légendaire beauté, qui firent battre les cœurs de tous les hobereaux des alentours.
Plus au sud, on aperçoit, sur la rive opposée, les ruines du château de **Hauterives** qui dominent un hameau dont les belles maisons traditionnelles en pierres grises et dorées ont été très bien restaurées.

La Malène

Au point de jonction des routes qui traversent les causses de Sauveterre et Méjean, La Malène fut de tout temps un lieu de passage. Dans toute cette région des gorges du Tarn, la Révolution mit le pays à feu et à sang. En 1793, un détachement de troupes révolutionnaires fusilla 21 habitants et mit le feu à La Malène. Cet incendie laissa, sur la falaise de la Barre qui domine le village, un dépôt noir indélébile, dû, paraît-il, à la fumée huileuse d'une maison remplie de noix.

Ne manquez pas l'**église** romane (12e s.), la ruelle bordée de vieilles maisons que surplombe le roc de la Barre, et le château du 16e s. aménagé en hôtel.

Quittez La Malène par le pont sur le Tarn et la D 43.

À droite de la route s'élèvent la chapelle de la grotte et la statue de la Vierge d'où l'on découvre une vue sur le village et ses environs. La montée au-dessus de la rive gauche du Tarn est très impressionnante : dix lacets serrés offrent de très belles vues sur l'« entonnoir » de La Malène.

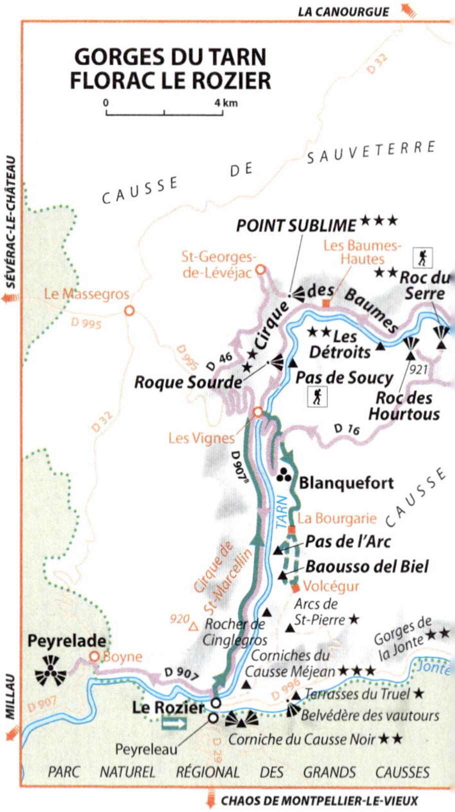

À La Croix-Blanche, prenez à droite la D 16 ; 5 km plus loin, tournez à nouveau à droite. Passé le village de Rieisse, gagnez un embranchement signalisé « Roc des Hourtous-Roc du Serre », situé à proximité d'un relais.

Roc des Hourtous

Suivez la signalisation par le chemin carrossable de gauche.

Parking et accès payant par la guinguette. Le roc surplombe la grotte de la Momie, en aval de laquelle commence le défilé des Détroits, l'endroit le plus resserré du canyon. De là, **vue★★** superbe sur le canyon du Tarn, du hameau de l'Angle au cirque des Baumes et au Point Sublime.

Revenez à l'embranchement ; laissez la voiture à proximité puis prenez à pied le sentier de droite vers le roc du Serre.

★★ Roc du Serre

30mn à pied AR. **Vue★★** unique sur le canyon resserré entre les causses de Sauveterre et Méjean, le mont Lozère, le massif de l'Aigoual, le village de La Malène et les lacets de la D 16 montant sur le causse.

Reprendre à droite la D 16 qui parcourt le causse et descend sur Les Vignes par un tracé de corniche impressionnant qui passe près des ruines du **château de Blanquefort**.

Revenez à La Malène.

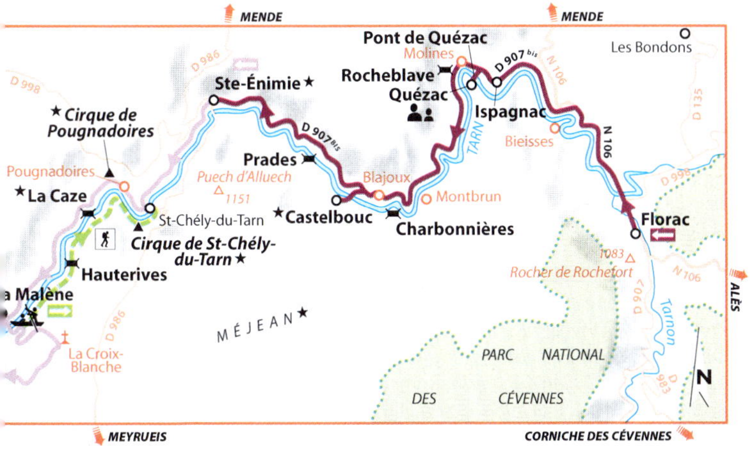

Après La Malène, la route parcourt les **Détroits★★**. Un **belvédère** aménagé, à gauche, offre un beau coup d'œil sur cette partie la plus resserrée des gorges. Plus loin, on passe au pied du **cirque des Baumes★★**.

Pas de Soucy

Ici, le Tarn disparaît sous d'énormes blocs qui forment un véritable chaos provoqué par deux effondrements (en occitan : *soussitch*), dont le plus récent serait dû au tremblement de terre de 580.

Descendre au bord de la rivière (*15mn AR*). De là, on aperçoit la masse de Roque Sourde qui s'est écroulée sans se briser. À 150 m au-dessus, la Roche Aiguille, haute de 80 m, s'incline vers l'abîme. La traversée du Tarn de bloc en bloc peut être dangereuse, en raison de la nature glissante de la roche et de l'impétuosité du torrent.

Si l'on veut avoir une vue d'ensemble du Pas de Soucy, on pourra monter (*15mn AR*) au **belvédère** qui a été aménagé sur **Roque Sourde**. *✆ 04 66 48 81 40 - avr.-10 nov. : 8h-19h30 - 0,50 € (-12 ans 0,20 €).*

Au niveau des Vignes, prenez à droite la D 995, route en corniche aux lacets serrés. À 5 km, prenez à droite la D 46 qui court sur le causse de Sauveterre et, à St-Georges-de-Lévéjac, encore à droite.

★★★ Point Sublime

Du Point Sublime, on découvre un non moins sublime panorama sur le canyon du Tarn, des Détroits jusqu'au Pas de Soucy et à la Roche Aiguille. Au pied du petit plateau, qui domine le Tarn de plus de 400 m, se creuse le magnifique cirque des Baumes, aux gigantesques parois calcaires.

Faites demi-tour et regagnez les Vignes.

On aperçoit bientôt au flanc du causse Méjean, sur un gros rocher, les maigres ruines du **château de Blanquefort**. Plus loin apparaît en avant l'énorme rocher de Cinglegros, détaché du causse Méjean *(voir ce nom)*. Sur la rive droite, les escarpements du causse de Sauveterre s'écartent du Tarn en formant le cirque de St-Marcellin. Puis, sur la gauche, se dessine le rocher de Capluc, reconnaissable à la croix qui le surmonte : telle une étrave à l'extrémité du causse Méjean, il domine le confluent du Tarn et de la Jonte. Enfin, après avoir franchi le pont sur la rivière où s'élève un monument à la mémoire d'Édouard Alfred Martel, on gagne Le Rozier.

Le Rozier

Village bâti au confluent du Tarn et de la Jonte, au pied des escarpements des grands causses de Sauveterre, Noir et Méjean, c'est un excellent point de départ pour des excursions à pied ou en voiture *(voir le causse Méjean, p. 366)*.

En automne survit ici une tradition gourmande : sanglier, bécasse et autres gibiers parfumés aux truffes garnissent les tables.

Prenez la D 907 en direction de Millau. À la sortie de Boyne, une petite route à droite mène au château de Peyrelade.

Château de Peyrelade

Accès par Boyne en voiture (rte étroite), parking - 12640 Rivière-sur-Tarn - rens. à l'office du tourisme de Rivière-sur-Tarn - ✆ 05 65 59 74 28 - www.ot-gorgesdutarn.com - visite guidée ou libre - de mi-juil. à fin août : 10h-18h ; de déb. juin à mi-juil. et sept. : 10h-12h, 14h-18h (fermé sam. en juin et sept.) - 3,50 € (8-12 ans 1,50 €) - animations (gratuit) et initiation au tir à l'arc (1h - pour les 9-13 ans - 2,50 €) ts les mar. du 14 Juil. au 25 août.

Visible depuis la route en contre-bas, ce château du 12e s. était l'une des plus importantes forteresses du Rouergue au Moyen Âge. Peyrelade qui signifie « pierre large » est accroché à un impressionnant piton rocheux (50 m de haut et 10 m de large). Malgré le démantèlement du château en 1633 (ordonné par Richelieu), vous remarquerez entre autres, au sein des trois remparts, portes, habitations, chapelle, basse-cour et la tour ronde qui menait au donjon-rocher. Depuis les **hourds** reconstitués, le **panorama★** est magnifique ; on domine les causses et la vallée du Tarn.

DESCENTE EN BARQUE

Voir la carte p. 358-359. Effectuez la descente de préférence le matin, au moment où cette partie du canyon se présente sous son éclairage le plus favorable.

Bateliers des gorges du Tarn - 48210 La Malène - ✆ 04 66 48 51 10 - www.gorgesdutarn.com - visite guidée et commentée (1h) par un batelier du pays - avr.-oct. (juil.-août : dép. du mat. et fin d'apr.-midi conseillés) - 80 € par barque de 4 pers. (20 € la place).

Les eaux du Tarn, tantôt rapides, tantôt calmes, sont toujours transparentes, si bien que même aux endroits les plus profonds de la rivière, on aperçoit les galets qui forment son lit.

★★ Les Détroits

Ils constituent la partie la plus belle et la plus resserrée du canyon. La barque passe devant une ouverture dénommée la **grotte de la Momie** puis s'engage entre deux hautes murailles qui plongent, à pic, dans la rivière. Plus haut, la deuxième falaise étage ses gradins jusqu'à plus de 400 m au-dessus du Tarn. Le défilé est admirable avec ses parois colorées qui enserrent la rivière.

★★ Cirque des Baumes

À la sortie des Détroits, le canyon du Tarn s'élargit. On entre dans le magnifique cirque des Baumes (« baume » signifie grotte). « La couleur rouge y domine ; mais le blanc, le noir, le bleu, le gris, le jaune y nuancent les parois, et des bouquets d'arbres, des broussailles y mêlent des tons verts et des tons sombres. » Les barques s'arrêtent aux Baumes-Hautes.

DESCENTE EN CANOË

Attention : cette descente ne peut être effectuée que par des canoéistes ayant acquis une certaine expérience sur des rivières à courant vif.

De Florac à Ste-Énimie, la descente peut en outre, durant les mois d'été, être gênée par le manque d'eau. À part quelques rapides francs, parcours facile de Ste-Énimie au Pas de Soucy; à partir de là, un portage jusqu'au pont des Vignes est nécessaire, ce court passage étant très dangereux. La section pont des Vignes-Le Rozier est plus mouvementée; quelques rapides devront être pris avec prudence. Les véritables amateurs de gorges, partant le matin de La Malène, pourront emporter des provisions, s'arrêter sur une plage des Détroits, se baigner, pique-niquer au bord de la rivière et flâner tout l'après-midi dans les gorges, à pied ou en canoë.

Randonnées Carte des gorges du Tarn

CORNICHE DU TARN

Pour visualiser ce circuit, reportez-vous à la carte p. 358-359. Au départ du Rozier – 21 km en voiture, plus 3h30 à pied. Du Rozier, prenez la route des gorges du Tarn (D 907) jusqu'aux Vignes. Tournez à droite vers Florac. La route s'élève en lacet au-dessus des gorges. Tournez vers La Bourgarie et laissez-y la voiture.

Au bout du hameau, suivre le sentier signalisé en rouge. Il passe devant la fontaine du Bout du Monde. Juste après, à un embranchement, le chemin de droite descend au Pas de l'Arc.

Pas de l'Arc

C'est une ouverture ogivale naturelle que l'érosion a creusée dans le roc.
Revenez sur vos pas et, à l'embranchement, poursuivez vers Baousso del Biel.

Baousso del Biel

Avec ses 40 m d'ouverture sous la voûte, c'est la plus grande arche naturelle de la région. Le sentier atteint le point où l'arche se rattache au plateau. Avancez de quelques centaines de mètres après ce pont et continuez en remontant vers la gauche jusqu'à la ferme abandonnée de Volcégur.
De là, un chemin forestier (le GR 6A) ramène à La Bourgarie.

SENTIER DE LA VALLÉE DU TARN

Pour visualiser ce circuit, reportez-vous à la carte p. 358-359. De La Malène à St-Chély-du-Tarn – 3h aller. À La Malène, traversez le pont et suivez vers la gauche un sentier balisé en jaune et vert menant à un chemin longeant la berge, vers Hauterives. Randonnée très facile, à éviter l'été car le sentier, comme la rivière, ressemble au boulevard périphérique parisien aux heures de pointe !

Ce sentier pédestre suit le cours du Tarn et permet de découvrir à son rythme les gorges et les falaises, accompagné par le doux bruit de l'eau parfois agitée par le passage de kayakistes.

Le sentier traverse tout d'abord une épaisse forêt de saules plongeant leurs branches dans l'eau. On aperçoit de l'autre côté de la rivière les falaises du causse de Sauveterre dont le calcaire est tout grignoté par l'eau.

Le sentier emprunte ensuite des escaliers taillés dans la roche et découvre un paysage totalement différent du précédent : de la foisonnante végétation de bord de rivière, on passe à la garrigue méditerranéenne avec ses chênes rabougris et ses herbes éparses. On traverse un pierrier *(attention aux dégringolades et autres chevilles foulées !)* pour atteindre le joli hameau de **Hauterives**. Après avoir foulé l'herbe d'anciennes terrasses, on pénètre dans une forêt de pins et de chênes. On passe ensuite en face du **château de la Caze** et du **cirque de Pougnadoires★** avant d'arriver à **St-Chély-du-Tarn★**.

NOS ADRESSES DANS LES GORGES DU TARN

HÉBERGEMENT

PREMIER PRIX

Hôtel Malaval – *Au village - 48500 St-Georges-de-Lévéjac - ✆ 04 66 48 81 07 - http://cardoule.com/malaval/ - fermé 5-20 oct. et 25 déc.-1er janv. - P - ⊭ - 10 ch. 32/35 € - ☕ 6 € - rest. 9/24 €.* Cet hôtel-restaurant héberge également le café-tabac de ce paisible village sis à deux pas du Point Sublime. La simplicité est de mise tant dans les chambres (mobilier des années 1960, mais tenue impeccable) que dans la salle à manger campagnarde. Copieuse cuisine familiale, prix raisonnables et accueil tout sourire.

Chambre d'hôte Domaine de la Cardabelle – *Quartier des Salles - 12640 Rivière-sur-Tarn - ✆ 05 65 59 85 78 - www.domaine-lacardabelle.eu - fermé déc. - P - ⊭ - 5 ch. 48 € ☕ - rest. 16 €.* Tenue par des vignerons d'une rare gentillesse, cette maison honore la fleur du chardon, devenue l'emblème de la région. Elle se trouve dans le village, à quelques minutes des gorges du Tarn. Les chambres sont simples mais fort bien tenues, et le jardin offre une échappée sur le château de Peyrelade et sur le piédestal de Fontaneilles. Dégustation du vin de la propriété.

POUR SE FAIRE PLAISIR

Manoir de Montesquiou – *48210 La Malène - ✆ 04 66 48 51 12 - www.manoir-montesquiou.com - fermé de fin oct. à fin mars - P - 10 ch. 77/115 €, 2 appart. 148 €/j - ☕ 14 € - rest. 28/50 € - wifi gratuit.* Accueil familial, chambres personnalisées (lits à baldaquin, mobilier de style), beau jardin où fleurissent de magnifiques rosiers : cette demeure du 15e s. possède bien des atouts. Repas à base de produits locaux servis sur la jolie terrasse, lorsque le soleil apparaît.

RESTAURATION

BUDGET MOYEN

La Calquière – *12720 Mostuéjouls - ✆ 05 65 62 64 17 - www.lacalquiere.fr - fermé oct.-mars - ♿ - P - 14/22 € - 2 ch. 35/47 € - wifi gratuit.* Sur la route fréquentée des gorges, cette auberge ménage une jolie vue depuis sa terrasse : elle surplombe une église du 11e s. avec son cimetière, au bord du Tarn. Cuisine simple et familiale préparée avec des produits de la ferme, servie dans une salle voûtée et fraîche. Deux agréables petites chambres.

ACTIVITÉS

Canoë

Une dizaine d'établissements vous propose, entre Florac et Le Rozier, de découvrir les gorges du Tarn en canoë ou en kayak ; au total, 36 km de randonnées aquatiques, avec ou sans accompagnement. Voir notamment **Canyon Location** à Ste-Énimie *(p. 365)*.

Promenade en barque

Voir p. 360.

Sainte-Énimie

★

523 Santrimiols – Lozère (48)

NOS ADRESSES PAGE 365

S'INFORMER

Office de tourisme – *Village - 48210 Ste-Énimie - ✆ 04 66 48 53 44 - www.gorgesdutarn.net - juil.-août : 9h-13h, 14h-19h, dim. 9h30-12h30 - de Pâques à fin juin et de déb. sept. à la Toussaint : tlj sf dim. 9h30-12h30, 14h-17h30 - reste de l'année : tlj sf w.-end 9h30-12h30, 14h-17h30.*

SE REPÉRER

Carte de microrégion C1 (p. 303) – *Carte Michelin Région 526 M5.* À 134 km au nord-ouest de Montpellier, à 27 km à l'ouest de Florac par la N 106 puis la D 907*bis*, et à 27 km au sud de Mende par la N 88 puis la D 986.

À NE PAS MANQUER

Une promenade dans les ruelles du village ; la maison ancienne de la place au Beurre ; le festival de bande dessinée médiéval en juillet et, bien entendu, la descente en canoë des gorges du Tarn.

ORGANISER SON TEMPS

Ste-Énimie constitue une base de départ pour la découverte des gorges du Tarn *(voir p. 353)*. Vous pouvez décider par exemple d'arriver dans l'après-midi afin de partir le lendemain matin pour une balade au fil de l'eau.

AVEC LES ENFANTS

La descente en canoë des gorges du Tarn avec des enfants est possible, à condition qu'ils sachent nager ; les animations du Festival de bande dessinée médiévale.

4

Le bourg s'étage à l'un des passages les plus resserrés des profondes gorges du Tarn, sur un tapis de verdure. On discerne sur les pentes abruptes des murs de soutènement et des terrasses qui montent en larges escaliers, témoins de l'immense travail accompli par l'homme pour pactiser avec la nature. Avec ses rues pavées en galets et son allure médiévale, Ste-Énimie figure à juste titre au rang des « plus beaux villages de France ».

Se promener

Une flânerie au hasard des ruelles pittoresques du village vous permettra d'en apprécier tout le charme.

Ancien monastère

Accès au départ de la place du Plot. Suivez les flèches vers la salle capitulaire. Traversez une salle voûtée, montez un escalier qui passe devant la crypte, et longer un terrain de sport.

On peut voir encore une salle capitulaire romane. Autour du monastère, les ruines d'anciennes fortifications subsistent.

SAINTE ÉNIMIE

Énimie était une princesse mérovingienne, fille de Clotaire II et sœur du roi Dagobert. Repoussant les demandes en mariage les plus flatteuses, elle désire se consacrer à Dieu. Le roi s'y refuse et fiance Énimie à l'un de ses barons. Aussitôt, la lèpre atteint la jeune fille et écarte le prétendant. Les remèdes sont sans effet jusqu'au jour où un ange apparaît et ordonne à la jeune fille de partir pour le Gévaudan : là-bas, affirme-t-il, elle trouvera une source qui lui rendra sa beauté passée.

Elle parvient, après plusieurs jours d'un pénible voyage, dans un lieu où les malades viennent « prendre les eaux » (c'est l'actuel Bagnols-les-Bains). Pensant avoir enfin atteint la source capable de guérir son mal, elle veut s'arrêter, mais l'ange lui ordonne de continuer sa route.

Enfin, dans une vallée profonde et sauvage, elle apprend, par des pâtres, qu'une source – celle de Burle – est toute proche. La princesse se plonge dans l'eau miraculeuse qui fait aussitôt disparaître les traces de son mal. Lorsqu'elle veut prendre le chemin du retour, la lèpre couvre à nouveau son corps. Elle revient à la source qui accomplit le même miracle. Le message est clair : il lui faut s'établir à Burle. Elle se retire dans une grotte, répand les bienfaits autour d'elle, fait bâtir un monastère de femmes. Saint Hilaire, évêque de Mende, vient lui rendre visite et la consacre abbesse du couvent de Burle. Elle termine sa vie dans la sainteté, aux environs de l'an 628. On l'enterre dans la grotte-ermitage, dans une belle châsse d'argent, et ce lieu, hanté désormais par les pèlerins, voit se multiplier les miracles.

Place au Beurre et halle au Blé

Au cœur du village ancien, la place présente une jolie maison ancienne, tandis que la halle a conservé une mesure à froment.

Le Vieux Logis

✆ 04 66 48 53 44 - de mi-juin à mi-sept. : tlj sf mar. et sam. 10h-12h30, 15h-18h30 - 2 € (-12 ans gratuit).

Cet écomusée installé dans une salle contenant l'alcôve, l'âtre, la table et divers ustensiles donne une idée des conditions de vie d'autrefois.

Église

Du 12e s., elle a subi quelques transformations. Voir la belle voûte en cul-de-four de l'abside et la statue de sainte Anne en pierre (14e s.).

Des panneaux de céramique moderne, d'Henri Constans, illustrent la légende de sainte Énimie. Près du bénitier, marque du niveau d'eau atteint lors de la crue du Tarn du 29 septembre 1900. L'autel baignait alors dans l'eau. Les dernières crues exceptionnelles remontent à 1965 et 1982.

Source de Burle

Résurgence des eaux de pluie tombées sur le causse de Sauveterre. Ce sont les eaux de la source de Burle qui, selon la légende, guérirent de la lèpre sainte Énimie.

À proximité Carte de microrégion

Grotte-ermitage C1

45mn à pied AR au départ de Ste-Énimie par un sentier (situé derrière les gîtes St-Vincent) ; ou bien 2,5 km par la D 986 en direction de Mende, puis 30mn à pied AR.

À l'entrée, deux pierres creusées en forme de fauteuil servaient, dit-on, de siège à sainte Énimie. **Vue** sur le Tarn et la ville.
À 5 km sur la route de Mende (D 986), **vue** sur Ste-Énimie et son site.

Ferme départementale des Boissets C1

À droite de la D 986 en direction de Mende - ✆ 04 66 48 53 44 (office de tourisme) - mi-juin.-mi-sept. : 10h-19h - visite guidée 10h, 13h, 15h et 17h - 3 € (enf. 1,50 €).
Sur les hauteurs de Ste-Énimie, en bordure du causse de Sauveterre, ce hameau traditionnel accueille le **Centre d'interprétation des causses et gorges**. Des films et documents retracent les liens entre la « montagne » et la vallée, les difficultés et l'ingéniosité des habitants pour vivre, parfois survivre, dans ce milieu aussi envoûtant que difficile.
Cette visite est une très bonne introduction à la découverte de la région. Les différents bâtiments du hameau ont été aménagés pour présenter la géologie et les paysages, l'architecture rurale et les cultures, le mouton bien sûr, mais aussi les richesses méconnues de la faune et de la flore.

NOS ADRESSES À SAINTE-ÉNIMIE

HÉBERGEMENT

PREMIER PRIX

Camping Couderc – *Rte de Millau (à 2 km au sud-ouest par D 907 bis, rte de Millau, bord du Tarn) - ✆ 04 66 48 50 53 - www.campingcouderc.fr - de mi-avr. à mi-sept. - ♿ - 🚫💳 - réserv. conseillée - 130 empl. 20 €.* Ce camping propose des emplacements en terrasses sur un terrain arboré. Les blocs sanitaires et leurs équipements sont d'un niveau très correct. Aire de jeux pour enfants et piscine avec de beaux bassins. Location de mobile homes et nombreuses activités sportives et touristiques.

BUDGET MOYEN

Auberge du Moulin – *R. de la Combe - ✆ 04 66 48 53 08 - www.aubergedumoulin.free.fr - fermé de mi-nov. à fin mars, dim. soir (sf juil.-août) et j. fériés - P - 10 ch. 55/70 € - ☕ 8 € - rest. formule déj. 14 € - 18/36 €.* Une belle demeure en pierre au cœur du vieux village inscrit dans un site extraordinaire. Chambres simples, mais confortables pour moitié tournées vers le Tarn. À l'immense salle du restaurant dotée d'une cheminée, préférez aux beaux jours la paisible terrasse qui domine la rivière, pour déguster une cuisine régionale.

ACTIVITÉS

Canoë, barque

Canyon Location – *Rte de Millau - ✆ 04 66 48 50 52 - www.tarncanoe.com - 8h-19h - fermé de mi-oct. à fin mars.*

AGENDA

Festival de la bande dessinée médiévale – *W.-end du 14 Juil.* Marché, animations et dédicaces - *www.enimie.bd.fr - 3 €.*

Causse Méjean

★

Lozère (48)

NOS ADRESSES PAGE 373

S'INFORMER

Office de tourisme du Rozier – *Rte de Meyrueis - 48150 Le Rozier - ✆ 05 65 62 60 89 - www.officedetourisme-gorgesdutarn.com - juil.-août : 9h-13h, 16h-19h, dim. et j. fériés 9h-13h - reste de l'année : tlj sf w.-end 9h-11h30.*

SE REPÉRER

Carte de microrégion C1-2 (p. 303) – *Carte Michelin Région 526 M5.* À 30 km au nord-est de Millau par la D 907. La D 16 traverse longitudinalement le causse, et la D 986 transversalement.

À NE PAS MANQUER

Les chevaux de Przewalski au Villaret ; la Forêt Vierge de l'aven Armand ; le chaos de Nîmes-le-Vieux et la randonnée sur les corniches du causse.

ORGANISER SON TEMPS

Pensez à faire le plein de carburant avant de monter sur le causse. Prévoyez au moins deux jours, surtout si vous souhaitez randonner. N'oubliez pas les indispensables bouteilles d'eau, chapeau ou pull de laine pour la nuit.

AVEC LES ENFANTS

La ferme caussenarde à Hyelzas.

Le « causse du milieu » est le causse le plus élevé, et il est connu pour la rudesse de son climat : les hivers y sont rigoureux et les étés torrides, et le thermomètre s'affole continuellement, entre le jour et la nuit. Le calcaire et la dolomie affleurent successivement sur le plateau. Dans les sotchs, une terre rouge donne une belle alternance de prairies et de labours, arrêtés ici ou là par d'impromptus mégalithes. Très peu peuplé, le causse Méjean s'étend à l'est en un immense désert tandis qu'à l'ouest, des ravins profonds viennent l'échancrer. Ici, la brebis est reine, et il n'est pas rare qu'on se trouve nez à nez avec quelque troupeau. Avec les chevaux de Przewalski, les sculptures ruiniformes et les vautours fauves qui planent, on se croirait volontiers dans un inquiétant western. Mais c'est bien sûr l'exceptionnel aven Armand qui attire la plupart des visiteurs.

Circuit conseillé Carte de microrégion

Pour visualiser ce circuit de 87 km, reportez-vous à la carte de microrégion (p. 303). Au départ de Florac (voir p. 254) – Comptez 3h. Quittez Florac par la D 16 (en suivant la direction « Causse Méjean »). Puis tournez à gauche dans la D 63.

Au croisement entre ces deux routes, alors que tout autour n'est qu'étendues désertiques, on est surpris de trouver un aérodrome, servant également de base de vol à voile. Plus loin sur la D 63, on traverse le hameau du **Villaret** où a été implanté un élevage de **chevaux de Przewalski** ; on peut voir ces petits chevaux sauvages originaires de Mongolie galoper dans les prairies alentour. Avec un peu d'imagination, on se croirait en pleine steppe orientale…

L'aven Armand.
P. Jacques / hemis.fr

★★★ Aven Armand C2 *(voir p. 368)*

Hyelzas, ferme caussenarde d'autrefois C2

✆ 04 66 45 65 25 - www.ferme-caussenarde.com - juil.-août : 10h-19h ; avr.-juin et sept.-oct. : tlj sf lun. 10h-12h, 14h-18h - fermé nov.- mars - 5,80 €.

Cette ferme restaurée est un excellent exemple de l'architecture des causses : des voûtes en pierres sèches supportent une lourde couverture en lauzes calcaires. On y visite les pièces d'habitation, au dallage de pierre, où le mobilier et les ustensiles ont retrouvé leur place de jadis. Dans les bâtiments d'exploitation sont regroupés des outils et machines agricoles marquant les grandes évolutions dans l'agriculture. On y apprend l'importance de l'eau dans ce pays où elle est si rare… et l'extraordinaire faculté d'adaptation des hommes dans ces terres caillouteuses. Des photos d'époque, des reconstitutions miniatures de monuments (tour de l'Horloge de Meyrueis, pont et vieux moulin de Millau) et d'habitats traditionnels (fermes caussenardes, maisons de Lozère), le film *Lou Mèjio*, et quelques animaux… agrémentent cette balade dans ce passé pas si lointain.

Faites demi-tour jusqu'au croisement avec la D 986 où vous tournez à droite.

Meyrueis C2 *(voir p. 374)*

Prenez la D 996 en direction de Florac. Le contraste est saisissant entre les étendues arides du causse Méjean *(à gauche)* et le massif très boisé de l'Aigoual *(à droite)*. *Au col de Perjuret, tournez à gauche. Après le col, dirigez-vous soit vers Le Veygalier, soit vers L'Hom ou Gally, où vous laissez la voiture.*

★ Chaos de Nîmes-le-Vieux D2

Promenade déconseillée par temps de pluie, de brouillard et de vent en hiver (températures pouvant alors descendre à -15 °C). ✆ 04 66 45 60 33 - www.meyrueis-office-tourisme.com.

Au départ du Veygalier – *Avr.-sept. : visite libre au dép. de L'Hom ou de Gally.* Dans Le Veygalier, beau village caussenard, une maison a été aménagée pour présenter une **exposition** sur la géologie du causse. Là commence le circuit qui mène à travers des « rues » de pierre surmontées de rochers de 10 à 50 m de haut aux formes étranges. En montant sur la colline au-dessus du Veygalier, belles vues sur le cirque hérissé des rocs dolomitiques, où les maisons de pierre se confondent avec leur curieux décor.

Au départ de L'Hom ou de Gally – *Accès gratuit. De Gally au Veygalier : 1h30 à pied.* Un intéressant sentier de découverte a été mis en place par le Parc national des Cévennes. Les différentes tables d'interprétation permettent de saisir toute l'originalité de ce milieu naturel si typique des causses. De loin surgit une cité ruiniforme sur l'étendue dénudée du causse Méjean. On raconte que, durant les guerres de Religion, les troupes royales à la recherche des protestants avaient enfin cru atteindre leur but, Nîmes.

Redescendez vers Florac par la D 907.

Découvrir Carte de microrégion

★★★ AVEN ARMAND C2

Niché dans les profondeurs du causse Méjean, l'aven Armand est une des merveilles du monde souterrain. Découvert par hasard, comme c'est souvent le cas pour les grottes, il fait aujourd'hui l'unanimité chez les visiteurs qui se pressent chaque année pour le voir. Une descente en funiculaire à plus de 100 m sous terre et vous voilà au cœur d'une forêt de stalagmites. Un spectacle inoubliable !

✆ 04 66 45 61 31 - www.aven-armand.com - température : 10 °C - visite guidée - de mi-juin à fin août : 9h30-18h ; de mi-mars à mi-juin et sept.-oct. : 10h-12h, 13h30-17h - 8,50 € (5-15 ans 5,80 €). Pensez à vous couvrir avant de descendre et comptez 1h pour la visite.

Belvédère

Un tunnel, long de 208 m, creusé pour faciliter l'accès de la grotte, débouche presque au pied du puits de 75 m par lequel sont descendus les premiers explorateurs des lieux. Du balcon (accessible à tous) où aboutit le tunnel, on découvre un spectacle merveilleux. Le regard plonge dans une immense salle de 60 m sur 100 m et d'une hauteur de 45 m.

La « Forêt Vierge »

Sur les matériaux éboulés de la voûte se sont édifiées d'éblouissantes concrétions, offrant l'image d'une forêt pétrifiée : ces arbres de pierre, plus ou moins denses, aux formes fantastiques, peuvent atteindre à la base jusqu'à 3 m de

UNE INCROYABLE DÉCOUVERTE

En descendant de La Parade le 19 septembre 1897, **Louis Armand** aperçoit cet énorme orifice que les fermiers des alentours appellent « l'aven ». Il arrive facilement en bas. Des exclamations de joie montent du téléphone : « Superbe ! Magnifique ! Plus beau que Dargilan ! Une vraie forêt de pierres ! » Armand remonte, enthousiasmé. Le lendemain, **Édouard Alfred Martel** (1859-1938), explorateur souterrain des causses – entre autres – et auteur de publications qui le rendirent célèbre dans le milieu de la spéléologie, y descend à son tour. Il décide de donner à cet aven le nom de son dévoué auxiliaire qui en devient le propriétaire. L'aven est ouvert au public en 1927.

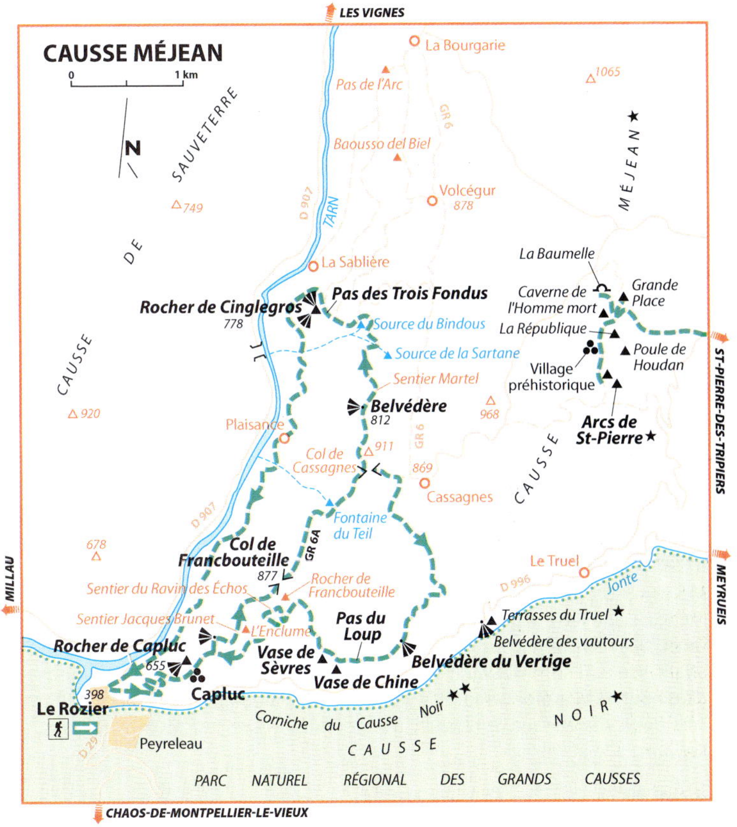

diamètre et mesurer, certains, de 15 à 25 m de hauteur. De leurs fûts, évoquant palmiers et cyprès, partent des feuilles irrégulièrement découpées, larges parfois de plusieurs décimètres.
En parcourant la salle *(escaliers munis de mains courantes ; attention aux marches qui peuvent être glissantes),* on peut apprécier la variété des concrétions : des cierges graciles de plusieurs mètres de hauteur, d'étranges figures à têtes de monstres et massues, choux frisés et fruits ciselés, et surtout la magnifique colonne en encorbellement supportée par une mince console, que domine la grande stalagmite, de 30 m de hauteur.

Randonnées Carte du causse Méjean

★★★ CORNICHE DU CAUSSE MÉJEAN

Circuit pédestre au départ du Rozier (voir carte ci-dessus) – Environ 7h. Derrière l'église du Rozier, prenez le sentier à la jonction des deux routes (GR 6A balisé en rouge et blanc) – Sentier sans grande difficulté mais comportant certains passages en corniche impressionnants. Prévoyez des provisions et de l'eau pour la journée. Chaussures de marche indispensables. Attention, par temps pluvieux ou neigeux : terrain glissant. En juillet et août, sentier surpeuplé, ce qui nuit quelque peu au charme de la balade.

Après 30mn de montée, on atteint le pittoresque hameau de **Capluc**, aujourd'hui déserté.

Rocher de Capluc

Déconseillé aux personnes sujettes au vertige. Prenez à gauche, en direction du rocher de Capluc; repérable grâce à la croix métallique qui le surmonte, il forme l'extrême pointe d'un promontoire qui termine, au sud-ouest, le causse Méjean. Après avoir gravi un escalier de pierre, vous laissez sur la droite une maison appuyée à la paroi rocheuse. Puis une rampe métallique et de nouveau un escalier de pierre conduisent à la plate-forme en terrasse autour du rocher. La montée au sommet au moyen d'échelles métalliques est vertigineuse; d'en haut, la vue plonge sur Peyreleau, et le confluent de la Jonte et du Tarn. Très belle vue en face, sur les villages perchés de Liaucous et Mostuéjouls. *Regagnez Capluc.*

Montée au col de Francbouteille

Deux cents mètres après le hameau de Capluc, deux possibilités s'offrent pour accéder au col de Francbouteille.

Le sentier dit du « ravin des Échos » *(accessible à tous – section du GR 6A)* s'élève doucement en plusieurs lacets en découvrant de belles vues sur le causse.

Le sentier Jacques-Brunet *(escarpé, quelques passages à réserver aux marcheurs expérimentés. Balises : ronds orange et rouge)*, qui s'amorce par un escalier, s'élève parmi les genévriers, les buis et les pins. Il se faufile à travers de petites cheminées, atteint le sommet d'une crête d'où la vue est merveilleuse sur les deux canyons du Tarn et de la Jonte. Parmi de fantastiques murailles se détache l'« Enclume », que l'on contourne. Après un passage rafraîchissant en sous-bois où les échappées sur la vallée du Tarn sont nombreuses, le sentier atteint le col.

Col de Francbouteille

Appelé aussi col des Deux Canyons, il est marqué d'une stèle du Club alpin. À droite, telle une gigantesque proue, s'élève le rocher de Francbouteille.

Suivez les flèches conduisant au GR 6A. Bientôt, à gauche, sourd la fontaine du Teil. Les sources sont rares sur le plateau du causse Méjean et celle-ci est particulièrement appréciée des marcheurs.

Au col de Cassagnes, laissez à gauche le sentier Martel menant au rocher de Cinglegros (voir ci-contre) et obliquez à droite vers le village isolé de Cassagnes. La traversée du causse commence, monotone; seul le cri du vautour fauve, réintroduit sur le Méjean, rompt de temps à autre le silence. Laissez sur la droite une plantation de pins, puis vous prenez à droite le sentier des corniches de la Jonte.

Paysage du causse Méjean.
M. Seguret / MICHELIN

Belvédère du Vertige

Après 1h de marche environ s'offre une vision grandiose. D'un belvédère, protégé par une rambarde, la vue plonge dans le canyon de la Jonte ; la rivière coule à plus de 400 m en contrebas. Légèrement en amont, on distingue les belvédères des Terrasses, minuscules au bord de la route de la vallée. Au premier plan, tout un énorme roc est détaché de la paroi.

On passe ensuite devant une grotte, naguère aménagée en bergerie, puis entre deux ponts naturels. La descente raide, barrée en son milieu par une grille destinée à protéger les brebis d'un saut dans le ravin, porte le nom de **Pas du Loup**. Aussitôt celui-ci franchi, le **Vase de Chine**, situé à la sortie même du défilé, puis le **Vase de Sèvres** apparaissent, récompense inestimable à l'effort fourni. Au loin : Peyreleau et Le Rozier, le rocher de Capluc, les escarpements du causse Noir au-dessus de la rive gauche de la Jonte.

Reprenez le sentier qui descend dans un ensemble de blocs dolomitiques extraordinairement déchiquetés. Laissez à droite le sentier qui joint le col de Francbouteille puis, par le ravin des Échos et la Brèche Magnifique, regagnez Capluc et Le Rozier.

ROCHER DE CINGLEGROS

Déconseillé aux personnes peu alertes ou sujettes au vertige – Circuit pédestre au départ du Rozier (voir carte page p. 369) – Comptez une journée. Suivez le circuit des corniches du causse Méjean décrit ci-dessus jusqu'au col de Cassagnes et prenez à gauche en direction du rocher de Cinglegros.

Le sentier, bien tracé, offre d'abord d'excellentes vues sur les falaises qui surplombent la rive droite du Tarn. Après 20mn environ de marche, un **belvédère** naturel de rochers révèle une vue plongeante dans un ravin impressionnant. Puis vous arrivez à la source de la Sartane (quelquefois à sec) et, aussitôt après, le sentier s'élargit. De nouveau, à gauche du sentier, une petite mare : c'est la source du Bindous.

À l'embranchement suivant, laissez à droite le sentier vers Volcégur et prenez à gauche dans un sous-bois, en direction du Pas des Trois Fondus. On atteint bientôt, après un passage en descente, une terrasse d'où la vue est très belle sur la brèche de Cinglegros.

Prenez le sentier en descente abrupte, sur la gauche. Le **Pas des Trois Fondus** permet de descendre au fond du ravin qui isole le rocher de Cinglegros. On commence par franchir deux échelles métalliques puis deux passages faits de crampons fixés dans le roc, et des escaliers taillés dans la pierre.

Un sentier en sous-bois conduit au pied du rocher. Les installations qui permettent de monter au sommet sont très bien entretenues, mais le trajet reste

impressionnant. Il s'effectue grâce à neuf échelles métalliques et six mains courantes, entre lesquelles s'intercalent des escaliers taillés dans le roc ou des crampons de fer fixés au rocher. Une fois parvenu là-haut, on peut à loisir se promener sur la plate-forme qui occupe le sommet du rocher, d'où la vue est incomparable sur le canyon du Tarn.
Revenez par un sentier descendant vers le hameau de Plaisance et rejoignez Le Rozier par le chemin de la Sablière.

★ ARCS DE ST-PIERRE

Voir carte p. 369. 1h30 à pied AR. Balisé en bleu. Deux accès sont possibles. Soit par la D 63 qui s'embranche sur la D 986 à Hures-la-Parade ; à 3 km, prenez à droite vers St-Pierre-des-Tripiers, puis 1 km après ce village de nouveau à droite, dans le chemin non revêtu face à l'embranchement vers La Viale. Soit par la route étroite, sinueuse et en montée qui s'embranche sur la D 996, au Truel en direction de St-Pierre-des-Tripiers, dans la vallée de la Jonte. À hauteur de l'embranchement vers La Viale, prenez à gauche le chemin non revêtu.
S'engager dans le sentier en descente *(balisé en rouge)* qui gagne d'abord la **Grande Place**. Au centre de ce cirque rocheux se dresse une colonne monolithe haute de 10 m. Le sentier s'élève sur la gauche et atteint la grotte de la **Baumelle**. On peut encore y voir des murs de pierres sèches, longtemps entretenus par les bergers qui abritaient là leurs brebis.
Revenir à la Grande Place d'où le sentier balisé conduit à la **caverne de l'Homme mort** ; cinquante squelettes s'apparentant à celui de l'homme de Cro-Magnon y furent découverts ; la plupart d'entre eux avaient été trépanés au moyen de silex.
On découvre ensuite sur la gauche d'énormes rochers aux formes évocatrices : l'un d'eux a été surnommé la **Poule de Houdan** ; un autre la **République au bonnet phrygien**. Le sentier décrit un coude à gauche et, 300 m plus loin environ, vous arrivez sur les lieux d'un **village préhistorique** dont il reste quelques pans de murs ruinés ou à demi enfouis dans le sol. Les cavités que l'on peut distinguer dans les parois ont été identifiées comme des encoches destinées à fixer les poutrelles du toit.
On atteint enfin les trois arches naturelles des **Arcs de St-Pierre** : la première, munie d'un éperon en avancée, compte parmi les plus belles des causses. Le vent et les intempéries les ont quelquefois courbées ou brisées. C'est que les terres sur le causse Méjean ne sont jamais bien épaisses.

NOS ADRESSES SUR LE CAUSSE MÉJEAN

HÉBERGEMENT

PREMIER PRIX

Hôtel Doussière – *48150 Le Rozier - ✆ 05 65 62 60 25 - www.hotel-doussiere.com - fermé 12 nov.-Pâques - P - 19 ch. 48/58 € - ☕ 8 € - rest. 20 € - wifi gratuit.* Dans le village, deux bâtiments situés de part et d'autre de la Jonte. Les chambres rénovées sont mieux insonorisées. La salle des petits-déjeuners offre une vue plaisante. Terrasse et agréable jardin bordant la rivière.

Camping Le Pont du Tarn – *48400 Florac - ✆ 04 66 45 18 26 - www.camping-florac.com - fermé nov.-mars - 181 empl. 15 €.* Au bord du Tarn, ce camping dispose d'emplacements ombragés et spacieux. Les après-midi d'été, profitez de la piscine (bassin pour enfants) ou de la plage au bord de la rivière. Location de mobile homes.

BUDGET MOYEN

Hôtel Mont Servy – *48210 Mas St-Chély - ✆ 04 66 48 52 14 - www.hotel-montservy.com - fermé janv.-mars - P - 7 ch. 56 € - ☕ 14 € - rest. 26/35 € - étape randonneurs : une nuit (maxi.) avec repas du soir et petit-déjeuner plus pique-nique du lendemain midi à 57 €/pers.* Au cœur du causse, établissement en deux parties : le restaurant, qui propose un alléchant menu terroir, et l'hôtel, dans le bâtiment le plus récent. Les sept chambres sont bien équipées et offrent un bon confort.

RESTAURATION

BUDGET MOYEN

Auberge du Chanet – *Hameau de Nivoliers - 48150 Hures-la-Parade - ✆ 04 66 45 65 12 - www.aubergeduchanet.com - fermé 20 nov.-1er avril - 16/27 € - 4 ch. 48/58 € ☕.* Cette auberge occupe une ancienne ferme restaurée, située en plein causse. Vous dégusterez une cuisine traditionnelle auprès de la cheminée dans une jolie salle voûtée, ou sur la terrasse aux beaux jours. Chambres d'hôte confortables et gîte d'étape.

Meyrueis

882 Meyrueisiens – Lozère (48)

NOS ADRESSES PAGE 379

S'INFORMER

Office de tourisme – *Tour de l'Horloge - 48150 Meyrueis - 04 66 45 60 33 - www.meyrueis-office-tourisme.com - juil.-août : 9h-13h, 14h-20h - des Rameaux à fin juin et de déb. sept. à la Toussaint : 9h30-12h, 15h-18h ; reste de l'année fermé le w.-end - fermé 1er janv., 25 déc.*

Visite guidée de la ville – Découverte *(2h)* des vieux quartiers, du temple et de l'église - *en saison : lun., merc. et vend. 17h - gratuit - s'adresser à l'office de tourisme.*

SE REPÉRER

Carte de microrégion C2 (p. 303) – *Carte Michelin Région 526 M6.* À 43 km à l'est de Millau et à 58 km au nord du Vigan, Meyrueis est posé au carrefour de deux voies traversant les causses et les Cévennes : la D 996 qui donne accès à Millau et Florac et la D 986 qui, elle, part de Ste-Énimie et, après avoir donné accès au mont Aigoual *(voir p. 274)* aboutit à Pont-d'Hérault, entre Ganges et Le Vigan.

SE GARER

Pour se garer facilement, mieux vaut rester aux abords des D 996 et 986.

À NE PAS MANQUER

Les gorges de la Jonte.

ORGANISER SON TEMPS

Séjournez plusieurs jours à Meyrueis pour explorer les grands sites de la proche région : l'aven Armand *(p. 368)*, la grotte de Dargilan *(p. 377)* et le chaos de Montpellier-le-Vieux *(p. 347)*, avant de partir à l'assaut du mont Aigoual *(p. 274)*.

AVEC LES ENFANTS

Le Belvédère des vautours.

Ombragée de platanes centenaires, la place Sully donne à ce petit bourg, baigné par les ruisseaux, une ambiance déjà méridionale. À l'horizon se profile l'entrée profonde du canyon de la Jonte, aux confins du causse Méjean et du causse Noir. L'air pur que l'on y respire, la robe verte qui lui sied à ravir, les activités qui y sont proposées… tout semble ici avoir été organisé par une main bien intentionnée, soucieuse du bon déroulement des séjours.

Se promener

En flânant sur le quai Sully, aux vieux platanes, et dans les ruelles, on pourra voir la **maison Belon**, qui a conservé de très élégantes fenêtres Renaissance, la **tour de l'Horloge**, vestige des anciennes fortifications, et un rarissime **temple** octogonal.

Les gorges de la Jonte.
A. Duquenoy / MICHELIN

Circuits conseillés Carte de microrégion

★★ GORGES DE LA JONTE C2

Pour visualiser ce circuit de 21 km, reportez-vous à la carte de microrégion (p. 303) – Comptez environ 1h. De Meyrueis au Rozier. Quittez Meyrueis au nord-est par la D 996.

En aval de Meyrueis et en direction du Rozier, la route descend les gorges de la Jonte, un canyon qui devient de plus en plus impressionnant à mesure qu'on s'approche du confluent avec le Tarn. Les versants des gorges sont surmontés de hautes murailles calcaires bizarrement façonnées par l'érosion. À 5 km environ de Meyrueis, on aperçoit successivement, sur la droite, l'entrée de deux grottes dans la falaise du causse Méjean : la **grotte de la Vigne** et la **grotte de la Chèvre**. Le canyon devient ensuite plus étroit et la Jonte disparaît en été dans les crevasses de son lit.

Aux approches du hameau des Douzes, la rivière, après un long trajet souterrain, réapparaît dans un second canyon si profond que l'on aperçoit à peine les grands peupliers qui l'habitent.

Un gros roc isolé domine le hameau des Douzes, c'est le **roc St-Gervais**, qui porte la chapelle romane de St-Gervais.

★ Arcs de St-Pierre C2

4,5 km puis 1h30 à pied AR. Accès au départ du Truel ; voir les randonnées du causse Méjean (p. 366).

Le Belvédère des vautours C2

1 km en aval du Truel - ♿ - juil.-août : 10h-19h ; de fin mars à fin juin et de déb. sept. à déb. nov. : tlj sf lun. 10h-17h - 6,50 € (enf. 3 €). Retransmission sur grand écran ttes les heures.

Les vautours, des sales bêtes ? Si tel est votre avis, il changera en allant visiter l'exposition du Belvédère. On y apprend à connaître le mode de vie, de nutrition ou encore de reproduction de ces oiseaux, réintroduits ici dans les années 1970. Près des colonies d'oiseaux ont été postées des caméras. Les images, projetées sur écran géant, appuient les commentaires. Sur le belvédère, un poste d'observation doté de longues vues a été aménagé pour l'observation des vautours ; il offre également une vue imprenable sur les gorges de la Jonte dont les versants présentent deux étages de murailles calcaires, séparés par des pentes marneuses, les **terrasses du Truel★**.

Sur le bord de la corniche du causse Méjean se détache un bloc très curieux, en forme de vase : le Vase de Sèvres. Le rocher de Capluc, à droite, puis le village de Peyreleau, à gauche, et celui du Rozier apparaissent enfin.

Le Rozier C2 *(voir p. 360)*

Peyreleau C2

Sa position à l'entrée des gorges des deux rivières (la Jonte et le Tarn) en fait un lieu de séjour aussi agréable que stratégique. Étagé sur les pentes escarpées d'une butte, il est dominé par son église moderne et une vieille tour carrée et crénelée, dernier vestige d'un château fort.

★★ **Randonnée sur la corniche du causse Noir** – *6h – Faites très attention sur les passages en corniche. Laissez la voiture au hameau des Rouquets (à l'est de Peyreleau – 1re route à gauche en venant du Rozier) et prenez à pied une route partant à gauche en direction de la Jonte. Suivez les balises rouges.*

Le large chemin longe la Jonte puis grimpe vers la droite à travers les hêtres puis les pins pour atteindre l'ermitage St-Michel *(les trois échelles métalliques sont à gravir avec la plus extrême prudence).*

Reprenez le sentier (balises rouges). On atteint le **Point Sublime**, promontoire rocheux s'avançant sur le canyon de la Jonte. **Vue★★** imprenable.

Toujours en suivant les balises rouges, le sentier monte à travers les bois.

Des plates-formes permettent de s'avancer au bord de la falaise, procurant des vues sur le sévère canyon de la Jonte et le paisible village du Rozier. Puis le sentier, balisé cette fois en jaune et rouge (GR de pays), passe devant le rocher appelé Champignon préhistorique.

Continuez sur le GR de pays.

Vous arrivez au relais de télévision d'où l'on a une belle **vue★** sur Peyreleau, au confluent de la Jonte et du Tarn.

Continuez sur le sentier jusqu'à une clairière en replat. Là, prenez à droite. Le sentier descend entre les buis et les rochers puis longe le ravin de Costalade, en corniche. La descente continue à travers une forêt de pins sylvestres et débouche sur un chemin longeant une vigne aux abords du hameau des Rouquets.

★ LE CAUSSE NOIR C2

Pour visualiser ce circuit de 75 km au départ de Peyreleau, reportez-vous à la carte de microrégion (p. 303) – Comptez environ 4h.

On a peine à le croire aujourd'hui, mais d'épaisses forêts de pins couvraient jadis le causse de leur ombre. D'où son nom. Même si c'est le moins étendu des Grands Causses, il sait se distinguer par la puissance des paysages qui l'entourent – les gorges de la Jonte et la vallée de la Dourbie – et la beauté inégalée du chaos de rochers ruiniformes qu'il abrite (Roquesaltes).

Rejoignez le causse Noir par la D 29 au sud de Peyreleau.

LE TRÉSOR DE TRIADOU

Au 17e s., Simon d'Albignac pilla le trésor des troupes protestantes du duc de Rohan afin de financer la construction d'une nouvelle aile pour son château. On dit qu'il cacha une partie de son butin sous une marche du grand escalier. À la Révolution, les paysans du lieu font une descente au château, sondent l'escalier marche par marche et découvrent deux caisses de plomb contenant des pièces d'or et d'argent. Pendant ce temps, émigré à Londres, le marquis d'Albignac se remet très bien de la perte de son château et du trésor. Il gagne en effet largement sa vie, grâce à son talent particulier pour assaisonner la salade. Il court de dîner en dîner et, les manches retroussées, brasse à pleines mains, dans une sauce de sa composition, la scarole ou la laitue.

De la route montant sur le causse Noir, on aperçoit le **château de Triadou** qui appartint à la famille d'Albignac jusqu'à la Révolution.
Après 7 km, tournez à droite dans la D 110.

★★★ Chaos de Montpellier-le-Vieux C2 *(voir p. 347)*

Revenez sur la D 110 pour prendre à droite la D 29.

St-Jean-de-Balmes C2

Sur votre gauche, un terre-plein annonce l'arrivée sur le site.
Au cœur du causse s'élève le clocher carré de cet ancien prieuré roman de l'ordre de St-Benoît, construit au 11e s. à l'emplacement d'un site gallo-romain. Les vestiges de la chapelle (14e s.) laissent apparaître quelques cintres et de belles ouvertures.
Après La Roujarie, prenez à droite la D 124 menant à St-André-de-Vézines où vous empruntez la route de Roquesaltes. À un croisement avec un chemin non revêtu, laissez la voiture et suivez le fléchage à droite.

★ Chaos de Roquesaltes et du Rajol C2

2h à pied. Difficulté moyenne. Le chemin de terre descend à travers les pins sylvestres et les genévriers.
À la ferme de Roquesaltes, suivez le GR 62 à gauche en direction de Montméjean.
Des remparts que forme le chaos de **Roquesaltes**, la vue porte sur Montpellier-le-Vieux. Ces « roches hautes », véritable donjon naturel, haut d'une cinquantaine de mètres, dominent le hameau du même nom.
En poursuivant à pied vers le sud *(par le GR 62 en suivant les traces rouge et blanc)*, on atteint le **chaos du Rajol**. Un dromadaire, le menton délicatement appuyé sur un rocher, accueille le visiteur. Parmi les rochers fantastiques, il y a aussi la Colonne égyptienne, la Statue sans bras… D'un belvédère naturel, la vue plonge dans l'extraordinaire vallée de la Dourbie.
Au pylône de télécommunication, prenez à gauche un chemin de terre, qui aboutit à la route goudronnée qu'on avait empruntée au départ de St-André; prenez alors à gauche pour rejoindre la voiture. Revenez à St-André-de-Vézines et prenez à droite jusqu'à Veyreau. Après 7,5 km, tournez à gauche dans la D 139.

★★ Grotte de Dargilan C2

48150 Meyrueis - ✆ 04 66 45 60 20 - www.grotte-dargilan.com - juil.-août : 10h-18h30; avr.-juin et sept. : 10h-17h30; oct. : 10h-16h30 - fermée entre la Toussaint et Pâques - 8,50 € (6-18 ans 5,80 €). Comptez 1h (visite guidée). Température constante : 10 °C (pensez à la petite laine !).

En 1880, le berger Sahuquet voit entrer un renard dans une fissure : il agrandit l'ouverture, s'y avance et se retrouve dans une immense salle obscure. Ne serait-ce pas là le vestibule de l'enfer ? Terrorisé, il détale : la grotte de Dargilan venait d'accueillir son premier visiteur.

Baptisée du nom du hameau voisin, la grotte reçoit sa première visite « sérieuse » huit ans plus tard quand **Édouard Alfred Martel** et ses compagnons l'explorent de fond en comble. La Société des gorges du Tarn, sous la direction de **Louis Armand**, aménage ensuite des escaliers de fer, des rampes et des passerelles, puis, en 1910, des éclairages électriques qui permettent, aujourd'hui encore, de circuler sans danger dans ce ventre de la terre.

On pénètre dans la grotte par son entrée naturelle et on accède directement dans la **grande salle du Chaos**, un immense volume (140 m x 50 m x 25 m) qui, comme son nom l'indique, se présente comme un chaos souterrain sur lequel se trouvent des concrétions en cours d'édification.

Au fond de la grande salle : la salle de la Mosquée, de dimensions plus réduites, est très riche en belles stalagmites. La « Mosquée », représentée par une masse de stalagmites aux reflets nacrés, est flanquée du « Minaret », belle colonne de 20 m de hauteur.

La salle Rose contiguë à la Mosquée doit son nom à la couleur de ses concrétions. Revenu dans la grande salle, on entreprend alors la descente, par des escaliers, dans les profondeurs de la grotte.

Un puits naturel de descente conduit au couloir des Cascades pétrifiées où une **magnifique draperie★★** de calcite, d'un brun rouge taché d'ocre jaune et de blanc, se déploie sur 100 m de longueur et 40 m de hauteur.

La salle du Lac tire son nom d'une nappe d'eau peu profonde. Elle est ornée de draperies translucides minces et repliées. Par le Labyrinthe et la salle des Gours, autrefois parcourus par un courant d'eau qui a laissé des traces sous forme de gours, on accède à la salle du Clocher, au centre de laquelle jaillit une pyramide élancée, haute de 20 m : le Clocher.

À la sortie, superbe **panorama** sur les gorges de la Jonte.

NOS ADRESSES À MEYRUEIS

HÉBERGEMENT

La situation stratégique de Meyrueis entre Cévennes et Causses fait du bourg un lieu de séjour fort apprécié. L'offre hôtelière y est donc assez importante, mais il est prudent de réserver durant les mois d'été.

BUDGET MOYEN

Family Hôtel – *4 quai de la Barrière - ☏ 04 66 45 60 02 - www.hotel-restaurant-family-48-12.com - fermé 4 nov.-31 mars - P - 48 ch. 49 € - ☕ 7,50 € - rest. 13/39 €.* Esprit familial et ambiance conviviale dans cet hôtel bordant le Bétuzon, un affluent de la Jonte. Chambres sobrement rustiques et vaste restaurant où l'on propose une copieuse cuisine lozérienne. Terrasse sur le torrent. Une passerelle conduit à la piscine et au jardin situés sur la rive opposée.

Hôtel du Mont Aigoual – *R. de la Barrière - ☏ 04 66 45 65 61 - www.hotel-mont-aigoual.com - fermé 3 nov.-31 mars - P - 30 ch. 59/76 € - ☕ 8 € - rest. 20/42 € - wifi gratuit.* Derrière une façade ordinaire, cet hôtel cache un joli jardin en pente, une cuisine gourmande aux saveurs cévenoles, ainsi qu'un agréable décor. Piscine.

Chambre d'hôte La Mosaïque – *48150 Gatuzières (à 11 km au nord-est par la D 996 en dir. de Florac) - ☏ 04 66 45 64 10 - www.causses-cevennes.com - fermé déc.-fév. - ⊭ - 3 ch. 50 € ☕.* D'architecture actuelle, cette maison en bois trouve pourtant bien sa place au cœur du village. Une chambre de plain-pied avec sa terrasse privative a été aménagée dans l'habitation principale, deux autres dans un bâtiment annexe. Pain, pâtisseries et confitures maison au petit-déjeuner.

POUR SE FAIRE PLAISIR

Chambre d'hôte Ermitage – *21 r. de l'Église - 12720 Peyreleau (à 21 km à l'ouest de Meyrueis) - ☏ 05 65 62 61 91 ou 06 08 51 23 65 - www.ermitage-peyreleau.fr - fermé de déb. oct. à Pâques - ⊭ - 3 ch. 70/90 € ☕ - wifi gratuit.* Repos garanti dans cet ancien couvent décoré des sculptures du propriétaire. Les trois belles chambres donnent sur les gorges ou les ruelles du village. Petits-déjeuners à base de produits bio et gâteaux maison.

UNE FOLIE

Château d'Ayres – *1,5 km à l'est par la D 57 et une rte d'accès à gauche - ☏ 04 66 45 60 10 - www.chateau-d-ayres.com - fermé 3 janv.-12 fév. - 22 ch. 99/165 € - ☕ 15 € - rest. 25/55 €.* Un authentique château médiéval dressé au centre d'un vaste parc. La vie de château y sera d'autant plus appréciée que le confort est nettement plus contemporain. Belle salle à manger voûtée et spécialités régionales.

RESTAURATION

PREMIER PRIX

Auberge du Maubert – *12720 Peyreleau - ☏ 05 65 61 25 28 - fermé 10 nov.-1er avr. - 9,50/17 €.* La maman aux fourneaux, la fille au service, voilà une vraie maison familiale. Cuisine d'inspiration locale. Mobilier de bois, lambris et cheminée. Vue sur le plateau du Larzac depuis la terrasse. En-cas à toute heure.

+ d'adresses

Le Languedoc viticole et le Haut-Languedoc 5

Carte Michelin Départements 339 – Gard (30) et Hérault (34)

Vignoble en automne.

B. Merle / Photononstop

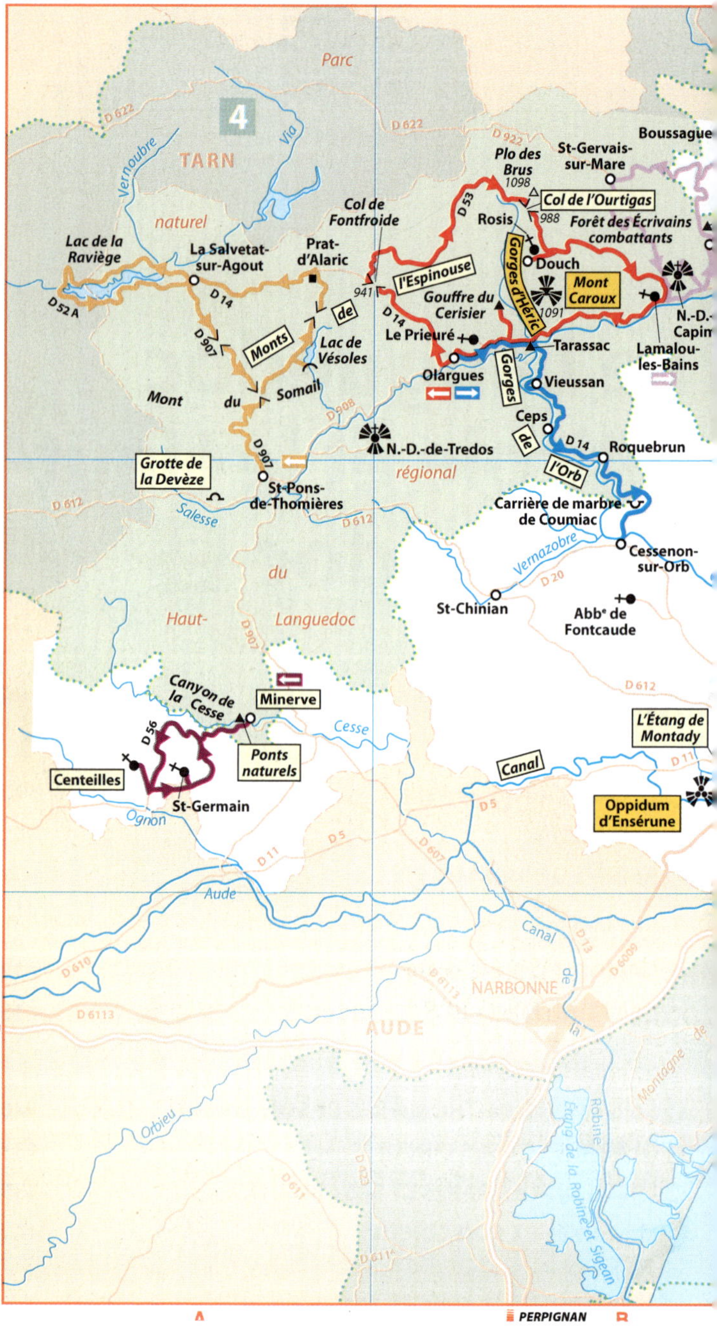
A
B
1
2
3
4
TARN
Parc
naturel
régional
du
Haut-
Languedoc
Mont
du
Somail
Monts
de
l'Espinouse
Lac de la Raviège
La Salvetat-sur-Agout
Prat-d'Alaric
Col de Fontfroide
941
Lac de Vésoles
Grotte de la Devèze
St-Pons-de-Thomières
N.-D.-de-Tredos
Plo des Brus
1098
Col de l'Ourtigas
988
St-Gervais-sur-Mare
Boussague
Forêt des Écrivains combattants
Rosis
Douch
Gorges d'Héric
Mont Caroux
1091
Gouffre du Cerisier
Le Prieuré
Olargues
Tarassac
Lamalou-les-Bains
N.-D.-Capim
Vieussan
Gorges
de
l'Orb
Ceps
Roquebrun
Carrière de marbre de Coumiac
Cessenon-sur-Orb
St-Chinian
Abbe de Fontcaude
Vernazobre
Canyon de la Cesse
Minerve
Ponts naturels
Centeilles
St-Germain
Cesse
Ognon
Canal
L'Étang de Montady
Oppidum d'Ensérune
Aude
NARBONNE
AUDE
Canal de la Robine
Montagne de
Étang de la Robine et Sigean
Orbieu
CARCASSONNE
PERPIGNAN
Vernoubre
Vià
Salesse
D 622
D 922
D 53
D 52 A
D 14
D 907
D 908
D 612
D 20
D 11
D 5
D 607
D 610
D 6113
D 13
D 6009
D 611
D 423
D 56

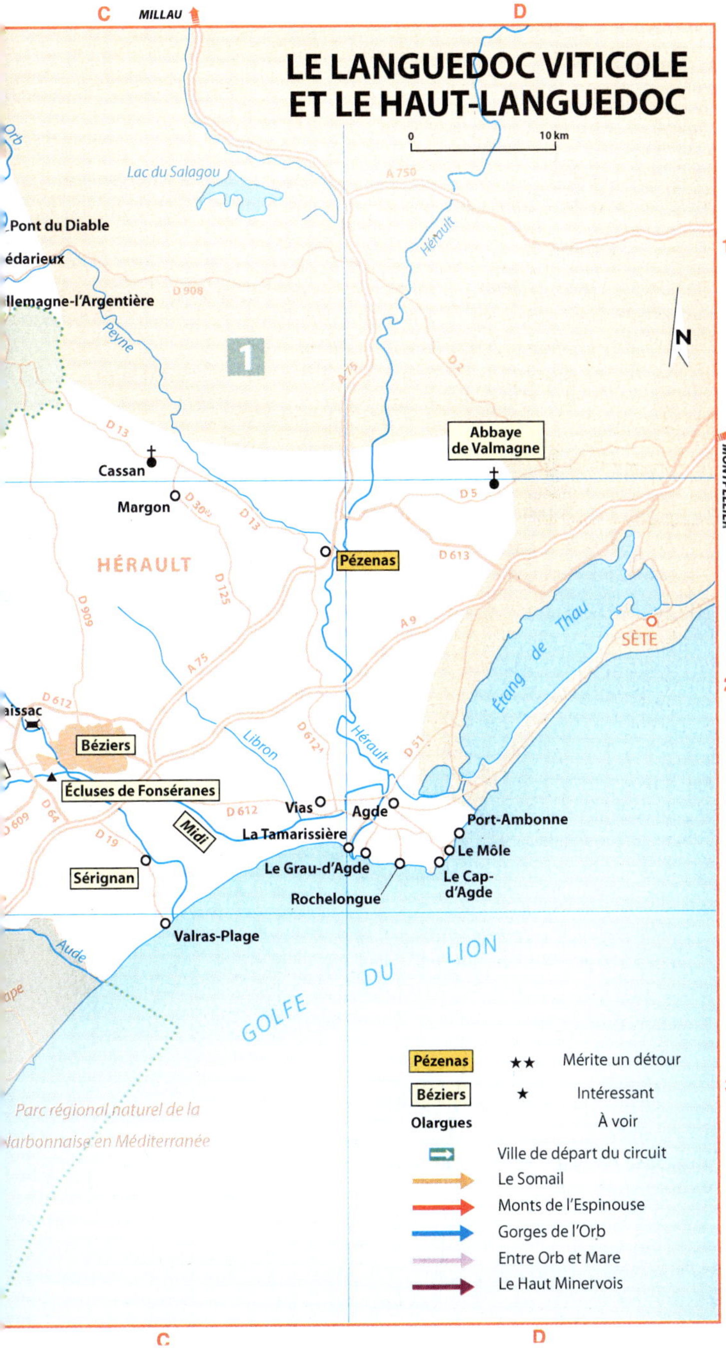
C
MILLAU
D
LE LANGUEDOC VITICOLE
ET LE HAUT-LANGUEDOC
0
10 km
Orb
Lac du Salagou
A 750
Hérault
Pont du Diable
édarieux
D 908
llemagne-l'Argentière
Peyne
1
A 75
D 2
N
D 13
Abbaye
de Valmagne
MONTPELLIER
Cassan
D 5
Margon
D 30
D 13
HÉRAULT
Pézenas
D 613
D 125
D 909
A 9
Étang de Thau
SÈTE
A 75
D 612
aissac
Béziers
Libron
D 612
Hérault
D 51
Écluses de Fonséranes
D 609
D 64
D 612
Vias
Agde
Midi
Port-Ambonne
La Tamarissière
D 19
Le Môle
Le Grau-d'Agde
Sérignan
Le Cap-
d'Agde
Rochelongue
Valras-Plage
Aude
GOLFE DU LION
Pézenas
★★ Mérite un détour
Béziers
★ Intéressant
Olargues
À voir
Ville de départ du circuit
Le Somail
Monts de l'Espinouse
Gorges de l'Orb
Entre Orb et Mare
Le Haut Minervois
Parc régional naturel de la
Narbonnaise en Méditerranée
1
2
3
C
D

Béziers

★

Agglomération : 124 967 Biterrois ; Ville : 71 672 – Hérault (34)

NOS ADRESSES PAGE 392

S'INFORMER

Office de tourisme – *1 bd Wilson, résidence Chapat - 34500 Béziers - 04 67 76 20 20 - www.beziers-mediterranee.com - juil.-août : 9h-19h ; reste de l'année : 9h-18h - fermé dim. et j. fériés (sf juil.-août).*

Visite guidée – *Du 6 juin au 18 sept. : visites-découverte de la ville (canal du Midi, arènes, etc.) tlj ; sept.-juin : sur demande (se rens. à l'office de tourisme) - 5,50 € (enf. 3 €).*

SE REPÉRER

Carte de microrégion C2 (p. 382) – *Carte Michelin Départements 339 E8.* À 30 km au nord-est de Narbonne par la D 6009 et à 76 km au sud-est de Montpellier par l'A 9. Évitez les méandres de la « banlieue » biterroise, suivez les panneaux indiquant le centre-ville.

SE GARER

Le parking (pour l'essentiel souterrain) de la place Jean-Jaurès est le plus central, le plus pratique. Accès par les allées Paul-Riquet (en descendant du théâtre) ou par l'av. St-Saëns si l'on arrive par la sortie Béziers Est. Les jours de feria, mission quasi impossible : tentez votre chance en arrivant tôt le matin à proximité des arènes (sortie Béziers Est).

À NE PAS MANQUER

Les allées Paul-Riquet ; le cloître de l'ancienne cathédrale ; la vue depuis les jardins St-Jacques ; le trésor de Béziers au musée du Biterrois ; les collections de céramiques européennes du château de Raissac.

ORGANISER SON TEMPS

Prévoyez la journée pour faire le tour de la ville, avant de vous réfugier dans la fraîcheur des musées.

AVEC LES ENFANTS

Le musée du Biterrois et la station balnéaire de Valras-Plage.

Juchée sur un éperon dominant l'Orb, assaillie d'escaliers et couronnée par une cathédrale fortifiée dont la silhouette constitue une vue emblématique de la cité, Béziers est également la capitale du vignoble languedocien, pour qui aime les petits vins charnus… Pierre Paul Riquet, l'illustre inventeur du canal du Midi, y naquit, de même que le chef de la Résistance intérieure, Jean Moulin. Conservatoire de la culture occitane, la cité, qui s'enflamme en août pour la feria et cultive la nostalgie des grandes heures de sa légendaire équipe de rugby, ne tourne pas pour autant le dos à l'avenir : pour preuve, ce « quartier latin » qui a vu le jour autour de la médiathèque conçue par Jean-Michel Wilmotte.

Les allées Paul-Riquet.
W. Bibikow / age fotostock

Se promener Plan de ville

Pour visualiser le circuit, reportez-vous au tracé vert sur le plan de ville (p. 387). Laissez la voiture au parking Jean-Jaurès et prenez comme point de départ la statue de Pierre Paul Riquet, au centre des allées portant son nom. Dirigez-vous au nord-ouest vers le théâtre.

Allées Paul-Riquet B1-2

Large promenade ombragée de platanes longue de 600 m, très animée (cafés, restaurants, boutiques) et bordée de quelques beaux immeubles du 19e s. Au centre, statue de Riquet par David d'Angers.

Dirigez-vous vers le théâtre.

Engagez-vous sur la gauche dans la rue du 4-Septembre, piétonne, pour voir la **chapelle des Pénitents bleus**, aisément reconnaissable à sa façade de style gothique flamboyant. À l'intérieur, voûtes du 17e s. et décor du chœur de 1814 *(lun.-vend. 7h30-12h, 14h-18h, sam. 7h30-12h).*

Revenez sur les allées et contournez le **théâtre**. Construit au milieu du 19e s., il présente une façade ornée de bas-reliefs allégoriques dus également à David d'Angers.

Au bout des allées, prenez à gauche le boulevard de la République puis tournez à droite dans la rue Casimir-Péret et enfin à gauche dans la rue Étienne-Dolet.

Basilique St-Aphrodise A1

Fermée pour restauration.

L'église est consacrée au patron de la ville. À l'intérieur, sous la tribune, à gauche, un beau **sarcophage** (4e-5e s.), où se trouve figurée une chasse aux lions, a été transformé en fonts baptismaux.

Revenez par la rue des Têtes, puis après une petite place, par la rue des Pénitents-Noirs.

Église de la Madeleine A1

15 juin-15 sept. : lun. 16h-18h, mar.-dim. 10h-12h30, 16h-18h ; reste de l'année : merc. et vend. 10h-12h, jeu. 15h-18h, sam. 10h-12h, dim. 10h-12h30, 14h-16h.
Cet édifice roman modifié à l'époque gothique, puis au 18e s., fut l'un des principaux théâtres du massacre de 1209 *(voir p. 391)*.
De la place de la Madeleine, prenez la rue Paul-Riquet. Contournez la place Pierre-Semard (Halles) par la droite et prenez la rue de Tourventouse.
Le premier passage sous voûte mène à la rue du Capus où se trouve l'**hôtel Fayet**, un des deux sites du musée des Beaux-Arts.

Musée des Beaux-Arts - Hôtel Fayet A1-2

9 r. du Capus - ☏ 04 67 49 04 66 - juin-sept. : mar.-dim. 10h-18h (juil.-août : nocturne le jeu. 10h-21h) ; et oct.-mai : mar. -vend. 10h-17h, w.-end 10h-18h - fermé lun., 1er janv., dim. de Pâques, 1er Mai, 25 déc. - 2,90 € (réduit 1,95 €) ; pass « forfait musées » 6 € (Espace Riquet, musée du Biterrois, musée des Beaux-Arts, Hôtel Fayet et Hôtel Fabrégat).
L'hôtel Fayet présente, dans ses salons du 18e s., des peintures (1830-1930), la donation Jean Gabriel Goulinat (1883-1972) et le fonds d'atelier de **Jean Antoine Injalbert**, sculpteur biterrois (1845-1933).
Prenez à droite la rue du Gén.-Pailhès puis à gauche la rue du Gén.-Crouzat.
On débouche sur la place des Bons-Amis, où chante une petite fontaine, puis sur la place de la Révolution.

★ Ancienne cathédrale St-Nazaire A2

Perchée sur une terrasse au-dessus de l'Orb, la cathédrale fut le symbole de la puissance des évêques du diocèse de Béziers de 760 à 1789. L'édifice roman, endommagé en 1209, reçut des modifications dès 1215 et jusqu'au 15e s. Dans la façade occidentale flanquée de deux tours fortifiées (fin 14e s.) s'ouvre une belle rose de 10 m de diamètre. Au chevet, les fortifications sont un élément décoratif : les arcs entre les contreforts forment des mâchicoulis.
Entrez par la porte du transept nord.
La travée précédant le chœur, vestige de la cathédrale romane, abrite des chapiteaux sculptés du 11e s. Les colonnettes qui les surmontent, ornées de chapiteaux à crochets, de même que les voûtes sur croisées d'ogives, ont été ajoutées au 13e s. Remarquez la belle abside du **chœur**, du 13e s., transformé aux 17e-18e s. : stuc, colonnes de marbre rouge. Retournez-vous pour admirer, à l'opposé, les belles **orgues** du 17e s. superbement restaurées. En contournant la cathédrale par le sud, on atteint le **cloître** *(mai-sept. 10h-19h, oct.-avr. 10h-12h, 14h-17h30)*. Les culs-de-lampe des retombées de voûtes sont ornés de belles sculptures du 14e s. Par un escalier du cloître, on gagne le jardin des Évêques : jolie vue sur l'église St-Jude et sur l'Orb qu'enjambe le Pont vieux du 13e s.
La terrasse à proximité de la cathédrale offre une **vue★** intéressante sur la plaine biterroise. On découvre au premier plan l'Orb courant parmi les vignes, le canal du Midi bordé d'arbres et l'oppidum d'Ensérune. Au loin émergent le mont Caroux, à l'ouest le pic de Nore et, par temps clair, le Canigou.
De la place de la Révolution, prenez la rue Fabrégat.

Musée des Beaux-Arts - Hôtel Fabregat A2

Pl. de la Révolution - ☏ 04 67 28 38 78 - juin-sept. : mar.-dim. 10h-18h (juil.-août : nocturne le jeu. 10h-21h) ; et oct.-mai : mar. -vend. 10h-17h, w.-end 10h-18h - fermé lun., 1er janv., dim. de Pâques, 1er Mai, 25 déc. - 2,90 € (réduit 1,95 €) ; pass « forfait musées » 6 € (Espace Riquet, musée du Biterrois, musée des Beaux-Arts, Hôtel Fayet et Hôtel Fabrégat)

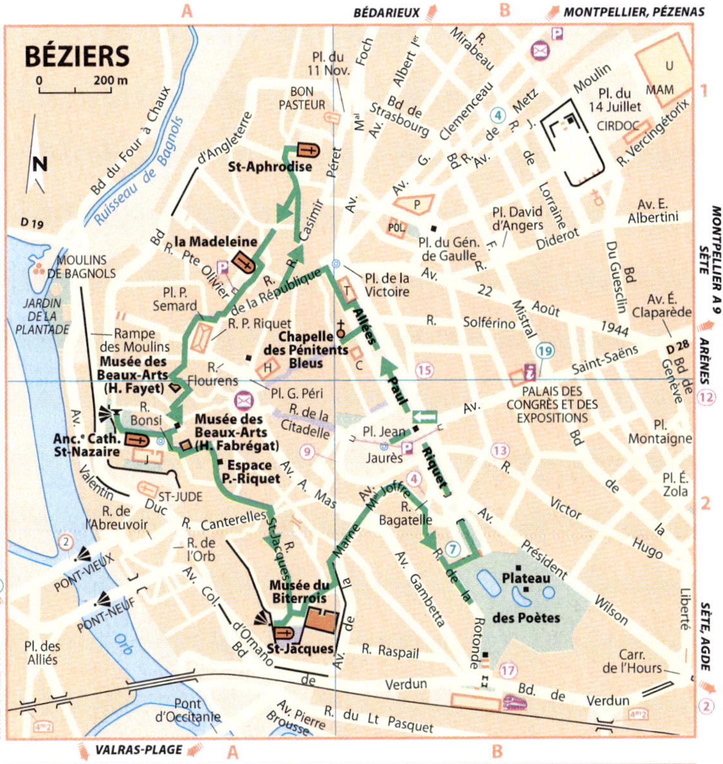

SE LOGER
Arbousiers (Chambre d'hôte Les) ... 1
Champ de Mars (Hôtel) ... 4
Poètes (Hôtel des) ... 7
Mercure (Hôtel) ... 19

SE RESTAURER
Ambassade ... 17
Amirada (L') ... 2
Antiquaires (Les) ... 4
Chameau Ivre (Le) ... 9
Maison de Petit Pierre ... 12
Octopus ... 15
Potinière (La) ... 13

L'**hôtel Fabrégat** présente, entre autres, des œuvres des peintres romantiques (Delacroix, Géricault, Isabey), tandis que Corot accompagne les artistes de l'école de Barbizon (Rousseau, Diaz de la Peña, Daubigny, etc.). Vous verrez également des peintures anciennes (écoles italienne, néerlandaise ou espagnole). Il abrite aussi une centaine de dessins de Joseph Marie Vien, une partie de la collection d'art moderne réunie par Jean Moulin et une importante donation Maurice Marinot (peintures, dessins, verreries).

Prenez ensuite à gauche la rue de Bonsi, puis à droite la rue Massol.

Au n° 7, l'**Espace Paul-Riquet** est une ancienne chapelle (17e s.) des Dominicains qui a gardé un très beau plafond peint et accueille des expositions d'art contemporain. *Rens. à l'office de tourisme.*

Prenez la rue des Drs-Bourguet, à gauche, la place St-Cyr, puis la rue St-Jacques.

On entre alors dans le quartier dit « des arènes romaines » : Julia Baeterrae (Béziers) fut en effet en 36 ou 35 av. J.-C. une colonie romaine intégrée à la province narbonnaise.

LE CHAMEAU DE BÉZIERS

Le symbole de Béziers, l'antique Biterri (terme protobasque désignant un bourg sur la route), est le chameau. Nulle caravane, cependant, ne s'y est jamais arrêtée… Du moins depuis Aphrodise, premier évêque de Béziers, arrivé, selon la tradition, de son Égypte natale à dos de chameau. On imagine l'étonnement des Biterrois de l'époque… Aujourd'hui, ils le sortent en procession le jour de la fête de la St-Aphrodise, en avril.

Église St-Jacques A2

Plan St-Jacques. Un sam. sur deux : 17h30-19h30.

Bien qu'en piteux état, cette église possède une abside à cinq pans (12e s.), inspirée de l'antique, plutôt remarquable. Mais le détour jusqu'à cette église tient essentiellement dans la **vue★** inespérée que l'on a, depuis les jardins St-Jacques, sur la cathédrale St-Nazaire posée au sommet de la ville.

Descendez vers le musée du Biterrois (rampe du 96e d'Infanterie).

★ Musée du Biterrois A2

04 67 36 81 61 - ♿ - juin-sept. : mar.-dim. 10h-18h (juil.-août : nocturne le jeu. 10h-21h) ; et oct.-mai : mar. -vend. 10h-17h, w.-end 10h-18h - fermé lun., 1er janv., dim. de Pâques, 1er Mai, 25 déc. - 2,90 € (réduit 1,95 €) ; pass « forfait musées » 6 € (Espace Riquet, musée du Biterrois, musée des Beaux-Arts, Hôtel Fayet et Hôtel Fabrégat).

Aménagé dans l'ancienne caserne St-Jacques, il regroupe d'importantes collections d'archéologie, d'ethnologie et d'histoire naturelle propres au Biterrois : faune terrestre et aquatique de la mer et des étangs présentée dans des dioramas, série d'amphores grecques, ibériques et romaines provenant des fonds proches du Cap-d'Agde, lieu de naufrage de nombreux navires. S'ouvrant sur le hall, les différents espaces *(commencez à droite de l'entrée)* traitent de thèmes variés : géologie et volcanisme propres à cette région du Languedoc, vie préhistorique de l'âge du bronze à l'âge du fer.

Une section importante est consacrée à l'héritage gallo-romain : céramiques sigillées provenant des ateliers de la Graufesenque *(voir Millau)*, bornes milliaires jalonnant la voie Domitienne.

Le fleuron est le **trésor de Béziers**, composé de trois grands plats en argent ciselé, découverts en 1983 dans une vigne aux alentours de la ville. Cippes, stèles et autels votifs témoignent des rites funéraires des 1er et 2e s.

Enfin, une importance nouvelle est aujourd'hui donnée à la vie économique (pêche, viticulture, creusement du canal du Midi), mais aussi à l'histoire parfois douloureuse de la ville avec une évocation du catharisme (et de la vie quotidienne des Languedociens à l'époque) et des événements qui embrasèrent le Midi viticole en 1907.

Suivez l'avenue de la Marne jusqu'à la place Garibaldi. Là, prenez à droite l'avenue du Mar.-Joffre.

Plateau des Poètes B2

Dans le prolongement des allées Paul-Riquet, cet agréable parc paysager, très accidenté, a été aménagé au 19e s. par les frères Bühler. Planté d'espèces comme les ormes du Caucase, les séquoias de Californie, les magnolias ou les cèdres du Liban, il doit son nom aux bustes de poètes biterrois ornant ses allées. Fontaine du Titan par Injalbert. Un hommage est rendu à **Jean Moulin**, enfant de Béziers, sous forme de monument dans le grand parc public.

Revenez à la place Jean-Jaurès par les allées Paul-Riquet.

À voir aussi Plan de ville

LE « QUARTIER LATIN » B1

Accès depuis le théâtre par l'av. Georges-Clemenceau, puis à droite l'av. Jean-Moulin.
Libérés par l'armée, les anciens terrains de manœuvres militaires du Champ de Mars ont offert à la ville une superficie de près de 35 ha très proche du centre-ville, destinée dans un premier temps à accueillir l'annexe biterroise de l'université Paul-Valéry de Montpellier.
L'aménagement urbain de ce « quartier latin » s'organise autour d'un vaste espace multifonctionnel de 8 000 m^2, la **place du 14-Juillet** : inaugurée le 29 mai 2009, cette vaste place rectangulaire accueille désormais chaque vendredi un marché aux fripes, et constitue le lieu idéal pour certaines manifestations de masse, notamment des concerts à l'occasion de la feria d'août. Quelques marches donnent accès à la « place haute », ombragée et investie par les boulistes. Sur le côté de l'avenue Jean-Moulin, l'esplanade arborée est un espace de mémoire : mur des Fusillés, monument aux morts et monument à **Jean Moulin**, installé à quelques pas de sa maison natale. L'ensemble sert de parvis à la nouvelle médiathèque.

MAM (Médiathèque André-Malraux) B1

1 pl. du 14-Juillet - ✆ 04 99 51 05 50 - www.mediatheque-beziers-agglo.org - mar., merc., vend., sam. 10h-18h, dim. 14h-18h (sauf été).
Dessiné par Jean-Michel Wilmotte, ce bâtiment aux lignes sobres et épurées présente une belle façade de marbre blanc feuilleté. Ses trois niveaux rassemblent auditorium (concerts, spectacles, café philo...), bibliothèque, espace-enfance, espace musique, arts et cinéma, salle d'actualité, etc.

CIRDÒC (Centre inter-regional de desvolopament de l'òccitan)

✆ 04 67 11 85 10 - www.locirdoc.fr.
Longé par le mail, allée piétonne qui devrait bientôt desservir des bâtiments universitaires, ce centre joue le rôle de « bibliothèque nationale » pour tous les amoureux de la langue d'oc, en conservant et mettant à disposition pas moins de 100 000 livres et imprimés, et en soutenant la création. Son implantation à Béziers témoigne de l'implication déjà ancienne de la cité en faveur de la sauvegarde de la culture occitane.

À proximité Carte de microrégion

5

Ouvrez les yeux en vous promenant dans le vignoble, notamment du côté de Sérignan ou de Valras : d'anciennes grangettes, petits bâtiments agricoles abandonnés, ont été décorés par des artistes contemporains. À déguster sans modération.

★ Écluses de Fonséranes C2

1 km à l'ouest par la route de Narbonne. Voir Canal du Midi, p. 415.

Château de Raissac C2

3 km au nord-ouest sur la route de Murviels-lès-Béziers par Lignon-sur-Orb (D 19) - Rte de Lignan - ✆ 04 67 49 17 60 - www.raissac.com - ♿ - visite musée des Céramiques, château et parc sur RV (tél. ou email : christine.viennet@raissac.com) ; visite cave du château avec dégustation tlj sf dim. 9h-12h30, 14h30-18h - 8 € (12-18 ans 5 €, -12 ans gratuit).

Quelques selles d'équitation et des stalles rappellent la vocation des anciennes écuries du château, aujourd'hui dédiées à la faïence. Christine Viennet, artiste contemporaine, y expose en effet ses œuvres ainsi que d'importantes collections de **céramiques européennes★** du 19e s. : arts de la table, barbotines, trompe-l'œil… Les grandes manufactures françaises sont particulièrement bien représentées et hommage est rendu à Bernard Palissy qui inspire beaucoup la maîtresse des lieux. Possibilité de voir l'atelier de fabrication. Boutique. La visite peut être complétée par celle des caves du domaine.

★ Sérignan C2

11 km au sud par la D 19 en direction de Valras.

Ne vous fiez pas à l'immuable silhouette de la collégiale au bord de l'Orb, ni aux joueurs de pétanques très concentrés sur leur jeu. Sérignan a misé depuis de nombreuses années sur l'art contemporain. Cette commune regroupe en effet une grande salle de spectacle, **La Cigalière**, un musée d'art contemporain, une importante médiathèque, et plusieurs sculptures à découvrir dans la ville, notamment près de la mairie. Prévoyez un passage, le soir, pour admirer le **Rayonnant**, œuvre spectaculaire réalisée par Daniel Buren autour de La Cigalière.

★ **Musée régional d'Art contemporain** – *146 av. de la Plage. ✆ 04 67 32 33 05 - http://mrac.languedocroussillon.fr - mar.-dim. 13h-18h (juil.-août : 10h-18h) - fermé j. fériés - 5 €.* Il succède à l'Espace Gustave-Fayet qui a réuni pendant des années des artistes comme Piet Moget, Dado, Buren… Pour accueillir les collections accumulées au fil des ans, les architectes Anne Gaubert et François Moget ont conçu ce lumineux espace d'exposition de 2 500 m². Buren y est très présent, jouant avec les couleurs sur les baies vitrées *(Rotation)* ou avec la *Cabane éclatée aux caissons lumineux colorés (1999-2000)*. Après le **cabinet d'art graphique**, vous accédez à une succession de grandes salles remplies d'œuvres, souvent grand format, représentatives des **tendances de l'art contemporain** (Support/Surface, figuration narrative, etc.). Parmi les artistes exposés : Jean Messagier, Dado, Pencréac'h, Dufour, Klossowski, Erró, etc. Le lieu organise également des expositions temporaires.

Église – C'est une ancienne collégiale, des 12e, 13e et 14e s. Les murs extérieurs portent des traces de fortifications, archères, mâchicoulis et vestiges d'échauguettes. À l'intérieur, la nef principale, flanquée de collatéraux voûtés d'ogives et couverte d'un plafond à caissons, se termine par une élégante abside à sept pans. Dans une petite chapelle à gauche du chœur, beau crucifix en ivoire attribué à Benvenuto Cellini (16e s.).

Valras-Plage C3

15 km au sud par la D 19.

Port de pêche et de plaisance à l'embouchure de l'Orb, doté d'une plage de sable s'étendant jusqu'au grau de Vendres (embouchure de l'Aude). Le théâtre de la Mer sert de cadre à divers spectacles en été.

Abbaye de Fontcaude B2

18 km au nord-ouest de Béziers par la D 14 - Fontcaude 34460 Cazedames - ✆ 04 67 38 23 85 - www.abbaye-de-fontcaude.com - juil.-août : 10h-19h ; juin-sept. : lun.-sam. 10h-12h, 14h30-19h, dim. 14h30-19h ; oct.-mai : lun.-sam. 10h-12h, 14h30-17h30, dim. 14h30-17h30 (18h30 à partir de l'heure d'été) - fermé janv. (sf dim. apr.-midi), 25 déc. - 4,50 € (enf. 2 €).

Placée sur le chemin de St-Jacques, l'abbaye connut un grand rayonnement au Moyen Âge avant d'être ruinée par la lutte contre l'hérésie vaudoise. En été, elle accueille des concerts. De l'**abbatiale** restent à peu près intacts le

Révoltes et combats

« TUEZ-LES TOUS… DIEU RECONNAÎTRA LES SIENS ! »

Cet ordre, qui aurait été délivré aux soldats se préoccupant de reconnaître les « hérétiques » des « bons chrétiens », est d'une historicité douteuse. Mais il reste à juste titre emblématique du « sac de Béziers » lors de la croisade contre les Albigeois. En effet, les barons du Nord mettent le siège devant la ville en 1209. Les catholiques, invités à quitter la place avant l'assaut, refusent de partir. Ensemble, les Biterrois livrent bataille en avant des murs et sont mis en déroute. Les croisés entrent en même temps qu'eux dans la ville. Le massacre est effroyable : on n'épargne ni jeunes ni vieux, on tue jusque dans les églises ; 20 000 à 25 000 Biterrois périssent. Béziers est ensuite pillée et incendiée, « afin qu'il ne restât chose vivante ». La ville finit par renaître de ses cendres, mais reste longtemps languissante. Seuls l'arrivée du chemin de fer et le développement de la vigne, au 19e s., lui ont rendu l'activité et la richesse.

LA RÉVOLTE DES « GUEUX »

En 1907, dans le monde viticole, la surproduction, la concurrence de l'Algérie, l'autorisation d'ajouter du sucre au vin (chaptalisation) entraînent la chute des prix. Animés par **Marcellin Albert**, un cabaretier d'Argeliers, les viticulteurs unissent leurs protestations. À l'appel du *Tocsin*, le journal des révoltés, d'immenses manifestations sont organisées : plus de 500 000 personnes se retrouvent à Montpellier. La presse titre alors « Le Midi bouge ». À Béziers, le 17e régiment d'infanterie, composé de jeunes gens de la région, fils de vignerons pour la plupart, refuse de tirer sur la foule et est « transporté » à Gafsa en Tunisie. Marcellin Albert échoue dans sa tentative de conciliation auprès de Clemenceau ; mal reçu par ses amis, il doit s'exiler. Un échec complet ? Non, car la révolte accélérera l'organisation d'un Service national de répression des fraudes, entraînera l'essor des caves coopératives et aboutira à la création de la Confédération générale des vignerons du Midi. Plus d'un siècle plus tard, ce mouvement reste vivant dans la mémoire collective languedocienne.

FERVEURS DU PASSÉ ET D'AUJOURD'HUI

Il y a des années, hélas, que les allées Paul-Riquet n'ont vu une marée humaine aux couleurs rouge et bleu les envahir, et communier, dans la ferveur, autour d'un Bouclier de Brennus remporté par l'ASB, célébrant l'entraîneur Raoul Barrière ou des joueurs de légende comme Richard Astre, Jack Cantoni ou Alain Estève. L'ère du professionnalisme a entraîné le déclin du club. Mais les Biterrois, s'ils sont *aficionados*, se consolent en suivant leur concitoyen **Sébastien Castella**, *matador de toros* qui tient le haut du pavé, tant en France que dans le monde hispanique : à Béziers, bien sûr, il ne manque jamais d'être à l'affiche d'une ou deux des corridas de la feria d'août.

transept et le chevet. L'abside centrale, voûtée en cul-de-four, est largement éclairée par trois baies encadrées de colonnettes à chapiteaux. Contourner l'église pour une vue plus intéressante du chevet.

Le **musée** est installé dans la grande salle où les religieux copiaient les manuscrits et les enluminaient. Il conserve les fragments de **chapiteaux** provenant du cloître : d'une grande finesse, ces derniers sont attribués au maître de Fontcaude et auraient été exécutés à l'époque de Saint Louis (13e s.).

Une fonderie de cloches du 12e s. existe encore, ainsi que le moulin à huile des chanoines.

St-Chinian B2

24 km au nord-ouest de Béziers par la D 612.

Ce gros bourg, une des capitales du vignoble languedocien, a donné son nom à une AOC bien connue. Pour vous guider vers les principaux « caveaux », rendez-vous à la **Maison des vins** (sur la place principale). Mais vous pouvez également jeter un œil au cloître de l'abbatiale.

NOS ADRESSES À BÉZIERS

HÉBERGEMENT

PREMIER PRIX

Hôtel Champ de Mars – *17 r. de Metz - ✆ 04 67 28 35 53 - fermé 22 déc.-4 janv. - 10 ch. 53 € - ☕ 8 € - wifi gratuit.* Adresse familiale située dans une ruelle tranquille, à deux pas de la médiathèque. Chambres d'ampleur moyenne, progressivement refaites et bénéficiant d'un équipement complet.

BUDGET MOYEN

Hôtel des Poètes – *80 allées Paul-Riquet - ✆ 04 67 76 38 66 - P - www.hoteldespoetes.net - 14 ch. 45/70 € - ☕ 7,50 € - wifi gratuit.* Chambres contemporaines et soignées dans ce petit hôtel confortable du centre. La salle des petits-déjeuners, réchauffée l'hiver par une cheminée, s'ouvre sur le parc des Poètes.

Aux environs

Chambre d'hôte

Les Arbousiers – *Imp. de la Pharmacie - 34370 Maureilhan (à 9 km au nord-ouest de Béziers dir. St-Chinian et Castres par D 612) - ✆ 04 67 90 52 49 - P - ⊭ - 2 ch. 55 € - demi-pension seult.* Les hôtes de cette grande maison aux chambres méditerranéennes (climatisées et bien tenues) vous accueilleront en amis… Chaque soir, vous trouverez sur leur table charcuteries maison, légumes du jardin et... le petit vin de la propriété.

UNE FOLIE

Mercure – *33 av. Camille-St-Saëns - ✆ 04 67 00 19 96 - www.mercure.com - 58 ch. 120/181 € - ☕ 15 €.* Outre le confort habituel des hôtels de cette chaîne et les chambres évoquant des cabines de péniches (hommage au canal du Midi tout proche), le principal intérêt de cet hôtel à l'architecture contemporaine réside dans sa situation centrale à deux pas des allées.

RESTAURATION

PREMIER PRIX

Le Chameau Ivre – *15 bd Jean-Jaurès - ✆ 04 67 80 20 20 - fermé dim. et lun. - ♿ - 12/20 €.* Jolie décoration en bois clair pour ce bar à vins et à tapas ! On n'y propose pas moins de 3 200 références du monde entier. Mais région oblige, vous pourrez déguster, en terrasse à l'ombre des palmiers et des platanes centenaires pas moins de 1000 crus locaux sélectionnés avec passion, accompagnés de délicieuses assiettes charcutières ou fromagères.

BUDGET MOYEN

La Potinière – *15 r. Alfred-de-Musset - ✆ 04 67 11 95 25 - www.lapotiniere-restaurant.com - fermé fin juin-mi-juil., lun. midi et dim. - ♿ - 25/34/60 € - wifi gratuit.* Dans une petite rue de la vieille ville, ce restaurant est apprécié des habitants de Béziers. Sa salle coquette et son menu alléchant, composé de plats plutôt élaborés, sauront sans doute vous séduire à votre tour, vous, les gourmands de passage…

La Maison de Petit Pierre – *22 av. Pierre-Verdier - ✆ 04 67 30 91 85 - www.lamaisondepetitpierre.fr - fermé dernière quinzaine d'août - ♿ - 15/65 €.* Avec ses allures d'hacienda et son grand patio-terrasse, très agréable l'été, cette maison de campagne sise non loin des arènes offre un beau cadre, rustique et chic. Cuisine actuelle ; bar à tapas.

L'Amirada – *Pôle Méditerranée - av. Pierre-Bérégovoy - 34420 Villeneuve-lès-Béziers - ✆ 04 67 93 83 97 - www.lamirada.fr - fermé 3 sem. en août, 1 sem. fin déc., dim., lun. et sam. midi. - ♿ - P - formule déj. 16,90 € - carte/25 €.* Sur la route des plages, ce bâtiment à l'architecture moderne avec patio et terrasse abrite un restaurant qui propose une cuisine savoureuse, copieuse et joliment présentée. Ajoutez un service souriant, une salle à manger confortable et cela devient l'adresse à ne pas manquer.

POUR SE FAIRE PLAISIR

Les Antiquaires – *4 r. de Bagatelle au bas des allées Paul-Riquet - ✆ 04 67 49 31 10 - www.lesantiquaires.fr - fermé 2 sem. en août pdt la feria, le midi et lun. - 25,50/36 € - réserv. conseillée.* Attablez-vous au milieu des faïences anciennes, photos noir et blanc, tableaux, instruments de musique et autres trésors de broc' qui font le charme de ce petit restaurant... Vous y dégusterez une cuisine de marché arrosée de crus de la région.

UNE FOLIE

Octopus – *12 r. Boieldieu - ✆ 04 67 49 90 00 - www.restaurant-octopus.com - fermé fin août-déb. sept., vac. de Noël, dim. et lun. - formule déj. 22/30 € bc - menu 45/95 €.* Pour déguster des recettes de saison bien tournées, prenez place dans l'une des salles à manger contemporaines ou en terrasse, dressée dans la cour intérieure.

L'Ambassade – *22 bd de Verdun - ✆ 04 67 76 06 24 - www.restaurant-lambassade.com - fermé dim. et lun. - menu 29/115 €, carte 59/98 €.* Face à la gare, l'Ambassade attire, tout comme l'adresse précédente, les gastronomes avertis de la région. Décor très contemporain et carte de vins (régionaux, notamment) exceptionnelle.

ACHATS

Marchés

Halles centrales – *Tlj sf lun. 6h-13h.*

Autres marchés alimentaires – *8h-12h30 : mar. mat. pl. Émile-Zola, merc. mat. dans le quartier de l'Iranget, jeu. matin r. Jean Franco, vend. mat. pl. David-d'Angers, lun., merc., sam. mat. pl. du 11-Novembre, mar. et sam. mat. la Devèze.*

Marché vestimentaire – *Vend. pl. du 14-Juillet.*

Gourmandises

Les Caves de Béziers – *Pl. des Dahlias - ✆ 04 67 31 27 23 - www.cavesdebeziers.com - 9h15-12h15, 16h-19h - fermé dim. et j. fériés.* Cette cave coopérative propose à la vente des vins de pays d'Oc, des coteaux du Languedoc ainsi que de nombreux vins de pays, sans oublier les produits du terroir : huiles d'olive, eaux-de-vie…

Antolin Délices – *21 r. Martin-Luther-King - ✆ 04 67 62 03 10 - www.antolindelices.fr - 9h-12h, 14h-18h - fermé w.-end et j. fériés.* Antolin est une enseigne que les Biterrois connaissent depuis 1916. Auparavant situé en centre-ville, le laboratoire de fabrication a emménagé dans cette petite usine en 1979 avec sa trentaine d'employés. Les clients y achètent directement les glaces et sorbets (parmi les 120 parfums : calisson, rose, citron-basilic, etc.) ou les desserts colorés joliment présentés dans la petite boutique du bâtiment.

EN SOIRÉE

À Béziers, l'essentiel de l'activité se concentre autour des allées Paul-Riquet, leur ravissant marché aux fleurs du vendredi, leurs brasseries et leurs grands magasins.

Lieux de spectacles

Les **arènes** *(av. Émile-Claparède, prolongeant l'avenue St-Saëns)* pour la tauromachie, les représentations lyriques et les variétés ; le **palais des congrès** (congrès, séminaires, spectacles…) ; le **théâtre municipal** (théâtre, musique classique, danse, art lyrique) ; le **théâtre des Franciscains** ; la **cathédrale de St-Nazaire** (concerts classiques).

ACTIVITÉS

Balade sur le canal du Midi – *Rens. : Les Bateaux du Soleil - 6 r. Chassefieres - ✆ 04 67 94 08 79 - www.bateaux-du-soleil.fr. Croisière-repas (6h, dép. d'Agde ou de Béziers), à la découverte de l'écluse Ronde d'Agde, de l'étang de Thau et de Portiragnes - 42 € (enf. 25 €) - autres excursions sur le site internet.*

AGENDA

Feria – *Arènes de Béziers - SAS du Plateau de Valras - 34536 Béziers Cedex - ✆ 04 67 76 13 45 - www.arenes-de-beziers.com - autour du 15 août - 34/98 € par corrida, 28/48 € par novidalla piquée.* Animations diverses (musicales et taurines) en ville et corridas aux arènes.

Fèsta d'Oc – *✆ 04 67 36 82 30 - www.ville-beziers.fr - 3e sem. de juil.* La grande rencontre annuelle des acteurs de la culture occitane.

Fête des primeurs – *✆ 04 67 76 20 20.* À la fin du mois d'octobre, cette fête donne lieu à des manifestations telles les danses des treilles et du chevalet, la bénédiction du vin nouveau, etc.

Le Cap-d'Agde

19 988 Agathois – Hérault (34)

NOS ADRESSES PAGE 398

S'INFORMER

Office de tourisme – *Rd-pt du Bon-Accueil - 34300 Le Cap-d'Agde - 04 67 01 04 04 - www.capdagde.com - juil.-août : 9h-20h ; juin : 9h-19h (de déb. juin à fin août : nocturne sam. 9h-5h) ; avr., mai et sept. : 9h-12h30, 14h-19h ; reste de l'année : 9h-12h, 14h-18h, w.-end et j. fériés 10h-12h, 14h-17h (nov.-mars).*

SE REPÉRER

Carte de microrégion D2 (p. 383) – *Carte Michelin Départements 339 G9.*
À 27 km à l'est de Béziers et 67 km au sud-ouest de Montpellier par l'A 9 (sortie 34).

À NE PAS MANQUER

Les plages ; l'Île des Loisirs ; l'éphèbe d'Agde et l'ancienne cathédrale St-Étienne.

ORGANISER SON TEMPS

Comptez 2h pour visiter le musée de l'Éphèbe et vous balader dans les ports, plus si vous voulez vous baigner.

AVEC LES ENFANTS

L'Île des Loisirs, l'aquarium et Aqualand complètent l'accueil.

À l'origine, le site du Cap-d'Agde est un promontoire formé par une coulée de lave descendue du mont St-Loup. Lancée dans les années 1960, la station est devenue un pôle majeur d'attraction touristique sur le littoral méditerranéen. Son important port de plaisance, son centre de thalassothérapie et son quartier naturiste contribuent à la notoriété du lieu. Pour autant, il serait dommage que cet engouement estival se déploie au détriment de la cité mère, Agde la grecque, qui mérite largement une visite.

Séjourner

La station

Depuis le lancement des travaux dans les années 1970, la station du Cap-d'Agde tire parti du site exceptionnel sur lequel elle est implantée. Les travaux de dragage ont ouvert un vaste havre abrité, dont les rives sinueuses n'accueillent pas moins de huit ports de plaisance, publics ou privés, pouvant héberger 1 750 bateaux.

Le style du centre urbain est inspiré de l'architecture languedocienne traditionnelle. Les immeubles de 3 ou 4 étages, aux toitures de tuiles, reflètent leurs teintes pastel dans l'eau des ports, ou se protègent du soleil le long de ruelles tortueuses aboutissant à des *piazzas*.

Les plages de la station

Quatorze kilomètres de sable fin, accessibles par des sentiers piétonniers, voilà qui exclut les désagréments des routes longeant les plages.

La plage **Richelieu** est la plus vaste ; celle du **Môle** la plus fréquentée ; celle de **Rochelongue** la plus à l'ouest ; la **Plagette**, près des falaises, la plus petite ; la **Grande Conque** est couverte de sable noir, et la **Roquille** de coquillages. Plus au nord, **Port-Ambonne** et la plage naturiste font partie d'un quartier à l'accès réglementé.

Les plages des alentours

Au **Grau-d'Agde** *(5 km à l'ouest, à l'extrémité du port)*, belle plage de sable fin où viennent surtout des familles.

De l'autre côté du chenal du Grau-d'Agde, la plage de la **Tamarissière** est adossée à une pinède. Enfin, à l'est du Grau, la petite plage de **St-Vincent** se niche dans une anse.

Île des Loisirs

Elle porte bien son nom puisqu'on y trouve largement de quoi occuper de jour comme de nuit les petits et les grands : discothèques, casino, cinéma, minigolf, parcs d'attractions, bars et restaurants.

Aquarium

11 r. des 2-Frères - ✆ 04 67 26 14 21 - www.aquarium-agde.com - ♿ - juil.-août : 10h-23h ; reste de l'année : 14h-18h, dim. 11h-19h - 7,10 € (-13 ans 5,10 €).

Pieuvres, dorades, requins, murènes et coraux de toutes les couleurs évoluent sous vos yeux dans une trentaine de bassins. Un instant de calme et de contemplation dans ce monde silencieux, à deux pas du quai d'Honneur et de son tumulte. Activités pour les enfants en été.

Aqualand

✆ 04 67 26 85 94 - www.aqualand.fr - de fin juin à déb. sept. : 10h-18h (4 juil.-fin août : 19h) - 25 € (-12 ans 18,50 €).

S'étendant sur 4 ha, ce parc de loisirs aquatiques est un complexe de piscines à vagues où l'on plonge après de grisantes descentes sur des toboggans géants. Il comprend un ensemble de jeux et d'animations aquatiques pour adultes et enfants ainsi que des boutiques, une cafétéria, un snack, etc.

Découvrir

Musée de l'Éphèbe (archéologie sous-marine)

Mas de la Clape - ✆ 04 67 94 69 60 - ♿ - juil.-août : 9h30-18h30 ; reste de l'année : tlj sf mar. 9h-12h, 14h-17h30 - fermé 22 déc.-1er janv. - 4,70 € (-18 ans 1,80 €).

Les quais au bord de l'Hérault à Agde.
J. Du Boisberranger / hemis.fr

En vingt-cinq ans, les fouilles du delta de l'Hérault ont livré une foule de trésors; rassemblés ici, ils sont présentés dans les quatre départements : la Marine royale (canons, cargaisons d'épaves du 17e au 19e s.), la Navigation antique, les Bronzes antiques, la Protohistoire. Ils vous apprendront tout sur l'histoire de la navigation, depuis l'Antiquité : entre autres, bateaux de la période gréco-romaine et belles amphores.
Mais le musée est avant tout connu pour ses bronzes antiques. Au milieu des œuvres d'art étincelle le magnifique **Éphèbe d'Agde★★**, statue en bronze de style hellénistique repêchée en 1964 et représentant (selon certains spécialistes) Alexandre le Grand. L'autre statue emblématique du musée, l'Enfant royal, pourrait, d'après les archéologues, représenter **Césarion**, fils de Cléopâtre et de César.

À proximité Carte de microrégion

Agde D2

5 km au nord par la D 32E.
R. Jean-Roger, maison du Cœur de ville - 34300 Agde - 04 67 62 91 99 - www.capdagde.com - de déb. juil. à fin sept. : 9h-19h; juin : 9h-12h30, 14h30-18h30, sam. 9h-19h, dim. 10h-13h, 14h30-18h30; reste de l'année : 9h30-12h30, 14h-18h - fermé 1er janv., 25 déc.
Toute proche du mont St-Loup, butte d'origine volcanique, Agde a largement utilisé la lave pour sa construction.

LA BONNE FORTUNE…
Agde fut fondée à l'embouchure de l'Hérault il y a 2 500 ans par les Phocéens qui lui donnèrent le nom d'Agathé Tyché, la « bonne fortune ». Dès l'Antiquité, le lieu constitua un refuge pour les navigateurs, qui repéraient le cap de loin grâce au mont St-Loup. De cette période nous sont parvenus de nombreux témoignages présents au musée de l'Éphèbe. **Richelieu** fut le premier à décider de créer un port à cet endroit. Il fit construire un môle devant relier le cap à l'île Brescou et former ainsi une grande rade; mais à sa mort, on abandonna les travaux… Rien ne bougea jusqu'en… 1963, lorsque démarra la construction de la station balnéaire, dans le cadre de l'aménagement touristique du littoral languedocien. Aujourd'hui, Le Cap-d'Agde est une des stations les plus fréquentées du Languedoc-Roussillon.

★ **Ancienne cathédrale St-Étienne** – Cette église puissamment fortifiée a été reconstruite au 12e s. Ses murs, épais de 2 à 3 m, se couronnent de mâchicoulis sur arcs et de créneaux. Haut de 35 m, le **clocher**, beau donjon carré à mâchicoulis, accueille à ses angles une tourelle et des échauguettes (14e s.). L'intérieur présente une **nef** couverte d'un berceau brisé soutenu par un seul arc-doubleau. On remarque dans la voûte un œil-de-bœuf par lequel, à l'aide d'une corde, les défenseurs montaient vivres et munitions. Dans le **chœur** rectangulaire, retable du 17e s. en marbre polychrome.

Musée agathois – *5 r. de la Fraternité - ✆ 04 67 94 82 51 - juil.-août : 9h30-18h30 ; reste de l'année : tlj sf mar. 9h-12h, 14h-17h30 - fermé 22 déc.-1er janv. - 4,70 € (-18 ans 1,80 €).* Installé dans un ancien hôtel Renaissance, le musée rassemble d'importantes collections d'arts et traditions populaires. Les activités traditionnelles (navigation, pêche, viticulture, artisanat) ainsi que la vie quotidienne des Agathois sont illustrées à l'aide de tableaux, faïences et costumes (collection de *sarrets*, coiffes en dentelle de la région), de reconstitutions d'intérieurs, maquettes de bateaux, œuvres d'artistes régionaux, souvenirs de navigateurs agathois, pièces liturgiques, ex-voto et une belle collection d'amphores provenant de l'ancien port grec et de l'ancienne pharmacie de l'hôpital.

Vias C2

4 km à l'ouest d'Agde par la D 612.

Ancien bourg fortifié, Vias est un lieu de pèlerinage. On vient encore prier la Vierge antique et miraculeuse de Vias, belle statue de bois sculpté, recouverte de dorure sur plâtre. Elle aurait été rapportée de Syrie par des marins. De style gothique (fin 14e-début 15e s.), l'**église** est construite en pierre noire d'origine volcanique. Sur la façade ouest, une très belle rose était encadrée autrefois de deux tourelles polygonales crénelées dont une seule subsiste. À l'intérieur, dans la chapelle du St-Sacrement (à droite du maître-autel), on trouve une Vierge miraculeuse.

NOS ADRESSES AU CAP-D'AGDE

VISITE

Petit train touristique – *Pl. du Barbecue, quai Jean-Miquel - ✆ 04 67 94 90 81 - www.lepetittrain.fr - avr.-oct. : visite de la station avec commentaires historiques en deux circuits séparés de 1h chacun - 7 € le circuit (enf. 4,50 €).*

HÉBERGEMENT

PREMIER PRIX

Camping Neptune – *46 bd du St-Christ - 34300 Agde (à 2 km au sud, près de l'Hérault) - ✆ 04 67 94 23 94 - www.campingleneptune.com - de déb. avr. à fin sept. - ♿ - réserv. conseillée - 165 empl. 29,60 €.* Dans ce terrain boisé et fleuri près de l'Hérault, rien n'est laissé au hasard, et surtout pas le jardinage. Piscine entourée d'une belle plage, jeux pour petits et grands. Locations de mobile homes. Accostage en bateau possible.

BUDGET MOYEN

Chambre d'hôte L'Oustal – *30 av. de la Victoire - 34550 Bessan (à 16 km au nord du Cap-d'Agde) - ✆ 04 67 77 40 07 - www.chambresdhotesbessan.fr - P - 🚭 - 3 ch. 55 € ☕.* Facile d'accès, cette maison de maître au cœur du village propose 3 chambres, dont 2 à l'étage. La plus grande, de type suite familiale, ouvre sur une terrasse. Une jolie petite cascade aménagée par le propriétaire rafraîchit le fond de la cour. Une adresse à petit prix, rare dans ce secteur assez proche du bord de mer. Possibilité en outre de louer un appartement à la semaine en haute saison (500 €).

Les Grenadines – *6 imp. Marie-Céleste - 34300 Le Cap-d'Agde - ✆ 04 67 26 27 40 - www.hotelgrenadines.com - fermé 5 nov.-12 fév. - P - 20 ch. 58/98 € - ☕ 9,75 € - wifi gratuit.* Adresse plaisante pour son ambiance familiale et ses chambres pratiques. La proximité des plages, de l'Aqualand et de l'Île des Loisirs séduira petits et grands.

POUR SE FAIRE PLAISIR

Hôtel Gil de France – *10 av. des Alizés - 34300 Le Cap-d'Agde - ✆ 04 67 26 77 80 - www.gildefrance.fr - ♿ - P - 32 ch. 48/160 € - ☕ 8 € - rest. 16/20 €.* À deux pas du golf, cet hôtel a de nombreux atouts. Des chambres fonctionnelles, climatisées, équipées wifi et certaines assez grandes pour accueillir les familles. Un adorable patio, idéal pour les petits-déjeuners ou les repas du soir. Enfin un espace balnéo couvert (piscine, hammam, Spa...) où l'on pourra se relaxer été comme hiver.

RESTAURATION

PREMIER PRIX

Restaurant-bar Casa Pepe – *29 r. Jean-Roger - 34300 Agde - ✆ 04 67 21 17 67 - 15/23 €.* Petit bar populaire du centre d'Agde. Clientèle d'habitués, de pêcheurs, de rugbymen et de jouteurs qui en ont fait leur quartier général. Le patron, Aimé Catanzano, pêcheur de métier, est une figure de la ville. Derrière son bar, dans une petite salle pleine de charme au fond d'une cour, il propose une restauration de poissons et crustacés. Ambiance chaleureuse.

BUDGET MOYEN

La Pléiade – *4 av. des Alizés - ✆ 04 67 01 56 12 - www.restaurant-lapleiade.fr - 14,90/34 €.* Restaurant installé au sein du Palmyra Golf Hôtel. La salle à manger, chaleureuse et raffinée, profite d'une agréable vue sur les greens. Registre culinaire traditionnel.

POUR SE FAIRE PLAISIR

La Table de Stéphane – *2 r. du Moulin-à-Huile - 34300 Agde - ✆ 04 67 26 45 22 - www.latabledestephane.com - fermé 20-30 oct., 2-9 janv., dim. soir (sf 12 juil.-30 août), sam. midi et lun. - formule déj. 15/22 € - 26/59 €.* Mets au goût du jour et beau choix de vins du Languedoc-Roussillon à apprécier dans un cadre actuel égayé de teintes pastel ou sur la terrasse ombragée. Apéritif et café au salon.

Larcen – *41 r. Brescou - 34300 Agde - ✆ 04 67 00 01 01 - fermé dim. soir et lun. - 30/41 €.* Une baie vitrée permet d'apercevoir les cuisines depuis la salle à manger, spacieuse et contemporaine. Belle terrasse avec bassin, palmiers et bougainvilliers.

EN SOIRÉE

La Guinguette – *Rte de Marseillan-Ville - 34300 Agde - ✆ 04 67 21 24 11 - 8h-0h - fermé oct.-mars.* M. Sognos anime cette charmante guinguette située à l'écluse de Prades, au bord du canal du Midi et de l'Hérault, sur la route de Marseillan. Difficile de résister au sortilège de l'accordéon, aux tangos, valses et autres javas du diable...

ACTIVITÉS

Plages

Sur les plages du Cap-d'Agde, on trouve des locations de pédalos, de planches à voile, de catamarans, de canoës, de scooters de mer, des terrains de volley-ball, des clubs pour les enfants. On peut aussi pratiquer le ski nautique et le parachute ascensionnel. Elles sont toutes équipées de postes de secours, de douches et WC ; certaines sont aménagées pour l'accès des handicapés au bord de l'eau (Roquille et plage du Grau-d'Agde).

Plongée

Centre archéologique de plongée et d'études sous-marines – *Av. Passeur-Challiès - bassin n° 4 - ✆ 04 67 26 40 14 - www.capes-plongee.com - fermé déc.-fév.* Baptêmes ou stages de plongée.

Sentier sous-marin – *Adena (Association de défense de l'environnement et de la nature des pays d'Agde), aquarium du Cap-d'Agde - 11 r. des Deux-Frères - ✆ 04 67 01 60 23.* Si les fonds marins vous attirent, suivez le sentier sous-marin partant des plages du Môle et de la Grande Conque ou encore du parking du Fortin. Un masque et un tuba suffisent. Deux possibilités : emprunter le sentier seul mais en suivant les instructions données sur une plaquette-guide imperméable, ou alors se faire accompagner par des guides de l'Adena, à partir de l'aquarium du Cap-d'Agde.

Promenade en bateau

Les Bateaux du Soleil – *✆ 04 67 94 08 79 - www.bateaux-du-soleil.com.* Croisière *(6h, dép. d'Agde)*, à la découverte de l'écluse ronde d'Agde et de l'étang de Thau - *25 € (croisière-repas 41 €).*

Trans Cap Croisière – *Quai Jean-Miquel - BP 631 - ✆ 06 08 47 22 32 ou 06 08 31 45 20 - de déb. avr. à déb. nov.* Vision sous-marine jour et nuit, tour extérieur du fort Brescou, remontée de l'Hérault jusqu'à Agde, pêche en mer jour et nuit, croisière et sortie à la voile.

Voile

Centre nautique du Cap d'Agde – *Av. du Passeur-Challiès - ✆ 04 67 01 46 46 - www.centrenautique-capdagde.com - juil.-août : 9h-20h ; reste de l'année : 9h-12h30, 14h-18h - fermé de mi-déc. à mi-janv., dim.* École française de voile. Stages, cours, location, baptême d'Optimist, planche à voile et catamaran habitable toute l'année.

Centre international de tennis – *3 av. de la Vigne - ✆ 04 67 01 03 60 - www.ville-agde.fr - sais. : 9h-20h ; reste de l'année : 9h-20h, w.-end 9h-19h - fermé 25 déc. et 1er janv.* Dirigé par Francis Gasquet, père de l'un des tennismen français les plus connus, Richard Gasquet, ce club sportif ne se limite pas à la location de courts, ni aux stages de tennis : vous pourrez aussi pratiquer badminton et squash. Une boutique, un bar et un espace restauration avec terrasse et piscine sont également à votre disposition.

Golf – *4 av. des Alizés - 34300 Agde - ✆ 04 67 26 54 40 - www.golfcapdagde.com - 55 € basse sais., 59 € moyenne sais., 64 € hte sais.* Beau parcours de 18 trous situé à proximité de la mer. Exercez-vous sur le compact (9 trous), lieu privilégié pour apprendre toutes les astuces du parfait golfeur. Également sur place : practice, bar, restaurant, hôtel...

AGENDA

Joutes nautiques d'Agde – Elles donnent lieu, comme à Sète, à des compétitions qui passionnent la population. *De juin à sept.*

Pézenas

★★

8 439 Piscénois – Hérault (34)

NOS ADRESSES PAGE 408

S'INFORMER

Office du tourisme de Pézenas-Val-d'Hérault – *Pl. des États-du-Languedoc - 34120 Pézenas - ✆ 04 67 98 36 40 - www.ot-pezenas-valdherault.com - juil.-août : lun., mar., jeu. et sam. 9h-19h, merc. et vend. 9h-20h, dim. 10h-19h - reste de l'année : 9h-12h, 14h-18h, dim. 14h-17h.* Propose dans ses murs un Centre d'interprétation de l'architecture et du patrimoine.

Visite guidée – *✆ 04 67 98 36 40 - www.pezenas-tourisme.fr.* Le pays de Pézenas, qui porte le label Pays d'art et d'histoire, propose des visites-découverte animées (1h30) par des guides-conférenciers agréés par le ministère de la Culture et de la Communication *- juil.-août : tlj sf dim. 17h - 6 € ; en saison : visites théâtralisées nocturnes mar. 20h30 - 12 € (réservation obligatoire) - plan de visite libre fléchée : 2 €.*

SE REPÉRER

Carte de microrégion C2 (p. 382) – *Carte Michelin Départements 339 F8.* À 50 km au sud-ouest de Montpellier par l'A 9 puis la D 613, à 25 km au nord-est de Béziers par la N 9 et à 40 km au sud de Lodève par l'A 75.

SE GARER

L'idéal est le parking (payant) de la place du 14-Juillet. En pleine saison, il faudra tenter sa chance au parking Voltaire (gratuit), surveillé par vidéo, ou bien au sud du cours Jean-Jaurès, au parking aménagé place Boby-Lapointe. Dernier recours, le grand parking (payant) de la promenade du Pré-St-Jean, tout proche de la place du 14-Juillet. Attention : le samedi, jour du marché, le centre est inaccessible en voiture.

À NE PAS MANQUER

Les ruelles animées du vieux Pézenas ; l'escalier en équerre de l'hôtel de Lacoste ; les mascarons de l'hôtel de Malibran et, pour les gourmands, les deux spécialités piscénoises (petits pâtés et berlingots).

ORGANISER SON TEMPS

La plupart des sites à visiter n'ouvrant qu'à 10h, soyez matinal pour profiter de Pézenas avant l'invasion touristique. Comptez une demi-journée.

AVEC LES ENFANTS

La Scénovision Molière ; le musée Boby-Lapointe.

Escale historique au cœur de la plaine viticole, Pézenas, où résidèrent longtemps les gouverneurs du Languedoc, est une ville où il fait bon vivre. Si, en saison, la cité d'art devient le fief des artistes et artisans d'art qui investissent les ruelles de la vieille ville, elle n'a, pour autant, rien d'une « ville-musée ». Aux côtés des magnifiques demeures seigneuriales et hôtels du 17e s. demeurés intacts règne un esprit d'audace et de liberté qui, à coup sûr, saurait encore séduire l'illustre Molière.

Se promener Plan de ville

★★ LE VIEUX PÉZENAS 1

Pour visualiser le circuit, reportez-vous au tracé vert sur le plan de ville p. 405. Départ de l'hôtel de Peyrat, pl. des États-du-Languedoc, qui abrite à la fois l'office de tourisme et la Scénovision Molière.

Scénovision Molière 1

Pl. des États-du-Languedoc - 04 67 98 35 39 - www.scenovisionmoliere.com - juil.-août : 9h-19h, nocturnes jusqu'à 22h merc. et vend. ; sept.-juin 9h-12h, 14h-18h, ouv. 10h le dim. - dép. ttes les 15mn, dernière entrée 1h10 av. fermeture - 7 € (enf. 5 €) - durée : 55mn.

Les siècles ont passé mais pas l'engouement pour **Molière** (1622-1673) qui est en représentation permanente à l'hôtel de Peyrat (17e s.). Le parcours-spectacle retrace sa vie en cinq actes, chacun « joué » dans une salle et un décor différents. Muni de lunettes 3D, vous verrez défiler la vie de l'auteur-comédien, de l'enfance du jeune Jean-Baptiste Poquelin à son triomphe à la cour de Louis XIV, et à sa fin trop rapide, en passant par les années d'errance lorsque son Illustre Théâtre allait à la recherche de son public. Grâce à la magie de la technique, avec projection en relief et son spatialisé, Molière, accompagné de ses fidèles (comme le fameux barbier Gély), est aujourd'hui de retour à Pézenas.

Gagnez la place du 14-Juillet et enfoncez-vous dans la vieille ville par la rue François-Oustrin.

Témoins de la gloire d'antan du vieux Pézenas, les hôtels anciens, ornés d'élégants balcons et de portes ouvragées, et les échoppes, occupées aujourd'hui par des artisans et des artistes, se succèdent le long des rues aux noms évocateurs : rues de la Foire, Triperie-Vieille, Fromagerie-Vieille.

★ Hôtel de Lacoste 1

Cet ancien hôtel du 15e s. montre un très bel **escalier★** en équerre et des galeries à voûtes gothiques.

Place Gambetta 1

Autrefois « Place-au-Bled » (« au blé »), elle a conservé sa structure médiévale. Sur la gauche s'ouvre l'ancienne échoppe du barbier Gély chez qui Molière aimait s'installer pour écouter parler les hommes du village : certaines de ses célèbres répliques ont sans doute été prononcées ici !

MOLIÈRE À PÉZENAS

Molière vient à Pézenas avec son Illustre Théâtre à l'occasion d'une session des états du Languedoc en 1650. En 1653, admis à jouer devant Conti, il a tant de succès que le grand seigneur lui donne le titre de « comédien de SAS le prince de Conti ». Molière joue aussi devant le peuple, sur la place couverte. Son répertoire comprend des pièces empruntées à la comédie italienne et des farces de sa composition. Mais le prince de Conti, vieillissant, se préoccupe du salut de son âme et rejoint le parti dévot : bientôt, il coupe les vivres aux comédiens qui doivent regagner Paris en 1657. On connaît la suite…

Pour en savoir plus, visitez la Scénovision Molière ou le site www.toutmoliere.net.

L'escalier de l'hôtel de Lacoste.
Y. Guichaoua / iTravelstock collection / age fotostock

Au pays de Boby (Musée Boby Lapointe) – *1 pl. Gambetta - ☏ 04 67 21 02 87 - www.bobylapointe.com - mar.-dim. 10h-12h, 14h-18h - 2 € (-18 ans : 0,50 €).* C'est un Piscénois de souche, dont certaines chansons sont devenues des « classiques », qui est aujourd'hui honoré dans la boutique du barbier : il s'agit bien sûr de **Boby Lapointe** (1922-1972), ancien scaphandrier, maître de la contrepèterie et du calembour, et comédien à l'occasion. S'il n'a pas atteint la célébrité de Molière, il s'illustra par d'inextricables acrobaties verbales. Le petit musée qui lui est consacré retrace la carrière jubilatoire (vidéo à l'appui) de l'auteur de *Ta Katie t'a quitté*.

Maison consulaire – *6 pl. Gambetta - ☏ 04 67 98 16 12 - ♿ - juil.-août : 10h-12h, 14h-19h (23h merc. et vend.) ; reste de l'année : 10h-12h, 14h-18h, dim. 14h-18h - fermé lun., 1er janv., 1er Mai, 25 déc. - gratuit.* Elle dresse, sur la droite, sa façade du 18e s., avec fronton et belles ferronneries, dissimulant le corps de bâtiment qui date de 1552. Les états du Languedoc y tinrent souvent leurs séances, en particulier la réunion d'où partit la révolte d'Henri II de Montmorency contre l'autorité royale, en 1632. Elle abrite aujourd'hui la **Maison des métiers d'art** qui propose des expositions temporaires réalisées par les artisans d'art de la commune et déclinées autour du thème des métiers de la scène ou de la restauration du patrimoine : sculpture sur pierre, ébénisterie, ferronnerie… illustrant ainsi le label de « Ville et Métiers d'art » arboré par Pézenas.

Revenez sur la place Gambetta.

Rue Triperie-Vieille – *Face à la Maison consulaire.* Avancez jusqu'au n° 11 pour découvrir, dans une cour au bout d'un couloir voûté, une belle cage d'escalier du début du 17e s.

Hôtel Flottes de Sébasan – Il déploie, à l'angle de la place et de la rue Alfred-Sabatier, sa large façade du 16e s. dont la partie droite a été remaniée au 18e s. (fenêtres et ferronneries), mais a conservé sa niche d'angle Renaissance (1511) qui abrite un modeste saint Roch du 19e s. Une plaque rappelle qu'Anne d'Autriche y logea en 1660.

Prenez la rue Albert-Paul-Alliès, de l'autre côté de la place.

Au n° 3 se trouve l'**hôtel de St-Germain** qui abrite le musée Vulliod-St-Germain, bel ensemble du 16e s., dont l'extérieur a été remanié au 18e s. et l'intérieur au 19e s.

Musée Vulliod-St-Germain 1

✆ 04 67 98 90 59 - juin-sept. : 10h-12h, 15h-19h (21h en juil.-août) ; reste de l'année : tlj sf lun. 10h-12h, 14h-17h30 - dernière entrée 30mn av. la fermeture - fermé 1er oct.-15 fév. - 2,50 € (-16 ans 1,50 €).

Au rez-de-chaussée, à côté du hall d'entrée où ont été déposées des pierres tombales et quelques sculptures provenant de divers édifices de la ville, un intérieur traditionnel piscénois a été reconstitué. Au premier étage, un groupe de tapisseries d'Aubusson du 17e s. représente le Triomphe d'Alexandre. Parmi les meubles des 16e, 17e et 18e s., une belle armoire Louis XIII ornée de panneaux sculptés représentant les Quatre Cavaliers de l'Apocalypse. Les souvenirs de Molière ont été rassemblés dans trois salles : parmi eux, le fameux **fauteuil** de barbier sur lequel Molière, comme les autres clients de l'échoppe, prenait place, tandis qu'officiait le prolixe Gély. À l'étage supérieur : collection de faïences et de pots à pharmacie, expositions temporaires.

Prenez à gauche la rue Béranger (maison du 17e s.), puis la rue de Montmorency.

Rue de Montmorency 1

Sur la droite s'élèvent les échauguettes de l'**îlot des Prisons**. En remontant la rue, on voit à gauche une **pietà** en faïence, du 15e s., et à droite la porte de l'enceinte de l'ancien château démantelé par ordre de Richelieu après la révolte de Montmorency. Tout au bout de la rue, jetez un coup d'œil sur la rue des Litanies, l'un des deux axes du **Ghetto**.

Rue du Château 1

Cette belle rue qui descend vers le centre dévoile d'agréables décors. Au n° 9, la très belle porte en accolade de l'**hôtel de Graves** date du 16e s.

Rue Alfred-Sabatier 1

Sur la gauche. Au n° 12, l'**hôtel de Moulceaux (maison des Pauvres)** possède un bel escalier et des ferronneries du 18e s. Au n° 1, façade décorée de mascarons ; belles fenêtres en anse de panier.

Revenez dans la rue du Château et prenez en face la rue Émile-Zola.

Rue Émile-Zola 1

Au n° 7, l'**hôtel Jacques-Cœur** dresse une façade ornée de culs-de-lampe représentant des petits personnages. Cas unique d'ornementation pour un hôtel du 15e s. à Pézenas, il est probablement l'œuvre d'artistes franco-flamands envoyés par le grand argentier du roi.

Au bout de cette rue s'ouvre la **porte du Ghetto** qui donne accès à la **rue de la Juiverie**, deux noms illustrant le passé de ce quartier. À droite, la **porte Biaise** tire son nom de la disposition en biais des colonnes qui soutiennent l'entablement d'inspiration gallo-romaine. À gauche, la **porte Faugères**, donnant sur le cours Jean-Jaurès, faisait partie de l'ancienne enceinte du 14e s.

Prenez à gauche le cours Jean-Jaurès.

Cours Jean-Jaurès (Le Quay) 1

Le cours fut percé au 17e s. par Henri II de Montmorency qui voulait agrandir la ville en dehors de l'enceinte. Il s'appelait alors le Quay et supplanta la rue de la Foire comme grand pôle d'attraction de la ville. Des hôtels aristocratiques se construisirent face au Midi, s'ouvrant rue de la Foire sur l'arrière. Les édifices les plus intéressants sont le n° 18 : **hôtel de Landes de St-Palais** (belle façade avec mascarons), au n° 22 l'**hôtel de Bezons** (17e s.) et de l'autre côté du cours le n° 33 : **hôtel de Latudes**.

Revenez sur vos pas jusqu'à la rue du Château. Prenez ensuite à droite la rue de la Foire.

Rue de la Foire 1

Anciennement rue Droite, elle servait de cadre aux fêtes et aux processions. Au n° 16, linteau sculpté représentant de charmants enfants musiciens. Remarquer l'élégante façade Renaissance de l'**hôtel de Wicque** surmontant une galerie

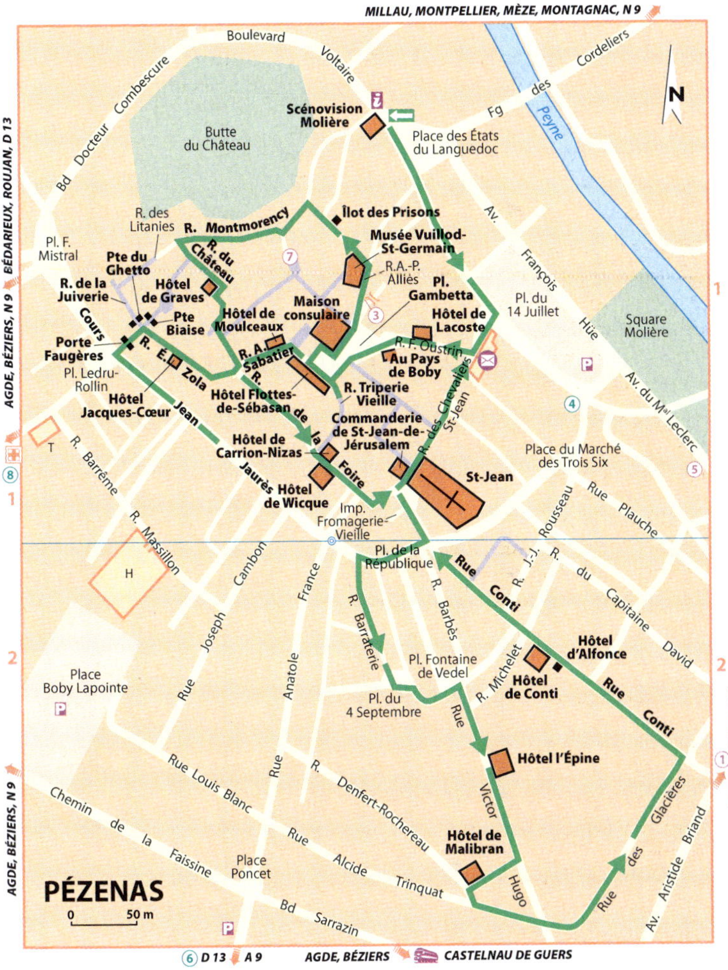

SE LOGER
Hostellerie de Saint-Alban 6
Molière (Grand Hôtel Le) 4
Villa Juliette 8

SE RESTAURER
Entre Pots (L') 1
Pomme d'Amour (La) 3
Pré Saint-Jean (Le) 5
5 Gallery (Le) 7

d'art. En face se trouve l'**hôtel de Carrion-Nizas** s'ouvrant par une porte du 17e s. (bel escalier intérieur).

Collégiale St-Jean 1

À l'emplacement d'une église de Templiers, qui s'écroula en 1733 sous le poids de son clocher, fut bâtie peu après l'église actuelle sur les plans de l'architecte avignonnais Jean-Baptiste Franque. À l'intérieur, d'allure sévère, la **nef** à voûtes d'arêtes est flanquée de bas-côtés couverts de coupoles à pendentifs comme celle qui recouvre la croisée du transept. Le **chœur** a reçu une voûte en cul-de-four à nervures. Une corniche à retraits souligne tout le pourtour de l'édifice. Derrière la sacristie, exposition d'objets sacrés du 17e s. au 19e s. L'escalier à vis conduit au **trésor** : remarquez notamment le ciboire du 17e s., œuvre de l'orfèvre piscénois Jacques Oudin, et l'élégant reliquaire d'argent, signé Jean Antoine Roussounel et daté de 1747, qui renferme un fragment de la croix du Christ.

Commanderie de St-Jean-de-Jérusalem 1

Face à l'église.

Deux façades intactes du début du 17e s. subsistent, avec leurs fenêtres à meneaux. Une tourelle d'angle est soutenue par un contrefort de maçonnerie.

Gagnez la place de la République par la rue Kléber, à droite de la collégiale.

Le « Faubourg » 2

Situé en dehors de la ville ancienne, le « faubourg » s'est développé au 17e et au 18e s. autour de la rue Conti.

Sur la place, prenez la rue Barateríe (5e rue à droite, au fond de la place), puis tournez à gauche dans la rue du Commandant-Bassas.

À droite, un porche s'ouvre sur la ruelle du Jeu-de-Paume. Selon la tradition, ici se trouvait un théâtre où Molière joua. Au n° 3, belle porte en pointes de diamant.

Tournez à droite dans la rue Victor-Hugo.

Au n° 11, l'**hôtel l'Épine** 2 (18e s.) séduit par son **élégante façade** ornée d'un portail à bossages, de figures sculptées sur les agrafes des fenêtres, la ferronnerie des garde-corps, etc.

Prenez à droite la rue de la Ferronnerie.

★ **Hôtel de Malibran** 2 – Sa magnifique façade du 18e s. s'orne de belles fenêtres surmontées de mascarons représentant des visages féminins souriants, tandis que les balcons reposent sur des consoles décorées de feuillages. La porte donne directement accès à un escalier intérieur du 17e s., porté par deux séries de colonnes superposées.

Prenez un escalier au bout de la rue Alcide-Trinquat, traversez la rue Victor-Hugo et prenez en face la rue des Glacières. Tournez ensuite à gauche dans la rue Conti.

Rue Conti 2 – Plusieurs hôtels particuliers ont été élevés sur cette artère qui, au 17e s., était aussi la rue des auberges et des commerces. On passe devant la façade de l'**hostellerie du Griffon d'Or** (n° 36).

Hôtel d'Alfonce 2 – *Au n° 32 - ✆ 04 67 98 10 38 ou 04 67 90 71 89 - ♿ - juil.-août : tlj sf w.-end 15h-18h : se rens. pour les horaires ; reste de l'année sur demande - fermé j. fériés - 1 €.* Ce bel ensemble du 17e s., l'un des mieux conservés de Pézenas, servit de théâtre à Molière de novembre 1655 à février 1656. Il accueille aujourd'hui des chambres d'hôte.

Hôtel de Conti – Au n° 30. Il présente une façade – refaite au 18e s. – parcourue de balcons et d'appuis de fenêtre en ferronnerie de style Louis XV.

Rayonnement historique et traditions

UN MARCHÉ LAINIER

Ville fortifiée au temps des Romains, Pézenas est déjà un important marché pour les draps. Seigneurie royale à partir de 1261, ses foires prennent une extension nouvelle. Il y en a trois chaque année. Tout est mis en œuvre pour en assurer le succès : les marchandises sont exemptées des droits pendant trente jours ; les marchands ne peuvent être saisis pour dettes ; par ordre du roi, les seigneurs du voisinage doivent les protéger pendant leur voyage. Pour ces faveurs, la ville paie au trésor royal une redevance de 2 500 livres.

LE « VERSAILLES » DU LANGUEDOC

En 1456, les états généraux du Languedoc tiennent leurs séances pour la première fois à Pézenas. La ville devient plus tard la résidence des gouverneurs du Languedoc qui la préfèrent à Montpellier, trop huguenote à leur goût : les Montmorency, puis Conti. Armand de Bourbon, prince de Conti, fait de Pézenas le « Versailles » du Languedoc. Installé dans le domaine de la Grange des Prés, célèbre pour la beauté de ses jardins, de ses parterres, de ses jeux d'eau, il s'entoure d'une véritable cour de gentilshommes, d'artistes et d'écrivains. Chaque session des états généraux est marquée par des fêtes somptueuses.

LE POULAIN

Tous les ans à Mardi gras et le 1er dimanche de juillet, les Piscénois commémorent la naissance en leur ville du poulain de la jument favorite du roi Louis VIII lors du séjour de ce dernier à Pézenas en 1226. Sous une armature de bois recouverte de tissu bleu semé d'étoiles s'agitent neuf hommes imprimant à la carcasse des mouvements de danse, tandis que deux mannequins, Estieinou et Estieinetto, juchés sur le Poulain, semblent s'y cramponner à grand-peine : ils rappellent une anecdote concernant le maréchal de Bassompierre, qui aurait pris en croupe une beauté locale afin de l'aider à traverser le Peyne. Au son du hautbois et du *tambournet*, le Poulain parcourt la ville, précédé par « Pampille », meneur habillé de blanc et de rouge. Au passage, les mâchoires articulées de la bête happent les oboles qui se présentent.

LA MONDIALISATION CULINAIRE

Marque déposée depuis 2009, les **petits pâtés de Pézenas** sont une spécialité culinaire à base de viande sucrée, d'origine indo-britannique. C'est en 1768 que lord Clive, de retour des Indes, en compagnie de cuisiniers indiens, séjourna dans la ville. Avant de gagner Market Drayton, en Angleterre, ces derniers transmirent aux pâtissiers piscénois la recette des petits pâtés. Tombée dans l'oubli au 19e s., elle a été retrouvée grâce aux recherches de quelques gastronomes passionnés. En Angleterre, sous le nom de *Clive Pies*, on confectionne des petits pâtés à base de viande de mouton, de sucre roux, de raisins de Damas et de curry ; à Pézenas, à la place des raisins, on incorpore des zestes de citron confits… Juste retour des choses, Market Drayton est aujourd'hui jumelée avec Pézenas.

Revenez à la collégiale St-Jean en passant par la place de la République et prenez à droite la rue des Chevaliers-St-Jean pour rejoindre la place du 14-Juillet.

À proximité Carte de microrégion

Château-abbaye de Cassan C2

11 km. Sortez de Pézenas au nord-ouest par la D 13. Continuez 2 km après Roujan. ✆ 04 67 24 52 45 - www.chateau-cassan.com - juil.-août : 11h-19h ; 13 avr.-juin et sept. : 14h-19h ; oct. : w.-end 14h-19h. Attention, risque de fermeture en raison d'importants travaux de rénovation.

Fondé en 1080, ce prieuré d'augustins reçut une église romane, de plan basilical, en 1115. Élargissant au fil des siècles leur pouvoir ainsi que leur richesse, les chanoines firent reconstruire le prieuré au 18e s., le dotant d'un somptueux palais abbatial. Le prieuré royal devint ainsi un des plus vastes châteaux languedociens. La galerie nord du cloître abrite l'herboristerie et la cuisine (cheminée à hotte en carène de bateau). La galerie ouest, remarquablement voûtée en anse de panier, mène à l'**escalier d'honneur** (rampe en fer forgé). Séparé du salon de musique par un péristyle, le grand salon est de style néoclassique. Quatre terrasses étagées forment le jardin à la française et le jardin anglo-chinois. De la 3e terrasse, on découvre dans son ensemble la majestueuse **façade ouest★**, de style classique, large de 65 m et percée de 57 ouvertures réparties sur trois niveaux. À gauche se trouve l'entrée de l'**église**, à nef unique.

Margon C2

13 km au nord-ouest de Pézenas par la D 13 jusqu'à Roujan puis à gauche.

Au cœur du village médiéval s'élèvent, majestueuses, les trois tours rondes du **château** du 13e s. dont vous pourrez visiter la cour intérieure et les terrasses. Le **jardin** se situe de l'autre côté des arceaux ou « banastas » qui recouvrent l'ancien fossé. Face à la fontaine, les haies de lauriers dessinent un beau jardin à la française encadré de vases d'Anduze. À ses côtés, oliveraie, verger et jardin de fleurs à couper s'articulent avec brio sous la main agile du gardien des lieux.

NOS ADRESSES À PÉZENAS

HÉBERGEMENT

BUDGET MOYEN

Grand Hôtel Le Molière – *Pl. du 14-Juillet - ✆ 04 67 98 14 00 - www.hotel-le-moliere.com - P (7 €) - 20 ch. 60/90 € - ☕ 8 € - wifi gratuit.* Agréable hôtel du centre-ville à la façade ornée de sculptures. Ses chambres confortables et climatisées ont été revues dans un esprit méridional. Le coin salon, logé dans un superbe patio, est décoré de jolies fresques murales évoquant les pièces de Molière.

Chambre d'hôte Villa Juliette – *6 ch. de la Faissine - ✆ 04 67 35 25 38 - www.villajuliette.com - 4 ch. 64/99 € ☕.* À quelques pas du centre historique, une très agréable villa dotée d'un jardin ombragé de palmiers. Piscine et confitures maison au petit-déjeuner. La villa est située face au parc Sans-Souci : tout un programme !

À proximité

POUR SE FAIRE PLAISIR

Hostellerie de St-Alban – *31 rte d'Agde - Nézignan-l'Évêque* *(à 5 km au sud par la D 609 et la D 13, dir. Agde et A 9) - ✆ 04 67 98 11 38 - www.saintalban.com - fermé de mi-nov. à mi-fév. - 13 ch. 98/160 € - ☕ 15 € - rest. menus 32/42 €, carte 41/54 €.* Cette belle maison de maître sise dans un beau jardin propose des chambres vastes et lumineuses dont le décor sait se montrer original. Cuisine de terroir actualisée dans le restaurant décoré d'œuvres d'art contemporaines.

RESTAURATION

Pour vous restaurer rapidement et légèrement, vous disposez des terrasses, ombragées par les platanes, de plusieurs brasseries bordant la place du 14-Juillet.

PREMIER PRIX

La Pomme d'Amour – *2 bis r. Albert-Paul-Alliès - ✆ 04 67 98 08 40 - fermé janv.-fév., lun. soir et mar. (sf juil.-août) - réserv. conseillée (juil.-août) - 9/23,50 €.* Cet accueillant restaurant familial occupe le rez-de-chaussée d'une maison du 18e s. Poutres et pierres apparentes composent le décor intime de la salle à manger, complétée en été par une petite terrasse dressée en bordure d'une ruelle donnant accès à la vieille ville. On y déguste de savoureuses recettes gorgées de soleil.

Le 5 Gallery – *5 r. Canabasserie - ✆ 04 67 01 56 09 - http://sites.google.com/site/le5gallerypezenas - mars-nov. : lun.-sam. - fermé dim. sf juil.-août - 10/15 €.* Au pied de la colline du château, une belle maison du vieux Pézenas. Salades, quiches et cakes salés ou sucrés, plus une carte « terroir chic » proposant foies gras et jambons ibériques, ainsi que des vins languedociens. Une chambre d'hôte de charme et d'esprit « médiéval » en sus (La Suite Montmorency *-120 € ☕*).

BUDGET MOYEN

Le Pré St-Jean – *18 av. du Mar.-Leclerc - ✆ 04 67 98 15 31 - fermé jeu. soir (sf juil.-août), dim. soir et lun. - 25/45 €.* Bordant le boulevard circulaire, cette discrète façade dissimule une salle accueillante, de style jardin d'hiver. Cuisine régionale actualisée, grands classiques de style bistrot et belle sélection de vins du pays.

POUR SE FAIRE PLAISIR

L'Entre Pots – *8 av. Louis-Montagne - ✆ 04 67 90 00 00 - fermé dim. et lun. - formule déj. 21 € - 29 €.* Cette table-épicerie (fine) propose à ses commensaux une fraîche cuisine de saison alliant tradition régionale et modernité, bel intérieur actuel et intime, paisible cour-terrasse et service souriant : laissez le charme agir…

ACHATS

Marché

Le samedi sur la place de la République et le boulevard Jean-Jaurès.

Artisanat

Les échoppes d'artisans sont ouvertes tlj de juin à sept. et en nocturne les merc. et vend. (juil.-août). Parmi celles-ci, il faut citer l'**atelier Lizot-Griselain** pour ses superbes poteries en grès émaillé *(1 r. Émile-Zola, au coin de la rue de la Foire - ✆ 04 67 98 27 50)*. Les amateurs de bois se rendront quant à eux à la boutique **Autour de l'Arbre** *(11 r. Triperie-Vieille - ✆ 04 67 98 29 97 - tlj sf lun. 9h-13h, 14h-18h)* pour admirer le travail du tourneur sur bois Éric Bourneil.

Gourmandises

Maison Alary – *9 r. des Chevaliers-St-Jean - ✆ 04 67 98 13 12 - été :*

5

6h30-13h, 14h30-20h ; reste de l'année : tlj sf lun. 7h-13h, 15h-20h - fermé 15 j. en nov. C'est ici qu'un pâtissier piscénois du nom de Roucayrol proposa pour la première fois les petits pâtés de Pézenas à ses concitoyens.

Confiserie Boudet – *Pl. Gambetta (boutique) - ✆ 04 67 98 16 32 (fabrique) - www.lesberlingotsdepezenas.com - de mi-juin à mi-sept. : tlj sf w.-end 9h-11h30 ; reste de l'année : sur demande préalable - fermé 2 sem. en janv. et 2 sem. en oct.* Pézenas est célèbre pour ses berlingots, fabriqués ici depuis le 17e s. C'est un marchand africain qui les aurait fait découvrir aux Piscénois !

Chapeaux

Les Chapeaux de Galinette –*13 pl. Gambetta - ✆ 04 67 90 70 00 - mar.-sam. 10h30-12h, 15h-18h30 ; dim. 15h-18h30.* Bibis, capelines, bérets, canotiers, tout pour ceux et celles qui ont une « tête à chapeau ».

BOIRE UN VERRE

Salons de thé

L'Aparté – *13 r. de la Foire - ✆ 04 67 98 03 04 - juil.-août : 10h30-12h30, 14h30-19h ; reste de l'année : tlj sf lun. 14h30-18h30 - fermé janv., lun., 25 déc., 1er janv.* Bouquinerie où vous pourrez déguster un cake maison accompagné d'un excellent thé en feuilletant l'un des livres sur les rayonnages. L'accueil est souriant, et cette conjugaison des plaisirs du palais et de l'esprit en fait un endroit précieux.

Le Chat Botté – *14 cours Jean-Jaurès - ✆ 04 67 32 59 47.* Un petit salon de thé où vous dégusterez d'excellents gâteaux maison. Goûtez notamment au crumble aux pommes et aux fruits rouges : un régal !

AGENDA

Molière dans tous ses éclats – *Mai-juin en divers lieux de la ville - www.villepezenas.fr ou www.pezenas-tourisme.fr.* Théâtre, spectacles, expositions, conférences autour de Molière.

Mirondela dels Arts – *www.mirondeladelsarts.com - en été.* Manifestations folkloriques, représentations théâtrales, concerts et expositions d'arts plastiques.

Abbaye de Valmagne

★

Hérault (34)

SE REPÉRER

Carte de microrégion D2 (p. 382) – *Carte Michelin Départements 339 G8.* À 41 km à l'ouest de Montpellier par la D 5 et à 14 km à l'est de Pézenas par la N 9, puis la D 613. Au niveau de Montagnac, la D 5 vous conduit jusqu'à l'abbaye, sise sur le territoire de la commune de Villeveyrac.

À NE PAS MANQUER

Les colonnettes et chapiteaux de la salle capitulaire, la fontaine octogonale et le jardin médiéval.

ORGANISER SON TEMPS

Comptez 1h (visite guidée).

C'est dans une oasis de verdure, au cœur du vignoble languedocien, que se cache cette grande abbaye cistercienne aux pierres rosées. Fondée au 12e s., elle fut l'une des abbayes les plus riches du sud de la France avant de connaître les affres de la guerre, de la commende, puis de la décadence. Souvent transformée au cours des siècles, elle est aujourd'hui progressivement restaurée.

Découvrir

★ L'ABBAYE

04 67 78 06 09 - www.valmagne.com - de mi-juin à fin sept. : 10h-18h ; reste de l'année : 14h-18h - fermé mar. de mi-déc. à mi-fév., 1er janv., 25 déc. - 7 € (enf. 5,50 €).
La cour d'honneur (18e s.), agrémentée d'un grand bassin, est le point de départ de la visite. À côté du logis des hôtes se détache la massive silhouette de l'**église** qui rappelle les cathédrales du nord de la France : façade flanquée de tours, dimensions imposantes (24,5 m de haut et 83 m de long), vaisseau épaulé d'arcs-boutants, murs très ajourés, clés de voûtes richement décorées, déambulatoire aux chapelles rayonnantes… La plupart des fenêtres hautes ont été murées ; d'immenses foudres dans les bas-côtés et la noirceur de la pierre rappellent son utilisation comme chai de vieillissement du vin.

Fortement rénovés au 17e s., les **bâtiments monastiques** remontent encore pour partie à la fondation (12e s.). Le **cloître**, reconstruit au 14e s., séduit par la couleur dorée de ses pierres, privées de décor. On trouvera plus de fantaisie dans la **salle capitulaire**, du 12e s., où les colonnettes et les chapiteaux présentent une certaine variété, et surtout dans la très belle **fontaine**★★ octogonale ; elle est coiffée d'un ensemble du 18e s. formé de huit nervures reliées par une clef pendante. Le vaste **réfectoire** possède une remarquable cheminée Renaissance *(ouvert uniquement lors des concerts).*

Jardin médiéval – À la belle saison, les visiteurs de l'abbaye peuvent profiter de ce lieu de découverte et de détente conçu sur le plan des jardins des abbayes cisterciennes.

UNE HISTOIRE MOUVEMENTÉE

C'est à Raimond Trencavel que l'on doit la fondation de l'abbaye en 1136. Le domaine choisi par les moines portait le nom de *Vallis Magna* ou *Villa Magna*. Rattachée à Cîteaux en 1159, elle s'est considérablement développée jusqu'au début du 14e s., comptant jusqu'à 300 moines. Des périodes très troublées ont suivi. En 1573, un abbé commendataire de Valmagne, converti aux idées de la Réforme, assiégea sa propre abbaye et en fit tuer les moines. Après un sursaut aux 17e et 18e s. où de riches abbés transforment l'abbaye en palais, la décadence s'installe jusqu'à la Révolution : il ne reste alors que cinq moines. Saccagée, vendue, transformée en domaine viticole (vocation qu'elle conserve de nos jours…), elle est rachetée en 1838 par le comte de Turenne (dont la descendance est toujours propriétaire des lieux), et reprend vie aujourd'hui en été lors des concerts du vendredi organisés par l'association « Les Itinéraires culturels de Valmagne » *(www.valmagne.com/anim.html)*.

Oppidum d'Ensérune

★★

Hérault (34)

NOS ADRESSES PAGE 414

S'INFORMER

Office du tourisme de Nissan-lez-Ensérune – *2 pl. de la République - 34440 Nissan-lez-Ensérune - ✆ 04 67 37 14 12 - juin-sept. : mar-vend. 10h-12h, 16h-19h ; sam. 10h-12h - fermé dim. et j. fériés. Dégustations de vins locaux et vente de produits du terroir.*

SE REPÉRER

Carte de microrégion B2 (p. 383)- *Carte Michelin Départements 339 D9.* À 15 km au sud-ouest de Béziers par la D 11 (jusqu'à Montady, puis par la petite route de Colombiers) et à 28 km au nord de Narbonne par la D 609.

SE GARER

En basse saison, possibilité de monter en voiture jusqu'à l'entrée de l'oppidum ; sinon, de mai à août, garez la voiture sur les parkings aménagés et montez à pied.

À NE PAS MANQUER

Les silos ; la citerne ; les poteries et le mobilier funéraire du musée ; le point de vue sur l'ancien étang de Montady.

ORGANISER SON TEMPS

Comptez 1h30.

AVEC LES ENFANTS

Le parcours au milieu des fouilles et le musée.

L'oppidum d'Ensérune.
B. Rieger / hemis.fr

À Ensérune somnolent les vestiges mystérieux d'une ville fortifiée où se superposent de nombreuses couches de civilisations préromaines. L'oppidum domine légèrement la plaine biterroise, et cet emplacement de choix, environné d'une belle pinède méditerranéenne, renforce encore l'intérêt d'un site étudié par les archéologues depuis 1915.

DE CABANES EN OPPIDUM

L'étymologie d'Ensérune se rapporte à sa situation : le préceltique *set*, qui a évolué en *seduna* signifie « hauteur ». Au 6e s. av. J.-C., des cabanes, probablement en pisé, s'étalaient sur la partie haute de la colline ; il ne reste de cette époque que des fonds de cabanes. En relation commerciale avec la Grèce par l'intermédiaire de Marseille, Ensérune se développe. Le vieux village devient une véritable cité aux maisons de pierre. Dans le sol de chaque maison, on enfonce une grande jarre *(dolium)* destinée aux provisions. Un vaste espace est réservé aux incinérations funéraires. À partir du milieu du deuxième âge du fer, la cité s'agrandit, les pentes de la colline sont aménagées en terrasses. Sur le versant sud-est, on installe un grenier constitué de nombreux silos. Détruit à la fin du 3e s. av. J.-C., l'oppidum retrouve la prospérité avec les Romains qui, en 118 av. J.-C., fondent leur première colonie à Narbonne : construction de citernes, aménagement des égouts, pavage des sols, peinture des murs… L'oppidum se dépeuple progressivement et disparaît définitivement au cours du 1er s. apr. J.-C., la Paix romaine permettant aux populations de s'installer sans danger dans les plaines.

Découvrir

★★ OPPIDUM D'ENSÉRUNE

Des tables d'orientation aménagées aux quatre points cardinaux de l'oppidum, on découvre un vaste panorama, des Cévennes au Canigou, sur toute la plaine côtière.

La vue sur l'ancien **étang de Montady★** asséché depuis 1247 est exceptionnelle. La division rayonnante des parcelles est due à des fossés qui drainent ses eaux dans un collecteur. De là, empruntant un aqueduc creusé sous la colline *(Malpas, voir Canal du Midi, p. 415)*, elles s'écoulent dans les bas-fonds de l'ancien étang de Capestang, asséché au 19e s. En fonction des cultures et de la période de l'année, le tableau, toujours étonnant, est parfois vraiment superbe.

NOS ADRESSES PRÈS D'ENSÉRUNE

HÉBERGEMENT

PREMIER PRIX

Chambre d'hôte Le Plô – *7 av. de la Cave - 34440 Nissan-lez-Ensérune (à 1 km à l'est d'Ensérune par D 609) - ✆ 04 67 37 38 21 - fermé janv.-mars - ⊭ - P - 4 ch. 45/80 € - ☕ 6 €.* Au centre du village, imposante maison de maître dont les chambres se caractérisent par de beaux volumes, un décor zen et une grande luminosité. Accueil très courtois.

Chambre d'hôte Villa les Cigalines – *R. de Terre-Rousse - 34440 Nissan-lez-Ensérune - ✆ 04 67 37 16 20 / 06 86 44 77 62 - www.les-cigalines.com - ⊭ - 4 ch. 52 € ☕ - wifi gratuit.* La maison se trouve un peu à l'écart du village, mais reste facile à trouver. Ses quatre chambres, bien tenues, sont climatisées (bien utile par grosse chaleur) et la terrasse ombragée agrémente petits-déjeuners et barbecues. Et comme les propriétaires adorent recevoir, on se sent vite à son aise…

BUDGET MOYEN

Hôtel Résidence – *34440 Nissan-lez-Ensérune - ✆ 04 67 37 00 63 - www.hotel-residence.com - fermé 15 déc.-14 janv. - P -18 ch. 67/87 € - ☕ 11 € - rest. 19,90/48 € - wifi gratuit.* Demeure bourgeoise située au cœur d'un petit village. Chambres souvent garnies de meubles anciens, plus spacieuses à l'annexe aménagée dans une maison de vigneron du 19e s. Aux beaux jours, les repas sont servis sur la jolie terrasse ombragée, près de la piscine.

Canal du Midi

★

Aude (11), Hérault (34)

NOS ADRESSES PAGE 424

S'INFORMER
Sites d'information – www.canal-du-midi.org ; www.canalmidi.com ; www.canal-et-voie-verte.com ; www.plan-canal-du-midi.com.

SE REPÉRER
Carte de microrégion BC2 (p. 383) – *Carte Michelin Départements 344 AK1 et 339 AF9.* Le canal du Midi relie Toulouse au bassin de Thau. La partie que nous vous proposons de découvrir ici s'étend du seuil de Naurouze (à 12 km à l'ouest de Castelnaudary par la D 6113) jusqu'à Béziers. Elle se divise en deux circuits de part et d'autre de Carcassonne.

À NE PAS MANQUER
La balade ombragée dans l'arboretum du seuil de Naurouze ; l'original plan circulaire de l'église de Rieux-Minervois ; le port du Somail ; le trésor de l'église de Quarante ; l'oppidum d'Ensérune ; les trois tunnels du Malpas et les écluses de Fonséranes.

ORGANISER SON TEMPS
Les plus pressés trouveront ici des circuits en voiture de 1h, ou d'une demi-journée. Pour capter la douceur de vivre du canal, suivez ses berges à pied, à vélo ou à bord d'une péniche.

AVEC LES ENFANTS
L'écluse de l'Aiguille, l'oppidum d'Ensérune ou une croisière familiale sur le canal *(voir Nos adresses).*

Quelle est la raison de son succès ? Outre la prouesse technique, c'est la beauté de ses berges, la tranquillité de son cours et la richesse de son itinéraire qui fait traverser, de bout en bout, tout le Languedoc, de Toulouse à Sète, du Lauragais à la Méditerranée. Au fil de cette nonchalante croisière ombragée, vous découvrirez des vignobles écrasés de soleil, des cités et des villages chargés d'une d'histoire forte. Le canal est aujourd'hui inscrit au Patrimoine mondial de l'Unesco. Pour flâner au fil de l'eau, et goûter à un rythme de vie hors du temps…

5

Circuits conseillés Carte du canal du Midi

DU SEUIL DE NAUROUZE À CARCASSONNE

Pour visualiser ce circuit de 52 km, reportez-vous à la carte p. 420 – Comptez 1h.

★ Seuil de Naurouze

Laissez la voiture au parking situé près de l'obélisque.

C'est à cet endroit que les eaux captées dans la Montagne Noire viennent alimenter les deux versants, méditerranéen et atlantique, du canal du Midi. Sur

ce site, Riquet voulait créer une ville ; son projet n'a pas abouti ; les constructions furent uniquement consacrées à l'entretien et à l'exploitation du canal.
Contournez le bassin à gauche.
Un agréable sentier ombragé fait le tour du bassin de décantation, de forme octogonale, creusé en 1669-1673. On voit successivement la station de pompage destinée à l'irrigation du Lauragais, l'épanchoir permettant d'évacuer le trop-plein du bassin vers le Fresquel, le **bief de partage** des eaux, l'écluse qui déverse l'eau de la rigole de la Montagne Noire dans le bief et enfin l'écluse de l'Océan (1671). Le bassin est entouré d'un **arboretum** planté de pins d'Alep, de micocouliers, d'érables sycomores, de cèdres de l'Atlas (allée menant à l'écluse de l'Océan), de merisiers, etc.
Revenez au parking par une allée de platanes traversant le bassin.
L'**obélisque de Riquet**, élevé en 1825 par les descendants de Riquet, se dresse dans un enclos sur le socle naturel des « pierres de Naurouze », entre le col de Naurouze (D 113) et le canal. Il est entouré d'une double couronne de cèdres. Selon la légende, quand les fissures qui strient les pierres de Naurouze viendront à se fermer, la société sombrera dans la débauche et la fin du monde surviendra. Vue à l'ouest sur la butte de Montferrand.
Quittez le seuil de Naurouze au sud et gagnez **Le Ségala**, joli port du canal.
Remontez par la D 217 à Labastide-d'Anjou. Prenez ensuite la D 6113 à droite. Après Castenaudary (voir le Guide Vert Pyrénées Toulouse Gers Ariège), continuez sur la D 6113 vers l'est, direction Carcassonne. Après Villepinte, prenez à droite la D 4.

Bram

Ville natale du journaliste et écrivain Jean Cau (1925-1993), Bram est un représentant typique de l'urbanisme languedocien en **« circulades »**, villages construits en cercles concentriques autour de l'église. Bram fut le théâtre d'un des plus terribles épisodes de la croisade contre les Albigeois. En 1210, ayant pris Bram d'assaut, Simon de Montfort fait trancher le nez et crever les yeux à 99 habitants de la ville ; plus chanceux, le 100e est « seulement » éborgné, afin qu'il puisse conduire les autres à Cabaret et effrayer ainsi les défenseurs locaux.
Faites demi-tour par la D 4 et tournez à droite dans la D 6113.

Pézens

Pézens a gardé quelques vestiges de remparts dont une porte fortifiée. L'église (clocher à flèche ornée de crochets – 19e s.) date du 18e s.
Vous arrivez ensuite à Carcassonne par la D 6113 (voir le Guide Vert Pyrénées Toulouse Gers).

Cyclistes au bord du canal du Midi.
O. Fantuz / SIME / Sime / Photononstop

LA PLAINE DU MINERVOIS

Pour visualiser ce circuit de 120 km, reportez-vous à la carte p. 420-421. De Carcassonne à Béziers – Comptez une demi-journée. Quittez Carcassonne au nord par la D 118.

La route longe le canal du Midi et passe au-dessus du Fresquel, également enjambé par le canal sur le **pont-canal du Fresquel**.

Au carrefour de Bezons, prenez la 1re route à droite, la D 620, puis la D 201. Après Villedubert, tournez à droite dans la D 101.

Peu avant **Trèbes**, à droite de la route, le canal du Midi passe au-dessus de l'Orbiel sur un **pont-canal** à trois arches construit par Vauban en 1686.

Quittez Trèbes à l'est par la D 610.

Marseillette

C'est à partir de cette bourgade que vous pourrez partir à la découverte de l'étang asséché de Marseillette. À l'ère tertiaire, la mer recouvrait cette vaste plaine ; en se retirant, elle a laissé place à un étang pullulant de moustiques, vecteurs de maladies. En 1808, après quatre années de travaux, l'assèchement est décidé. L'arrivée de l'eau douce par le canal de Naudy en 1851 ouvre la voie à la riziculture. Aujourd'hui, les 2 000 ha sont couverts de vergers, vignobles et **rizières**. La pisciculture est également au rendez-vous avec une trentaine de bassins répartis sur 25 ha de terrains dans lesquels grandissent sarasas et shunbunkins, poissons d'ornements destinés, pour l'essentiel, à l'exportation. Toutes ces activités participent à la physionomie de ce site que quadrillent de minuscules routes parfois difficiles.

Après Marseillette, prenez à droite la D 157.

Blomac

Remarquez l'**église St-Étienne**, avec son clocher-mur et son admirable chevet arrondi (fin 11e s.) orné de bandes lombardes.

Regagnez la D 610.

Puichéric

D'agréables ruelles, dont certaines cachent des maisons anciennes, mènent à l'église (13e s.) et au château du 11e s., incendié par le Prince Noir en 1355, relevé depuis de ses ruines, et où Pierre Paul Riquet séjourna.

Prenez à l'entrée de Puicheric la D 111 en direction de Rieux-Minervois.

Le canal du Midi

HISTOIRE

Le projet d'un visionnaire acharné

Dans les projets de construction d'un canal de jonction « des Deux-Mers », le franchissement du seuil de Naurouze (alt. 194 m) était un obstacle insurmontable. En explorant le site dans tous ses détails, **Pierre Paul Riquet** trouva la solution : au seuil de Naurouze sourdait alors la fontaine de la Grave dont les eaux se séparaient immédiatement en deux ruisseaux coulant l'un vers l'ouest, l'autre vers l'est. Il suffisait donc d'accroître ce flot pour constituer un bief de partage suffisamment alimenté, permettant l'aménagement d'écluses sur l'un et l'autre versant. Pour ce faire, Riquet eut l'idée d'utiliser le réseau hydrographique de la Montagne Noire. Avec l'aide du fils d'un fontainier de Revel, il capta et amena les eaux de l'Alzeau, de la Bernassonne, du Lampy et du Sor par la rigole de la Montagne jusqu'au **barrage de St-Ferréol**, puis à **Naurouze** par la rigole de la Plaine.

En 1662, il réussit à intéresser Colbert à son projet. L'autorisation est accordée en 1666, et la première pierre du « magasin d'eau » de St-Ferréol posée le 15 avril 1667. Riquet engloutit dans cette gigantesque entreprise l'essentiel de sa fortune, payant souvent de ses deniers les ouvriers (jusqu'à 12 000…), résolvant au jour le jour les problèmes techniques, tandis que son adjoint, l'ingénieur François Andréossy tente de s'attribuer la paternité de l'œuvre. Épuisé et ruiné, Riquet meurt en 1680 : il restait 4 km à creuser pour que le canal atteigne le bassin de Thau. Le canal est inauguré six mois plus tard…

Héritage et déclin

Les descendants de Riquet obtiennent l'administration du canal et la gestion des péages. Ils font perfectionner l'ouvrage, en faisant appel notamment à Vauban (1687-1694). Après avoir été géré par la Compagnie des Chemins de fer du Midi, le canal est racheté en 1898 par l'État (il est aujourd'hui sous la tutelle de VNF - Voies navigables de France).

Mais en cette fin de 19e s., le canal doit faire face à la concurrence du train. Le trafic commercial (marchandises et passagers) se tarit ; les écluses, calculées pour les navires de l'époque, n'admettent pas les bateaux de plus de 30 m de long. 1989 voit le dernier trajet de la dernière péniche commerciale.

Le sauvetage

Le canal historique, placé par l'Unesco en 1969 sur la liste du Patrimoine de l'humanité, a une physionomie attrayante, avec ses nombreuses courbes serrées, ses écluses aux bassins ovales, son cours rétréci par de gracieux ponts de briques et ses allées d'eau bordées de majestueux platanes. Aussi le tourisme fluvial a-t-il aujourd'hui investi le canal, dont les eaux permettent également d'irriguer 40 000 ha de terres dans le Lauragais.

ABC DU CANAL

Le canal du Midi présente une véritable architecture constituée par la voie d'eau elle-même, par son paysage, mais également par tous les ouvrages construits pour servir à son fonctionnement ou à son exploitation.

L'alimentation en eau

Les eaux d'alimentation sont rassemblées loin du bief de partage par des petits canaux, les **« rigoles »**. La rigole de la Montagne alimente le bassin de

St-Ferréol, d'où part la rigole de la Plaine qui se déverse dans le bief de partage du canal au seuil de Naurouze.
Pour rassembler les eaux, on a d'abord créé des lacs artificiels, comme celui de Naurouze, puis des **réservoirs** contenus par des barrages en maçonnerie, comme à St-Ferréol, afin d'alimenter le canal durant la saison sèche.

Les **déversoirs** ou **épanchoirs** servent à évacuer le trop-plein d'eau du canal dû aux variations saisonnières ou encore à vider un bief, un bassin ou un réservoir pour le nettoyer ou le réparer. L'épanchoir coupe parfois le chemin de halage ; on construit alors un pont à arcades au-dessus de l'épanchoir (Argent-Double). Dans le système de l'épanchoir « à fond », l'eau excédentaire s'écoule par l'action d'une vanne, comme à Gailhousty ; les deux systèmes sont réunis dans l'épanchoir « à siphon » (Ventenac-en-Minervois).

Les franchissements

Pour franchir un ruisseau, le canal passe sur un aqueduc voûté. Pour franchir une rivière, on préfère utiliser un **pont-canal**. Le premier à avoir été construit en Europe est le pont-canal de Répudre ; il en existe également au-dessus de la Cesse, du Fresquel ou de l'Orbiel.

Grâce aux **souterrains**, le canal peut traverser une montagne ou une colline sans que son niveau en soit élevé ; c'est le cas du tunnel de Malpas, près d'Ensérune, et de la percée des Cammazes (ou voûte de Vauban), creusée dans la Montagne Noire et permettant à l'eau de la rigole de la Montagne d'alimenter le bassin de St-Ferréol.

Les **écluses** permettent de passer d'un plan d'eau (bief) à un autre situé plus haut ou plus bas. Les écluses du canal du Midi ont été construites en ellipse, forme qui offre une meilleure résistance à la poussée des terres. Pour monter ou descendre une forte pente ont été créées des échelles d'écluses : celle de St-Roch, à la sortie de Castelnaudary, comporte quatre écluses, celle de Fonséranes, près de Béziers, huit.

CHIFFRES CLÉS

Long de 240 km, ce canal naît à Toulouse et débouche dans l'étang de Thau. Quatre-vingt-onze éclusages sont nécessaires pour un cubage de 300 millions de m^3 d'eau par an. Malgré toute cette infrastructure, il fallait encore huit jours au 19e s. pour aller d'Agde à Toulouse avec une barque de 120 t.

Les architectures du canal

Les **maisons éclusières** sont toutes identiques ; rectangulaires, elles comptent une ou deux pièces, de plain-pied. Sur leur façade est apposée une plaque indiquant la distance qui sépare l'écluse amont de l'écluse aval.

Les **ports** présentent un quai de pierre. Certains ne sont que des relais où l'on trouve une auberge (la « dînée »), des écuries pour les chevaux de halage, parfois un lavoir, une chapelle ou une glacière, comme au Somail. D'autres possèdent une cale de radoub, plan incliné à sec où l'on peut réparer la coque du bateau. Ces derniers forment un véritable bassin, comme à Castelnaudary.

Les plantations apportent un ombrage au canal en même temps qu'elles évitent l'évaporation de l'eau. On plante des arbres à croissance rapide : platanes (hélas aujourd'hui malades), peupliers, pins maritimes (canal de jonction vers la Robine). Aux abords des ouvrages les plus imposants, on a parfois créé de véritables promenades : ainsi, le bassin de Naurouze est planté d'essences diverses, formant un arboretum très agréable à parcourir.

Écluse de l'Aiguille

La route traverse le canal à l'écluse de l'Aiguille, aux abords de laquelle l'éclusier expose ses sculptures sur bois, animaux et personnages filiformes.

Rieux-Minervois

Ce gros village viticole trône au cœur du vignoble minervois. L'**église★** romane du 12e s., surmontée d'un clocher heptagonal remanié au cours des siècles, tient son originalité d'un plan circulaire. L'intérieur est construit sur un plan polygonal à quatorze côtés. Au centre s'ouvre une coupole soutenue par sept colonnes, symbolisant la sagesse et commémorant la phrase du livre des Proverbes : « La Sagesse a bâti sa maison, elle a taillé ses sept colonnes. » On peut y admirer de très beaux chapiteaux historiés sculptés par le **maître de Cabestany**, dont la mandorle (Vierge de l'Assomption) et une statue de saint Jacques de Compostelle. La chapelle à gauche de la porte sud abrite une belle Mise au tombeau de l'école bourguignonne du 15e s.

Empruntez la D 11 au sud-est en direction de La Redorte.

La Redorte

Village viticole dans une boucle du canal. À 100 m du pont-canal jeté au-dessus de l'Argent-Double, un épanchoir en pierre fut construit en 1693 par Vauban ; il sert à vider dans la rivière les eaux excédentaires du canal lors des crues.
2 boucles : 3,2 km (1h30) et 12,3 km (3h). Du pont de la Fabrique, le sentier de l'Épanchoir et des Douze Ponts emprunte l'ancien chemin de halage qui

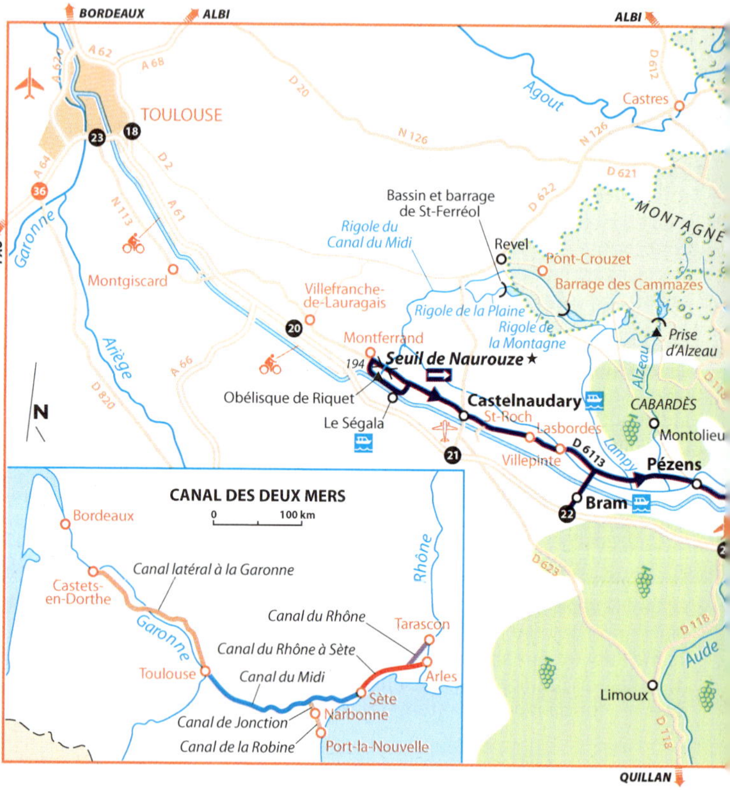

passe au-dessus de l'épanchoir de l'Argent-Double, entre le canal du Midi et les vignobles du Minervois.

Continuez sur la D 11 avant de prendre à gauche la D 610.

Homps

Siège jusqu'en 1792 d'une commanderie des chevaliers de Malte, Homps fut détruit lors de la croisade contre les Albigeois, puis lors des guerres de Religion. Rebâti, le village prit son essor au 17ᵉ s. avec la construction du canal : il devint alors un important port de commerce pour les vins du Languedoc, et l'un des rares ports du canal assez grand pour que les péniches puissent y faire demi-tour.

Sortez à l'est d'Homps par la D 65. À 1,5 km, prenez à droite la D 124, tout de suite avant le pont enjambant le canal.

La route longe le chemin de halage. En amont de l'écluse de Pechlaurier, un **aqueduc** a été érigé en 1689 par Goudet sur les plans de Vauban. On peut aller à pied sous les arches.

Argens-Minervois

Le village s'accroche à une butte sur laquelle trône le château remanié au 14ᵉ s. *(attention, ruines non entretenues)*, après sa prise par Montfort. Port en bas du village.

Rejoignez Lézignan-Corbières au sud par la D 611.

Lézignan-Corbières

Par la D 67 au nord-est, puis, dans son prolongement, la D 124, gagnez Paraza. Laissez la voiture et suivez à pied le chemin de halage vers Ventenac (2,5 km à pied AR).

Pont-canal de Répudre

C'est le premier pont-canal réalisé en France, et peut-être au monde. On en doit l'idée à Riquet, en 1676, qui imagina faire passer l'eau du canal sur un aqueduc de 300 m de long, posé transversalement au-dessus du Répudre, torrent volontiers violent en période de crues.
Poursuivez sur la D 124.

Ventenac-en-Minervois

Le château *(privé)*, perché en haut du village, offre une vue sur le canal et, au-delà, sur Lézignan-Corbières et la plaine. En redescendant au port, on peut visiter la cave coopérative située dans une ancienne tour-donjon.
Prenez au nord la D 26.

Ginestas

Entouré de vignes, ce village possède une **église** renfermant, entre autres, un retable en bois doré du 17e s., la statue de N.-D. des Vals, une Vierge à l'Enfant d'une facture simple et une Sainte Anne, naïve statue polychrome du 15e s.
Quittez Ginestas par la D 926. Tournez à droite dans la D 607 jusqu'au port du Somail.

★ Le Somail

C'est l'un des plus agréables ports du canal : il conserve son pont en dos-d'âne flanqué d'une chapelle, sa glacière et son auberge de 1773.
À la sortie du village, le **musée de la Chapellerie** expose chapeaux, coiffes de tous les continents, de 1885 à nos jours. *04 68 46 19 26 - ♿ - visite guidée - mars-oct. : 9h-12h, 14h-19h ; nov.-fév. : 14h-18h - 3,50 € (6-20 ans 2 €).*
Prenez la D 607 vers le nord puis tournez à droite dans la D 326 en direction d'Argeliers.

Argeliers

Un temps célèbre grâce au café de Marcellin Albert *(voir p. 391)*, ce petit port du canal est un village médiéval doté d'une massive église fortifiée.
À la sortie d'Argeliers, prenez à droite la D 326, que prolonge la D 37E2 vers Quarante.

Quarante

Quarante est un village perché, probablement construit sur un oppidum, aujourd'hui situé en plein pays de la vigne. Son nom aurait pour origine les quarante martyrs qui furent vénérés dans le premier sanctuaire (10e s.).
Bâtie sur cet édifice dont on a conservé les murs des bas-côtés, l'**église Ste-Marie★** fut consacrée en 1053. Les absidioles du chevet sont décorées de bandes lombardes typiques de l'art roman primitif languedocien. Le clocher du croisillon droit a été ajouté à l'époque gothique. On pénètre dans l'église par un massif porche rectangulaire. Une coupole sur trompes s'ouvre au-dessus de la croisée du transept et du croisillon droit. Deux belles tables d'autel décorées de lobes ont été réutilisées : l'une, de 1053, au maître-autel, l'autre, romane, dans le bras gauche du transept. Dans l'abside, devant d'autel en marbre représentant la Cène (18e s.). Dans le **trésor** *(à côté du croisillon gauche)*, sarcophage antique du 3e s. avec, au centre de la face antérieure, un médaillon représentant un couple en buste. À l'étage, chef-reliquaire de saint

TUEUR EN SÉRIE
Il s'agit du chancre coloré, un champignon microscopique contre lequel il n'existe pas d'antidote. Il s'attaque depuis 2006 aux 42 000 platanes, dont certains sont bicentenaires, qui donnent au canal toute sa personnalité. Le mal s'est propagé entre Castelnaudary et Sète, ainsi qu'au canal de la Robine à Narbonne. Seule solution : l'abattage qui, dans un premier temps concerne 2 000 sujets. Pour les remplacer, on étudie la possibilité de planter une nouvelle variété, censée être plus résistante, dénommée le « platanor » ainsi que de varier les essences dans certains secteurs. Reste qu'il faudra attendre pour retrouver ce long ruban ombragé qui serpente parmi un océan de vignes.

Jean Baptiste en feuilles d'argent rehaussées de vermeil (barbe et cheveux), exécuté en 1440 par Jacques Morel, orfèvre de Montpellier.
Prenez la D 37 à l'est en direction de Nissan-lez-Ensérune.
Jadis résidence d'été des évêques de Narbonne, **Capestang** est aujourd'hui un des ports les plus actifs du canal pour le tourisme fluvial.

Nissan-lez-Ensérune

L'**église St-Saturnin**, du 14e s., arbore un style gothique méridional. Sous le porche est exposée une pierre du 13e s. portant une inscription funéraire en langue d'oc. À l'intérieur *(accès par la cour du presbytère)*, belle Vierge de Miséricorde en pierre polychrome du 14e s. *(chapelle à droite du chœur)* et autel à lobes en marbre datant de l'époque carolingienne. La chapelle des fonts baptismaux a été constituée à l'aide d'éléments anciens, une vasque et des colonnes en marbre.
Traversez, au nord du village, la D 609 et prenez en face la D 162E (fléchage « Oppidum d'Ensérune »).

★★ Oppidum d'Ensérune *(voir p. 412)*

En revenant de l'oppidum, arrêtez-vous sur le site de Malpas qui réserve quelques surprises.

Le Malpas

Il est difficile d'imaginer, en franchissant le modeste col de Malpas (le « mauvais passage »), l'importance du lieu qui réunit l'ancienne voie Domitienne, et trois **tunnels★** superposés : celui du canal (165 m de long, 17e s.), prouesse technique d'autant qu'il fut percé « clandestinement » (Colbert s'était opposé à cette initiative de Riquet jugée trop hasardeuse en raison de la nature du terrain) en une semaine, celui du chemin de fer (19e s.) et, en dessous, la galerie d'évacuation des eaux (13e s.) de l'étang asséché de Montady *(voir p. 414)*.
Maison du Malpas – *✆ 04 67 32 88 77 - www.lemalpas.com - ♿ - mai-août : 10h-19h ; mars-avr. : tlj sf lun. 10h-18h ; sept.-oct. : 10h-18h ; nov.-fév. : tlj sf lun. et dim. 10h-17h - fermé vac. de Noël - possibilité de visite guidée sur RV (7 j. av.) - 5 € (-12 ans 2 €).* Ce centre organise des visites guidées et propose des expositions temporaires. Vidéo, bornes interactives sur la découverte de la région.
Continuez vers Colombiers.
La commune de **Colombiers** a aménagé un agréable petit port où l'on peut louer des bateaux.
De là, prenez la D 162E à l'est, puis à gauche la D 609. Suivez les panneaux « Écluses de Fonséranes » (rond-point d'accès en cours d'aménagement).

★ Écluses de Fonséranes

Cette impressionnante et rare série de huit sas accolés présentant l'aspect d'un escalier de 312 m de longueur permet de rattraper une différence de niveau de 25 m.

Pont-canal de l'Orb

Accès piéton par le chemin de halage, en bas des écluses.
Depuis 1857, ce pont-canal de 240 m permet au canal du Midi de franchir l'Orb, évitant ainsi le passage redouté de la rivière.

★ Béziers *(voir p. 384)*

DE BÉZIERS À SÈTE

Au-delà de Béziers, le canal du Midi s'écoule dans la plaine maritime du Bas-Languedoc : vous pouvez l'apercevoir en empruntant la D 612 vers Agde, que ce soit à **Villeneuve-lès-Béziers**, au clocher fortifié, ou à **Portiragnes**, célèbre pour son « église Noire », et enfin à **Agde** *(voir p. 397)*.
En aval d'Agde, deux dernières écluses conduisent les péniches aux **Onglous** où un petit port sert d'ultime refuge en cas de tempête sur le bassin de Thau ; un phare marque l'entrée de l'étang, dernière étape avant l'arrivée à Sète.

★ Sète *(voir p. 137)*

NOS ADRESSES AU BORD DU CANAL DU MIDI

EMBARQUEMENT IMMÉDIAT

Quand naviguer ?
Le canal est ouvert de début mars à fin novembre. La pleine saison (juil.-août) engendre un certain nombre d'inconvénients : plus un seul bateau à louer, circulation intense à certaines écluses, tarifs plus élevés, etc. En mai-juin, berges fleuries d'iris et de diverses plantes aquatiques ; en sept.-oct. (arrière-saison souvent magnifique), couleurs fauves assurées. Les écluses sont ouvertes de juin à août *(9h-12h30, 13h30-19h30)*. Certaines sont automatiques, d'autres encore manuelles, ce qui laisse le temps de faire un brin de causette à l'éclusier *(passage 15mn)*.

Où naviguer ?
Le grand bief de 54 km entre l'écluse d'Argens et celles de Fonséranes constitue une des portions du canal les plus agréables.

À emporter sur le bateau
Chaussures antidérapantes, lampe de poche pour retrouver son bateau lorsqu'on remonte à bord tard le soir, éventuellement matériel de pêche (gardons, carpes, perches, sandres – permis obligatoire), cartes nautiques et cartes-guides, vendues par les loueurs de bateaux.

Louer un bateau
La location de bateaux habitables *(house-boats)* aménagés en général pour 6 à 8 personnes, permet une approche insolite des sites. Il s'agit de bateaux sans permis ; une initiation est proposée par les loueurs avant le départ. Vitesse maximale : 6 km/h. On peut louer à la semaine ou au week-end, pour un aller simple (si le

loueur a plusieurs bases sur le parcours) ou pour un aller-retour. Pour naviguer en été, réservez à l'avance, si possible à la base d'où vous souhaitez partir.
Les vélos sont conseillés pour se déplacer à terre de temps en temps (location chez certains loueurs de bateaux).

Location de bateaux

Nicols – *Port du Somail - 11100 Narbonne - ☎ 04 68 46 00 97 - www.nicols.com - fermé nov.-mars - location à la journée 200 € carburant compris.* Location de bateaux habitables de 2 à 12 personnes pour naviguer sur le canal du Midi et celui de la Robine.

Luc Lines – *35 quai des Tonneliers - 11200 Homps - ☎ 04 68 91 33 00 -promenade de 2 h avec une Gabarre accompagnée : adulte 11,50 € (-12 ans 6,30 €).*

Société Crown Blue Line – *Le Grand Bassin - BP 1201 - 11492 Castelnaudary - ☎ 04 68 94 52 94 - www.leboat.com - Port Cassafières - 34420 Portiragnes - ☎ 04 67 90 91 70 - centrale de réserv. ☎ 04 68 94 52 72.* Première société de location de bateaux sans permis à s'être installée sur le canal du Midi dans les années 1970. Bateaux habitables de 2 à 12 personnes. Elle offre deux bases de départ pour ce canal avec un total de 124 bateaux.

Rive de France – *34440 Colombiers - ☎ 04 67 37 14 60 - www.rivedefrance.com.* Pataches et petits bateaux électriques de 2 à 12 personnes en location à la journée ou demi-journée.

Ad'Navis Conseils – *34290 Servian - ☎ 04 67 90 95 51 - www.adnavis.com.* Location à la journée ou à la semaine.

Camargue Plaisance – *34280 Carnon-Plage - ☎ 03 85 53 76 74 - www.lescanalous.com.* Canal du Midi et canal du Rhône à Sète.

Caminav – Bases Fluviales - *34280 Carnon-Plage - ☎ 04 67 68 01 90.* Location de bateaux de 2 à 12 personnes, canal du Midi et canal du Rhône à Sète – forfaits 1/2 journée, journée et semaine. Location de vélo.

Visites en bateau

Béziers Croisières – *3 r. René-Réaumur - 34500 Béziers - ☎ 04 67 49 08 23.* Croisière-promenade et croisière-déjeuner sur le canal du Midi de Béziers à Poilhes – horaires, tarifs et réserv. par téléphone.

Lou Gabaret – *Av. Pierre-Semard (face à la gare) - 11000 Carcassonne - ☎ 04 68 71 61 26 / 06 80 47 54 33 - avr.-nov.* Croisières de 1h30 ou 2h45, certaines dévoilant un magnifique panorama sur la cité.

Croisières du Midi (Luc Lines) – *35 quai des Tonneliers - 11200 Homps - ☎ 04 68 91 33 00 - www.croisieres-du-midi.com - de déb. avr. à la fin oct.- sur réserv.* Croisière *(2h)* commentée en gabare sur le canal du Midi au dép. d'Homps.

HÉBERGEMENT

Voir aussi aux différentes localités traversées.

BUDGET MOYEN

Chambre d'hôte Villa les Cèdres – *2 r. des Écoles - 11170 Alzonne - ☎ 04 68 76 93 43 - www.villalescedres.com - fermé janv. - P - 3 ch. et une suite 65/134 € ☕ - rest. 20/30 €.* La décoration soignée souligne le cachet et l'authenticité de cette maison de maître du 19e s. Les chambres personnalisées (tissus, mobilier de famille) bénéficient d'un confort douillet. Un dîner aux chandelles sous la tonnelle du jardin (ne ratez pas le cassoulet !) apportera sa touche finale à une charmante journée en pays cathare.

Chambre d'hôte La Marelle – *19 av. du Minervois - 11700 La Redorte - ✆ 04 68 91 59 30 - www.chambres-lamarelle.com - ⊄ - 5 ch. 70 € ☕ - wifi gratuit.* Cette demeure du 16e s. abrita une école au 19e s. avant de devenir cette ravissante maison d'hôte. Les chambres, garnies de meubles chinés, sont décorées selon la couleur dont elles portent le nom. Si le soleil ne fait pas l'école buissonnière, vous petit-déjeunerez dans la cour. Piscine chauffée.

POUR SE FAIRE PLAISIR

Chambre d'hôte Le Domaine du Parc – *3 r. du Barri - 11700 Douzens - ✆ 06 77 88 48 53 -* P - ⊄ - 5 ch. *67/82 € ☕ - wifi gratuit.* Dans un parc de 5 000 m², cette ancienne maison de viticulteur compte 5 chambres de grand confort, insonorisées et climatisées. Une décoration subtile rehausse le caractère de la demeure. Chaises longues, hamac et boulodrome, piscine couverte agrémenteront un peu plus les journées ensoleillées.

Chambre d'hôte La Baïsa – *Le Port - 11120 Argeliers - ✆ 06 07 88 18 30 - www.peniche-chambres-hotes.com - P - ⊄ - 3 ch. 85 € ☕ - table d'hôte le soir (sur réserv. uniquement) 15/30 €.* Offrez-vous un séjour au fil de l'eau à bord de cette jolie péniche amarrée au petit port du village. Chaque cabine dispose de sanitaires privatifs et le « roof » aménagé en solarium (avec chaises longues) garantit d'agréables moments de détente. Petits-déjeuners traditionnels avec gâteaux et confitures maison ; table d'hôte le soir.

UNE FOLIE

L'Appart des Anges – *Canal du Midi - 34500 Cers - ✆ 04 67 26 05 57 - www.appartdesanges.com - P - ⊄ - 3 ch. 128/155 € ☕ - wifi gratuit.* Sur le canal du Midi, à l'ombre des platanes centenaires, cette péniche abrite trois chambres d'hôtes à la décoration particulièrement soignée. Bois clair, linge douillet, et salles d'eau très confortables, spa, voilà une adresse où l'on se sent bien. Aux beaux jours, les petits-déjeuners - brunchs se prennent sur la terrasse au bord de la petite piscine.

RESTAURATION

BUDGET MOYEN

Le Relais de Riquet – *12 espl. du Canal - Le Ségala - 11320 Labastide-d'Anjou - ✆ 04 68 60 16 87 - www.lerelaisderiquet.com - ♿ - P - formule déj. 13 € - 15/30 €.* Arrêtez-vous ici le temps d'un repas, vous ne le regretterez pas. Ce relais, à la fois restaurant et bar à vins (22 références, dont vous pourrez en outre acheter quelques bouteilles ou cartons), vous accueille dans une ambiance un peu rétro, soulignée par des photos anciennes du canal du Midi tout proche. Cassoulet maison et grillades. Belle terrasse au bord du canal.

Ferme-auberge du Pigné – *Domaine de Valgros - BP 12 - 11150 Bram - ✆ 04 68 76 10 25 - www.ferme-auberge-du-pigne.com - P - ⊄ - 24/58 € - 2 ch. 53 € ☕.* Cette belle ferme du 18e s. est à la tête d'un vaste domaine agricole. La salle à manger occupe une dépendance et donne sur une terrasse ouverte sur le jardin arboré. Petits plats préparés avec les produits de l'élevage et les plantes aromatiques du potager, charcuteries et desserts maison. Piscine privée à disposition de la clientèle. Vente de conserves élaborées à partir de la production de la ferme, et de produits frais (poulardes, canetons, etc.).

POUR SE FAIRE PLAISIR

L'Ambrosia – *Carrefour de la Madeleine (D 613), 11170 Pézens - ✆ 04 68 24 92 53 - fermé 5 sem. en janv.-fév., merc. midi, dim. soir et lun. - 32 € (déj. sem.), 42/92 €.* C'est un tout jeune chef, Daniel Minet, qui est aux commandes de ce restaurant familial devenu en quatre ans à peine une halte privilégiée des gourmets audois, volontiers séduits par la créativité joyeuse de sa cuisine. Goûtez notamment en saison (juil.-août) à la « paella version 21e siècle » !

ACHATS

Gourmandises

Coopérative L'Oulibo – *Hameau de Cabezac - 11120 Bize-Minervois - ✆ 04 68 41 88 88 - www.loulibo.com - été : 8h-12h, 14h-19h, sam. 9h-12h, 14h-19h, dim. 10h-12h, 14h-19h ; reste de l'année : tlj sf w.-end 8h-12h, 14h-18h.* Vente d'huile d'olive, d'olives (lucques de Bize et picholines récoltées manuellement) et produits du terroir tels que vins, miel, nougats, confitures, objets d'artisanat, etc. Visite guidée (payante) de la coopérative, toute l'année sur réservation, pour les groupes ; toutes les heures en juillet-août. Vente en ligne sur www.huile-olive-tapenade.fr.

Librairie ancienne du Somail – *28 allée de la Glacière - 11120 Le Somail - ✆ 04 68 46 21 64 - www.le-trouve-tout-du-livre.fr - de déb. mai à mi-nov. : 10h-12h30, 14h30-18h30 ; reste de l'année : 14h30-18h30 - fermé mar. (sf juil.-août), de mi- à fin nov., 1er janv., 25 déc.* Sur un site pittoresque, sur le canal du Midi, « Le Trouve-tout-du-Livre » propose un impressionnant choix d'ouvrages, de toutes les époques, sur tous les thèmes, quelques gravures et affiches. Un lieu magique !

AGENDA

Festival Convivencia – *✆ 05 62 19 08 08 - de mi-juin à déb. août.* Festival itinérant le long du canal. Aux escales, guinguette, musiques languedociennes, gasconnes et méditerranéennes.

Saint-Pons-de-Thomières

2 121 Saint-Ponais – Hérault (34)

NOS ADRESSES PAGE 432

S'INFORMER

Office de tourisme – *Pl. du Foirail - 34220 St-Pons-de-Thomières - ☏ 04 67 97 06 65 - www.saint-pons-tourisme.com - juil.-août : 9h30-12h30, 14h30-19h, dim. et j. fériés 9h30-13h ; reste de l'année : tlj sf dim. et lun. 9h-12h, 14h-18h - fermé 1er janv., dim. et lun. de Pâques, 1er et 8 Mai, jeu. de l'Ascension, dim. et lun. de Pentecôte, 1er et 11 Nov., 25 déc.*

Parc naturel régional du Haut-Languedoc – *Maison du tourisme du parc - pl. du Foirail - 34220 St-Pons-de-Thomières - ☏ 04 67 97 38 22 - www.parc-haut-languedoc.fr - tlj sf w.-end et j. fériés 8h-12h30, 13h30-17h.* Renseignements touristiques, ouvrages sur la flore, l'hébergement, les sentiers de découverte du Parc, guides d'accueil et guides pratiques du parc, agenda des activités proposées.

SE REPÉRER

Carte de microrégion A2 (p. 382) – *Carte Michelin Départements 339 B8.* À 51 km au nord-ouest de Béziers par la D 612 et à 19 km au sud-ouest d'Olargues par la D 908.

À NE PAS MANQUER

Les décorations du portail de l'ancienne cathédrale ; les fines concrétions de la grotte de la Devèze et la ferme typique de l'Espinouse à Prat-d'Alaric.

ORGANISER SON TEMPS

Comptez 1h pour St-Pons, 2h pour le Somail.

AVEC LES ENFANTS

Les activités de la station estivale La Salvetat-sur-Agout et celles de la base nautique du lac de la Raviège ; le musée de la Préhistoire régionale de St-Pons.

St-Pons est posé dans la serpentine vallée du Jaur, au creux de montagnes de fort caractère qu'aiment arpenter les randonneurs, sac au dos et bien chaussés. Dans ces paysages préservés du Parc naturel du Haut-Languedoc, le bourg est une terre d'accueil, où vous pourrez visiter l'abbaye bénédictine fondée en 936 par Raymond Pons, comte de Toulouse, et son épouse Garsinde.

Se promener

Ancienne cathédrale

Ancienne abbatiale, puis cathédrale, elle a été construite au 12e s. et transformée aux 15e, 16e et 18e s.

Le côté droit, au nord, présente un aspect fortifié : deux des quatre tours d'angle, crénelées, subsistent ; une rangée de meurtrières court au-dessus des fenêtres. Le portail, appelé porte des Morts, est richement décoré. La façade ouest, dans laquelle était percée autrefois l'entrée principale, retient l'attention par ses deux tympans sculptés, malheureusement peu visibles : à gauche, la Cène et le Lavement des pieds. À droite, la Crucifixion ; la représentation du supplice des deux larrons est particulièrement originale : leurs bras sont tordus et engagés dans des trous percés sur la traverse de la croix. L'intérieur, imposant, a subi de nombreux remaniements. Les stalles sont du 17e s., à l'exception de la cathèdre, du 19e s. Le chœur, fermé par une élégante grille, est orné de nombreuses décorations en marbre : remarquez les angelots et le Christ en médaillon, au-dessus de l'autel, ainsi que l'orgue qui date du 18e s.

★ Musée de Préhistoire régionale

04 67 97 22 61 - ♿ - www.pays-saintponais.com - de juil. à mi-sept. : tlj sf lun. 10h-12h, 15h-18h ; avr.-juin : jeu. et vend.-dim. 15h-18h ; reste de l'année : se rens. - fermé janv.-mars, 3 nov.-déc., lun. de Pâques, 1er Nov. - possibilité de visite guidée sur demande - 3,50 € (-11 ans 2 €).

Refait à neuf, ce musée convie les visiteurs à un véritable voyage dans le temps, à la découverte des civilisations qui se sont succédé dans la proche région de St-Pons. Présentés de façon attractive, des cartes, des maquettes, des objets mis au jour lors de fouilles effectuées dans les grottes de la région (en particulier celle de Camprafaud) selon un parcours thématique et chronologique, permettent d'approfondir nos connaissances sur nos lointains ancêtres et de mieux comprendre leur vie quotidienne. Visite indispensable pour tous les amateurs de préhistoire !

Source du Jaur

Accès par la rive droite de la rivière.

Du pont qui franchit le Jaur, on aperçoit la tour crénelée du comte Pons qui appartenait à l'enceinte fortifiée de l'évêché. Au pied d'un rocher, le Jaur naissant s'étale paisiblement.

À proximité Carte de microrégion

Chapelle Notre-Dame-de-Tredos AB2

17 km. Quittez St-Pons par la D 908, à l'est en direction de Bédarieux. À l'entrée de St-Étienne-d'Albagnan, prenez à droite la D 176E.

La route s'élève jusqu'à Sahuc, qui domine le ravin de l'Esparasol.

Parvenu à un col, 1,5 km au-delà de Sahuc, montez à la chapelle, à droite.

Notre-Dame-de-Tredos, parmi les sapins, est un lieu de pèlerinage. Belle vue sur les monts de l'Espinouse au nord-ouest et du Minervois au sud-ouest.

★ Grotte de la Devèze A2

5 km à l'ouest par la D 612, sous la gare de Courniou - 04 67 97 03 24 - www.cournioulesgrottes.com - visite guidée juil.-août : 10h30-18h30 ; avr.-juin et sept. : 14h30-16h30 ; reste de l'année : dim. 14h30-16h - fermé déc.-janv., 1er et 11 Nov. - 8 € (-12 ans 4,50 €). La petite laine s'impose, surtout en été. Aux saisons plus fraîches, on y a presque chaud (12 °C en permanence).

Découverte par hasard en 1886 lors de la construction de la ligne de chemin de fer Bédarieux-Castres, la grotte fut explorée sept ans plus tard par Louis Armand, le fidèle collaborateur de Martel, puis par Georges Milhaud et son équipe, entre 1928 et 1930, avant qu'une partie soit aménagée pour la visite touristique en 1932.

La visite commence par l'étage moyen tendu de belles **draperies minérales** aux formes et aux couleurs variées. Tout au long des parois se sont formées des concrétions très fines et très blanches formant de ravissants bouquets appelés **fleurs d'aragonite**, qui impressionnèrent les spéléologues au point

qu'ils appelèrent la grotte le « palais de la Fileuse de Verre ». Au fond de la salle, une grande **cascade pétrifiée** se précipite vers le réseau inférieur. Au milieu d'un chaos de rochers provenant d'un éboulement abondent de nombreuses formes : la plus impressionnante est une imposante stalagmite appelée le Cénotaphe ou la Pièce Montée. Il ne manque plus que la chantilly… L'étage supérieur à 60 m au-dessus *(accès par un escalier)* est riche en excentriques, draperies et disques. Le parcours se termine par la **salle Georges-Milhaud**, constellée de cristallisations d'une blancheur éclatante.

La visite se prolonge par le **musée français de la Spéléologie** : collection de documents et d'objets relatifs à la spéléologie française et à ses grands noms (Martel, Robert de Joly, Norbert Casteret, Guy de Lavaur de La Boisse, etc.). Autres thèmes abordés : paléontologie, protection du milieu souterrain et animaux cavernicoles.

Un sentier balisé de marques jaunes *(1h15)* aux abords de la grotte permet de visiter sept capitelles, abris de bergers en pierres sèches.

Circuit conseillé Carte de microrégion

LE SOMAIL A1

Pour visualiser ce circuit de 76 km, reportez-vous à la carte de microrégion p. 382 – Comptez environ 2h.

Partie la plus verdoyante des monts de l'Espinouse, le Somail présente des pentes douces, boisées de châtaigniers, de hêtres et agrémentées d'un tapis de bruyères qui devient roux à l'automne.

Le Parc naturel régional s'enorgueillit d'accueillir sur les monts de l'Espinouse une colonie de mouflons. Aussi, n'oubliez pas vos jumelles lorsque vous suivrez le circuit dans le Somail.

Quittez St-Pons par la D 907 en direction de La Salvetat-sur-Agout.

Sinueuse et pittoresque, la route s'élève en offrant de belles vues sur St-Pons et la vallée du Jaur avant d'atteindre le col du Cabaretou (941 m).

Après le col, prenez à droite la D 169 qui traverse le plateau du Somail. Une petite route à droite signalée « Saut de Vésoles » mène au bord d'un lac dans un site boisé.

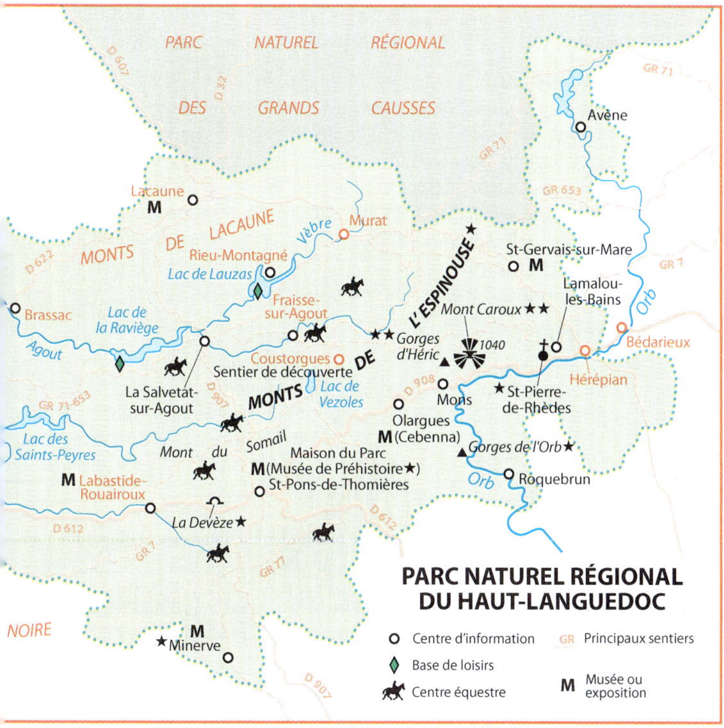

Garez-vous sur les parkings prévus à cet effet.

Lac de Vésoles A1

15mn à pied AR. Dans un paysage austère, le Bureau tombait naguère en une cascade impressionnante de 200 m sur de gigantesques blocs granitiques avant de dégringoler dans le Jaur. Depuis la construction du barrage hydroélectrique qui alimente la centrale du Riols, la cascade est appauvrie mais le site conserve toute sa grandeur. Sur ce lac, seules les activités de voile sont autorisées.

Revenez à la D 169 et reprenez-la vers Fraisse-sur-Agout. Franchissez le col de la Bane (alt. 1 003 m).

Prat-d'Alaric A1

04 67 97 61 14 - juil.-août : visite jeu. à partir de 10h, sur demande à l'office du tourisme des monts de l'Espinouse (voir p. 434) ; reste de l'année : sur demande - gratuit.

Ferme typique de l'Espinouse restaurée par le Parc naturel régional. Près du bâtiment d'habitation, la grange, basse, tout en longueur, est caractéristique de l'architecture locale. Son toit fortement incliné retombe sur les murs latéraux qui ont moins de 2 m de haut. L'originalité de la construction réside dans la charpente qui ne comporte aucune poutre transversale. Elle est recouverte de genêts qui reposent sur des chevrons, réunis en croix à leur faîte et s'appuyant sur les murs des côtés.

Traversez Fraisse-sur-Agout. De là, rejoignez le col de Fontfroide et le circuit dans l'Espinouse (décrit p. 434) ou poursuivez vers La Salvetat.

En sortant du village dans la direction de La Salvetat, à l'embranchement vers Le Cambaïssy, on peut observer une autre maison à toit de genêts.

La Salvetat-sur-Agout A1

Station estivale perchée sur un promontoire dominant le confluent de la Vèbre et de l'Agout. Son nom évoque le temps (11e et 12e s.) où prélats, abbés, commandeurs fondaient des « sauvetés » ou « villes nouvelles » sur leurs terres pour en assurer la mise en valeur. Les « hôtes » de ces lieux recevaient une maison et un lopin de terre. Plus tard, des raisons économiques et militaires conduisirent les autorités ecclésiastiques et les seigneurs à fonder dans le même esprit des bastides.

Au départ de La Salvetat, une route fait le tour du lac de la Raviège.

Lac de la Raviège A1

On peut accéder au bord de ce vaste lac de barrage (450 ha) à la plage des Bouldouïres près de La Salvetat (baignade surveillée, base nautique, ski nautique, voilier…) puis, franchissant le barrage, on fait le tour du lac par la rive droite, en revenant par la rive gauche. Les bords boisés n'offrent que peu d'échappées sur le lac.

De La Salvetat, rejoignez St-Pons par la D 907.

NOS ADRESSES AUTOUR DE SAINT-PONS

HÉBERGEMENT

PREMIER PRIX

Chambre d'hôte L'Oustal – *La Moutouse - 34330 La Salvetat-sur-Agout - ✆ 04 67 97 61 63 - www.loustal-lamoutouse.com - fermé 1er nov.-Pâques - P - ⊭ - 48 € ☕ - rest. 14 €.* La maison compte trois chambres simples et récemment rénovées. La propriétaire propose, à la table d'hôte, une de ses spécialités, à base de charcuterie servie chaude, plaisamment baptisée la *bougnette*.

Chambre d'hôte Les Trèfles – *La Moutouse - 34330 La Salvetat-sur-Agout - ✆ 04 67 97 61 69 - http://ferme_la_moutouse.voila.net/ - fermé de la Toussaint à Pâques - P - ⊭ - 3 ch. 50 € ☕ - rest. 14 € - wifi gratuit dans la salle commune.* Chambres au confort douillet aménagées dans l'ancienne grange, petits-déjeuners et table d'hôte orientée terroir servis dans la salle commune. La maison propose aussi des casse-croûte à emporter, pour les randonneurs gourmands, ainsi que deux gîtes pour 5 à 6 pers.

RESTAURATION

PREMIER PRIX

L'Assiette Gourmande – *Av. de l'Occitanie - 34220 Courniou - ✆ 04 34 34 60 25 - denis.delsart34@orange.fr - fermé lun. et soir (hors sais. sf vend. et sam.) - 12/34 €.* C'est pour le meilleur que le chef de cet avenant restaurant a quitté ses Alpes natales. Le lieu se caractérise par un cadre convivial et une cuisine traditionnelle revisitée qui peut être servie en été sur la terrasse ombragée.

ACTIVITÉS

Les Randonnées des Signoles – *34330 La Salvetat-sur-Agout - ✆ 04 67 97 63 61 - www.signoles.com - 9h-20h sur réserv.* Organisation de randonnées avec un âne de bât; plusieurs itinéraires possibles pour découvrir le Haut-Languedoc sur le plateau des lacs.

Olargues

603 Olarguais – Hérault (34)

NOS ADRESSES PAGE 438

S'INFORMER

Office de tourisme – *Av. de la Gare - 34390 Olargues - ✆ 04 67 97 71 26 - www.olargues.org - juil.-août : tlj sf lun. 9h-13h, 15h30-19h, dim. 9h-13h ; janv.-avr. et nov.-déc. : tlj sf w.-end et lun. 10h-12h, 14h-17h ; reste de l'année : mar.-sam. 9h30-12h30, 14h30-18h30 - fermé j. fériés.*

SE REPÉRER

Carte de microrégion B1 (p. 382) – *Carte Michelin Départements 339 C7.*
À 19 km au nord-est de St-Pons-de-Thomières par la D 908 et à 68 km au nord-ouest de Béziers par la D 612 puis la D 908.

SE GARER

Pour visiter à pied le village, garez-vous le long du parapet ou sur le parking de la mairie.

À NE PAS MANQUER

La vue d'ensemble depuis le pont en venant de St-Pons ; le belvédère du col de l'Ourtigas ; le panorama depuis la table d'orientation du mont Caroux ; les gorges d'Héric et celles de l'Orb.

ORGANISER SON TEMPS

Comptez 1h pour Olargues, la journée pour les monts de l'Espinouse.

AVEC LES ENFANTS

Les animations de Cebenna et, pour ceux qui savent nager, la descente en canoë de l'Orb *(voir Nos adresses).*

Au pied du haut massif de l'Espinouse, ce pittoresque village s'accroche du mieux qu'il peut à un promontoire cerclé par une boucle du Jaur. Ses ruelles escarpées, veillées par une petite tour, dominent les cultures de cerisiers qui s'étendent dans la vallée. D'ici, vous pourrez admirer la vue sur le Jaur, l'Espinouse ou encore le Caroux qui pointent leur sommet à l'horizon : agréable invitation à explorer la région !

5

Se promener

Partez de la place de la Mairie.

Pénétrez dans la vieille ville par la Porte neuve *(à gauche au fond de la place)*. Dans la rue de la Place, empruntez à droite l'escalier couvert de la Commanderie, qui rejoint une autre rue, juste en bas de la tour-clocher. À mi-chemin se trouve le musée. De la plate-forme située à côté de la tour-clocher, une **vue** très agréable s'offre sur le Jaur, son vieux pont en dos-d'âne du 13e s., mais aussi sur l'Espinouse et le Caroux au nord-est. La tour est un reste du château féodal du 11e s., aménagé en clocher au 15e s.

Musée

Escalier de la Commanderie - 34390 Olargues - ✆ 04 67 97 71 26 - www.olargues.org - tlj sf lun. : 15h-18h - possibilité de visite guidée - gratuit.

Les collections de ce musée du terroir se rapportent aux activités traditionnelles, artisanales ou agricoles : le labourage, la viticulture, la récolte du blé, des châtaignes et du miel. Forgerons, taillandiers, boulangers, lavandières sont évoqués ainsi que quelques personnalités locales. Très riche collection de minéraux et fossiles des environs, recueillie par des étudiants en géologie.

Cebenna

À la sortie ouest d'Olargues en direction de St-Pons-de-Thomières, apr. le vieux pont - ✆ 04 67 97 88 00 - www.cebenna.org - ♿ - juil.-août : tlj sf dim. 9h-13h, 16h-19h ; reste de l'année : tlj sf w.-end 9h-12h, 14h-18h (lun. et jeu. sur RV) - fermé j. fériés - kaléidoscope 2,50 € (-7 ans gratuit).

Ce centre multimédia propose des animations nature, patrimoine et environnement. Un kaléidoscope géant déploie un fabuleux spectacle de lumière et de couleurs.

Circuits conseillés Carte de microrégion

★ MONTS DE L'ESPINOUSE AB1

Pour visualiser ce circuit de 80 km, reportez-vous à la carte de microrégion (p. 382) – Comptez environ 6h avec la promenade jusqu'à la table d'orientation du Caroux. Ce circuit peut également se faire au départ de Lamalou-les-Bains (voir p. 439).

Office du tourisme des Monts de l'Espinouse – *34330 Fraisse-sur-Agout - ✆ 04 67 97 53 81 - juil.-août : 10h30-12h30, 14h-19h ; de déb. sept. à mi-nov. et mars-juin : 10h30-12h30, 14h-17h - fermé reste de l'année.*

Quittez Olargues par la D 908 à l'ouest vers St-Pons, puis prenez à droite la D 14, vers Fraisse-sur-Agout et La Salvetat.

La route d'accès au col de Fontfroide, le long du flanc occidental de l'Espinouse, commence dans un site méditerranéen, où poussent la vigne, l'olivier, le chêne vert et le châtaignier. En altitude, la végétation méditerranéenne cède la place à un paysage de landes parsemé de hêtres. Au col du Poirier, la vue porte à gauche sur les monts du Somail, au-delà du ravin de Coustorgues. Elle prend encore de l'ampleur *(belvédère aménagé)* en direction du sud, vers la vallée du Jaur.

Col de Fontfroide AB1

Alt. 971 m. Dans un site sauvage impressionnant, le col de Fontfroide marque la ligne de partage des eaux entre le versant méditerranéen et le versant atlantique.

Prenez à droite la D 53 vers Cambon.

La route longe l'Agout, traverse le village de Cambon puis se poursuit dans un paysage montagneux, rude et solitaire, où la lande a pour toile de fond les plantations de résineux de la forêt de l'Espinouse.

Forêt domaniale de l'Espinouse A1

Plantations effectuées de la fin du 19e s. à nos jours, les vastes boisements qui couvrent le plateau de l'Espinouse comprennent des hêtres, des sapins, des épicéas. On y voit parfois des mouflons de Corse, qui se sont acclimatés au milieu ambiant. Seule la partie ouest de la forêt, autour de la maison forestière du Crouzet, est facilement accessible aux promeneurs.

En approchant du sommet de l'Espinouse (1 124 m), on aperçoit, en contrebas de la route sur la droite, le toit de la ferme de l'Espinouse ou **Rec d'Agout**, où la rivière prend sa source. La route redescend dans un paysage sauvage, avec des ravins de part et d'autre, puis franchit le **Pas de la Lauze**, fine arête reliant l'Espinouse au **Caroux**.

★ Col de l'Ourtigas B1

Alt. 988 m. Un belvédère aménagé révèle une **vue★** intéressante sur l'âpre Espinouse sillonnée de ravins : à droite la montagne d'Aret et sur la gauche les deux pitons du Fourcat d'Héric.

À droite, un sentier mène au **Plo des Brus** *(45mn AR)*.

Continuez jusqu'à l'embranchement sur la droite vers Douch (D 180^E).

Sur la droite de la route, l'**église de Rosis**, rustique, surmontée d'un clocher tout en pierre, se détache sur un très beau fond champêtre.

Douch B1

L'habitat de ce village caractéristique du Caroux a été assez bien conservé. Les maisons en pierre aux toits de lauzes se serrent le long des ruelles.

Table d'orientation du mont Caroux B1

Le massif du Caroux tire son nom de la racine celtique *karr* qui signifie « rocher ». Son vaste plateau haut de 1 000 m est cerné par des gorges profondes au relief tourmenté.

Laissez la voiture à Douch et prenez à gauche un sentier en montée à travers champs ; tournez à gauche après 50 m.

2h à pied AR. On grimpe parmi les genêts puis on traverse une forêt de hêtres. Au sommet de la montée apparaît sur la gauche le point culminant du Caroux proprement dit (1 091 m). Alors commence la traversée d'un vaste plateau où bruyères et genêts frémissent sous le vent. Dans le silence qui enveloppe cette étendue solitaire, on parvient à la table d'orientation, laissant vers la droite le Plo de la Maurelle. Un **panorama★★** grandiose se déploie : d'ouest en est sur les sommets arrondis de la Montagne Noire où domine le pic de Nore, sur les Pyrénées avec le pic Carlit et le Canigou ; puis la vue porte sur les plaines de Narbonne et de Béziers jusqu'à la Méditerranée.

Revenez à la D 180.

Forêt des Écrivains combattants B1

Accès en voiture par le chemin Paul-Prévost ou à pied par un escalier qui se trouve 200 m plus loin, en face d'une ancienne auberge. Cette forêt est sillonnée de nombreux sentiers très agréables pour une balade ou une randonnée.

À la suite des inondations catastrophiques de mars 1930, l'association des Écrivains combattants, le Touring Club de France ainsi que les communes de Combes et de Rosis entreprirent de reboiser les 78 ha qui constituent cette forêt. L'escalier abrupt conduit d'abord sur le plateau, à un monument commémorant le sacrifice de 560 écrivains tombés pendant la guerre de 1914-1918, puis au rond-point Charles-Péguy marqué d'une gigantesque croix de guerre. Là convergent les allées qui portent chacune le nom d'un écrivain. Peuplée de magnifiques cèdres, de pins, de châtaigniers et de chênes, cette forêt offre de belles vues sur le Caroux et sur les versants orientaux des monts de l'Espinouse.

La D 180, très pittoresque, conduit à Lamalou.

Lamalou-les-Bains B1 *(voir p. 439)*

Quittez Lamalou à l'ouest par la D 908. En arrivant à Colombières-sur-Orb, laissez la voiture sur le parking (payant).

Gorges de Colombières B1

Parking gratuit.

15mn à pied AR. Le début des gorges, agrémenté de belles vasques, peut être l'occasion d'une rafraîchissante pause baignade. Pour les plus courageux, une boucle de 13 km *(balisage PR jaune, 600 m de dénivelé)* permet de découvrir, entre autres, de curieuses habitations troglodytiques.

Poursuivez jusqu'à Mons-la-Trivalle, où vous prenez la D 14^E au nord-est; laissez la voiture à l'entrée des gorges. Un chemin suit les gorges jusqu'au hameau d'Héric.

★★ Gorges d'Héric B1

Parking payant (3 €).

3h à pied AR. Le circuit longe d'abord le torrent bouillonnant entre les hauts rochers, dégringolant en cascatelles et se calmant dans les piscines, dont la plus large est le **gouffre du Cerisier**. Plus loin à droite s'ouvre le majestueux **cirque de Farrières** surmonté par des aiguilles rocheuses. Après avoir longé les pentes du mont Caroux qui s'élève sur la droite, on atteint **Héric**, hameau aux toits de lauzes.

De la D 908, tournez à droite dans la D 14^E20 passant sous la voie ferrée.

Prieuré de St-Julien B1

Parmi les vignes, les collines boisées et les cyprès, le prieuré du 12e s. se dresse sur le fond des cimes découpées du Caroux et de l'Espinouse. Du premier âge roman, cette église se signale par son haut clocher carré, son chevet à bandes lombardes et son portail d'entrée décoré d'incrustations noires en pierres de pays.

Revenez à la D 908 et continuez jusqu'à Olargues.

★ GORGES DE L'ORB B1-2

Pour visualiser ce circuit de 42 km, d'Olargues à St-Chinian, reportez-vous à la carte de microrégion (p. 382) – Comptez 2h. Quittez Olargues à l'est par la D 908. Traversez l'Orb par le pont suspendu de Tarassac.

Office du tourisme de Cessenon-sur-Orb – *Av. de la Gare - 34460 Cessenon-sur-Orb - ✆ 04 67 89 65 32 - http://cessenon.pagesperso-orange.fr - tlj sf dim. 9h30-12h30, 14h30-18h, sam. 10h-12h30 (en cas de fermeture, s'adresser à la mairie).*

Moulin de Tarassac B1

Du pont suspendu, on a une vue plongeante sur un beau moulin transformé en base de loisirs par le Parc naturel régional du Haut-Languedoc.

Le paysage devient nettement méditerranéen. Oliviers étincelants, figuiers et chênes verts se mêlent à la vigne et aux cultures en terrasses. Quelques villages, comme **Vieussan**, s'accrochent aux rochers.

Au fond de la vallée coule l'Orb, parfois impétueux, parfois plus calme, sur lequel glissent des canoës, tandis que les berges, aménagées en certains points (comme aux abords de **Ceps** et de Roquebrun), accueillent les adeptes de la baignade, du bronzage et du pique-nique.

Roquebrun B1-2

Ce village, étageant ses ruelles pavées au-dessus de la rivière, est dominé par les ruines de sa tour médiévale. À l'abri des vents du nord, il bénéficie d'un climat tout à fait exceptionnel qui lui permet de faire pousser en pleine terre des mimosas (floraison en février), des orangers, des citronniers et des mandariniers.

Les gorges d'Héric.
F. Berthillier / Photononstop

Montez vers la tour carolingienne.
Aménagé en terrasses au-dessus du village, le **Jardin méditerranéen** rassemble quelque 400 espèces méditerranéennes et exotiques parmi lesquelles des figuiers de Barbarie, des arbousiers, des jujubiers, des genévriers et des néfliers du Japon. *✆ 04 67 89 55 29 - www.jardin-mediterraneen.fr - ✆ 04 67 89 55 29 - www.jardin-mediterraneen.fr - juil.-août : 9h-19h ; de mi-fév. à fin juin et de déb. sept. à mi-nov. : tlj sf sam. mat. 9h-12h, 13h30-18h - 5 € (-16 ans 3 €).*
Quittez Roquebrun par la D 19 en direction de Murviel-lès-Béziers puis suivez à droite la D 136, vers Cessenon-sur-Orb et empruntez le chemin signalisé.

Carrière de marbre de Coumiac B2

Site aménagé (panneaux explicatifs). Accès libre - pour toute information : mairie de Cessenon-sur-Orb - ✆ 04 67 89 65 21 ou office de tourisme - ✆ 04 67 89 65 32.
Cette carrière de marbre rouge dite « antique » fut exploitée jusqu'en 1965. Mais c'est surtout son intérêt stratigraphique qui lui vaut d'être aujourd'hui visitée : il s'agit en effet du témoin d'une catastrophe géologique survenue il y a environ 365 millions d'années, lorsque la mer (qui était là à l'époque !) s'appauvrit en oxygène, entraînant la disparition des trilobites, conodontes et autres goniatites qui y barbotaient allégrement et qu'on peut maintenant observer fossilisés dans une grande dalle. Parmi les titres de gloire de la carrière : son marbre a été choisi pour la décoration de certaines pièces de la Maison Blanche.
Poursuivez la route, qui serpente dans le vignoble AOC de St-Chinian, un des plus célèbres de l'Hérault, jusqu'à **Cessenon-sur-Orb** : belle occasion, en été, de vous rafraîchir dans la rivière !
De là, vous pouvez rejoindre St-Chinian (9 km à l'ouest par la D 20 à gauche) ou descendre jusqu'à Béziers (20 km au sud-est).

NOS ADRESSES AUTOUR D'OLARGUES

HÉBERGEMENT

POUR SE FAIRE PLAISIR

Château St-Martin-des-Champs – *Rte de Puimisson - 34490 Murviel-lès-Béziers - ✆ 04 67 32 06 54 - www.hotel-chateau-saintmartindeschamps.com - P - 11 ch. 85/175 € - ☕ 15 €.* Château du 17e s. au milieu d'un vaste parc ombragé. Un lieu idéal pour un moment de détente et de sérénité.

RESTAURATION

PREMIER PRIX

Auberge des Avels – *Col des Avels - 34610 Rosis - ✆ 04 67 95 85 36 - www.auberge-des-avels.com - P - fermé merc. (oct.-avr.) - 12,50/25 €.* Une ancienne bergerie dont la terrasse donne sur les gorges de Colombières. Cuisine traditionnelle locale.

POUR SE FAIRE PLAISIR

Auberge de Combes – *34240 Combes - ✆ 04 67 95 66 55 - www.aubergedecombes.com - mars-oct. : mar.-dim. ; nov.-avr. : merc.-dim. midi - 22/75 €.* À proximité de la forêt des Écrivains combattants, dans l'ancien presbytère du village. Cuisine revisitant avec bonheur la tradition du terroir.

ACTIVITÉ

Canoë

Grandeur Nature – *Chemin de Laroque - D 14 Maraussan/Cazouls-lès-Béziers - 34460 Roquebrun - ✆ 04 67 89 52 90 - www.canoefrance.com/orb/ - d'avr. à mi-oct. : réserv. conseillée - de 20 à 66 €.* Location à l'heure sur le plan d'eau ou 6 circuits au choix, de 5 km (1h30) à 37 km (3 j.). Descente accompagnée (11h, 1 j.).

Lamalou-les-Bains

2 280 Lamalousiens – Hérault (34)

NOS ADRESSES PAGE 441

S'INFORMER

Office de tourisme – *1 av. Capus - 34240 Lamalou-les-Bains - ✆ 04 67 95 70 91 - www.ot-lamaloulesbains.fr - 20 juin-15 sept. : 9h-12h, 14h-18h, vend. 9h-12h, 14h-17h, w.-end 10h-12h ; reste de l'année : tlj sf dim. 9h-12h, 14h-18h, sam. 9h-12h - fermé j. fériés (sf 14 Juil., 15 août).*

SE REPÉRER

Carte de microrégion B1 (p. 382) – *Carte Michelin Départements 339 D7.*
À 38 km au nord de Béziers par la D 909 et à 60 km au sud-est de Lodève par l'A 75 et la D 908 en direction de St-Pons-de-Thomières. Pour gagner le centre-ville, passez sous la voie de chemin de fer. La station s'étale le long de la D 22. Les établissements thermaux sont situés à la sortie nord de la ville.

À NE PAS MANQUER

L'abside décorée et les chapiteaux de St-Pierre-de-Rhèdes.

ORGANISER SON TEMPS

Comptez une demi-journée pour découvrir la ville et ses alentours.

L'exploitation thermale de Lamalou-les-Bains remonte au 13e s., lorsqu'on s'aperçut du pouvoir sédatif de ses eaux. La station, intéressante pour les vertus de sa source, constitue également un bon point de départ pour des excursions à pied, à vélo ou à cheval dans le Caroux.

Se promener

Lamalou s'enorgueillit d'avoir reçu d'illustres curistes comme Mounet-Sully, Alphonse Daudet ou André Gide… Aujourd'hui, la **station** est spécialisée dans les soins des maladies de la mobilité, notamment la poliomyélite et les séquelles des accidents de la route.

★ St-Pierre-de-Rhèdes

À 200 m à l'ouest de l'entrée de la ville, vers St-Pons.

Située dans l'enceinte du cimetière, cette ancienne **église** paroissiale, bel exemple d'architecture romane rurale languedocienne, fut construite en grès rose dès la première moitié du 12e s. À l'extérieur, élégante abside décorée d'arcatures lombardes, avec un archaïque personnage sculpté, probablement, saint Pierre, le patron de la paroisse, avec crosse, croix et Bible ouverte. Sur la façade sud, le linteau du portail répète en caractères arabes le monogramme de Dieu, fleurissant en un crucifix. À l'intérieur, chapiteaux de facture mozarabe et deux bas-reliefs de l'école toulousaine du 12e s. : un visage de Christ en majesté et un Saint Pierre.

À proximité Carte de microrégion

Bédarieux C1

à 9 km à l'est par la D 908.

Cette ville est dotée d'un spectaculaire viaduc. Construit en 1853, il est le plus long pont (710 m) de la ligne de chemin de fer Graissessac-Béziers.

Maison des arts – *19 av. Abbé-Tarroux - ✆ 04 67 95 48 27 - www.bedarieux.fr - 15h-17h - fermé lun., mar., w.-end et j. fériés - possibilité de visite guidée sur demande préalable (7j. av.) - 3 € (-12 ans 1,50 €).* Installée dans l'ancien hospice St-Louis, elle présente les **peintures et sculptures** de Pierre Auguste Cot (1837-1883) et Francisque Duret (1804-1865). Une salle, dédiée à l'écrivain Ferdinand Fabre (1827-1898), abrite quelques reproductions de manuscrits. L'espace **Arts et Traditions populaires** présente la reconstitution d'un intérieur bourgeois du 19e s. et la salle du **musée du Rail** retrace l'histoire du chemin de fer, grâce à une maquette animée et de nombreux objets. Le rez-de-chaussée est consacré à des expositions temporaires d'**art contemporain** *(lun.-vend. 9h-12h, 14h-18h, w.-end 15h-18h - fermé janv. - gratuit).*

Circuits conseillés Carte de microrégion

ENTRE ORB ET MARE B1

Pour visualiser ce circuit de 40 km, reportez-vous à la carte de microrégion (p. 382) – Comptez 2h. Quittez Lamalou à l'est par la D 908 et prenez à Hérépian la D 13 au nord-ouest.

Sanctuaire de Notre-Dame-de-Capimont B1

Laissez la voiture sur le parking aménagé et montez à pied au sanctuaire.

Cette chapelle de pèlerinage offre une belle vue sur la vallée de l'Orb, d'Hérépian au Poujol. Depuis la chapelle Ste-Anne (à l'arrière), la vue porte sur les monts de l'Espinouse au nord-ouest avec Lamalou et la vallée du Bitoulet au premier plan; au sud sur le pic de la Coquillade et les ruines de St-Michel.

Revenez à Hérépian pour prendre la D 922.

Villemagne-l'Argentière B1

Ancien siège d'une abbaye bénédictine (du 7e s. à la fin du 18e s.), le village doit son nom à ses mines de plomb argentifère. Dans la rue Droite, belle maison romane du 12e s., à la décoration raffinée (l'« hôtel des Monnaies »). L'**église St-Grégoire** (portail roman) abrite une exposition archéologique.

Pont du Diable B1

Ce petit pont assez délabré, datant probablement des 12e-13e s., enjambe la Mare en une arche très prononcée.

Continuez sur la D 922. Avant St-Étienne-Estréchoux, prenez à droite la D 23E, puis la D 23 vers Boussagues.

Boussagues B1

Dominé par les ruines de sa citadelle, ce village plein de charme, dont on peut faire le tour en suivant un parcours fléché, a conservé son château du 14e s., son église romane ainsi que l'élégante **maison du bailli** (16e s.), reconnaissable à sa tour ronde, et qui aurait appartenu à la famille Toulouse-Lautrec.

Revenez sur vos pas et gagnez St-Étienne-Estréchoux. Continuez sur la D 922 vers l'ouest jusqu'à St-Gervais-sur-Mare.

St-Gervais-sur-Mare B1

Maison cévenole – *12 r. du Pont - 34610 St-Gervais-sur-Mare - ✆ 04 67 23 68 88.*

Ce paisible village a connu des périodes de prospérité grâce aux richesses de son sous-sol (charbon) et aux châtaigniers. Voyez notamment les alentours de l'église, la petite chapelle des Pénitents blancs, le clocher de l'ancienne église de Neyran *(direction Plaisance).*

Revenez à Lamalou par la D 22, route sinueuse et bordée de châtaigniers.

★ **MONTS DE L'ESPINOUSE** AB1

80 km au départ d'Olargues (voir p. 434).

NOS ADRESSES À LAMALOU-LES-BAINS

HÉBERGEMENT

BUDGET MOYEN

Hôtel L'Arbousier – *18 r. Alphonse-Daudet - ✆ 04 67 95 63 11 - www.arbousierhotel.com - P - 31 ch. 51/94 € - 8,30 € - rest. formule déj. 18 € - 24/46 € - wifi gratuit.* Demeure de caractère proche des thermes et du casino au style actuel plaisant. Ambiance méridionale (terrasse ombragée de platanes) pour une cuisine traditionnelle.

UNE FOLIE

Le Couvent d'Hérépian – *2 r. du Couvent - 34600 Hérépian - ✆ 04 67 23 36 30 - www.couventherepian.com - www.garrigae-resorts.com - P - 7 ch. 125/215 € - 18 € - dîner pour les hôtes sur réserv. et tapas servies tte la journée - wifi gratuit.* Couvent du 17e s. réaménagé en une demeure de caractère aux prestations haut de gamme. Chambres douillettes, épurées et très bien équipées. Espaces de détente (bassin intérieur sous voûte, cabine de massage, et bassin extérieur) ; bar à vins raffiné. Prêt de VTT.

RESTAURATION

PREMIER PRIX

Les Marronniers – *8 av. de Capus - ✆ 04 67 95 76 00 - www.restolesmarronniers.com - fermé en janv., dim. soir et lun. - 13,80/32 €.* Une halte revigorante après une journée d'excursion. Cuisine du terroir, choix de vins régionaux (et autres).

BUDGET MOYEN

Ferme piscicole du Pont des 3 Dents – *Castanet-le-Bas - 34610 St-Gervais-sur-Mare - ✆ 04 67 23 65 48 - fermé soir, janv. - ♿ - P - - 16/21 €.* Au menu de cette ferme à la décoration des plus rustique, truites arc-en-ciel, saumons de fontaine et surtout écrevisses… Vous pouvez les pêcher ou vous installer directement à table, pour les déguster cuits au feu de bois ou selon l'une des 29 façons proposées par le patron.

EN SOIRÉE

Casino – *26 av. Charcot - ✆ 04 67 95 77 54 - www.joa-casino.com - 14h-1h machines à sous ; 12h-1h bar et restaurant.*

ACTIVITÉS

Thermalisme

Établissement thermal – *Av. Georges-Clemenceau - ✆ 0 825 825 007 - www.chainethermale.fr - visite guidée merc. 14h fév.-avr., 14h30 mai-oct. (2 €) - 55/95 €/j forfait remise en forme.* Soins du visage et du corps et forfaits de quatre soins thermaux (bain de boue, piscine de relaxation, jets sous-marins, douche au jet, douche pénétrante, aqua-gym).

Randonnée avec des ânes

Balladânes – *Mas de Riols - 34260 La Tour-sur-Orb - ✆ 04 67 23 10 53 - www.balladanes.com - fermé de mi-nov. à mi-mars.* Randonnées d'une semaine dans le PNR du Haut-Languedoc, dans les monts de l'Espinouse, les monts d'Orb à pied, avec des ânes porteurs de bagages, sans accompagnateurs. Circuits de gîte en gîte ou en liberté.

Minerve

★

122 Minervois – Hérault (34)

NOS ADRESSES PAGE 445

S'INFORMER
Office de tourisme – *9 r. des Martyrs - 34210 Minerve - ✆ 04 68 91 81 43 - www.minervois-tourisme.fr - juil.-août : 10h-13h, 14h-19h ; de mi-avr. à juin et de sept. à mi-nov. : 10h-13h, 14h-18h ; reste de l'année : tlj sf dim. 10h-17h - fermé 1er janv., 25 déc.*

SE REPÉRER
Carte de microrégion A2 (p. 382) – *Carte Michelin Départements 339 B8.* À 32 km au nord-ouest de Narbonne par la D 607.

SE GARER
L'accès au village est réservé aux riverains. Laissez la voiture sur le parking, de l'autre côté du pont qui permet d'accéder au village. Attention, en été, il y a foule.

À NE PAS MANQUER
Les deux ponts naturels sculptés par la Cesse ; la tour octogonale du château de Minerve ; le décor de l'abside de la chapelle de St-Germain et les fresques de la chapelle de Centeilles.

ORGANISER SON TEMPS
Comptez 2h pour une simple découverte… mais n'hésitez pas à consacrer plus de temps et, si possible, à y passer la nuit.

AVEC LES ENFANTS
Le musée Hurepel.

Minerve s'étire sur un promontoire rocheux, véritable île détachée du causse sous les effets conjugués de l'érosion glaciaire puis fluviale. Dominant un paysage aride et comme brûlé, entaillé de gorges sauvages, la cité bénéficie d'un environnement étonnant, truffé de raretés géologiques, à commencer par ses ponts naturels. De la fière forteresse qui se dressait sur cet éperon au Moyen Âge, il ne reste presque rien : même s'il demeure présent dans les esprits, l'écho de la tragédie causée ici par Simon de Montfort est à présent assourdi par un océan de vignobles…

Se promener

Il faut prendre le temps de flâner au hasard des ruelles et des *calades* du village… Une promenade hors du temps, surtout en fin d'après-midi, lorsque le flot des visiteurs abandonne les lieux : dès lors, comme endormie, la cité vous appartient… et la lumière, alors adoucie, est si belle !

ORIGINES
Minerve, qui fut très tôt une ville de cathares, a emprunté son nom à Minerva, la déesse romaine de la guerre et des sciences.

Le village de Minerve.
Unclesam / Fotolia.com

★ Les ponts naturels

La D 147 au sud-ouest du village offre de belles vues sur les deux ponts naturels. Ils ont été ouverts au début du quaternaire quand la Cesse a abandonné les deux méandres qu'elle décrivait avant de rencontrer le Briant, pour attaquer la paroi calcaire. En empruntant les failles qui la sillonnaient et qu'elle a agrandies, elle a percé deux véritables tunnels : le **Grand Pont**, le premier, que traverse la rivière, mesure 250 m de long et se termine par une ouverture d'une trentaine de mètres de hauteur ; le **Petit Pont**, que la Cesse emprunte en amont sur une longueur de 110 m pour une quinzaine de mètres de hauteur. En période de sécheresse, on peut suivre à pied le lit de la rivière.

Montez jusqu'à la rue des Martyrs, étroite et pittoresque, où se sont installés quelques artisans et nombre d'échoppes de viticulteurs. Remarquer sur la droite la porte dite de la maison des Templiers (13e s.).

Église St-Étienne

Cette petite église romane possède une abside en cul-de-four construite au 11e s. en petits moellons réguliers. La nef, voûtée en berceau brisé, a été élevée quant à elle au 12e s.

Poursuivez vers la tour au nord du village.

Cette tour octogonale appelée la **Candela** (chandelle) forme, avec des pans de murs surplombant la vallée du Briant à l'est, les derniers vestiges (milieu du 13e s.) du château de Minerve, établi sur le passage qui relie la cité au causse. Remanié plusieurs fois, il a été démantelé en même temps que les fortifications sur l'ordre de Louis XIII en 1636.

Musée

✆ 04 68 91 22 92 - de déb. mars à mi-nov. : 10h-13h, 14h-18h ; reste de l'année : se rens. - fermé de mi-nov. à fin déc. - 3 € (-10 ans 1,50 €).

Consacré essentiellement à la préhistoire et à l'archéologie jusqu'à la période romaine et wisigothique, il abrite notamment le relevé des traces de pas humains découvertes en 1948 dans l'argile de la **grotte d'Aldène**, qui seraient

celles d'un homme du début du paléolithique supérieur (15 000 ans environ, période aurignacienne).
Redescendez la rue des Martyrs.

Musée Hurepel

✆ 04 68 91 12 26 - ♿ - juil.-août : 10h-13h, 14h-19h ; avr.-juin et sept.-oct. : 10h30-12h30, 14h-18h - 3 € (-18 ans 2 €).
Il retrace de façon didactique les principaux épisodes de l'épopée cathare.
Au bout de la rue des Martyrs, prenez à gauche une ruelle étroite grossièrement empierrée, qui descend vers les remparts.
Il reste quelques vestiges de la double enceinte qui protégeait Minerve au 12e s., dont la poterne sud, pourvue d'un arc brisé.
Suivez le chemin à gauche qui longe le bas du village.

Puits St-Rustique

Relié aux remparts par un chemin couvert, il devait assurer le ravitaillement en eau des assiégés au cours du siège de 1210. Simon de Montfort le détruisit grâce à une puissante catapulte installée de l'autre côté de la rivière, ce qui entraîna la chute de Minerve.

La vallée du Briant

Un sentier étroit contourne le village en suivant la vallée encaissée du Briant. Il remonte jusqu'à la Candela.

Circuit conseillé Carte de microrégion

★ LE HAUT MINERVOIS A2

Pour visualiser ce circuit de 35 km, reportez-vous à la carte de microrégion (p. 382). Prenez la D 10E1 à l'ouest en direction de Fauzan.

Canyon de la Cesse A2

Au début du quaternaire, les eaux de cette rivière ont creusé la vallée en canyon, agrandi les grottes existantes et en ont percé de nouvelles. En amont de Minerve, la vallée se resserre, les eaux, abandonnant les terrains primaires imperméables, s'infiltrent sur une longueur de 20 km, ne reprenant leur lit superficiel qu'en période de gros orages en hiver.
Prenez à gauche la route de Cesseras qui descend vers la plaine et les vignes. Traversez Cesseras et prenez à droite la D 168 vers Siran. 2 km plus loin, tournez de nouveau à droite.

Chapelle St-Germain A2

Nichée dans un bouquet de pins, cette chapelle romane est remarquable pour le décor de son abside.
Revenez à la D 168 et poursuivez vers Siran.
Après un peu moins de 1 km, une colline plantée de pins se détache sur la gauche. *Arrêtez la voiture après le pont qui enjambe un chemin et prenez le sentier qui monte vers le sommet de la colline.* Là se trouve un **dolmen** de type allée couverte appelé **Mourel des Fades** (dolmen des Fées).

★ Chapelle de Centeilles A2

Au nord de Siran.
Entourée de cyprès, de chênes verts et de vignes, cette chapelle du 13e s., à la limite entre le causse de Minerve et la plaine, embrasse un vaste panorama sur

le vignoble, La Livinière et le clocher inattendu de l'église St-Étienne surmonté d'une coupole. À l'intérieur, belles **fresques★** du 14e s. et du début du 15e s. représentant un Arbre de Jessé, saint Michel et saint Bruno. Dans le transept a été déposée une mosaïque romaine du 3e s. exhumée à Siran.

Aux alentours de la chapelle de Centeilles, on aperçoit quelques constructions en pierres sèches appelées ici des **capitelles**.

Revenez au village de Siran et empruntez, à gauche après le château d'eau, une petite route qui contourne le pic St-Martin et rejoint au nord la D 182 en surplombant les gorges de la Cesse. Tournez à droite vers Minerve. Peu après le hameau de Fauzan, prenez un chemin à gauche.

Après 1,5 km, près d'une usine désaffectée, un vaste terre-plein donne sur les gorges de la Cesse et procure de belles vues sur les **grottes** qui trouent la falaise. C'est ici que se trouve la grotte d'**Aldène** (ou de Fauzan) qui abrite une colonie de chauves-souris et où furent découvertes en 1948 les traces d'un homme du paléolithique *(grotte interdite à la visite)*.

Revenez à Minerve par le canyon de la Cesse.

NOS ADRESSES À MINERVE

RESTAURATION

PREMIER PRIX

Lo Cagarol – *Pl. de la Fontaine - 34210 Aigne (6 km au sud-est) - ✆ 04 68 27 84 22 - fermé merc., jeu. (sept.-juin) et janv. - réserv. conseillée pour déjeuner - 13,50/44 €.* Qu'est-ce qui séduit le plus les clients de ce restaurant honorant l'escargot (référence au plan du village) ? Son cadre plein de caractère, dans la salle à manger rustique et sur la terrasse ombragée ? Ou sa très belle carte, qui change régulièrement, pour surprendre même les habitués ?

BUDGET MOYEN

Relais Chantovent – *17 Grand-Rue - ✆ 04 68 91 14 18 - www.relaischantovent-minerve.fr - fermé dim. et mar. soir, merc. - juil.-août uniquement le merc., 2 janv.-10 fév. - 19/45 € - 5 ch. 46 € - ☕ 7 € - wifi gratuit.* Au Relais Chantovent, sympathique auberge dont la terrasse offre une vue imprenable sur les gorges du Brian, vous goûterez de bons petits plats régionaux arrosés comme il se doit de vins du Minervois.

ACTIVITÉS

L'été, le site du Grand Pont naturel sert de décor à des manifestations culturelles.

L'Aventure Michelin

Tout commence avec des balles en caoutchouc ! C'est ce que produit, vers 1880, la petite entreprise clermontoise dont héritent André et Édouard Michelin. Les deux frères saisissent vite le potentiel des nouveaux moyens de transport. L'invention du pneumatique démontable pour la bicyclette est leur première réussite. Mais c'est avec l'automobile qu'ils donnent la pleine mesure de leur créativité. Tout au long du 20e s., Michelin n'a cessé d'innover pour créer des pneumatiques plus fiables et plus performants, du poids lourd à la F 1, en passant par le métro et l'avion.

Très tôt, Michelin propose à ses clients des outils et des services destinés à faciliter leurs déplacements, à les rendre plus agréables… et plus fréquents. Dès 1900, le Guide Michelin fournit aux chauffeurs tous les renseignements utiles pour entretenir leur automobile, trouver où se loger et se restaurer. Il deviendra la référence en matière de gastronomie. Parallèlement, le Bureau des itinéraires offre aux voyageurs conseils et itinéraires personnalisés.

En 1910, la première collection de cartes routières remporte un succès immédiat ! En 1926, un premier guide régional invite à découvrir les plus beaux sites de Bretagne. Bientôt, chaque région de France a son Guide Vert. La collection s'ouvre ensuite à des destinations plus lointaines de New York en 1968… à Taïwan en 2011.

Au 21e s., avec l'essor du numérique, le défi se poursuit pour les cartes et guides Michelin qui continuent d'accompagner le pneumatique. Aujourd'hui comme hier, la mission de Michelin reste l'aide à la mobilité, au service des voyageurs.

MICHELIN AUJOURD'HUI

N°1 MONDIAL DES PNEUMATIQUES

- 69 sites de production dans 18 pays
- 115 000 employés de toutes cultures, sur tous les continents
- 6 000 personnes dans les centres de Recherche & Développement

Avancer
monde où la

Mieux avancer, c'est d'abord innover pour mettre au point des pneus qui freinent plus court et offrent une meilleure adhérence, quel que soit l'état de la route.

LA JUSTE PRESSION

BONNE PRESSION

- Sécurité
- Longévité
- Consommation de carburant optimale

-0,5 bar

- Durée de vie des pneus réduite de 20% (- 8 000 km)

-1 bar

- Risque d'éclatement
- Hausse de la consommation de carburant
- Distance de freinage augmentée sur sol mouillé

ensemble vers un mobilité est plus sûre

C'est aussi aider les automobilistes à prendre soin de leur sécurité et de leurs pneus. Pour cela, Michelin organise partout dans le monde des opérations **"Faites le plein d'air"** pour rappeler à tous que la juste pression est vitale.

L'USURE

COMMENT DETECTER L'USURE ?

Vos pneus MICHELIN sont munis d'indicateurs d'usure : ce sont de petits pains de gomme moulés au fond des sculptures et d'une hauteur de 1,6mm.

Lorsque la profondeur des sculptures est au même niveau que les indicateurs, les pneus sont usés et doivent être remplacés.

Les pneus constituent le seul point de contact entre le véhicule et la route, un pneu usé peut être dangereux sur chaussée mouillée.

PNEU NEUF

PNEU USÉ
(1,6 mm de sculpture)

Ci-contre, la zone de contact réelle photographiée sur chaussée mouillée.

Mieux avancer,
c'est développer une mobilité durable.

INNOVATION ET ENVIRONNEMENT

Chaque jour, Michelin innove pour réduire la quantité de matières premières utilisée dans la fabrication des pneumatiques, et développe dans ses usines les énergies renouvelables. La conception des pneus MICHELIN permet déjà d'économiser des milliards de litres de carburant, et donc des milliards de tonnes de CO2.

De même, Michelin choisit d'imprimer ses cartes et guides sur des « papiers issus de forêts gérées durablement ». L'obtention de la certification ISO14001 atteste de son plein engagement dans une éco-conception au quotidien.

Un engagement que Michelin confirme en diversifiant ses supports de publication et en proposant des solutions numériques pour trouver plus facilement son chemin, dépenser moins de carburant.... et profiter de ses voyages !

Comme vous, Michelin s'engage dans la préservation de notre planète.

Chattez avec Bibendum

Rendez-vous sur:
www.michelin.com/corporate/fr
Découvrez l'actualité et
l'histoire de Michelin.

QUIZZ

Michelin développe des pneumatiques pour tous les types de véhicules. Amusez-vous à identifier le bon pneu...

Résultat : A-6 / B-4 / C-2 / D-1 / E-3 / F-7 / G-5

INDEX GÉNÉRAL

Montpellier : villes, curiosités et régions touristiques.
Brassens, Georges : noms historiques ou termes faisant l'objet d'une explication.
Les sites isolés (châteaux, abbayes, grottes...) sont répertoriés à leur propre nom.
Nous indiquons par son numéro, entre parenthèses, le département auquel appartient chaque ville ou site. Pour rappel :
11 : Aude
12 : Aveyron
30 : Gard
34 : Hérault
48 : Lozère

A

B

C

M

N

S

INDEX GÉNÉRAL

W

CARTES ET PLANS

CARTE GÉNÉRALE

CARTES DES MICRORÉGIONS

PLANS DE VILLES

CARTES THÉMATIQUES

CARTES DES CIRCUITS

LÉGENDE DES CARTES ET PLANS

Curiosités et repères

- Itinéraire décrit, départ de la visite
- Église
- Mosquée
- Synagogue
- Monastère - Phare
- Fontaine
- Point de vue
- Château - Ruine ou site archéologique
- Barrage - Grotte
- Monument mégalithique
- Tour génoise - Moulin
- Temple - Vestiges gréco - romains
- Temple : bouddhique - hindou
- Autre lieu d'intérêt, sommet
- Distillerie
- Palais, villa, habitation
- Cimetière : chrétien - musulman - israélite
- Oliveraie - Orangeraie
- Mangrove
- Auberge de jeunesse
- Gravure rupestre
- Pierre runique
- Église en bois
- Église en bois debout
- Parc ou réserve national
- Bastide

Sports et loisirs

- Piscine : de plein air - couverte
- Plage - Stade
- Port de plaisance - Voile
- Plongée - Surf
- Refuge - Promenade à pied
- Randonnée équestre
- Golf - Base de loisirs
- Parc d'attractions
- Parc animalier, zoo
- Parc floral, arboretum
- Parc ornithologique, réserve d'oiseaux
- Planche à voile, kitesurf
- Pêche en mer ou sportive
- Canyoning, rafting
- Aire de camping - Auberge
- Arènes
- Base de loisirs, base nautique ou canoë-kayak
- Canoë-kayak
- Promenade en bateau

Informations pratiques

- Information touristique
- Parking - Parking - relais
- Gare : ferroviaire - routière
- Voie ferrée
- Ligne de tramway
- Départ de fiacre
- Métro - RER
- Station de métro (Calgary, ...) (Montréal)
- Téléphérique, télécabine
- Funiculaire, voie à crémaillère
- Chemin de fer touristique
- Transport de voitures et passagers
- Transport de passagers
- File d'attente
- Observatoire
- Station service - Magasin
- Poste - Téléphone
- Internet
- H B Hôtel de ville - Banque, bureau de change
- J POL. Palais de justice - Police
- Gendarmerie
- T U M Théâtre - Université - Musée
- Musée de plein air
- Hôpital
- Marché couvert
- Aéroport
- Parador, Pousada (Établissement hôtelier géré par l'État)
- A Chambre d'agriculture
- D Conseil provincial
- G Gouvernement du district, Délégation du Gouvernement Police cantonale
- L Gouvernement provincial (Landhaus)
- P Chef lieu de province
- Station thermale
- Source thermale

Axes routiers, voirie

- Autoroute ou assimilée
- Échangeur : complet - partiel
- Route
- Rue piétonne
- Escalier - Sentier, piste

Topographie, limites

- Volcan actif - Récif corallien
- Marais - Désert
- Frontière - Parc naturel

Comprendre les symboles utilisés dans le guide

LES ÉTOILES

★★★ **Vaut le voyage** ★★ **Mérite un détour** ★ **Intéressant**

HÔTELS ET RESTAURANTS

9 ch.	Nombre de chambres
7,5 €	Prix du petit-déjeuner en sus
50 €	Prix de la chambre double, petit-déjeuner compris
bc	Menu boisson comprise
	Air conditionné dans les chambres
	Restaurant dans l'hôtel
	Établissement servant de l'alcool (à l'étranger)
	Piscine
CC	Paiement par cartes de crédit
	Carte de crédit non acceptée
P	Parking réservé à la clientèle
Tram	Station de tramway la plus proche
M	Station de métro la plus proche

SYMBOLES DANS LE TEXTE

	À faire en famille
	Pour aller au-delà
	Promenade à pied
	Randonnée à vélo
	Facilité d'accès pour les handicapés
A2 B	Repère sur le plan

Note au lecteur

Michelin a apporté le plus grand soin à la rédaction de ce guide et à sa vérification. Toutefois, les informations pratiques (formalités administratives, prix, adresses, numéros de téléphone, adresses Internet...) doivent être considérées comme des indications du fait de l'évolution constante de ces données.

Il n'est pas totalement exclu que certaines d'entre elles ne soient plus, à la date de parution du guide, tout à fait exactes ou exhaustives. N'hésitez pas à nous signaler toute omission ou inexactitude que vous pourriez constater, ainsi qu'à nous faire part de vos avis et suggestions sur les adresses contenues dans ce guide.

Avant d'entamer toute démarche, formalités administratives ou douanières notamment, vous êtes invité à vous renseigner auprès des organismes officiels. Ces informations ne sauraient, de ce fait, engager notre responsabilité.

Collection Le Guide Vert sous la responsabilité d'Anne Teffo

Édition
Amaury de Valroger, Camille Bouvet, Archipel studio

Rédaction
Pierre Plantier, Emmanuelle Souty, Magali Triano

Cartographie
Stéphane Anton, Michèle Cana, Marie-Christine Defait

Relecture
Capucine Jahan

Remerciements
Didier Broussard, Maria Gaspar, Philippe Orain

Conception graphique
Christelle Le Déan

Régie publicitaire et partenariats
business-solutions@tp.michelin.com
Le contenu des pages de publicité insérées dans ce guide n'engage que la responsabilité des annonceurs.

Contacts
Michelin
Guides Touristiques
27 cours de l'Île Seguin, 92100 Boulogne-Billancourt
Service consommateurs : tourisme@tp.michelin.com
Boutique en ligne : www.michelin-boutique.com

Écrivez-nous

Parution 2013

Michelin Travel Partner
Société par actions simplifiées au capital de 11 629 590 EUR
27 Cours de l'Ile Seguin - 92100 Boulogne Billancourt (France)
R.C.S. Nanterre 433 677 721

Dépôt légal : 01-2013 – ISSN 0293-9436
Imprimeur : Tipografica Varese, Italie
Imprimé en Italie : 12-2012

Usine certifiée 14001
Sur du papier issu de forêts gérées durablement (100% PEFC)